THEODOR FONTANE

Wanderungen durch die Mark Brandenburg

V

Herausgegeben von
Gotthard Erler und Rudolf Mingau (†)
unter Mitarbeit von Therese Erler

THEODOR FONTANE

Wanderungen durch die Mark Brandenburg

Fünf Schlösser

Altes und Neues aus Mark Brandenburg

Aufbau-Verlag 1990

Fontane, Wanderungen 1–6
ISBN 3-351-00622-5
Bd. 5 ISBN 3-351-00419-2

2. Auflage 1990

Einbandgestaltung Axel Bertram
Typographie Gisela Fischer
Graphischer Großbetrieb Pößneck GmbH
Printed in the German Democratic Republic
Lizenznummer 301. 120
Bestellnummer 613 523 4

FÜNF SCHLÖSSER

Altes und Neues
aus Mark Brandenburg

VORWORT

Fünf Schlösser! Fünf *Herrensitze* wäre vielleicht die richtigere Bezeichnung gewesen, aber unsere Mark, die von jeher wenig wirkliche Schlösser besaß, hat auf diesem wie auf jedem Gebiet immer den Mut der ausgleichenden höheren Titulatur gehabt, und so mag denn auch diesem märkischen Buche sein vielleicht anfechtbarer, weil zu hoch greifender Titel zugute gehalten werden. Nur *Plaue* war wohl wirklich ein Schloß.

Das Buch einfach als eine Fortsetzung meiner „Wanderungen" zu bezeichnen oder gar in diese direkt einzureihen ist mit allem Vorbedacht von mir vermieden worden, da, trotz leicht erkennbarer Verwandtschaft, doch auch erhebliche Verschiedenheiten zutage treten. In den „Wanderungen" wird wirklich gewandert, und wie häufig ich das Ränzel abtun und den Wanderstab aus der Hand legen mag, um die Geschichte von Ort oder Person erst zu hören und dann weiterzuerzählen, immer bin ich unterwegs, immer in Bewegung und am liebsten ohne vorgeschriebene Marschroute, ganz nach Lust und Laune. Das alles liegt hier anders, und wenn ich meine „Wanderungen" vielleicht als Plaudereien oder Feuilletons bezeichnen darf, so sind diese „Fünf Schlösser" ebenso viele historische Spezialarbeiten, Essays, bei deren Niederschreibung ich, um reicherer Stoffeinheimsung und noch häufiger um besseren Kolorits willen, eine bestimmte Fahrt oder Reise machte, *nicht* eine Wanderung.

Zu meiner besonderen Freude hat ein glücklicher Zufall es so gefügt, daß die zu verschiedenen Zeiten und ohne Rücksicht auf ein Ganzes entstandenen Einzelarbeiten in ihrer Gesamtheit schließlich doch ein Zusammenhängendes bilden, eine genau durch fünf Jahrhunderte hin fortlaufende Geschichte von Mark Brandenburg, die, mit dem Tode Kaiser Karls IV. beginnend, mit dem Tode des Prinzen Karl und seines berühmteren Sohnes (Friedrich Karl) schließt und an keinem Abschnitt unserer Historie, weder an der Joachimischen noch an der Friderizianischen Zeit, weder an den Tagen des Großen Kurfürsten noch des Soldatenkönigs, am wenigsten aber an den Kämpfen und Gestaltungen unserer eigenen Tage völlig achtlos vorübergeht. Freilich nicht jeder Abschnitt, mit vielleicht alleiniger Ausnahme des ersten (der Quitzowzeit), kommt zu seinem Recht, aber doch immerhin zur Erwähnung, und wenn sich auf dem Gebiete der eigentlichen Landesgeschichte sicherlich breiteste Lücken finden, so finden sich dafür auch Mitteilungen und Beiträge, die vielleicht geeignet sind, auf dem Gebiete der Kulturhistorie vorhandene Lücken zu schließen.

Vielen Gönnern und Freunden – und nicht zum letzten der bei meinen vielen Anfragen nie lässig oder ungeduldig werdenden Lehrerschaft von Wilsnack und Umgegend – bin ich für ihre freundliche Mitarbeit zu lebhaftem Danke verpflichtet, am meisten freilich den Familien *Knyphausen* (auf Lützburg in Ostfriesland) und *Eulenburg*, ohne deren Hülfe die Kapitel Hoppenrade und Liebenberg nicht geschrieben werden konnten. – Alle von mir benutzten Bücher sind, meines Wissens, im Texte genannt worden, mit alleiniger Ausnahme (weshalb ich es hier nachhole) des E. Handtmannschen Buches „Neue Sagen aus Mark Brandenburg“, einer trefflichsten Sagensammlung, der ich, in dem Quitzöwel-Abschnitt, den Stoff zur Geschichte von „Quitzow dem Judenklemmer“ und überhaupt alles auf die *Eldenburg* Bezügliche entnommen habe.

Berlin, 20. September 1888

Th. F.

QUITZÖWEL

1. KAPITEL

Dietrich und Johann von Quitzow im väterlichen Hause bis 1385

Ganz in der Nähe der Einmündung der Havel in die Elbe, zwei Stunden unterhalb Havelberg, liegt Dorf Quitzöwel. Ersteigt man, um Umschau zu halten, den Turm der wenigstens an ihrem Giebel noch gotischen alten Kirche, so gewahrt man, nach Norden hin, das reiche, früher zu Bistum Havelberg gehörige Dorf Legde (jenseits desselben die Wilsnacker Wunderblutkirche), während, nach Süden zu, die Rauchfahnen auf und ab fahrender Schleppdampfer die Stelle bezeichnen, wo hinter dem hohen Elbdamm, und deshalb unsichtbar, die Elbe selbst ihren Lauf nimmt. Soweit der Blick in die Ferne. Zu Füßen des uns Umschau gönnenden Turmes aber steigt ein aus Wiesen und Eichengruppen malerisch zusammengestellter Park und aus ebendiesem Park ein Herrenhaus auf: das gegenwärtige Schloß *Quitzöwel.* Das ist die Stelle, wo die Stammburg der berühmten Quitzowfamilie stand. Überbleibsel der alten Umfassungsmauern werden noch gelegentlich in großen Steinblöcken ausgegraben, und ein bis heute dem modernen Schlosse verbliebenes Stück Wallgraben erinnert an alte, längst zurückliegende Burgtage. Sonst verlautet nichts von Beschaffenheit und Umfang der ursprünglich hier gelegenen Quitzowstätte, während wir über alle diejenigen, die während der sogenannten „Quitzowzeit" diese Stätte bewohnten, verhältnismäßig gut unterrichtet sind. Einer der interessantesten Abschnitte der märkischen Geschichte, vielleicht der interessanteste, hat in einem Mitlebenden, dem Kleriker Engelbert Wusterwitz, einen Chronisten gefunden, und unsere besten Spezialhistoriker, wie Raumer, Riedel,

Klöden, haben das uns von Wusterwitz Überlieferte durch Heranziehung urkundlichen Materials bereichert und berichtigt. Wenn trotzdem hier abermals der Versuch einer Darstellung der Quitzowepoche gemacht wird, so geschieht es nicht, weil Neues vorläge, Neues, das vom Standpunkte der *Forschung* aus dazu auffordern könnte, sondern lediglich in der Absicht, den in kleinen und, was schlimmer, in oft unterschiedslosen Details erstickenden Stoff übersichtlicher zu gestalten und durch größere Klarheit und Konzentration seine dramatische Wirkung zu steigern. Erst in den Schlußkapiteln dieses Aufsatzes werd ich in der angenehmen Lage sein, meinen Lesern auch minder bekannt Gewordenes, weil einer andern späteren Epoche Zugehöriges, aus dem berühmten Quitzowhause zur Kenntnis zu bringen.

Wann die Quitzows, deren im Jahre 1295 zuerst Erwähnung geschieht, Dorf und Haus Quitzöwel in ihren Besitz brachten, ist nicht mit Bestimmtheit festzustellen gewesen, ebensowenig wie die Namen und Reihenfolge der Besitzer bis zur Mitte des 14. Jahrhunderts. Wir wissen nur, daß, als Kaiser Karl IV. um die Mitte der siebziger Jahre nach Mark Brandenburg kam, Köne von Quitzow, ein „alter und hoflicher Reuter", wie der Chronist sich ausdrückt, auf Burg Quitzöwel saß. Das Ansehen, das er genoß, so groß es war, war ein rein persönliches und erwuchs ihm weder durch seinen keineswegs ausgedehnten Besitz noch durch seine Geburt. Die Familie zählte zu den Ritterbürtigen, nicht aber zu den „Edlen", stand vielmehr in Lehnsabhängigkeit vom Hause Putlitz, das seinerseits wieder bei den mecklenburgischen Herzögen zu Lehn ging. In die vielen Fehden, ebenso der Herzöge wie der Putlitze, sah sich Köne von Quitzow als mittel- und unmittelbarer Lehnsträger beständig hineingezogen, dabei „der Not, aber sehr wahrscheinlich auch dem eigenen Triebe gehorchend". Mannigfach begegnen wir seinem Namen in Urkunden und Chroniken, die die Kämpfe jener Zeit beschreiben, aber so viel und oft er zu Kampf und Fehde draußen sein mochte, so viel war er doch auch daheim auf seinem Quitzöwelschen Hause, drin ihm, zu Beginn unserer Erzählung, zwei Knaben und eine Tochter heranwuchsen, *Dietrich, Johann* und *Mathilde*, von denen Dietrich 1366, Johann 1370, die Tochter aber, die sich später einem von Veltheim auf Schloß Harpke vermählte, wahrscheinlich zwischen 1366 und 70 geboren war. Der Geburt zweier jüngerer Söhne werden wir in einem folgenden Kapitel Erwähnung tun.

So war, soweit die Familie mitspricht, der Quitzöweler Hausbestand um 1375, ein Hausstand, der sich immer nur auf Wochen und Tage hin erweiterte, wenn die benachbarte Vetternschaft aus Stavenow, Rühstädt und Kletzke zu Begehung einer Familienfeier oder auch wohl zu gemeinschaftlichem Kriegszuge vorsprach. Mit ihnen kamen dann die Putlitze, zwei Brüder, Achim und Busso, deren ohnehin intime Beziehungen zum Quitzöweler Hause noch wuchsen, als sich zwischen Busso von Putlitz' ältestem Sohne *Kaspar Gans* und den beiden Quitzowschen Söhnen eine Freundschaft herausbildete, von der schon hier gesagt werden mag, daß sie, durch vier Jahrzehnte hin, alles Glück und Unglück des Lebens siegreich überdauerte. Zunächst nahm das vielfache Beisammensein der Knaben, wobei Quitzöwel die bevorzugte Stätte blieb, den Charakter einer gemeinschaftlichen Erziehung an, der es, unter den Plaudereien alter Burgknechte, nicht an Anregungen für die Phantasie fehlte. Dicht vorm Dorfausgange lagen die *Segeberge*, wo die diesseits der Elbe noch in Macht und Unabhängigkeit verbliebenen Wendenstämme den um 1056 über die Elbe vordringenden Sachsen eine große Schlacht geliefert und den Markgrafen Wilhelm, den Führer der Sachsen, besiegt und erschlagen hatten. Seine Leiche war nicht gefunden worden, und Kaiser Heinrich III. hatte sich sowohl den Tod des Freundes wie den Niedergang seiner Sache derart zu Herzen genommen, daß er darüber starb. Aber schon im nächsten Jahre war ein neues Sachsenheer über die Elbe gegangen, und am Abhange derselben Berge, wo man das Jahr zuvor gestritten, war nun zum zweiten Male gekämpft und den Bergen selbst, auf denen man jetzt gesiegt hatte, der Name der „Sieg-“ oder Segeberge gegeben worden. Ausgepflügte Schwerter- und Panzerstücke bewahrheiteten das Erzählte.

Das waren zurückliegende, gelegentlich auch wohl mit Sagenhaftem ausgeschmückte Vorgänge; was aber die Gemüter mächtiger erregte, das war, wenn fahrende Leute des Weges kamen und nach Sitte der Zeit, in Liedern und Balladen, allerlei Geschehnisse berichteten, die sich fern und nah, ja nicht selten in unmittelbarster Nähe, zugetragen hatten. Unter diesen Vorgängen stand damals ein Kampf obenan, der zwischen den sogenannten Harzgrafen und den Stendalern ausgefochten worden war. Einer der Wernigeröder Grafen, dazu die Grafen von Regenstein und von Egeln, hatten sich mit *Busso von Alvensleben* auf Erxleben und zugleich auch mit Gebhard von Rundstede, der den Führer machte, zu einem Streifzug nach der Altmark hin verbunden, der denn auch wirklich am 3. November 1372 gegen die zur Altmark gehörigen Dörfer Schäpelitz, Badingen, Deetz und Garlipp unternommen wurde. Der Zug war sehr stark, gegen 500 Mann, so daß die sich zum Widerstande zu schwach fühlenden Dörfer die Hülfe der Stendaler anriefen, die denn auch gewährt wurde. Sie kamen. An ihrer Spitze stand Werner von Calve, Bürger oder vielleicht auch Bürgermeister der Stadt. Bei Deetz traf er auf den Feind, der sich hier, samt dem zahlreich geraubten Vieh, hinter einem Berge gelagert hatte. Sofort ging er zum Angriff über, die Grafen in die Flucht schlagend, wobei Busso von Alvensleben auf Seite der Gräflichen und leider auch Werner von Calve auf Seite der Stendaler fiel. Das Lied aber, eines der schönsten aus der Zeit, lautete:

Herr Busso von Erxleben sich vermaß
Wohl auf dem Hause, da er saß:
„Wär ich fünfhundert starke,
Ich wollte so viele Kühe wegholen
Wohl aus der alten Marke.

Wüßt ich, wer uns Fußmann wollte sein
In die alte Marke hinein,
Ein Pferd wollt ich ihm geben."
„Ein Pferd möcht ich verdienen",
Sprach da Gebhard von Rundstede.

„Ich will Euch führen in ein voll Land,
Das ist unberaubt und unverbrannt,
Da ist wohl viel zu nehmen.
Wir haben viel starke Gewappnete,
Wer sollte da das uns wehren?"

Zu der Hagemühle zogen sie hin,
Bading war ihre von Anbeginn,
Dazu auch Schäpelitze.
Vor Klöden zogen sie vorbei –
Sie zogen nach Garlippe.

Das ward der Badingsche Schulze gewahr,
Er ritt nach Stendal vor das Tor:
„Wohlauf, ihr Bürger alle,
Wollt ihr nichts weiter dazu tun,
Bleibt uns keine Kuh im Stalle."

Die Bürger von Stendal waren so stolz,
Sie zogen nach Deetz wohl hinter das Holz,
Daß man keinen vorzeit erschaue.
Das beweinte sehr Herrn Bussos Weib
Und so manche stolze Fraue.

Von ihrer wahrscheinlich hoch gelegenen Stellung aus sahen die Stendaler unter ihrem Werner von Calve, daß die Harzgrafen samt dem geraubten Vieh an einem Hügelabhang auf der Feldmark von Klinke lagen, und ohne Rast oder Ruhe zu nehmen, packten sie den Feind . . .

. . . Und ehe der Tag zum Abend ging,
Mußte *der* die Beute lassen.

Sie schlugen Herrn Busso auf den Kopf,
Dazu auf seinen Waffenrock
Und auf seine Pickelhaube.
Da machte manch stolz Gewappneter
Sich flüchtig aus dem Staube.

Werner von Calve, der gute Mann,
Er ritt die Feinde selber an,
Er griff wohl nach dem Schwerte.
„Wer uns ein ehrlicher Mann will sein,
Der steche gut in die Pferde."

Werner von Calve war in der Mitten,
Er ward wohl durch und durch geritten,
Das war der größte Schade,
Den die von Stendal haben genommen –
Gott gebe ihm seine Gnade.

Bänkelsänger und fahrende Leute, die solche Gesänge vortrugen, zogen viel durchs Land, denn die Zeit zeitigte beständig dergleichen, weil man, im Gegensatz zu der gewöhnlichen Annahme, *mehr* erlebte wie heutzutage, wo sich das Dasein ausschließlich in große Politik und kleines und kleinstes Haus- und Privatleben teilt. Damals aber gab es noch etwas Dazwischenliegendes, das nicht groß und nicht klein war, das war der nie ruhende Kampf der Stadt- und Adelsgruppen unter- und gegeneinander. Dazu das reiche kirchliche Leben. Alles sprach zu Gemüt und Phantasie. Versuch ich beispielsweis, in nachstehendem aufzuzählen, was man auf Burg Quitzöwel in einem Zeitraume von zehn Jahren, und zwar im Umkreise weniger Meilen, erlebte.

1375 weilte Kaiser Karl IV. fast beständig in dem nahe gelegenen *Tangermünde*, das er beflissen war in einen Kaiserhof umzugestalten. Ein Schloß entstand und eine Kapelle, deren

Edelsteinpracht ans Märchenhafte streifte. Mehr als einmal war man von Quitzöwel aus drüben, um den fortschreitenden Bau zu verfolgen und anzustaunen, und wenn dann Dietrich und Johann, und Kaspar Gans mit ihnen, wieder daheim und ihre Herzen und Sinne von dem Erschauten erfüllt waren, so spielten sie, des Reiches Herrlichkeit unter sich teilend, Kaiser und König. „Und so kindisch diese Spiele waren, sie riefen doch allerlei Ideen von Macht und Größe wach, die Wurzel schlugen und fortwuchsen."

1378 starb der Kaiser, und das ganze Land trauerte, zumeist aber Altmark und Prignitz, denen der Heimgegangene durch alles das, was er für Tangermünde getan hatte, vielfach eine Quelle des Wohlstandes geworden war. Das Jahr darauf erschien der siebzehnjährige Sigismund in der ihm zugefallenen Markgrafschaft Brandenburg, um Eid und Huldigung in Empfang zu nehmen und den Städten und Ständen ihre Privilegien zu bestätigen. Am 17. März war er in Salzwedel, am 27. zu Tangermünde. Von allen Seiten her strömte man daselbst zusammen, und unter denen, die, zujubelnd, auf dem Markt- und Rathausplatze der Stadt standen, waren auch die Quitzowschen Junker, ahnungslos, daß sie bestimmt waren, sich dereinst der Majestät ebendieses Sigismund gegenüberzustellen. Und abermals ein Jahr, und *Berlin* ging in Flammen auf: das Rathaus, die Marien- und Nikolaikirche brannten nieder, und ein lateinisches Distichon ging von Mund zu Mund, das in Übersetzung lautete:

> Am Tiburtiustag verheerte, *Berlin*, dich ein Feuer,
> Und in Asche versenkt, trauert der Städte Zier.

Das war 1380 am 11. August. Im selben Jahre stand ein Komet am Himmel und predigte Krieg. Und der Krieg kam, und auch die Prignitz sah ihn.

Am 4. März 1381 zog ein von Bassewitz vor *Kyritz* und bestürmte die Stadt. Und siehe da, schon waren die Mauern erstiegen, als sich die Bürgerschaft noch einmal zu verzweifelter Gegenwehr zusammentat und in einem Ausfall den Feind zurückschlug und besiegte. Dieser aber getröstete sich, „daß ein Engel auf der Mauer gestanden und irdische Kraft und Tapferkeit zuschanden gemacht habe".*

Das Jahr darauf brachte gleiche Streif- und Raubzüge, die sich diesmal aber gegen das nur zwei Meilen von Quitzöwel entfernte *Perleberg* richteten. Auch waren es keine Bassewitze, sondern etwelche Königsmarcks (deren einer damals Landvogt der Prignitz war), von denen die Stadt „gehudelt" wurde, wie der Chronist sich ausdrückt.

1383 starb Herzog Heinrich von Mecklenburg auf seinem Schlosse zu *Schwerin*. Er wurde betrauert als ein großer Verfolger der Räuber und Diebe, „deren er manche selber hängete, damit er sie von ihren Tagen brächte", Worte, die die Junker auf Quitzöwel in der noch Unbedrohtheit ihrer Hälse lächelnd nachsprachen.

All das waren Vorgänge zwischen 1375 und 85, das eigentliche große Geschehnis jener Zeit aber, insonderheit, soweit die Prignitz mitspricht, war doch die Zerstörung Wilsnacks und der Aufbau der Wilsnacker Wunderblutkirche. Sehen wir, wie sich beides zutrug.

1383, am 16. August, steckte *Heinrich von Bülow* – ganz nach Art der Bassewitz und Königsmarck, deren Fehde sich gegen Kyritz und Perleberg gerichtet hatte – Dorf *Wilsnack* in Brand, bei welcher Gelegenheit auch das Kirchlein ausbrannte. Der Priester des Dorfes aber grub einige Zeit danach im Schutt umher, um das eine oder andere vielleicht

* Dies 1381er Ereignis fällt in der Überlieferung mit einem gerade dreißig Jahre später stattfindenden, ebenfalls von einem von Bassewitz unternommenen Angriff auf Kyritz zusammen. Dieser zweite von Bassewitz, der des 1381 seitens der Bürgerschaft so tapfer abgeschlagenen Sturmes gedenken mochte, beschloß, diesmal mittelst eines unterirdischen Ganges in die Stadt einzudringen. Es traf sich aber, daß ein schwerer Verbrecher im Stadtturme saß, der hörte das Wühlen und Klopfen und ließ dem Bürgermeister melden, daß er ihm etwas Wichtiges entdecken wolle, wenn man ihm das Leben schenke. Das wurde zugestanden. Und nun erzählte der Gefangene von dem Wühlen und Graben, das er in der Tiefe gehört habe. Zur Sicherheit ließ man eine Trommel bringen und streute Erbsen darauf. Da begannen diese hin und her zu springen von der Erschütterung, die die unterirdische Arbeit verursachte. Nun war man sicher, und als bald danach der von Bassewitz, statt in der Kirche, wie sein Plan gewesen war, auf offenem Marktplatz zutage stieg, wurd er gefangengenommen, entwaffnet und mit seinem eigenen Schwerte hingerichtet. Schwert und Panzer aber befinden sich bis diesen Tag im Rathause, während die Stadt selbst alljährlich am Montage nach Invocavit ihr doppeltes Bassewitzfest feiert.

noch zu retten, und fand auch in einer Vertiefung des steinernen Altars eine Hostienbüchse, deren drei geweihte Hostien weder verbrannt noch verkohlt, sondern wie mit Blut gefärbt waren.* Er machte davon Anzeige nach Havelberg hin, und der Bischof Dietrich Mann kam, um sich über das Mitgeteilte zu vergewissern. Er fand alles bestätigt; auch der Erzbischof von Magdeburg stimmte zu, so daß schon 1384, ein Jahr nach dem Brande, das Wallfahrten begann. Als bald danach Johann von Wepelitz, an Dietrich Manns Stelle, den Havelberger Bischofsstuhl bestieg, war das „Heilige Blut von Wilsnack" schon in der ganzen christlichen Welt berühmt. Es kamen Pilger nicht nur aus der Mark und allen Teilen Deutschlands, auch aus Schweden, Dänemark, Norwegen, Polen und Ungarn. Die Ungarn kamen alle Jahr an 400 Mann stark und unterhielten ein Wachslicht von solcher Größe, daß es oben von dem hoch gelegenen Orgelchor her angesteckt werden mußte. Der Andrang war so groß, daß die durch den Dorfbrand verarmten Bauern sich als Gastwirte wieder auftaten, Handwerker gesellten sich ihnen, um für *das* Sorge zu tragen, was die Tausende von Pilgern brauchten, und so wuchs die Stätte derart, daß man ihr Wall und Mauern und ein Stadtrecht gab. Allerlei Mittel dienten ebenso zur Bereicherung der Wilsnacker Kirche wie des Havelberger Stifts überhaupt. Eines dieser Mittel war die Sün-

* Diese drei Wunderbluthostien blieben der Wilsnacker Kirche bis 1552 erhalten, in welchem Jahre sie der erste lutherische Geistliche, *Johann Ellefeld*, als Teufelswerk und papistischen Unfug verbrannte. Von seinem Standpunkt aus mit Recht; heute freilich würden uns die drei Hostien als „historisches Kuriosum" aufrichtig interessieren. Zugleich mit ihnen (den Hostien) ist vieles aus der alten Wunderblutzeit zerstört worden, anderes dagegen hat sich bis in unsere Tage hinein gerettet, darunter ein etwa zwanzig Fuß hoher Leuchter, der das Opferlicht der ungrischen Pilger zu tragen pflegte, die holzgeschnitzte buntfarbige Statue des Bischofs Wepelitz, die *Sündenwaage*, vor allem das ausgebrannte Kirchlein selbst, dessen bei der Zerstörung von 1383 stehengebliebene Feldsteinwände beim Bau der Neukirche mit in diese hineingezogen und zur „Wunderblutkapelle" hergerichtet wurden. Alle diese Dinge sind historisch interessant, ohne künstlerische Bedeutung beanspruchen zu können. Von künstlerischer Bedeutung ist nur *eins*: ein kleiner bronzener Klappaltar (Bestimmung unbekannt), hinsichtlich dessen Professor Bergau darauf drang, daß er aus der Kirche, darin er sich befand, in die Sakristei genommen werde, weil sonst der Tag zu berechnen sei, wo dies bemerkenswerte Kunstwerk, Rarität und Bijou zugleich, der Leidenschaft eines Kunstenthusiasten zum Opfer fallen müsse.

denwaage. Jeder wußte mehr oder weniger genau, wieviel er wog; das war sein einfach leiblich Gewicht. Ergab sich nun, daß das Aufsetzen einer entsprechenden Anzahl von Steinen außerstande war, das Gleichgewicht der Waage herzustellen, so rührte das von der *Sündenschwere* her, deren Extragewicht durch allerlei Gaben balanciert werden mußte. Waren es Reiche, so traf es sich immer so, daß diese Sündenextraschwere ganz besonders groß war. Unter der Waage nämlich befand sich ein unsichtbar in das Kellergewölbe hinabführender Draht, mit dessen Hilfe man die Waage nachgiebig oder widerspenstig machte. Der Zweck rechtfertigte die pia fraus. Eine vielleicht noch größere Einnahmequelle bildeten die „bleiernen Hostien", die man als „Pilgerzeichen vom Heiligen Blut" in Wilsnack kaufen konnte. Der Ertrag, der hieraus floß, war so groß, daß nicht nur die Wilsnacker Wunderblutkirche, sondern auch eine Prachtkapelle zu Wittstock (wo der Bischof meist residierte) davon bestritten werden konnte, des gleichzeitigen Domumbaus zu Havelberg ganz zu geschweigen. Täuschungen, wie die mit der Sündenwaage, liefen beständig mit unter und in ihrem Gefolge selbstverständlich auch Mißhelligkeiten und Verlegenheiten aller Art. Ein böhmischer Graf, der eine lahme Hand hatte, weihte genesungshalber dem Wunderblut eine silberne Hand, ohne daß die Weihgabe helfen wollte. Trotzdem wurde gepredigt, die silberne Hand *habe* geholfen, welcher Lug und Trug freilich auf der Stelle bestraft wurde. Denn der Kranke, den man irrtümlich abgereist glaubte, hatte Wilsnack noch nicht verlassen und hob, als er die Lüge hörte, seine lahme Hand auf, um sie dem Volk unter Verwünschungen zu zeigen.

Aber solche Verlegenheiten, so viel ihrer sein mochten, erfuhren immer rasch ihren Ausgleich. Ein von Wenckstern auf Lenzerwische hatte das Wunderblut verspottet und erblindete. Zitternd kam er, seine Sünde zu beichten und seinen erneueten Glauben zu bekennen, und in derselben Stunde kehrte dem Reumütigen das Augenlicht zurück. Unter allen Umständen aber, und das war die Hauptsache, setzten sich die Wallfahrten fort, die, soweit sie von Süden und

Westen kamen, an Burg Quitzöwel vorüber mußten und das Ihrige dazu beitrugen, das ohnehin bewegte Leben daselbst immer bunter und anregender zu gestalten. Am meisten für die beiden Söhne *Dietrich* und *Johann.*

2. KAPITEL

Dietrich und Johann von Quitzow bis zum Tode des Vaters. 1395

1385 wurde den beiden Quitzowschen Junkern ein Bruder geboren (noch nicht der jüngste), der in der Taufe den Namen *Conrad* empfing. Sein Leben war zu friedlichem Verlaufe bestimmt und endete doch tragisch wie das seiner Brüder. Wir kommen in einem späteren Kapitel darauf zurück.

Den Sommer und Herbst genannten Jahres 1385 verbrachten *Dietrich* und *Johann von Quitzow,* von denen jener jetzt neunzehn, dieser fünfzehn Jahre zählte, zu großem Teil auf Schloß Wittenberge, wo sich ihr Spiel- und Jugendgenosse, der etwas ältere *Kaspar Gans zu Putlitz,* eben damals um die Gunst eines schönen Fräulein von Restorf auf Haus Garsedow bewarb. Freilich vergeblich. Sie war bereits verlobt. Im November waren beide Brüder wieder in Quitzöwel daheim, und wenige Wochen später, zu Beginn der Adventzeit, trafen auch die Rühstädter und Kletzkeschen Oheime zu gemeinschaftlicher Begehung des Christfestes bei Köne von Quitzow ein. Mit ihnen zugleich erschienen Johann von Wepelitz (damals noch nicht Bischof), Otto von Rohr und Claus von Möllendorf, was aber dem festlichen Beisammensein eine ganz besondere Kurzweil und Anregung zu geben versprach, war, daß sich auch fahrendes Volk von zwei Seiten her eingefunden und zu gemeinschaftlichem Spiel in der großen Halle zusammengetan hatte. Da gab es denn einen wahren Wetteifer und Sängerkrieg. Einer aus dem Halberstädtischen sang ein neues Harzgrafenlied, ein Lied auf Graf Dietrich von Wernigerode, der, wegen seiner Räubereien und Viehdiebstähle, von den Magdeburgern bekriegt und nach erfolgter Gefangennahme nicht nur enthauptet, sondern zu besonderer Erniedrigung auch noch an den Füßen gehenkt worden war. Der, der diese Reime rezitierte, war derselbe, der, zehn Jahre früher, das andere schöne Harzgrafenlied von Busso von Alvensleben nach Burg Quitzöwel gebracht hatte, heut aber, sosehr auch das neue Lied ansprach, unterlag er doch einem gleichzeitig mit ihm eingetroffenen Spielmann aus dem Lübischen, der in einer reimlosen und halb dithyrambischen Ballade von den von den Schweden und Dänen und zumeist von der Hansa gefürchteten Seeräubern erzählte, die, seit Jahr und Tag, die Nord- und Ostsee befuhren und um der *„Viktualien"* willen, womit sie das belagerte Stockholm eine Zeitlang verproviantiert hatten, die Viktualien- oder *Vitalien*brüder hießen. Andere nannten sie die „Likedeeler" oder *Gleich*teiler, weil ihr *Raub*, wenn er verteilt wurde, zu gleichen Teilen ging. Während des letzten Sommers aber, und das war der eigentliche Inhalt der Ballade, hatten sie gegen ein hochbordiges Orlogschiff der Stralsunder, das sie mit mehreren ihrer kleinen Schiffe tollkühn anzugreifen versuchten, unterlegen, und einige Hundert von ihnen waren gefangengenommen worden. Und nun entstand die Frage, wohin mit ihnen? Auf dem Orlogschiffe, so groß es war, hatte man nicht Ketten und Stöcke genug, um sie zu schließen, und die Gefangenen andererseits bei freier Bewegung zu belassen verbot sich, weil man sich wohl entsann, wie die Vitalienbrüder, bei sehr ähnlichen Gelegenheiten, die schlafende Schiffsmannschaft überfallen und erwürgt hatten. So kam man denn zu dem Entschluß, ihnen gegenüber dasselbe Mittel anzuwenden, das sie selbst einst in einem siegreich gegen die Dänen geführten Kriege, zur Marterung ihrer Gefangenen, erdacht hatten. Man nahm also Tonnen, deren das Schiff mehrere Hunderte hatte, schlug den unteren Boden aus und schnitt in den oberen Deckel ein Loch, gerade groß genug, daß ein Mensch den Kopf durchstecken konnte. Danach preßte man den Vitalienbruder in die Tonne hinein (nur mit dem Kopfe draußen) und schlug nun die Tonne von unten wieder zu. So wurden alle Gefangenen auf Achterdeck aufgestapelt und nach Stralsund abgeführt, wo man sie herausnahm, freilich nur, um ihnen am selben Tage noch in summarischem Verfahren die Köpfe vom Rumpf zu schlagen.

Alle, die dem Vortrage dieser Ballade gefolgt waren, entsetzten sich über die den Seeräubern angetane Marter, ganz übersehend, daß es nur das abenteuerlich Neue, das grotesk Ungewöhnliche war, was sie so stark beeinflußte, während das, was sich tagtäglich um sie her zutrug, verhältnismäßig wenig beachtet wurde, nicht weil es des Schrecklichen, wohl aber weil es des Grotesken und Abenteuerlichen entbehrte. Dessen war die Belagerung, Erstürmung und „Auspochung“ des nur fünf Meilen von Quitzöwel gelegenen *Rathenow* ein gerade damals geführter sprechender Beweis. Wusterwitz berichtet darüber: „Um ebendiese Zeit aber war es, daß von seiten des persönlich abwesenden Erzbischofs Albrecht zu Magdeburg, des Fürsten Sigismund zu Anhalt und des Herrn Johann, Grafen zu Querfurt, die Stadt *Rathenow*, deren Mauern übel verwahret waren (dabei ganz der mehr als mutmaßlichen Verräterei des Johann von Treskow zu geschweigen) überfallen und eingenommen wurde. Worauf denn von den Kriegsgurgeln großer Übermut mit Verunehrung ehrlicher Frauen und Jungfrauen und viel andere Bosheit begangen worden ist. Bald nach Einnahme der Stadt aber haben alle Bürgersleute dem noch in Magdeburg weilenden Herrn Erzbischof – der ihnen mittlerweile den Friedrich von Alvensleben zum Hauptmann verordnet hatte – schwören und huldigen müssen. Und nunmehro, nach geschehener Huldigung, als die sich sicher fühlenden armen Leute *das* hervorgeholt, was sie bis dahin versteckt hatten, hat Fürst Sigismund von Anhalt in Abwesenheit des Erzbischofs, aber nicht ohne seinen Rat und Willen, ein öffentliches Gebot ausgehen lassen, daß jeder Bürger, der den Eid geleistet und durch seinen Eid in Pflicht genommen sei, mit Waff und Wehr dem Erzbischof auf seinem Wege nach Rathenow entgegenziehen solle, weil er (der Erzbischof) fürchte, von märkischem Kriegsvolk unterwegs überfallen zu werden. Und als nach diesem Gebote verfahren worden und die mit Waff und Wehr Ausgerüsteten aus dem Stadttore heraus waren, hat man das Tor hinter ihnen geschlossen und keinen wieder zur Stadt hineingelassen, ja man hat ihnen ihre Weiber und Kinder nachgetrieben und alle stracks von Rathenow hinwegziehen heißen. Ach, da hat man ein großes Jammern und viel Wehklage gehört, denn nicht nur Betagte, sondern auch Kranke sind mit ihren Kindern in den harten und kalten Winter hinausgestoßen worden. Und keinem Hungrigen ist ein Bißlein Brot und keinem Durstigen ein Tränklein Wasser geworden; und so sind die meisten verblichen, und nur wenige haben sich durchgeschlagen und Freunde gefunden zu Trost und Hülfe. Mit eins aber ist der Herr Erzbischof, wie man lange voraus verkündigt hatte, wirklich in die Stadt Rathenow gekommen, und was noch von Essen und Trinken übrig gewesen ist, das ist aufgegessen und ausgetrunken und zuletzt aus den leeren Fässern ein großes Freudenfeuer gemacht worden. Und des Herrn Markgrafen zu Brandenburg Wappen hat man besudelt und mit Hohn und Schmach von allen Tafeln gelöschet."

Das waren Elendsbilder aus der nächsten Nähe der Burg, und wenn das Bild der in die Schiffstonnen eingesetzten Vitalienbrüder auch mehr zur Einbildungskraft der Quitzöwler gesprochen und in ihren Herzen eine lebhaftere Mißbilligung hervorgerufen haben mochte, so läßt sich doch annehmen, daß es den unter alltäglicheren Formen aus Rathenow Vertriebenen, soweit sie hülfesuchend anklopften, an Mitleid und Teilnahme bei der Bewohnerschaft der Burg nicht gefehlt haben wird. Aber Mitleid und Teilnahme waren nicht die Dinge, denen sich die Quitzowschen, auch wenn sie gewollt hätten, auf die Dauer hingeben durften, am wenigsten Köne von Quitzow, dessen spätere Lebensjahre, beinah mehr noch als die voraufgegangenen, ihn zu Bewährung kriegerischer Tat und Gesinnung aufforderten. Am meisten, als das Jahr 1391 einen speziellen Quitzowkrieg, und zwar mit den Herzögen von Lauenburg und Lüneburg, brachte.

Was Veranlassung zu dieser Fehde bot, hüllt sich in Dunkel und mag auch im Dunkel bleiben. Es genügt für uns, daß Lüneburg mit einem Einfall in die Altmark und mit der Wegnahme verschiedener fester Plätze begann. Und kaum daß Schnackenburg und Gartow (das waren die Namen der festen Plätze) genommen waren, als auch schon der Lauenburger Herzog Erich ebenfalls auf dem Plan erschien, um sich, nach erfolgter Vereinigung mit den Lüneburgern, von der Altmark her gegen den *älteren* Johann von Quitzow, einen Bruder Köne von Quitzows, auf Schloß Kletzke, zu wenden. Alles, was Quitzow hieß, kam jetzt herbei, diese festeste Burg der Familie gegen die Doppelmacht der beiden Herzöge zu schützen, und nur Köne von Quitzow blieb aus, ein momentan überraschendes Ausbleiben, dessen Veranlassung indes sehr bald offenbar werden sollte. Denn als die Bedrängnis der Kletzker Burgleute, die, sich Luft zu schaffen, eben einen Ausfall planten, den höchsten Grad erreicht hatte, zeigte sich unerwartet ein Trupp Ritter und Reisiger im Rücken der Lauenburg-Lüneburger und brachte diesen, in ihr Lager einbrechend, eine Niederlage bei, deren Folge das Abstehen von einer Fortsetzung der Belagerung war. Die zum Entsatz Herbeigeeilten aber waren die Quitzöwler gewesen: *Köne* von Quitzow samt Dietrich und Johann, die sich hier zum erstenmal an der Seite des Vaters bewährten. An die fünfzig Gefangene wurden eingebracht, und tags darauf war Tedeum, wobei der alte Burgherr erst seinem Gott und bei dem sich anschließenden Festmahle der gesamten Vetterschaft dankte. Der eigentliche Held des Tages aber war *Köne* von Quitzow, der mit dieser Befreiung von Burg Kletzke nicht nur die letzte, sondern auch die beste kriegerische Tat seines Lebens getan hatte.

Der Rest seiner Tage verlief ebenso friedlich wie häuslich, und was sich von noch zu Nennendem ereignete, war recht eigentlich ein Hausereignis: im Sommer 1392 ward ihm abermals ein Sohn geboren, der *vierte*, der in der Taufe den Namen *Henning* empfing. Sechsundzwanzig Jahre nach Dietrich, zweiundzwanzig nach Johann geboren, sah er sich in die nun bald beginnenden Wirren und Kämpfe der eigentlichen Quitzowzeit *nicht* mit hineingezogen und überlebte den Ruhm und Niedergang seines Hauses.

Als er drei Jahr alt war, starb der Vater: Köne von Quitzow, „der hofliche alte Reuter".

Und Hennings Brüder: *Dietrich* und *Johann*, waren von Stund an die Häupter der Familie.

3. KAPITEL

Dietrich und Johann von Quitzow verheiraten sich. 1394 und 1400

Köne von Quitzow starb 1395. Ein Jahr vorher war es ihm noch vergönnt gewesen, die Hochzeit seines Sohnes Dietrich mitzufeiern, der sich am Montage nach Mariä Heimsuchung, den 6. Juli 1394, mit *Elisabeth Schenk von Landsberg*, Tochter des Schenken von Landsberg auf Schloß Teupitz, vermählte. Dies umfangreiche Schloß, an der Grenze von Mark und Lausitz, würde zu festlicher Begehung der Hochzeit vollkommen ausgereicht haben, Rücksichten aber, die man auf den ausschließlich in der Prignitz begüterten Anhang der Quitzowfamilie nehmen zu müssen glaubte, bestimmten den Vater der Braut, den alten Apitz von Schenk, die Hochzeit statt auf Schloß Teupitz lieber in Berlin stattfinden zu lassen, und zwar um so mehr, als der Bräutigam, Dietrich von Quitzow, den Wunsch ausgedrückt hatte, die Trauung durch den ihm und seiner Familie seit lange befreundeten Berliner Propst Ortwyn an Sankt Nikolai vollzogen zu sehen.

Schon am Sonnabend, den 4. Juli, hatte sich die zahlreiche Verwandtschaft samt vielen ansehnlichen Freunden, geistlichen wie weltlichen Herren, in Berlin eingefunden. Von seiten der Quitzowfamilie waren es: Kuno von Quitzow auf Kletzke, Wedego von Quitzow auf Rühstädt, Claus von Quitzow auf Stavenow und Lüdeke von Quitzow, Propst zu Havelberg, zu denen sich, um nur die hervorragendsten zu nennen, der Havelberger Bischof Johann von Wepelitz, ferner der Spiel- und Jugendgenosse der Quitzowschen Brüder Kaspar Gans zu Putlitz sowie Hans von Rohr auf Schloß Meyenburg, Matthias Sternebeck und Hinrik Grumbkow gesellten. In gleicher oder noch größerer Zahl war der Anhang der Schenken von Landsberg erschienen, unter ihnen Heinrich und Hans von Schenk, Oheime der Braut, Conrad Abt von Zinna, Lippold von Bredow, Hauptmann der Mark, Otto von Kittlitz, Herr zu Baruth, Hans von Bieberstein, Herr zu Storkow und Beeskow, und viele andere.

Der Brautvater, Apitz von Schenk, hatte, gemeinschaftlich mit den lausitzischen Herren, in einem guten und geräumigen Gasthofe Quartier genommen, da die Zimmer desselben aber trotz ihrer Zahl und Geräumigkeit nicht ausreichten, so war, für den eigentlichen Hochzeitstag, noch ein großes, in der Nähe des Heiligengeisthospitals gelegenes Haus in der Spandauer Straße gemietet worden. Der abendliche, das Fest abschließende Tanz sollte dann, altem Herkommen gemäß, auf dem Rathause gehalten werden. Ebenso lieferte das Rathaus die nötigen Tischgerätschaften. Allerdings bestand auch um diese Zeit schon eine Verordnung, die dem immer mehr überhandnehmenden Aufwand entgegentreten sollte, diese Verordnung aber hatte nur für die Bürgerschaft Geltung, während die höheren Stände davon ausgenommen waren. Jedenfalls säumte Herr Apitz von Schenk nicht, von diesem Recht der Ausnahme Gebrauch zu machen. Alles war durch ihn aufs glänzendste hergerichtet worden, und schon am Sonntagabend erschienen, wie zur Vorfeier, die Brautjungfern in den Zimmern Elisabeths von Schenk, um daselbst von ihr bewirtet zu werden. Damit war die Feier eingeleitet. Eine Art Polterabend.

Am folgenden Tage begann das eigentliche Fest und währte von morgens sieben bis abends elf, also durch sechzehn Stunden hin in unausgesetzter Folge. Woraus sich schließen läßt, daß die Lust- und Vergnügungskräfte damals um nichts schwächer waren als heutzutage.

Begleiten wir das Paar und seine Gäste durch den Tag hin.

Um sieben Uhr früh begrüßte Dietrich von Quitzow seine

Braut, um ihr ein Paar Schuh und Pantoffeln zu überreichen. Dann schritt man, nach Sitte der Zeit, zum „Brautbade", welchem festlich arrangierten Zuge (das Badehaus war auf dem Krögel) alle zur Hochzeit Geladenen sich anschlossen. Voran die Stadtpfeifer mit Zinken und Schalmeien, mit Zimbel und Geige. Vor dem Zuge her bewegte sich die Straßenjugend, aber auch Pickelheringe waren da, die Gesichter schnitten, Kobolz schossen, Rad schlugen und jedes alte Mütterchen, das ihnen begegnete, umarmten. So ging es durch die Spandauer Straße hin. In dem Badehause, das sich in zwei große Räume teilte, badeten alle, dann kehrte man, nach einem in dem Obergeschoß eingenommenen Frühmahl, nach dem Brauthause zurück, wo nun Braut und Bräutigam für die Trauung gekleidet wurden. Als dies geschehen, gab Dietrich seiner Braut den Brautkranz, ein Geflecht aus Rosmarin, das man mit Goldschnur und Goldblättchen geziert hatte. Mit diesem Kranze wurde die Braut geschmückt und empfing nun ein Bund Schlüssel als Zeichen ihrer von heut an zu übernehmenden hausmütterlichen Würde. Hierauf wurden vier Wachskerzen angezündet und von vier Gästen gehalten, zugleich aber füllte man einen Becher mit Wein, den Dietrich seiner Braut zu kredenzen hatte. Diese leerte den Becher bis zur Hälfte, verneigte sich dann und gab ihn an Dietrich zurück, der ihn seinerseits bis auf den letzten Tropfen austrank. Alle Gäste wurden während dieser Zeremonie mit Sträußen und Kränzen bedacht, und da diese Kränze meist aus Würzkräutern bestanden, so verbreiteten sie Wohlgeruch durch alle Zimmer.

Und nun schickte man sich zum Kirchgange an. Es war drei Uhr geworden und der Weg bis zur Nikolaikirche nicht weit, um aber der Schaulust der Menge zu genügen, machte man einen weiten Umweg, und so kam es, daß der hochzeitliche Zug erst um vier Uhr vor der Nikolaikirche hielt. Die Trauung verrichtete hier, wie festgesetzt, Propst Ortwyn, und als Braut und Bräutigam ihm ihre Namen angegeben und die Frage, „ob sie sich gegenseitig als Mann und Frau begehrten", mit „ja" beantwortet hatten, sprach er: „Ego conjungo vos in matrimonio, in nomine Dei patris, filioque et spiritu sancti. Amen." Dann segnete er den Trauring ein, besprengte ihn über Kreuz mit Weihwasser und überreichte ihn Dietrich, der nun den Ring an den Ringfinger der linken Hand seiner Braut steckte. Darauf folgte zunächst ein Gebet, dann Anrede an Brautpaar und Versammlung und hierauf erst die Brautmesse, die von den Lehrern, die damals „Schulgesellen" hießen, gesungen wurde. Dann kehrte man, es war mittlerweile fünf Uhr geworden, in derselben Ordnung, wie man gekommen, nach dem Gasthause zurück, von dem aus man sich, nach stattgehabter Einsegnung des Brautbettes (eine Zeremonie, die die Eheschließung erst perfekt machte), nach dem in nächster Nähe gelegenen Hochzeitshause begab.

Hier waren achtzehn Tische zu je zehn Personen gedeckt, darunter ein Trompeter- und Pfeifertisch, zwei Kindertische, zwei Mägdetische, zwei Jungferntische. In der Mitte der Haupttafel saß das Brautpaar, umgeben von seinen nächsten Anverwandten. Die „Schulgesellen", die schon während der Trauung die Brautmesse gesungen hatten, hatten jetzt das Geschäft der Vorschneider und Zerleger. Possenreißer waren unter die Spielleute verteilt, und immer, wenn die Musik schwieg, suchten sie die Pausen durch Gesichterschneiden, Verrenkungen und Witzreden zu füllen. Unter beständigem Zutrinken wurden Gesundheiten ausgebracht, und um diese Zeit, wo die Herzen fröhlicher gestimmt und zum Geben geneigt waren, erschienen auch *die,* denen es nach einem Trinkgeld oder Geschenk verlangte. Zunächst kamen die Köche, dann der Bratenmeister mit einer Schüssel, auf welcher, attrappenartig, ein Braten lag. Eigentlich aber war es eine große Ledertasche, drin jeder der Gäste seine Gabe hineintat. Dem Bratenmeister folgte der Kellermeister mit einem großen Humpen, der zu gleichem Zwecke reihum ging. Und dann kamen die Bratenwender, der Schenk, die Schüsselwäscherinnen und endlich die große Büchse für die Armen.

Um sieben Uhr hatte man abgegessen und erhob sich von den Tafeln, sich nunmehro nach dem Rathause zu begeben und in dem großen Saale daselbst zu tanzen. Es war des Jubels kein Ende. Ganz zuletzt aber wurde, nach alter Sitte, der Braut das Strumpfband abgetanzt und zerschnitten unter die Gäste verteilt.

Erst um elf Uhr nachts begleitete man das junge Paar in Prozession nach seinem Gasthause zurück.

Das war 1394.

Sechs Jahre später folgte *Johann von Quitzow* dem Beispiele seines älteren Bruders *Dietrich* und vermählte sich mit *Agnes von Bredow,* Tochter Lippolds von Bredow, Hauptmanns und Verwesers der Mittelmark. Es durfte damals heißen: Felix Quitzowia nube. Die Bekanntschaft mit der reichen, ebenso durch Besitz wie politisches Ansehen hervorragenden Bredowfamilie hatte sich auf der Hochzeit Dietrichs eingeleitet und war seitdem fortgesetzt worden, insonderheit seit 1397, wo beide Brüder einen mehrtägigen Besuch auf dem damals von Lippold von Bredow bewohnten Schloß Neustadt an der Dosse gemacht hatten. Als sie von diesem Besuche heimkehrten, stand es bei Johann fest, um die noch jugendliche Tochter des Hauses werben und in der Bredowfamilie selbst festen Fuß fassen zu wollen, worin er sich durch seinen Bruder Dietrich, dem nichts wünschenswerter erschien als eine derartige Verschwägerung, von Anfang an unterstützt sah. Auch auf Bredowscher Seite zeigte man sich einer Verbindung mit dem mehr und mehr zu Macht und Geltung kommenden Quitzowschen Hause geneigt. Wann die förmliche Verlobung stattfand, wird nicht gemeldet, dagegen wissen wir, daß im August 1400 die Hochzeit in Stadt Brandenburg gefeiert wurde. Die Gäste waren zu großem Teil dieselben wie sechs Jahre früher bei der Dietrich von Quitzowschen Vermählung, nur die lausitzischen Elemente fehlten und wurden durch verschiedene havelländische Familien, unter denen, außer den Bredows selbst, die Rochows und Stechows obenan standen, ersetzt. Die sich über mehrere Tage hin ausdehnenden Festlichkeiten entsprachen im wesentlichen dem, was wir bei Gelegenheit von Dietrich von

Quitzows Hochzeit schilderten, und nur in der Mitgift zeigte sich ein Unterschied. Diese war zunächst auf eine hohe Geldsumme festgesetzt worden, als aber die Zahlung derselben an allerlei Schwierigkeiten scheiterte, sah sich Lippold von Bredow bewogen, seinem Schwiegersohne das von Anfang an von diesem bezogene Schloß Plaue zu vollem Besitz zu bewilligen. Über die Tatsache, daß diese Bewilligung mit vielleicht zweifelhaftem Rechte geschah, weil der Erzbischof von Magdeburg sich als rechtmäßigen Herrn des Schlosses betrachtete, geh ich hier hinweg, weil das Hineinziehen oder gar die Betonung solcher nebenherlaufenden, wenn auch relativ wichtigen Dinge den Überblick über den ohnehin an Zersplitterung und unausgesetzten Zickzackbewegungen leidenden Quitzowstoff beständig aufs neue stört. Es kann uns genügen, daß Lippold von Bredow Schloß Plaue tatsächlich abtrat und daß Johann von Quitzow, unmittelbar nach der Hochzeit, wenn auch damals noch nicht als Schloßherr, seinen Einzug in dasselbe hielt.

Dieser Einzug im Sommer 1400 in Schloß Plaue, das von jenem Tag an noch vierzehn Jahre lang von den Quitzows gehalten wurde, war der entscheidende Moment im Leben der beiden Brüder und führte, wie zunächst zu Macht und Größe derselben, so schließlich zu beider Demütigung und Untergang.

4. KAPITEL

Die Quitzows auf ihrer Höhe. 1410

Der Einzug in Schloß Plaue war der entscheidende Moment im Leben der Quitzows. So schloß unser voriges Kapitel. Dietrich, der ältere, der bedeutendere, jedenfalls der politischplanvollere der beiden Brüder, kehrte von Brandenburg beziehungsweise von Schloß Plaue nach Quitzöwel zurück, und auf dieser Rückfahrt mochten sich ihm zum ersten Male Gedanken und Wünsche, die bis dahin ein bloßes Spiel seiner Phantasie gebildet hatten, als zu verwirklichende vor die

Seele stellen. Und nach Lage der Sache mit gutem Grunde. Denn er durfte sich mehr oder weniger schon damals neben seinem persönlichen auch ein politisch-militärisches Übergewicht zuschreiben, ein Übergewicht, das *politisch* in seiner Günstlingsstellung zu Markgraf Jobst von Mähren*, dem damaligen Landesherrn der Mark (dessen beständiger Geldverlegenheiten er sich allzeit hülfreich erbarmte), *militärisch* aber zu nicht unwesentlichem Teil in der strategischen Beschaffenheit der ihm zur Verfügung stehenden festen Punkte seinen Grund hatte. Zog man nämlich eine Schräglinie durch die Mark, so war er es, der die beiden Flügel und mit diesen zugleich auch das Zentrum in Händen hielt. Freilich war nur ein Bruchteil davon sein eigen, aber der Einfluß, den er im *Westen* (Prignitz) auf die gesamte Quitzowsche Vetterschaft samt Kaspar Gans zu Putlitz, im *Osten* (Lausitz) auf die Schenken von Landsberg und ihren Anhang, im *Zentrum* (Plaue mit Havelland) auf seinen Bruder Johann und die reich begüterten Bredows übte, war *so* groß, daß er diese bundesgenössische Kraft seiner eigenen ohne weiteres zurechnen konnte. Das tat er denn auch, und weil sich kein Fehler in seine Berechnung einmischte, so begann jetzt von 1400 bis 1410 eine Periode beispielloser und, soweit man Kleines mit Großem vergleichen darf, an die Napoleonische Zeit** erinnernder Erfolge. Diese zehn Jahre heißen die *Quit-*

* *Jobst von Mähren*, Neffe Kaiser Karls IV. und Vetter von König Wenzel und König Sigismund, war 1388 in den Besitz der ihm vom König Sigismund um Geldes willen abgetretenen Mark Brandenburg gekommen. Jobst war nun Landesherr, erschien aber nur selten in der Mark und ließ diese durch Statthalter oder Landesverweser, die man spöttisch „Landesverwüster" nannte, regieren. Unter diesen waren *Lippold von Bredow*, Hauptmann der Mittelmark – und in Vertretung desselben zeitweilig *Johann von Quitzow* –, ferner Herzog *Johann von Mecklenburg*, Graf *Günther von Schwarzburg*, Herzog *Swantibor von Pommern* und *Kaspar Gans zu Putlitz*, Hauptmann der Altmark und Prignitz, die wichtigsten. Jobsts Interesse für die Mark beschränkte sich darauf, möglichst viel Geld aus ihr herauszuziehen, und alle diejenigen Personen, die, wie die Quitzows (besonders aber Dietrich), bereit und in der Lage waren, ihm, gegen Pfand, in seinem Geiz oder seiner Geldbenötigung zu Diensten zu sein, waren ihm die liebsten.

** Solche Parallelen zu ziehen ist immer ein mißliches Tun, das leicht ins Komische fällt. Es läßt sich aber, wenn man über die freilich sehr verschiedenen Macht- und Größenverhältnisse hinwegzusehen vermag, von einer geradezu frappierenden Ähnlichkeit sprechen, in Charakteren, Daten und Zahlen, in Anfang und Ende. Von 1391 bis 1414 die Quitzowtragödie, von 1793 bis *zowzeit* und bilden ein wenigstens zunächst noch des tragischen Ausgangs entbehrendes Drama, darin folgende Mitspieler auftraten:

Albert, Erzbischof von Magdeburg (bis 1403);

Günther von Schwarzburg, Erzbischof von Magdeburg von 1403 ab;

Johann und *Ulrich*, Herzöge von Mecklenburg-Stargard und Statthalter (1401) in Mark Brandenburg;

Günther, Graf von Schwarzburg, Vater des magdeburgischen Erzbischofs und Statthalter (1403) in Mark Brandenburg;

Swantibor, Herzog von Pommern-Stettin und Statthalter (1409) in Mark Brandenburg samt seinen Söhnen Otto und Kasimir;

Barnim und *Wratislaw*, Herzöge von Pommern-Wolgast;

Rudolf und *Albert*, Herzöge zu Sachsen;

Ulrich und *Günther*, Grafen zu Lindow und Ruppin;

Henning von Bredow, Bischof zu Brandenburg;

Heinrich Stich, Abt zu Kloster Lehnin.

Eine lange Reihe sich um die beiden Hauptgestalten gruppierender Personen! Träfe sich's nun so, daß diese dramatis personae unausgesetzt und ausschließlich *an der Seite* der Quitzows oder aber umgekehrt unausgesetzt und ausschließlich *gegen* dieselben gekämpft hätten, so würde sich in der Erzählung dieser Kämpfe, trotz ihrer großen und verwirrenden Ähnlichkeit untereinander, doch, mit Hülfe von Scheidungs- und Gruppierungskunst, etwas wie Klarheit herstellen lassen, da sich's aber leider *so* trifft, daß die gesamte Reihe der vorstehend aufgeführten weltlichen und geistlichen Machthaber, je nach Vorteil und Sachlage, Bundesgenossen

1814 die Napoleontragödie. Folgendes sind die Hauptdaten aus der Quitzowzeit: 1391 erste Waffentat vor Schloß Kletzke, 1394 Vermählung mit Elisabeth von Schenk, 1400 Vermählung mit Agnes von Bredow und Einzug (als Gast) in Schloß Plaue, 1404 Besitznahme von Schloß Plaue, 1406 Eroberung von Saarmund und Köpenick, 1409 Erwerbung von Schloß Friesack, 1410 bis 12 erste Zeichen des Niedergangs; Bündnisse zum Sturz beider Brüder, 1414 wirklicher Sturz. Was dieselben Zahlen, unter selbstverständlicher Zurechnung von 400, innerhalb der Napoleonischen Ära bedeuten, ist bekannt. Auch das Waterloo-Nachspiel, der Versuch, das Verlorene zurückzugewinnen, findet sich in veränderter und doch ähnlicher Gestalt bei Dietrich von Quitzow.

oder Widersacher, will also sagen, heute *quitzowsch* und morgen *anti*quitzowsch waren, so haben wir in der Geschichte dieser endlosen Überfälle, Belagerungen, Erstürmungen und Plünderungen ein derartig wirres Durcheinander, einen solchen Rattenkönig von Verschlingungen, daß die Lösung derselben zwar nicht als ein absolut unmögliches, aber doch jedenfalls als ein sehr schwieriges und sehr undankbares Unternehmen anzusehen ist. Undankbar, weil auch im Falle des Gelingens eine Geduldsprobe für den Leser. Denn wer kennt nicht aus eigener Erfahrung die Schrecknisse jener aus hundert Vettern- und Enkelnamen zusammengesetzten Prozeß- und Familiengeschichten, in denen sich alle Kalenderheiligen und alle Geburtstage bis zur Großmutter hinauf ein Rendezvous geben! Aber eine solche mit Namen und Daten gespickte Familienprozeßverwirrung ist eine Kleinigkeit neben der Quitzowkampfverwirrung von 1400 bis 1410, weshalb ich – unlustig, in ein Labyrinth hinabzusteigen, „von dannen keine Wiederkehr" – mich an dieser Stelle darauf beschränke, die *Resultate* dieser zehnjährigen Anstrengungen einschließlich alles durch Erbschaft, Heirat und Verpfändung Erworbenen aufzuzählen. Am Schlusse des Jahres 1410 hatten die Quitzows folgende Städte, Schlösser und Burgen inne:

Quitzöwel, Rühstädt, Stavenow, Kletzke, prignitzischer Erbsitz;

Schloß *Teupitz,* in Händen des Schwiegervaters Schenk von Landsberg;

Schloß *Kremmen,* in Händen des Schwiegervaters Lippold von Bredow (ebenso Schloß *Neustadt* an der Dosse);

Schloß *Bötzow* (jetzt Oranienburg), 1402 gemeinschaftlich mit den Pommern erobert;

Stadt Strausberg auf dem Barnim, 1402 gemeinschaftlich mit den Pommern erobert;

Schloß *Plaue* a. d. Havel, 1400 beziehungsweise 1404 als Heiratsgut erworben;

Schloß *Saarmund,* 1406 erobert;

Schloß *Köpenick,* 1406 erobert;

Stadt *Rathenow,* 1408 von Jobst von Mähren erkauft oder als Pfandobjekt erhalten;

Schloß *Friesack,* 1409 für die Summe von 2000 Schock böhmischer Groschen erkauft;

Schloß *Hohenwalde,* zwischen Frankfurt und Müllrose, von *Conrad* von Quitzow erworben;

Schloß *Beuthen,* durch Johann von Quitzow mittelst kluger Machinationen in Besitz gebracht.

Irrtümlichen Überlieferungen folgend, wird sogar von „vierundzwanzig Burgen und Schlössern" gesprochen, die die Quitzows um 1410 besessen haben sollen. Das ist aber übertrieben. Indessen auch das hier Aufgezählte repräsentiert einen Machtzustand, der anderweitig, auf dem weiten Gebiete zwischen Oder und Elbe, wenigstens damals nicht anzutreffen war, und erklärt zur Genüge, daß die hervorragendsten weltlichen und geistlichen Fürsten Norddeutschlands in eine gewisse Notlage gerieten, in der sie sich vor dem Trotz und der Energie dieser märkischen Edelleute beugen mußten.

Es ist Wusterwitz, dessen Chronik wir gerade hierüber die allerinteressantesten Mitteilungen verdanken. Er schreibt: „... Um diese Zeit war es, daß *Dietrich von Quitzow,* auf daß er ja nicht zu Ruh und Frieden käme, den Herzögen *Rudolf* und *Albert* zu Sachsen ‚abzusagen' für gut fand. Und was als das Schlimmste dabei gelten konnte: beide löbliche Herzöge haben sich solch ungerechten Leuten gegenüber zu jeder Nachgiebigkeit bereit gezeigt und an den Landeshauptmann in Mark Brandenburg geschrieben und sich allenthalben zu Recht erboten, so die Quitzows begründete Klage wider sie hätten. Landeshauptmann über die Mark aber ist in genanntem Jahre (1409) der Herzog Swantibor von Pommern-Stettin gewesen und hat besagter Herzog von Pommern-Stettin mit großer Müh und Arbeit sowohl den Adel wie die Städte der Mark zu Berlin versammelt und zu solcher Versammlung auch den Dietrich von Quitzow berufen und ihm vorgehalten und geraten, daß er die Gerechtigkeitserbietung der Herzöge zu Sachsen annehmen solle. Dietrich von Quitzow aber, als ein Feind und Widersacher aller Gerechtigkeit und alles Friedens, hat solch Erbieten und solche Worte nur veracht't und verlacht."

In diesem Tone klagt Wusterwitz weiter, zugunsten der sächsischen Herzöge hinzusetzend, daß der anscheinende Kleinmut derselben nicht bloß in der Unzulänglichkeit ihrer Machtmittel, worüber sogar Zweifel gestattet seien, sondern vor allem in ihrer großen Güte (um ihre Leute vor Schaden zu bewahren) und in ihrem gesetzlichen Sinne den eigentlichen und ausschlaggebenden Grund gehabt habe. Denn die Herzöge hätten sehr wohl gewußt, daß eines Landes Obrigkeit nicht allein mit den Waffen, sondern auch durch Klugheit und Gesetzlichkeit gezieret sein solle, weshalb sie, der Klugheit und Gesetzlichkeit zu genügen, zuvörderst allerlei Bündnisse nachgesucht und vor allem die märkischen Städte, die zumeist unter den Quitzows gelitten, zu gemeinschaftlichem Vorgehen aufgefordert hätten.

„Es ist aber aus Furcht vor den Quitzowen", so fährt er fort, „in der ganzen Mark Brandenburg keine Stadt gefunden worden, die sich mächtig genug gefühlt hätte, den Herzögen zu Sachsen zu Beistand und Hülfe zur Seite zu treten. Denn alle Städte sind mit Quitzowschen Schlössern samt vielen festen Plätzen ihres Anhangs derart umgeben gewesen, daß die Bürgersleute kaum gewagt haben, bei Gefahr ihres Leibes und Lebens, vor den Toren ihrer Stadt spazierenzugehen. Überall hat die Hinterlist gelauert, und so die Bürger und Bauern im Felde gearbeitet haben, haben die Quitzowschen die Leute gefangengenommen und ihnen dabei vorgehalten, daß man sie bloß vorläufig, um dieser oder jener Ursach willen, zu *Pfand* gesetzt habe. Denn in Auslegungen und Wortstreitigkeiten sind sie jederzeit von einer geschwinden und wunderbaren Klugheit gewesen, so daß sie Bosheit in Einsicht verwandelt und die Gerechtigkeit von der Ehre abgeschieden haben."

Unter den Städten, die zu der genannten Zeit den Mut eines Bündnisses wider die Quitzows *nicht* aufzubringen vermochten, waren auch die Schwesterstädte Berlin und Cölln, die durch alle voraufgehenden Jahre hin, und zwar im Gegensatze zu den meisten anderen Bürgerschaften der Mark, um die Gunst der mächtigen Familie gebuhlt hatten. Endlich aber, am 3. September 1410, hatte Dietrich von Quitzow, vielleicht der ewigen Rücksichtnahme, vielleicht auch kleiner Gegenforderungen und Nadelstiche müde, durch Überfall und Viehwegtreibung den Berlinischen gezeigt, daß ihr Wohlwollen und ihre Freundschaft ihm wenig, ihre Furcht aber viel bedeute, was unsern mindestens ebenso von *berlinischem* als quitzowschen Antagonismus erfüllten Dom-Brandenburger (Wusterwitz) zu nachstehender, ganz ersichtlich von einer gewissen Schadenfreude diktierten Philippika hinriß: „Und nun, Ihr Berlinischen, jetzt endlich seht Ihr's, welch schöne Vergeltung Euch Eure mannigfaltigen Wohltaten gebracht haben. Als die Quitzowschen, zusamt dem Grafen zu Lindow, das Schloß Bötzow gewonnen hatten, ei, wie haben da die Berlinischen praktizieret und Anschläge gemacht, daß die Quitzows wieder zu der Hauptmannschaft in Mark Brandenburg erhoben werden möchten. Ja, wie haben sie da die Quitzows hofieret und traktieret? Da hat man gesehen, wie sie diesen Dietrich von Quitzow zu glänzenden Banketten geladen und ihm zu Ehren den Tisch mit schönen Frauen und Saitenspiel gezieret haben. Und wer ihn nicht hat können zu Gaste laden, ist nicht mehr unter die Reichen gezählt und von ihrer Gesellschaft ausgeschlossen worden.* Item, es ist nicht genugsam zu sagen, wie man ihn, ebendiesen Dietrich von Quitzow, mit Laternen, Fackeln und Freudengesängen zu seiner Herberge geführt und ihm einen Abendtanz mit schönen Jungfrauen und Weibern gehalten,

* Der Eindruck, den man von dieser überaus lebendigen Schilderung empfängt, ist der, als ob es sich um Dinge von heut, um moderne Menschen und Vorgänge handle. So würde *Bismarck* anno 1866 und 1870 empfangen, umworben und bis zum Abgöttischen gefeiert worden sein, wenn er nicht, im Gegensatze zu *Dietrich von Quitzow* (der sich erst spät, und zwar in genanntem Jahre 1410, zum Anti-Berliner ausbildete), von Anfang an ein Gefühl starker und nicht einmal ausschließlich politischer Gegnerschaft gegen die Hauptstadt gehabt und gezeigt hätte. Gleichviel, damals wie heut etwas Nervöses und Exzentrisches. Ja, man ist geradezu frappiert, die Berlinerinnen des 15. Jahrhunderts den Berlinerinnen des 19. Jahrhunderts so ähnlich zu sehn. Oder war es immer und allerorten so?

desgleichen ihn mit welschem Wein verehret und beschenket hat. Und nun, Ihr Berlinischen, was ist davon kommen? Ohne daß er Euch abgesagt hätte, hat er Euch das Vieh weggetrieben und etliche von Euren Leuten getötet und verwundet und sechzehn Namhaftige gefangengenommen. Und den Nikolaus Wyns, der doch aus einem Eurer besten und altgesessenen Geschlechter gewesen, den hat er als einen öffentlichen Räuber und Dieb behandeln und ihn mit den Füßen in eiserne Fesseln legen lassen."

So Wusterwitz aus dem Jahre 1410.

Das Quitzowansehen stand auf seiner Höhe.

5. KAPITEL

Dietrich und Johann von Quitzow zur Taufe bei Kaspar Gans von Putlitz zu Tangermünde. Der Wendepunkt

So war die Machtstellung der Quitzows, als im selben Jahre noch (1410) ein die Familie schmerzlich und unerwartet treffendes Ereignis den Wechsel der Dinge teils einleitete, teils für die Zukunft verkündete. Was diesem schmerzlichen Ereignis unmittelbar voraufging, waren besondere Fest- und Freudentage gewesen, zwei Taufen, von denen die eine zu *Friesack* im Dietrich von Quitzowschen Hause, die andere zu *Tangermünde* bei dem so nahe befreundeten Kaspar Gans zu Putlitz gefeiert worden war.

Die Quitzowsche Taufe, womit die Reihe der Festlichkeiten begann, fand, wie herkömmlich, sechs Wochen nach der Geburt des Kindes statt. Das war am 5. August. Schon drei Tage vorher hatten sich die Geladenen auf Schloß Friesack versammelt, unter ihnen die beiden Schwiegerväter der Quitzowfamilie: Schenk von Landsberg auf Teupitz und Lippold von Bredow auf Neustadt a. D. beziehungsweise Kremmen, dazu der Bischof Henning von Bredow, Bertram von Bredow auf Bredow, Hans von Torgau, Heinrich von Stechow, Albrecht von Uchtenhagen und Werner und Pape von Holzendorf. Was aber der Feier eine besondere Weihe gab, war, daß sich bei dieser Gelegenheit die vier Quitzowschen Brüder, also einerseits Dietrich und Johann, andererseits Conrad und Henning, aller Wahrscheinlichkeit nach auf Jahre hin zum letzten Male zusammenfanden. Es war nämlich beschlossene Sache, daß, unmittelbar nach Schluß dieser Friesacker Taufe, der eben erst von der Havelberger Domschule kommende, nicht mehr als siebzehn Jahr zählende *Henning* von Quitzow eine Studienreise nach Paris antreten sollte. Den 3. August war Kirchgang. Um zehn Uhr vormittags setzte sich der Zug in Bewegung, voraus Spielleute mit Geigen, Zinken und Schalmeien, wobei der Baßgeiger sein großes Instrument gitarrenartig an einem Bande trug. Dann folgten die Frauen, in deren Mitte Frau Elisabeth von Quitzow ging. In gleicher Ordnung kehrte man ins Schloß zurück, wo den Tag darauf ein verspätetes *Mittel*-Kindelbier und am 5. die Taufe selbst samt dem *eigentlichen* Kindelbier abgehalten wurde. Die Herrichtung der Festtafel entsprach dem Glanz des Hauses, trotzdem aber befleißigte man sich einer sonst nicht üblichen Mäßigkeit, weil die bei Kaspar Gans ausstehende Taufe fast im unmittelbaren Anschluß an die Friesacker Tage gefeiert werden sollte.

Schon am 7. August brach man denn auch nach Schloß *Tangermünde* hin auf. Es waren dieselben Gäste wie zu Friesack, ein überaus glänzender Zug, der in seinem Glanze nicht an die Not des Landes gemahnte. Bewaffnete Knechte ritten vorauf; dann folgten die Ritter und Edelleute mit denjenigen Damen, die zu Pferde gestiegen waren, während die, die nicht Lust zum Reiten gezeigt hatten, die Fahrt zu Wagen machten. Daran schlossen sich die Zofen und Mägde, bis abermals bewaffnete Knechte dem Ganzen einen Abschluß gaben. Im vorderen wie hinteren Zuge wehte das schräggeteilte Quitzowsche Banner, im roten Felde ein weißer und im weißen Felde ein roter Stern. Rathenow war halber Weg. Bei Fischbeck erreichte man die Elbe, zugleich die Stelle, von der aus eine von jenseits gekommene Fähre die Taufgäste nach dem anderen Ufer hinüberbringen sollte. Schloß Tangermünde ragte im Abendhimmel auf. Alles war festlich und die Fähre selbst aufs reichste mit Blumen geschmückt, ja, drüben am Ufer standen Putlitzsche Trompeter und Pauker, die die Gäste schon von fernher mit ihren Fanfaren begrüßten. Aber die Zahl derer, die hinüber wollten, war für die Fähre viel zu groß, und viermal mußte sie den Fluß kreuzen, eh alle drüben waren. Nun ging es auf das jüngst erst von Kaiser Karl IV. erbaute Schloß Tangermünde zu, wo sich die havelländischen Gäste mit denen aus der Altmark und Prignitz vereinigten. Am nächsten Tage folgte der Taufakt in der von prächtigem Gestein funkelnden Schloßkapelle, woran sich, unmittelbar fast, ein ausgewähltes Mahl schloß. Die dabei, nach Sitte der Zeit, vorzugsweise zur Verwendung kommenden Gewürze waren Pfeffer und *Safran.* Ein anderer charakteristischer Zug der damaligen Kochkunst bestand darin, nichts zu verschmähen und alle Tierteile: Köpfe, Füße, Zunge, Hirn, Lunge, Leber, Nieren, Gekröse, gleichmäßig in Delikatessen umzuwandeln. Dazu die Schaugerichte: turmartige Kuchen aus Pastetenteig, in die man lebendige Vögel hineinsetzte, die dann beim Öffnen wegflogen. Als das Gratias gesprochen war, erhob man sich und traf Anstalten zum Tanz. Den Beginn machte der von zwölf Paaren getanzte Zwölfmonatstanz; dann kam der polnische Tanz, der Kapriolentanz, der Drehtanz, der Taubentanz. Den Schluß aber bildete der Totentanz, der sehr beliebt war und wobei man durchs Los entschied, wer den Toten zu spielen habe. Das Los traf *Conrad von Quitzow* von Schloß Hohenwalde. Der erschrak, weil er schon während der Reise von Todesahnungen erfüllt gewesen war. Es galt aber, von diesem Erschrokkensein nichts zu zeigen, und als er eine kurze Zeit getanzt hatte, fiel er, wie's das Spiel erheischte, mitten im Saal um und spielte den Toten. Und nun schwieg auch die lustige Musik, und ein dumpfer Trauergesang erscholl, während dessen die Damen an den Toten herantraten und ihn küßten. Als er den Kuß auch der letzten empfangen hatte, stand er wieder auf, und der Drehtanz begann in aller Lustigkeit von neuem.

Damit schloß die Feier, und weil das Doppelfest alle Teilnehmer ermüdet haben mochte, rüsteten sie sich am andern Morgen bereits zur Abreise. Ziemlich früh schon erreichte man die Fähre, die, wie drei Tage zuvor, mit Laub und Blumen geschmückt war. Ebenso gebot es sich auch heute wieder, den Übergang in Gruppen zu machen, und nur das „Wie" blieb noch festzustellen. Endlich entschied man sich dahin, auch bei diesem die Rückkehr einleitenden Übergange dieselbe Reihenfolge wie beim Heranzug innehalten zu wollen: zunächst also die voraufreitenden Knechte, dann die Frauen und Ritter, danach die Zofen und Dienerschaften und schließlich die Nachtrabsknechte, die schon auf der Herfahrt den Abschluß gebildet hatten. Ebendiesen Nachtrab sollte *Johann von Quitzow,* den voraufreitenden Trupp aber der ältere Bruder führen.

Und nach diesem Abkommen wurde verfahren.

Der ganze Vortrupp, vierundzwanzig reitende gewappnete Knechte, ritten auf die Fähre hinauf, und als sie Stand und Ordnung genommen, erschien *Dietrich* von Quitzow, dem sich, im letzten Augenblicke, sein Schwager Albrecht von Schenk und gleich danach auch sein Bruder *Conrad* von Quitzow (der Hohenwalder) anschloß. Die Fähre ging tief und hatte nur wenig Bord. Es war außerdem windig, so daß sich die gelben Wogen der Elbe mächtig heranwälzten. In der Tat scheint es, als ob man ein Einsehen von dem Gefahrvollen einer solchen Überlastung gehabt habe; die Fährleute jedoch versicherten einmal über das andere, daß nichts zu fürchten sei, und so stieß man denn unter Zuruf und Tücherwinken der vorläufig noch am altmärkischen Ufer Verbleibenden ab. Alles war guter Dinge, welche frohe Stimmung noch wuchs, als die von Kaspar Gans auch heute wieder bis an die Fährstelle beorderten Trompeter ihre Abschiedsweisen anstimmten. Ein jäher Aufschrei aber, der, vom Fährboot ausgehend, im selben Augenblick auch unter den am Ufer Zurückgeblieben erscholl, übertönte plötzlich die Fanfaren, und als diese schwiegen, sah man von der altmärkischen Seite her das Sinken der Fähre: das Wasser schlug über Bord, und ehe noch an Rettung zu denken oder wohl gar nach anderen Booten auszuschauen war, versank die Fähre vor aller Augen. Sowohl Dietrich von Quitzow wie sein Schwager Albrecht von Schenk warfen sich voll Geistesgegenwart auf ihre Pferde und hatten Kraft und Geschicklichkeit genug, sich bis ans havelländische Ufer zu retten, alles andere aber ging zugrunde: die ganze Knechteschar und mit ihnen *Conrad* von Quitzow, der den Abend vorher so widerstrebend und ahnungsvoll den Totentanz getanzt hatte. Vergebens, daß man nach seiner Leiche suchte; viele der mit ihm Ertrunkenen wurden gefunden, *er* nicht, und unter Schmerz und Grauen beschloß man die Taufreise, die so froh und unter so glänzenden Aussichten begonnen hatte. Daheim wurden dem „*guten* Quitzow", der sich, im Gegensatze zu seinen Brüdern, einer ziemlich allgemeinen Beliebtheit erfreute, zahlreiche Seelenmessen gelesen, und vielfach beklagte man den Ausgang. Aber andere waren da, die kaum ein Gefühl des Triumphes zurückhalten konnten und in dem grauenhaften Ereignisse das erste Zeichen sahen, daß sich der Himmel *gegen* die Quitzows wenden wolle. Wusterwitz war unter denen, die dieses Glaubens lebten. Und *ihr* Glaube war der richtige: die Taufreise nach Tangermünde war der Wendepunkt im Leben der Quitzows, und trotz großer politischer wie militärischer Erfolge, deren sie sich gelegentlich noch zu rühmen hatten, ging es von diesem Tag an mit ihrem Glücke bergab.

Was diesen Niedergang und Fall der Familie herbeiführte, lag ganz außerhalb ihrer Verschuldung, wenn von einer solchen (ich komme weiterhin auf diese Frage zurück) überhaupt die Rede sein kann. Es lag einfach so: das Eintreten bestimmter politischer Ereignisse hatte das Heraufkommen der Familie, ja deren Glanz ermöglicht, und das Eintreten *anderer* politischer Ereignisse ließ diesen Glanz wieder hinschwinden. Das bedeutsamste dieser Ereignisse war der Tod des mehrgenannten Markgrafen *Jobst* von Mähren. Er starb den 16. Januar 1411 auf seinem Schlosse zu Brünn, einige sagen durch Gift, und König Sigismund, der 1388, um Geldes willen, die Mark Brandenburg seinem Vetter Jobst überlassen hatte, sah sich nun abermals im Erbbesitze des in genanntem Jahre von ihm abgetretenen Landes.

Hieraus erwuchs der Wechsel der Dinge.

Schon die bloße Tatsache, daß *Jobst* nicht mehr war, war gleichbedeutend mit Halbierung des Ansehns der Quitzowfamilie, die, ganz abgesehen von dem äußerlichen Machtzuwachs, der ihr aus dem das Jobstsche Regiment kennzeichnenden Verkauf von Schlössern und Städten erwachsen war, besonders auch in der ausgesprochenen Wohlgewogenheit des Markgrafen eine starke moralische Stütze gehabt hatte. Denn ein so schlechter Regent *Jobst* gewesen, er war und blieb doch immer Landesherr, dessen Autorität dem, der seiner Gunst sich rühmen durfte, zweifellos ein bestimmtes Maß von Schutz und Deckung gab, ein Maß von Schutz und Deckung, das nun plötzlich fehlte.

Jobst war nicht mehr. Diese Tatsache war ausreichend, die Quitzows in ihrer Machtfülle zu schädigen. Was aber diese Schädigung aller Wahrscheinlichkeit nach verdoppeln mußte, war das, daß König Sigismund (inzwischen auch zum Kaiser erwählt), unmittelbar nach Wiederinbesitznahme der schon in seinen jungen Jahren, von 1385 bis 88, von ihm regierten Mark, sich dahin aussprach: „nunmehro für ebendiese Mark auch etwas tun und die gerechten Beschwerden derselben, die sich zu gutem Teile gegen die Quitzows und ihren Anhang richteten, abstellen zu wollen".

So König Sigismund, der, als er sich in diesem Sinne geäußert, auch nicht länger säumte, den Herrn *Wend von Ilenburg* – einen Ahnherrn der jetzigen Grafen zu Eulenburg – nach Berlin zu schicken, und zwar mit der ausdrücklichen Weisung: ebendaselbst, unter Rat und Beihülfe des Propstes Johann von Waldow, den Adel und die Städte behufs Entgegennahme seines (Sigismunds) Willen um sich zu versammeln. Adel und Städte versammelten sich denn auch wirklich am Sonntage Lätare zu Berlin und wurden, wie Wusterwitz berichtet, „einzeln und insonderheit gefragt, ob sie Herrn Sigismund als einen rechten Erbherrn der Mark erkennen und annehmen wollten. Worauf sie sämtlich und einmütiglich erklärten, daß sie keinen andern Erbherrn wüßten als den hochgedachten König in Ungarn, welcher Erklärung sie nicht unterließen den Ausdruck freudiger Überzeugung hinzuzufügen, daß nunmehr durch sein löbliches Regiment die so lang in Erregung, Krieg und Unruhe verstrickte Mark wieder zu Ruhe, Frieden und gutem Zustand kommen würde."

Bei dieser Erklärung verfuhren Städte wie Stände, selbst die *Quitzows* und ihre Partei mit eingerechnet, aller Wahrscheinlichkeit nach vollkommen aufrichtig, letztere davon ausgehend, daß der König, der es so wohl mit seinem märkischen Erblande zu meinen scheine, nun entweder *in Person kommen* oder aber einen Landesverweser aus dem *Lande selbst,* will sagen aus der Quitzowpartei wählen und ernennen werde. Jedenfalls war man nach dem Erscheinen *Wends von Ilenburg* voll Hoffnung und guter Dinge, weshalb am Schlusse der Berliner Versammlung bestimmt wurde, bald tunlichst eine Gesandtschaft nach Ofen, wo sich König Sigismund aufhielt, schicken zu wollen, um dem Könige, „nachdem er ihre Privilegien, Gerechtigkeiten und alte löbliche Gewohnheiten mit seinen Siegeln und Briefen bestätigt haben würde", die Huldigung zu tun.

Zu diesem Huldigungsakte kam es denn auch, bei welcher Gelegenheit König Sigismund bemerkte: „daß er zuvor des *Reiches* Sachen erledigen, dann aber in Person kommen und sehen wolle, wie's stände. *Bis dahin* gedenke er zu gleichem Zweck einen seiner Herren zu schicken, der mit Rat und Vorsicht bemüht sein solle, die Mark zu gutem Wesen zu bringen."

Das etwa waren die Worte, mit denen die märkische Gesandtschaft aus Ungarn nach Mark Brandenburg zurückkehrte, Worte, die, so wohlgemeint sie sein mochten, gegen den Schluß hin doch alle die Hoffnungen umstießen, die man bis dahin gehegt hatte. Denn ebendiese Schlußworte ließen keinen Zweifel darüber, daß man an oberster Stelle gewillt war, die Landesverweserschaft abermals in *fremde Für-*

stenhände zu legen. Dem sich zu unterwerfen, war man aber auf seiten der Quitzows wenig geneigt und hielt mit einer offenen Erklärung in diesem Sinne wohl nur deshalb zurück, weil man der Ansicht und Erwartung leben mochte, mit dem „neuen fremden Herrn", wenn er überhaupt erscheinen sollte, gerade so gut und so leicht fertig werden zu können wie mit den mecklenburgischen, pommerschen und schwarzburgischen Fürsten, die's bis dahin mit der Verweserschaft der Mark versucht hatten.

Und in der Tat, die nächsten Monate schienen dieser Anschauung und der ihr entsprechenden Politik stiller Auflehnung recht geben zu sollen, denn es geschah nichts, was den ernsten Entschluß des Königs, nun auch *wirklich* einen Wandel zum Bessern hin zu schaffen, ausgedrückt hätte.

6. KAPITEL

Burggraf Friedrich kommt ins Land, um sich huldigen zu lassen „zu seinem Gelde". Die Quitzows lehnen sich auf und rufen die Pommern ins Land

Plötzlich indes änderte sich die Lage. Der Herr, der „mit weisem Rate helfen und die Mark zu gutem Wesen bringen sollte", hatte sich gefunden, und die Quitzows sollten dessen zum Schaden ihrer selbst und ihrer hochfliegenden Pläne (deren Verwirklichung ihnen nahe dünken mochte) sehr bald gewahr werden. Der Herr „mit weisem Rat" aber war niemand anders als *Friedrich Burggraf zu Nürnberg.* Anfang Juni brach er aus seinen fränkischen Landen auf, war am 16. in Blankenburg am Harz und hielt am 22. seinen Einzug in Stadt Brandenburg. Am 24., St.-Johannistag, waren Adel und Städte bereits in Neustadt Brandenburg um ihn versammelt, um aus seinem Munde zu hören, daß *er,* Friedrich Burggraf zu Nürnberg, durch König Sigismund zum obersten Verweser und Hauptmann der Mark ernannt worden und gekommen sei, „sich zu der in kaiserlichen Briefen ausdrücklich benannten Summe von 100000 ungarischen Goldgulden huldigen zu lassen", und zwar unter der entsprechend und gleichzeitig von seiten des Landes zu leistenden Zusage, „von ihm, dem Burggrafen, nicht abweichen zu wollen, bis diese Summe von 100000 Goldgulden ihm und seinen Erben ganz vergenüget und bezahlet sei".* Worauf alle Städte, sowie viele vom Adel, die Huldigung leisteten.

„*Etliche* vom Adel aber" – so läßt sich Wusterwitz in seiner Chronik weiter vernehmen –, „etliche vom Adel aber, und zwar an der Spitze *Dietrich* und *Johann von Quitzow, Wichard von Rochow* und *Achim von Bredow* mitsamt ihrem Anhange,

* Es sind das die 100000 Goldgulden, die zu der Annahme geführt haben, Burggraf Friedrich sei lediglich auf eine Summe *vorgestreckten* Geldes hin, also, wenn man so will, als *Pfandleiher* in den Besitz der Mark gekommen. Das ist aber nicht richtig, wenigstens nicht in dem gewöhnlichen Sinne. 100000 Goldgulden wurden allerdings, als eine Schuld Sigismunds an Friedrich, auf die Mark Brandenburg eingetragen, aber diese Summe war nicht ein zuvor empfangenes Darlehn, sondern, um modern zu sprechen, „ein nicht ausgezahltes Gehalt samt Repräsentationskosten". Sigismund, einsehend, daß die Landeseinnahmen kein Äquivalent für die zu gewärtigenden Dienste des neuen Landesverwesers, insonderheit aber nicht ausreichend zur Bestreitung eines Hofhalts sein würden, bewilligte dem Burggrafen eine Zubuße von 100000 Gulden, und weil er (Sigismund) sich außerstande sah, dies aus freien Stücken Bewilligte sofort bar auszuzahlen, so ließ er diese *Zuschußsumme*, ganz so, wie wenn es *geborgte* 100000 Goldgulden gewesen wären, auf die Mark eintragen. Die Mark wurde „Pfand" und ging schließlich, als nicht eingelöstes Pfand, in den Besitz des Burggrafen über. Riedel, in seinem ausgezeichneten Buche „Zehn Jahre aus der Geschichte der Ahnherrn des preußischen Königshauses" hat dies alles in musterhafter Weise klargelegt und für historische Korrektheit Sorge getragen, aber so dankbar wir ihm für diese Korrektheit sein müssen und so gewiß es zuzugestehen ist, daß zwischen einem „geleisteten Darlehn" und einem „nicht empfangenen Gehalt" – trotzdem beides eine Schuld repräsentiert – immerhin noch ein Unterschied obwaltet, so bin ich doch ganz außerstande, mich in der *Gesinnung* zurechtzufinden, die *Riedel* bei dieser Gelegenheit zum Ausdruck bringt. Er behandelt die Frage mit einem Nachdruck und einer Feierlichkeit, als ob er, mit Hülfe dieser seiner Aufklärungen, das Hohenzollerntum von einem Makel befreit und die Vorgeschichte desselben von etwas Krämerhaftem und Geldgeschäftlichem gereinigt hätte. Das ist aber offenbar zu weit gegangen. Es kann, meinem Ermessen nach, für die Hohenzollern, die seitdem ihre Legitimation über jeden Zweifel hinaus nachgewiesen haben, ziemlich gleichgültig sein, *wie* sie damals zur Mark gekommen sind, so oder so. Sollte dies aber bestritten werden können, so doch schwerlich *das*, daß es, nach der moralischen oder, wenn man so will, nach der Feinheitsseite hin, absolut bedeutungslos ist, ob die 100000 Goldgulden von 1412 ein vom Burggrafen geleisteter *Vorschuß* oder ein ihm versprochener und nicht ausgezahlter *Zuschuß* waren. Das sonst so hervorragende, von der größten Sachkenntnis getragene *Riedel*sche Buch hat einen schwachen Punkt in dieser hier und da geradezu störend hervortretenden *Hyperloyalität*, auf die wir in einem späteren Kapitel, wo sich's über das Recht oder Unrecht der Quitzows handelt, noch ausführlicher zurückkommen.

sind, weil sie sich vorher mit einem Eide dazu verbundenhatten, zurückgetreten, haben die Huldigung, die sie vorher in Berlin und Ofen dem *Könige* geleistet, dem *Burggrafen* als seinem Vertreter und Verweser verweigert und haben dabei verächtlich gesprochen: ‚Es ist ein Tand von Nürrenberg. Wir wollen zuvor zu unsrem richtigen Erbherrn, dem Könige von Ungarn, schicken und auf diese Weise mit Ehren tun, was wir wollen.'"

Damit war der Fehdehandschuh hingeworfen.

Aber die *Quitzows*, die wohl wußten, daß Taten besser als Worte sprechen, hatten nicht vor, es bei dieser ablehnenden Erklärung bewenden zu lassen, benutzten vielmehr ihren weitreichenden Einfluß, die beiden Herzöge von Pommern-Stettin: *Otto* und *Casimir*, in die Mark zu rufen, um durch solche Befehdung des ihnen aufgedrungenen „neuen Herrn" diesem den Aufenthalt in der Mark zu verleiden und ihn zur Rückkehr in seine fränkischen Lande zu bewegen.

Diesem Rufe leisteten die Pommern auch wirklich Folge, was Veranlassung zu einem an und für sich kleinen, aber durch Nebenumstände berühmt gewordenen Rencontre gab.

7. KAPITEL

Die Schlacht am Kremmer Damm am 24. Oktober 1412

Dieselbe fand bei Kremmen statt und führt den Namen der „Schlacht am Kremmer Damm". Sicherlich war es keine Schlacht in unserm Sinne, kaum ein Gefecht, und die Verluste, soweit die *Zahl* mitspricht, werden hüben und drüben sehr unbedeutend gewesen sein, dennoch lebt das Ereignis frischer in der Erinnerung fort als manche große Schlacht, die Brandenburg-Preußen seitdem geschlagen hat. In dieser Beziehung stellt sich das am Kremmer Damm erfolgte Rencontre dem Tage von Fehrbellin zur Seite, während es, auf das Taktisch-Strategische hin angesehen – wenn so große

Worte bei so kleinen Vorgängen überhaupt gebraucht werden dürfen – einem achtundsiebzig Jahre früher an genau derselben Stelle mit genau demselben Feinde stattgehabten Kampfe gleicht, der ebenfalls den Namen einer Schlacht am Kremmer Damm führt. Es gibt also *zwei* Schlachten dieses Namens:

eine (die *frühere*), die 1334 zwischen Herzog Barnim von Pommern und Markgraf Ludwig von Brandenburg,

und eine zweite (die *unsere*), die 1412 zwischen den Pommernherzögen Otto und Casimir und Burggraf Friedrich ausgefochten wurde.

Die voraufgegangene Schlacht von 1334 genießt des Vorzugs, in einer schönen und charakteristischen Volksballade behandelt zu sein, die hier mitzuteilen ich mir aus verschiedenen Gründen nicht versagen möchte.

Die erste Schlacht am Kremmer Damm
(Zwischen Herzog Barnim von Pommern und Markgraf Ludwig von Brandenburg 1334)

Als Herzog Barnim, der kleine Mann
(Um mit Markgraf Ludwig zu fechten),
Kam bis an den Kremmer Damm heran,
Sprach er zu Rittern und Knechten:

„Das Kremmer Luch ist ein garstig Loch,
Und den Feind daraus zu vertreiben,
Ich denke, Leute, wir lassen's noch
Und wollen diesseits bleiben.

Wir schreiben aus eine große Steur,
Und wer sich nicht will bequemen,
Den zwingen wir mit Wasser und Feur
Und wollen das Vieh ihm nehmen."

Der Rat gefiel den Pommern all,
Und verquer und an den Ecken
Gruben sie hastig Graben und Wall,
Dahinter sich zu verstecken . . .

Hier wechselt nun die Szene, das Lied springt von drüben nach hüben oder, was dasselbe sagen will, von der pommerschen nach der märkischen Seite hinüber und fährt fort:

Markgraf Ludwig, der tapfere Held,
Drüben sah man ihn reiten,
Er dachte, „die Pommern stehen im Feld
Und werden den Damm überschreiten".

Als aber keiner sich's unterwand,
Ließ er seinen Trompeter kommen
Und sagte: „Nimm deine Trompet in die Hand
Und blas, bis sie's drüben vernommen.

Und sage dem Herzog Barnim an,
Ich hätte groß Verlangen,
Ihn und seine Ritter, Mann für Mann,
Hier diesseits zu empfangen.

Und wenn es hier diesseits ihm nicht behagt,
So wollt ich ihm versprechen,
Auch auf dem Luch-Damm unverzagt
Eine Lanze mit ihm zu brechen."

Drauf der Herzog: er woll ihm Rede stehn,
*Nicht*kommen, das dünk ihm Sünde,
Sie wollten sich treffen und wollten sehn,
Wer das Spiel am besten verstünde.

Nun hebt der Kampf an und scheint den Pommern den Sieg verbürgen zu wollen, als diese jedoch vordringen, um ihren Erfolg auszubeuten, büßen sie diesen wieder ein und werden zum Rückzuge gezwungen. Im Lied aber heißt es weiter:

Vom Graben ging's auf den Damm hinauf,
Drauf standen dicht die Märker,
Die wehrten sich einzeln und zu Hauf,
Aber Herzog Barnim war stärker.

Die Märkischen konnten nicht bestahn,
Das Luch war ihr Verderben,
Und viele mußten da liegen gahn
Und ohne Wunde sterben.

Und mählich wichen sie Schritt für Schritt,
Vor Kremmen weiter zu fechten,
Die Pommern folgten im festen Tritt,
Die Ritter mitsamt den Knechten.

Aber vor Kremmen hielt man an
Und mußte draußen bleiben,
Die Märkischen standen da Mann für Mann
Und waren nicht zu vertreiben.

Sie schossen hinunter aus Turm und Tor
In das pommersche Gedränge,
Dann drängten sie selber wieder vor,
Tote gab es die Menge.

Da sprach Schwerin: „Das tut kein gut,
Laßt uns den Damm erfassen,
Oder wir müssen unser Blut
Hier alle vor Kremmen lassen."

So zogen sie wieder dem Damme zu,
Heimwärts ohne Schimpf und Schade,
Zuletzt ging auch der Krieg zu Ruh –
Gott geb uns seine Gnade.

Ganz im Einklange mit der Schilderung, die die vorstehende Volksballade von dem *ersten* Kampfe bei Kremmen gibt, verlief auch der *zweite*, der unsere. Diesseit des Dammes, in Stadt und Schloß Kremmen, standen die Märkischen unter Führung oder vielleicht auch nur in Gemeinschaft mit einer Anzahl fränkischer Ritter, die den Burggrafen Friedrich aus seinem Erblande her in die Mark begleitet hatten; drüben, jenseits des Dammes, aber standen die Herzöge von Stettin. Und genau wie zu Herzog Barnims Zeiten drangen die Pommern auch heute wieder auf dem durch das sogenannte „Luch" sich hinziehenden Kremmer Damm vor und errangen insoweit einen Vorteil, als die Märker, trotz des Versuches dazu, dies Vordringen nicht hindern konnten. Als aber, nach diesem ersten unzweifelhaften Erfolge der beiden Herzöge, der Sieg perfekt gemacht und Stadt und Schloß Kremmen mit stürmender Hand genommen werden sollte, versagte den Pommern die Kraft zu diesem Abschluß der Aktion, weshalb sie sich genötigt sahen, über den von ihnen eroberten Damm ihren Rückzug anzutreten. So der Verlauf der kleinen Bataille, genauso wie 1334. Das Ganze hatte den Charakter eines Brückengefechtes gehabt, eines Gefechtes in einem Défilé. Das Luch als solches zu passieren oder durch Flankenbewegungen zum erweiterten Kampfplatz zu machen verbot sich, und so schob man sich denn auf dem Damm hin und her, immer nur mit der Spitze Fühlung habend. Diese Spitze bildeten auf märkischer Seite die fränkischen Ritter, und diese waren es auch, die den Preis des Tages zu zahlen hatten. Einer derselben, *Kraft von Lentersheim*, ward vom Damm her in das Luch abgedrängt und versank in demselben, eine Version, die mir wahrscheinlicher dünkt als eine zweite, nach der er, schwerverwundet, in ein benachbartes Dorf geschafft und in der Kirche daselbst bestattet sein soll.

Die beiden anderen Ritter, die fielen, waren Ritter *Philipp von Utenhoven* und Graf *Johannes von Hohenlohe*. Beide (besonders der letztere), dem Burggrafen nahestehend, wurden von Kremmen aus nach Berlin geschafft und in der Franziskanerklosterkirche daselbst, die sozusagen markgräfliche Hofkirche war, beigesetzt. Ihre Grabsteine sind verschwunden, aber ein dem Grafen Hohenlohe geltendes Wandbild, das, so läßt sich annehmen, der Burggraf selbst dem Gedächtnis dieses seines Getreuen stiftete, hat sich bis diesen Tag in besagter Kirche, neben der Orgel, erhalten und gibt nicht nur Zeugnis, wie der Burggraf den ersten auf märkischer Erde für Haus *Hohenzollern* Gefallenen ehrte, sondern gleichzeitig auch eine gute Vorstellung von der Bildnis- und Geschichtsmalerei jener Epoche, wenn auch freilich nicht innerhalb unserer Mark, der solche Kunstübung fremd war. Es ist, aller Wahrscheinlichkeit nach, eines Nürnberger Meisters Arbeit, ein vergleichsweise wohlgelungenes Bild, auf dem wir einen jugendlichen Ritter in schwarzer Rüstung und weißem Pelzmantel erblicken, der vor dem Heilande kniet und wehmütig das blasse, überaus traurige Haupt zu dem Erlöser erhebt. Christus selbst steht mit den Emblemen seiner Schmach, mit Geißel, Dornenkrone und dem Ysopstabe, vor dem Ritter, aus des Heilandes Wunden aber ergießen sich fünf Blutströme in den Kelch des heiligen Abendmahls. Darüber ein Helm mit dem Adlerschmuck und ein Wappenschild mit zwei Leoparden. Um das Ganze herum zieht sich die Legende: „Anno Domini 1412 am St.-Columbanus-Abend verschied der hochgeborne Graf Johannes von Hohenlohe, dem Gott genade. Amen."

Friedrich konnte sich in seiner Trauer nicht genugtun und ließ, außer dem vorbeschriebenen Kirchenbilde, noch ein Kreuz am Kremmer Damm selbst errichten, an ebender Stelle, wo Graf Hohenlohe gefallen war. Zweimal wurde das Kreuz seitdem erneuert: erst unter dem Großen Kurfürsten (mit der dem unhistorischen Sinn jener Zeit entsprechenden Angabe, daß hier „ein brandenburgischer *General*" gefallen sei), dann unter Friedrich Wilhelm IV.

8. KAPITEL

Friedrichs Diplomatie. Bündnisse mit Magdeburg und Sachsen. Anscheinende Begleichung der Streitfrage. Huldigung und erneute Provokationen

Friedrich hatte der Schlacht am Kremmer Damm nicht beigewohnt, ebenso waren die Quitzows, „die intellektuellen Urheber“ des Pommerneinfalls, *nicht* zugegen gewesen. Frühere Geschichtsschreiber lassen freilich, im Widerspruch dazu, beide Brüder unmittelbar an der Seite der Pommernherzöge dem Kampfe beiwohnen, Riedel aber, und nach ihm alle Neueren, haben das Nichtstichhaltige dieser Annahme dargetan. Die Quitzows handelten klüger und warteten in einer ihnen durch Schloß Friesack und Schloß Plaue gegebenen Flanken- und Rückenstellung den Ausgang ab, um, wenn alles gut ging, durch ein nachträgliches Eingreifen die burggräfliche Sache rasch zu *vollem* Ende führen, im Falle des Mißlingens aber sich als schuldlos und unbeteiligt hinstellen zu können. In gleicher Weise verfuhr die ganze märkische „Fronde“, die, wohl wissend, was auf dem Spiele stand, konsequent an ihrem negativen Verhalten festhielt. Sie begnügte sich damit, den Burggrafen als nicht vorhanden anzusehen, hütete sich aber, ihn durch offene Feindseligkeit zur Anwendung von Gewaltmaßregeln herauszufordern. Man ließ es an List auf beiden Seiten nicht fehlen, diplomatisierte hüben und drüben, und während die „Renitenten“ eine friedfertige Gesinnung und in Einzelfällen sogar eine freundschaftliche Haltung heuchelten, gab sich Friedrich seinerseits das Ansehen, an diese Friedfertigkeit zu glauben. Er ging darin so weit, die Quitzows zu Gaste zu laden, und obgleich er ihre wahre Gesinnung sehr wohl kannte, mag er doch nicht ohne Hoffnung auf einen allmählichen Wandel der Dinge gewesen sein und wenigstens eine Zeitlang an die Möglichkeit gedacht haben, ihre Herzen durch Entgegenkommen gewinnen zu können.

Darin sah er sich nun freilich getäuscht, und als ihm dies

feststand, entschloß er sich, wie Wusterwitz schreibt, „als ein gütiger Beschützer und Beschirmer seiner Untertanen einen großen Mut zu fassen und mit Rat frommer Herrn zu bedenken, wie der Mark zu helfen sei. Da fand er denn, daß Freundschaft und Vereinigung mit den benachbarten Fürsten und Herren am ehesten geeignet sein würde, diese Hülfe zu schaffen und einen festen Zaun der Beschirmung um die Mark zu ziehen."

Und von diesem Augenblick an wurde dann auch alles Nötige zum Abschlusse solcher hülfeschaffenden Bündnisse getan, unter welchen Bündnissen das mit Mecklenburg, insonderheit aber das mit dem Erzbischofe von Magdeburg und dem Herzoge Rudolf zu Sachsen obenan stand.

Diese trotz aller Heimlichkeit sehr bald bekannt werdenden Vorgänge blieben nicht ohne Wirkung auf die Mitglieder der „Fronde", die, rasch erkennend, gegen wen sich das alles richtete, momentan nachzugeben beschlossen, um zunächst besser Wetter abzuwarten. In der Tat erschienen sie bald danach vor dem Burggrafen, um ihm die bis dahin verweigerte Huldigung zu leisten, und schoben durch diesen am 4. April 1413 in Berlin vollzogenen Akt freiwilliger Unterwerfung die schon damals drohende Katastrophe um fast Jahresfrist hinaus. Aber der Hang, nach eigenem freien Ermessen zu handeln und ein obrigkeitliches Regiment nur insoweit gelten zu lassen, als es ihnen zu Willen war, steckte den Quitzows zu tief im Blut, als daß sie sich desselben auf die Dauer und einem bloß äußerlichen Unterwerfungsakte zuliebe hätten entschlagen können. „Wir haben nun den Rechtszustand anerkannt und sind, nachdem wir dem Nürnberger gehuldigt, keine Rebellen mehr gegen König Sigismund und seinen Willen. Aber wie wir des *Königs* Recht gewahrt haben, so wollen wir nun auch das *unsere* wahren, und das unsere heißt: ‚Recht der Absagung und freien Fehde'." So mochten ihre Gedanken gehen, und schon innerhalb der nächsten Tage geschahen Dinge, die dieser Anschauung vom *Rechte freier Fehdeführung* Ausdruck gaben.

Sehen wir, wie.

Unter den vielen Landesschlössern, die während der Jobstschen Herrschaft „in Versatz" gegeben waren, war auch Schloß *Trebbin*, ein „Raubschloß", wie Wusterwitz es nennt, das um die Zeit, als der Burggraf ins Land kam, von drei Brüdern von Maltitz gehalten wurde. Bei Gelegenheit der „Auslösungen", die nun begannen, ja sich recht eigentlich als erste Pflicht des neuen Statthalters herausstellten, kam auch Schloß Trebbin an die Reihe, dessen derzeitige Besitzer jedoch die Herausgabe des Schlosses gegen Rückempfang der Pfandsumme verweigerten, vielleicht weil sie den Quitzows nahestanden und Hülfe von ihnen erwarten mochten. All dies wurde Veranlassung, daß Burggraf Friedrich, dem sich auf diesem Zuge die gesamte „renitente" Partei, die Quitzows mit eingerechnet, anschloß, am 23. April 1413 vor dem „Raubnest" erschien und es nach zweitägiger Belagerung einnahm.

Solch Erfolg durfte den Burggrafen mit Genugtuung erfüllen. Aber diese Genugtuung war von kürzester Dauer, und ehe noch der Abzug angeordnet war, zogen die Quitzowschen, ohne sich um den Burggrafen zu kümmern oder ihm auch nur Kenntnis davon zu geben, aus dem Trebbiner Lager ab, um weiter südlich in das zunächst unter dem Abt von Zinna, mittelbar aber unter dem Erzbischof von Magdeburg stehende Dorf Hennickendorf einzubrechen. Mit den beiden Quitzows waren Wilkin von Arnim, Achim und Matthias von Bredow, Werner und Albrecht von Holzendorf, Wichard von Rochow, Ebeling und Henning von Krummensee, Claus von Kannenberg, Henning von Stechow, Ludwig Sparr und Herrmann von Bardeleben. In Hennickendorf nahm man den Bewohnern ihr Hab und Gut und trieb das Vieh nach Schloß *Beuthen*, um es daselbst in Sicherheit zu bringen. Als, wie sich denken läßt, Beschwerden über diese vom Zaun gebrochene Fehde beim Burggrafen einliefen und der Abt von Zinna Genugtuung für das Geschehene forderte, rächte man sich auf seiten der Verklagten (denen sich inzwischen auch Kaspar Gans zu Putlitz angeschlossen) einfach dadurch, daß man von neuem ins Zinnasche zog und die Klosterdörfer Bardenitz, Pechül, Mehlsdorf, Felgentreu, Frankenfelde und Frankenföhrde rein ausplünderte. Die Bauern wurden drangsaliert und weggeschleppt und andere, darunter der Frankenföhrder Schulmeister, erschlagen. Auf den Hülferuf der heimgesuchten Orte raffte der Zinnasche Klostervogt alles zusammen, was sich von Mannschaft in der Eile zusammenraffen ließ, und jagte damit den Quitzowschen nach, aber der Widerstand, den diese leisteten, war so stark, daß viele der Verfolger auf dem Platze blieben und der Vogt mit seinen drei Brüdern gefangengenommen wurde. Die Sieger setzten darauf unbehindert ihren Heimzug fort und brachten die Beute nach Schloß *Golzow*.

All dies war im Mai. Gleich danach kam abermals Zuzug aus der Prignitz, welchen Zuzug die gerade hier ihren stärksten Einfluß übenden Quitzows veranlaßt haben mochten. Unter denen, die kamen, waren folgende:

die *von Rohr* zu Freienstein, Neuburg, Neuhausen und Schrepkow;

die *von Möllendorf* zu Wittenberge, Kumlosen, Krampfer und Abbendorf;

die *von Königsmarck* zu Fretzdorf;

ferner die von Restorf, von Sack, von Hundenest, von der Weide, von Karstädt und von Wartenberg.

Auch aus der Altmark kamen Freunde: Matthias von Jagow, Ludolf und Gebhard von Alvensleben, Klaus von Kläden, Bernd und Werner von der Schulenburg, während andere, die nicht selber mit dabeisein wollten (unter ihnen der Betzendorfer Schulenburg), wenigstens ihre Pferde schickten. Dabei war die Zahl der Knechte so groß, daß allein Gebhard von Alvensleben mit sechzehn Gewappneten erschien.

Es muß dahingestellt bleiben, ob durch das Zusammenziehen einer so bedeutenden Macht, wie man sie zum „Auspochen" einiger Ortschaften sicherlich nicht brauchte, nicht vielleicht eine Demonstration gegen den Burggrafen beabsichtigt wurde. Da letzterer aber ein Zusammentreffen mit der Schar vorsichtig vermied, so begnügte sich die „Fronde" mit erneuten Einfällen ins Magdeburgische.

Parey wurde geplündert und verlor 3000 Stück Schafvieh und 360 Kühe.

So ging es monatelang unausgesetzt weiter, bis, im Spätherbst, ein abermaliger und durch besondere Kühnheit ausgezeichneter Raubzug ins Jerichowsche den Wandel der Dinge wenigstens einleitete. Hans von Quitzow, von dem Verlangen erfüllt, den magdeburgischen Erzbischof für Schädigungen abzustrafen, die dieser dem Wichard von Rochow und mit ihm der ganzen Zauche zugefügt hatte, zog, vom Havelland aus, auf Ferchland zu, woselbst er am 30. November auf die von dem magdeburgischen Hauptmann *Peter von Kotze* und dem Jägermeister *Gebhard von Plotho* geführten erzstiftlichen Mannschaften stieß. Die Begegnung fand an dem kleinen Stremme-Flusse statt, und der sich hier entspinnende Kampf endete so glücklich für Hans von Quitzow, daß alle Magdeburgischen, soweit sie nicht fielen, in seine Gefangenschaft gerieten. Unter den Gefangenen waren auch die beiden Führer, die nach Schloß Plaue gebracht und durch üble Behandlung und allerlei Peinigung zu Zahlung eines ungewöhnlich hohen Lösegeldes: 1600 Schock böhmische Groschen, veranlaßt wurden.

Erzbischof Günther, als er von dieser Niederlage hörte, war von tiefstem Unmut erfüllt und gab diesem Unmut in einem an Burggraf Friedrich gerichteten Schreiben Ausdruck, in dem er, alle Drangsalierungen, die gegenwärtigen wie die früheren aufzählend, auf Abstellung dieser ebenso der Ordnung wie der Freundnachbarlichkeit hohnsprechenden Zustände drang.

9. KAPITEL

Der Kampf gegen die Quitzows wird aufgenommen und endigt mit ihrer Niederwerfung. Friesack und Plaue fallen

Aller Unmut aber, den das erzbischöfliche Schreiben aussprach, wurde von dem Burggrafen nur *zu sehr* geteilt, der sich überdies der Erkenntnis nicht länger verschließen konnte, daß er, bei fortgesetztem ruhigen Gewährenlassen, dem Vorwurfe der Schwäche, ja vielleicht dem Verdachte der Zweideutigkeit und des geheimen Einverständnisses mit den Friedensbrechern nicht entgehen werde. Dies alles erzielte, daß man auf erzbischöflicher wie burggräflicher Seite rasch einig wurde, die längst vorher gefaßten Bündnisbeschlüsse (deren dritter Hauptteilnehmer der mehrgenannte Herzog Rudolf zu Sachsen war) in Kraft treten zu lassen, und als wenige Wochen später, am 14. Januar 1414, auch noch ein kaiserliches Schreiben eintraf, das die vier Führer der Fronde: die beiden Quitzows sowie Kaspar Gans zu Putlitz und Wichard von Rochow auf Golzow in die Oberacht erklärte, so schritt man seitens der Verbündeten mit einer für die damaligen Zeitverhältnisse frappierenden Schnelligkeit zur Ausführung ihrer Pläne. Der Erzbischof wollte Revanche nehmen, der Burggraf Ordnung stiften. In vier Kolonnen, deren Zusammensetzung, wie vieles andere, schon bei früheren Zusammenkünften festgestellt und geregelt war, brach man gegen die vier Hauptschlösser der Quitzows und ihres Anhanges auf.

Gegen das von Wichard von Rochow verteidigte Schloß *Golzow* rückte Herzog Rudolf von Sachsen von Belzig aus. 5. Februar 1414.

Gegen Schloß *Beuthen*, darin der Quitzowsche Hauptmann Götz von Predöhl (nicht Goswin von Brederlow, wie Wusterwitz irrtümlich schreibt) befehligte, rückte Johann von Torgau mit Bürgern von Jüterbog, Treuenbrietzen und Beelitz sowie mit Mannschaften der Klöster Lehnin und Zinna. 6. Februar.

Gegen Schloß *Friesack*, das Dietrich von Quitzow verteidigte, rückte Burggraf Friedrich in Person; ferner Balthasar Fürst zu Wenden, Ulrich Graf zu Lindow und Ruppin, Herr Johann von Bieberstein und Ritter Otto Pflug. 6. Februar.

Gegen Schloß *Plaue*, das Johann von Quitzow verteidigte, rückte Günther von Schwarzburg, Erzbischof zu Magdeburg, mit seinem Kriegsvolk. 7. Februar.

Schloß *Golzow* fiel zuerst (7. Februar), bei welcher Gelegenheit Wusterwitz schreibt: „Als nun Wichard von Rochow sah, daß er's nicht halten könne, hat er, mit den Seinen, einen Strick am Hals und die Frauen in weißen Badekitteln, unter tiefem und demütigem Fußfall sein Schloß abgetreten, auf daß er seine Güter davon haben möchte."

Den 10. fiel *Friesack*, nachdem die „große Büchse" die Mauern des Schlosses niedergelegt und Dietrich von Quitzow seine Flucht bewerkstelligt hatte. Den 26. Februar fiel *Plaue*, woran sich ein paar Tage später auch die Kapitulation von *Beuthen* schloß. In drei Wochen war der Widerstand gebrochen, Dietrich von Quitzow flüchtig, Johann von Quitzow gefangen.

Näheres wird seitens des Chronisten nicht berichtet. Nur über Belagerung und Eroberung von Schloß *Plaue* gibt er ein paar Einzelheiten.

„Als nun Johann von Quitzow", so schreibt er, „vernommen, daß Schloß Friesack, darauf sein Bruder wohnte, gewonnen und eingenommen sei, zugleich aber wahrnahm, daß die dicken Mauern des Schlosses Plaue, darauf seine Zuversicht stund, durch die ‚große Büchse'*, die man von Friesack herangeschafft hatte, zerschossen seien, nahm er montags nach Matthias Apostoli (26. Februar) die Flucht mit seinem Bruder Henning, Studenten von Paris, und einem Knechte, Dietrich Schwalbe genannt, in Meinung, zu entrinnen. Aber die Bürger von Alt- und Neustadt Brandenburg, die auf der anderen Seite des Schlosses über der Havel waren und daselbst mit ihren Büchsen Stand genommen hatten, als sie sahen, daß Johann von Quitzow flüchtig war, folgten sie ihm, um ihn zu greifen. Derowegen verließ er sein Roß und lief zu

* Daß man sich bei Niederlegung der Mauern von Friesack und Plaue solcher „großen Büchse" bedient, ist wohl sicher, aber einer bestimmten Namensgebung dieser großen Büchse, wie beispielsweise „Faule Grete", begegnet man bei gleichzeitigen Geschichtsschreibern *nicht*. Im Besitze der Braunschweiger, so viel weiß man, befand sich eine große Büchse mit Namen „die Faule Metze", welche im Jahre 1411, als der Erzbischof Günther von Magdeburg mit den Herzögen Bernd und Heinrich von Braunschweig-Lüneburg die Edlen von Schwicheldt wegen ihrer Raubtaten in der festen Harzburg belagerte, ausgezeichnete Dienste leistete. Vielleicht brachte der Erzbischof von Magdeburg diese Büchse mit, und die „Faule Metze" vor Harzburg und die „Faule Grete" vor Plaue sind ein und dasselbe Geschütz. Metze (von Margarethe) und Grete sind ohnehin dieselben Namen.

Fuß, in Meinung, sich also besser verstehlen und verbergen zu können; aber die Knechte Heinrichs von Schwarzburg, Bruder des Erzbischofs von Magdeburg, haben ihn aufgespürt und mit den anderen beiden gefangengenommen und in der Kirche zu Plaue, darin der Erzbischof zu Magdeburg seine Küche hatte, in den Stock gesetzt... Die aber auf dem Schlosse zurückgeblieben, als sie sahen, daß sie's in keinerlei Wege halten könnten, baten um Frieden und übergaben das Schloß zu Gnaden des Herrn Burggrafen, auf daß sie frei und sicher abziehen möchten. Und hat in weiterer Folge der Herr Burggraf das Schloß auch eingenommen und allda (wie man sagt) 700 Seiten Speck ohne alle anderen Viktualien von Fleisch, Wein, Bier und Met vorgefunden."

So Wusterwitz. Es gibt aber, neben dieser Wusterwitzschen Lesart, auch noch andere Lesarten über den Fall von Plaue*, namentlich was die Flucht und Ergreifung Johann von Quitzows angeht; da Wusterwitz aber nicht nur als Zeitgenosse, sondern in seiner Eigenschaft als Brandenburger Kind auch fast als Augenzeuge schreibt, so darf man seine Mitteilungen als die glaubwürdigsten ansehen.

In drei Wochen, wie schon hervorgehoben, war der Widerstand der Quitzows gebrochen, ein Ereignis von solcher Bedeutung und Tragweite, daß es nicht verwundern darf, das-

* Nach einer dieser Lesarten, die die *magdeburgische* Schöppenchronik gibt, entkamen Hans und Henning von Quitzow unbemerkt und verbargen sich in dem hohen Rohr an der Havel, ja, dem älteren Bruder konnte sogar sein Hengst durch seinen Knecht *Lüdeke* Schwalbe (Wusterwitz nennt ihn Dietrich) nachgebracht werden. Aber, so heißt es weiter, als Hans von Quitzow sich aus dem Rohr erhob und nach dem Zügel des Hengstes griff, scheute dieser, warf den Kopf und entlief. Dies sah der Schulze von Schmitsdorf (einem magdeburgischen Dorfe), der mit im Belagerungsheer vor Plaue stand, und eilte mit einigen Leuten auf die Stelle zu. Beide Quitzows, Johann und Henning, samt dem Knechte, der das Pferd gebracht hatte, suchten sich durch Dukken im Rohr und dann durch Flucht zu retten, aber sie verirrten sich in dem Havelbruch und wurden gefangengenommen. (Einer dritten Lesart zufolge, die sich in Peter Beckers Chronik von *Zerbst* findet, bewerkstelligte Hans von Quitzow seine Flucht dadurch, daß er, zur Nachtzeit einen Kahn besteigend, die Havel auf Pritzerbe zu hinunterglitt. Aber der Erzbischof hatte die Havel an beiden Ufern mit Wachposten besetzen lassen. Diese sahen den Kahn, bemächtigten sich desselben und führten Hans von Quitzow als Gefangenen ins magdeburgische Lager.) Unter den verschiedenen Lesarten ist diese dritte die wenigst glaubhafte. Sehr wahrscheinlich war die Havel zugefroren, und Hans von Quitzow entkam, zunächst wenigstens, gerade dadurch, daß er diesen Umstand benutzte.

selbe, ähnlich wie die Schlacht am Kremmer Damm, in einer Ballade gefeiert zu sehen. Nikolaus Uppschlacht, Bürger zu Brandenburg, war der Verfasser dieser Ballade. Sie selbst aber lautet:

Und Christ im Himmel erbarmte sich,
Da gab er zum Trost uns männiglich
Unseren Markgraf *Friederich*,
  Einen Fürsten lobesamen.

Das ist ein Fürst von solcher Art:
In ihm sind Kraft und Mut gepaart;
Ob Laien oder wohlgelahrt,
  Alle preisen seinen Namen.

Zu loben ihn uns wohl ansteht,
Ihn, den so lange die Mark erfleht;
Gott selber in seiner Majestät
  Hat ihn uns erwecket.

Seit Kaiser Karl zu Prag uns starb,
Das Land verkam, das Land verdarb,
Bis *Friedrich* unsre Mark erwarb,
  Das hat die Räuber erschrecket.

Und die ihm wollten widerstehn,
Wie der Kuckuck waren sie anzusehn,
Er war der Adler, *sie* waren die Krähn,
  Er zerstäubte sie geschwinde.

Nach diesem Vorgesange, der sich huldigend an die Person Friedrichs wendet, beginnt das eigentlich Historische.

Die *Quitzowschen* schwuren einen Eid:
„Wir machen ihm das Land zuleid",
Und dazu waren sie wohl bereit
  Mit ihrem Ingesinde.

„Was soll der Nürrenberger Tand?
Ein Spielzeug nur in unsrer Hand,
Wir sind die Herren in diesem Land
Und wollen es beweisen.

Und regnet's Fürsten noch ein Jahr,
Das macht nicht Furcht uns und Gefahr,
Er soll uns krümmen nicht ein Haar,
Nach Hause soll er reisen.

Und kommt zu Fuß er oder Pferd,
Mit Büchse, Tartschen oder Schwert,
Uns dünkt es keinen Heller wert,
Er muß dem Land entsagen.

Und will er nicht, es tut nicht gut,
Wir stehen mutig seinem Mut,
Zehn Schlösser sind in unsrer Hut,
Er soll uns nicht verjagen."

Und nachdem so die Quitzowschen in ihrem Trotz und ihrer Auflehnung eingeführt sind, führt uns das Lied zu den verbündeten Fürstlichkeiten und ihrer beginnenden Aktion hinüber.

Als das die Fürstenschaft vernahm,
In Hasten alles zusammenkam,
Einem jeden wär es Schimpf und Scham,
Wär er *nicht* gekommen.

Der Bischof von Magdeburg war zu Hand,
Günther von Schwarzburg ist er genannt,
Nach *Plaue* hat er sich gewandt
Und die „Grete" mitgenommen.

Dann zog heran ein Sachsen-Hauf,
Herzog Rudolf allen vorauf,
Nach *Golzow* nahm er Ziel und Lauf
Und stellte sich vor die Veste.

Da ließ er schwenken seine Fahn:
„Ich denke, rasch ist gut getan,
Laßt uns an ein Stürmen gahn
Und jeder tue das Beste."

Burggraf Friedrich aber vor *Friesack* zog,
Der Graben war tief, die Mauer war hoch,
Aber die Franken stürmten doch,
Alle wollten sie Ritter werden.

Ein Hagel von Pfeilen sie flugs empfing,
Da schützte nicht Schiene, nicht Panzerring,
Mancher Pfeil bis in das Herze ging,
Und viele sanken zur Erden.

Pfeile flogen und Kugel und Stein,
Da riefen die Franken: „Tritt für uns ein,
Maria, woll uns gnädig sein,
Auf daß der Hochmut erliege."

Die Heilige Jungfrau, sie war es gewillt,
Sie lieh den Stürmenden ihren Schild,
Ein jeder sah ihr Himmelsbild,
Und so schritten sie zum Siege.

Das Wetter war kraus und ungestalt,
Es regnete, schneite und war kalt,
Die Schlösser kamen in unsre Gewalt,
Weil Gott im Himmel es wollte.

Friesack, Plaue, Rathenow
Und Golzow und Beuthen ebenso,
Sie huldigen Friedrich. Und alle sind froh,
   Daß Recht Recht bleiben sollte.

Die Fürsten lenkten heimwärts ein,
Desgleichen die Städte, groß und klein;
Viele waren geschossen durch Hüft und Bein
   Und hinkten nach Haus an Krücken.

Und nun folgt wieder ein frommer und vor dem neuen Fürsten sich abermals verneigender Nachgesang.

Ach, reicher Gott, den Fürsten gut,
Nimm ihn gnädig in deine Hut
Und woll ihn durch dein heilig Blut
   Erquicken und beglücken.

Auch seiner edlen Fraue zart,
Sein deine Gnaden aufgespart,
Dann sind allbeide wohlbewahrt
   In deinem Himmel droben.

In deinem Himmel, nach dem wir schaun,
Auf den wir all in Hoffnung baun,
Um willen Unsrer Lieben Fraun,
   Die wir rühmen und preisen und loben.

Er aber, der diesen Reigen erfand,
Niklas Uppschlacht wird er genannt,
In Brandenburg ist er wohlbekannt,
   Er pries den Fürsten mit Fleiße.

So das Lied, dessen Verfasser, *Niklas Uppschlacht*, als der erste hohenzollernsche Hofdichter angesehen werden darf. Worin sein Lohn bestanden, wird nicht erzählt. Jedenfalls wird derselbe hinter dem Ehrensolde *Tennysons*, der für seinen neuesten Hymnus auf das fünfzigjährige Regierungsjubiläum der Königin Victoria 10 000 Lstr. erhalten haben soll, erheblich zurückgeblieben sein. Denn für 10 000 Lstr. kaufte man damals die ganze Mark Brandenburg, Uppschlacht mit eingeschlachtet.

10. KAPITEL

Ausgang der Quitzows.
Kaspar Gans zu Putlitz versöhnt sich mit dem Burggrafen (nunmehr Kurfürsten) und ficht mit bei Ketzer-Angermünde.
Das Quitzowsche Erbe

Die märkische „Fronde" war besiegt.

Was noch erübrigt, ist ein kurzer Bericht über die Lebensausgänge beider Brüder.

Dietrich von Quitzow, landesflüchtig, setzte seinen Widerstand trotz alledem nach Möglichkeit fort und gefiel sich darin, dem neuen Machthaber in Mark Brandenburg an den benachbarten Fürstenhöfen: Pommern-Stettin, Mecklenburg-Stargard und Erzbistum Magdeburg, allerlei Feinde zu wecken, was ihm bei seiner Klugheit und mehr noch infolge der nie schlummernden Eifersüchteleien auch gelang. Bei den Fehden, die sich daraus entspannen, ward er regelmäßig mit der Führung der aufgebrachten Streitkräfte betraut, und so läßt sich von ihm sagen, daß sein Leben, das, in den Jahren bester Kraft, nach der Verweserschaft der Mark, ja vielleicht nach der Herrschaft innerhalb derselben gestrebt hatte, mit einer Condottiere-Stellung endigte. Heute hier und morgen da seine Kriegsdienste zur Verfügung stellend, war er in Zeiten, die der eigentlichen Landsknechtschaft vorausgingen, ein „Kriegsoberst", wie die beiden folgenden Jahrhunderte (das 16. und 17.) deren so viele sahen. Aber auch in dieser fortgesetzten Fehde gegen den Burggrafen, der inzwischen zum Markgrafen und Kurfürsten von Brandenburg erhoben war, erlag er, trotz gelegentlicher Erfolge, doch insoweit, als die Nachbarfürsten ihm allmählich, und zwar einer nach dem andern, ihr Ohr zu verschließen begannen. Und so war er eines Tages „dienstlos" geworden, und krank und gebeugt durch das Scheitern auch seiner letzten Pläne, zog er sich ins Braunschweigische zurück, wo seine Schwester Mathilde, seit vielen Jahren an Heinrich von Veltheim vermählt, auf Schloß Harpke wohnte. Wie hier seine letzten Tage vergingen, darüber verlautet nichts Bestimmtes, da Wusterwitz sich darauf beschränkt, in aller Kürze zu berichten: „Im Jahre 1417 ist Dietrich von Quitzow, so der Mark mancherlei Schaden zugefügt und sie heftig beleidigt hat, in dem der Familie von Veltheim zuständigen Schlosse Harpke gestorben und zu Kloster Marienborn (deren Priorin eine Tochter Heinrichs von Veltheim war) begraben worden."*

Johann von Quitzow – der schon seit seiner Fehde (1408) mit Köne von Wulffen auf Schloß Grabow einäugig war und, wie berichtet wird, einen finsteren und furchtbaren Anblick gewährte – sahen wir zuletzt, als er, eingebracht durch die Knechte Heinrichs von Schwarzburg, in der Kirche zu Plaue geschlossen im Stocke saß, um dann andren Tages als Gefangener des Erzbischofs von Magdeburg nach Schloß Calbe hin abgeführt zu werden. Dort blieb er Gefangener, bis er, nach etwas mehr als zwei Jahren, 1416, wieder freikam und, in die Prignitz zurückkehrend, unter nunmehr erfolgender Neubelehnung mit dem alten Familien-

* *K. Fr. von Klöden,* in seinem mehrfach von mir zitierten Buche *„Die Quitzows und ihre Zeit"*, widmet dem Hinscheiden Dietrichs von Quitzow ein ganzes Kapitel, das, in seinen Einzelangaben jedes historischen Anhalts entbehrend, doch bemerkenswert ist durch Schönheit und Tiefe. Wie denn überhaupt gesagt werden muß, daß sich in diesem nicht genugsam gewürdigten vierbändigen Werke neben viel überraschlich Prosaischem auch viel überraschlich Poetisches findet. In dem vorerwähnten Kapitel sehen wir Dietrich von Quitzow in einer von Veltheimschen Waldhütte, wohin er sich menschenscheu zurückgezogen hat. Die letzten, die sich hier an ihn drängen und ihm in prahlerischer Weise von ihrer Vornehmheit und ihrer Freiheit erzählen, sind *Zigeuner,* deren große Worte (zu denen die begleitenden Diebestaten so wenig stimmen) ihn mehr demütigen als alles andere, weil er, im Vernehmen dieser Worte, dem anspruchsvollen *Zerrbilde der Freiheit* ins Gesicht starrt. Schwerlich werden ihm Betrachtungen wie diese den Tod verbittert haben, aber alle diejenigen, die von einer *Schuld* der Quitzows überzeugt sind, müssen diese Szene für dichterisch gut ersonnen ansehen.

besitze: *Lenzen, Quitzöwel* und *Kletzke,* seinen Frieden mit dem Kurfürsten machte.

Darin war ihm *Kaspar Gans,* wenn auch nur um einige Monate, zuvorgekommen* und genoß des Vorzuges, diese seine verwandelte Gesinnung in einer am 25. März 1420 statthabenden Aktion gegen die Pommern glänzend betätigen zu können. Der hier in Rede stehende Kampf führt den Namen der *„Erstürmung von Ketzer-Angermünde"* und bildet den Schluß der Wusterwitzschen Aufzeichnungen über die Vorgänge jener interessanten Epoche. Der Bericht selbst aber lautet:

„Mittwochs nach Judica haben die Märkischen die Stadt Angermünde, welche an die siebenzig Jahr von den Herzogen zu Stettin innegehabt war, bestritten und eingenommen, und weil sie das neben der Stadt gelegene Schloß nicht gleicherweise haben erobern können, haben sie von der *Stadt* aus das *Schloß,* das von einem Kastner der Herzoge von Stettin verteidigt wurde, zu belagern begonnen. Außer dem Schloß aber hat besagter Kastner auch das zum *Schloß* hinaufführende *Stadttor* in Händen gehabt und besetzt gehalten. Als nun Herzog Casimir von Pommern, der sich nach Schloß

* In dieser Versöhnung mit dem Kurfürsten die Vorhand zu gewinnen ward unserem *Kaspar Gans zu Putlitz* durch einen besonderen Umstand erleichtert, auf den hier noch nachträglich als auf ein höchst wichtiges und vielleicht entscheidendes Ereignis in der Geschichte jener Tage hingewiesen werden mag. Ausgangs 1413, an demselben 30. November, an welchem *Johann von Quitzow* das siegreiche Gefecht gegen die Magdeburger führte, das dann mit der Gefangennahme *Peter von Kotzes* und *Gebhards von Plotho* schloß, an ebendemselben Tage wurde der gerade damals in Fehde mit dem Brandenburger Bischof liegende *Kaspar Gans* von dem bischöflichen Hauptmann *Johann von Redern* im Dorfe Dalgow bei Spandau gefangengenommen und über Pritzerbe nach *Ziegesar* ins Gefängnis geführt. Dort saß er noch, als zwei Monate später zur Belagerung der vier Schlösser Golzow, Beuthen, Friesack, Plaue geschritten wurde, so daß er den Bedrängten keine Hülfe bringen konnte. Dadurch war die Widerstandskraft der Quitzowschen von Anfang an halbiert und schuf ihnen eine Niederlage, die, bei Vollzähligkeit ihrer Streitkräfte, vielleicht ausgeblieben wäre. Niemand erkannte dies klarer als *der,* dem der Sieg zugefallen war, und wenn *Kaspar Gans* in dem Entscheidungskampfe des frondierenden Adels auch nur gefehlt hatte, weil er, als Gefangener, fehlen *mußte,* so wird der Burggraf doch nicht gesäumt haben, ihm auch diesen Zufall zum Guten anzurechnen.

Vierraden hin zurückgezogen hatte, vernahm, daß das Schloß und das eine Tor noch in Pommerschen Händen sei, hat er beschlossen, die Märker aus der *Stadt* Angermünde wieder hinauszujagen. Und als in diesem Augenblicke durch Kundschaft bekannt geworden, daß sich die Märker auf dem Angermünder Marktplatze nicht bloß wohl verschanzt, sondern auch Herrn *Kaspar Gans* zu Putlitz mit 400 Reitern außerhalb der Stadt in den Hinterhalt gelegt hätten, hat Ritter *Detleff von Schwerin* dem Herzog Casimir eindringlich geraten, er solle sich erst auf des Putlitzen Reiterhaufen werfen und diesen von der Stadt abtrennen, damit er, der Herzog, desto besser und fast ohne Widerstand in die Stadt eindringen könne. Diesen Ratschlag hat Herzog Casimir aber nicht annehmen wollen und ist mit seinem hellen Haufen unbehelligt durch das Tor eingedrungen, das von seinem Kastner noch innegehabt wurde. Desgleichen hat er in drei Gassen drei seiner Banner aufgerichtet. Der Markgraf aber, der sein Kriegsvolk in die Häuser gelegt und sich selbst mit etlichen Reitern und unter Benutzung vieler Wagen auf dem Marktplatze verschanzt hatte, hatte sich, müde von der Kriegsarbeit des voraufgegangenen Tages, zur Ruhe begeben. Als nun Herzog Casimir unter dem Schlachtrufe ‚Stettin, Stettin' in die Stadt eindrang, ist der Kurfürst von diesem Zuruf erwacht und unter Aufrichtung seines Banners mit den Pommern in einen harten Streit geraten, darin *Detleff von Schwerin* und Ritter *Peter Trampe* samt vielen anderen an der Spitze der Herzoglichen erschlagen worden sind. Und weil Kaspar Gans zu Putlitz in ebendiesem Augenblick mit seinen 400 Reitern auch angegriffen und die Pommern in die Mitte genommen hat, so daß sie sich hinten und vorn haben wehren müssen, ist es ihnen unmöglich gewesen, etwas Treffliches auszurichten, und haben sie durch das Tor, durch das sie hineingekommen, auch wieder zurückweichen müssen. Und bald danach hat der Markgraf mit gewaffneter Hand auch den Kastner aus dem Schlosse getrieben, bei welcher Gelegenheit 300 Pommern und Polen und über 500 Pferde gefangengenommen sind."

So Wusterwitz.

Hiermit schlossen die Kämpfe jener Zeit auf Jahrzehnte hin ab, und *Kaspar Gans* und *Hans von Quitzow* – deren Leben, von frühster Jugend an, ein Nebeneinander dargestellt hatte – fanden sich auch jetzt wieder freundnachbarlich zusammen, ebenso mit ihrem reichen Besitze wie mit ihren gewandelten Anschauungen. Ihre Bekehrung zu dem neuen hohenzollernschen Machthaber war eine ehrliche und aufrichtige.

Von beiden überlebenden Führern der „Fronde" noch ein Schlußwort.

Johann von Quitzow, abwechselnd auf seinen ihm wieder zugefallenen Schlössern: Lenzen, Quitzöwel und Kletzke, lebend, starb 1437, im siebenundsechzigsten Jahre seines Alters, *kinderlos*. Sein reiches Erbe fiel vorwiegend an die beiden Söhne seines älteren Bruders Dietrich: *Dietrich* und *Köne von Quitzow*, worüber eine bei Raumer sich findende Urkunde der Hauptsache nach das Folgende besagt: „... Und dieweilen Hans von Quitzow Ritter seliger nach seinem Tode viele Güter, Pfandschaft, Habe, Geld und Gut, auch Schulden und Briefe hinterlassen hat, sprechen wir, Markgraf Friedrich, kraft dieses Briefes aus, daß seine Witwe, Frau Agnese von Quitzow, den Brief, darin ihr 3000 Gulden von dem Rate zu Lüneburg verschrieben sind, zu ihrem Nutzen haben und behalten soll. Desgleichen soll obgenannte Frau Agnese von der Orbede zu Perleberg und Kyritz auf kommenden Sankt-Walpurgis- und Martinstag 80 Schock an Landeswährung nehmen und alle fahrende Habe, die Hans von Quitzow nachgelassen hat, samt ihrem Leibgedinge zu Kletzke. *Dietrich* und *Köne* von Quitzow aber sollen alle Lehen, Erbe, Geld, Briefe, Pfandschaft und Gut, die Hans von Quitzow sonst noch nachgelassen, behalten und besitzen und davon alle Schulden und Erbnahmen entrichten und bezahlen ..." So nüchtern und geschäftsmäßig lautete, was der „großen Fehde" voraufgegangener Jahre folgte.

Kaspar Gans war seinem Freunde Johann von Quitzow um sieben Jahre vorausgegangen und schon 1430 zu Dom-Havelberg begraben worden. An einem Pfeiler der Kirche hängt ein Schild mit der gekrönten Gans und der einfachen Inschrift: „Herr Jaspar Gans von Potlist." Des Tages von Ketzer-Angermünde gedenken weder Bild noch Inschrift, uns aber mag es gestattet sein, in unsrem nächsten Kapitel in Kürze noch einmal auf diese Haupttat im Leben Kaspar Gans' zurückzukommen.

11. KAPITEL

Das Lied von der „Eroberung von Ketzer-Angermünde". Einiges über die Balladendichtung jener Zeit

Wie die erste „Schlacht am Kremmer Damm" und genau achtzig Jahre später die Niederwerfung der Quitzows durch Eroberung ihrer Burgen ihre dichterische Behandlung fanden, so auch der Kampf um *Ketzer-Angermünde**, der als der Rehabilitierungs- und erste Loyalitätsakt des bis dahin frondierenden märkischen Adels betrachtet werden kann. Auch die *diesen* Vorgang behandelnde Volksballade – deren eigentlicher Held *Kaspar Gans* ist – ist wie die vom „Kremmer Damm" nicht märkischen, sondern pommerschen Ursprungs und zeichnet sich wie diese durch ein Treffen des Balladentons aus. Einige Stellen sind inhaltlich nicht ganz leicht verständlich, werden es aber, wenn man die Wusterwitzsche Beschreibung, die wir in unserem vorigen Kapitel gaben, zur Erklärung mit heranzieht. Die Ballade selbst aber lautet:

* Woher die Bezeichnung *Ketzer-* oder plattdeutsch *Kettr-Angermünde* kommt, diese Frage hat seit mehr als einem Jahrhundert die märkische Geschichtschreibung beschäftigt. Einige meinen, im 13. und 14. Jahrhundert hätten sich unter den Einwohnern von Angermünde viele Ketzer befunden, andere meinen, Ketzer bedeute Kietzer, noch andere heben hervor, daß Ketzer ein Handwerksausdruck sei und bei den Wollarbeitern eine Spindel voll Garn bedeute. Ketzer-Angermünde kann also bedeuten: eine Ketzer-Stadt oder eine Kietzer-Stadt oder eine Tuchmacher-Stadt. Alle drei Annahmen haben etwas für sich, und ich habe, der Reihe nach, jede einzelne für richtig gehalten, bin aber schließlich doch wieder zu 1 zurückgekehrt und glaube jetzt: Ketzer bedeutet Ketzer in dem gewöhnlichen Sinne des Wortes. Nach Gercken starben in Angermünde um 1336 vierzehn der Ketzerei angeklagte Bewohner den Feuertod. Es sollen Luciferaner, Anhänger des Bischofs Lucifer von Cagliari, gewesen sein. Mir scheint es jetzt das wahrscheinlichste, daß der Beiname der Stadt von diesem Vorgang her datiert.

Ein neues Lied euch gesungen sei:
Nach dem Winter kommt der Mai,
Das haben wir wohl vernommen;
Und daß Kettr-Angermünde märkisch ward,
Das soll dem Markgrafen frommen.

Johann von Briesen ließ sich jagen
Von Kettr-Angermünde bis Greifenhagen,
All' Mut war ihm gebrochen;
Da ging er zu Hofe nach Alten-Stettin
Und hat zu dem Herzog gesprochen:

„Gnäd'ger Herre, was zu halten stand:
Kettr-Angermünd und das Stolper Land
Ist verloren und verdorben;
Der *Markgraf* hält es jetzt in Hand,
Und doch hieß es: er sei gestorben."

Da ließ der Herzog entbieten und holen
All seine Mannschaft, Pommern und Polen,
Nach Vierraden ritt man zu Tische;
Da setzten sie sich und hielten Rat
Und aßen süße Fische.

Der nun folgenden Strophe fehlen zwei Mittelzeilen, aber den drei verbleibenden entnehmen wir unschwer, daß man von Vierraden aufbrach und über den Vierradener Damm hin auf Angermünde zuritt.

Da ritten sie weiter, und, kaum heran,
Angermünde ward ihnen aufgetan,
Alle haben dem Herzog geschworen,
Und alle riefen: „Stettin, Stettin",
Und Brandenburg war verloren.

Aber draußen, hinter Wall und Graben,
Die Märkischen schon sich gesammelt haben,
Vierhundert Reiter und Knechte;
Die *Gans von Putlitz* führet sie,
Zischend, auf daß sie fechte.

Die *Gans*, der wollt es nicht behagen,
Sie streckte zornig ihren Kragen
Über die Pommern alle;
Da schwebte der märkische Adler hoch,
Und die Greifen kamen zu Falle.

Die *Gans* aber wuchs in Grimme noch,
Sie schlug mit den Flügeln ein Brescheloch,
Und da stand sie nun zwischen den Steinen,
Und als sie bis zum Markte kam,
Waren sie zehn gegen einen.

Da gingen die Schwerter die klinker die klang,
Herr Detleff Schwerin mit dem Putlitz rang
Und wollte den Preis erwerben;
Da mußte Herr *Detleff von Schwerin*
Für seinen Erbherrn sterben.

Das war des Herzogs schwerster Tag,
Als da Herr Detleff vor ihm lag,
Zerhackt, in Blut und Wunden,
Und er rief: „O hätt ich über den Damm
Erst wieder zurückgefunden!"

Er sprach es und ritt im Zuge vorn,
Er gab seinem Rosse Schlag und Sporn
Und suchte die Zügel zu fassen;
So kam er bis an das „Hohe Haus",
Da ward er eingelassen.

Das war zu Vierraden. Auf Schlosses Brück
Noch einmal sah er zurück, zurück,
Im Herzen voll Weh und Leide:
„Kettr-Angermünde, du vielgute Stadt,
Daß so ich von dir scheide!"

Der aber, der dies Lied euch sang,
Ein Schmiedeknecht ist er schon lang,
Und sie nennen ihn Köne Fincken;
Und er führt ein Hämmerchen auf der
Hand
Und Gut-Bierchen mag er trinken.

So das Lied von der Eroberung von Ketzer-Angermünde, an das ich, eh ich zu einer Schlußbetrachtung über die Quitzows und ihr Recht oder Unrecht übergehe, noch einige literarische Bemerkungen knüpfen möchte.

Das deutsche Volkslied beziehungsweise die deutsche Volksballade gefeiert zu sehen ist seit den Tagen *Herders* und der Romantiker etwas Herkömmliches geworden, darüber aber, daß neben diesem allgemein Volksliedmäßigen auch noch eine *historische*, nach der dichterischen wie landesgeschichtlichen Seite hin gleich ausgezeichnete Volksballade geblüht hat, ist man hinweggegangen, entweder weil man die Tatsache nicht genügend gekannt oder sie sich nicht recht zum Bewußtsein gebracht hat. Und doch ist in niederdeutschen Landen (auf welche sich meine Bemerkungen ausschließlich beziehen) ein, um es zu wiederholen, speziell *historischer* Balladenschatz gezeitigt worden, der an Schönheit und Bedeutung hinter dem englisch-schottischen nicht zurückbleibt, ja ihn vielleicht in diesem und jenem übertrifft. Jede der von mir mitgeteilten Balladen kann als ein Beweis dafür gelten, und Dichtungen wie die vom „Kremmer Damm" und von „Ketzer-Angermünde" reichen an die Chevy-Jagd, die Schlacht bei Otterburn, den Aufstand in Northumberland und viele andere Percy- und Douglas-Balladen heran.* Wer sich der Aufgabe unterzöge, *das* zu suchen und zu bearbeiten, was von etwa 1330 bis 1530 an derartigen *historischen* Volksepen und Volksballaden in Norddeutsch-

* Zwischen der den *Douglas*- und *Percy*-Kampf behandelnden Chevy-Jagd und der den Kampf zwischen *Markgraf Ludwig* und *Herzog Barnim* behandelnden Kremmer-Damm-Ballade tritt eine große Verwandtschaft zutage, wie folgende Gegenüberstellung zeigen mag:

Chevy-Jagd

„... Nun denn, wohlan!" rief Percy da,
„Dies Feld sei unsere Schranke,
Noch schlüpfte keiner mir hindurch,
Sei's Schotte oder Franke.

Das ist der Hirsch, den ich gesucht,
Nun lohnt es sich zu jagen,
Es brennt mein Herz, Mann gegen Mann,
Die Schlacht mit ihm zu schlagen."

Lord Douglas hört's. Er ruft ihm zu:
„Da soll mich Gott verderben,
So wahr ein Lord ich bin wie du,
Du oder ich muß sterben.

Doch hör mich, Percy, Schande wär's
Und Schimpf an unsrem Leben,
So vieler Mannen schuldlos Blut
Mit in den Kauf zu geben.

Es sei all unser Streit gelegt
In unsre beiden Speere ..."
„Verdammt sei der", rief Percy da,
„Der andren Sinnes wäre ..."

Das gab ein Stechen und ein Haun,
Manch breite Wunde klaffte,
Längst unser englisch Bogenvolk
Nicht mehr den Bogen straffte.

O Christ, es war für Herz und Sinn
Ein Leid, nicht auszusagen,
Wie stöhnend da in Sand und Blut
Die Menschenknäule lagen.

Und immer schwankte noch die Schlacht,
Da endlich ...

Kremmer Damm

Markgraf Ludwig, der tapfere Held,
Zum Damme sah man ihn reiten,
Er dachte: „Die Pommern stehen im Feld
Und wollen den Damm überschreiten.

Trompeter, sage dem Herzog an,
Ich hätte groß Verlangen,
Ihn und seine Ritter, Mann für Mann,
Hier drüben zu empfangen.

Und wenn es hier drüben ihm nicht behagt,
So wollt ich ihm versprechen,
Auch auf dem Luch-Damm, unverzagt,
Eine Lanze mit ihm zu brechen."

Drauf der Herzog: „Er woll ihm Rede stehn,
*Nicht*kommen, das dünk ihm Sünde,
Und sie wollten sich treffen und wollten sehn,
Wer das Spiel am besten verstünde."

Drauf ging es auf den Damm hinauf,
Dicht standen da die Märker,
Die wehrten sich einzeln und zu Hauf,
Doch die Pommern waren stärker.

Die Märkischen konnten nicht bestahn,
Das Luch war ihr Verderben,
Viele mußten da liegen gahn
Und ohne Wunde sterben.

Und mählich wichen sie Schritt um Schritt,
Vor Kremmen weiter zu fechten –
Die Pommern folgten in festem Tritt,
Die Ritter mitsamt den Knechten.

Aber vor Kremmen hielten sie an ...
Die Märkischen standen da Mann an Mann
Und waren nicht zu vertreiben.

Es ist nicht möglich, sich gegen die Wahrnehmung einer geradezu frappierenden Ähnlichkeit zu verschließen, die vor allem *inhaltlich*, desgleichen in Ton und Bau, zutage tritt und nur zu kleinem Teil aus der von derselben Hand herrührenden Übersetzung beider Balladen erklärt werden kann. Es ist mir ganz unzweifelhaft, daß man in Schottland entweder die pommersche oder in Pommern die schottische Ballade gekannt haben muß. Ist die pommersche Ballade echt, so muß *sie* die ältere sein, denn das Ereignis, das ihr zugrunde liegt: die Schlacht am Kremmer Damm, fällt in das Jahr 1334, während das der englisch-schottischen Ballade zugrunde liegende Ereignis, die Schlacht bei Otterburn, erst in das Jahr 1388 fällt. Bischof Thomas Percy, der Herausgeber der berühmten altenglischen Balladensammlung, die seinen Namen trägt (Percy's Reliques of Ancient English Poetry), setzt sogar die Chevy-Jagd noch um ein Jahrhundert später, in die Zeit Heinrichs VI. Und so hätten wir denn eventuell einen neuen Triumph altdeutscher Lied- und Balladendichtung zu verzeichnen. Aber freilich, ist die Kremmer-Damm-Ballade, die zuerst im Jahre 1756 auftaucht, echt? Sosehr ich es wünsche, so kann ich doch Zweifel nicht ganz unterdrücken. Ihnen Ausdruck zu geben ist hier nicht der Platz, ich würde mich aber freuen, mit einem Balladensachkundigen, der außerdem des Plattdeutschen mächtig ist, also mit Männern wie Klaus Groth, Adolf Wilbrandt, Karl Eggers, Heinrich Seidel, in einen Meinungsaustausch über diesen Punkt eintreten zu können. Das plattdeutsche Original findet sich im 21. Stück der „Greifwaldschen Nachrichten" und daraus abgedruckt in Buchholtz' „Geschichte der Churmark Brandenburg", Teil II, S. 383.

land, ganz besonders aber in Westfalen, Friesland und Schleswig-Holstein gedichtet worden ist, würde der Literatur und *landesgeschichtlichen* Forschung einen gleich großen Dienst leisten und vielleicht imstande sein, manches davon (ähnlich wie sich das Nibelungenlied einzubürgern wußte) den Schmuck- und Lieblingsstücken unserer insonderheit der Schule dienenden Anthologien einzureihen.

12. KAPITEL

Die Quitzows und ihr Recht oder Unrecht

Und nun noch einmal zurück zu den Quitzows von 1400 bis 1414, um uns, in einer Schlußbetrachtung, die Frage nach ihrem Recht oder Unrecht vorzulegen. Es entspricht innerhalb der märkisch-preußischen Geschichtsschreibung einem alten, beinahe heiliggesprochenem Herkommen, die Quitzows als Landesverräter, Buschklepper und Räuber anzusehen, eine Tradition, deren Anschauungen, um nicht zu sagen Dogmen, auch ein so hervorragender Gelehrter wie *Adolf Friedrich Riedel* – dem sich, an Wissen und Eingedrungensein in die kleinsten Einzelheiten der Quitzowzeit, wohl niemand an die Seite zu stellen wagt – aufs nachdrücklichste zustimmt.

Riedel, damals nur die Anfänge einer Kontroverse vorfindend, schrieb 1851: „Es ist, dem Urteile der Quitzowschen Zeitgenossen gegenüber, in neuerer Zeit der Versuch gemacht worden, die fortgesetzten Friedensbrüche der von Quitzow und ihrer Genossen als ‚ehrliche adlige Fehden' zu rechtfertigen. Und so hat man denn auch den verwegenen Widerstand, den die Schloßbesitzer sowohl den burggräflichen wie den königlichen Befehlen entgegensetzten, für eine patriotische Tat ausgegeben, die geschehen sei, damit das Land nicht von einem neuen Pfandbesitzer ausgesogen werde. Hüten wir uns jedoch", so fährt er fort, „in müßiger Vorliebe für eine gewisse Standesrichtung, mit den Erinnerungen der unheilschwersten Vergangenheit des Vaterlandes ein gefahrvolles Spiel zu treiben! Planmäßiger Ungehorsam gegen die rechtmäßige Obrigkeit, offene Widersetzlichkeit gegen den Landesfürsten, Untreue gegen die Träger der landesherrlichen Gewalt, ein trotziger Selbständigkeitsdrang ohne Achtung vor Gesetz und Recht, ein verwegener Freiheitsmut ohne allen Sinn für das Gemeinwohl, ohne Liebe zum Vaterlande, ohne Begeisterung für große politische Ideen – das muß zu *allen* Zeiten und von *allen* Standpunkten aus als ein Verhalten erscheinen, dem jeder Adel fremd ist. Ist trotz alledem die Widersetzlichkeit der Quitzows und ihres Anhanges gelegentlich in Schutz genommen worden, so lassen sich solche Rechtfertigungsversuche nur aus dem täuschenden Schimmer von Ritterlichkeit erklären, den, bei Mangel an genauer Kenntnis, die Phantasie darüber ausgebreitet hat. Man denkt sich jene mächtigen Adelsfamilien, die, von ihren Burgen aus, mit dem Begründer einer neuen Zeitrichtung um die Herrschaft rangen, umgeben von dem ganzen romantischen Reize mittelaltrigen Rittertums, aber gerade von ritterlichem Sinn und ritterlicher Sitte sucht man in dem wirren Treiben jener Tage vergeblich eine Spur."

Und nach diesen einleitenden und das Allgemeine treffenden, ja aufs allgemeine hin angesehen auch *zutreffenden* Bemerkungen wendet sich Riedel, wie zur Bestätigung seiner Sätze, verschiedenen Einzelheiten zu.

„Ritterlich! Ja, ritterlich wäre es gewesen, der Wehrlosen zu schonen, Frauen und Jungfrauen zu beschützen und in tätiger Gottesfurcht die Kirche gegen Entweihung zu verteidigen. Aber von unseren Landesbeschädigern wurde der offene Kampf mit dem Feinde meistens vorsichtig vermieden. Mit Vorliebe machte man sich den Überfall der offenen Dörfer und den Raub der städtischen Viehherden zum Geschäft. Wollte man ein Dorf ‚auspochen', so mußten gewöhnlich erst einige Männer totgeschlagen oder furchterregend verwundet werden, um die Einwohnerschaft von weiterem Widerstande abzuschrecken. Dann nahm man den Dorfbewohnern, was sich fortbringen ließ, vornehmlich das Vieh, aber auch Betten, Kleidungsstücke sowie Kessel, Grapen, Äxte und sonstige Geräte. Die Kleidungsstücke zog man in mehr als einem Falle den Frauen und Jungfrauen vom Leibe, besonders wenn sie kostbar waren. Schätzte doch die Tochter des Schulzen zu Hämerten bei Stendal, der man die Kleider nahm, nachdem man den Vater getötet und den Bruder schwer verwundet hatte, ihre Kleider auf drei Schock böhmische Groschen, eine damals beträchtliche Summe. Nicht einmal Klosterjungfrauen wurden verschont. Als dem Lüdeke von Rundstedt, der von der Burg Gardelegen ausritt, zwei Nonnen aus dem Kloster Althaldensleben zu Wagen begegneten, nahm er ihnen nicht nur die Pferde, sondern zog auch den Hofemeister, der sie fuhr, vor ihren Augen aus. Dabei schwand die fromme Scheu mehr und mehr, die man vor dem Heiligen, vor Kirchhof und Kirche gehabt hatte. Rücksichtlos griffen die Quitzowschen die Gotteshäuser an, in denen die bedrängten Dorfbewohner Schutz gesucht hatten, und nachdem die Kirchhöfe gestürmt und die Kirchtüren erbrochen waren, raubte man die Kisten und Kasten aus, die die geängstigten Dorfleute nach der früher als Asyl geltenden Kirche geschafft hatten. Unter diesen Umständen durfte niemand überrascht sein, Dietrich von Quitzow, als er dem Deutschen Orden zu Hülfe ziehen wollte, seinen Entschluß wechseln und statt eines Angriffs auf die Polen, unter nichtigen Vorwänden, einen Angriff auf die Berliner Viehherden machen zu sehen. Mit dem ritterlichen Zuge gegen die Feinde des Ordens aber war es vorbei. Solche *‚Zugriffe'*, ‚Nahmen' und ‚Überfahrungen' – Ausdrücke, die sich in den Berichten jener Zeit beständig wiederholen – waren damals an der Tagesordnung, und es ist zuzugeben, daß es bei dem eigentümlichen Fehderecht jener Zeit nicht immer leicht sein mag, eine scharfe Grenze zwischen ‚Zugriffen' und Raubtaten zu ziehen. Wenn jedoch gegen die Bezeichung solcher ‚Zugriffe' als Raubtaten durch hochgeschätzte Geschichtsschreiber feierlich Verwahrung eingelegt und dabei behauptet worden ist, nur aus einer der Natur der Sache ganz unangemessenen parteiischen Auffassung des gleichzeitigen Berichterstatters *Wusterwitz* (wir kommen auf diesen zurück) und urteilsunfähiger neuerer Historiker habe eine so ungeeignete Bezeichnung hervorgehen können, so nötigt uns dies, zur Ehre der Wahrheit, die Bemerkung hinzuzufügen, daß wenigstens der damalige Erzbischof von Magdeburg und der Burggraf Friedrich selbst diese Bezeichnung keineswegs für ungeeignet gehalten haben. Beide Fürsten bezeichnen in ihren amtlichen Schriftstücken die Gewalttaten der Quitzows, des Kaspar Gans und Wichard von Rochow überaus häufig als *Raub, Mord* und *Mordbrand* und deren Urheber in entsprechender Weise. Und so ist es denn nicht bloß ein vielleicht parteiischer Geschichtsschreiber jener Zeit, der von ‚Räubereien' spricht, sondern *alle* gleichzeitigen Berichterstatter des In- und Auslandes stimmen mit Wusterwitz durchaus überein."

Alle diese Bemerkungen, soweit sie *polemisch* sind und eine durch „Standesvorurteile bedingte Voreingenommenheit hochgeschätzter Geschichtsforscher" betonen, richten sich gegen *Georg Wilhelm von Raumer* – einen Vetter des sogenannten Hohenstaufen-Raumer –, der, in seinem „Codex diplomaticus brandenburgensis", den darin von ihm veröffentlichten, die Regierungszeit Kurfürst Friedrichs I. von 1412 bis 1440 betreffenden Urkunden einen *Essay* vorausschickt, in dem er die Quitzowzeit und vor allem auch die brandenburgisch-preußische Geschichtsschreibung, soweit sich dieselbe mit der eben genannten Epoche beschäftigt, kritisch beleuchtet.

Es heißt in diesem Essay:

„Wenngleich der Raum verbietet, hier eine ausführliche Geschichte der Quitzowfehden zu geben, so muß doch auf die *gänzliche Einseitigkeit* der bisher gewöhnlichen Darstellung aufmerksam gemacht werden. Die brandenburgische

Geschichte hat überhaupt das Schicksal gehabt, daß eine gewisse Darstellungsweise gleichsam versteinert, ohne alle Kritik, aus einem Buche in das andere übergegangen ist, indem zum Teil die besseren archivalischen Mitteilungen verborgen blieben, zum Teil aber auch Vorurteile fortgepflanzt wurden, die schon aus den vorhandenen Quellen zu widerlegen gewesen wären. Dahin gehört denn besonders auch die Art, wie der Widerstand behandelt ist, den die Quitzowsche Partei gegen Burggraf Friedrich von Nürnberg versuchte, während derselbe *Pfandinhaber* der Mark war, wobei, ohne alle Rücksicht auf den Geist der damaligen Zeit, der märkische Adel als eine Rotte von Unholden, Mordbrennern und Räubern geschildert wird, welche eine Meuterei wider den Kurfürsten unternommen hätten, weil ihnen dieser ihr Raubhandwerk habe legen wollen. Es muß zunächst auf die trübe und parteiische Quelle dieser Ansichten hingewiesen werden. Es ist dies nämlich die über diese Begebenheiten gleichzeitig aufgesetzte Nachricht des *Engelbert Wusterwitz** eines heftigen

* Engelbert Wusterwitz – so schreibt *Dr. Julius Heidemann*, dem wir auch den Ausdruck „die märkische Fronde" verdanken, in einem der Wusterwitzschen „Märkischen Chronik" geltenden Aufsatze – war in der zweiten Hälfte des 14. Jahrhunderts zu Brandenburg geboren und hatte sich für den geistlichen und richterlichen Beruf entschieden. Bald nach dem Jahre 1400 befand er sich in Rom „im Dienste von Kardinälen" und war hier Zeuge der feierlichen Huldigung, welche die Römer im November 1404 dem eben erwählten Papste Innocenz VII. darbrachten. Schon in den nächsten Jahren muß er nach Brandenburg zurückgekehrt sein und fungierte hier als Mitglied eines Schiedsgerichts, das berufen war, einen zwischen dem Abte Stich von Lehnin und Johann von Quitzow über den Besitz der Havel bei Schloß Plaue entstandenen Konflikt gütlich beizulegen. Von 1408 bis 15 ist seine Chronik am inhaltreichsten und ihre Darstellung so voll Leben und Anschauung, daß man annehmen muß, er habe gerade *diese* Zeit dauernd oder vorwiegend in seiner Vaterstadt Brandenburg verbracht. Die Stellung, die er hier einnahm, war aller Wahrscheinlichkeit nach die eines geistlichen Richters. 1412, beim Erscheinen des Burggrafen Friedrich in der Mark, scheint er in Berlin gewesen zu sein. Bald nach dem Sturze der Quitzowschen Partei wurde Wusterwitz, auf Grund seiner praktischen Tüchtigkeit als Jurist, von der Stadt Magdeburg zum Syndikus ernannt. Die Magdeburger Schöffenchronik bemerkt: „daß die Stadt Magdeburg 1418 beim königlichen Hofgericht in einen Prozeß verwickelt worden sei und mit der Führung desselben ihren Syndikus Engelbert Wusterwitz von Brandenburg betraut habe, welcher dem *Hofe* nach Regensburg in Bayern, nach Ungarn, Schlesien und Böhmen gefolgt sei und ein obsiegendes Erkenntnis erstritten habe". 1420 war er noch in Magdeburg, 1424 aber finden wir ihn in amtlicher Tätigkeit (vielleicht ebenfalls als Syndikus) in seiner Vaterstadt Brandenburg wieder. Nach Hafftiz wäre er schon 1409, lange bevor er nach Magdeburg ging, Domherr zu Brandenburg gewesen. Hier verblieb er wäh-

Widersachers der Quitzows. Er war Geistlicher in Brandenburg und Provisor des Abts von Lehnin. Hierzu kommt, daß er seine Nachricht gerade zu einer Zeit aufgesetzt hat, wo die Fehde zwischen dem Kurfürsten und beiden Quitzows noch in vollem Gangc war. Wahrscheinlich würde seine Erzählung anders lauten, wenn er dieselbe nach der im Jahre 1421 erfolgten Aussöhnung des Kurfürsten mit jener Familie geschrieben hätte.

Zwei Dinge sind es, die beständig als Anklagepunkte wiederkehren: erstens, die Quitzows waren *Räuber*, und zweitens, die Quitzows waren *Rebellen*.

Wie verhält es sich nun damit?

Betrachten wir zuerst den Vorwurf der Räuberei, so kam solche, wie damals in ganz Deutschland, auch beim märkischen Adel vor. Es ist aber ganz übertrieben, wenn deshalb das ganze Land für eine Mörderhöhle und der ganze märkische Adel für eine Räuberbande ausgegeben wird. Es muß bei Beurteilung dieser Sache durchaus der Unterschied festgehalten werden, der im 14. und 15. Jahrhundert zwischen einer *ehrlichen Fehde* und einer *Räuberei* bestand. Das Recht zur ‚Fehde' wurde dem Adel so wenig streitig gemacht wie den Fürsten und den Städten, wenn man auf gütlichem Wege zu seinem Rechte nicht kommen konnte. Die Landesherren der Mark Brandenburg waren im 14. und im Anfange des 15. Jahrhunderts fast beständig abwesend, und das dem Gedeihen des Landes allerdings schädliche Fehdewesen griff immer weiter um sich, auch die Fürsten, Städte und Ritterschaften der benachbarten Länder wurden allmählich hineingezogen, und aus einer beendigten Fehde entspannen sich stets zwei neue. Daß in solchen Zeiten auch eigentliche ‚Räuberei' häufiger vorkam und daß ihr schwer zu steuern war,

rend seiner letzten Lebensjahre, fand Muße zur Abfassung seiner Chronik* und errichtete einen Altar in der Katharinenkirche. Hier ward ihm auch, gestorben am 5. Dezember 1433, seine letzte Ruhestätte.

* Diese berühmte Chronik, die wir, mit Rücksicht auf die Quitzowzeit, das meiste, ja, fast ließe sich sagen, alles verdanken, ist im Original verlorengegangen. Wir kennen sie nur aus Auszügen, die 1592 Andreas Angelus in seine märkischen Annalen und 1595 Peter Hafftiz in sein „Microchronologicon" hinübergenommen hat.

ist leicht begreiflich, nichtsdestoweniger blieb der Unterschied zwischen Straßenraub und Fehde bestehen. Die vielen Kriege der Quitzows waren, wenn man sie unparteiisch betrachtet, sämtlich ehrliche Fehden, wenn auch nicht geleugnet werden soll, daß sie das Fehderecht gelegentlich mißbraucht haben mögen, indem sie in ihrer damaligen Übermacht einen aus der Luft gegriffenen Anspruch durchzusetzen sich bemühten. Allein zu welchen Zeiten hat Übermacht nicht die Schranken des strengen Rechts und der Billigkeit übertreten. Immer blieb dies von Räuberei weit verschieden, da diese auch im Mittelalter stets als etwas Ehrloses angesehen wurde. Überhaupt aber pflegten sich nur wenige *arme* Edelleute mit Wegelagerung und Strauchreiterei zu befassen, und die Gebrüder von Quitzow muß schon ihre Macht und ihr persönlicher Charakter vor einem solchen Verdachte schützen. Wusterwitz' Anklagen übernehmen, sehr gegen seinen Willen, zugleich die wirksamste Verteidigung der Angeklagten. Er beschuldigt sie, daß sie das Herzogtum Sachsen für sich hätten erobern wollen, daß sie getrachtet hätten, Berlin zu gewinnen, um von diesem Mittelpunkt aus sich die ganze Mark zu unterwerfen, und daß Henning von Quitzow nur deshalb in Paris studiert habe, um ein Bistum zu erlangen, da die Familie gehofft habe, auf diese Art Kurfürstentümer und ganze Länder an sich zu bringen. Wer dies liest, wird unmöglich glauben, daß so hochstrebende Ritter, ausgezeichnet an Geist und Vermögen, in dem Berauben einzelner Kaufleute einen schmählichen und unbedeutenden Vorteil gesucht haben sollten. Wusterwitz widerlegt sich denn auch selbst, indem er die Quitzowfehden einzeln aufführt, aus deren Ausführung unwiderleglich hervorgeht, daß es nur ehrliche Fehden gegen benachbarte Fürsten: die Herzöge von Mecklenburg, Sachsen und Pommern, gegen den Erzbischof von Magdeburg, gegen den Grafen von Schwarzburg, gegen die Städte Berlin und Brandenburg und gegen den Abt von Lehnin, waren, ja, er gibt sogar die Veranlassung zu einigen dieser Fehden an, welche es wenigstens zweifelhaft läßt, auf wessen Seite das Recht gewesen ist, zumal, wenn man dabei die augenscheinliche Parteilichkeit der Wusterwitzschen Darstellung in Betracht zieht. Wusterwitz behauptet zum Beispiel, daß Dietrich von Quitzow die Stadt Berlin ohne ‚Entsagung' angefallen habe, allein im Laufe seiner Erzählung zeigt sich, daß er einen Anspruch an dieselbe hatte, weil sie ihm die Bezahlung eines versprochenen Schutzgeldes verweigerte. Daß der Übermut die Quitzows zu Ungerechtigkeiten verleitete, mag sein, aber keine Handlungen kann ihnen die Geschichte nachweisen, die die Ritterehre verletzt hätten."

Soweit *Raumer* (den wir hier auszugsweise zitiert haben) über die Quitzowschen „Räubereien". Aber auch den Vorwurf der *Felonie* will er nicht gelten lassen, und so fährt er denn fort:

„. . . Was zweitens die Beschuldigung der Widersetzlichkeit, der *Rebellenschaft* angeht, so sind auch hierbei die Zeitverhältnisse niemals gehörig berücksichtigt worden. Wie war die Sachlage? Von allen Seiten fielen die Nachbarn ein: die Pommern rissen die Uckermark, die Herzöge von Mecklenburg die Prignitz, der Deutsche Orden die Neumark ab, und gewiß wäre die ganze Mark eine Beute angrenzender Fürsten geworden, wenn nicht die Landeshauptleute der Altmark, Prignitz und Mittelmark: *Hüner von Königsmarck, Kaspar Gans zu Putlitz* und *Lippold von Bredow,* Widerstand geleistet hätten. Als endlich im Jahre 1411 die Mark an Kaiser Sigismund zurückfiel, zeugt es gewiß von der patriotischen Denkungsart des Landeshauptmanns von Putlitz, daß er sogleich nach Ungarn eilte, um den Kaiser zu bewegen, *selbst* die Regierung in die Hand zu nehmen, und es mußte ihn wohl schmerzen, als er dort erfuhr, daß das Vaterland von neuem an einen *ihm ganz fremden entfernten Fürsten verhandelt werden sollte.* Nachdem der Burggraf im Jahre 1412 in die Mark gekommen war, suchte der Adel, obwohl ungern, sich anfangs mit ihm gütlich zu setzen, allein noch in demselben Jahre entspann sich ein Zwist, welcher bald zu einem offenen Kriege aufloderte. Die Ursache der Abneigung mochte wohl mit darin liegen, daß der mächtige Adel, der während des letztverflossenen Jahrhunderts sich daran gewöhnt hatte, den Herrn im Lande zu spielen und seine Rechte ohne Rücksicht auf einen Höheren zu verfolgen, sich nicht gern durch einen Fürsten beschränken lassen wollte, dessen Energie er bald erkannt haben mochte, allein andererseits war sein Mißtrauen, daß der fremde Fürst den einheimischen Adel unterdrücken und den Franken den Lohn und die Ehre der Regierung der Mark zuwenden werde, nicht ungerecht. Zudem, mußte die Ritterschaft nicht mit Grund vermuten, daß der Pfandinhaber, sobald er zu seinem Gelde gelangt wäre, das Pfandstück aufgeben werde? Patriotische Besorgnisse dieser Art darf man bei einem Kaspar Gans zu Putlitz wohl voraussetzen. Unmöglich kann man der Ritterschaft ein Verbrechen daraus machen, daß sie 1412 die lange Reihe glorreicher Regenten nicht voraussah, welche der neue Verweser durch die göttliche Vorsehung bestimmt war der Kurmark zu geben. Alles das muß in Erwägung gezogen werden, ehe man über den nicht einem alten angeborenen Fürsten, ja nicht einmal einem eigentlichen Landesherrn, sondern nur einem *Pfandinhaber* entgegengesetzten Widerstand urteilen will. Die Rede, die die Quitzows geführt haben sollen: ‚Und wenn es ein Jahr lang Nürnberger regnete, sie wollten *doch* ihre Schlösser behalten', zeugt zwar von großem Übermute, macht sie aber noch nicht zu Hochverrätern, denn der eigentliche Kurfürst und Landesherr, gegen den ein crimen laesae majestatis begangen werden konnte, war immer noch der Kaiser Sigismund. Wäre den Gebrüdern Quitzow gelungen, wonach sie strebten, wer möchte bestimmen, was das Schicksal der Mark gewesen wäre? Wahrscheinlich Zersplitterung, ein Neben- und Durcheinander von Reichsstädten und Reichsritterschaften. Zum Glück für die Mark, für Preußen und für die politische Gestaltung von ganz Europa ist es dahin nicht gekommen, allein die Urheber solcher Entwürfe können wenigstens auf eine ebenso gerechte Würdigung Anspruch machen wie Franz von Sickingen, dessen Pläne auch auf Herstellung des kaiserlichen Ansehens und auf eine Erweiterung der Rechte des Ritterstandes hinausgingen. Zum Beweise übrigens, wie sehr historische Vorurteile dazu beitragen können, unverdienterweise wirklichen Nachteil zu stiften, mag hier zum Schlusse hervorgehoben werden, daß, als zur Zeit König Friedrich Wilhelms I. die von Dietrich von Quitzow abstammende Hauptlinie der Familie ausstarb, der König, bei Wiederverleihung der erledigten, sehr beträchtlichen Lehne, die übrigen Linien nur aus *dem* Grunde überging, weil ihm einige Günstlinge vorstellten, ‚daß die Quitzows sich gegen seine Vorfahren als Hochverräter und Rebellen betragen hätten und die Familie daher einer Berücksichtigung gar nicht wert sei'."

So *Riedel*, so *Raumer* – unsere besten Spezialhistoriker –, deren Urteile hinsichtlich der Quitzowzeit sich also diametral entgegenstehen. Wer hat recht? Riedel hat recht, von Räubereien und Felonie zu sprechen, aber Raumer hat, meinem Ermessen nach, noch ein viel größeres Recht, beides zu bestreiten. Riedel ist der gelehrtere, gründlichere Forscher (das Maß seiner Kenntnis ist wohl von keinem andern erreicht worden), aber Raumer ist der weitaus bedeutendere Historiker. Er hat das Auge des Geschichtsschreibers, er begreift große Vorgänge, während es mir bei Riedel, dessen Standpunkt nicht hoch genug ist, um einen freien Blick zu gestatten, zweifelhaft erscheint, ob man ihn überhaupt zu den Historikern zählen kann. Ausgezeichneter Forscher sein heißt noch nicht Historiker sein. Raumer beurteilt alles aus der zu schildernden Zeit, Riedel alles aus seiner *eigenen* Zeit heraus. Er wirft Raumer Tendenzen und Vorurteile vor, während er selber in Vorurteilen steckt und derselben Parteilichkeit Ausdruck gibt, die sich schon in Wusterwitz' Aufzeichnungen findet. Unseres Volkes Fühlen stellt sich freilich ganz auf die Seite Riedels und wird, wenn nicht für immer, so doch noch auf lange hin in dieser Stellung beharren. Zu der Oberacht, die Kaiser und Reich über die märkische Fronde verhängten, kommt die schlimmere, die durch vier Jahrhunderte hin auch die Nachgeborenen über die Quitzows ausgesprochen haben. Aber diese Verurteilung ist ungerecht, und alles, was ich zugestehen kann, ist das, daß ich diese Verurteilung trotz ihrer Ungerechtigkeit begreiflich finde. Sie hat ihren Grund zunächst in einer falschen Fragestellung und zum zweiten in einer rühmlichen, aber deplacierten Loyalität, begleitet von einem unausrottbaren Adelsantagonismus des märkisch-bürgerlichen Gefühls.

Über beides noch ein Wort.

In einer falschen Fragestellung, weil die Dinge beständig daraufhin angesehen werden, als ob es sich um die Frage handle, was vorzuziehen sei, Quitzowtum oder Hohenzollerntum? Darum aber hat es sich, seit Friesack und Plaue fielen und Kaspar Gans bei Ketzer-Angermünde die Scharte auswetzte, nie mehr gehandelt, nicht einmal bei dem gedemütigten Adel selbst. Man ist einig darüber, daß der Sieg des Burggrafen ein Glück war und daß der Sieg der adligen Opposition ein Unglück gewesen wäre. Dies Zugeständnis kann aber die Rechtsfrage nicht tangieren. Es war das gute Recht des Adels, von einem neuen Verweser und Pfandinhaber nicht viel wissen zu wollen. Die voraufgegangenen Erfahrungen berechtigten dazu. Sollten in unserer und aller Geschichte nur immer *die* gelten, die zu jeder Anordnung oder jedem offiziellen Geschehnis ja und amen sagen oder gesagt haben, so würden wir so ziemlich alle Namen streichen müssen, bei deren Nennung uns das Herz höher schlägt. Daß der Burggraf siegte, muß, wie wir nur wiederholen können, als ein unendlicher Segen für Land und Volk angesehen werden, daß man ihm aber *damals* Opposition machte, war verzeihlich, vielleicht gerechtfertigt.

Und diese Frage richtig zu stellen wäre denn auch sicherlich längst geglückt, wenn nicht – und damit gehen wir zu dem zweiten Punkt über – die durch mehr als vier Jahrhunderte hin etablierte Gegnerschaft zwischen märkischem Adel und märkischem Bürgertum diesem alten Anti-Quitzowgefühl immer wieder neue Nahrung zugeführt und dies Gefühl dadurch immer aufs neue belebt hätte. Ob unser Bürgertum dabei regelmäßig im Recht und unser im schlimmsten Fall ein gewisses Überlegenheitsgefühl herauskehrender Adel immer im Unrecht gewesen ist, ist mir zweifelhaft, aber desto zweifelloser ist es mir, daß der märkische Bürgerliche seiner märkischen Adelsantipathie durchaus Herr werden muß, wenn er vorhat, märkische Geschichte zu schreiben. Dies ist aber unserem Riedel nicht gelungen. Ein sein Urteil schädigendes bürgerliches Parteigefühl, das durch Verbeugungen gegen die Hohenzollern und ein unausgesetztes Auf-ihre-Seite-Treten* an Freiblick nicht gewinnt, durchdringt seine ganze Darstellung und macht ihn trotz wundervoller Einzelkenntnis der von ihm beschriebenen Zeit unfähig, diese Zeit von einem höheren Standpunkt aus zu betrachten. Er übersieht, auf Prinzip und Politik hin angesehen, daß alles, was damals einen vornehmen Namen und ein gesellschaftliches und moralisches Ansehen in der Mark Brandenburg hatte, den Standpunkt der Quitzows teilte, was doch, wenn er nicht gewillt ist, den gesamten damaligen Adel für eine zufällig mit Machtbefugnissen ausgestattete Räuberbande zu halten, einer Rechtfertigung der Fronde ziemlich gleichkommt. Er

* Dies ist ein mitunter, so zum Beispiel auf S. 157 und S. 170 der Riedelschen „Zehn Jahre", sehr störend hervortretender Zug. Dietrich von Quitzow hatte, nachdem er landflüchtig war, eine Klageschrift aufgesetzt, in der er nachzuweisen trachtete, daß der Burggraf ihm, seinem Bruder Hans und dem Kaspar Gans zu Putlitz verschiedene Zusagen nicht gehalten habe. Riedel weist dies ohne weiteres zurück. Nun mag diese Zurückweisung berechtigt sein, obschon ich nicht leugnen kann, daß ich auch nach *der* Seite hin wieder starke Zweifel unterhalte, Zweifel, die, wenn ich nicht irre, von Raumer geteilt werden. Riedel aber behandelt die Sache so, wie wenn in einer derartigen Kontroverse zwischen einem fränkischen Fürsten wie Friedrich von Nürnberg und einem märkischen Adligen wie Dietrich von Quitzow von einem Zweifel überhaupt gar nicht die Rede sein könne. Hierin spricht sich aber, ich muß es wiederholen, eine Gesinnung aus, mit der ich durchaus nicht mit kann. Im Mittelalter galten List und Vorteil überall, und die Fürstlichkeiten, die beständig, und oft mehr als die von ihnen Beherrschten, zu den fragwürdigsten Mitteln griffen, was dann Politik hieß, entbehrten noch ganz, wenn man den Ausdruck gestatten will, jenes Heiligenscheines, mit dem wir sie heutzutage ganz aufrichtig, weil im ganzen genommen wohlverdient, umgeben. Es gibt zur Zeit kaum einen Fürsten, sicherlich nicht in Deutschland, von dem wir einer listigen Pfiffigkeit oder Zweideutigkeit oder gar Unehrlichkeit gewärtig wären. Das lag aber damals überall in der Welt sehr anders. Man lese beispielsweise den Schluß von Shakespeares „Heinrich IV.", 2. Teil. Johann von Lancaster, Bruder des Prinzen Heinz, des spätern Heinrichs V., lädt den im feindlichen Lager stehenden Erzbischof von York samt den Lords Hastings und Mowbray zu einer Zusammenkunft ein und läßt sie dann, sein Wort brechend, zum Tode führen. Alle drei bezahlen ihr Vertrauen mit dem Leben. Und doch war Johann von Lancaster ein Prinz, ein Königssohn. Die Szene wirkt widerlich und verdirbt einem modernen Menschen in gewissem Sinne das ganze Stück, aber noch zu Shakespeareschen Zeiten lag es so, daß man, aus einem tudor-lancastrischen Parteigefühl heraus, an dieser Widerlichkeit keinen Anstoß nahm.

übersieht des weiteren, daß die Kriegführung der Mecklenburger und Pommern-Herzöge, vor allem die des Magdeburger Erzbischofs*, um kein Haarbreit anders war als die der Quitzows und ihres Anhangs, und übersieht zum dritten, daß alle die Genannten, wenn es ihnen paßte, sich nicht nur direkt der Quitzowschen Kriegskunst und Kriegstapferkeit, sondern auch der Quitzowschen Kriegsführungs*formen*, also, wenn man so will, des Räuberstils bedienten. Einer wie der andere. Dies sind die Gründe, die mich in diesem Streite auf *Raumers* Seite treten lassen. Bei *Riedel* nimmt das Bürgergefühl Anstoß an der Adelsüberhebung und ficht doppelt sicher hinter dem Schilde der Loyalität. Raumer steht drüber, Riedel steckt drin. Er ist der Rat von Heilbronn, der über den gefangenen Götz von Berlichingen zu Gerichte sitzt.

13. KAPITEL

Dietrich von Quitzow auf Rühstädt, von Landsknechten erschlagen am 25. Oktober 1593

Die Quitzowfamilie tritt mit den Brüdern Dietrich und Johann von Quitzow vom historisch-politischen Schauplatz ab und findet von 1417 (Dietrichs Todesjahr) beziehungsweise von 1437 (Johanns Todesjahr) an keine Gelegenheit mehr, in

* In dem zweiten Kapitel dieses Aufsatzes habe ich, nach Wusterwitz' Aufzeichnungen, die Bestürmung und Eroberung der Stadt *Rathenow* durch den Erzbischof von Magdeburg, damals Albert von Querfurt, ausführlich geschildert. Was zu jener Zeit seitens des Erzbischofs geschah, repräsentiert ein Quantum von Grausamkeit, das durch keine Tat der Quitzows erreicht, jedenfalls nicht übertroffen wird. Es gab in diesen Fehden überhaupt nur *eine* Form der Aktion; alles, was Wusterwitz erzählt, gleichviel nun, ob es die Pommern oder Mecklenburger, die Bischöflichen oder Erzbischöflichen, die Lüneburger oder Lauenburger waren, alles trägt denselben Kriegführungsstempel, und es ist unbegreiflich, daß derselbe Mann, Wusterwitz, der diese moralisch vollkommen gleichwertigen Kämpfe hintereinander aufzählt, die von seiten der „etablierten Mächte" begangenen Übergriffe gutheißen oder entschuldigen oder ignorieren, die von seiten der „Fronde" begangenen aber so hart verurteilen kann. In der Handelsweise war hüben und drüben kein Unterschied, und auch hinsichtlich der Rechtsbefugnis lag es, einerseits kraft des bestehenden Fehderechtes und andererseits bei der Kompliziertheit weiterer zur Erwägung kommender Fragen, keineswegs so schlimm für die Quitzows, wie die Feinde derselben wahrhaben wollen.

die Landesgeschichte bestimmend einzugreifen.* Aber wenn es der Familie seitdem versagt blieb, Mittelpunkt großer und allgemeiner Interessen zu sein, so blieb sie doch in ihrem engeren prignitzischen Kreise durch alle Jahrhunderte hin cin Gegenstand der Aufmerksamkeit und Teilnahme. Zu keiner Zeit mehr als im Jahre 1593, wo Dictrich von Quitzow auf *Rühstädt* in dem benachbarten, dem Havelberger Bistum zugehörigen Dorfe *Legde* von Landsknechten erschlagen wurde.

Der Hergang, der bis diesen Tag in der Gegend fortlebt, war der folgende.

Landsknechte, fünfzig oder sechzig Mann stark, die, sehr wahrscheinlich aus kurfürstlichem Dienst entlassen, auf dem Wege nach ihrer harzisch-halberstädtischen Heimat waren, waren am 25. Oktober 1593 unter Führung ihres Hauptmanns *Jürgen Hanne* (der ein Weib und zwei Söhne, zehn- und siebenjährig, hatte) bis nach Rühstädt gekommen und hatten hier nicht nur geplündert, sondern sich auch allerhand Ausschreitungen erlaubt. Dietrich von Quitzow, der, in seiner Eigenschaft als Gutsherr, vielleicht imstande gewesen wäre, dem Unfuge zu steuern, war abwesend, und zwar in Glöwen, wohin er sich, um an einer Jagd teilzunehmen, begeben hatte. Die Rühstädter, in ihrer Angst und Bedrängnis, schickten Boten über Boten, die nicht nur das Geschehene vermeldeten, sondern auch um schleunige Rückkehr und Hülfe baten, eine Bitte, die Dietrich von Quitzow zu erfüllen nicht säumte. Er verließ auf der Stelle die Glöwener Jagd, außer von einem Diener nur noch von einem jungen von Re-

* Wir begegnen, von 1437 an, dem Quitzownamen durch vier Jahrhunderte hin unausgesetzt in Stellungen von *mittlerer* Bedeutung, sei's in der Verwaltung, sei's in der Armee. Was ihre Stellungen in der letzteren angeht, so bevorzugten sie, wie die meisten Altadligen der Mark, *die* Truppe, die, bis diesen Tag, die letzten Reste von Rittermäßigem auch in ihrer äußeren Erscheinung zu wahren trachtet: die schwere Reiterei. Während der friderizianischen beziehungsweise der ihr unmittelbar folgenden Zeit standen drei prignitzische Quitzows an der Spitze dreier *Kürassier*regimenter, darunter die Regimenter von Beeren und von Reitzenstein. Der älteste dieser drei Kürassierobersten starb 1806 „nach fünfzigjähriger Dienstzeit, ehrenvollen Wunden erliegend", der zweite 1817, der dritte 1824. In diesem Augenblicke stehen noch drei Quitzows in der Armee, Seconde-Lieutenants der Infanterie und Artillerie. Veränderte Zeiten!

storf begleitet, der in einem Lehnsverhältnis zu den Quitzows stand, und ritt auf das anderthalb Meilen entfernte Rühstädt zu. Legde war halber Weg. Als er das große, reiche Bischofsdorf (Legde) passieren wollte, traf er allhier die Landsknechte bereits vor, die mittlerweile das Quitzowsche Rühstädt verlassen und ihren Plünderzug auf Legde zu fortgesetzt hatten. Dietrich von Quitzow ritt sogleich an den Führer heran, um ihm Vorstellungen zu machen und das Ungesetzliche seiner Handlungsweise vorzuhalten. Es scheint aber, daß dies tatsächlich ein strittiger Punkt war und daß sich der Landsknechtshaufen eines kurfürstlichen Briefes erfreute, der ihnen das Anrecht gab, Unterkommen und Verpflegung zu fordern. Mutmaßlich auf solches Anrecht gestützt, nahm sich der Landsknechtführer heraus, den ruhigen und gemessenen Worten Dietrich von Quitzows übermütig zu begegnen, was, als diese Dreistigkeit mehr und mehr in Hohn und Frechheit ausartete, den jungen von Restorf derartig empörte, daß er das Pistol zog und den Jürgen Hanne niederschoß. Ein unüberlegter Akt, an den sich denn sofort auch ein furchtbares Massacre knüpfte. Wütend über den Tod ihres Führers drangen die Landsknechte von allen Seiten auf Dietrich von Quitzow ein, zerrten ihn vom Pferde, durchstachen ihn mit ihren Spießen und Dolchen, und als das junge Leben trotz all dieser schweren Verwundungen nicht erlöschen wollte, kniete Margarethe Brandenburg, Jürgen Hannes Weib, auf die Brust des Unglücklichen nieder und durchschnitt ihm die Kehle, wobei der zehnjährige Sohn ihr Hülfe leistete. Der junge von Restorf, auf den man ebenfalls eindrang, spornte sein Pferd und suchte sich durch Flucht zu retten, aber er ward eingeholt und in gleicher Weise wie Dietrich von Quitzow ermordet. Es war ein blutiger Sieg der Landsknechte, dem freilich eine Niederlage sehr bald folgen sollte. Die Nachricht von dem zu Legde Geschehenen lief im Nu durch die ganze Prignitz, und von allen Seiten her rückte Sukkurs heran, der aus dem benachbarten Adel, aber auch aus der bewaffneten Bürgerschaft der nächstgelegenen Städte bestand. Die Landsknechte wurden umzingelt und gefangengenommen und zu kleinerem Teil auf dem Schulzengericht zu Legde, zu größerem Teil in den Schloßgefängnissen zu Kletzke, Rühstädt und Plattenburg untergebracht, wonach man ihnen den Prozeß auf Mord und Landfriedensbruch machte. Binnen verhältnismäßig kurzer Zeit erledigte die Justiz das Verfahren, und unterm 30. April 1594 erging Urteil und Befehl des Kurfürsten Johann Georg an

Otto von der Huden, Landrichter zu *Perleberg,*

ferner an

David Heinisch, Bürgermeister zu *Pritzwalk*

und letztens an

Heinrich Lucke, Ratsverwandten zu *Havelberg,*

wonach die Hinrichtung von *Nickel Sasse* aus Havelberg, *Paul Hartke* aus Güsten, *Jakob Lautsch* aus Kupferschmieden, *Christoph Braun* aus Frankenhausen, *Peter Brunn* und *Botho Holzhausen* aus Aschersleben sowie der *Margarethe Brandenburg* aus Spandau angeordnet wurde. Zum Schluß hieß es in dem kurfürstlichen Befehle: „So wollt Ihr denn obgedachte sechs Landsknechte sowie des Führers Weib in Gemäßheit gefällten Urtels mit dem Schwerte richten lassen und hernach verordnen, daß die Köpfe, andern zum Abscheu und wegen der schrecklichen und unerhörten Mordtat, auf Stangen gesteckt werden."

Der Rest der Landsknechte wurde gestäupt und Landes verwiesen. Die Hinrichtung geschah zu Rühstädt.

So endigte der trübselige Vorgang, der zunächst in einer Mord- und Jahrmarktsballade verherrlicht wurde, darin nur noch schwache Nachklänge einer 150 Jahre zurückliegenden besseren Balladenzeit zu finden sind. Einige Stellen, besseren Verständnisses halber leise variiert, mögen dies zeigen:

. . . Als der Junker darauf gen *Legde* kam,
Den Führer er in die Frage nahm:
„Mit wes Befehlen er sei versehn?"
Der Führer aber blieb trotzig stehn
Und reichte dem Junker sein „Patent",
Der nahm es rasch in seine Händ,

Auf daß er es lese ... Doch was geschicht?
Es konnte den Trotz verdulden nicht
Christoph von Restorf und alsobald
Erschießt er den Führer ... Da mit Gewalt
Eindringen die Knechte mit Spieß und Schwert
Und zerren den Junker herab vom Pferd
Und des Führers Weib (und ihr Bube mit),
Sie rauft ihn und mit den Schuhen ihn tritt ...

Besser als diese Ballade waren die verschiedenen *Monumente*, die dem Andenken Dietrich von Quitzows errichtet wurden.

Eins, in Sandstein ausgeführt, erhebt sich bis diesen Tag in der Dorfstraße zu *Legde*, just an der Stelle, wo der Mord verübt wurde. Das Denkmal ist sehr stattlich und von einem überaus geschmackvollen Arrangement, das aufs neue den hohen Stand des damaligen (beste Renaissancezeit) Kunsthandwerks zeigt. Das Ganze hat eine Höhe von etwa fünfzehn Fuß und gliedert sich in Unterbau, Sockel und Nische mit seitlicher Säuleneinfassung, samt einem nach oben hin abschließenden und mit einem Christuskopf ausgestatteten Rundbogenaufsatz. In der Nische steht Dietrich von Quitzow in ganzer Figur, geharnischt, den Helm zu seinen Füßen, die Säulen rechts und links mit Wappen geziert. Der Sandsteinsockel aber trug als Inschrift die Ballade, daraus vorstehend einige Strophen von mir mitgeteilt wurden.

So das Denkmal in der Dorfstraße zu *Legde*, das sich in der Kirche zu *Rühstädt* im wesentlichen wiederholt, nur mit dem Unterschiede, daß sich das Material (Marmor und Alabaster statt Sandstein) und mit ihm die Bildhauerarbeit, insonderheit die der Säulen und des Aufsatzes, um vieles reicher und künstlerisch durchgeführter erweist. Auch die Inschrift ist eine andere. Statt der Verse sind Bibelsprüche da, denen kurze Notizen über Leben und Tod Dietrichs von Quitzow vorausgehen. Sie lauten: „Anno 1593 ist der edle gestrenge und ehrenfeste Dietrich von Quitzow auf Rühstädt erbsessen (Dietrichs von Quitzow weiland Hauptmann auf Schloß Lenzen Sohn) im Dorfe Legde den 25. Oktober von einem Haufen trunkener Landsknechte unschuldigerweise erschlagen, folgenden Tages hierher gen Rühstädt gebracht und den 20. November in dieser Kirchen, in volkreicher Versammlung, ehrlicher- und christlicherweise zur Erde bestattet worden. Gott verleihe ihm und uns allen eine fröhliche Auferstehung. *Jesaias,* Kapitel 56: ‚Aber der Gerechte kommt um, und niemand ist es, der es zu Herzen nehme ... Denn die Gerechten werden weggerafft vor dem Unglück.'"

Außer diesem Monument, rechts neben der Kanzel, ist in der Kirche zu Rühstädt auch noch der besonders wohlerhaltene, schön gearbeitete Marmor*grabstein* Dietrich von Quitzows vorhanden, so daß, was dem *berühmten* Dietrich von Quitzow an Bild und Huldigung über das Grab hinaus versagt blieb, dem unberühmten in reichem Maße zuteil wurde. Die Legende dieses Grabsteins, die – weil das nebenstehende Marmor- und Alabastermonument *alles* erzählt – die Ursach seines Todes verschweigen zu dürfen glaubt, lautet einfach: „Anno 1593, den 25. Oktober, ist der gestrenge und ehrenfeste Dietrich von Quitzow (Dietrichs Sohn), auf Rühstädt erbgesessen, in Gott selig entschlafen. *Der* verleihe ihm eine fröhliche Auferstehung!"

Überhaupt, wie hier hinzugefügt werden mag, ist die Kirche zu *Rühstädt,* die von ältester Zeit an die *Ruhstätte* (daher der Name) der Quitzowfamilie war, reich an Monumenten und Grabsteinen, wenn dieselben auch nicht annähernd der Zahl derer entsprechen, die hier im Laufe von vielleicht 300 Jahren beigesetzt wurden.

So befindet sich, neben dem Grabstein des 1593 ermordeten Dietrich von Quitzow, noch ein schöner *Doppel*grabstein, Mann und Frau, eines um ein Menschenalter weiter zurückgehenden Dietrich von Quitzow (fast alle Quitzows hießen Dietrich), dessen Legende lautet: „Anno Domini 1569 den 14. Oktober ist der edle gestrenge ehrenfeste Dietrich von

Quitzow, Jürgens seliger Sohn, erbgesessen zu Kletzke, Rühstädt, Eldenburg, Vogtshagen, christlich in Gott entschlafen und erwartet allhier der fröhlichen Auferstehung. Amen. Seines Alters LIV."

Dieser selbige hat auch noch ein Monument, das – wie vor dem Altar die *Grabsteine* beider rivalisieren – so, neben der Kanzel, mit dem *Epitaphium* des 1593 erschlagenen Dietrich von Quitzow an künstlerischer Tüchtigkeit wetteifert. Material, Aufbau, Größe sind dieselben, aber das neunundsechziger Monument ist dem dreiundneunziger noch überlegen, und zwar nicht bloß an Schmuck, sondern auch an Schönheit. Es erfreut sich ebenfalls einer langen Inschrift, der ich folgende charakteristische Zeilen entnehme.

Dietrich (aus adligem Geschlecht
Der Quitzowen geboren echt),
Bei Jürgen, seinem Vater wert,
Begraben ruht hier in der Erd.

Er liebte Gottesfurcht vor all Ding,
Christo allein mit Glauben anhing,
Dem Priesterstande tat sein' Ehr,
Welches anderen werd eine Lehr ...

Und so in vielen Reimen weiter. Das Ganze sichtlich der Erguß eines mit seiner Gemeinde, vielleicht auch mit seinem neuen Patron auf dem Kriegsfuße lebenden Eiferers.

Drei *noch* ältere Quitzow-Grabsteine stehen aufrecht in der Rühstädter Chornische. Der älteste datiert vom Jahre 1527. Neben ihm erhebt sich der einer Priorin oder Äbtissin von Quitzow (nicht Skulptur, sondern Temperabild auf Stein) und gegenüber ein dritter Grabstein aus dem Jahre 1552. Dieser, während sie den beiden anderen fehlt, hat eine Inschrift: „Anno Domini 1552, den Donnerstag nach Martini, ist gestorben der ehrbare und ehrenfeste Diricke von Quitzow, der *Olde*, dem Gott gnädig und barmherzig sei."

Grabsteine, die bis *vor* 1527 zurückgehen und über die Quitzows der Quitzowzeit oder doch wenigstens ihrer Kinder und Enkel einige wünschenswerte Daten geben könnten, sind nicht da.* Daß *Johann von Quitzow* seine Ruhestätte hier gefunden, ist nicht erwiesen, aber auch nicht ausgeschlossen.

* Desto reicher ist die Kirche zu Rühstädt an interessanten, einer *späteren* Zeit angehörigen Monumenten und Bildwerken, die, weil in der Mehrzahl durch besondere Schönheit ausgezeichnet, an dieser Stelle genannt werden mögen, obschon sie jeder Beziehung zu den Quitzows entbehren. Alle gehören nämlich der *Jagowzeit* an – der Zeit der *jetzigen* Besitzer von Quitzöwel und Rühstädt –, die mit dem Jahre 1777 beginnt. Ein Monument, in Form einer aus der Kirchenwand vorspringenden Tempelfaçade, gemahnt dankbar an *den*, der berufen war, den *Jagow*einzug an dieser alten *Quitzow*stelle herbeizuführen. Es war dies Thomas Günther von Jagow auf Aulosen. Die diesem geltende Tempelinschrift lautet: „Dem verehrungswürdigen Andenken des hochwohlgeborenen Herrn Thomas Günther von Jagow, Erbherrn auf Alt-Haus Aulosen, geboren den 28. Juli 1703 und als der letzte der Aulosenschen Linie, gestorben am 16. Juli 1777, widmen dies Denkmal Magdalene Charlotte von Jagow, geborene von Bismarck, und Georg Otto Friedrich von Jagow auf Rühstädt." Dieser G. O. F. von Jagow, Vetter oder Neffe des kinderlosen Thomas Günther von Jagow auf Aulosen, war der *Erbe* des Letztgenannten. Er verdankte das, einer Dorftradition nach, weniger seiner nahen Verwandtschaft als einem Akte ritterlicher Gesinnung. Thomas Günther von Jagow vermählte sich, in seinem Alter noch, mit Charlotte von Bismarck. Der Ruf der schönen jungen Frau wurde verdächtigt, was dem Vetter, Georg Otto Friedrich von Jagow, Veranlassung gab, den Verleumder seiner Anverwandten zum Zweikampf herauszufordern. Dies gewann ihm das Herz des Alten, der nun dahin testierte, daß seiner Frau das Barvermögen, dem Vetter aber der Güterbesitz zufallen solle. Nach dem Tode des so Testierenden kam es zum Ehebündnis zwischen Vetter und Muhme, was dann erfreulicherweise das kaum geteilte Gesamtvermögen wieder zusammenbrachte. Rühstädt wurde gekauft und das Monument in Dankbarkeit errichtet. – Was sich sonst noch an modernem künstlerischen Schmuck in der Rühstädter Kirche befindet, sind zunächst zwei Marmorbüsten auf Pfeilern oder Säulen von schwarzem Marmor und ferner ein Marmorrelief. Die beiden Büsten, von Professor Wichmann und Professor Cauer herrührend, sind Bildnisse des Georg Otto Friedrich von Jagow, gestorben 1810, und des Friedrich Thomas Achatz von Jagow, gestorben 1854. Das *Marmorrelief*, von *Drake* gefertigt und von ganz besonderer Schönheit (selbst unter Drakes Werken noch hervorragend), ist dem Andenken der 1835 früh verstorbenen Bertha von Jagow, vermählte von der Schulenburg, gewidmet. Es stellt eine schöne junge Frau dar, die, mit dem Ausdruck stillen Glückes, auf ihr Kind blickt, das ihr, der Mutter, ein kleines Kruzifix reicht. Sie starb jung, mit zweiundzwanzig Jahren, und war eine Schwester des gegenwärtigen Besitzers von Rühstädt.

14. KAPITEL

Die Eldenburger Quitzows.
Quitzow der „Judenklemmer", sein Sohn und sein Enkel

Quitzöwel und Rühstädt, Stavenow und Kletzke* waren altquitzowscher Besitz, zu dem sich, in Markgraf Waldemars Tagen, auch noch die ganz im Nordwesten der Prignitz gelegene, von zwei Armen des kleinen Eldeflusses eingeschlossene und nach ebendiesem Flusse benannte *Eldenburg* gesellte. Wir erwähnten ihrer schon in einer Grabinschrift im vorigen Kapitel. Diese Eldenburg wechselte dreimal ihre Gestalt. Zu Beginn des 14. Jahrhunderts errichtet und von den Quitzows auf Kletzke, Quitzöwel und Rühstädt (oder doch von der Vetterschaft derselben) zeitweilig bewohnt, stand die Burg dieses Namens, und zwar in ihrer ursprünglichen Gestalt, bis 1588. In diesem Jahre war sie derart unbewohnbar geworden, daß man an ihre Abtragung ging und aus ihren Steinmassen ein neues Schloß herstellte. Dies hielt sich durch fast drei Jahrhunderte hin und bildete mit seinen tief in das Dach sich einsenkenden Giebeln und den fünf Spitzen seines Turmes einen Schmuck der Gegend. Am Gründonnerstage 1881 aber wurde diese Herrlichkeit, zu der auch „so viel Fenster wie Tage im Jahre" gehörten, durch einen furcht-

* Die Kirche zu *Kletzke,* nicht so wohlerhalten wie die zu Rühstädt, war noch um 1750 reich an Quitzow-Grabsteinen und Quitzow-Monumenten. An ihrer Fülle ließ sich erkennen, daß Kletzke, durch Jahrhunderte hin, mit Quitzöwel und Rühstädt an Bedeutung gewetteifert, ja beide vielleicht übertroffen hatte. Daß neuere Historiker, im Gegensatze zu Klöden, davon ausgehen: Dietrich und Johann von Quitzow seien *nicht* zu Quitzöwel, sondern zu *Kletzke* geboren worden, habe ich schon an anderer Stelle hervorgehoben. Um die Mitte des vorigen Jahrhunderts befand sich noch eine von Anna von Quitzow 1591 dem Gedächtnis ihrer Brüder und Schwestern errichtete Bretterwand in der Kirche, worauf neun Figuren – „vier Manns- und fünf Weibsbilder", wie Bekmann schreibt – in Temperafarben gemalt waren. Alle diese Figuren trugen Unterschriften, von denen die Mehrzahl im Jahre 1750 noch zu lesen war: *Antonius* von Quitzow war bei einem Feuer umgekommen, *Köne* von Quitzow in einer Schlacht in Frankreich gefallen. All dies ist jetzt fort, und nur zwei Grabsteine sind geblieben. Letztere gelten dem Andenken *Dietrichs* von Quitzow, gestorben 1605 (ihm gewidmet von *Achatz* von Quitzow), wie dem Andenken *Philipps* von Quitzow, gestorben 1616, und erinnern lebhaft an die beiden in unserem vorigen Kapitel ausführlicher beschriebenen Quitzow-Denkmäler von 1569 und 1593 in der Kirche zu Rühstädt.

baren Brand zerstört, und was sich jetzt noch an Stelle von „Burg" beziehungsweise „Schloß" Eldenburg erhebt, ist ein verhältnismäßig kleines und schmales Gebäude mit glattem Ziegeldach und einem viereckigen dicken und ziemlich hohen Turme darüber.* Dieser Turm, jetzt Hofuhr und Taubenschlag beherbergend, ist noch ein Rest des ursprünglichen ältesten Baues, in dem sich unter anderem auch der in der ganzen Prignitz bekannte „Quitzowstuhl" befindet, ein großes Hufeisen, das *„Quitzow der Judenklemmer"* zu Beginn des 16. Jahrhunderts in die Mauer einfügen ließ. Zu welchem Zwecke, soll in nachstehendem erzählt werden.

Um 1517 saß *Kuno Hartwig von Quitzow,* mit dem Zunamen der „Judenklemmer", auf der Eldenburg. Es war dieselbe Zeit, in der sich die Juden in der Mark, besonders aber in der Altmark, durch Kurfürst Joachim I. verfolgt sahen und nach Mecklenburg, Lüneburg und Hamburg flüchteten. Alle diese mußten an der Eldenburg vorüber. Wenn sie nun zum Schlagbaum beim Dammzoll kamen, ließ Quitzow für die Wegerlaubnis einen Goldgulden von ihnen fordern und jeden, der sich diesen Goldgulden zu zahlen weigerte, nach dem Turme schleppen, demselben Turme, der jetzt noch steht. Dort ging es auf langer Leiter zu der ehemaligen Türmerstube hinauf, in welcher Stube Kuno Hartwig von Quitzow eine ebenso sinnreiche wie primitive, den Spaniern, bei denen er gedient, abgelernte Marterstätte zur Erpressung des

* Von der *Eldenburg* in seiner gegenwärtigen Gestalt, wie von fast allen Schlössern, Kirchen und Denkmälern, die dieser Quitzöwel-Aufsatz genannt hat, hat Hofphotograph *David Schwartz,* Potsdamer Platz (Eingang Bellevue-Straße 22) die verschiedensten Bilder angefertigt und die Gesamtheit derselben zu einem Album zusammengestellt. Es befinden sich darunter: die Wunderblutkirche zu Wilsnack in vier Aufnahmen, Einzelnheiten aus der Kirche, Bildnis des Havelberger Bischofs Joh. von Wepelitz, Blick von Quitzöwel auf die Elbe, Schloß Quitzöwel, die Kirche von Quitzöwel, die Ruinen der Quitzowburg in Kletzke, die Kirche zu Kletzke, verschiedene Quitzowepitaphien in der Kirche zu Kletzke, die Kirche zu Rühstädt, Quitzowepitaph in der Kirche zu Rühstädt, Marmorbildnisse der Familie von Jagow ebendaselbst, Quitzowdenkmal auf der Dorfstraße zu Legde, die Eldenburg bei Lenzen, der Quitzowturm in der Eldenburg, Schloß Plaue, das Kreuz am Kremmer Damm, der Marktplatz zu Angermünde und anderes mehr.

Juden-Wegegeldes hergerichtet hatte. Tief in das Mauerwerk war, wie schon in Kürze hervorgehoben, ein großes Hufeisen eingelassen. Auf dieses kam der gefangene Jude derart zu sitzen, daß nur die Fußspitzen den Boden erreichten. Über die Knie wurde ihm eine starke Eisenstange gepreßt, die rechts in einer Angel ging und nach links hin in eine Krampe griff, vor die man nun ein Schloß legte. Was dann schließlich die Marter vervollständigte, war, daß die gespreizten Arme des Unglücklichen mittelst eines halbkreisförmigen Eisens an die Hinterwand gespannt wurden. Dies alles hieß die „Judenklemme". Darin saß der willkürlich Verurteilte, mußte hungern und dursten und sonstige Leibesqual aushalten, bis er sich zum Zahlen bereit erklärte. Die Qual war um so schrecklicher, als nur einmal am Tag ein Knecht oder Schließer erschien und nachsah, ob der Gefangene sich nun vielleicht bequemen werde, seinen Goldgulden zu zahlen.

Auf solche Weise kam Quitzow zu vielem Gelde, bis er, nachdem er's jahrelang getrieben, erfahren sollte, daß ein höchster Herr und gerechter Richter walte, der uns, auch im Gelingen unserer Missetat, oft noch zu treffen und heimzusuchen weiß.

Kuno Hartwig stand eines Tages selbst am Schlagbaum, als ein alter Jude mit seiner Tochter heranschritt. Der Wächter forderte zwei Goldgulden Wegegeld und wies, als der Jude sich weigerte, zu Kuno Hartwig hinüber und sagte: „Wollt Ihr es anders, so wendet Euch an den Herrn da." Da neigte sich der alte Jude vor dem Ritter und bat ihn, ihm das Zollgeld erlassen zu wollen: „Ich bin kein Kaufmann, ich bin der Rabbi von Stendal und diente den wenigen aus meinem Volk, die, trotz des Kurfürsten hartem Gebot, in der Stadt, die sie nährte, zurückgeblieben waren. Jetzt sind auch die letzten von meiner Gemeinde fort, und ich will ihnen nachziehen."

Der Quitzow aber, als er solches vernahm, höhnte nur und schrie: „Verruchter du, der du den Kurfürsten betrogen hast! Gebot er nicht allen Juden, aus Stendal zu weichen? Und du hast es gewagt, dazubleiben und weiter zu lehren in eurer schändlichen Weise. Gut, daß ich selber hier bin, dich zu fangen. Ich werde dich zu dem Herrn Kurfürsten schicken, und der soll über dich richten lassen."

Da fiel der Jude vor dem Scheltenden auf die Knie, der denn auch versprach, ihn frei ziehen lassen zu wollen, wenn er hundert Goldguldcn zahle. Sonst müsse er in die „Klemme".

„Herr, ich besitze nichts als das Brot der Trübsal, das meine Tochter im Tuch von Stendal mitgenommen hat. Bis Dömitz gedachten wir heute zu kommen. Da warten unserer etliche aus dem Volke."

Quitzow sann eine Weile nach und sagte dann, während er sich an des Juden Tochter wandte: „Lauf, Dirne, lauf schnell und sage deinen Leuten in Dömitz, daß sie deinen Vater mit hundert Goldgulden von meinem Stuhle herunterholen sollen. Es sind sicher dort einige, die meinen Stuhl vom Hörensagen kennen oder wohl gar aus Erfahrung und schon auf ihm gesessen haben. Sie werden gerne zahlen, auf daß ihnen der Rabbi nicht verlorengeht."

Und damit trieb er das Mädchen auf Dömitz zu, während er den Rabbi nach dem Turm schleppte.

Da saß nun der alte Rabbi von Morgen bis Abend, und als Quitzow kam und nachsah, vernahm er nur, wie der Alte betete: „An den Wassern zu Babel saßen wir und weineten, wenn wir an Zion gedachten." Und als er das hörte, wurde dem Quitzow unheimlich, und ein Zittern befiel ihn, und er stieg, so rasch er konnte, die Leiter wieder hinab, von der aus er den alten Juden beobachtet hatte.

Tags darauf kam er wieder und hörte wieder das Singen und Beten, und als am dritten Tage die Judentochter noch immer nicht da war, befiel den Quitzow ein ihm sonst fremder und immer wachsender Schrecken, und er beschloß, einen Wagen anschirren und den alten Juden bis Dömitz hinfahren zu lassen. Im Augenblick aber, als er den Befehl dazu gab, trat die Judentochter wieder ins Schloßtor, mit ihr zwölf hebräische Männer, und die Tochter hielt dem Quitzow die hundert Goldgulden entgegen. In seiner Angst aber wies er das Geld ab und nahm seinen Weg nach dem Turm hin und stieg die Leiter hinauf, um jetzt den Alten von seinem Stuhl herabzunehmen. Als er aber auf der obersten Sprosse war, vernahm er drinnen in der Turmstube die Worte: „Höre, Israel, der Herr unser Gott allein ist Gott", und als Kuno Hartwig bei diesen Worten von der Leiter her abwärts blickte, nahm er wahr, daß die Juden, die mit ihm zugleich in den Turmflur eingetreten waren, auf die Diele niederknieten und den Gesang ihres Rabbi beantworteten. Und nun öffnete Quitzow die Tür und sah den Alten, dessen Augen ihn anfunkelten. „Ich, der Herr, dein Gott, bin ein eifriger Gott, der da heimsuchet der Väter Missetat an den Kindern . . ."

Bis dahin kam der Sterbende.

Dann lösten ein paar herbeigerufene Knechte die Leiche des Rabbi aus der Klemme und übergaben sie den Juden, die nun wehklagend ihren Heimzug nach Dömitz hin antraten. Die hundert Goldgulden aber hatte die Tochter dem Quitzow vor die Füße geschleudert.

Quitzow winkte seinen Leuten, daß sie das Geld für sich nähmen. Er selbst aber ließ keinen Juden mehr in die Klemme setzen und nahm keinen Wegezoll mehr.

Kuno Hartwig war schon vierzig, als er sich mit einer Anverwandten, der schönen Adelheid von Quitzow, vermählte. Sie nahm ihn des Besitzes halber (ein Vetter, den sie liebte, ging nach Neuspanien) und gefiel sich darin, ihm ihre Gleichgiltigkeit und Abneigung zu zeigen. Als sie jedoch nach Jahr und Tag eines Zwillingspaares genas, änderte sich ihre Haltung, und sie bewies von nun an ihrem Gatten ebensoviel Liebe, wie sie früher nur Spott und Übelwollen für ihn gehabt hatte. Die Zwillinge wurden *Hans* und *Kurt Dietrich* getauft und wuchsen zur Freude beider Eltern heran. Hans, der ältere, war ernsteren, Kurt Dietrich übermütigen Sinnes. Als der Vater aber zu sterben kam, rief er beide zu sich heran und erzählte, weil er sein Gewissen befreien wollte, daß er in seinen jungen Jahren ein großer Sünder vor Gott gewesen sei, dieweilen er den flüchtigen Juden, die vor seinem

Schlosse vorbei mußten, einen schweren Damm- und Wegezoll abgepreßt habe. Das war das eine, was der Alte sagte. Danach aber kam das zweite, wonach er *beide* Brüder zu Erben in der Eldenburg einsetzte, dem Älteren nur ein Aufsichts- und Entscheidungsrecht einräumend, zum Zeichen dessen er ihm den sogenannten Quitzowring überreichte. Dieser Ring war seit 1308 bei der Familie, wo Markgraf Waldemar einen damaligen Kuno Hartwig von Quitzow mit der eben erbauten Eldenburg belehnt hatte. Zur Weihe der neuen Burg aber war ein Priester aus Havelberg erschienen und hatte zu dem vor ihm Knienden die Worte gesprochen: „Und nun, Kuno Hartwig von Quitzow, um dich fester zu binden an das dir anvertraute Schloß, verlobe ich dich im Auftrage des hochwürdigen Landesbischofs zu Havelberg mit der Eldenburg und stecke *diesen Ring aus geweihtem Silber vom Tempel aus der heiligen Gottesstadt Jerusalem* an deine Hand. Der Bischof hat es befohlen, der Markgraf hat es gnädig genehmigt. Nun laß Gott walten."

Das war der „Silberring der Quitzows", der sich, Talisman und Zeichen der Herrschaft zugleich, durch zwei Jahrhunderte hin von Geschlecht zu Geschlecht weiter vererbt hatte. Jetzt befand er sich am Ringfinger des älteren Bruders Hans.

Die Zwillinge lebten sorglos in den Tag hinein, vor allem der Jüngere, der zur Verschwendung neigte, was dem Älteren endlich Veranlassung gab, ihm Vorhaltungen zu machen. Das verdroß aber den jüngeren Kurt Dietrich, und böser Neid begann sich in seiner Seele festzusetzen. Wie, wenn ihn schließlich der Bruder, der Erbe des Ringes, kraft dieses Herrschafts- und Besitzeszeichens von der Eldenburg ein für allemal vertriebe? Vielleicht unter dem Vorwande, zu viel Geld vergeudet oder es in diesem und jenem zu toll getrieben zu haben? Das durfte nicht sein, und diesen und ähnlichen Grübeleien hingegeben, kam ihm ein teuflischer Plan.

Ein Jahr mochte seit des Vaters Tode vergangen sein. Beide saßen beim Frühmahle, die Knechte waren nach dem Priemerwald auf Arbeit geschickt, während die Mägde mit der Schaffnerin bei der Wäsche waren. Kurt lenkte das Gespräch auf den Vater und sagte: „Ja, die Judenklemme. Warum uns der Vater dies nützliche Werkzeug nur immer verborgen gehalten hat! Wir sollten einmal hinaufsteigen und uns das Ding ansehen." Hans, der ältere, war es zufrieden, und so kletterten sie die Leiter bis in das Turmgemach hinauf. Hier oben überkam sie momentan ein Grausen beim Anblick der Klemme, bis sich Kurt, der Anwandlung Herr werdend, nach einer Weile lachend auf das Hufeisen setzte: „Schön sitzt sich's nicht darauf! Die Hispanischen haben es wirklich verstanden, die Juden zahlungslustig zu machen. Willst du's nicht auch einmal versuchen?"

Hans ging auf den Scherz ein. „Warum nicht?" Und er setzte sich hinein, preßte selbst das Quereisen über die Knie und schob das Schloß vor die Öse der Stange. Gleich darauf aber sprang Kurt in scheinbarer Ausgelassenheit hinzu, befestigte die gespreizten Arme des Bruders an der Hinterwand und nestelte ihm die Ketten von beiden Seiten her um den Leib. Und dabei zog er verstohlen den Schlüssel aus dem Schloß der Querstange. Nun gab es ein Lachen über den „Juden in der Klemme", bis Hans, des Probierens müde, wieder aufzustehen begehrte. „Gewiß, gewiß. Aber wo ist nur der Schlüssel?" Und nun begann Kurt zum Schein am Fußboden zu suchen. „Oder sollt ich ihn unachtsamerweise mit dem Fuße beiseite geschoben haben? Vielleicht daß er unten liegt." Und bei diesen Worten stieg er hinab und nahm die Leiter und versteckte sie hinter Strauchwerk und Gebüsch und horchte, bis das leise Wimmern, das er vernahm, ihn von seiner Horcherstelle vertrieb.

Endlich, den dritten Tag, war Hans seiner Qual erlegen, und Kurt streifte kaltblütig den Silberring von der Hand des Toten, den Toten selbst aber begrub er im Sande nahe dem Turm. Und nun ließ er Boten ausreiten, die nach dem Verschwundenen suchen mußten. Als aber alle wieder daheim waren und den so nah im Sande Verscharrten auf ihrer Suche nur zu gewiß nicht gefunden hatten, tat er, was äußerlich Rechtens war, und meldete dem Kurfürsten, daß der Bruder spurlos verschwunden, des Verschwundenen Silberring aber in seiner Lade gefunden sei. Da wurde denn Kurt Dietrich der Jüngere mit der Eldenburg belehnt und empfing in einem feierlichen Belehnungsakte den *Quitzowring.* Er trug ihn auch von Stund an und stand in Ansehen und ritterlichen Ehren, aber die mit ihm unter einem Dache lebten, bemerkten doch allerlei Sonderbares an ihm. Immer zur Zeit der Tagundnachtgleiche war er eine Woche lang unstet und ruhelos und erhob sich von seinem Lager und ging auf den Turm zu. Da stand er eine Weile, richtete das geschlossene Auge nach oben und kehrte dann erst nach dem Schlosse zurück. Tags darauf sah er verstört aus und mochte während der Zeit den Silberring nicht tragen.

Kurt Dietrich von Quitzow war sechzig Jahre alt, als er mit seinem einzigen Sohne Philipp, und zwar auf dem weiten Waldreviere, das sich von Sterbitz bis Breetz zieht, eine Jagd abhielt, zu der man den ganzen Adel der Umgegend geladen hatte. Reiche Beute wurde gewonnen, und als die Sonne niederging, zogen alle nach der Eldenburg zurück, um daselbst einen Nachtrunk einzunehmen. Beim ersten Freihofe von Seedorf war eine Furt, und als man drüben auf der anderen Seite der Elde hielt, schlug Kurt Dietrich vor, unmittelbar am Fluß hin, unter hohen Bäumen und Schilf und Rohr zur Seite, den Rest des Weges zurückzulegen.

Und siehe da, während er noch so sprach, war man bis auf hundert Schritt an einen hoch in Schilf stehenden Sumpf gekommen, den die nicht länger mehr in Zucht und Ordnung gehaltenen Hunde sofort umspürten und umwitterten. Philipp von Quitzow eilte so rasch wie möglich den Hunden nach, um zu sehen, was es sei, und ward alsbald einer Wildsau gewahr, die sich mit klaffendem Rachen und glühenden Augen vor ihm aufrichtete, wenig bekümmert um die Rüden, die von allen Seiten her auf das Tier losfuhren. Philipp, einigermaßen erschreckt, suchte den Rest der Jagdgesellschaft wieder auf und erzählte, was er gesehen. Als er bei seiner Rückkehr aber verhöhnt und ein Feigling gescholten wurde, lief er in Aufregung nach der Sumpfstätte zurück, zog sein

Waidmesser und stürzte sich auf das Wildschwein. Dabei glitt er zu seinem Unheil aus und wäre verloren gewesen, wenn ihm nicht der rasch hinzueilende Vater das Waidmesser aus der Hand gerissen und den Kampf mit dem Tiere nun seinerseits aufgenommen hätte. Des Alten Absicht ging ersichtlich dahin, dem Wildschwein die Faust in den Rachen zu stoßen und das Messer dabei so zu halten, daß das Tier, beim Zuschnappen, die Klinge sich in den Schlund pressen mußte; leider aber mißlang das Wagnis, das Messer glitt seitwärts, und die vorderen Zähne des Schweines zermalmten furchtbar des Ritters Hand und Arm. Was half es, daß sich inzwischen die ganze Jagdgesellschaft herangedrängt und den Alten aus seiner mißlichen Lage befreit hatte? Die rechte Hand bildete nur noch einen unförmigen Stumpf, und der Silberring war fort. In tiefer Niedergeschlagenheit legte man die letzte Strecke des Weges zurück und bettete den Alten auf sein Lager. Hier litt er unsäglich, und als der andere Morgen da war, befahl er, einen Priester aus Lenzen zu holen. Und nun war es just wie damals, wo der Vater ihm und seinem älteren Bruder seine Sünde bekannt hatte. Denn kaum daß der Priester erschienen, so mußte der Sohn mit hinzutreten und hörte nun die Beichte von dem Brudermord. Die Nacht darauf aber, als er mit seinem Sohne Philipp allein war und wohl fühlte, daß es zu Ende gehe, schob er sich in die Kissen höher hinauf und sagte: „Ja, Philipp, die Wildsau, das war der *Teufel.* Ich hab es deutlich an den Glutaugen und an dem heißen Atem gespürt. Und der Ring ist hin. Und ist auch gut so. Denn der Name der ‚Quitzows mit dem Silberringe' hatte keinen guten Klang mehr, seitdem ihn erst mein Vater und danach ich selber entwürdigt hatte. So entweiht, hätte der Silberring unserem Geschlechte keinen Segen mehr gebracht. Und so will ich's denn mit einer frommen Stiftung versuchen, aber nicht von dem ‚Judengelde'. Nein, nimm das, was ich sonst noch gespart, und laß das Röhricht abschneiden an der Sumpfstelle, wo der Teufel mich zum Tode getroffen, und laß Stein und Sand aufschütten, und wenn du *festen Baugrund* hast, dann bau ein Pfarrhaus darauf, das der

Eldenburger Gemeinde bis diese Stunde gefehlt hat, und zum Unterhalte nimm Peter Rogges Hof, und laß das alles bestehen zu bleibender Erinnerung an mein Verbrechen und meine Reue."

Dieselbe Nacht noch ging *Kurt Dietrich* heim, und *Philipp von Quitzow* legte den Grundstein zu der Eldenburger Pfarre. Die Pfarre selbst aber (mehrere kleine Gemeinden umfassend) empfing den Namen der *„Pfarre zu Seedorf"*, weil sie, nach Art einer Flußinsel, zwischen Löcknitz und Elde gelegen ist. Da steht sie bis diesen Tag als einziges Überbleibsel von dem Wirken und Walten eines alten Rittergeschlechts und erzählt, „daß die Sünde der Leute Verderben", aber bekundet zugleich auch das andere, versöhnungsreiche Wort: „Lasset uns Gutes tun, solang es noch Zeit ist, allermeist aber an des Glaubens Genossen."

15. KAPITEL

Die Johannisnacht in der Kirche zu Seedorf

Rühstädt ist die Ruhstätte der Familie (*war* es wenigstens), aber ihre „nächtliche Heerschau" haben die Quitzowschen Toten in der Kirche zu *Seedorf*. Da ruht Kuno Hartwig III. aus der Eldenburger Linie, Sohn oder Enkel Philipps, gestorben als ein Komtur des Johanniterordens, und in der *Johannisnacht* steigt er, in dem schwarzen Johannitermantel mit dem achtgespitzten Kreuz, aus seinem Grabe. Dann kommen alle Quitzows zusammen, *„viele blanke Kerle"*, wie sich das Volk erzählt, und haben ihren „Tag" und ihre Familienandacht. Und Kuno Hartwig, als Patron und Ordensherr, wartet seines Amtes und empfängt alle die, die herzukommen, in der von einem hellen Schein erfüllten Kirche. Der mit der Stumpfhand ist auch dabei, aber muß sich von den übrigen getrennt halten und seitab und unterhalb des Turmes bei der Totenbahre stehen, als einer, der der Kirchenbuße verfallen.

Um ein Uhr dann erlischt der helle Schein wieder, und mit ihm sind alle verschwunden.

PLAUE a. H.

1. KAPITEL

Plaue von 1414 bis 1620

(Kurfürstliche Zeit und Zeit der Saldern und Arnims)

1414, den 26. Februar, fiel die Quitzowburg *Plaue* ihren Belagerern, dem Burggrafen Friedrich und dem Erzbischof von Magdeburg, in die Hände, nachdem schon am Tage vorher *Johann von Quitzow* bei seinem Fluchtversuche gefangengenommen und in der Kirche zu Plaue in den Stock gesetzt worden war. Tags darauf einigten sich die Sieger über einen Befehlshaber, einen Schloßhauptmann, für das von ihnen gemeinschaftlich eroberte Schloß. Ihre Wahl bestallte dazu den Ritter Günzel von Bartensleben für die Dauer eines Jahres. Er mußte vor den Fürsten eidlich geloben, „das Schloß getreulich bewahren und beschirmen zu wollen, zu *beider* Lande Nutz und Frommen". Hierdurch wurde von dem früheren Plane, die Burg von Grund aus zu brechen, Abstand genommen. Aber schließlich erfolgte dies „Niederlegen" doch, nachdem ein von beiden siegreichen Parteien (Mark und Magdeburg) bei Gelegenheit neuer Eifersüchteleien angerufenes Schiedsgericht dahin entschieden hatte, daß die „Zubehörungen" von Plaue, will sagen alle Dörfer, Äcker, Forsten etc. zwischen der Mark und Magdeburg *geteilt*, die Befestigungswerke der Burg aber unverzüglich zerstört werden sollten. Was denn auch, *so gut es sich tun ließ*, ausgeführt wurde.

Der *Ort* Plaue blieb bei der Mark.

Von diesem Zeitpunkt an gab es keine Plauer Schloßhauptmannschaft mehr, weil das „Schloß", das einer solchen als Voraussetzung diente, nicht mehr vorhanden war. An Stelle der *Schloß*hauptmannschaft trat nunmehr eine *Amts*hauptmannschaft mit dem Rechte der Zollerhebung. 1459 war es *Georg von Waldenfels,* dem, durch Kurfürst Friedrich Eisenzahn, ein Privilegium* verliehen wurde, kraft dessen er den Brücken- sowie Land- und Wasserzoll erheben durfte, mit dem Zusatze, „daß zwischen Brandenburg und Rathenow keine andere Brücke außer der Plauer über die Havel führen, auch keine Fähre gehalten werden solle".

Der Ertrag dieses Zolles war ein bedeutender, und die Plauer Brücke blieb, bis in unsere Tage hinein, eine von Pächtern viel begehrte Zollstätte. Der letzte dieser Pächter, wie hier vorgreifend erzählt werden mag, hieß *Gerimsky,* ein Original. Neben seinem Zollhause stand ein Schuppen und in diesem Schuppen ein immer gesatteltes Pferd. Weh dem Handwerksburschen, der, im vermeintlichen Schutz eines Platzregens oder mit Hilfe der Dämmerung, ohne Zoll über die Brücke zu kommen hoffte. Gerimsky warf sich auf seinen Klepper, jagte nach und ruhte nicht eher, bis er den Feind gestellt und im Unvermögensfalle gepfändet hatte. Dabei gab es nichts, was von ihm verschont worden wäre. Bei seinem Tode hinterließ er eine Truhe voll aufgestapelter Handwerksburschenmützen.

Plaue war kurfürstliches Amt und blieb es bis 1560, um welche Zeit es, wohl infolge beständiger Geldverlegenheiten des zweiten Joachim, pfandweise von *Matthias von Saldern* erstanden wurde. Die Witwe desselben stiftete später die Saldernsche Schule zu Brandenburg. 1577 ging Plaue (nunmehr *durch Kauf*) aus kurfürstlicher Hand in die Hände der Brü-

* Das dem *Georg von Waldenfels* verliehene Privilegium knüpfte sich übrigens an allerlei Bedingungen, unter denen die *Wiederherstellung* des Schlosses die wichtigste war. Es heißt in der betreffenden Urkunde, daß das alte Schloß, „das sehr zerbrochen, verfallen und ungefestigt sei", zu Nutz und Frommen der Herrschaft wie des Landes „wieder aufgebracht, gefestigt und gebaut und in gutem Zustande gehalten werden solle". Dem allen unterzog sich der von Waldenfels auch wirklich und stellte den Bau (wenigstens partiell) wieder her, was sich insoweit ohne sonderliche Mühe tun ließ, als das vierzig Jahre früher angeordnete „Brechen und Schleifen" der vierzehn Fuß dicken Schloßmauern nur sehr unvollkommen ausgeführt worden war. Dies vergleichsweise Neue hieß nun zum Unterschiede von der ehemaligen Quitzowburg „der von Waldenfelssche Bau", war aber im wesentlichen nichts anderes als das *alte Schloß,* das man in einem Einzelteile – der übrigens noch immer groß genug war – wieder fest und wohnlich gemacht hatte.

der Kurt und Behrend von *Arnim* auf Boitzenburg und Gerswalde über. Die Arnims besaßen es dreiundvierzig Jahre, welche Zeit, neben anderm, auch der Ausschmückung der Plauer Kirche zugute kam. Ein alabasternes Epitaphium von hervorragendem Kunstwerte, mit Darstellungen aus der heiligen Geschichte: „Kreuzigung" (unten die Donatoren), schmückt *jetzt* den Altar. Die ursprüngliche Inschrift, die Auskunft geben würde, von *wem* es errichtet wurde, ist leider verlorengegangen. Unter den andern noch vorhandenen Grabsteinen ist nur der letzte, der dem Sohn und Erben Kurt von Arnims errichtet wurde, von Bedeutung. Er trägt folgende Inschrift: „1620 den 15. Juli ist der edle, gestrenge und ehrenfeste Leonhard von Arnim in Gott selig entschlafen, seines Alters 36 Jahre, 13 Tage. Des Seele Gott gnädig sei."

2. KAPITEL

Plaue von 1620 bis 1765

(Die von Görnezeit)

Leonhard von Arnim, dem Plaue als väterliches Erbe zugefallen war, war infolge der Verwirrungen, die der damals beginnende Dreißigjährige Krieg heraufführte, dergestalt in Schulden geraten, daß er sich nicht getraute, sich im Besitze seiner Güter zu behaupten. Er verkaufte deshalb, und zwar einige Tage vor seinem frühzeitigen Tode, die Herrschaft Plaue, zu der, außer der Stadt gleichen Namens, auch noch vier Dörfer gehörten, an den Domherrn und Thesaurarius der erzbischöflichen Kirche zu Magdeburg Christoph von Görne, bei dessen Familie Plaue nunmehr bis 1765 blieb. Die Kaufsumme war 80 000 Taler. Zwei Jahre nach Beginn des Dreißigjährigen Kriegs wurde dieser Besitz angetreten, und zwei Jahre nach Schluß des Siebenjährigen Krieges traten die Görnes von diesem Besitz zurück.

Daß Plaue zu Beginn dieser Epoche besonders oft und schwer heimgesucht wurde, war natürlich: war es doch der

Hauptpaß zwischen Berlin und Magdeburg. 1630 wurde die Brücke von den Kaiserlichen abgeworfen, um die aus Pommern heranziehenden Schweden abzuhalten, 1632 vollendeten diese (die Schweden) das Vernichtungswerk durch Abhauen der noch stehengebliebenen Pfähle. Nicht einmal einen Kahn ließ man den Einwohnern, nur um den am anderen Ufer stehenden Kaiserlichen keinerlei Vorschub zu leisten. 1635 plünderten die Sachsen. Aber erst 1639, als brandenburgische Landeskinder vom Burgsdorfschen Regiment in Plaue Quartier nahmen, erreichte die Not ihren Gipfelpunkt. Um diese Zeit war es, daß die Bewohner von Plaue sich bittweis an den Kurfürsten George Wilhelm wandten. „Ob wir nun wohl nichts mehr auf dieser Welt als das bloße Leben und, mit Ehren zu melden, nicht ein Hemd auf dem Leibe behalten haben, so werden wir doch anitzo mit schwerer Tribulation von des Obersten von Burgsdorf Regiment belegt, dessen uns zugewiesene Reuter uns ängstigen und plagen und vollends zerschlagen und zu Asche brennen, was uns die andern Soldaten an zerbrochenem Eigentum noch gelassen haben. Und wenn wir unsere Häuser nur um des Nachtlagers willen nicht gern mit dem Rücken ansehen und uns mit Kummer und Not auch fernerhin darin zu fristen gedenken, so können wir's doch nur, wenn uns kurfürstliche Gnaden auf drei Jahre von aller Kontribution und Einquartierungen befrein." Endlich war der Krieg zu Ende, und des Christoph von Görne *Sohn*, der inzwischen das Erbe angetreten, mühte sich, wie sich der Vater bis zu seinem 1638 erfolgten Tode gemüht hatte, dem verarmten Orte wieder aufzuhelfen. In diesem Bestreben einigten sich auch *die* Görnes, die den beiden ersten Besitzern, Vater und Sohn, in Schloß Plaue folgten, am eingreifendsten und segensreichsten aber war die Wirksamkeit *Friedrichs* von Görne, des fünften Görne an dieser Stelle, der, schon vorher auf dem benachbarten Gollwitz ansässig, 1711 Plaue durch Vergleich an sich brachte.

Friedrich von Görne, geboren den 24. Juli 1670, war einundvierzig Jahre alt, Geheimrat und Kammerpräsident, als er

1711 seinen Neubesitz antrat. Er ließ als erstes und Wichtigstes die während des Dreißigjährigen Krieges abgetragene Brücke wieder herstellen und ging dann in fünfjähriger Bautätigkeit dazu über, das von Georg von Waldenfels auf den Trümmern der alten Burg neu errichtete, während des Krieges aber zum *zweiten* Male zerstörte Schloß durch einen dem Zeitgeschmack entsprechenden Neubau zu ersetzen. Dies geschah mit einem Kostenaufwande von 23 460 Talern. Es war ein ansehnliches Hauptgebäude mit zwei Seitenflügeln, über dessen damalige Gesamterscheinung wir in den Guts- und Pfarrakten eine vom alten Pfarrer Lösecke herrührende, etwa der Mitte des vorigen Jahrhunderts angehörige Beschreibung haben, deren Inhalt sich im wesentlichen mit dem Bilde deckt, das uns das Schloß bis diesen Augenblick gewährt. „Das Corps de logis, die Hauptfront nach Osten, ist mit vortrefflichen Souterrains versehen und hat zwei Etagen, jede mit einem herrlichen Saal und vielen schönen Zimmern. Oben auf dem Dache befindet sich ein geräumiger Altan, auf dem man bequem spazierengehen und des herrlichsten Ausblicks genießen kann. Jenseits der Havel sieht man, hundert Ruten vom Schlosse entfernt, eine halbmondförmige Schanze, von wo aus, zur Quitzowzeit, die markgräflichen Leute Burg Plaue beschossen haben. Diese Schanze hat eine Länge von 17 Ruten und ist senkrecht 13 bis 14 Fuß hoch. Am Ende des mittäglichen Schloßflügels ist eine schöne Kapelle, darin, wenn es die Herrschaft verlangt, der Gottesdienst gehalten werden kann. Vor dem Schlosse fließt die Havel. Sonst ist noch aus alter Zeit her ein breiter und tiefer Graben um das Schloß her gezogen, so daß man nur über Zugbrücken in dasselbe gelangen kann. Auch der Turm* ist

* Dieser Turm war 1717, also funfzig Jahr vor Pastor Löseckes obiger Beschreibung, noch so gut erhalten, daß ihn Friedrich von Görne dem im Sommer genannten Jahres auf der Reise nach Magdeburg in Plaue vorsprechenden Könige Friedrich Wilhelm I. als eine Sehenswürdigkeit zeigen konnte. Der König liebte dergleichen aber nicht. Alles, was an Adelsmacht erinnerte, verdroß ihn, und so fragte er den in nicht geringen Schreck und mindestens in große Verlegenheit geratenden Schloßherrn, „ob er den Turm etwa habe stehenlassen, um auch einmal einen Markgrafen darin festzusetzen". Das war zu deutlich, um nicht verstanden zu werden, und so ließ denn von Görne den Turm bis auf Höhe von acht Fuß abtragen. Auch dieser Rest verschwand gegen das

noch da, worin Hans von Quitzow 1407 den Herzog Johann von Mecklenburg ein Jahr lang gefangenhielt."

Friedrich von Görne baute dem Verkehr die Brücke, *sich selbst* ein Schloß, nebenher aber lief, wie schon in kurzem hervorgehoben, das eifrige Bestreben, der seit dem Dreißigjährigen Kriege verarmten Bevölkerung von Plaue wieder aufzuhelfen. Er begann mit einer Wollenmanufaktur, und als diese nicht ausreichend prosperierte, ließ er ihr eine Porzellanmanufaktur folgen. Es verlohnt sich, bei der Geschichte derselben, der ersten in Preußen, einen Augenblick zu verweilen.

Es war in Halle, zu nicht näher zu bestimmender Zeit, daß *Friedrich von Görne* die Bekanntschaft eines gewissen *Kempe* machte, von dem es hieß, daß er in der Böttcherschen Porzellanmanufaktur zu Meißen gearbeitet und die Geheimnisse derselben kennengelernt habe. Mit diesem Kempe setzte sich von Görne nun in Verbindung und bestimmte denselben, an einem in der Nähe sich vorfindenden rötlichen, feuerfesten Ton seine Kunst zu versuchen. Kempe ging auf den Antrag ein, und nachdem 1713 der Kunstmaler David Bennewitz (ein anschlägiger Kopf, später Direktor der Fabrik) und im Jahre 1715 ein auf diesem Gebiet ausgezeichneter Techniker Johann Mehlhorn hinzugetreten war[en], gelang es, ein *weißes* Porzellan herzustellen – anfangs hatte man sich mit einem rotbraunen begnügen müssen –, das durch seine Trefflichkeit die gehegten Erwartungen noch übertraf. Man fabrizierte Tafelaufsätze, Krüge, Tee- und Schokoladenservices, Butterbüchsen, Konfekt- und Kochgeschirre, kurzum alles, was man gewohnt war, aus Ostindien oder Holland zu beziehen. Jeder Arbeiter wurde durch Eid verpflichtet, „von dem, was er in der Manufaktur gesehen oder erlernt habe, niemandem, es sei, wer es wolle, das geringste sagen oder weisen oder seine Kunst auswärts üben und brauchen zu wollen". Alle Zimmer des Plauer Schlosses waren alsbald mit allerlei

Ende des Jahrhunderts unter General von Anhalt. Nur das unterirdische Gefängnis, also das Haupterinnerungsstück, blieb und hat sich bis diesen Tag erhalten.

kostbarem Gerät ausgestattet und namentlich Vorhof und Garten mit mächtigen Vasen und Blumentöpfen geziert. Auch der Absatz unterlag keinen Schwierigkeiten. Schon in der Nachbarschaft fanden sich Käufer die Menge, denn Reiche und Vornehme suchten dem Herrn von Görne, der zu den tonangebenden Männern zählte, in der Ausstattung ihrer Häuser nachzuahmen. Aber auch das Ausland kaufte sehr beträchtlich, und außer einer zu Berlin befindlichen Hauptniederlage wurden Niederlagen in Breslau, Magdeburg, Braunschweig, Hamburg, Kassel, Danzig und Königsberg errichtet. Für Holland und England bestimmte Ware wurde bis Hamburg frachtfrei geliefert. Auf Einkäufe von 100 Taler gab es, was ganz modern klingt, bei Barzahlungen 10 Taler, auf 1000 Taler jährliche Abnahme aber, außer 10 Prozent, noch 50 Taler Prämie in den Kauf. Überallhin drang der Ruf der Plauer Manufaktur, und als Peter der Große seine zweite Reise durch Europa machte, kam er in Begleitung Friedrich Wilhelms I., der ihm in Brandenburg seine „große Garde" gezeigt hatte, nach Plaue, blieb daselbst auf dem Schloß über Nacht und bestellte, nach Besichtigung der Fabrik, ein vollständiges Tafelservice, das auch sehr schön ausfiel und auf braunem Grunde das stark vergoldete Wappen des Zaren zeigte. Diese Fortschritte, diesseitig freudig begrüßt, waren selbstverständlich ein Schrecken in Sachsen, wo man die Fortführung und jedenfalls die Rentabilität der Meißner Manufaktur ernstlich in Frage gestellt sah, so sehr, daß Unterhandlungen (die sich übrigens bald wieder zerschlugen) begannen, um die Fabrik in Plaue zum Rücktritt zu veranlassen. Die Hilfe für Sachsen kam schließlich von anderer Seite her: Friedrich von Görne, durch Friedrich Wilhelm I. zum Geheimen Etatsrat ernannt, sah sich bald nach seiner Ernennung in eine hohe Verwaltungsstelle nach Ostpreußen berufen und von dieser entfernten Provinz aus selbstverständlich außerstande, den Vorgängen in Plaue, wie das durchaus nötig war, kontrollierend zu folgen. So rissen denn Unordnungen ein, die rasch wuchsen und bei Rückkehr von Görnes das Aufgeben des ganzen Betriebes zur Folge hatten.

Das war 1730. Aber bis zu seinem Lebensausgange blieb von Görnes Gesamttätigkeit ein Segen für Stadt und Land. Im Jahre 1743 wurde, mutmaßlich unter seiner Anregung, der Plauesche Kanal begonnen und am 7. Juni 1745 beendet. Siebzehn Tage später starb er. Das Plauer Kirchenbuch meldet: „Den 24. Juni 1745 hat S. Exc. Herr Friedrich von Görne, Seiner Majestät hochbestallter Wirklicher Geheimer Etats- und Kriegsminister, Vizepräsident und erster dirigierender Minister bei dem General-Oberfinanz-, Kriegs- und Domainen-Direktorio, Ritter des Schwarzen Adlerordens, Generalpostmeister, Erbherr auf Plaue, Gollwitz etc. etc. nach einer langwierigen Schwachheit im fünfundsiebzigsten Jahre Dero Alters das Zeitliche mit dem Ewigen verwechselt und ist seine Leiche den 28. Juni in dem hochadligen Gewölbe zu Gollwitz beigesetzt worden."

Plaue blieb noch zwanzig Jahre in von Görneschem Besitz, bis es Leopold von Görne, Sohn Friedrichs von Görne, im Jahre 1765 für 160000 Taler an den Königlich preußischen Obersten von der Infanterie, Wilhelm von Anhalt, Generalquartier- und Hofjägermeister, auch Domherr der hohen Stiftskirche zu Havelberg, verkaufte.

3. KAPITEL

Plaue von 1765 bis 1793

(von Anhaltsche Zeit)

Wilhelm von Anhalt war der natürliche Sohn des Prinzen Wilhelm *Gustav* von Anhalt (ältesten Sohnes des Fürsten Leopold von Dessau), mithin ein Enkel des Alten Dessauers. Er glich diesem in vielen Stücken, aber freilich mehr in seinen Fehlern als in seinen Tugenden. Trotzdem, oder vielleicht auch eben deshalb, war er eine „interessante Figur". Dem wundersamen Regiment, das er achtundzwanzig Jahre lang in Plaue führte, schicke ich seine biographische Skizze voraus.

Prinz Wilhelm *Gustav* von Anhalt unterhielt ein Verhältnis

mit der Tochter eines Superintendenten namens Schardius. Diesem Verhältnis entsprossen zwei Söhne, Wilhelm und Philipp, die beide zu Kapelle bei Radegast im Anhaltischen das Licht der Welt erblickten. Der älteste, *Wilhelm*, geboren 1734, trat bei dem Prinzen Moritz von Anhalt, seinem Onkel, unter dem Namen *Wilhelmi* in Dienst und zeichnete sich durch Anlagen und Anstelligkeit derart aus, daß Prinz Moritz ein Patent als Lieutenant für ihn erwirkte. In dieser Eigenschaft blieb er vier Jahre lang in des Prinzen Gefolge, und als dieser, bei Hochkirch schwer verwundet, das Heer verließ, empfahl er seinen Schützling dem General von Hülsen, dem er gleichzeitig das Ehrenwort abnahm, über die Geburtsverhältnisse Lieutenant Wilhelmis unverbrüchliches Schweigen beobachten zu wollen.

Lieutenant *Wilhelmi* folgte nun seinem neuen Gönner nach Sachsen und zeichnete sich hier in einem Gefechte, welches Hülsen den Österreichern lieferte, aus. Der glückliche Ausgang des Gefechtes erschien Friedrich so wichtig, daß er sich selbst zum General Hülsen begab, mit demselben das Terrain überblickte und einen seiner Ingenieure beauftragte, einen genauen Plan anzufertigen. Zufällig hörte Wilhelmi den Befehl und bat den General, er möge ihm die Erlaubnis verschaffen, ebenfalls einen Plan anfertigen zu dürfen. Der König willfahrte diesem Wunsche, und Wilhelmi lieferte seine Arbeit früher ab als der Ingenieur. Friedrich war mit derselben zufrieden, erkundigte sich näher nach dem jungen Mann und trug Hülsen auf, ihn zu ihm zu schicken. Hülsen jedoch, in der Meinung, daß der König den betreffenden Auftrag sehr wahrscheinlich wieder vergessen habe, nebenher aber auch wohl fürchtend, daß die Zusammenkunft zur Entdeckung Wilhelmis führen und sein (Hülsens) gegebenes Ehrenwort in Gefahr bringen könne, verschwieg Wilhelmi des Königs Begehren.

Friedrich hatte seinen Auftrag aber nicht vergessen, und als er Wilhelmi auf der Parade erblickte, fuhr er ihn mit den Worten an: „Warum ist Er nicht, wie ich befohlen, gestern zu mir gekommen?“

„Euer Majestät, ich weiß von keinem Befehl."
„Folg Er mir", sagte der König.
In seinem Cabinet angekommen, legte ihm Friedrich etliche Pläne vor, sprach längere Zeit mit ihm und fragte ihn, da er bestimmte und klare Antworten erhielt, ob er sich wohl getraue, einige dieser Zeichnungen zu kopieren. Wilhelmi bejahte und erhielt den Auftrag, einen der Pläne abzuzeichnen.
Mißvergnügt darüber, daß sein General ihm des Königs Befehl verschwiegen habe, verschwieg *er* nun auch diesem seine Unterredung mit dem Könige.
So verging eine kurze Zeit.
In aller Stille und mit Zuhilfenahme der Nachtstunden vollendete Wilhelmi die Zeichnung und überreichte sie dem Monarchen, der sie wohlgefällig prüfte und ihn dann fragte:
„Wer ist Er denn eigentlich? Wo stammt Er her?"
„Euer Majestät, ich heiße Wilhelmi und bin der Sohn des verstorbenen Prinzen Gustav von Dessau."
„Wie? Was sagt Er da?" rief der König überrascht und warf die Zeichnung auf den Tisch. „Er will ein Sohn des Prinzen Gustav sein? Ihn soll der Teufel holen, wenn das nicht wahr ist!"
Aber Wilhelmi entgegnete ganz gelassen: „Wie würde ich es wagen, Euer Majestät eine solche Unwahrheit zu sagen."
„Weiß es der General?" forschte Friedrich weiter und setzte hinzu, als Wilhelmi die Frage bejaht hatte: „Gut! Sag Er seinem General, daß er heute mittag bei mir speisen soll."
Bei Tafel bemerkte Friedrich wie von ungefähr: „Weiß Er nicht, lieber Hülsen, wo sein Lieutenant Wilhelmi eigentlich her ist?"
„Nein, Majestät. Der Prinz Moritz hat ihn mir empfohlen."
„So?" sagte Friedrich und sah Hülsen scharf an. „Er weiß also *wirklich* nicht, wo der Wilhelmi her ist. Nun, wenn Er's nicht weiß, so will ich's Ihm sagen: der Lieutenant Wilhelmi ist ein Sohn des Prinzen Gustav."
Hülsen, der sein Geheimnis entdeckt sah, gestand nun dem Könige, was er über Wilhelmis Abkunft wußte, und erklärte, daß er durch Ehrenwort zum Schweigen verpflichtet

worden sei. Jetzt verlangte Friedrich, daß er ihm den jungen Mann abträte. Hülsen tat dies ungern, wagte jedoch nicht, einen Einwand zu machen.

Von der Tafel heimgekehrt, beschied der General den plötzlich zu Stellung und Ansehen gelangten Wilhelmi zu sich und machte ihm heftige Vorwürfe darüber, daß er ihm seine Unterredung mit dem Könige verheimlicht habe. Der junge Mann entgegnete aber dreist: „Herr General, Sie haben mir den Befehl des Königs, der mich zu sich beschied, ebenfalls verschwiegen, und da mich Majestät nach meinem Herkommen fragte, mußt ich ihm doch die Wahrheit sagen. Zudem hielt ich den günstigen Augenblick für gekommen, mein Glück zu machen. Warum sollt ich ihn nicht benutzen?"

Wilhelmi wurde nun ins Gefolge des Königs aufgenommen und auf dem Schlachtfelde von Liegnitz (1760) zum Hauptmann ernannt. Gleichzeitig beauftragte ihn Friedrich mit den Geschäften eines Generalquartiermeisters, in welcher Stellung er sich nützlich zu machen verstand. Er entwarf unter anderem dem Könige einen Plan zur Herstellung eines leichten Artilleriekorps. Friedrich konnte ihn indessen nicht hinreichend belohnen, weil höhere Militärchargen grundsätzlich Bürgerlichen verschlossen waren. Da sagte der Monarch eines Tages zu ihm: „Hör Er mal, so wie es mit Ihm steht, kann nichts aus Ihm werden. Ich werd Ihn adeln. Welchen Namen will Er führen?"

Wilhelmi wählte den Namen des anhaltischen Ortes Grötzig, in dem er erzogen worden war.

„Grötzig?" wiederholte Friedrich. „Nein, das ist ein häßlicher Name. Weiß Er was? Er soll von Anhalt heißen. Damit aber die Fürsten dieses Namens nichts dagegen haben, so bewerb Er sich um ihre Einwilligung."

Diese Einwilligung* seitens der fürstlichen Familie von Anhalt wurde Wilhelmi ohne weiteres erteilt, der von diesem

* Als Wilhelmi dem Könige diese Einwilligung überbrachte, entspann sich folgendes Gespräch:
„Hat Er *Geschwister*?"
„Ja, Majestät; noch einen Bruder."
„*Wo* ist der und *was* ist er?"

Zeitpunkt an die Gunst des Königs immer mehr gewann. Unter anderen Kriegstaten erhielt sein kühner Angriff auf einen österreichischen Posten im Gebirge bei Leutmannsdorf, 1762, des Königs vollste Anerkennung. Friedrich ernannte ihn infolge dieser Heldentat zum Oberstlieutenant und händigte ihm acht Verdienstorden für seine Offiziere ein. Nach dem Friedensschlusse stieg er immer höher, wurde, nachdem er 1765 Plaue erstanden, drei Jahre später Generaladjutant und 1783 Generallieutenant und Gouverneur in Königsberg.

Auf den Ausgang seines Lebens und seine Großtaten in Plaue komme ich weiterhin zurück. Aber was Mirabeau 1786, kurze Zeit nach dem Tode des Königs, über von Anhalt schrieb, mag, als Ergänzung zu dem Vorstehenden, schon hier eine Stelle finden. „Der neue König", so schreibt Mirabeau den 10. Oktober 1786, „hat soeben dem Herrn von Anhalt den Schwarzen Adlerorden verliehen. Herr von Anhalt ist von einer Köchin und sehr vielen Vätern geboren.* Er war erst Pferdeknecht und wußte sich dadurch seinen Lebensunterhalt zu verschaffen, daß er den Offizieren eingeschmuggelten Kaffee verkaufte. Dann wurde er Spion und hatte den Prinzen von Preußen, den jetzigen König, auf Schritt und Tritt zu bewachen. Er ging dabei weiter als nötig und wußte in seine gehässigen Erzählungen auch giftige Ratschläge zu mischen, was endlich die Vollziehung einer Grausamkeit veranlaßte, die man nicht Geschicklichkeit genug hatte zu bemänteln und nicht Mut genug voll auszuführen." (Diese ganze Stelle, völlig unverständlich, ist sehr wahrscheinlich mit Absicht in Dunkel gehalten.) „General von Anhalt", so fährt Mirabeau fort, „hat übrigens mehr Kriegstalent, als

„Er lebt in Offenbach und ist Barbier."

„Wie kann einer so dumm sein und ein Barbier werden? Schreib Er ihm gleich und laß Er ihn herkommen."

Dieser jüngere Bruder, *Philipp*, traf denn auch wirklich aus Offenbach ein, wurde von dem älteren Bruder in den Militärwissenschaften unterrichtet und machte gleichfalls Carrière, wenn auch nicht voll so glänzend wie der ältere (Wilhelm). Philipp von Anhalt starb als Generalmajor.

* Mirabeau war, bei Personalangaben wie diese, regelmäßig auf Hofklatsch angewiesen und konnte Wahres von Falschem nicht sichten. So läuft denn auch hier viel Falsches mit drunter. Aber all dies Falsche betrifft nur nebensächliche Dinge. Das Gesamtbild, das er hinstellt, ist richtig.

man bei seiner sonstigen Dummheit glauben sollte. Niemals ist er kaltblütiger als an der Spitze seiner Soldaten. Und so stieg er denn bis zum Generallieutenant. Da er ohne Geist ist (das wenige, was er davon hatte, verlor er durch einen schrecklichen Sturz, infolge dessen er trepaniert werden mußte), so bleibt er mutmaßlich auch fernerhin in Gunst. In Königsberg, wo er bis jetzt das Kommando hatte, war er allgemein gehaßt, was ihm freilich in Potsdam, wo man die Ostpreußen seit sechsundvierzig Jahren verabscheut, eher zum Vorteil als Nachteil angerechnet wurde. Wenige Tage vor dem Tode des Königs wurde von Anhalt nach Sanssouci berufen.

‚Er hat eine von Seinen Töchtern verheiratet?' empfing ihn der König.

‚Ja, Sire ... Und ich fühle es.'

‚Wieviel hat Er Seiner Tochter mitgegeben?'

‚Zehntausend Taler.'

‚Das ist viel für Ihn, da Er nichts hat.'

Den folgenden Tag empfing er vom Kämmerier ebendiese Summe, 10 000 Taler, und kehrte nach Königsberg zurück. Kaum dort angekommen, traf auch schon die Nachricht vom Tode des Königs ein. Sofort schnitt Anhalt aus dem großen Ölportrait den Kopf seines vieljährigen Wohltäters heraus und setzte den Kopf seines Nachfolgers hinein. Dieser, König Friedrich Wilhelm II., kam bald danach zur Huldigung nach Königsberg und schenkte von Anhalt eine prächtige Dose, sah sich aber doch gezwungen, ihm, dem General, mitzuteilen, ‚daß er das ostpreußische Kommando niederlegen müsse'. So zieht er sich denn jetzt mit einer Pension von 5000 Talern und dem Schwarzen Adlerorden zurück, nachdem ihm noch versprochen worden ist, ihn im Fall eines Krieges wieder anzustellen. Einige sind bemüht, diese jedenfalls zu weit gehenden Wohltaten und Rücksichten in Schutz zu nehmen und die Fülle derselben aus gerechtfertigter Furcht zu erklären. Soll doch von Anhalt gedroht haben: ‚er werde, wenn man ihm diese Gnade (hohe Pension und Orden) versage, *anderswo* zeigen, daß er solche Zurücksetzung nicht verdient habe ...' – ‚Anderswo' soll natürlich heißen: im Dienste von Österreich. Er würde sich aber gehütet haben, diese Drohung wahr zu machen, denn die von ihm zwischen Magdeburg und Brandenburg angekauften Güter sind eine hinlängliche Gewährleistung für seine Person."

So Mirabeau.

Dies war der Mann, dem – als er im vorerwähnten Jahre 1765 Guts- und Schloßherr von Plaue wurde – die Aufgabe zufiel, sich neben den Görnes, deren Andenken in Ehren stand, zu behaupten. Dazu war er nun freilich so ungeeignet und, wie gleich hinzugesetzt werden darf, auch so unlustig wie nur möglich. Er begann damit, den mit der Havel in Verbindung stehenden Graben, der das Schloß von drei Seiten umgab, zuschütten zu lassen. Den acht Fuß hohen Mauerrest des aus der Quitzowzeit herstammenden Gefängnisturmes ließ er, wie schon hervorgehoben, abtragen und nur das unterirdische Verlies fortbestehen, darin der Herzog von Mecklenburg gefangen gesessen hatte. Bald darauf verschwand auch die Wassermühle, die Friedrich von Görne mit großen Unkosten angelegt hatte. Natürlich. Alles, was Görnesch war, war verpönt. In der Kirche zu Plaue hing die Ritterrüstung eines Ahnherrn von Görne; von Anhalt ließ sie nach einem Nachbargute bringen, damit er sie, bei seinem Kirchenbesuche, nicht beständig vor Augen habe. Was sich noch von Erzeugnissen der von Görneschen Porzellanmanufaktur im Schlosse befand, ward in die Havel geworfen, ebenso was an Urkunden da war. Er konnte sich in leidenschaftlicher Verwüstung alles dessen, was andern etwas bedeutete, gar nicht genugtun. Sein besonderer Groll aber, darin sich zum Überfluß auch noch Verachtung mischte, richtete sich gegen die Stadt Plaue als *„Stadt"*, deren vier Tore er einfach wegbrechen, desgleichen auch die Schilder mit den Straßennamen entfernen ließ. Ebenso wollte er das Stadtsiegel, einen doppelten Adler, vernichten, und zwar mit dem Bemerken, „daß dies Siegel unschicklich und zum Gebrauche sogar bedenklich sei". Das Kammergericht trat aber für die Stadt ein und sprach ihr das Siegel wieder zu. Trotz dieser Niederlage fuhr er in seiner Fehde fort und ließ eines Tages eine von ihm herrührende Polizeiverwarnung an die Straßenecken anschlagen, in der der Bürgermeister, die Ratsmänner und Bürger als „Schulze, Schöppen und Kossäten" angeredet wurden. Ebenso verfuhr er in der Kirche, wo die Magistratsloge die Inschrift empfing: „Sitze für den Schulzen und die Schöppen". Selbst der Nachtwächter wurde herangezogen und mußte von Stund an rufen: „Bewahrt das Feuer und das Licht, daß diesem *Dorfe* kein Schaden geschicht." Wieder wurde Plaue beim Kammergericht vorstellig, und das Kammergericht entschied abermals: „in allen öffentlichen Anschlägen den Ort Plaue ‚Stadt' oder ‚Städtchen' zu nennen und so auch durch den dasigen Nachtwächter abrufen zu lassen, überhaupt die *Stadt* Plaue – bei 100 Dukaten Strafe für jeden Kontraventionsfall – bei ihren städtischen Gerechtsamen und dem Namen einer Stadt oder eines Städtchens zu belassen, auch die dasige Obrigkeit und Bürgerschaft nicht Schulze, Schöppen und Kossäten, sondern Bürgermeister, Ratmänner und Bürger zu benennen".

So von Anhalt in seiner lächerlich aufgeschraubten Grandseigneurschaft, die beständig in Brutalität und – Karikatur ausartete. Was aber der guten Stadt Plaue womöglich noch mehr Anstoß und Ärgernis gab als ihres Schloßherrn unerträglicher Hochmut, das war sein Wandel, der aller guten Sitte Hohn sprach. Bis 1780 ging es. In diesem Jahre aber starb Frau von Anhalt, Karoline, geborene von Wedell, Tochter des Kriegsministers von Wedell, und von diesem Zeitpunkt an kannte von Anhalts Rücksichtslosigkeit keine Grenzen mehr. Er gefiel sich in seltsamen Reunions, denen die Sitzungen des Tabakskollegiums weiland König Friedrich Wilhelms I. als Muster vorschweben mochten, von denen sie sich aber durch ihre Sittenlosigkeit nur zu sehr unterschieden. Berliner Freunde wurden geladen, einzelne Nachbarn nahmen teil, und was an Witz und Wissen fehlen mochte (trotzdem es an klugen Köpfen nicht geradezu gebrach), das wurde durch Roheiten ersetzt. Heldin und Opfer dieser Bacchanale war eine Maitresse von Anhalts, eine Plauer Fischertochter, die, wenn man sich von der Tafel erhob, zur Belustigung der Gäste mit herangezogen wurde. Man schritt dann zu Bacchustänzen, neben denen all das, was über solche Tänze berichtet wird, verschwindet. Alles, was geschah, war übrigens noch mehr gemein als lasterhaft, aber das, was die Moral dabei gewinnen mochte, wurde mehr als ausgelöscht durch ein Gebaren, das den Begriff der Menschenwürde nicht kannte. Diese Szenen spielten genau zu der Zeit, wo die Menschenrechte proklamiert wurden. Indessen was bedeuteten diesem Manne die Menschenrechte? Den Vätern, auf den zur Herrschaft gehörigen Dörfern, nahm er die konfirmierten Knaben und zwang sie zu mehrjährigem Dienst als Schweinehirten und Hundejungen. Der Dienst einzelner Konfirmandinnen entsprach dem. Liest man solche Schilderungen, so begreift man, ja freut man sich im tiefsten Herzen (und kann dies der patriotischen Phrase gegenüber nicht oft und nicht laut genug betont werden), daß fünfzehn Jahre später die Franzosen von einem starken Bruchteil unserer Bevölkerung mehr als Befreier wie als Unterdrücker empfangen wurden. Etwas von Genialität und superiorem Humor, ja selbst von Berechtigung einer herausfordernden Spießbürgerlichkeit gegenüber soll all diesem Tun nicht abgesprochen werden, aber wer sich darin gefällt, das Recht kleiner Leute zu mißachten und dabei, dem Gesetz ein Schnippchen schlagend, lediglich die Spießbürgerlichkeit der kleinen Leute zu betonen, der hat es leicht, den Humoristen zu spielen und eine komische Wirkung hervorzubringen. Endlich, 1793, kam die Quälerei zum Abschluß: von Anhalt verkaufte seinen Gesamtbesitz an den Kriegs- und Domainenrat Adolf Julius von *Lauer-Münchhofen.*

Plaue atmete auf.

Von Anhalt überlebte diesen Verkauf noch um acht Jahre und starb 1801, siebenundsechzig Jahre alt, im Städtchen Ziesar.

4. KAPITEL

Plaue von 1793 bis 1839

(von Lauer-Münchhofensche Zeit)

Adolf Julius Lauer, ursprünglich Cabinetssekretär, dann Hofkammer- und Forstrat des Markgrafen Heinrich von Brandenburg-Schwedt, wurde, nachdem er in königlich preußische Dienste getreten, als Kriegs- und Domainenrat zu Magdeburg in den Freiherrnstand erhoben. Er vermählte sich mit Charlotte, Freifrau von Stoltzenberg.

Wie der Beginn der Görnezeit den Dreißigjährigen Krieg gesehen hatte, so sah die Lauer-Münchhofensche Zeit die Befreiungskriege. Leider auch *das*, was der Befreiung voraufging. 1806 dirigierte sich ein Teil unseres Rückzugs über Plaue, dessen Brücke – wie zur Zeit der Schweden und Kaiserlichen – niedergebrannt wurde, um die Franzosen in ihrem Vormarsch auf Berlin aufzuhalten. Daß Plaue, trotz dieser den Verkehr beinahe aufhebenden Zerstörung der Brücke, die Zeit von Anno 6 bis Anno 13 ohne sonderliche Beschwerde überdauerte, war in hohem Grade das Verdienst der neuen Guts- und Schloßherrschaft. Freiherr von Lauer-Münchhofen starb erheblich früher als die Baronin. Nach seinem Hinscheiden übernahm diese die Verwaltung und leitete dieselbe segensreich, auch darin an die Görnezeit erinnernd.

5. KAPITEL

Plaue von 1839 bis jetzt

(Graf Königsmarcksche Zeit)

1839 starb die Baronin von Lauer-Münchhofen, und im selben Jahre noch erstand Hans Valentin Ferdinand Graf von *Königsmarck* Schloß Plaue. Zehn Jahre später, 1849, folgte der älteste Sohn, Hans Karl Albert von Königsmarck, im Besitz. Er war Wirklicher Geheimrat, Gesandter in Konstantinopel und starb 1876. Gegenwärtiger Besitzer ist Graf Karl Hans Konstantin, geboren 1839 zu Konstantinopel, vermählt mit Leontine Gräfin von Sayn-Wittgenstein-Sayn.

Schloß Plaue, wie sich's gegenwärtig präsentiert, ist, in seiner äußeren Erscheinung, noch immer der Bau, den Friedrich von Görne zwischen 1711 und 1715 hier entstehen ließ und von dem wir, mit Hilfe der Pastor Löseckeschen Aufzeichnungen aus der Mitte des vorigen Jahrhunderts, bereits eine Beschreibung gaben. Aber sowenig in dieser äußeren Erscheinung geändert wurde, das Innere des Schlosses hat doch erhebliche Veränderungen erfahren, am meisten in bezug auf Ausstattung einiger schon durch ihren Umfang in Betracht kommenden Räumlichkeiten.

Einen Hauptteil des auf die Havel blickenden Corps de logis nehmen, in Erdgeschoß und erstem Stock, zwei große Säle ein, deren unmittelbar anschließende Räume, rechtwinklig einbiegend, sich in einer langen Zimmerreihe beider Schloßflügel fortsetzen.

Der Saal im Erdgeschoß dient als Familien- und Empfangszimmer, und der schönen Lage desselben entspricht denn auch seine Herrichtung und Ausschmückung. Es finden sich hier Familienportraits von Meisterhand: Graf Hans Karl Albert von Königsmarck, Gesandter in Konstantinopel, und Gräfin Jenny von Königsmarck, geborene von Bülow, beide vom Professor Karl Sohn; ferner ein junger Graf von Königsmarck, Sohn des Gesandten in Konstantinopel, in der Uniform der Gardehusaren (dieser junge Graf K. starb früh; in der Kirche zu Plaue steht er, in ganzer Figur, in einem in Erz ausgeführten gotischen Monument); ferner Familiengruppenbild: Söhne und Töchter; endlich ein kleines Damenportrait überm Kamin, wahrscheinlich von Wach oder Krüger herrührend, durch besondere Schönheit ausgezeichnet.

Über diesem Saal im Erdgeschoß befindet sich ein gleich großer Raum im ersten Stock, der vor etwa zwanzig Jahren in einen Ahnen- oder Rittersaal umgewandelt wurde. Zu vier in den vier Ecken aufgestellten Ritterfiguren gesellen sich vier Portraits, den Hauptinhalt aber bilden acht große Tableaus, die hervorragende Taten aus der Geschichte der Königsmarcks darstellen. Drei derselben veranschaulichen wenig bekannte Szenen aus dem 14. und 15. Jahrhundert, weshalb es schwer ist, sich ohne Kommentar oder Führer in ihnen zurechtzufinden. Desto leichter gelingt dies bei den verbleibenden fünf Tableaus, die sämtlich Szenen aus einer scharf abgegrenzten Epoche, will sagen aus dem 17. Jahrhundert, zur Darstellung bringen, in welchem Jahrhundert der Ruhm der Familie gipfelt. Ja, fast ließe sich sagen, er beginnt und schließt mit ihm. Die Königsmarcks nehmen dadurch eine Sonderstellung innerhalb unseres märkischen Adels ein, von dem vielleicht gesagt werden darf, daß er, in bezug auf Ruhm, in vier bestimmte Kategorien zu bringen sei. Da haben wir: 1) Die *Nie*-Berühmten. Hier verbietet es sich selbstverständlich, Namen und Beispiele zu geben, trotzdem es mir feststeht, daß jene Schlichten und Einfachen, die sich auf Erfüllung nächstliegender Pflichten beschränkten, vielfach die Besten und Segensreichsten gewesen sind. 2) Die nur *einmal* in einer Einzelgestalt oder aber in einem Bruderpaar Berühmtgewordenen. Hierher gehören: Illo, Sparr, Goertzke, Brandt, Katte, Buch, Hagen, Zieten, Schlabrendorf, Marwitz, Finckenstein, Knesebeck, Bismarck und als Bruderpaare: die Quitzows, die Humboldts, die Bülows, welche letzteren sich freilich mit gleichem oder noch größerem Rechte der nun folgenden dritten Gruppe gesellen. 3) Die *vielfach* und fast durch *alle* Jahrhunderte hin Berühmtgewesenen, wie die Schulenburgs, Alvenslebens, Arnims und Schwerins und in zweiter Reihe: die Putlitze, Bredows und Rochows. 4) Die nur durch *ein* Jahrhundert, aber in diesem *einen* Jahrhundert auch durch alle drei Generationen hin Berühmtgewesenen. Hierher gehören einzig und allein die *Königsmarcks.* Daß wir diese königsmarcksche Berühmtheit im ganzen genommen wenig gegenwärtig haben, *so* wenig, daß wir uns auf dieselbe sozusagen immer erst besinnen müssen, hat darin seinen

Grund, daß sie – wiewohl der Mark entstammend – ihren eminenten Ruhm durchaus in fremden Ländern und unter fremden Fahnen errungen haben. Was davon auf Mark Brandenburg oder Preußen kommt, ist nicht allzuviel.

Und nach diesen Vorbemerkungen wenden wir uns nunmehr dem, wie schon hervorgehoben, ausschließlich im 17. Jahrhundert wurzelnden und hier, in fünf großen Tableaus, veranschaulichten Ruhme der Familie zu.

Der Inhalt dieser fünf großen Tableaus ist der folgende:

Erstes Tableau. Hans Christoph Graf von Königsmarck, geboren am 25. Februar 1600 auf Schloß Kötzlin in der Prignitz, erobert am 24. September 1648 die Kleinseite von Prag. Schlußakt des Dreißigjährigen Krieges.

Hans Christoph, schwedischer Generalfeldmarschall und Graf zu Westerwyk und Stegholm, wurde, nach erfolgtem Friedensschlusse, zum Gouverneur der schwedisch gewordenen Herzogtümer Bremen und Verden ernannt und baute sich ein Residenzschloß zu Stade, das er seiner Gemahlin, der schönen Agathe von Leesten, zu Ehren die Agathenburg nannte. Sein Tod aber erfolgte nicht zu Stade, sondern zu Stockholm, am 20. Februar 1663. Er starb daselbst an den Folgen einer Hühneraugenoperation, nachdem er in vierzig Schlachten und Belagerungen allen Gefahren glücklich entgangen war. Er soll eine jährliche Rente von 130000 Talern gehabt haben. Für jene Zeit eine enorme Summe.

Zweites Tableau. Kurt Christoph Graf von Königsmarck (Sohn von Hans Christoph), geboren 1634, fällt als Generallieutenant der holländischen Armee beim Sturm auf die Bonner Schanze, Dezember 1673.

Kurt Christoph Graf K. war vermählt mit Marie Christine von Wrangel, des Feldmarschalls Herrmann von Wrangel Tochter. Er residierte mit ihr auf der Agathenburg. 1656 nahm er auf schwedischer Seite ruhmreichen Anteil an der dreitägigen Schlacht vor Warschau.

Drittes Tableau. Otto Wilhelm Graf von Königsmarck (ebenfalls ein Sohn Hans Christophs), geboren 1639 zu Minden, venezianischer Generalissimus, beklagt es, das von den Türken verteidigte Athen, samt seinem Parthenon, einem Bombardement unterwerfen zu müssen. 1687.

Otto Wilhelm Graf K. war seit 1682 mit Gräfin Catharina Charlotte de la Gardie, Tochter des Reichsobersten Grafen Magnus Gabriel de la Gardie, vermählt. Im selben Jahre (1682) hatte er eine Sammlung geistlicher Hauslieder und Andachtsübungen in Druck erscheinen lassen. 1683 ging er nach Wien und Ungarn und trat bald danach in den Dienst Venedigs, und zwar als „Generalissimus gegen die Türken". Während der Seeheld Morosini sich der Insel Santa Maura bemächtigte, landete Graf Otto Wilhelm in der Bucht von Navarino. Patras, Lepanto, Korinth wurden genommen, endlich, nach erfolgtem Bombardement, auch Athen. Hier verbrachte Graf Königsmarck den Winter 87 auf 88 „unter den Trümmern griechischer Kunst" und beschloß, gleichzeitig mit Morosini, den Angriff auf Negroponte. Bis diesen Tag existiert ein venezianisches Volkslied, in dem es heißt: „Königsmarck und Morosini verspeisten die Türkei, Blatt um Blatt, wie eine Artischocke." Vor Negroponte starb er, der Pest erliegend, 1688.

Viertes Tableau. Hans Karl Graf von Königsmarck (ältester Sohn Kurt Christophs und der Marie Christine von Wrangel), steht vor Ludwig XIV. und lehnt es, trotz glänzender Anerbietungen, ab, seinen protestantischen Glauben zu wechseln.

Hans Karl Graf von K. wurde den 5. Mai 1659 zu Nyborg auf Fühnen geboren. Wie sein Oheim Otto Wilhelm entschloß er sich, gegen die Ungläubigen zu fechten, und erhielt vom Ordensgroßmeister auf Malta die Erlaubnis, eine Türkenexpedition mitzumachen. Er zeichnete sich bei den nun statthabenden Kämpfen derartig aus, daß ihn der Großmeister feierlich in den Orden aufnahm, *ihn,* einen Ketzer und Enkel des berühmten Protestantenhelden aus der Zeit des Dreißigjährigen Krieges. Ein französischer Schriftsteller sagt: „Man kann an der Größe dieser Belohnung ermessen, welche Dienste der jugendliche Königsmarck dem Orden geleistet haben mußte." Von Malta begab sich Hans Karl von K. nach

Venedig. Hier soll sich eine Gräfin von Southampton sterblich in ihn verliebt und ihn, als Page verkleidet, auf seiner Reise nach Madrid und Paris begleitet haben. 1681 sehen wir ihn in London, wo er, um ebenjener Lady Southampton willen, eine Menge Zweikämpfe zu bestehen hatte. In Frankreich, in dessen Dienst er nunmehr tritt, wird er vor Courtrai verwundet und bald danach ein Gegenstand der Auszeichnungen seitens König Ludwigs XIV.; als dieser ihn aber auffordert, ein Kommando gegen die Hugenotten zu übernehmen und katholisch zu werden, erwidert er: „Welch Vertrauen vermöchten Euer Majestät in mich zu setzen, wenn ich gegen Gott untreu würde.“ Von Frankreich ging er nach Morea, um hier, an der Seite seines Oheims Otto Wilhelm, eine gegen Argos geplante Expedition mitzumachen. Dabei fand er den Tod. Er starb an einem hitzigen Fieber, erst sechsundzwanzig Jahre alt. Der Oheim, der zwei Jahre später der Pest erlag, sandte die Leiche nach Stade, wo sie beigesetzt wurde. 1686.

Fünftes Tableau. Philipp Christoph Graf Königsmarck (jüngster Sohn Kurt Christophs und Bruder Hans Karls von K.) nimmt Abschied von der Erbprinzessin von Braunschweig-Lüneburg und wird kurz darauf in den Gängen des Schlosses von Hannover ermordet.

Philipp Christoph von K., geboren 1662, war seit seinen Kindertagen mit Sophie Dorothea, Erbprinzessin von Braunschweig-Lüneburg, befreundet. Sechzehn Jahr alt, vermählte sich diese mit ihrem Vetter, dem Kurprinzen Georg Ludwig von Hannover, dem späteren Könige Georg I. von England. Die Ehe war nicht glücklich. Philipp Christoph von K. ging in die Welt und beteiligte sich an verschiedenen Kriegszügen. Von 1688 ab aber erkor er, wenigstens zeitweilig, Hannover als Aufenthaltsort und lebte daselbst mit fürstlichem Aufwande, was ihm sein Reichtum gestattete. Denn er war Erbe von Oheim und Bruder, die, wie schon erzählt, 1686 und 88 vor Argos und Negroponte den Tod fanden. Zu seinem (Philipp Christophs) Hausstande gehörten 29 Diener und 52 Pferde. Seine früheren Beziehungen zur Erbprinzessin wurden wieder aufgenommen und weckten nicht nur die Eifersucht des Kurprinzen, sondern auch den Neid der Gräfin Platen, einer Maitresse des Kurprinzen. Ein Herr von Podewils, kurhannoverscher Feldmarschall, unterließ es nicht, dem Grafen Philipp Christoph die Gefahren seines Verhältnisses zur Prinzessin Sophie Dorothea vorzustellen. Umsonst. Endlich gab Philipp Christoph der immer wieder laut werdenden Warnerstimme nach und traf Vorbereitungen, um in kursächsische Dienste zu treten. Am 1. Juli 1694 begab er sich in das Schloß zu Hannover, um hier von seiner Freundin, der Kurprinzessin, Abschied zu nehmen. Er verließ das Schloß nicht mehr. In einem Korridore traten ihm vier Hellebardiere entgegen, die sich bis dahin hinter einem Schornstein verborgen gehalten hatten, und im Kampf gegen diese gedungenen Leute fiel er. Seine Leiche versenkte man in einen senkrecht durch die ganze Höhe des Schlosses laufenden Kanal und mauerte diesen zu. Zwei der Hellebardiere, Buschmann und Lüders, haben die Tat auf ihrem Sterbebette gebeichtet. Die Gräfin Platen war Anstifterin des Ganzen – der Kurprinz (zur Zeit des Mordes auf Besuch in Berlin) hatte nur schweigend zugestimmt. Das Aufsehen, das die Tat hervorrief, war groß, und die Gräfin Platen wurde Gegenstand allgemeinen Hasses. Ein Volkslied, dem ich einige Strophen entnehme, gab dieser Stimmung Ausdruck.

Wer geht so spät zu Hofe,
Da alles längst im Schlaf?
Im Vorsaal wacht die Zofe –
Schon naht der schöne Graf.
Er sprach: „Eh ich nach Frankreich geh,
Muß ich sie noch umarmen,
Prinzessin Dorothee.“

Gräflein, du bist verraten,
Verraten ist dein Glück,
Die böse Gräfin Platen
Ersann ein Bubenstück.

Du schaltst sie eine Wetterfahn,
Sie tät dir gern viel Liebes,
Nun ist's um dich getan.

Er ging zur ew'gen Ruhe
Mit vielen Schmerzen ein,
Doch ward in keine Truhe
Gebettet sein Gebein.
Ich weiß nicht, wo er modern mag,
Doch wird er einst erscheinen
Am Auferstehungstag.

So (mit Umgehung der drei minder wichtigen) die fünf großen Tableaus im Ahnensaale zu Schloß Plaue.

Zwischen ihnen und dem Plafond befinden sich, friesartig, wie in einem der bekannten Staatssäle zu Venedig, acht Kniestücke minder interessanter alter Königsmarcks, die jedoch, was ihre historische Beglaubigung angeht, weniger an die Dogenmedaillonportraits in Venedig als an die lediglich aus der Phantasie geschöpften Königsbilder im Schlosse zu Holyrood erinnern.

Wir treten hiernach aus dem Ritter- und Ruhmessaale der Königsmarcks in den Vorflur zurück und fragen: Wie wirkt dieser Ruhmessaal?

Der Unbefangene wird von diesen bildlichen Verherrlichungen der Familie keinen besonders befriedigenden Eindruck empfangen, nicht weil es an der Berechtigung zu solcher Verherrlichung fehlte (diese ist vielmehr außer allem Zweifel), sondern lediglich weil es dem hier Gebotenen an dem Kunstmaße gebricht, das man, glaub ich, heutzutage bei Neuschöpfungen der Art fordern darf. Sind solche Galerien aus alter, unkritischer Zeit her mit herübergenommen, so hat man sie nicht nur gelten zu lassen, sondern, wie gering auch ihr Kunstwert sein möge, sich ihrer aufrichtig zu freuen, ja sie mit ganz besonderer Pietät zu hegen und zu pflegen. Läßt man aber in unserer Zeit ein Ruhmesmuseum neu erstehen, so muß es eine Gestalt annehmen, die den Kunstanforderungen unserer Zeit und dem Reichtum und Ruhme der Familie gleichmäßig entspricht. Die großen Tableaus aber bleiben gleichmäßig hinter dem allem zurück. Unsere besten Künstler wären zur Verherrlichung dieser Königsmarckschen Historie gerade gut genug gewesen, und in derselben Weise, wie das letztverstorbene gräfliche Paar von der Hand Karl Sohns – also eines damals nahezu besten Portraitmalers – gemalt wurde, wie der Bruder des gegenwärtigen Grafen K. ein erzenes Monument in der Kirche zu Plaue fand, mußten auch die berühmten Ahnen, samt dem, was sie groß machte, durch wirkliche Meister der Historienmalerei dargestellt werden. „Noblesse oblige." Danach ist der Adel unseres Landes auch meistens verfahren, besonders wenn wir zurückblicken. Wie schön, beispielsweise, die Standbilder, die sich in unseren Stadt- und Dorfkirchen reichlich vorfinden: der Sparrs in der Marienkirche zu Berlin, der Arnims in Rheinsberg, der Schlabrendorfs in Brandenburg, der Quitzows in Rühstädt und Kletzke, der Schulenburgs in Salzwedel, der Schönings in Tamsel. Aber auch die Gegenwart empfindet im wesentlichen ebenso, und die Jagows, die Itzenplitze, die Zietens, Massows, Hertefelds und Rombergs etc. haben ihre Schlösser, Parks und Begräbnisstätten mit dem Besten geziert, womit man sie zieren konnte.

Was Schloß Plaue von Bilderschätzen besitzt, beschränkt sich übrigens keineswegs auf die beiden großen Säle – die Görnesche Zeit hat Sorge getragen für Bilderausschmückung des Schlosses überhaupt. Ganze Zimmerreihen sind geradezu überfüllt, und rechnet man alles, was einen Rahmen trägt, so werden sich wohl tausend Nummern zusammenfinden. Aber freilich, nur wenig ist da, was, nach irgendeiner Seite hin, ein besonderes Interesse in Anspruch nehmen könnte. Voran steht ein getäfeltes Zimmer, in dessen Felder allerlei Arbeiten aus der kurzen Glanzzeit der Plauer Porzellanmanufaktur eingelassen wurden, Arbeiten, die der Vandalismus von

Anhalts aus nicht aufgeklärten Gründen zu schonen für gut fand. Es sind das, bunt durcheinander, chinesische Karikaturen, mythologische Figuren, Arabesken, Blumensträuße, groteske Tierformen und Lieblingsgestalten aus dem italienischen Lustspiel – alles überaus wirkungsvoll zusammengestellt. Es heißt, die Gesamtheit dieser Dinge rühre von David Bennewitz, dem Direktor der Fabrik, her, dessen Erfindungs-, Zeichen- und Kompositionstalent gleich groß war. Außerdem sind Brustbilder der Gemahlin Friedrich Wilhelms I. und der drei ältesten Prinzessinnen: Wilhelmine, Friederike und Ulrike, samt den Portraits ihrer Hofdamen, in die Täfelung eingelassen, woraus man schließt, daß *dies* das Zimmer sei, das, bei den sich öfters wiederholenden Besuchen Friedrich Wilhelms I. in Plaue, von diesem mit Vorliebe bewohnt zu werden pflegte. Fest steht nur, daß Kronprinz Fritz eben hier von seinem Vater zum Kapitän ernannt wurde. Dies geschah auf der Rückkehr von einer in Magdeburg abgehaltenen Revue, Donnerstag nach Kantate, wo der König mit dem Kronprinzen bei Minister von Görne zu Mittag speiste.

Von dem, was sonst noch an Kunstwerken im Schlosse vorhanden ist, nenne ich an dieser Stelle nur noch zwei Portraits, in Öl und in Pastell, des preußischen Ministers *von Struensee*, Bruders des unglücklichen Grafen Struensee in Kopenhagen. Das Pastellbild gilt für wertvoll. Auch von der Gräfin *Aurora* von Königsmarck, der der Ahnensaal verschlossen blieb, sind in den Nebenzimmern zwei Bildnisse vorhanden: eines aus ihrer Schönheitszeit mit einem Diamanthalbmond auf dem Haupte, das andere aus ihren alten Tagen als Äbtissin von Quedlinburg.

Zu dieser Bilderausschmückung gesellen sich überall Bannerträger, Wappen und Inschriften, unter welch letzteren die mehrfach wiederkehrende Devise „Noblesse oblige" besonders hervorleuchtet.

Auch eines Söllers oder Balkons sei noch gedacht, von dem es heißt, daß er, seitens des 1876 verstorbenen Grafen Hans Karl Albert von Königsmarck, in einer durch den Blick über die Havel und den Plauenschen See wachgerufenen Erinnerung an Konstantinopel erbaut worden sei. Wenn dem wirklich so sein sollte, so wird es freilich auch von dem begeistertsten Anhänger märkischer Landschaft kaum bestritten werden können, daß damit ebenso dem Aussichtsbalkone wie der Havel selbst eine ziemlich schwierige Aufgabe gestellt worden war.

6. KAPITEL

Schloß Plaue gegenüber

Eine schwere Aufgabe – so schloß unser voriges Kapitel – war damit dem Königsmarckschen Aussichtsbalkone gestellt, denn von der andern Havelseite her blickte, statt Konstantinopel und des Halbmondes von der Aga Sophia, nur das Storchnest einer Ziegelscheune herüber. Demohneracht war das Ufer drüben eine „hübsche Stelle", der ich es, wenn ich sie so nenne, noch nicht einmal anrechne, daß just auf ihr die Schanze stand, von der aus 1414 die „große Büchse" des Burggrafen ihre Steinkugeln gegen Schloß Plaue schleuderte.

Wie wenn es gestern gewesen wäre, steht der Tag vor mir, zu dem ich „in großer Kumpanei" zum ersten Male auf diese Schloß Plaue gegenüber gelegene Ziegeleistelle zufuhr. Eine lange Wagenreihe, die Damen in eleganter Toilette, so kamen wir, um Pfingsten, die staubige Sommerchaussee von Brandenburg daher, und ehe Mittag heran war, hielten wir – unmittelbar vor der Plauer Brücke links einbiegend – auf einem Vorplatz, zu dessen einer Seite sich die vorgenannte Storchenscheune, zur anderen ein primitives Wohnhaus erhob. In der Haustür aber stand ein alter Herr, in leichter sommerlicher Tracht, mit hoher Stirn und hohen weißen Vatermördern, dazu von breitem Bau und mit noch breiteren Lippen, und begrüßte seine Gäste, während herzueilende Dienstleute sich der Reisetaschen und Köfferchen bemächtigten und mit ihnen in einem unmittelbar angrenzenden, weinumrankten Logierhause verschwanden. Bald danach schlenderten wir in dem die Villa samt ihren Annexen umgebenden Parkgarten umher und lugten, von diesem Spaziergange heimkehrend, in die Fenster eines großen, erst neuerdings angebauten Gartensaals, wo sich schon die Vorbereitungen zu festlicher Bewirtung zeigten. Und abermals eine Stunde später, und wir saßen in ebendiesem Saale zum Déjeuner nieder, an lang gedeckter Tafel, an der der alte Herr jetzt präsidierte. Die Gänge wechselten, die Rheinweine lösten sich untereinander ab, und der silbernen Weinkühler auf dem Tisch wurden immer mehr. Trinkspruch reihte sich an Trinkspruch. Der Sieg der Wahrheit, der Sieg „der guten Sache" wurde proklamiert, alles unter der Fahne „Similia similibus", und nachdem schließlich der Kaffee von allen Seiten her als das Hauptgift der Menschheit festgestellt worden war, schritt man dazu, ihn einzunehmen. Die Stunden enteilten und mit ihnen zuletzt auch wieder die Gäste. Nur ich und ein Freund, der mich eingeführt hatte, waren als „Logierbesuch" zurückgeblieben.

Wer aber war der Wirt? Wer der Einsiedler in diesem Sanssouci?

Carl Ferdinand Wiesike,

geboren 24. Dezember 1798, gestorben 11. Oktober 1880

Nun denn, der alte Herr, der uns mit so viel Liebenswürdigkeit zu begrüßen und mit so viel Gastlichkeit zu bewirten wußte, war *Carl Ferdinand Wiesike,* geboren den 24. Dezember 1798 zu Brandenburg a. H. Er war Schul- und Altersgenosse von dem als Reichstagsabgeordneten vielgenannten und vielgefeierten Oberbürgermeister Ziegler, dem er, bis an das Ende seiner Tage, mehr ein Interesse als eine besondere Bewunderung entgegenbrachte. Schulkameraden kennen sich zu gut, um gegenseitig an einen Glorienschein recht glauben zu wollen. Noch Berühmtere haben das erfahren müssen.

C. F. Wiesikes Knaben- und Jünglingsjahre verliefen durchschnittsmäßig; er war ein guter Schüler, ohne sich gerade hervorzutun, lernte die Handlung im Hause seines Vaters und ging dann nach Berlin, um daselbst in das bekannte Heylsche Geschäft, an der Ecke der Leipziger und Charlottenstraße, einzutreten. Hier las er viel, studierte und musizierte (seine Gabe für Musik war hervorragend) und kehrte Anfang der zwanziger Jahre nach seiner Vaterstadt zurück, woselbst er bald danach, 1823, wenn ich nicht irre, das dem Schloß Plaue gegenüber gelegene, trotz der weiten Entfernung aber zu Stadt Brandenburg gehörige Wiesenterrain pachtete. Frühere Pächter waren hier gescheitert, weil diese beständig der Havelüberschwemmung ausgesetzte „Wische" nur zu zwei Prozent rentiert hatte. C. F. Wiesike ließ sich aber diese Dinge, die man ihm warnungshalber erzählte, wenig anfechten, begann vielmehr sofort mit Drainierungen und Eindeichungen und schritt, nachdem er seinen Besitz auf diese Weise sichergestellt hatte, des weiteren dazu, ihn für die Zukunft auch fruchtbar zu machen. Zu diesem Behufe schloß er mit den Kasernenverwaltungen der Potsdamer Kavallerieregimenter Kontrakte ab und ließ den Dünger in großen Havelkähnen heranfahren. Daß dies alles von den Um- und Anwohnern Plaues als weggeworfenes Geld, als Übermut und Unsinn bezeichnet und belacht wurde, bedarf selbstverständlich keiner Versicherung. Wann wär es anders gewesen? Das Lachen aber war bald auf Wiesikes Seite. Hand in Hand mit den Meliorationen ging ein Ziegeleibetrieb und Torfstich, wozu das ziemlich ausgedehnte Terrain ebenfalls das Material hergab, und ehe die vierziger Jahre heran waren, erwiesen sich halb unwirtbare Strecken, die seit Menschengedenken für so gut wie wertlos gegolten hatten, als ein wertvoller Besitz. 1844 löste W. den auf dem Grund und Boden lastenden Kanon ab und hatte vier Jahre später (1848) infolge veränderter Gesetzgebung das Glück, das bis dahin bloß in Erbpacht gehabte Stück Land sich als freies Eigentum zufallen zu sehen. C. F. Wiesike selbst aber ließ, als seine Bemühungen bis zu diesem Punkte gediehen waren, nach Vorbild des Königs von Thule „alles seinen Erben" und spann sich, von etwa 1853 an, immer fester in das schon erwähnte, primitive Wohnhäuschen ein, von dem aus er, durch alle zurückliegenden dreißig Jahre hin, seine Meliorationen unternommen hatte. Da saß er nun, weltabgeschieden, und begann als ein Fünfundfünfzigjähriger – der sich übrigens längst vorher mit der 1808 zu Berlin (Breite Straße) geborenen Julie Tannhäuser verheiratet hatte – sein *eigentliches* Leben, ein Leben, das von diesem Zeitpunkt an nur noch drei Dingen gewidmet war: der Schöpfung eines Parks, der Homöopathie Hahnemanns und der Philosophie Schopenhauers.

Zunächst der *Park*.

Wiesike fing um das genannte Jahr (1853) an, sich in die Schönheit der Natur liebevoll zu versenken, was doch wieder etwas anderes war als das Urbarmachen von Sand und Sumpf zu rein praktischen Zwecken. Ein den Boden bestellender Landmann ist in vielen Stücken mehr als ein Gärtner, aber das Verhältnis, in das der letztere zur Natur tritt, ist doch ein intimeres: er nimmt jeden Zollbreit Erde in Pflege, und während in der Landwirtschaft das Einzelne und Kleine wenig bedeutet, bedeutet es in der Gartenbeschäftigung alles. Das Terrain, auf dem jetzt, Schloß Plaue gegenüber, ein Park entstehen sollte, war das denkbar schlechteste, der findige Kopf aber, der an ebendieser Stelle fruchtbare Ländereien und schließlich ein Freigut herzustellen gewußt hatte, konnte bei dem vergleichsweise Leichteren, das jetzt vorlag, nicht wohl scheitern. Erde wurde herangefahren, ein Wasserturm errichtet, Hecken und Gräben gezogen, und siehe da, ehe ein Jahrzehnt um war, gab es hier Anlagen mit Rondeelen und Schlängelwegen, mit Rosen- und Verbenenbeeten, und auf demselben Ufervorsprunge, wo, 1414, neben der „großen Büchse" die zu schleudernden Steinkugeln gelegen hatten, lagen jetzt Melonen oder reiften Reinetten und pfundschwere Birnen an dem am Boden sich hinziehenden Spalier. Dazwischen standen Pfirsich- und Aprikosenbäume, und in den Flieder- und Goldregenbosquets schlugen die Nachtigallen.

Alsbald lagen sich Schloß Plaue und die zur „Villa Wiesike“ umgewandelte ehemalige Lehmkate gegenüber, und wenn das eine lange Front bildende Schloß durch den Blick auf das Idyll und seine Gartenanlagen gewann, so gewann das Idyll durch den Blick auf das Schloß mit seinen in der Sonne blinkenden Fensterreihen und seinen historischen Erinnerungen.

Soviel über die Schöpfung eines Parkes. Nebenher aber lief, wie schon angedeutet, des alten Wiesike Beschäftigung mit der *Homöopathie*, zu deren begeistertsten Anhängern er freilich schon um viele Jahre früher gehört hatte, jedenfalls früh genug, um bei Schilderung dessen, was er auf diesem Gebiete tat, fast bis auf die Tage seines ersten Erscheinens in Plaue zurückgreifen zu müssen. Schon in den zwanziger Jahren entschloß er sich, gleichviel ob um Heilungs oder Unterweisungs willen, eine Reise nach Köthen, dem damaligen Wohnsitze Hahnemanns, zu machen, und kehrte von diesem Ausfluge nicht nur als ein enthusiastischer Anhänger, sondern auch als ein ausübender Adept der neuen Lehre zurück. Die Kunde davon drang in alle Kreise, namentlich zu den Armen (denn alles war unentgeltlich), und Haus Wiesike wurde nunmehr ein Wallfahrtsort für die Kranken und Gebrechlichen des Havellandes, die zu vielen Hunderten kamen und, auf Flur und Treppenstufen und, als ihrer immer mehr wurden, auch wohl im Freien lagernd, die Hilfe des Wunderdoktors anriefen. Dieser selbst sah sich bald außerstande, dem Andrange zu genügen, und infolge davon gezwungen, sich nach Beistand umzuschauen, den er auch fand, am hingebendsten und erfolgreichsten in seiner Frau, die ganz an der Begeisterung ihres Mannes teilnahm. Das ging so durch Jahre hin. Endlich wurde der Krankenstrom so groß, daß eine Verschwörung der mit Untergang bedrohten Doktoren und Apotheker nicht ausbleiben konnte, welcher Verschwörung – der übrigens der Wortlaut des Gesetzes zur Seite stand – es nach allerlei Zwischenfällen gelang, als Sieger aus dem hartnäckig geführten Kampfe hervorzugehen. Eine Strafandrohung folgte der anderen und erreichte, daß das als „Medizinalpfuscherei“ gebrandmarkte Homöopathisieren eines Laien sein

Ende nahm. Was aber *nicht* sein Ende nahm, das war Wiesikes Begeisterung, die, sozusagen, nur Weg und Kleid wechselnd, sich sofort auf neue Weise zu betätigen begann. Anstatt homöopathisch zu heilen, ging der Alte jetzt zu homöopathischen Studien und von diesen Studien wiederum zu Plänen über, die, kleinerer Dinge zu geschweigen, in nichts Geringerem als in Herstellung der Ebenbürtigkeit zwischen Homöopathie und Allopathie und in Gründung eines homöopathischen Lehrstuhls an der Universität Berlin gipfelten. Er deponierte zu diesem Behuf ein Kapital von 100 000 Mark und stellte, wenn ich recht berichtet bin, die seinem Zweck und Ziel entsprechenden Anträge. Sah sich aber freilich damit zurückgewiesen.

Die Pflege des Parks war viel, aber sie war Sommerarbeit, und auch das nebenher laufende Studium der Homöopathie reichte nicht aus, um, wenn der Sommer vorüber, die langen, langen Wintertage zu füllen. So kam es, daß Wiesike, der der geistigen Anregung wie des täglichen Brotes bedurfte, neben Park und Homöopathie nach etwas Neuem Umschau hielt. Und dies Neue fand sich endlich. Es war die Zeit des ersten intimeren Bekanntwerdens *Schopenhauers* in Berlin, also etwa die Zeit der Regentschaft, als ein Ungefähr unseren Wiesike mit dem damaligen Chefredakteur der „Vossischen Zeitung", Dr. Lindner, einem leidenschaftlichen Schopenhauerianer, zusammenführte. Diese Begegnung war entscheidend für Wiesike. Nichts von dem Alten wurde beiseite geschoben, was aber, von Stund an, sein eigentlichstes Denken und Fühlen ausmachte, seiner Tätigkeit und seinem Gespräche den Stempel gab, das war doch Schopenhauer und die Schopenhauersche Weltanschauung. Daß er alle Werke des Philosophen kennenlernte, verstand sich von selbst, aber er las auch jede Zeile, die sich in Lob oder Tadel mit dem Manne beschäftigte, der ihm jetzt Leuchte und Gegenstand des Kultus war. Jedes Schopenhauersche Wort war ihm Weisheit, er sog wirkliche Lebens*kraft* daraus, und wenn Oberpräsident Schön auf die Frage, „was ihn, trotz seiner hohen Jahre, bei so guter Gesundheit erhalten habe", seinerzeit geantwortet hatte: „Kant und Kapuste (Sauerkraut)", so hätte Wiesike mit gleichem Rechte antworten können: „Schopenhauer und Homöopathie." Dankerfüllt trat er mit dem Frankfurter Philosophen in Korrespondenz, bald auch in persönliche Beziehungen und beteiligte sich von da ab bei jedem Huldigungsakte, den die Schopenhauer-Enthusiasten inszenierten. W. konnte sich nicht genugtun in Anerbietungen und Darbringungen, und als Schopenhauers siebzigster Geburtstag gefeiert wurde, war er mit einem großen Goldpokal in der vordersten Reihe der Gratulanten. Einzelne Schwächen des so leidenschaftlich von ihm Gefeierten, seine Ruhmsucht und Eitelkeit, seine selbstische Begehrlichkeit und ein gewisser Mangel an Gentilezza, entgingen ihm nicht, aber seine Bewunderung der geistigen Superiorität des Mannes war so groß, daß er ihm diese Mankos gern verzieh. „Wo viel Licht ist, ist viel Schatten." Er hielt es für seine Pflicht, über diese Schatten hinwegzusehen, und wenige Philosophen (auch die größten mit eingerechnet) wird es gegeben haben, die sich rühmen dürfen, in gleicher Weise gekannt, studiert und auswendig gelernt worden zu sein. Bis zu seiner letzten Stunde hielt Wiesike bei seinem Liebling aus, auch seinerseits „vivant et mourant comme philosophe".

Als ich Wiesike zum ersten Male sah, war er sechsundsiebzig Jahr alt, und ein mehrtägiger Aufenthalt bot mir Gelegenheit, nicht bloß den alten Herrn in Person, sondern auch seinen Besitz und seine Lebensgewohnheiten kennenzulernen.

Die Wiesikesche Villa war bei seinem Eintreffen an dieser Stelle nicht viel besser als eine Lehmkate gewesen, die nur gerade den Ansprüchen eines Meiers oder Wirtschaftsinspektors genügen konnte. W. hatte demohngeachtet nicht viel daran geändert und, statt *Um*bauten vorzunehmen, sich darauf beschränkt, *an*zubauen, wie's das Bedürfnis erheischte. So war etwas wenig Künstlerisches, aber dafür etwas Pittoreskes und zugleich sehr Praktisches entstanden. Überall befanden sich Treppen und Balkone, während unter den verschiedenen Anbauten der große, schon erwähnte Speisesaal und neben demselben Wiesikes Arbeitszimmer den ersten Rang einnahmen. Der Speisesaal war kahl, nach dem Satze, „daß der Schmuck eines Eßsaals auf die Tafel, aber nicht an die Wände gehöre", desto bunter dagegen sah es in den angrenzenden Zimmern aus, die, wenn auch nichts künstlerisch Hervorragendes, so doch viel Interessantes beherbergten. Über die Familienbilder, untermischt mit mehr oder minder gleichgiltigen Stichen, geh ich hinweg; nicht so über den Bilderschmuck in seinem Arbeitszimmer. In diesem befanden sich vier kleine Marinen aus dem Nachlasse des durch die Tannhäusersche Familie mit ihm verwandt gewordenen Direktors von Klöden, ferner Statuetten von Lessing und Kant, ein großes Ölbild von Hahnemann (Kniestück) und ein sehr gutes Portrait, Bruststück, von Schopenhauer. Letzteres erstand W. in Frankfurt a. M., als nach dem Tode Schopenhauers die Hinterlassenschaft desselben auf einer Auktion versteigert wurde. Vielleicht auch, daß er mit seinem Angebot diesem Auktionsakte zuvorkam und ihn überhaupt unnötig machte. Zugleich erwarb er viel von dem, was sonst noch den Schopenhauerschen Nachlaß ausmachte, darunter Manuskripte, Bücher und ein großer, schwer vergoldeter Pokal, der dem Frankfurter Philosophen, bei Gelegenheit seines siebzigsten Geburtstages, von seinen Verehrern überreicht worden war. Unter diesen Verehrern hatte Wiesike mit seiner Beisteuer *derart* vorangestanden, daß wohl gesagt werden darf: „diese Verehrer waren *er*", und so kam es denn, daß W. den Pokal *zwei*mal zu bezahlen hatte, erst, als er ihn schenkte, und zweitens, als er ihn aus dem Nachlasse zurückerwarb.

Über die Bücher – eine ganze Bibliothek von Werken, die sich sämtlich mit Schopenhauer und seiner Philosophie beschäftigten – ist an dieser Stelle wenig zu sagen, aber der damals noch vorhandenen Manuskripte muß hier ausführlicher Erwähnung geschehen. Das umfangreichste darunter bestand aus 193 großen Blättern zum zweiten Bande der zweiten Auflage seines berühmten Werkes „Die Welt als Wille und Vorstellung", zugleich mit Inhaltsverzeichnis und Vorrede für das Ganze.

Des weiteren gehörte zu diesen Manuskripten ein langer, essayartiger, an Sir *Charles Eastlake*, den Direktor der Londoner Kunstakademie, gerichteter Brief. Dieser Brief behandelt die Goethesche Farbenlehre und beginnt: „Sir. Allow me to hail and to cheer You as the propagator of the true theory of colours into England and as the translator of a work, which occupied its author's thoughts, during all his lifetime, far more, than all his poetry – as his biography and memoirs amply testify. As to myself I am G'.s personal scholar and first publicly avowed proselyte in the theory of colours. In the year 1813 and 14 he instructed me personally, lent me the greater part of his own apparatus and exhibited the more compound and difficult experiments himself to me. Accordingly You will find me mentioned in his: ‚Tag- und Jahreshefte' under the year 1816 and 1819." Also in Übersetzung etwa: „Gestatten Sie mir, hochgeehrter Herr, Sie als Verbreiter der richtigen Farbenlehre in England zu begrüßen, zugleich auch als den Übersetzer eines Werkes, das die Gedanken seines Autors mehr als alle seine poetischen Arbeiten (wie seine biographischen Aufzeichnungen bezeugen) beschäftigte. Was mich selbst angeht, so bin ich Goethes persönlicher Schüler und der erste, der sich, als ein Bekehrter, öffentlich zu seiner Farbentheorie bekannte. In den Jahren 13 und 14 unterwies er mich persönlich darin, lieh mir einen großen Teil seiner Apparate und erklärte mir die komplizierteren und schwierigeren Experimente. So werden Sie denn auch, hochgeehrter Herr, meiner in den ‚Tag- und Jahresheften' von 1816 und 19 erwähnt finden."

So interessant dieser essayartige Brief in seinem weiteren Verlaufe ist, so wird er an Interesse doch übertroffen von vier andern an *Brockhaus*, Firma und Druckerei, gerichteten Briefen beziehungsweise Briefentwürfen. Der erste derselben, in dem der Verfasser immer neue Anläufe nimmt (was dann selbstverständlich zu Wiederholungen führt), lautet im wesentlichen wie folgt:

„An *Friedrich Brockhaus.* Ew. Wohlgeboren werden es ganz in der Ordnung finden, daß ich mich zunächst an *Sie* wende, da ich den zweiten Band der ‚Welt als Wille und Vorstellung', den ich soeben vollendet habe, herauszugeben beabsichtige. Hingegen mag es Sie wundern, daß ich diesen erst nach einem Zeitraum von vierundzwanzig Jahren auf den ersten Band folgen lasse. Die Ursache ist jedoch ganz einfach diese, daß ich nicht früher fertig geworden bin, obwohl ich alle jene Jahre hindurch wirklich unausgesetzt daran gearbeitet habe, indem ich fortwährend die Gedanken niederschrieb und berichtigte, welche nun, in einer für das Publikum passenden Form, in diesem zweiten Bande von mir höchst sorgfältig und con amore dargestellt worden sind. Länger wollte ich es nicht anstehen lassen, abgesehen, daß ich soeben mein fünfundfünfzigstes Jahr zurückgelegt habe (wonach der Brief 1843 geschrieben sein muß), also in einem Alter stehe, wo schon das Leben anfängt, ungewisser zu werden, und selbst wenn ich noch lange leben sollte, ich alsdann darauf gefaßt sein muß, daß meine Geisteskräfte nicht die volle Energie behalten werden, in der sie jetzt noch stehn. Ich habe wirklich, unter beständigem Arbeiten an diesem Bande, die Schwelle des Alters erreicht, was ich freilich nicht voraussah. Aber was lange bestehen soll, braucht lange Zeit zum Werden, und meine persönliche Wohlfahrt war nicht dabei beteiligt noch bezweckt."

Hier folgen nun einige undeutliche Stellen. Dann fährt Schopenhauer fort:

„Schon 1835 hatten Sie nur wenige Exemplare übrig; es kann also unmöglich viel mehr dasein. Ich wünsche sehnlichst, vor meinem Ende mein Werk in einer vollständig korrekten und würdigen Ausgabe zu sehen und es so zurückzulassen. Denn man wird gegen mich nicht immer so ungerecht sein wie jetzt. Ich weiß, daß durch das planmäßig durchgeführte Sekretieren meiner Schriften, durch Schweigen darüber von seiten der Professoren, deren Scheinphilosophie neben meiner ernstlich gemeinten nicht bestehen kann, auch *Sie* haben leiden müssen. Aber auf die Länge wird es nicht gehn. Es sollte mich wundern, wenn von den vielen Gelehrten Ihrer Bekanntschaft nicht einer Sie über den wahren und verkannten Wert meiner Schriften aufgeklärt haben sollte. Einzelne starke Äußerungen darüber sind auch öffentlich gemacht worden, so zum Beispiel in Rosenkranz' Geschichte der Kantschen Philosophie, desgleichen in einem Aufsatz im ‚*Pilot*', Mai 1841: ‚Jüngstes Gericht über die Hegelsche Philosophie', sogar in den Halleschen Jahrbüchern (denen ich doch als der stärkste Verdammer der Hegelei todverhaßt bin), und zwar in der Kritik der Krauseschen Schriften circa im Juli 1841. Wenigstens könnten Sie daraus die Wahrheit mutmaßen, daß ich nämlich einer bin, dem großes Unrecht geschieht (worunter Sie mitgelitten haben), und daß ich es einmal überwinden werde."

Dann im weiteren Verfolge:

„Wenn Sie sich zu einer zweiten Auflage entschließen, erbiete ich mich, falls Sie es für nötig erachten, allem Honorar für beide Bände zu entsagen. Wahrlich keine Kleinigkeit. Aber mir liegt daran, die Wirksamkeit meiner Mühen zu erleben, und glauben Sie mir, das sind die echten Autoren, die so denken, und *nicht* sind es die auf Gewinn gerichteten. Im Falle Sie sich also dazu entschließen, werde ich an den vier Büchern des ersten Bandes nur wenige und nicht bedeutende Verbesserungen anbringen, hingegen den Anhang, welcher die Kritik der Kantschen Philosophie enthält, durch größere Änderungen und manche Zusätze um etwa einen Bogen vermehren. Ich kann Ihnen nur sagen, daß mein Buch nicht, wie die meisten, ein bloßes Scheinbuch, sondern ein wirkliches Buch ist, das heißt ein solches, welches bleibenden Wert hat, daher lange bestehen und viel Auflagen erleben wird, obgleich ich wohl weiß, daß Sie mir das nicht glauben werden. Am Ende kann es Ihnen auch gleichgiltig sein. Denn Ihre Sache ist der Debit der *nächsten* Jahre, und daß *der* rasch gehe, kann ich Ihnen nicht garantieren, sondern nur das eine, daß, wenn es daran fehlt, dies nicht die Schuld des Buches, sondern des Publikums sein wird." Und zum Schluß: „Dieser zweite Teil ist bei weitem wichtiger als der erste und übertrifft ihn an Gründlichkeit und Reichtum der Kenntnisse unendlich, eben weil er die Frucht fünfundzwanzigjährigen Studiums und Nachdenkens und der reiferen Jahre ist. Mein System, welches der erste Band im Umriß gibt, tritt hier in der Vollendung auf, die ihm nur das Nachdenken und der Fleiß eines ganzen damit zugebrachten Lebens geben konnte. Denn wenn in der ersten, noch unvollendeten Erscheinung desselben nur *einzelne* die Wichtigkeit und den Wert erkannt haben und es bei dem Gewirre der materiell interessierten Parteien nicht durchdringen konnte, so dürfen wir doch hoffen, daß es *jetzt*, in seiner vollendeten Gestalt und bei der schon eingetretenen Entlarvung der bloßen Spiegelfechtereien, endlich durchdringen wird."

So der Brief.

All dies, ursprünglich in einer lesbaren Handschrift geschrieben, ist nichtsdestoweniger, und zwar um der fünf- und sechsfachen, an allen nur erdenkbaren Stellen angebrachten Korrekturen willen, überaus schwer zu entziffern. Alle möglichen Zeichen stehen in seinem Dienst, Bojen oder Signallaternen, die den Weg zeigen sollen, aber so zahlreich sind, daß sie mehr verwirren als orientieren.

Vielleicht der interessanteste dieser vier an Brockhaus beziehungsweise an die Brockhaussche Druckerei gerichteten Briefe ist der, der die Überschrift trägt „An meinen Setzer". Derselbe (spezifisch Schopenhauersch) lautet:

„Mein lieber Setzer. Wir verhalten uns zueinander wie Leib und Seele, müssen daher, wie diese, einander unterstützen, auf daß ein Werk zustande komme, daran der Herr (Brockhaus) Wohlgefallen habe. Ich habe hierzu das Meinige getan und stets, bei jeder Zeile, jedem Wort, ja jedem Buchstaben, an Sie gedacht, ob Sie nämlich es auch würden lesen können. Jetzt tun Sie das Ihre. Mein Manuskript ist nicht zierlich, aber sehr deutlich, auch groß geschrieben. Die viele Überarbeitung und fleißige Feile hat viele Korrekturen und Einschiebsel herbeigeführt, jedoch alles deutlich und mit genauster Hinweisung auf jedes Einschiebsel durch Zeichen, so daß Sie hierin nie irren können, wenn Sie nur recht aufmerksam sind und mit dem Vertrauen, *daß* alles richtig sei, jedes Zeichen bemerken und sein entsprechendes auf der Nebenseitc suchen. – Beobachten Sie genau meine Rechtschreibung und Interpunktion und denken Sie nie, Sie verständen es besser: ich bin die Seele, Sie der Leib. – Habe ich, am Ende der Zeile, die in die Nebenseite hineingehenden Zusatzworte durch einen Haken der Zeile angeschlossen, so hüten Sie sich, solche für unterstrichen zu halten! – Was mit lateinischen Buchstaben geschrieben, in eckigen Klammern eingeschlossen steht, sind Notizen *für Sie allein* bestimmt. – Wo Sie eine Zeile ausgestrichen finden, sehn Sie wohl zu, ob nicht doch *ein* Wort derselben stehengeblieben sei, und überall sei das *letzte*, was Sie denken oder annehmen, dieses, daß ich eine Nachlässigkeit begangen hätte. – Manchmal habe ich ein fremdartiges Wort, das Ihnen nicht geläufig wäre, am Rande, auch wohl zwischen den Zeilen mit lateinischen Buchstaben wiederholt und in einige Klammern geschlossen. Bedenken Sie, wenn die vielen Korrekturen Ihnen beschwerlich fallen, daß eben infolge derselben ich nie nötig haben werde, auf dem gedruckten Korrekturbogen noch meinen Stil zu verbessern und Ihnen dadurch doppelte Mühe zu machen.

Ich setze gern doppelte Vokale und das den Ton verlängernde h, wo es früher jeder setzte. Ich setze *nie* ein Komma vor *denn,* sondern Kolon oder Punkt. – Ich schreibe überall *ahnden,* nie ahnen. – Ich schreibe ‚trübsälig, glücksälig' usw., auch ‚etwan', nie ‚etwa'. Teilen Sie diese Ermahnung dem Korrektor mit.

Ich wünsche, daß oben auf den Seiten die Überschrift des jedesmaligen Buches und Kapitels fortlaufend angegeben stehe, zum Beispiel auf der Seite zur Linken: ‚Viertes Buch, Kap. 43', auf der zur Rechten: ‚Erblichkeit der Eigenschaften' usf.

Bloß das erste Buch (nicht die andern) zerfällt in zwei Hälften, die nicht gerade durch ein Titelblatt gesondert zu werden brauchen, sondern die bloße Überschrift kann hinreichen."

Das Schicksal dieser Manuskripte – seitdem vielleicht in Schopenhauerschen Sammelwerken veröffentlicht – ist mir unbekannt.

Der Ausschmückung seines zeitlichen Hauses widmete Wiesike durch ein halbes Jahrhundert hin nur wenig Sorgfalt, desto mehr seiner letzten Ruhestätte, nachdem ihm 1865 die Frau gestorben war. Im genannten Jahre beschloß er – vielleicht nicht ganz unbeeinflußt durch den eigenartigen Friedhof der Humboldts in Tegel –, einen Begräbnisplatz in seinem Park herzurichten, und ging auch sofort an die Ausführung dieses Beschlusses. Als ich (wie erzählt) 1874 zum ersten Male nach Villa Wiesike kam, war dieser Begräbnisplatz schon vorhanden und fesselte mich weniger durch seine Schönheit – darüber wäre zu streiten gewesen – als durch eine gewisse Originalität der Anlage. Ein etwa 300 Schritt langer Fliedergang führte zu einem großen, von einer Fliederhecke kreisförmig umstellten Rondeel: inmitten dieses Rondeels ein quadratisches Eisengitter und wiederum inmitten dieses Gitters ein Sockelbau mit einer Granitpyramide samt drei Grabstellen und einem Blumenbeet. Dies Blumenbeet in Front. In Front auch ein Marmorrelief, „Hygiea und Psyche" darstellend (mit der Legende: Mens sana in corpore sano), an beiden *Seiten* des Obelisken aber die Medaillonportraits des Wiesikeschen Ehepaars: *Carl Ferdinand Wiesike* und *Julie Wiesike*, geborene *Tannhäuser*. Endlich, an der Rückfront, nicht Bild, nicht Portrait, wohl aber die Inschrift: „*Wilhelmine Rolle*; ihren langjährigen treuen Diensten zum Gedächtnis." Nur erst Julie Wiesike, geborene Tannhäuser, hatte von den genannten dreien ihre Grabstelle schon bezogen, wovon, außer dem eingravierten Todesdatum, auch der Efeuhügel Zeugnis gab. Die beiden andern, der alte Herr und die treue Dienerin seines Hauses, freuten sich noch des himmlischen Lichts und traten täglich an die Stelle, wo sie, früher oder später, ebenfalls ihre Ruhestätte finden sollten. Ursprünglich, was nicht vergessen werden darf, war auch diese Stätte bestimmt gewesen, neben der Bestattung der Familie dem Kultus des Genius zu dienen, und statt „Hygiea und Psyche" hatten Hahnemann und Schopenhauer und des weiteren die Büsten von Äschylus, Bach und Kant den diese Stelle Besuchenden begrüßen sollen. Es war aber schließlich doch Abstand von dieser Lieblingsidee genommen worden, einerseits um Verwirrung und andererseits um den Schein der Prätension zu vermeiden. Seitdem ist der alte Wiesike selber heimgegangen (11. Oktober 1880) und ruht nun ebenfalls zu Füßen des Obelisken, weshalb es sich geziemen mag, diesen Kapitelabschnitt mit dem Versuch einer Wiesikeschen Charakteristik zu schließen.

Carl Ferdinand Wiesike war eine spezifisch märkische Figur, unter anderem auch darin, daß er mehr war, als er schien. Sah man ihn öfter, so wurde man freilich gewahr, eine wie kluge Stirn und wie kluge Augen er hatte, wer dieses Vorzuges häufigerer Begegnungen aber entbehrte, der nahm ihn, mit seiner breiten Unterlippe, notwendig für eine Alltagserscheinung. Unter denen, die den Alten mit am besten kannten, war auch die betagte, drüben im Schloß wohnende Gräfin Königsmarck, geborene von Bülow. Sicherlich waren die Gräfin und Wiesike Gegensätze: Hochadel und Bürgertum, Konservatismus und Fortschritt, Christentum und Atheismus standen sich in ihnen gegenüber, aber die Gräfin hielt trotz alledem große Stücke auf ihren Nachbar, von dem sie wußte, daß er nicht bloß klug, sondern auch mutig und *ehrlich* war und das Herz auf dem rechten Flecke hatte.

Wiesike war nicht bloß ein genialer Praktiker, der mit Hilfe selbständigen Denkens sich rein äußerlich vorwärts zu bringen verstand, er hatte, wie nicht genug hervorgehoben werden kann, dies sein selbständiges Denken auf *jedem* Gebiet und verachtete nichts so sehr wie den Glauben an das allein Seligmachende der Überlieferung. Er ließ die Tradition gelten und war weitab davon, ein Reformer à tout prix sein zu wollen, aber ebenso kritisch er die Neuerungen ansah, ebenso kritisch verhielt er sich gegen das Alte, dessen Anspruch auf Giltigkeit, und zwar *bloß* weil es alt, er mit jugendlichem Eifer bestritt. Sein Hahnemann- und Schopenhauer-Enthusiasmus ging aus dieser seiner Geistesrichtung hervor, und er nahm sich dessen an, was er seitens der den Tag beherrschenden Mächte mit Unrecht ignoriert oder befehdet glaubte. So ward er der Freund Hahnemanns und Schopenhauers und zugleich eine Stütze derer, die für beide „Schule“ zu bilden begannen.

Einige haben in all diesem Tun nur Eitelkeit und in Wiesike selbst nichts als einen von einer Koterie geschickt „Eingefangenen“ erkennen wollen. Aber der alte kluge Wiesike war nicht der Mann, sich ohne weiteres einfangen zu lassen, und durfte mit Windhorst-Meppen sagen: „Wer mich ausnutzen oder hinters Licht führen will, *der* muß früher aufstehn.“ Alles, was er der Person wie der Lehre seiner zwei Meister an Huldigungen darbrachte, sproß nicht aus einem sich geschmeichelt fühlenden Mottenburgertum, sondern aus jener innerlichen Kraft und Überzeugung, die da, wo der Glaube versagt, das *Wissen* gibt, das Zuhausesein in den jeweiligen Disziplinen. Er hatte seinen Schopenhauer immer wieder und wieder gelesen und bot ein geradezu leuchtendes Beispiel dafür, daß der Pessimismus nicht bloß ruiniere, sondern unter Umständen auch eine fördernde humanitäre Seite habe. Wiesike hatte das *Mitleid* und half immer, wo Hilfe verdient war. Eine vielleicht zu weit gehende Vorstellung von der ungeheuren Bedeutung des Besitzes, ja mehr, ein Stück vom Bourgeois und altmodischen Kleinkaufmann war ihm freilich geblieben. Aber auch das trat sehr gemildert, um nicht zu sagen, geläutert auf.

Ich persönlich kann seiner nicht ohne Dank und Rührung gedenken und zähle die mit ihm verplauderten Stunden zu meinen glücklichsten und bestangelegten. Jedenfalls aber gehört er in seiner für märkische Verhältnisse merkwürdigen Mischung von finanzlicher und philosophischer Spekulation, von Pfadfinder und Sokrates, von Diogenes und Lukull zu den interessantesten Figuren, die mir auf meinem Lebenswege begegnet sind.

7. KAPITEL

Rückblick

Wir nehmen Abschied von *Schloß Plaue*, das der Wandlungen durch ein halbes Jahrtausend hin so viele sah: Georg von Waldenfels erhob den kurfürstlichen Brückenzoll, und der alte Zollwächter Gerimsky jagte, 400 Jahre später, den Handwerksburschen auf seinem Klepper nach und nahm ihnen als Pfand die Mütze vom Kopf; Friedrich von Görne schuf das Plauer Porzellan, und Wilhelm von Anhalt tanzte Contre und Kegelquadrillen und ließ die Stadt Plaue durch den Nachtwächter als *Dorf* ausrufen. Dann kamen die Königsmarcks und gründeten ihrem Ruhm ein Ruhmesmuseum, und beinah gleichzeitig erschien C. F. Wiesike dem Schlosse gegenüber und schuf an ebender Stelle, wo die „große Büchse" gestanden hatte, das unfruchtbare Sand- und Sumpfland in ein Garten-Eden um und machte seine Studierstube zur Kultusstätte für Hahnemann und Schopenhauer. Aber alles ist vergessen oder wird vergessen sein, wenn die Geschichte noch immer von dem *ersten* an dieser Stelle, von *Johann von Quitzow* erzählt, der den Mecklenburger Herzog in das Burgverlies warf und den das Wiehern seines Rosses verriet, als er sich auf der Flucht im Havelröhricht verbergen wollte. Das Kleine vergeht, das Große bleibt. Denn ein Großes war es, als unter dem Hinschwinden einer Willkür übenden Adelsmacht die *Gesetzlichkeit* hier einzog und *mit* dieser Gesetzlichkeit eine neue Zeit begründete.

HOPPENRADE

1. KAPITEL

Erster Besuch in Hoppenrade. Die Legende von der Krautentochter

Es sind jetzt zwanzig Jahre, daß ich, gleich bei Beginn meiner Arbeiten über Ruppin und Rheinsberg, zum ersten Male nach *Hoppenrade* kam. Ein Freund, der es schon oberflächlich kannte, hatte für jenen Tag die Führung übernommen, und nicht ohne Neugier und Erregung war es, daß ich nach dem „verwunschenen Schlosse" hin aussah, als wir in unserer hin- und herschwankenden und noch altmodisch in C-Federn hängenden Halbchaise die große Rüsterallee hinauffuhren. Aber der Gegenstand unserer Neugier verbarg sich bis zuletzt und wurd erst sichtbar, als wir unmittelbar vor ihm hielten. Er lag da wie herrenloses Eigentum.

„He, holla!" Und der Kutscher knipste begleitend mit der Peitsche.

Niemand aber kam, uns zu begrüßen, freilich auch niemand, uns den Zutritt zu wehren, und so halfen wir uns denn schließlich selbst, öffneten die nur angelegte Tür und stiegen, an einer mit Silber und Schildpatt ausgelegten alten Fluruhr vorbei, die breite, flachstufige Treppe hinauf, deren schöngeschnitztes und noch wohlerhaltenes Geländer uns auf den Reichtum hinwies, der dies alles einst ins Leben gerufen. Auf den Reichtum und den guten Geschmack.

Und nun waren wir oben und gingen von Zimmer zu Zimmer. Alle standen auf, und in jedem einzelnen erkannten wir immer wieder dasselbe Durcheinander von Glanz und Verfall, das uns schon unten im Erdgeschoß entgegengetreten war. Überall Deckenbilder und Holzgetäfel, Supraporten und Ledertapeten, aber dazwischen Spinnweb und abgefallener Kalk oder im unausgesetzten Sonnenbrand trüb und buntglasig gewordene Fensterscheiben, aufgerissene Dielen und durchgeregnete Stellen an Fries und Decke. Ganz zuletzt erst kamen wir in einen großen saalartigen Raum, durch den die Drähte verschiedener Klingelzüge gezogen waren, aber die Drähte hatten ihre Spannung verloren und hingen entweder schlaff und schräg an der Wand hin oder lagen einfach am Fußboden entlang. Einige Neugierige, die hier vor uns ihren Besuch gemacht haben mochten, hatten sich drin verfitzt und auf *die* Weise das Bild der Unordnung und Wirrnis nur noch gesteigert. In ebendiesem Saale lag auch eine tote Schwalbe, die mutmaßlich durch den Rauchfang gekommen war und den Ausgang nicht hatte finden können.

Ich fragte, wer das alles gebaut und bewohnt habe? Der Freund aber zuckte nur mit den Achseln und setzte zu vorläufigem Troste hinzu: „Vielleicht, daß wir's unten von den Wänden lesen."

Und damit stiegen wir wieder treppab und gingen ein paar lange Korridore hinunter auf einen entfernteren Schloßflügel zu, darin sich die Schloßkapelle befinden sollte. Hier aber, während im oberen Stock alles aufgestanden hatte, fanden wir die Türe sorglich geschlossen und mußten, im Fall uns wirklich an einem Einblicke lag, einen Meier oder Verwalter oder sonstigen Majordomus von Schloß Hoppenrade zu finden suchen. Und wir fanden ihn auch in Gestalt eines auf einer Parkwiese mit Grasmähen beschäftigten Tagelöhners, der sich schließlich, nach einigem Parlamentieren, mit jener dem Märker eigentümlichen Mischung von Geneigtheit und Abgeneigtheit bestimmen ließ, uns ins Schloß zu folgen und die Kapellentür aufzuschließen.

Die Kapelle selbst hatte den Umfang und fast auch das Ansehen eines Rokokosaales. Pfeiler und Decke waren weiß und golden und reiche Stuckornamente dazwischen. Unmittelbar über dem Altar befand sich die Kanzel, was auf Calvinismus deutete, sonst aber erschien alles katholisch, und zwar katholisch im zopfigsten Jesuitenstil, am meisten ein paar schrankartige, schräg ins Eck gebaute Chorstühle, die mit ihrem Gitterwerk und einem dahinter angebrachten Sitzplatze genau wie Beichtstühle wirkten. Ein elfenbeinernes, anscheinend italienisches Kruzifix steigerte noch diesen Eindruck, und wenn nicht das Kruzifix selbst, so doch der Ebenholzkasten, auf dem es stand, in dem nach Reliquienart ein Stückchen Seidenzeug lag mit einem Pergamentstreifen daran und der Inschrift: De vestimento Mariae. Dicht hinter dem Kruzifixe mündete von oben her der konsolartige Kanzelfuß und an ebendieser Stelle war auch ein Doppelwappen angebracht, eines davon das Bredowsche. Sonst fand sich nichts, was ein Interesse hätte wecken können, ausgenommen ein Deckenbild in der Sakristei, das zu dem Calvinistischen und jesuitisch Katholischen auch noch etwas Freimaurerisches hinzufügen zu wollen schien: ein Weltgott trug Zepter und Krone, dazu Sonn und Mond auf der Brust und Löw und Skorpion auf dem Gürtel; ein Engel aber kniete vor ihm und opferte dem Gott ein brennendes Herz. Alles rätselhaft. Auch dies Bild.

Als wir aus der Kapelle heraus und wieder draußen im Freien waren, überflog ich noch einmal, was ich drinnen gesehen. Ja, was war es? Ich hatte nichts erkannt als das Bredowsche Wappen, und unser Cicerone bestätigte denn auch, daß Hoppenrade Bredowsch und später erst ein Frau von Arnstedtscher Besitz gewesen sei. Das war etwas, aber doch nicht genug; es verlangte mich, mehr zu wissen, und als ich unerbittlich in den unter Verhör Genommenen eindrang, entschloß er sich endlich kurz und resolvierte sich dahin: „Joa, denn helpt dat nich, denn möten wi to de Oll-Stägemannsch goahn, de weet allens. Un wat de annern weeten, dat weeten se ook man vunn ehr."

Ich sog jedes dieser Worte begierig ein, und ehe zwei Minuten um waren, schritten wir schon über ein zwischen Schloß und Dorf eingeschobenes Stück Wiesenland auf ein niedriges und dicht von Kürbis umwachsenes Haus zu, darin das alte Mütterchen und mit ihr die Dorftradition wohnen sollte. Wir fanden sie nicht gleich, das Häuschen war leer, im Garten aber kniete sie vor einem Beet und sammelte kleine rotschalige Zwiebeln in ein neben ihr stehendes Metzmaß.

Als sie verständigt worden war, um was wir gekommen, erhob sie sich zu Gruß und freundlicher Anrede. Sie war überhaupt sehr artig, sprach Hochdeutsch, in das sich nur dann und wann ein paar plattdeutsche Wörter einmischten, und wollt uns durchaus in ihre Stube führen. Aber wir baten sie zu bleiben, was sie zuletzt auch annahm und nur auf einen Backtrog zeigte, der umgestülpt unter ein paar Zwetschenbäumen lag. Auf diesem Troge nahmen wir Platz, und kaum daß ich mich zurechtgerückt hatte, begann ich auch schon mit allerhand Fragen wegen der Bredows. Als ich aber merkte, daß sie von dem allem nicht viel oder eigentlich so gut wie nichts wußte, weil es vor ihrer Zeit gewesen war, so ließ ich die Bredows fallen und leitete das Gespräch auf die Frau von Arnstedt hinüber, „die müsse sie doch noch gekannt haben".

„Ob ich die gekannt habe! Solange ich denken kann. Ich war ja schon drüben, als das älteste Fräulein geboren wurde, das Rosalchen, die nachher den Wülknitz heiratete, den Kammergerichtsrat, der bis voriges Jahr unsere Herrschaft war. Ach, das war eine himmlisch gute Frau, die hatte den lieben Gott im Herzen und unsern Herrn Christus auch. Und das Fräulein Clara, die ja nu wieder die Tochter von der Frau von Wülknitz war . . ."

„Aber liebe Frau Stägemann. Sie wollten mir ja von der Frau von Arnstedt erzählen."

„Richtig, von der Frau von Arnstedt, von unsrer ersten gnädigen Frau. Nu, die war ja schon ein Erbkind, als sie noch kaum geboren war, und erbte denn auch das große Krautenerbe, das von Vater und Vaterschwester herkam. Und weil es jeder gern haben wollte, nämlich das Krautenerbe, so nannten sie sie die Krautentochter. Und so hat sie geheißen bis an ihr seliges Ende. Denn das wird sie doch wohl gehabt haben. Aber all das, ich meine das mit der Erbschaft, das war lange vor meiner Zeit, und als ich aufs Schloß kam, da war sie ja schon die Frau von Arnstedt und eine sehr schöne Frau, so Mitte Dreißig, und immer drüben in Rheinsberg. Und hatte damals drei Kinder. Das heißt drei Kinder von ihrem dritten Mann. Denn sie war schon zweimal vorher verheiratet gewesen, erst mit Elliot und dann mit Knyphausen."

„Und *dann* erst mit Arnstedt?"

„Wohl, dann erst mit Arnstedt. Das war der dritte, der Rittmeister. Und als sie noch mit Elliot verheiratet war, da war ja das Duell."

„Das Duell?"

„Ja, das Duell, weil sie den Englischen nicht leiden konnte. Und warum nicht? Weil er ihr zu englisch und auch zu eifersüchtig war, worin er aber wohl recht hatte. Denn sie schrieb sich immer Briefe mit Knyphausen, und drüben im Park ist noch der Baum, in den sie die Liebeszettel immer hineinlegten. Aber Elliot erfuhr es, und als er einen Brief las, in dem alles drin stand, da schossen sie sich, und Elliot kriegte was weg, aber nicht viel, bloß einen Streifschuß. Und dann ging er in die weite Welt."

„Und ist auch nie wiedergekommen?"

„O doch. Aber bloß ein einzig Mal, als er die kleine Miß abholen und mit nach England nehmen wollte. Das heißt heimlich und listig und mit Gewalt. Oh, wie hab ich dem lieben Gott immer gedankt, daß ich damals noch nicht Kindermuhme war, ich hätte den Tod gehabt, wenn ich so was erlebt hätte. Denn wie kam er denn? In einer feinen Kutsche kam er und bei hellem lichten Tag, aber er fuhr nicht vor und nicht auf die Rampe, sondern bloß immer um den Park herum. Und als er an die Stelle kam, wo das Kind spielte, denn er mußte wohl seine Kundschafter gehabt haben, da sprang er mit eins heraus und nahm das Kind und das Spielzeug und die große Puppe, die grad auf der Wiese lag, und wie der Blitz wieder in seine Kutsche hinein und heidi vorwärts über den Sturzacker und die Stoppelfelder, immer gradaus bis England."

Ich tat noch allerlei Fragen, alles indessen, was sie mir antwortete, war eigentlich nur Wiederholung. Es zeigte sich deutlich, daß die Geschichte von dem Briefwechsel und dem Duell und mehr noch die Geschichte von der Entführung der kleinen Miß Elliot einen Eindruck auf sie gemacht hatte; der Rest aber war vergessen oder blieb im Dunkel.

Eine Stunde später schied ich von Hoppenrade, fest entschlossen, das Dunkel nach Möglichkeit zu lichten. Aber es wollte nicht glücken. Die Memoiren aus jener Zeit, soweit sie mir damals bekannt oder zugänglich waren, ließen mich im Stich, und die Rheinsberger Gegend, in der im allgemeinen die Prinz-Heinrich-Traditionen immer noch frisch und lebendig sind, gewährte mir fast noch weniger als die Prinz-Heinrich-Literatur.

Ich gab es schließlich auf und hatte meinen ersten Besuch in Hoppenrade fast schon vergessen, als ein glücklicher Zufall mich erfahren ließ, daß auf einem alten Knyphausenschloß, und zwar auf Schloß Lützburg in Ostfriesland, eine Familienchronik existiere, darin sich in bezug auf Elliot und Knyphausen alles finde, was ich nur irgendwie wünschen könne. Die Reise dahin schob sich jedoch abermals hinaus, bis ich schließlich für alles Warten und alle Mühe reichlich belohnt wurde.

Was ich in folgendem gebe, besonders in den mittleren Kapiteln, ist zu wesentlichem Teile der erwähnten Lützburger Chronik entnommen. Andres stammt aus Briefen und Prozeßakten, noch andres aus den mir erst neuerdings zu Händen gekommenen Thiébaultschen „Souvenirs". Auch in Hoppenrade selbst hab ich noch allerlei kleine Züge für diesen Aufsatz und seine Heldin einzusammeln vermocht.

Soviel zur Einleitung.

Ich beginne nunmehr damit, über das bisher nur andeutungsweis Gesagte hinaus, in nachstehendem festzustellen, *wer* die Krautentochter und was das Krautenerbe war.

2. KAPITEL

Wer war die Krautentochter?
Und was war das Krautenerbe?

Es ist also von der Krautentochter und dem Krautenerbe, das ich in nachstehendem erzählen will. Aber das Krautenerbe (der wahre Nibelungenhort in dieser Geschichte) war eher da, weshalb ich mit ihm beginne.

Was war das Krautenerbe?

Das Krautenerbe, das eigentlich ein Bredowerbe war, umfaßte das in der Südostecke des jetzigen Kreises Ruppin gelegene, mit einzelnen Begüterungen auch in den uckermärkischen Kreis Templin übergreifende „Land Löwenberg".

Dies aus drei Hauptteilen, aus dem *eigentlichen* Löwenberg, aus Liebenberg und drittens und letztens aus Hoppenrade bestehende „Land Löwenberg" gehörte seinerzeit den Bischöfen von Brandenburg und wurde von einem derselben, unter gleichzeitiger Ausstellung einer Belehnungsurkunde, dem Hans von Bredow aus der Friesacker Linie verkauft.

Das war 1460.

Von dieser Zeit an (1460) war das Land Löwenberg etwa hundertundfunfzig Jahre lang in unausgesetztem Besitze der Bredows. Sie gingen bei den Bischöfen von Brandenburg und später, nach der Säkularisation, bei dem Landesherrn zu Lehn.

Erst im 17. Jahrhundert änderten sich diese Verhältnisse. Kurz *vor* dem Dreißigjährigen Kriege kam das *eigentliche* Löwenberg und kurz *nach* demselben auch Liebenberg in fremde Hände, so daß, von etwa 1652 ab, die Bredows an ebendieser Stelle nichts anderes mehr besaßen als den verhältnismäßig kleinen Anteil Hoppenrade.

So verblieben die Dinge geraume Zeit, bis der Abschluß einer reichen Heirat einen plötzlichen Wandel zum Guten und fast bis zur Wiederherstellung ehemaligen Glanzes schaffte. Dies war 1715. In diesem Jahre vermählte sich Joachim Heinrich von Bredow, Dompropst zu Havelberg, Erb- und Lehnsherr auf Hoppenrade, mit Constanze Amalie Sophie von Kraut, Tochter des Geheimen Finanzrats und Nichte des Ministers von Kraut, und gelangte dadurch in den Besitz eines so bedeutenden Vermögens, daß der Rückkauf des eigentlichen Löwenberg, das stets den Hauptteil des sogenannten „Landes Löwenberg“ ausgemacht hatte, stattfinden konnte.

Von diesem Zeitpunkt (1724) an war „Land Löwenberg“ – mit alleiniger Ausnahme der ein für allemal abgetrennten Liebenberger Anteile – wieder in Bredowschen Händen, und nur in *einem* wichtigen Punkte hatten sich die Verhältnisse geändert: aus dem *großen* Löwenberger Anteil, i. e. Loewenberg proprium, war, infolge der Verkaufs- und Rückkaufsprozeduren, ein seiner ehemaligen Lehnsguts-Eigenschaften entkleideter Besitz geworden, aus welcher immerhin wichtigen Umwandlung das resultierte, daß das gesamte „Land Löwenberg“ nunmehr einen gemischten, juristisch und erbrechtlich *ungleichen* Güterkomplex darstellte, dessen kleinerer Teil, Hoppenrade, Lehnsgut *geblieben*, dessen größerer Teil aber, das *eigentliche* Löwenberg, Allod oder ein frei verfügbarer Besitz geworden war. Aus dieser, allem Anscheine nach, damals als gleichgiltig oder wenigstens unwichtig angesehenen erbrechtlichen Verschiedenheit ergaben sich, wie wir im weitren ersehen werden, arge Verwicklungen, in betreff deren freilich anerkannt werden muß, daß sie vielleicht ausgeblieben wären, wenn die Verhältnisse dem gesamten „Löwenberger Land“ oder, was dasselbe sagen will, dem großen Bredowerbe gestattet hätten, ein Bredowerbe zu bleiben. Die Verhältnisse führten aber umgekehrt zu dem Versuche (der denn auch glückte), das *Bredow*erbe durch Testamentsbeschluß in ein *Krauten*erbe zu verwandeln.

Uns aber erübrigt es nunmehr, in nachstehendem zu zeigen, worin die direkte Veranlassung zu solcher Umwandlung lag.

Die Veranlassung dazu lag in einem häuslichen Unglück, von dem sich das dompröpstlich Bredowsche Paar, nachdem demselben zwei Söhne geboren worden waren, betroffen sah. Beide Söhne wurden geisteskrank, und als sich nach längerer Zeit ihre Geisteskrankheit als unheilbar herausstellte, war für die Domprӧpstin von B., geborene von *Kraut*, die Notwendigkeit gegeben, über das Erbe, das von ihren zwei Söhnen nicht angetreten werden konnte, zugunsten anderer Personen zu verfügen. Dies geschah denn auch in einem Testamente vom Jahre 1745. In ebendiesem Schriftstücke setzte sie fest, daß nach ihrem, übrigens unmittelbar danach tatsächlich erfolgenden Ableben

1) die Verwaltung der Gesamtgüter an eine Vormundschaft überzugehen und

2) ebendiese Vormundschaft für das leibliche Wohlergehen ihrer unglücklichen Söhne Sorge zu tragen habe. Nach dem Hinscheiden derselben aber solle

3) das Gesamterbe, weil es von Krautengeld erstanden sei, nicht an die Bredowfamilie, sondern an die Krautenfamilie fallen.

Und hiernach wurde denn auch in allen Stücken verfahren und nach erfolgtem Tode der Testierenden eine Vormundschaft eingesetzt, die sich nicht nur die Verwaltung der Güter, sondern, wie vorgeschrieben, auch die leibliche Pflege der beiden überlebenden Söhne der Dompröpstin angelegen sein ließ. Als am 3. August 1788 auch der letzte dieser beiden Söhne, der in seiner Jugend als ein durch Leibes- und Geistesgaben ausgezeichneter Offizier im Regiment der Leibcarabiniers gestanden, aus dieser Zeitlichkeit geschieden war, war nunmehr der Moment da, wo das Gesamterbe, dem Testamente gemäß, an die Krautenfamilie fallen mußte. Dem Testament, aber *nicht* dem Rechte gemäß. Die Dompröpstin, unausreichend oder übel beraten, hatte das Lehngut Hoppenrade, das seit 1460 unausgesetzt ein Bredowsches Eigentum gewesen und durch Krautengeld *nicht* erst rückerworben war, irrtümlicherweise *mit* wegtestiert und dadurch das Lehnserbrecht der Bredowschen Familie verletzt, die denn auch mit ihrem Protest dagegen nicht säumte.

Soviel zunächst über das Krautenerbe. *Sie* aber, der dies Erbe zufiel, war die Krauten*tochter*, und im Hinblick auf diese stellen wir nunmehr die zweite Frage:

Wer war die Krautentochter?

Wer war die Krautentochter? Sie war die *Erbnichte* der in vorstehendem oft genannten Dompröpstin von Bredow, geborene von Kraut, zugleich Heldin unserer Geschichte, das einzige Kind des Obersten und Baron von Kraut, Hofmarschalls am Hofe des Prinzen Heinrich von Preußen.

Über ihn, diesen Hofmarschall von Kraut, zunächst ein Wort.

Carl Friedrich von Kraut wurde 1703 als der Sohn des Geheimen Kriegsrats von Kraut (Bruder des Ministers von Kraut) in Berlin geboren. Als er 1723, nach Ableben von Vater und Oheim, ein sehr bedeutendes Vermögen ererbt hatte – die zweite Hälfte desselben fiel an seine Schwester, die Dompröpstin –, ging er, zwanzig Jahre alt, nach Paris, um in der französischen Armee Dienste zu nehmen, in der er sich alsbald auch hervortat und zum Obersten aufstieg. Näheres über diesen französischen Waffendienst hab ich nicht in Erfahrung bringen können, auch nicht, wie lange derselbe dauerte. Keinenfalls indes wird er über das Todesjahr seiner Schwester hinaus ausgedehnt worden sein, in welchem Jahre (1745) ihn ebendiese Schwester nicht nur zum Vormund über ihre beiden geisteskranken Söhne, sondern auch zum ersten Kurator über das große Bredow- beziehungsweise Krautenerbe bestellte. Dieser seiner Aufgabe sich unterziehend, begegnen wir seinem Namen von 1746 an bis an seinen Tod in den Rechnungs- und Kirchenbüchern des Landes Löwenberg. Er zeigte sich übrigens gleichzeitig beflissen, bei seiner Rückkehr nach Preußen auch in den Staatsdienst oder wenigstens in eine Hofstellung einzutreten, und wurde zu nicht genau zu bestimmender Zeit Hofmarschall am Prinz

Heinrichschen Hofe. Wahrscheinlich um das Jahr 50. 1754 finden wir ihn als Taufpaten im Liebenberger Kirchenbuch, und ungefähr um dieselbe Zeit war es, daß er am Hofe der Königinmutter die Bekanntschaft des schönen Fräuleins Else Sophie von Platen machte, mit der er sich bald danach vermählte. Während des zwei Jahre später ausbrechenden Krieges verblieb er nicht bloß in seinem Hofmarschallamte, sondern auch in steter Umgebung der ebenso schönen wie liebenswürdigen Prinzessin Heinrich, gebornen Prinzeß von Hessen-Kassel, die damals noch in keinem Zerwürfnis mit dem Prinzen, ihrem Gemahl, lebte, vielmehr als „La belle fée“, „La Divine“, „L'incomparable“ etc. die gefeierteste Dame des Hofes war.

Auch 1760 befand sich von Kraut in unmittelbarer Umgebung der Prinzessin und begleitete dieselbe nach Magdeburg, wohin sich um ebendiese Zeit alles, was zum Hofe gehörte, flüchtete, weil das Vorrücken der Russen und Österreicher ein Verbleiben in der Hauptstadt als mindestens unrätlich erscheinen ließ. In den Tagebuchblättern der Gräfin von Voß, geborene von Pannwitz, begegnen wir vielfach Aufzeichnungen aus jener Magdeburger Zeit, in denen neben anderem auch unseres Hofmarschalls Erwähnung geschieht. Ich gebe die betreffenden Stellen.

„*1. September* 1760. Ich schrieb heute nach Berlin, aß bei Frau von *Kraut*, spielte nach Tisch Komet mit dem Prinzen von Usingen, Baron Müller und Kraut und fuhr um fünf nach Hause.

11. September. Als ich frisiert und angezogen war, ging ich zur Prinzessin. Zu Tische war ich bei der Kraut, deren Geburtstag wir feierten. Auch die Knesebeck, Prinz Usingen und Oberst Lilienberg waren zugegen. Alles war in heiterer und übermütiger Laune, und nach dem Kaffee wurde wie immer Karte gespielt.

12. September. Am Abend zunächst in die Assemblé beim Grafen Lamberg, wo ich mit *Kraut* und dem Prinzen von Nassau eine Partie machte. Von Lamberg aus (wo es sehr voll war) fuhr ich mit *Kraut* an den Hof. Die Königin war sehr verstimmt. Sie schalt über die großen Aufmerksamkeiten, welche man hier den gefangenen Ausländern erweise.

11. Oktober. Am Abend war ich bei der ‚Belle Fée', die sehr böse auf *Kraut* war und ganz mit Recht, denn er hat in den Vorzimmern der Prinzessin aus Sparsamkeit Talglichter anstatt der Wachskerzen brennen wollen.

14. Oktober. Ich ging an den Hof und spielte Komet mit dem Prinzen von Preußen und der Belle Fée. Man erzählte, daß die Prinzessin Amalie zu Mittag bei der Prinzessin Heinrich angekommen sei und sich und ihr das Diner mitgebracht habe, um dem Hofmarschall *Kraut* einen Streich zu spielen, der zwei Speisen von dem bisherigen Küchenzettel der Prinzessin gestrichen hatte.

22. Februar 1761. Am Nachmittage hatten wir noch eine letzte Probe des Schäferspiels, und um sechs Uhr ging *Kraut* hinunter und bat die Prinzessin, die Treppe heraufzukommen. In dem Moment, als sie eintrat, ging auch schon der Vorhang auf, und der Chor fing an zu singen . . ."

Aus diesen wenigen Tagebuchstellen ergibt sich nicht bloß ein Zeit- und Lebensbild, sondern zugleich auch eine Charakteristik unseres Hofmarschalls. Und nicht zu seinen Ungunsten. Er hatte das Einsehen von einer gerade damals von allen Seiten her hereinbrechenden äußersten Gefahr und empfand sehr richtig, daß in Tagen, in denen der König schrieb: „Es gibt freilich Leute, die sich allen Schickungen unterwerfen, *ich* aber werd es *nicht*; ich habe für andere gelebt, für *mich* will ich sterben", ich sage, der Hofmarschall empfand sehr richtig, daß in solchen Tagen eine kleine Prinzessin allenfalls auch *ohne* Wachslichter im Vorzimmer und mit zwei Gerichten weniger auskommen konnte.*

* Man ist in der Tat bei Lektüre dieser „Tagebuchblätter" immer wieder und wieder erstaunt über die von vergnüglichster Laune getragenen Formen, unter denen das damalige Hofleben verlief, als ob die Frage nach der Fortexistenz des Staats gar nicht existiert habe. So stimm ich denn auch folgenden Bemerkungen durchaus bei. „Diese Tagebuchblätter aus dem Jahre 60 und 61 zeigen uns in beinahe rätselhafter Weise, wie man sich in derselben Zeit, wo der König inmitten schwerster Verluste mit um so größerem Heldenmute gegen die Übermacht seiner Feinde rang, wie man sich in ebendieser Zeit am Hofe seiner Gemahlin, seiner Schwester und Schwägerinnen die Langeweile mit kleinen Lustbarkeiten zu vertreiben suchte. Dies frappiert um so mehr, wenn

Die vorgeschilderten Magdeburger Tage verlängerten sich bis in den Spätherbst 61. Erst im November oder Dezember ebengenannten Jahres kehrte die Königin mit allem, was zum Hofe gehörte, nach Berlin zurück, allwo denn auch wenige Wochen später, und zwar am 24. Januar 1762, dem Hofmarschall von K. eine Tochter geboren wurde: Luise Charlotte Henriette von Kraut, unsere Krautentochter.

Über die folgenden fünf Jahre, soweit der Hofmarschall in Betracht kommt, schweigen alle Memoiren und Briefe. Das nächste, was wir von ihm erfahren, erfahren wir aus dem Löwenberger Kirchenbuche, woselbst es unterm 23. Dezember 1767 heißt: „Am heutigen Tage beschloß sein ruhmreiches Leben zu Berlin abends sieben Uhr der weiland hochwohlgeborene Herr, Herr Carl Friedrich Freiherr von Kraut, Hofmarschall im Hofstaate seiner Königlichen Majestät des Prinzen Heinrich und Vormund der beiden geisteskranken Herren von Bredow zu Löwenberg. Er war der *Mutter-Bruder* dieser beiden von Bredows, ein Herr der edelsten Gemütsart, der vielen Menschen in der Welt, zum Teil durch schwere Kosten, zu zeitlichen Ehrenstellen verholfen und ihr irdisch Glück befördert hat. Er zeigete sich gegen alle Mitmenschen als ein Menschenfreund und war allen, ohne jede Nebenabsicht des Eigennutzes, willfährig und gefällig. Hiervon zeugete insonderheit seine Fürsorge für die Kranken. Er pflegte zur Sommerzeit, wenn er sich auf seinen Gütern aufhielt, eine Menge von Medikamenten aus Berlin mitzubringen. Und wenn sich Kranke bei ihm meldeten und er ihren Zustand erkundet hatte, gab er ihnen die Medikamente, von woher die Kranken auch sein mochten. Am vierten Tage nach seinem Hinscheiden, am 27. Dezember abends, sind die erblaßten Gebeine des wohlseligen Herrn Hofmarschalls in dem Freiherrlich *von Kraut*schen Erbbegräbnis in der Nikolaikirche zu Berlin beigesetzt worden. Und nachdem dieser

man den damaligen äußerst bedrohlichen Gang der Ereignisse (die Zeit vor und nach der Schlacht bei Torgau) scharf ins Auge faßt. Es macht alles, um es zu wiederholen, einen befremdlichen Eindruck. Aber es würde ungerecht sein, den einzelnen Personen aus *dem* einen Vorwurf machen zu wollen, was in der Auffassung und Lebensweise der Zeit lag."

Todesfall auf die beweglichste Art der Gemeinde zu Löwenberg am 1. Januar 1768 zur Kenntnis gebracht worden ist, ist darüber zwei Wochen lang auf allen von Bredowschen Gütern geläutet worden. Er hinterläßt eine über seinen Tod betrübte Frau Witwe aus dem hochadligen von Platenschen Geschlecht und eine trotz ihrer frühen Jahre schon hoffnungsvolle Tochter."

3. KAPITEL

Wie die Mutter der Krautentochter ihre Tochter erzog und wer diese Mutter war

Die Krautentochter war erst fünf Jahre alt, als der Vater starb. Die Erziehung lag also bei der Mutter.

Wer war nun diese Mutter? Und *wie* war sie? Wir antworten darauf, eh wir uns der Frage nach der Erziehung der Tochter zuwenden.

Else Sophie von Platen kam 1748 an den Hof der Königinmutter. Sie mochte damals achtzehn Jahre alt sein. In dem Tagebuch der Gräfin von Voß geschieht auch ihrer Erwähnung: „An die Stelle des Fräulein von Bredow", so heißt es darin, „die sich mit einem Herrn von Schwerin verheiratete, trat Fräulein von Platen, ein wunderhübsches Mädchen, das aber wenig Geist und eine sehr melancholische Gemütsart besaß." In diesen wenigen Zeilen wird die junge Dame, die spätre Hofmarschallin von Kraut, sehr wahrscheinlich am zutreffendsten gezeichnet sein. Alles andre, was an Aussprüchen über sie vorliegt, geht nach der einen oder andren Seite hin ins Extrem und widerspricht sich untereinander. Es scheint, daß sie, von einzelnen objektiv urteilenden Personen (wie die Gräfin Voß) abgesehen, nur leidenschaftliche Verehrer und leidenschaftliche Feinde hatte. Zu den ersteren gehörte Thiébault, in dessen immerhin schätzenswertem Werke „Mes Souvenirs de vingt ans de séjour à Berlin" auch der Hofmarschallin von Kraut (die bald nach dem Ableben ihres ersten Gatten den holländischen Gesandten de Verelst heiratete, bald indes *abermals* Witwe wurde) an verschiedenen Stellen Erwähnung geschieht. „Unter den Damen", so heißt es in dem eben genannten Buche, „die Prinz Heinrich auszuzeichnen pflegte, befand sich auch eine Madame de Verelst, zuletzt Witwe des holländischen Gesandten. Es wurd ihr von seiten Monseigneurs, außer einer an Aufmerksamkeiten reichen Freundschaft, auch ein ganz besonderes Vertrauen bewiesen, was dahin führte, daß sie die Sommermonate beinahe regelmäßig in Rheinsberg zubrachte. Sie war aufrichtig, ernst und überlegend und dabei von einer so durchaus honetten Gesinnung, daß niemand begriff, was sie vordem hatte bestimmen können, einem so langweiligen und übellaunigen Menschen wie dem Baron von Kraut, ihrem ersten Manne, die Hand zu reichen."

In vollem Gegensatze dazu steht alles, was ihr späterer Schwiegersohn, Baron Knyphausen, über sie sagt. *Ihm* zufolge war sie nicht bloß „une femme vaine, bornée et détestable", sondern rundheraus „un monstre", und nur darin einigen sich beider Urteile, daß sie gut zu repräsentieren verstand, Reste früherer Schönheit aufwies und über den freien und sicheren und, wenn ihr daran lag, auch über den *hohen* Ton der Gesellschaft eine vollkommene Verfügung hatte.

Une femme adroite nach Thiébault, une femme détestable nach Knyphausen, *das* war die Frau, der jetzt die Sorge der Erziehung ihrer Tochter oblag, eine Frau, der es unter allen Umständen an der Fähigkeit gebrach, ihrem Kinde *mehr* zu geben als eine den Rheinsberger Verhältnissen angepaßte Tournüre. Worauf es in ihren Augen ankam, das war, vor „Monseigneur" erscheinen und in der großen Welt ein „sort" machen zu können. Dazu gehörte nicht mehr als eine Kammerjungfer aus dem gelobten Lande Frankreich und ein Tanz- und Sprachmeister von ebendaher. Auch verlautet an keiner Stelle, daß etwas darüber Hinausliegendes jemals ernsthaft gepflegt worden wäre. Das Ernsthafte galt für langweilig und pedantisch und war Sache gewöhnlicher Leute. Freilich, man mußte die „Phèdre" kennen und die „Médée" und die „Mérope", aber doch auch nur, um ein Zitat des Prinzen verstehen und allenfalls erwidern zu können. Alles hatte nur so viel Wert und Bedeutung, als der Hof gut fand, ihm zuzumessen. In Gunst stehen, reich sein und Einfluß haben war das einzige, das zu leben lohnte. Und wenn es überhaupt Pflichten gab, so war doch *erste* Pflicht jedenfalls *die*, von der Sorge kleiner Leute nichts zu wissen und einem Prinzen zu gefallen.

4. KAPITEL

Die Krautentochter wird Frau von Elliot

In diesem Geiste ging denn auch der Gang der Erziehung, und es glückte damit so vollkommen, daß schon einige Monate vor der Einsegnung an Charlottens (der Krautentochter) Verheiratung gedacht werden konnte. Die Jugend derselben war kein Hindernis, war doch ihres Vaters Schwester, als sie dem Dompropsten die Hand reichte, nur um ein halbes Jahr älter gewesen. Und überhaupt, war es denn nötig, alt und weise zu sein, um zu heiraten? Gewiß nicht.

Also Charlotte sollte heiraten.

Aber wen?

Das Auge der Mutter richtete sich vor allem auf einen *Gesandten*. Ein solcher empfahl sich doppelt, einmal, weil es unter allen Umständen eine vornehme Partie war, und zweitens und hauptsächlichst, weil ein Gesandter eine gewisse Garantie bot, über kurz oder lang abberufen und an einem vielleicht weit entfernten Hofe beglaubigt zu werden. Trat dieser Fall ein, so lag *ihr*, der Mutter, ob, in der Heimat nach dem Rechten zu sehen, *sie* war dann Herrin aller Güter, viel, viel mehr als die Tochter, die sich mit beliebigen Erklärungen abfinden lassen mußte. Diesem Kalkül entsprach es, daß ihr unter allen Gesandten die britischen am begehrenswertesten erschienen. Ein britischer Ambassadeur war sogar in der Möglichkeit, über das bloß Gesandtschaftliche hinaus, als ost- oder westindischer Gouverneur und Vizekönig seine

Tage ruhmvoll beschließen zu dürfen. Und Ost- oder Westindien, welches Ideal von Entfernung!

In der Tat, es war ein Engländer, und zwar der als Nachfolger von Sir John Mitchell am Berliner Hofe beglaubigte Mr. James Harris (später Lord Malmesbury), auf den sich das Auge der Madame de Verelst richtete, bevor ihre Tochter Charlotte noch das fünfzehnte Lebensjahr erreicht hatte. *Das* war ein Schwiegersohn nach ihrem Sinne! Aber James Harris verhielt sich durchaus ablehnend gegen alles Preußische. „Die Preußen", so schrieb er gerade damals, „sind im allgemeinen arm, eitel, unwissend und ohne Grundsätze. Wären sie *reich*, so würde der Adel sich nie dazu verstanden haben, in Subalternstellen mit Eifer und Tapferkeit zu dienen. Ihre *Eitelkeit* zeigt sich darin, daß sie ihre eigene Größe in *der* ihres Monarchen erblicken, ihre *Unwissenheit* aber erstickt in ihnen jeden Begriff von Freiheit und Widerstand. Und was endlich ihren *Mangel* an *Grundsätzen* angeht, so macht sie dieser Mangel zu bereitwilligen Werkzeugen aller ihnen erteilten Befehle; sie überlegen gar nicht, ob sie sich auf Gerechtigkeit gründen oder nicht!"*

So Mr. Harris, der zum Überfluß auch noch eine speziell ungünstige Meinung in betreff der Madame de Verelst unterhielt. Er ridikülisierte sie, was natürlich alle Pläne von seiten der Dame rasch hinschwinden ließ und an die Stelle des Entgegenkommens jene hautaine Miene setzte, auf die sie sich so gut verstand.

Aber in ihren Grundanschauungen von dem, was wünschenswert sei, war durch diesen Mißerfolg nichts geändert worden, und als einige Monate später James Harris abberufen und Hugh Elliot an seine Stelle gekommen war, nahm sie dasselbe Spiel wieder auf.

Und diesmal mit besserem Erfolg. Zu Beginn des Jahres 78

* Nicht besser als auf das Land war Mr. Harris auf den König selbst zu sprechen. Er schrieb über diesen: „Um bei seinem System verharren zu können, hat er sich der Moral und Religion entäußert. An die Stelle der Moral hat er eine gewisse Sentimentalität, an die Stelle der Religion den Aberglauben gesetzt. Nur so läßt sich jene buntscheckige Mischung von Barbarei und Humanität erklären, die seiner Regierungsart eigentümlich ist."

war die nunmehr sechzehnjährige Charlotte bereits Gemahlin Hugh Elliots, über den, zu besserem Verständnis dessen, was sich später ereignete, hier schon das Folgende stehen mag.

Hugh Elliot, als er nach Berlin kam, war noch sehr jung und von noch jugendlicherem Ansehen. Er hatte nichts von dem Ruhigen, Gesetzten, Distinguierten, das eine Gesandtschaftsstellung erheischt, wirkte vielmehr in seiner Bartlosigkeit und halb knabenhaften Figur absolut unfertig und nicht viel besser als ein von einer steten Unruhe geplagter Springinsfeld. Ungeachtet dessen war er in den Hof- und Gesandtschaftskreisen beliebt, galt für amüsant (war es auch) und erfreute sich ganz besonders einer gewissen Vorliebe von seiten des Prinzen Heinrich. Am Hofe dieses war es denn auch, wo Thiébault ihn kennenlernte. „Geistreich und von delikater Struktur (delié), sehr lebhaft und liebenswürdig", das sind die Worte, die die „Souvenirs" für ihn haben. „Und dabei durch und durch Original, denn man ist nicht Engländer ohne *das*", setzt ihr Verfasser in guter Laune hinzu. Zu gleicher Zeit erzählt er ein paar Anekdoten, die mir sehr geeignet scheinen, ihn in seinen Vorzügen wie seinen Schwächen zu charakterisieren, weshalb ich dieselben hier wiedergebe.

Eines Tages beim russischen Gesandten entstand ein erregter Streit, ob England oder Frankreich den größeren dramatischen Dichter hervorgebracht habe. Thiébault schwärmte für Racine, Elliot für Shakespeare. Thiébault operierte dabei viel mit „plus sublime", worauf ihm Elliot erwiderte: „gerade das ‚plus sublime' sei das, was er für Shakespeare beanspruche. Denn den Eindruck des Sublimen habe man immer nur da, wo sich der *Gegensatz* von hoch und niedrig, von Erhabenheit und Alltäglichkeit fühlbar mache, während überall da, wo sich ein gleichmäßiges Plateau zeige (wenn auch *Hoch*plateau), von einem Eindruck des Erhabenen nie die Rede sein könne. Und so käm es denn, daß die ‚Niedrigkeiten'*,

* Ich gebe aus dem Streit, der sich weithin zog, nur dies wenige. Das Interessanteste daran ist, daß auch Elliot, aller seiner Shakespeare-Schwärmerei zum Trotz, so weit Kind seiner Zeit war, daß er die „Niedrigkeiten" Shakespeares, auf die Thiébault beständig rekurrierte, gelten ließ. In den hundert Jahren,

die seinem englischen Dichter mit Recht vorgeworfen würden, eigentlich nur dazu dienten, die Größe desselben um so deutlicher erkennen zu lassen."

Um ebendiese Zeit war es auch, daß Elliot einer Steinoperation halber nach Paris mußte. Man sah diese Reise, weil sich die französische Regierung kurz vorher zugunsten der amerikanischen Kolonien, will also sagen *gegen* England, entschieden hatte, ziemlich allgemein als ein Wagnis an, und auch die Königin äußerte sich in diesem Sinne. „Oh, Madame", replizierte Elliot, „England und Frankreich sind *seit lange* zivilisierte Nationen."

Es ging dies von Mund zu Mund, und die fremdländischen Gesandten, die, wie gewöhnlich, wenig Zärtlichkeit für Preußen übrig hatten, freuten sich der nonchalanten, echt englischen Dreistigkeit, in der Elliot überhaupt exzellierte. Freilich bedingte dieselbe Dreistigkeit und Nonchalance zuletzt auch seinen Sturz, und zwar war es dieselbe Frage der „amerikanischen Kolonien", was bald danach zu seiner Abberufung vom preußischen Hofe führte.

„Seitens dieser Kolonien", so berichtet Thiébault, „waren zwei Vertrauensmänner in Berlin eingetroffen, die mit Fug und Recht als amerikanische Geheimgesandte angesehen werden konnten. Es wurde selbstverständlich aus Courtoisie gegen England vermieden, sie als Gesandte zu begrüßen, aber im stillen wußte jeder, was sie nach Berlin und Sanssouci geführt hatte. Wenigstens Elliot wußt es. Er wollte jedoch positive Gewißheit haben und leitete deshalb ein ziemlich gefährliches Spiel ein, das er sich nur im Hinblick auf die hinter ihm stehende Macht Englands erlauben durfte. Voll Bonhomie zog er die beiden Amerikaner, als „Landsleute von älterem Datum", in seinen intimeren Umgangskreis und überschüttete sie mit kleinen gesellschaftlichen Auszeich-

die seitdem verflossen sind, hat sich das Urteil speziell über diesen Punkt total geändert, und wir finden die Szene zwischen Prinz Heinz und Franz („Gleich, gleich Herr"), zwischen Falstaff und Dorchen Lakenreißer, ja selbst die zwischen den beiden Kärrnern zu Beginn des Stücks geradeso „sublim" wie Hamlet und Macbeth. Wir haben uns von der Vorstellung befreit, daß das Komische, ja selbst das niedrig Komische, sobald es nur einer vollendeten Charakteristik dient, niedriger stehe als das Tragische.

nungen. Eines Abends, nach vorher eingenommenem gemeinschaftlichen Diner, fuhr er mit ihnen in die Oper. Als sie jedoch zu später Stunde in ihre Wohnung zurückkehrten, fanden sie die Tür erbrochen und eine Kassette geraubt. Es zweifelte niemand, auf wessen Geheiß dies geschehen; aber Elliot ging weiter und ließ ihnen am anderen Tage, wenn auch ohne direkte Namensnennung, die Kassette wieder zustellen, aus der nichts herausgenommen war als die die beiden Abgesandten einigermaßen kompromittierenden Papiere. Jeder war neugierig, wie der Affront geahndet werden würde, doch blieb anscheinend alles ruhig, bis plötzlich, als man eben die Sache zu vergessen anfing, Elliots Abberufung erfolgte. Der König hatte bei der englischen Regierung, unter Darlegung des Sachverhalts, auf seine Zurückberufung gedrungen.

In diesen Zügen spricht sich Elliots Charakter aus, und ohne seinem Rivalen Knyphausen, der ihn abwechselnd als „ruhmredig, leichtfertig und unkonsequent" und zum Schluß einfach als „fou und furieux" bezeichnet, in all und jedem zustimmen zu wollen, erscheint doch so viel richtig, daß er mit jener gefährlichen Lebhaftigkeit des Geistes ausgestattet war, die beständig geneigt ist, in Willkür und Rücksichtslosigkeit überzugehen. In der Tat, er war nervös, launenhaft, exzentrisch und entbehrte ganz und gar der Möglichkeit, einer jungen, in Oberflächlichkeit und Eitelkeit erzogenen Frau das zu geben, was ihr fehlte. Nur eins wird ihm zuzugestehen sein: er liebte sie wirklich, soweit er einer wirklichen Liebe fähig war, und hatte seine Wahl aus Sinn und Herz und nicht aus allerhand Rücksichten getroffen, am allerwenigsten aber aus Rücksichten auf ein Erbe, das nach englischen Vorstellungen überhaupt nicht bedeutend und jedenfalls erst in Zukunft zu gewärtigen war.

Nach diesen Bemerkungen über Elliots Charakter, die nötig waren, um unsere Heldin in dem, was später geschah, nicht ungünstiger und zweifelhafter als nötig erscheinen zu lassen, nehme ich den Faden der Erzählung wieder auf und kehre zu der Ehe des jungen Paares zurück, die, das mindeste zu sagen, keine glückliche war.

5. KAPITEL

Die Krautentochter (nunmehr Frau von Elliot) führt eine unglückliche Ehe

Nicht gleich anfangs zeigte sich der Bruch, ein Jahr nach der Vermählung wurd eine Tochter geboren, Elliot war glücklich, und vielleicht war es auch die junge Frau.

Aber es währte nicht lange. Sosehr Elliot seine Frau liebte, so war es doch eine tyrannisch-launenhafte Liebe, die Zuneigung eines Kindes, das heute mit der Puppe spielt, morgen sie schlägt und piekt und übermorgen sie aufschneidet, um zu sehen, wie's drin aussieht und ob sie ein Herz hat. Es scheint indessen, daß die junge Frau diese Launen ertrug, bis das ridikül eifersüchtige, vor aller Welt sie bloßstellende Benehmen ihres Gatten ihr ein Zusammenleben mit ihm unerträglich machte.

Es war 1781 oder 82, als Elliot, der sich schon vorher in ähnlichen Phantastereien ergangen hatte, plötzlich auf den Einfall kam, seine Frau unterhalte ein Liebesverhältnis mit dem holländischen Gesandten. Der Name desselben wird nicht genannt. Gleichviel. Dieser Gesandte war nicht mehr jung und dachte nicht an Liebesabenteuer. Elliot indessen hatte sich's in den Kopf gesetzt und wollte nur noch Gewißheit haben. Um diese sich zu verschaffen, begann er eines Tages nach dem Schlafengehen (er liebte mitternächtliche Konversationen), seiner Frau Mangel an Zärtlichkeit vorzuwerfen und ihr bei der Gelegenheit die Namen einer ganzen Anzahl von Personen zu nennen, für die sie sich unerklärlicherweise mehr interessiere als für ihn. Und zuletzt nannt er ihr auch den Namen des alten holländischen Gesandten. Sie nahm alles zunächst als einen Scherz, als er aber fortfuhr, sie mit den unziemlichsten und beleidigendsten Fragen zu quälen, riß ihr endlich der Faden der Geduld. „Ob ich ihn liebe? Jedenfalls lieb ich ihn mehr als dich, weil er mich weniger gequält hat als du." Kaum daß diese Worte gesprochen waren, so sprang Elliot aus dem Bett und lief in nur halbvollendeter

Toilette nach dem andern Ende der Stadt, um den holländischen Gesandten wecken zu lassen. Als dieser bestürzt erschien und die Mitteilung einer Nachricht von höchster politischer Dringlichkeit erwartete, fuhr Elliot auf ihn los: „Er unterhalte ein Verhältnis mit seiner Frau, was ihm diese vor einer halben Stunde selber gestanden habe. Die Sache müsse sofort geregelt werden, weshalb er hiermit anfrage, ob er seine Frau zu heiraten gedenke?" Der geängstigte Gesandte versicherte, „daß er Frau von Elliot überhaupt nur zweimal in seinem Leben gesprochen habe; was aber das Heiraten angehe, so steh es bei ihm fest, überhaupt nicht zu heiraten". Elliot hörte dies mit Befriedigung, war aber weit entfernt, dadurch beruhigt zu sein, drang vielmehr in den Gesandten, auf der Stelle mit ihm zu kommen und in Gegenwart seiner Frau dieselbe Versicherung abzugeben. Um allerlei Rücksichten willen, die namentlich in den nahen Beziehungen der Madame de Verelst zur Prinzessin von Oranien ihren Grund hatten, ließ sich der Gesandte bestimmen, dem halb unsinnigen Elliot in seine Wohnung zu folgen und hier in Gegenwart der herbeigerufenen Frau von E. zu wiederholen, „daß ihm beide Male, wo er die Ehre gehabt, mit ihr zu sprechen, ein Heiratsgedanke durchaus ferngelegen habe". Die schon durch sein Erscheinen, aber viel mehr noch durch diese Versicherung aufs äußerste bestürzte Frau verlangte schließlich nur „ein diskretes Schweigen über das Vorgefallene", was denn auch Elliot nicht bloß zusagte, sondern sofort auch in einem feierlichen Eide beschwor. Aber natürlich nur, um am nächsten Morgen all seinen Freunden und Freundinnen das nächtliche Vorkommnis unter den ungeheuerlichsten Zusätzen als Anekdote zum besten zu geben. Eine Folge davon war, daß sich die Hofgesellschaft zu größerem Teile von der um ihrer Triumphe willen ohnehin vielbeneideten Frau von Elliot zurückzog.

Bis zu diesem Punkte waren die Dinge gediehen, als Baron Knyphausen, der in einem entfernten Verwandtschaftsverhältnis zu der jungen Frau stand, aus seiner ostfriesischen Heimat an den Rheinsberger Hof, an dem er eine Kammerherrnstelle bekleidete, zurückkehrte. Hier in Rheinsberg fand er neben Madame de Verelst auch das Elliotsche Paar vor und wurde, da die Mißhelligkeiten desselben kein Geheimnis waren, alsbald der Vertraute der unsagbar unglücklichen Frau. Sie sahen sich oft, berieten und planten und unterhielten, als Frau von Elliot den Rheinsberger Hof wieder verlassen hatte, sowohl nach Berlin wie nach Hoppenrade hin eine lebhafte Korrespondenz.

Um dieselbe Zeit etwa, wo diese Korrespondenz geführt wurde, fand die schon vorerwähnte Versetzung Elliots an den Kopenhagener Hof statt, was übrigens ein beständiges und intimes Eingeweihtbleiben in das, was in seinem Berliner Hause vorging, nicht hinderte. Madame de Verelst unterhielt ihn über die fortgesetzten, abwechselnd persönlichen und brieflichen Beziehungen ihrer Tochter zu Baron Knyphausen und entwarf allerlei Pläne mit ihm, diesem Treiben ein Ende zu machen. In Ausführung dieser Pläne war es denn auch, daß von seiten Elliots eine Herausforderung an Knyphausen erging.

Und hiermit war der erste Schritt zu jenem célèbren Rencontre geschehen, das uns auf den nächsten Seiten unter Zugrundelegung einer Anzahl Knyphausenscher Briefe beschäftigen soll. Einiges, was in vorstehendem schon angedeutet wurde, findet darin Bestätigung und weitere Ausführung.

Fürstenberg (in Mecklenburg-Strelitz), 4. Juli 1783

Mein hochgeehrter Herr Vater. Sie werden überrascht sein, von diesem unbekannten mecklenburgischen Städtchen aus einen Brief von mir zu erhalten. Aber das Nachstehende wird Aufklärung darüber geben. Als ich letzten Sommer von meinem Besuch bei Ihnen nach Rheinsberg zurückkehrte, fand ich daselbst eine zahlreiche Gesellschaft vor und darunter auch den englischen Gesandten Elliot samt seiner Gemahlin, Frau von Elliot, einer geborenen Baronesse von Kraut. Frau von Elliot, die bis dahin ihrer großen Schönheit unerachtet niemals einen Eindruck auf mich gemacht hatte, rührte mich durch ihr eheliches Unglück, das viel, viel größer war als ihre Schuld, wenn von einer solchen überhaupt gesprochen werden kann. Was stattgefunden hatte, waren Unvorsichtigkeiten, die leider nicht bloß seitens Mr. Elliots, eines ebenso großsprecherischen und eitlen wie leichtsinnigen und charakterlosen Mannes, sondern auch seitens der eigenen Mutter ausgebeutet worden waren, um der jungen Frau zu schaden. Wirklich, Frau von Elliot war das Opfer eines Komplotts, einer Intrige dieser beiden rücksichtslosen Personen, eine Tatsache, die mich empörte. Verfolgungen, auch wenn sie nicht *mich*, sondern andere treffen, berühren mich stets als Unerträgliches und bestimmten mich auch hier zu Schritten, die mir die Dankbarkeit der jungen Frau, aber freilich auch die Feindschaft ihrer Mutter und ihres Mannes eintrugen. Dieser wurde zum Überfluß auch noch eifersüchtig und gab mir schließlich den Rat, mich um die Angelegenheiten seiner Frau nicht weiter zu kümmern, auf welche Drohung hin ich nur antwortete: „daß ich meinen Eifer von jetzt ab verdoppeln würde". Dasselbe sprach ich auch gegen die Mutter, eine vom unerträglichsten Herrschsuchtsteufel geplagte Närrin aus, als sich dieselbe veranlaßt sah, einen ähnlich hohen Ton wie der Schwiegersohn gegen mich anzustimmen.

Inzwischen war der Winter herangekommen, und der Prinz Heinrichsche Hof übersiedelte wie gewöhnlich von Rheinsberg nach Berlin. Auch Madame de Verelst bezog wieder ihre Stadtwohnung, ebenso Frau von Elliot. Diese letztere nunmehr jeder Selbständigkeit und jeder Freiheit zu berauben war ein mittlerweile herangereifter Plan. Ich sah klar, daß man gewillt war, die junge Frau, sei's mit, sei's ohne Zustimmung, auf ein Elliotsches Schloß zu schaffen, um sich derweilen ihres Vermögens bemächtigen zu können. Und das zu hindern wurde von nun an meine Aufgabe.

Bald nach Neujahr 1783 erfolgte Elliots Versetzung vom Berliner Hof an den Kopenhagener. Er akzeptierte die Versetzung und ließ seine Frau samt einem vierjährigen Töchterchen mit der Weisung zurück, ihm in der schönen Jahreszeit zu folgen. Aber Frau von Elliot war nicht gesonnen, dieser

Weisung zu gehorchen. Voll Abneigung gegen ihren Gatten, erbat sie sich meinen Rat in dieser Angelegenheit und führte dadurch einen Briefwechsel herbei, der zunächst den heftigsten Zorn der Mutter erregte. Sie setzte sich denn auch mit Elliot selbst in Verbindung und vereinbarte folgenden Plan. Er, Elliot, solle plötzlich erscheinen, in die Zimmer seiner Frau dringen, ihre Bureaus erbrechen, die sträfliche Korrespondenz an sich nehmen und unter Androhung eines gerichtlichen Verfahrens die Zustimmung der jungen Frau zu jedem von Mutter und Ehemann gewollten Schritt erzwingen. Auch hinsichtlich der vierjährigen Enkelin wurden Bestimmungen getroffen; das Kind sollte für immer bei der Großmutter bleiben und von dieser erzogen werden. Auf all dies ging Elliot ein, erschien wirklich in aller Plötzlichkeit in Berlin, bemächtigte sich der Papiere, zugleich auch des Kindes und schickte das letztere dieselbe Nacht noch in Begleitung eines vertrauten Dieners nach Kopenhagen. Er folgte selbst Tages darauf, ohne seine Frau gesehen zu haben. Nur mit seiner Schwiegermutter, die gegen die dem Programm widersprechende Wegführung ihrer Enkelin protestiert hatte, war er schließlich in eine heftige Streitszene geraten.

So der erste Akt.

Einige Zeit danach erhielt ich einen Brief Elliots, in dem es hieß, es stünde jetzt in seiner Hand, mich der Strenge des Gesetzes oder des Königs in Person zu überliefern, er verzichte jedoch darauf, wenn ich meinerseits nach Dänemark kommen und mich in der Nähe von Kopenhagen mit ihm schlagen wolle. Das war eine sonderbare Zumutung. Ich antwortete ihm, daß er ein Narr wäre, dem nachzulaufen ich nicht die geringste Veranlassung hätte; während seiner Anwesenheit in Berlin hätte sich notwendig die Zeit zu solcher Begegnung finden müssen, das wäre das Korrekte gewesen, jedenfalls korrekter, als per Post abreisen und nachträglich eine solche Bravade in die Welt zu schicken. Auch an Madame de Verelst schrieb ich, unter nur zu gebotenem Hinweise darauf, wie wenig geraten es sei, derlei Familienangelegenheiten an die große Glocke zu hängen.

Elliots Freunde veröffentlichten inzwischen Elliots Brief an mich und behaupteten: „ich habe Satisfaktion verweigert". Das zwang mich nunmehr, auch *meinen* Brief zur allgemeinen Kenntnis zu bringen und unter anderm eine Kopie desselben an unseren preußischen Gesandten in Kopenhagen gelangen zu lassen.

All dies ereignete sich im April.

Zwei Monate waren bereits vergangen, als ich plötzlich erfuhr und andere mit mir: Elliot komme nach Berlin, um sich mit mir zu schlagen. Die Sache machte begreiflicherweise Sensation, und im Publikum sprach man eine Zeitlang von nichts anderem. Ich meinerseits ließ die Leute reden und wartete der angekündigten Dinge, bis ich eines Tages in Erfahrung brachte, der Generalfiskal habe Befehl erhalten, ein Rencontre zwischen Elliot und mir unter allen Umständen, ja nötigenfalls mit Gewalt zu hintertreiben. Auf diese Mitteilung hin verließ ich Berlin sofort, um mich behufs ungehinderter Ausfechtung unserer Sache hierher ins Mecklenburgische zu begeben. Es war das um so nötiger, als man seitens der Elliotschen Partei, die sich durch Rücksichtslosigkeit und Lüge auszeichnet, bereits verbreitet hatte, die angedrohte Einmischung des Generalfiskals sei durch mich veranlaßt worden.

So liegt momentan der Streit. Elliot ist brieflich benachrichtigt worden, daß ich mich hier in Fürstenberg befinde. Mehr konnte mir nicht obliegen. Sobald sich Weiteres ereignet haben wird, werd ich nicht säumen, Sie, teuerster Vater, davon in Kenntnis zu setzen.

Ihr G. W. Kn.

6. KAPITEL

Die Krautentochter wird Ursach eines Duells zwischen Mr. Elliot und Baron Knyphausen

Soweit Knyphausen in seinem ersten, die Duellfrage berührenden Schreiben.

Als er vierzehn Tage später einen zweiten Brief an seinen

Vater richtete, hatte das *Duell* bereits stattgefunden, nachdem demselben ein seltsames Vorspiel, ein Überfall, vorausgegangen war.

Ich gebe diesen Brief, der im wesentlichen (alle Briefe sind französisch geschrieben) des folgenden Inhalts ist.

Baruth in Sachsen, 18. Juli 1783

Mein hochgeehrter Herr Vater. Der letzte Brief, den ich an Sie richten durfte, war von Fürstenberg im Mecklenburgischen aus datiert. Ich schrieb Ihnen damals, daß ich Elliot von meiner Anwesenheit in dem genannten Grenzstädtchen Mitteilung gemacht und dieser Mitteilung hinzugefügt hätte, „ich befände mich daselbst, um auf ihn zu warten". Übrigens will ich Ihnen, mein hochgeehrter Herr Vater, gleich an dieser Stelle bemerken, daß mir Fürstenberg, als zu nah an der preußischen Grenze gelegen, zur Ausfechtung unserer Sache nicht sonderlich geeignet erschien, weshalb ich schon damals den Plan hegte, meinem Gegner, bei seinem Eintreffen, einen Zweikampf auf schwedisch-pommerschem Grund und Boden zu proponieren. Auf solchem waren Störungen kaum zu gewärtigen.

So waren vierzehn Tage vergangen, als ich eines Abends erfuhr, daß Elliot in Rostock gelandet und von dort aus, nach einem Souper in Strelitz, auf Rheinsberg zu gefahren sei. Von Rheinsberg aus aber, nach erfolgter Weigerung des Prinzen, ihn zu sehen oder zu begrüßen, hab er sich nach Hoppenrade begeben, um zunächst seiner Schwiegermutter, der Madame de Verelst, einen Besuch zu machen.

Ich erwartete hiernach eine baldige Nachricht von Elliot oder einem seiner Vertrauten und saß andern Tages bei Sonnenuntergang ruhig in meinem Zimmer und las, als ich einen Kutschwagen die Straße heraufkommen und vorfahren sah. Ich rief meinem Diener zu, die Türe zu schließen, „ich wolle niemand empfangen"; aber im selben Augenblicke sah ich auch schon einen Wütenden, etwa im Zustand eines türkischen Opiumrauchers, in mein Zimmer eindringen. Es war Elliot, der, mit einem spanischen Rohr in der Hand, ohne weiteres auf mich losstürzte. Durch eine Seitenbewegung wich ich aus, ergriff ihn und warf ihn ohne sonderliche Mühe zu Boden. Und würd ihn erwürgt haben, wenn ihn nicht einer seiner Kammerdiener mir aus den Händen gerissen hätte. Jetzt wieder frei, zog er ein Pistol, das er mir auf zwei Schritt Entfernung entgegenhielt. Es war ein regelrechter, von drei Komplicen unterstützter Mordanfall. Ein ihn begleitender Irländer, den er mir später als seinen Sekundanten vorstellte, war mit zwei Pistolen und einem Degen bewaffnet; ebenso führten seine zwei Leute Pistolen und Hirschfänger. In diesem bedrohlichen Moment erschienen der Wirt und einige Bürger auf dem Hausflur, um mich zu schützen, fragten mich, was es sei, und machten Miene, über die Eindringlinge herzufallen. Ich hinderte dies und sagte, „daß ich alles mit dem Herrn allein abzumachen hätte". Darauf forderte mich Elliot auf, ihm bis vor die Stadt zu folgen und mich dort mit ihm zu schlagen. Ich erwiderte, dies gehe nicht wohl an, weil ich ohne Sekundanten sei, den dritten Tag aber wollten wir uns auf neutralem Boden, in Schwedisch-Pommern, treffen und daselbst unsern Streit unter Innehaltung herkömmlicher Formen ausfechten. Er wollte jedoch von einer solchen Vertagung nichts wissen und fragte mich, und zwar der Umstehenden halber auf deutsch, „ob ich keine Courage hätte?"

Dies zeigte, daß er mich aufs Äußerste treiben wollte. So nahm ich denn die Herausforderung an. Er ging nun auf das Stadttor zu, zunächst von seinen drei Begleitern und im weiteren von etwa 500 Personen jeden Alters und Standes gefolgt. Als ich ein paar Minuten später ebenfalls aufbrechen wollte, fand ich den Burgemeister vor meiner Tür, welcher mich beschwor, mich nicht mit Mördern einzulassen, „er werde Elliot und seine Bande verhaften lassen". Ich lehnte diesen Beistand indessen abermals ab und erschien auf dem Rendezvous mit zwei Pistolen und meinem Diener, einem guten, nur leider wenig encouragierten Menschen, der vor Furcht halb tot war. Es dämmerte schon, aber trotz der Dunkelheit, die herrschte, sah ich doch deutlich die halb komischen Vorbereitungen, die Elliot getroffen hatte: vier Degen waren feierlich in die Erde gesteckt, acht Paar Pistolen lagen davor und daneben einige Kleidungsstücke, deren sich Elliot entäußert hatte. Ich fragte ihn, „was das alles solle", worauf er mir wutschäumend antwortete: „Mich aus der Welt blasen. Er hoffe, daß es die Pistolen tun würden, wenn aber nicht, so wären auch noch die Degen da." Niemals in meinem Leben war ich kälteren Blutes, und so sagt ich ihm denn in aller Ruhe: „Der Umstand, daß ich noch zurechnungsfähig sei, gäbe mir einen Anspruch, die Sache zu regeln. Einen Sekundanten hätt ich nicht, und so wollten wir denn einfach Stellung nehmen und zweimal auf fünfzehn Schritt Distance schießen." Er aber wollte von einer solchen Reglung nichts wissen und schrie nur immer: „In des Teufels Namen nein, nein. Wir wollen freieres Spiel haben. Ich meinerseits werde erst auf zwei Schritt Distance schießen." Es war alles Torheit; indessen mocht er's halten, wie er wollte, war ich doch sicher, daß er nicht ungestraft bis auf zwei Schritt herankommen würde. So stimmt ich denn zu und nahm meine Position.

Elliot hatte jedoch mittlerweile mit seinen Pistolen in der ungeeignetsten Weise herumgefuchtelt und sich dadurch neben dem Unwillen der Umstehenden auch allerlei Schimpfreden einer Gruppe von Personen zugezogen, unter denen zufällig einige Beurlaubte der königlichen Armee waren. Er bemerkte dies, und rasch erkennend, daß ihn im Fall eines Konflikts mit der erregten Volksmenge meine Fürsprache nicht retten werde, schlug er mir, einlenkend, nunmehr vor, die Sache, da's ohnehin schon dunkel sei, für heute ruhen zu lassen und an einem der nächsten Tage erst wieder aufzunehmen.

Es handelte sich nun für mich vor allem darum, einen Sekundanten zu beschaffen. Ein Herr von Maltzahn hatte mir, nach einer früheren Verabredung, diesen Dienst leisten wollen, war aber behindert worden, weshalb ich mich denn gezwungen sah, eine Estafette nach Berlin zu schicken, um mich des Beistandes eines dort lebenden Offiziers, des Capitains Koppi, zu versichern, der mir schon einige Zeit vorher für den Fall, daß Maltzahn nicht könne oder wolle, seine Bereitwilligkeit ausgedrückt hatte. Koppi kam auch, forderte jedoch hundert Louis für seinen Dienst und ließ sich einen Schuldschein darüber ausstellen, nachdem ich ihm erklärt hatte, daß mir die Summe für den Augenblick nicht zur Verfügung stehe.

Der Generalfiskal hatte mittlerweile nicht aufgehört, die Sache zu verfolgen, ja mir wurde Mitteilung, daß er damit umgehe, mich in Fürstenberg verhaften zu lassen. Einer solchen Verhaftung mich zu entziehen, ging ich weiter landeinwärts und ließ Elliot, unter Angabe der Gründe, weshalb ich den Ort gewechselt hätte, wissen, daß ich ihn zu der zwischen uns festgesetzten Zeit in dem Städtchen Penzlin erwarten würde. Wer aber nicht kam, war Elliot. Erst am fünften Tage ließ er mir sagen, daß er Anfang August in Lübeck sein werde. Zu gleicher Zeit erfuhr ich, daß er in hauptstädtischen Kreisen in echt Elliotscher Weise mit der Versicherung von Haus zu Haus gegangen sei, mich in Fürstenberg „maltrātiert" zu haben. Ich beschloß nun, auf jede Gefahr hin inkognito nach Berlin zu gehn und ihn am selben Tage noch, oder doch am folgenden, zum Duell zu *zwingen*. Es gelang mir auch, unentdeckt in die Stadt zu kommen, woselbst ihm Capitain Koppi dieselbe Nacht noch meine Herausforderung zutrug, in der ich ihm zwischen einer Berliner Vorstadt und der sächsischen Grenze die Wahl ließ. Er wählte *Baruth*, und zwar für den nächsten Tag. Und hier kam es denn auch wirklich zum Duell. Wir wechselten zwei Kugeln auf fünfzehn Schritt. Als dieser doppelte Kugelwechsel ohne Resultat geblieben war, verlangte Elliot mich zu sprechen und sagte mir: „daß der Überfall in Fürstenberg ihm unendlichen Schaden tue, so sehr, daß er weder aufs neue seinen Posten antreten noch auch nach England zurückkehren könne, wenn ich dem Gerüchte, daß er mich à la mode d'un assassin angegriffen habe, nicht in einer Erklärung entgegenträte". Nach meiner Weigerung, eine solche Erklärung abzugeben, schritten wir zum dritten Gang. Ich hatte wieder den ersten Schuß und verwundete ihn an der Hüfte. „Geben Sie mir das Papier“, rief er mir zu, „so schieß ich in die Luft.“ Ich antwortete: „Nein, mein Herr; schießen Sie zunächst; *nachher* werd ich mich erklären.“ Er legte auf mich an, gab aber seinem Pistol plötzlich eine veränderte Richtung und schoß in die Luft. Dadurch war ich entwaffnet und gab ihm nunmehr eine noch viel weiter gehende Erklärung, als die war, die er von mir gefordert hatte.

Noch an Ort und Stelle ließ er mich wissen, daß er nach Berlin gehe, daselbst das Scheidungserkenntnis in Empfang zu nehmen, und knüpfte daran die Frage, „ob ich gesonnen sei, seine Frau zu heiraten?“ Ich antwortete, „daß dies nicht der Platz sei, darüber zu verhandeln“, worauf wir uns trennten. Er kehrte danach auch wirklich nach Berlin zurück, was er in seiner Eigenschaft als fremder Gesandter konnte, wohingegen ich erst abwarten mußte, wie man den ganzen Hergang aufnehmen werde. So begab ich mich denn zunächst in die Stadt Baruth hinein, um von dort aus nach Dessau weiterzureisen. Aber ehe ich noch Pferde vom Postmeister erhalten konnte, wurd ich schon durch einige Gerichtsdiener arretiert, die gemeinschaftlich mit sechzehn Bürgergardisten mein Haus umstellten. Am Tage danach erschien ein Unteroffizier mit sechs Mann, der aus der nächsten sächsischen Garnisonstadt zu meiner weiteren Bewachung abkommandiert worden war. Ich schickte sofort einen reitenden Boten an unseren Dresdener Gesandten, aber alles geht hier langsam, und so verbrauch ich denn viel Geld, und zwar um so mehr, als ich nicht bloß für *mich*, sondern auch noch für meinen Sekundanten aufzukommen habe.

Man rät mir Flucht, und ich werd es, aller Mißlichkeit unerachtet, versuchen. Sobald etwas in diesem Sinne geschehen ist, schreib ich aufs neue. Heute bitt ich nur noch, von dem, was sich in vorstehendem auf das Duell und meine Baruther Internierung bezieht, Abschrift nehmen und diese Kopie meines Briefes an Herrn von Gaudi gelangen lassen zu wollen.

Unter der Versicherung tiefsten Respekts, hochgeehrter Herr Vater, Ihr ergebenster und gehorsamster Sohn George.

7. KAPITEL

Was nach dem Duell geschah

Baron Knyphausen, wie sein letzter Brief es andeutete, befreite sich wirklich aus seinem Baruther Gewahrsam und kam glücklich nach Berlin. Aber freilich ohne seines Aufenthaltes daselbst froh zu werden. Er hatte durch seine Handelsweise niemanden zufriedengestellt.

Die Gerichte zogen ihn vor ihr Forum und trafen ernstlich Anstalt, ihn als einen Duellanten, Friedensbrecher und Raufbold zu bestrafen, während ihm umgekehrt die Bevölkerung, insonderheit aber die vornehme Welt, einen Vorwurf daraus machte, nicht raufboldig genug, vielmehr viel zu schwach und ängstlich gewesen zu sein. Er litt unter jedem dieser Vorwürfe, zumal unter dem zweiten, und die dieser Zeit angehörigen, an seinen Vater gerichteten Briefe geben Zeugnis von einer gewissen Niedergeschlagenheit. Ich fahre fort in Mitteilung dieser Briefe.

Berlin, 30. Juli 1783

Mein hochgeehrter Herr Vater. In meinem letzten, aus Baruth datierten Briefe hatt ich bereits die Ehre, Ihnen über mein Duell mit Mr. Elliot und daran anschließend über meine Gefangenschaft in dem kleinen sächsischen Städtchen zu berichten. Gestatten Sie mir, in diesem Berichte fortzufahren. Ich versuchte jedes Mittel in Dresden, meine Freilassung zu bewirken, aber man antwortete mir, „daß man trotz des besten Willens nichts ändern oder beschleunigen könne, da der Kurfürst selbst nicht das Recht habe, dem Gange der Justiz vorzugreifen“. Einem Schreiben unseres Gesandten konnt ich entnehmen, daß es das beste sein würde, Begnadigung nachzusuchen, will sagen Pardonierung um Geld. Ich überlegte mir, daß man mich in jenem Lande nach Willkür taxieren und meine Begnadigung auf etwa 200 Dukaten festsetzen würde. Das war mir zu hoch, und da mich auch Herr von Hertzberg um ebendiese Zeit wissen ließ, „er rate mir, mich anderweitig aus der Sache herauszuziehn", so beschloß ich Flucht.

Ein Doppelposten hatte mich zu bewachen, indessen war mir um meiner Gesundheit willen gestattet worden, in einer Ausdehnung von etwa hundert Schritt vor dem Hause zu promenieren. Ich benutzte dies als Mittel, mich zu befreien, instruierte meinen ängstlichen, aber durchaus verständigen und zuverlässigen Diener und ließ ihn, als er genau wußte, was zu tun war, abreisen. Am andern Tag fünf Uhr früh erschienen denn auch zwei berittene Leute vor der Stadt, jeder noch mit einem Handpferde neben sich, und gaben sich, während sie ruhig einritten, das Ansehen, als ob sie die Hauptstraße der Stadt und bei der Gelegenheit meine Wohnung passieren wollten, in demselben Augenblick aber, wo sie bis dicht heran waren, schwangen wir uns, Koppi und ich, hinauf und jagten auf das Tor zu. Die Straße war sehr lang, und ehe wir den Ausgang erreichen konnten, sahen wir schon, daß man Miene machte, das Gatter von obenher herabzulassen. Jetzt galt es Eil. Auf die Gefahr hin, mir den Kopf einzuschlagen, prescht ich durch, Koppi mir nach, und nur unsere zwei Leute, die den rechten Augenblick versäumten, wurden gefangengenommen. Sind übrigens inzwischen auf Reklamation unserer Behörden wieder in Freiheit gesetzt worden. Unsere Flucht war also geglückt.

Ich wandte mich nunmehr von Baruth aus direkt nach Britz, wo mir Herr von Hertzberg ein vorläufiges Asyl zugesichert hatte. Daselbst erfuhr ich denn auch, daß meinem Inkognitoaufenthalt in Berlin aller Wahrscheinlichkeit nach nichts im Wege stehen werde, woraufhin ich mich, von Britz aus, in die Stadt begab. Aber sehr zur Unzeit, da bereits am andern Morgen auf eine von Baruth her an das Kammergericht gerichtete Requisition meine Verhaftung erfolgte. Beiläufig eine Dummheit, insoweit das Kammergericht dieser Requisition keine Folge zu geben brauchte, vielleicht nicht einmal durfte. Sechs Tage später erst wurd ich auf Fürsprache des Herrn von Hertzberg und nach eidlicher Versicherung meinerseits, mich wieder stellen zu wollen, aus der Haft entlassen, nachdem ich all die Zeit über in der Hausvogtei (ganz wie Vetter Dodo nach seinem Duell mit Herrn von Bredow) eingesperrt gewesen war. Zwei Landreiter vor meiner Tür.

Ich hatte bei meiner Hierherkunft wenigstens gehofft, vor einem aus der Duellgeschichte hergeleiteten *Kriminalprozeß* sicher zu sein, aber sehr mit Unrecht; ein schändlicher Kerl, der Generalfiskal, hat mich, auf ich weiß nicht welche Veranlassung hin, denunziert, und so wird denn *doch* ein Prozeß stattfinden, an dem ich wiederum *das* am meisten beklage, daß er mutmaßlich große Kosten verursachen wird. In meinem nächsten Briefe werd ich wohl von diesem Prozesse zu berichten haben. Bis dahin und für immer in tiefstem Respekt Ihr ergebener und gehorsamer Sohn George.

Berlin, den 15. August 1783

Mein hochverehrter Herr Vater. Meine Verhöre sind beendigt. Bei der Unzahl von Zeugen, die sowohl die Fürstenberger wie die Baruther Affaire gehabt hat, hab ich in bezug auf das Tatsächliche nichts verheimlichen können, aber in bezug auf alles *das*, was vorausging, habe ich vieles unterdrückt, entstellt und gedreht, um unsren Streit als ein „Rencontre" und nicht als ein „Duell" (worauf härtre Strafen stehn) erscheinen zu lassen. Im übrigen brauch ich Ihnen nicht zu versichern, mein hochgeehrter Herr Vater, wie sehr man bemüht gewesen ist, mich, besonders bei Behandlung des „delikaten Punkts", in die Enge zu treiben.

Sie haben, so schreiben Sie mir, von den Gerüchten gehört, die betreffs meiner umgehen, und verlangen Aufklärung darüber. Was mir zu sagen obliegt, ist kurz das: all diese Gerüchte sind begreiflich und erstaunen mich nicht. Ich habe, dies bitt ich rundheraus versichern zu dürfen, zu viel Vertrauen und Entgegenkommen, zu viel versöhnlichen Geist und Delikatesse gezeigt, um auf ein volles Verständnis meiner Handelsweise rechnen zu können. Am wenigsten bei dem großen Haufen. Ich begegne hier tagtäglich Personen, auch Gebildeten, die mir ihre Verwunderung darüber ausdrücken, daß ich aus meiner Fürstenberger Situation nicht größeren Vorteil gezogen und die mir günstig gesinnte Bevölkerung nicht einfach zum Angriff gegen Elliot angeregt habe. Wohlan, so viel ist gewiß, daß ich bei solchem Verfahren in meinem vollen Recht gewesen wäre. Doch lag es mir fern, mein Recht in solcher Ausdehnung üben zu wollen. Wieder andere begreifen nicht und tadeln mich bitter, einem solchen Gegner die von ihm so sehr gewünschte „Erklärung“ und in ebendieser Erklärung die Verzeihung für all seine Tollheiten gegeben zu haben. Und alle solche Vorwürfe muß ich ruhig hinnehmen. Es gibt eben wenig Personen, die von Generosität eine Vorstellung haben und sich klarmachen, daß ein Ehrenhandel etwas anderes ist und einer andern Beurteilung unterliegt als ein Zivil- und Kriminalprozeß. Eine noch geringere Zahl von Menschen erwägt die Macht des Moments und wie sehr der Moment angetan war, mich wenigstens vorübergehend zugunsten Elliots zu stimmen. Er schoß in die Luft statt auf mich, und das alles, nachdem er mir eine Minute zuvor in Gegenwart meines Sekundanten erklärt hatte, „daß er, wenn ich ihn *nicht* rehabilitierte, sich selber eine Kugel durch den Kopf jagen müsse“.

Daneben freilich, mein teurer Herr Vater, soll nicht bestritten sein, daß im Laufe dieser Angelegenheit auch meinerseits allerhand Unklugheiten und Unvorsichtigkeiten begangen wurden, Unvorsichtigkeiten, die gewiß zu tadeln sind, aber unter gewöhnlichen Verhältnissen jedenfalls minder tadelnswert erscheinen würden. Ich hatte nur von Anfang an das Unglück, in diesem Ehrenhandel mit einem Menschen engagiert zu sein, der, schon von Natur ein Narr, bei jedem ausbrechenden Streit ein Verrückter, ein Tobsüchtiger wird.

Ich hoffe, mein teurer Vater, daß dies der letzte Kummer ist, den ich Ihnen bereitet habe. Wenn ich Ihnen wieder schreibe, so wird es geschehen, um Ihnen einen Plan vorzulegen, der, denke ich, Ihre Zustimmung finden soll. Ich bitte nur, ein ganz klein wenig meinem Urteil und meiner ruhigen Überlegung vertrauen und ein für allemal davon ausgehen zu wollen, daß meinerseits nichts geschehen wird, was Ihre oder meine Ehre zu kompromittieren imstande wäre. Ihr ergebener und gehorsamer Sohn George.

8. KAPITEL

Die Krautentochter wird in zweiter (heimlicher) Ehe Baronin Knyphausen

„Wenn ich Ihnen wieder schreibe, so wird es geschehen, um Ihnen einen Plan vorzulegen, der, denk ich, Ihre Zustimmung finden soll", so hieß es am Schlusse des zuletzt mitgeteilten Briefes, aber es scheint nicht, daß es zu Vorlegung dieses oder irgendeines anderen Planes kam. Als der junge Freiherr in seinen brieflichen Mitteilungen fortfuhr, war das, was sich in jenem Briefe mehr oder weniger mysteriös angekündigt hatte, bereits ausgeführt, und anstatt einer zu diskutierenden Sache lag einfach eine Tatsache vor. Diese Tatsache hieß: Ehe zwischen Baron Knyphausen und Frau von Elliot. Am 1. Oktober 1783 hatte die Heirat stattgefunden, indessen zunächst nur heimlich und nach gegenseitigem Übereinkommen auch nur „auf Versuch". Dem jungen Freiherrn aber, nachdem er die betreffende Mitteilung lange hinausgeschoben, lag es jetzt ob, über all dies an seinen „Herrn Vater" zu berichten. Er tat dies in einem langen und weit zurückgreifenden Exposé, weit zurückgreifend deshalb, weil er das Mißliche seiner Situation einsah und sich von einer im Zusammenhange gegebenen historisch-psychologischen Darstellung am ehesten noch eine gute Wirkung auf das Herz seines alten Vaters versprechen mochte.

Hoppenrade, 1. März 1784

Seit meinem letzten an Sie gerichteten Briefe haben sich Dinge vollzogen, die Sie, mein hochgeehrtester Herr Vater, aus dem einen Umstande schon, daß diese Zeilen das Datum Hoppenrade tragen, erraten werden. Ich habe mich, nachdem bereits am 30. Juni die Scheidung ausgesprochen war, am 1. Oktober v. J. mit Frau von Elliot, geborenem Fräulein von Kraut, verheiratet, aber heimlich und, was am verwunderlichsten erscheinen mag, auf Probe.

Die Reihe von Ereignissen, die zu diesem Schritte führte, bitt ich Ihnen noch einmal vor Aug und Seele stellen zu dürfen. Ich werde dabei manches, was ich schon in früheren Briefen sagte, wiederholen müssen, aber diese Wiederholungen werden kurz sein und keinen anderen Zweck verfolgen, als einen Zusammenhang in meiner Erzählung und einen Überblick über das Geschehene herzustellen.

Fräulein *Charlotte von Kraut* (ich nenne sie mit Vorliebe bei diesem ihren Geburtsnamen) wurde, dank ihrer Mutter, mit kaum sechzehn Jahren einem Manne ohne Geist und Herz, dem englischen Gesandten Mr. Elliot, vermählt. Auch er war jung, nicht über vierundzwanzig, und glich mehr einem Pagen als dem Minister und Bevollmächtigten einer großen Macht. Das Verhältnis zwischen beiden gestaltete sich bald so, wie sich's erwarten ließ und wie sich's überall gestalten wird, wo sich ein Kind mit einem Narren verheiratet. Indiskreter als irgendwer, den ich in meinem Leben kennengelernt habe, gefiel er sich darin, auf seiner regelmäßigen Vormittagstournée häusliche Szenen und eheliche Geheimnisse vor aller Welt auszukramen. Dabei kam es ihm auf die schreiendsten Widersprüche nicht an, und wenn er heute seine *Frau* an den Pranger gestellt hatte, konnte man sicher sein, sie morgen von ihm in den Himmel erhoben zu sehen. Dazwischen fielen Andeutungen, daß seine Frau gestört sei und zum mindesten der Überwachung, vielleicht sogar einer gelegentlichen Internierung bedürfe. Hinter Äußerungen wie diese, deren Unberechtigtheit Elliot selbst am besten kannte, stand übrigens nicht er, sondern die Mutter der jungen Frau, die mehrerwähnte Madame de Verelst, ein hochmütiges, von einem unsinnigen Verlangen nach Macht und Besitz beherrschtes Weib, das nur den einen Wunsch kannte, die leibliche Tochter, ihr einziges Kind, unter Kuratel gestellt oder eingesperrt – oder mindestens an einen entfernten Punkt der

Erde verschlagen zu sehen, alles nur, um das Vermögen dieser Tochter verwalten, das heißt also, ebendies Vermögen sich und ihrem Herrschergelüst dienstbar machen zu können. Es bestand zu diesem Zweck ein vollständiges Komplott zwischen Schwiegermutter und Schwiegersohn und gipfelte zunächst in Heraufbeschwörung eines öffentlichen Skandals, um an ebendiesem die geistige Gestörtheit oder doch wenigstens die verdorbene Moral der Tochter demonstrieren zu können. Es wurde dies alles auch wirklich inszeniert und lief auf ein angedichtetes, absolut lächerliches Liebesverhältnis hinaus, das die junge Frau zu dem alten holländischen Gesandten unterhalten haben sollte. Sie wissen davon, mein teurer und hochgeehrter Herr Vater, indem ich mich entsinne, gerad über diesen Punkt ausführlicher an Sie geschrieben zu haben. Es war dies um die Zeit, als ich von Ostfriesland nach Rheinsberg zurückkehrte. Was ich hier am Hofe des Prinzen sah, empörte mich; ich machte mich also zum Verteidiger der unglücklichen Frau, sprach für sie, riet ihr und erregte dadurch jene Zorn- und Wutausbrüche, die, wie Sie sich gütigst erinnern wollen, erst zur gewaltsamen Wegnahme der Papiere, dann aber zu dem Fürstenberger Überfall und dem Baruther Rencontre führten. *Ein* Gutes nur begleitete diese Vorgänge: die *Scheidung* ward eingeleitet.

Und hier, mein teurer hochgeehrter Herr Vater, bitte ich nunmehr, etwas ausführlicher werden zu dürfen, weil ich in allem Folgenden nicht mehr bloß zu rekapitulieren, sondern auch Neues zu sagen haben werde.

Der erste Schritt war, daß man die junge Frau dem Gedanken einer Scheidung zugänglich zu machen suchte. Dies hielt bei den Gefühlen, die sie hegte, nicht schwer, und alles, was sie forderte, lief darauf hinaus, daß nicht eine Schuld ihrerseits, sondern einfach eine gegenseitige unüberwindliche Abneigung als Grund der Trennung angegeben werden möge, was ihr denn auch bewilligt wurde. Bald danach aber erschrak sie heftig, als sie den beigebrachten Motiven entnehmen mußte, daß nicht „unüberwindliche Abneigung“, sondern ein unerlaubter Briefwechsel die Scheidungsklage veranlaßt habe. Die junge Frau, wie sich denken läßt, wollte gegen diese Perfidie protestieren, indessen ihr nebenher auch noch im Solde der Gegenpartei stehender Anwalt gab ihr zu verstehen, daß es mit der „unüberwindlichen Abneigung" immer ein mißliches Ding sei, jedenfalls aber zeitraubend, und daß es kein besseres Mittel für sie gäbe, die Scheidung rasch durchzusetzen, als das Zugeständnis, einen solchen unerlaubten Briefwechsel geführt zu haben. Übrigens würde ihr aus diesem Zugeständnis kein weiterer Schaden erwachsen; es handle sich einfach um Anerkennung der Tatsache. So, halb beschwatzt und halb in die Enge getrieben, gab die geängstigte, freilich zugleich auch von einem äußersten Verlangen nach Scheidung erfüllte Frau nach, nachdem man ihr noch die Zusatzworte zugestanden hatte, „daß sie sich, infolge von Eifersüchteleien ihres Gatten und eines jeden anderen Verkehrs beraubt, in gewissem Sinne gezwungen gesehen habe, mit befreundeten Personen wenigstens eine Korrespondenz zu führen". Ob dieser ihr zubewilligte Satz in der Folge wirklich aufgenommen worden ist, hab ich nicht in Erfahrung bringen können, und nur eines, mein teu[r]er und hochgeehrter Herr Vater, möge hier noch stehen, um Ihnen die schändliche List zu zeigen, mit der von seiten Elliots und seiner schwiegermütterlichen Komplicin in dieser Angelegenheit verfahren wurde.

Das einzige Schuldobjekt, wenn denn schon von einem solchen die Rede sein soll, war die Korrespondenz. Aber wie stand es mit dieser? Es waren einfache Briefe, wie sie zwischen Freunden und Bekannten gewechselt zu werden pflegen, und die wenigen, aus denen vielleicht etwas in gesetzlichem Sinne Straffälliges hergeleitet werden konnte, waren ununterzeichnet. In der Tat, niemand mehr als Elliot selbst war von der au fond absoluten Bedeutungslosigkeit dieses angeblichen Schuldmaterials überzeugt. Aber was demselben an *wirklicher* Schuld fehlte, damit mußt es *künstlich* ausgestattet werden, und so trug denn Elliot eine beständige Sorge, daß die sogenannte „Schuldkorrespondenz" immer nur als ein mit vielen Gerichtssiegeln ausgestattetes Riesenkonvolut erschien, auf dessen Öffnung und Befragung er „aus Anstandsgefühl und zarter Rücksicht gegen seine Frau" zu verzichten vorgab. In Wahrheit aber lag es so, daß das *geöffnete* Konvolut gar nichts bewiesen haben würde, während es mit seinen sieben Siegeln ein großes Geheimnis darstellte, das zu lüften und zur Kenntnis von aller Welt zu bringen im Interesse der Gesellschaft und der Sittlichkeit am besten unterbliebe. Sie haben hierin ein Musterbeispiel, wie verschlagen man verfuhr. Und das alles um nichts weiter als um ein paar Dutzend Briefe willen, in denen ich eine gequälte Frau gewarnt und ihr zur Bekämpfung ihrer Gegner ein paar Ratschläge gegeben hatte.

Ja, das war alles. Und doch muß ich in diesem Augenblicke selber ausrufen: Oh, diese leidige Korrespondenz! Denn so wenig sie nach der Seite wirklicher Schuld hin bedeutet, so viel bedeutet sie gesetzlich und leider auch praktisch. Ausschließlich auf diese zugestandene Korrespondenz hin heißt es jetzt in dem Scheidungsurteil: „daß sich die gesetzlich Geschiedene ohne vorgängigen Dispens nicht wieder verheiraten dürfe", eine Klausel, die hundert Ungelegenheiten im Gefolge hat. Allerlei Schritte sind freilich schon geschehen und geschehen noch, um diese Klausel aus dem Urteile herauszuschaffen, aber vergeblich, vergeblich wenigstens bis zu diesem Zeitpunkte, wobei gesagt werden muß, daß diese Schritte sehr wahrscheinlich einem geringeren Widerstande begegnet sein würden, wenn sich die durch Mad[ame] de Verelst inszenierte Familienkabale nicht bis in die Gerichtshöfe hinein fortsetzte. Was zur Partei dieser Dame gehört, hat ein für allemal einen Trumpf darauf gesetzt, mich wenigstens in meinen Plänen und Wünschen scheitern zu sehen, in Plänen und Wünschen, die man darauf zurückführt (ich darf sagen, törichterweise), daß mir mehr an dem Besitz einer großen Erbschaft als an dem Besitz einer schönen und liebenswürdigen Frau gelegen sei. Jeder beurteilt eben andere nach sich selbst und sucht hinter der Tür, hinter der er selber gestanden.

Erbschaft! Ich weiß nicht, ob ich Ihnen früher schon über diesen Erbschaftspunkt geschrieben habe, fast bezweifl ich es. So gestatten Sie mir denn einige kurze Notizen, die vielleicht ein Interesse für Sie haben werden.

Das Erbe, um das es sich in den Hoffnungen und Befürchtungen so vieler Personen handelt, ist die sogenannte Löwenbergsche Herrschaft, ein Komplex von Gütern, unter denen Löwenberg und Hoppenrade die bedeutendsten sind. Nun, diese Löwenbergsche Herrschaft ist zur Zeit ein *Bredowscher* Besitz und wurde durch den verstorbenen Propst von Bredow, insonderheit aber durch das Vermögen der reichen Gemahlin desselben, einer Schwester des Hofmarschalls *von Kraut*, erworben. Sie ersehen hieraus unschwer, auf welche Verwandtschaftsgrade hin das Erbe von seiten der *Tochter* des Hofmarschalls einst angetreten werden wird.

Ich bitte jedoch, dieser allgemeinen Notiz auch noch einiges Besondere hinzufügen zu dürfen, um Sie, hochgeehrter Herr Vater, bestimmter in dieser Sache sehen zu lassen. Aus der Ehe des dompröpstlich Bredowschen Paares wurden im ersten Viertel dieses Jahrhunderts zwei Söhne geboren, unter die sich, unter gewöhnlichen Verhältnissen, der große Besitz geteilt haben würde. Beide Brüder indes fielen in Krankheit, ihre Krankheit wurde Geistesgestörtheit, und als die Dompröpstin (ihr Gatte war *vor* ihr gestorben) in die Jahre gekommen und ihres Ablebens gewärtig war, sah sie sich gezwungen, mit der Tatsache zweier erbunfähiger Söhne zu rechnen und über die Köpfe dieser Söhne hinweg in betreff ihres Vermögens zu testieren. In der Tat fand sich beim Tode der Dompröpstin ein Testament vor, in dem es der Hauptsache nach hieß, „daß bei Lebzeiten ihrer zwei geistesgestörten Söhne die Löwenberger Herrschaft unter bestimmten Modalitäten verwaltet, nach dem Hinscheiden dieser zwei Söhne jedoch der gesamte Besitz an ihren Bruder, den Hofmarschall von Kraut, eventuell an die Deszendenz ebendieses Bruders übergehen solle". Die Deszendenz dieses Bruders aber, wie schon vorstehend hervorgehoben, ist das ehemalige Fräulein *Charlotte von Kraut*, geschiedene

Frau von Elliot, seit 1. Oktober v. J. mir in heimlicher Ehe vermählt.

Im übrigen bleibt es zweifelhaft, ob die „Krautentochter", wie sie der Volksmund zu nennen pflegt, das Erbe, das so viel von sich reden macht, antreten und, wenn antreten, auch behaupten wird. In diesem Augenblicke nämlich leben noch die beiden geistesgestörten Söhne der Dompröpstin und vertagen durch ihr einfaches Noch-am-Leben-Sein den Austrag einer komplizierten Erbschaftsfrage; von dem Moment an aber, wo der Tod derselben erfolgen und das zugunsten der Familie Kraut abgefaßte Testament in Kraft treten wird, wird aller Wahrscheinlichkeit nach gegen ebendies Testament ein Protest erhoben und die Rechtsgiltigkeit desselben, ich lasse dahingestellt sein, ob mit Grund oder Ungrund, von seiten der *Bredow*schen Familie bestritten werden. Über diese diffizilen Punkte jedoch will ich mich heute nicht weiter verbreiten. Dazu wird Gelegenheit sein, wenn jener Zeitpunkt eingetreten sein wird, von dem ich kaum weiß, ob ich ihn mehr wünschen oder fürchten soll.

Nur über den Wert dieses Erbes, dessen Einkünfte, laut Testament, schon jetzt zu weitaus größrem Teile der Krautschen Erbtochter, also meiner mir heimlich angetrauten Gemahlin, zufließen, bitt ich noch einiges sagen zu dürfen. Der Wirtschaftsertrag erreicht etwa die Höhe von 10 000 Taler, in welche Summe die Forsterträge mit eingerechnet sind. Meine Gemahlin, in ihrer Erbtochter-Eigenschaft, genießt außerdem das Wohnungsrecht in *Hoppenrade* sowie das Recht einer freien Wohnung im Bredowschen Hause zu Berlin. Es muß dabei bemerkt werden, daß die gegenwärtige Kuratorenwirtschaft eine Räuberwirtschaft ist und daß sich die zur Zeit verhältnismäßig geringen Erträge bei selbständiger und besserer Administration leicht verdoppeln lassen werden.

Hier, mein teurer und hochverehrter Vater, haben Sie, soweit meine Kenntnis und Einsicht reicht, ein Bild der Lage. Lassen Sie mich hinzufügen, daß ich begründete Hoffnung habe, den eingangs erwähnten königlichen Dispens, aller Widersacherei zum Trotz, über kurz oder lang eintreffen zu sehn.* Ich sehne mich danach, weil ich dieser Heimlichkeiten müde bin und ein herzliches Verlangen trage, die, die vor dem Altar meine Frau wurde, auch vor der Welt als solche präsentieren zu können.

Und nun noch eines. Ich habe vorstehend mehrfach auf die Tatsache meiner heimlichen und sogar bloß versuchsweis abgeschlossenen Ehe hingewiesen. Erlauben Sie mir, daß ich Ihnen auch darüber noch ein Wort sage. Sie werden mir glauben, daß ich für das Sonderbare darin ein volles Gefühl habe, ja mir bewußt bin, das Lächeln der Welt dadurch herausgefordert zu haben. Eine Verheiratung „auf Probe" hat etwas Ridiküles. Aber trotz dieser klaren Einsicht erschien mir eine solche Vorsicht geboten. Wie lag es zwischen uns? Frau von Elliot und ich hatten zwar viel miteinander verhandelt, aber wir kannten uns eigentlich wenig. Ich fragte mich nach dem Charakter der Frau, deren Berater und Beschützer ich gewesen, und hatte keine rechte Antwort darauf. War sie gut und edel, oder war sie's nicht? Sie zeigte mir eine große Neigung und Anhänglichkeit und, was mehr war, eine mich geradezu rührende Bescheidenheit in bezug auf alles das, was ihr, ihrem eigenen Zugeständnisse nach, noch fehle; nichtsdestoweniger blieb ich in Zweifel, ob nicht der Einfluß der Mutter und vor allem das mehrjährige Zusammenleben mit einem eitlen, oberflächlichen und total depravierten Narren ihr ein für allemal eine Richtung auf das Niedere hin gegeben habe. Brauch ich Ihnen zu versichern, mein teurer und

* In einem anderen Briefe heißt es über diesen königlichen Dispens: „Sollte der geschiedenen Frau von Elliot, meiner mir seit 1. Oktober v. J. heimlich angetrauten Frau, dieser Dispens verweigert werden, so wird sie den König wissen lassen, daß die ganze Löwenbergsche Herrschaft infolge dieser Verweigerung aller Wahrscheinlichkeit nach auf Miß Elliot übergehen, also Besitztum einer Engländerin werden wird. Und in der betreffenden Eingabe wird hinzugefügt werden, daß dies, nach allem in Erfahrung Gebrachten, auch *dann* noch geschehen wird, wenn die zur Zeit in England oder Schottland lebende Miß Elliot sterben sollte, da das aus Schwiegermutter und Schwiegersohn bestehende Komplott fest entschlossen ist, das Löwenberger Erbe lieber an ein untergeschobenes englisches Straßenkind als an meine Frau gelangen zu sehn." Es scheint übrigens nicht, daß ein solches Skriptum tatsächlich an den König gerichtet wurde, die Verhältnisse machten es unnötig, jedenfalls aber war es sehr geschickt auf die Neigungen und Abneigungen des Königs berechnet. Ein solches Erbe gleichsam außer Landes gehn zu sehn war ihm, dem König, ein unerträglicher Gedanke.

hochgeehrter Herr Vater, daß ich in meinem *Herzen* alle diese Zweifel mit einem „Nein" beantwortete. Dennoch fehlte mir Gewißheit, Gewißheit, die mir so nötig erschien, und so kamen wir denn beiderseits überein, unsere Verheiratung nicht bloß eine heimliche, sondern zugleich auch eine bloße *Versuchsehe* sein zu lassen. Es wurde stipuliert, daß wir, wenn wir nach einer bestimmten Zeit den Versuch als gescheitert betrachten müßten, in aller Stille wiederum uns trennen wollten, ein Weg, der um so leichter zu beschreiten sei, als den Gerichten nicht obliegen könne, Verträge wieder aufzuheben, die die Zustimmung der Landesgesetze noch gar nicht empfangen hätten.

Dieser Art war das Übereinkommen, das wir unmittelbar nach unserer Trauung trafen.

Die Zeit, die seitdem vergangen ist, hat mich in meiner Liebe bestärkt und als endliches Resultat ergeben, daß ich Sie hiermit, mein teurer und hochverehrter Herr Vater, um Ihre Zustimmung und Ihren Segen bitte. Sie werden mit Ihrer Schwiegertochter zufrieden sein; ebenso werden meine Brüder und Schwägerinnen sie des Namens nicht unwürdig finden, den sie nun führen soll. Dessen bin ich sicher. Sie hat übrigens selber schreiben wollen, und wenn es geschehen sollte, so bitt ich ihrem Briefe mit Ihrer stets bewiesenen Nachsicht und Güte zu begegnen.

Unterdessen nehmen Sie die Versicherung meiner tiefsten Ehrerbietung, mit der ich bin Ihr ganz ergebener und gehorsamer Sohn George.

9. KAPITEL

Die Krautentochter, nunmehr Baronin Knyphausen, reist nach Lützburg. Es wird ein Sohn geboren. Baron Knyphausen wird krank und stirbt

Am 30. Juni 1783 hatte die mehrerwähnte Scheidung von Mr. Elliot, am 1. Oktober desselben Jahres die *heimliche* Trauung mit Baron Knyphausen zu Rosenthal in Sachsen und am 25. April 1784 unter Vorzeigung einer inzwischen eingetroffenen königlichen Dispensation die *öffentliche* Trauung mit letztgenanntem Baron K. stattgefunden.

Unsere Krautentochter war nun also Baronin *Knyphausen.*

Im Mai oder Juni wurde dem zweimal getrauten Paar ein Sohn geboren, Karl Wilhelm Tido, und abermals zwei Monate später erfolgte die seit lange geplante Reise nach Ostfriesland, um daselbst die junge Schwiegertochter dem alten Freiherrn und der gesamten Verwandtschaft vorzustellen. Alles, was voraufgegangen war, konnte sie dem in strenger Zucht und Sitte stehenden Hause nicht sonderlich empfohlen haben, demungeachtet würde sie bei den vielen Vorzügen, über die sie Verfügung hatte, die Herzen aller, insonderheit aber das des alten Freiherrn, unschwer gewonnen haben, wenn dieser nicht, als man eintraf, ein bereits bedenklich Kranker gewesen wäre. Sein Zustand verschlimmerte sich rasch, und vor Ablauf der dritten Woche starb er. Das waren denn nun freilich nicht Zeiten, um durch Schönheit und Liebenswürdigkeit alte Schulden quittzumachen, alles kleidete sich in Trauer, und als der Ernst der Begräbnistage vorüber war, war er nur vorüber, um dem noch größeren Ernst erbschaftlicher Verhandlungen Platz zu machen. Es gab dabei die herkömmlichen Verstimmungen, ein Plus von Anspruch und ein Minus von Gewährungslust, was aber all diesen Verstimmungen erst die rechte Schärfe gab, war einfach ein Resultat der eigentümlich veränderten Situation, in der man sich durch den Todesfall des Vaters befand. Als ein Besuch, der um Nachsicht zu bitten hatte, war die schöne junge Schwägerin ins Haus gekommen, und ebendiese Schwägerin, die gestern noch beflissen gewesen war, allerlei kleine Huldigungen darzubringen, ebendiese war über Nacht in ihrer Eigenschaft als Gattin des ältesten Sohnes und nunmehrigen Chefs des Hauses in die vordere Linie gerückt, war eine Respektsperson geworden und nicht mehr dazu da, Huldigungen darzubringen, sondern umgekehrt entgegenzunehmen. Es scheint auch nicht, daß dieselben verweigert wurden, im Gegenteil, aber die diese Besuchstage besprechenden

Aufzeichnungen der Lützburger Chronik lassen doch so viel erkennen, daß unsere Krautentochter schließlich nicht unfroh war, aus Ostfriesland scheiden zu können, und daß die Schwäger und Schwägerinnen noch weniger unfroh waren, sie scheiden zu sehen.

Im Oktober 1784 war das junge Paar wieder in der Mark zurück und teilte nun während der nächsten zwei, drei Jahre den Aufenthalt zwischen Berlin und Hoppenrade. In Berlin bewohnte man das auf der Jägerbrücke gelegene Bredowsche Haus, in welchem auch im Herbste 1785 eine Tochter geboren wurde: Sophie Oriane Constanze Friederike. Das Verhältnis zu der ostfriesischen Verwandtschaft blieb auch bei wiederholten Besuchen dasselbe, will sagen freundlich und förmlich, ohne daß es geglückt wäre, die Freundlichkeit in Herzlichkeit umzuwandeln.

Ob ein Glück im eigenen Hause dies aufwog? Es mag fast bezweifelt werden. Wohl war es eine gegenseitige Neigung gewesen, was sie zusammengeführt hatte, nebenher aber lief eine große Sinnes- und Charakterverschiedenheit: er war reserviert, mit einem Anfluge von Nüchternheit, sie sanguinisch, mit einem Anfluge von Gefallsucht. Das Leben bei Hofe, das ihn degoutierte, hatte für *sie* nicht bloß Reiz und Zauber, sondern war auch, aller trüben persönlichen Erfahrungen unerachtet, eigentlich *das*, wonach sie sich sehnte.

So waren wohl von Anfang an Differenzpunkte gegeben, aber möglich, daß es nichtsdestoweniger zu Verständnis und Ausgleich auf diesem Gebiete gekommen wäre, wenn nicht ein schweres Leiden, in das der Freiherr verfiel, ihm und alsbald auch seinem Hause jede Lust und Freudigkeit genommen hätte. Schon Ende 1787 traten Anzeichen einer bedenklich komplizierten Krankheit hervor, einer Krankheit, die sich zunächst in Taubheit und heftigen Ohrenschmerzen äußerte. Nach dem Rate der Ärzte wurde Spa versucht, aber erfolglos, und der Patient unterbrach alsbald seine Kur, um auf der Rückreise den berühmten braunschweigischen Leibarzt Ritter von Zimmermann zu konsultieren, der einige Zeit vorher auch an das Sterbebett König Friedrichs II. gerufen worden war. Wie kaum gesagt zu werden braucht, verordnete die konsultierte Berühmtheit das, was in aussichtslosen Fällen immer verordnet zu werden pflegt: „eine Reise nach dem Süden", und diese Reise sollte denn auch eben begonnen werden, als die Nachricht eintraf, daß der *letzte Löwenberger Bredow gestorben und der Augenblick für den Antritt des großen Erbes gekommen sei.* Das wog denn freilich so schwer, daß die Reise, nötig oder nicht, vorläufig wenigstens zurücktreten mußte; dringendste Geschäfte forderten tagtäglich Erledigung, und die Reihe jener Aufregungen und Ärgernisse begann, die von Gutsübernahmen und Erbschaftsauseinandersetzungen unzertrennlich zu sein pflegen und wovon das, was einige Jahre vorher in Lützburg gespielt hatte, nur ein Vorschmack gewesen war.

Endlich aber war alles geregelt, und der jetzt im Besitz einer großen Doppelherrschaft, einer ostfriesischen und einer märkischen, stehende Freiherr hätte sich füglich auf der Höhe des Lebens fühlen müssen. Aber er stand nur angesichts des Todes, und als es das Jahr darauf, im Sommer 1789, kein Geheimnis mehr war, wie schlecht es stehe, traf, neben anderen Besuchern, auch sein Bruder Edzard auf dem Hoppenrader Schloß ein, um den schwer krank Darniederliegenden noch einmal zu sehn. Edzard war erschüttert von dem Anblick und schrieb tags darauf in die Heimat: „Ich fand ihn sehr verändert und konnt ihn kaum noch verstehn, weil auch seine Sprachorgane gelitten haben. Außerdem aber haben seine langen und heftigen Schmerzen im Kopf, dazu seine Schlaflosigkeit und der beständige Opiumgebrauch auf seine Seelenkräfte merklich eingewirkt und jenen hellen und glänzenden Verstand eingeschränkt, mit Hilfe dessen er sonst die schwersten Begriffe zu ordnen und überhaupt im Umgange mit der Welt so hervorragend zu gefallen wußte. Er hat nun oft Mühe, seine Gedanken so zu fügen, wie sie sich, seinem Wunsche nach, wohl fügen sollten, und gerät darüber in solchen Unmut, daß er es mehrmals vorzog, mitten im Sprechen abzubrechen. Ich habe wenig Hoffnung auf seine Wiederherstellung."

In der Tat, eine solche Wiederherstellung war unmöglich; aber eine lange Leidenszeit war ihm doch nichtsdestoweniger noch vorbehalten. Er wurde sehr bald nach diesem Besuch, einer vorzunehmenden Operation halber, von Hoppenrade nach Berlin geschafft, indessen man stand hier von einem chirurgischen Einschreiten ab, als man das Übel in seiner Unheilbarkeit erkannt hatte. Es war Knochenfraß und Drüsenverhärtung. So konnt es sich nur noch um beständige Linderungen handeln. Er bekam Laudanum und Moschus. Öfters wurden die Wohnungen gewechselt, um ihn wenigstens nach Möglichkeit vor Straßenlärm zu schützen. Aber all das ergab nur ein Hinfristen. Er war so elend, daß selbst kein Fieber mehr eintrat, und am 25. Dezember 1789 entschlief er und wurde die Woche darauf im Krautschen Erbbegräbnis in der Nikolaikirche beigesetzt.

Auch hinsichtlich *seines* Charakters, genauso wie hinsichtlich der Charaktere seiner Schwiegereltern, also des Hofmarschalls von Kraut und der Gemahlin desselben, der späteren Madame de Verelst, gehen die zeitgenössischen Aufzeichnungen auseinander. Thiébault erwähnt des Barons mehrfach. „Unter den dem Prinzen Heinrich am aufrichtigsten ergebenen Personen“, so schreibt er, „befanden sich auch zwei Barone Knyphausen, von denen der eine, Baron Dodo von Knyphausen, längere Zeit preußischer Gesandter in Paris und dann in London gewesen war. Er führte den Beinamen ‚der große Knyphausen‘ oder ‚der alte‘ zur Unterscheidung von einem jüngeren Träger desselben illustren Namens, der einer der Kavaliere des Rheinsberger Hofes war und ‚Le beau Knyphausen‘ hieß. Er hatte nicht nur den frischesten Teint und das feingeschnittenste Profil, sondern war überhaupt von einer apollonischen Schönheit; nur schade, daß ein kaltes, stolzes und etwas steifleinenes Wesen (peu compassé) seine große Schönheit wieder in Frage stellte.“ Dieser „Le beau Knyphausen“ ist der unsrige.

Thiébaults Worte lauten nicht allzu günstig, und der als „kalt und stolz“ Bezeichnete wird unmaßgeblich seine Schwächen und Fehler gehabt haben, vielleicht sogar solche, die sich in der Gesellschaft sehr fühlbar machten. Andererseits ist es unmöglich, seine Briefe zu lesen, ohne von der Überzeugung erfüllt zu werden, daß er dem ganzen Rest der in dieser Tragikomödie mitspielenden Personen, Elliot an der Spitze, sehr überlegen war. Und so werden denn auch die von seinem Bruder in der Lützburger Chronik über ihn geschriebenen Zeilen sehr wahrscheinlich das Richtige treffen. Sie lauten: „Er war wie von einer vorzüglichen körperlichen Schönheit, so ganz besonders auch von einem hervorragenden und mit allerlei Kenntnissen und Fähigkeiten ausgestatteten Verstande. Reisen und langer Umgang an Höfen hatten ihm die feinsten Umgangsformen gegeben, die den Verkehr mit ihm, wenigstens bis zum Eintritt seiner Krankheit, ungemein angenehm und anziehend machten."

Im Einklange hiermit ist das, was sich im Hoppenrader Kirchenbuche (das übrigens, abweichend von der Lützburger Chronik, den 1. Januar 1790 als seinen Todestag angibt) über ihn aufgezeichnet findet. Es heißt daselbst wörtlich: „Am 1. Januar 1790 starb in Berlin Herr Georg Freiherr von Inn und Knyphausen, Majoratsherr der Herrschaft Knyphausen in Ostfriesland, Herr auf Hoppenrade, Löwenberg, Teschendorf, Grüneberg. Er verfiel vor zwei Jahren in schwere Krankheit, von der wieder zu genesen ihm nicht beschieden war. Er war ein vernünftiger und menschenfreundlicher Herr. Wenn ihm Gott das Leben und Gesundheit geschenkt hätte, würd er *viel Gutes* auf den hiesigen Gütern gestiftet haben."

Ebenso günstig beurteilt ihn sein späterer Schwiegersohn von Wülknitz, der, bei den zahlreichen und andauernd von ihm geführten Prozessen (ich komme darauf zurück), aus einem intensiven Aktenstudium der Knyphausenschen Zeit all sein Lebtag nicht herausgekommen ist. Wülknitz schreibt über Knyphausen: „Er war ein tüchtiger, umsichtiger und charakterfester Mann, in betreff dessen es lebhaft zu bedauern bleibt, daß der Tod ihn so frühzeitig abrief."

Alle ruhig Urteilenden sprechen in ähnlicher Weise für ihn.

Zum Schluß erübrigt nur noch ein Wort über seine *Duell-*

affaire mit Elliot. Ich habe bereits hervorgehoben, und Knyphausen bestätigt es in seinen Briefen, daß sich die damalige Berliner Gesellschaft, und unter ihrem Einfluß auch das große Publikum, ungleich mehr auf Elliots als auf Knyphausens Seite stellte, was sich denn auch – und zwar ganz abgesehen von Elliots eminenter Begabung, alle Welt (nötigenfalls auch durch Lügen) auf seine Seite zu ziehen – einfach aus den Tatsachen heraus erklären läßt. Elliot, was immer seine Fehler sein mochten, war und blieb der gekränkte Ehemann. Das war eins. Was ihm indessen, weit über dies Maß einer immerhin fraglichen Teilnahme hinaus, eine ganz aufrichtige Bewunderung eintrug, das war, aller gegenteiligen Versicherungen unerachtet, der *Fürstenberger Überfall,* der Brutalakt „à la mode d'un assassin". Er hatte Knyphausen zum Duell nach Kopenhagen hin zitiert, war ob dieser seiner Zitierung verspottet worden und erschien nun in seines säumigen Gegners Wohnung, um nicht bloß diesen, sondern, wenn es nötig sein sollte, die ganze Stadt Fürstenberg zum Kampfe herauszufordern. Was darin ungesetzlich und unsinnig war, übersah man gern, man sah nur die Waghalsigkeit und freute sich ihrer, und es hätte der Großsprechereien, an denen es Elliot wie gewöhnlich so auch diesmal nicht fehlen ließ, gar nicht bedurft, um ihn in einem glänzenden Licht erscheinen zu lassen. Wer übermütig hazardiert und zugleich für den nötigen Lärm sorgt, ist immer eine populäre Figur. Und eine solche war denn auch Elliot in dieser ganzen Affaire. Man sympathisierte mit ihm.

Aber sympathisierte man mit Recht? Ich glaube nein. Es ist der Haltung seines Gegners Knyphausen nur dann gerecht zu werden, wenn man Elliots Charakter beständig im Auge behält. „Er war ein Narr, der bei jeder ihm passend erscheinenden Gelegenheit ein Tobsüchtiger wurde." So wird er geschildert, und diese Schilderung wird im wesentlichen richtig sein. Vielleicht hätte Knyphausen, als die Herausforderung zum Duell an ihn herantrat, besser getan, dieser Herausforderung zu folgen und nach Kopenhagen hin abzureisen. Er hätte seinem Gegner mit den Worten entgegentreten müssen:

„Ihr Brief hat mich getroffen; hier bin ich. Ich bekenne mich gern und mit allem Nachdruck zu jedem Vorwurfe, den Sie mir machen. Ich hasse Sie. Sie haben Ihre Frau schlecht behandelt, was sag ich, schlecht, nein, als ein Nichtswürdiger, und voll Empörung darüber hab ich getan, was ich getan. Und nun bestimmen Sie Zeit und Ort." Eine derartig freie Sprech- und Handelweise hätte meinem Geschmack mehr entsprochen, hätte frischeren Sinn und besseres Gewissen gezeigt; aber wenn eine solche Sprache bei Durchfechtung einer auf diesem Gebiete liegenden Affaire vielleicht überhaupt nicht gefordert werden kann, so gewiß nicht einem Elliot gegenüber, der, ohne jede Disziplin und Selbstkontrolle herangewachsen, nicht bloß aller möglichen Extravaganzen fähig, sondern auch mit Hilfe seiner gesandtschaftlichen Stellung in all seinen Extravaganzen so gut wie vorweg freigesprochen war.

So wird sich denn bei billiger und gerechter Würdigung aller Verhältnisse – darunter auch die *Geld*verhältnisse – mit Fug und Recht sagen lassen, daß Knyphausens Haltung im großen und ganzen nicht bloß eine richtige, sondern auch eine mutige war. Wenn sein Mut andre Formen hatte wie der seines Gegners, so kann ihm daraus kein Vorwurf gemacht werden, auch *dann* nicht, wenn er bei dem Erscheinen Elliots in Fürstenberg und dem gleichzeitig erfolgenden Eindringen einer ganzen Rotte Bewaffneter einen Augenblick lang von der Vorstellung beherrscht gewesen sein sollte, „das ist ja eine verteufelte Situation, und ich wollt, ich wär aus ihr heraus". Einem Maniac, einem Tollen gegenüber hat der bei Verstand und Ruhe Gebliebene nicht nur *tatsächlich* allemal ein mehr oder weniger bedrücktes und selbst ängstliches Gefühl, nein, er *darf* es auch haben. Es ist sein Recht. Allerdings ein Recht, das ihm der große Haufe nie zugestehen wird, am wenigsten aber der Flanellphilister, der von jedem, nur nicht von sich selbst, eine nie müde werdende Heldenschaft verlangt und Mutgeschichten nicht auf ihre menschliche Wahrscheinlichkeit, sondern immer nur auf sein allerpersönlichstes Gruselbedürfnis hin ansieht.

10. KAPITEL

Die Krautentochter wird Frau von Arnstedt

Baron Knyphausen war im Krautschen Erbbegräbnis in der Berliner Nikolaikirche beigesetzt worden, und eine Woche lang läuteten allabendlich auch die Löwenberger Glocken und verkündeten dem umher liegenden Lande, daß der Gutsherr gestorben sei. Dann saß auch seine Witwe, die Krautentochter, am Fenster und sah in die Schneelandschaft hinaus, die lange Linie der Pappelweiden hinunter, aus deren Gipfeln einzelne Krähen in den dunkel geröteten Abendhimmel aufflogen.

Sie sah das alles und sah es auch *nicht* und ging die Rechnung ihres Lebens durch, dabei des Toten gedenkend, dem zu Ehren es draußen läutete. Trauerte sie? Vielleicht. Aber *wenn* sie trauerte, so geschah es, weil alles so traurig war; nicht aus Schmerz um ein hingeschiedenes Glück. Nein, sie war nicht geschaffen, einem Schmerz zu leben oder gar unglücklich zu sein. Und nun gar *dieser* Tod! War er denn überhaupt ein Unglück? Was er ihr mit Sicherheit bedeutete, hieß: Befreiung. Sie sagte sich's nicht, aber es war so, trotzdem sie jeder guten Stunde gedachte. Gewiß, es war aus Liebe gewesen, daß sie sich gefunden hatten, und sie hatte Gott aufrichtig und von ganzem Herzen gedankt, einer doppelten Tyrannei, der eines exzentrischen Gatten und einer imperiösen Mutter, entrissen zu sein, wohl, er war ihr Retter gewesen und dazu schön und gesittet und klug. Ja, *sehr* klug sogar, und sie hatte sich seiner Überlegenheit gefreut. Aber dieser Klugheit und Überlegenheit war sie doch manchmal auch überdrüssig geworden, und als sich zu der unbequem werdenden geistigen Überlegenheit auch noch körperliche Krankheit und zu der körperlichen Krankheit ein bittres und menschenscheues Wesen zu gesellen begann, da hatte sie geseufzt, und die Liebe war geschwunden. Und was geblieben war, war Leid und Last.

All das überschlug sie jetzt und sah hinauf in den Abendstern, der eben durch die Dämmerung blitzte, blaß und zitternd, und sie frug ihn nach ihrem Glück. Und siehe, da war es, als ob er plötzlich heller aufleuchtete. War es der Stern? oder war es nur ihre Hoffnung, die sein Licht verdoppelte?

Zu Trost und Segen wurd es ihr, daß es viel zu tun gab. Alles Geschäftliche widerstritt eigentlich ihrer Natur, aber es war ihr jetzt willkommen, weil es ihr die Möglichkeit eines Verkehrs gewährte. Sie brauchte Leben und Menschen und sehnte sich um so mehr danach, je weniger ihr die nächste Verwandtschaft Anlehnung und Stütze bot. Nach Lützburg hin, an ihren Schwager Edzard, wurden wohl ein paar Briefe gerichtet, aber sie waren anders als zu Lebzeiten ihres ihren Stil und ihre Grammatik überwachenden Gatten und mochten bei dem Empfänger ein Lächeln wecken. „Es ist mir gesagt worden", so hieß es in einem dieser Briefe, „daß in Lützburg versiegelt worden ist und daß diese Versiegelung vor neun Monaten nicht aufgehoben werden soll. Ich begreife, wie lästig dieses für *Ihnen* ist, und so sagen Sie mir denn, liebster Bruder, ob ich an *der* Regierung soll schreiben lassen." Am Berliner und auch am Rheinsberger Hofe waren diese Dativa nicht anstößig, aber in Lützburg ließen sie doch aufs neue fühlen, was der preußischen „Frau Schwester" fehlte, die, trotzdem sie „charmant" und voll natürlicher, vielleicht sogar überlegener Klugheit war, ihrem Benehmen und Wesen nach zu dem alten ostfriesischen Hause nicht recht passen wollte.

Wie sich um diese Zeit ihr Verhältnis zur eignen Mutter (wenn diese noch am Leben war) gestaltete, darüber erfahren wir nichts, ebensowenig darüber, um welche Zeit unsere „Krautentochter", nunmehrige verwitwete Baronin von Knyphausen, ihr einsames Hoppenrade verließ, um wenigstens zeitweise wieder die Rheinsberger Luft zu atmen. Es kann aber kaum später als im Sommer 1790 gewesen sein, da wir sie schon vor Eintritt des Spätherbstes in Rheinsberg wieder verlobt und noch vor Abschluß des Jahres zum dritten Male verheiratet sehen. Verheiratet mit dem dem Prinz Heinrichschen Hofe zugehörigen Rittmeister von Arnstedt.

An die Sitte hatte man sich dabei nicht allzu rigorös gebunden, indem bereits vierzehn Tage vor Ablauf der Trauerzeit eine große Hochzeit ausgerüstet worden war, ausgerüstet von niemand Geringerem als dem Prinzen selbst, der bekanntlich eine große Vorliebe für Festlichkeiten hatte. Das war am 16. Dezember 1790 gewesen, und die Frau Baronin von Knyphausen war nun also *Frau Rittmeister von Arnstedt.*

Eigentlich war sie jetzt erst an ihrem Platz. An Elliot war sie durch Befehl, an Knyphausen, neben Dank und Liebe, durch die Verhältnisse gekommen; aber zu beiden hatte sie nicht recht gepaßt. Auch zu Knyphausen nicht. Er war ihr zu superior gewesen, zu klug, zu verständig, zu solide. Solche Vorwürfe ließen sich nun dem Rittmeister nicht machen. Er war hübsch und heiter, ein enfant gaté der Gesellschaft, ein bon camerade, ganz besonders aber kein Kopfhänger, vielmehr umgekehrt immer geneigt, einen Scherz zu machen und sich über das Morgen nicht zu grämen, solange nur das Heute noch allenfalls erträglich erschien. Das entsprach ihrer eigenen Natur. Vor allem war er weder Schotte noch Ostfriese, sondern ein allermärkischster Märker, der an Preußen und Rheinsberg glaubte, beides für etwas Besonderes hielt, ein Pferd über ein Buch, eine besetzte Tafel über ein Bild oder ein sonstiges Kunstwerk und einen Spieltisch über alles stellte. Das paßte. Nun gab es doch wieder Ausgelassenheiten, und an die Stelle von Elliotscher Eifersucht und Brutalität und nicht minder an die Stelle von Knyphausenscher Krankheit samt Trauer und Krepp (von Krepp, der ihr nicht einmal kleidete) konnte doch nun wieder ein Leben treten, ein Leben, das sich zu leben verlohnte. Sie lachte so gern. Und warum nicht? War sie doch noch jung. Ihr neunundzwanzigster Geburtstag fiel in die Flitterwochen ihrer dritten Ehe.

So gingen ihre Hoffnungen, und es scheint, daß sie sich erfüllten, obwohl speziell in dem, was ihr Glück ausmachte, die Keime künftigen Unglücks bereits erkennbar waren. Aber ihrem Auge waren sie's nicht, und so wird sich denn von dem ersten Jahrzehnt ihrer dritten (von Arnstedtschen) Ehe wie von einer Reihe glücklicher und beinah ungetrübter Jahre sprechen lassen. Unbedingt waren es die glücklichsten ihres an Wechselfällen so reichen Lebens. Es wurden Kinder geboren, deren man sich freuen konnte, weil sie hübsch waren und gediehen und der Eitelkeit der Eltern immer neue Nahrung gaben. Aus den Gütern aber mehrten sich die jährlichen Erträge. Dabei verband ein reger und beinah unausgesetzter Verkehr all jene kleinen und großen, über die ganze Grafschaft Ruppin hin ausgestreuten Edelsitze, die damals als die Dependancen und Außenwerke von Rheinsberg gelten konnten, und wenn heute die mit vier Schimmeln bespannte Chaise von Hoppenrade nach Köpernitz im Sande mahlte, so ging es morgen auf Meseberg und den dritten Tag auf Wulkow oder Wustrau zu. Heute war es die schöne Kaphengst, morgen die schöne La Roche-Aymon, der man huldigte, bis sich der Besuchszirkel in dem reichen und gastlichen und deshalb neben Rheinsberg tonangebenden Hoppenrade wieder schloß.

Eigentliche Festins aber gab es nur *dann*, wenn der „Prinz" in Person, und zwar in formellster Weise, seinen Besuch angesagt hatte. Dann galt es, ihn zu „surprenieren" und dem Meister im Festarrangement, wenn nicht gleich-, so doch nahezukommen. Und hierin exzellierte Frau von Arnstedt. Eine dieser Feiern lebt noch fort in der Erinnerung der Enkel. An der Granseer Straße hin, eine Viertelmeile südlich von Hoppenrade, zieht sich der „Harenzacken-Wald", ein damals und vielleicht auch heute noch reich bestandener Forst, in den man, an einem dieser Besuchstage, den Prinzen zu führen und es derartig einzurichten gewußt hatte, daß sich Monseigneur in Wald und Abenddämmer verirren mußte. Verzeihungen wurden erbeten, Entschuldigungen gestammelt, bis man endlich auf eine mit Erlengebüsch überwachsene Wiese hinaustrat. Da wurd es plötzlich hell und licht, und ehe sich der Prinz von seinem Erstaunen erholen konnte, stand der Waldrand um ihn her in mehr als tausend Lichtern, denn alles, was auf den umliegenden Gütern wohnte, war aufgeboten und an die Bäume postiert worden, um in einem einzigen Moment eine Beleuchtung der Waldwiese mit buntfarbigen Lampen in Szene setzen zu können. Da küßte der Prinz der schönen Frau die Hand und erklärte sich für besiegt, und eine Woche lang zehrte man von diesem gnädigen Wort und fühlte sich gehoben in der Idee, nicht umsonst gelebt zu haben.

Auch von Berlin her kam Besuch, und wenn es junge Frauen waren und die Jahreszeit es gestattete, so ging es bei Sonnenuntergang oder auch wohl in aller Morgenfrühe nach „Mon Caprice" hinaus, welchen Namen ein Badetempelchen, ein Pavillon führte, den Frau von Arnstedt am Ufer eines von Schilf und hohem Werft umstandenen Seetümpels errichtet hatte. Da hinaus ging es, um zu baden und zu plätschern und allerhand Spiele zu spielen. In dem Schilf- und Werftgürtel standen alsdann die jüngeren Gefährtinnen und hielten sich an dem herniederhängenden Gezweige, während Frau von Arnstedt, eine brillante Schwimmerin, über den See schoß und die Losung gab, ihr zu folgen und sie zu haschen. Und nun schwamm und jagte man ihr nach und zog den Kreis immer enger, aber im selben Augenblicke, wo man sie schon umstellt und gefangengenommen glaubte, schlüpfte sie durch und entkam siegreich bis an die rettende Tempelschwelle. Das gab denn ein Lachen und ein Bewundern, und in Rheinsberg und an den Prinz Heinrichschen Edelhöfen, an denen nichts so voll und üppig in Blüte stand als die Medisance, medisierte man wieder von „Diana und ihren Nymphen".

Aber es waren nicht Zeiten, um durch Scherze *der* Art empfindlich berührt oder in irgendeiner guten Laune gestört zu werden.

Im Gegenteil.

Alles war Lust und das Leben ein Feiertag.

11. KAPITEL

Die Krautentochter kommt in schweres Leid

Aber dieser Feiertag ging zu Rüste.

Den 3. August 1802, als man überall in den Rheinsberger Dependancen und nicht zum wenigsten in Schloß Hoppenrade festlich zu Tische saß, um den Geburtstag König Friedrich Wilhelms III. in Wein und Rede zu feiern, erschien ein Bote mit einem Flor um Hut und Arm und brachte Meldung, daß „Monseigneur" in vorhergehender Nacht aus dieser Zeitlichkeit geschieden sei. Da wandelte sich das Festmahl in ein Trauermahl, weil alle fühlten, daß ihnen ein guter Herr und wahrer Freund genommen sei, der nicht bloß philanthropische Sentenzen hergesagt und klugen Rat gegeben hatte, nein, der auch half und Fürsprache tat und immer verzieh. Und aufrichtige Tränen flossen ihm, auch bei denen, die sich längst der Tränen entwöhnt hatten, und als endlich die Grabpyramide fertig und der große Grabstein mit der berühmt gewordenen Inschrift: „Jetté par sa naissance dans ce tourbillon de vaine fumée, / Qui le vulgaire appelle / Gloire et grandeur, / Mais dont le sage connait le néant", in das Grabmal eingelassen war, da war ein Trauern im ganzen Lande Ruppin, und alles fuhr heim und hatte seiner Schwatzhaftigkeit ein Maß, denn jeder wußte, daß man in dem heimgegangenen Freunde den letzten Großen aus einer großen Zeit begraben hatte.

Niemand aber wußt es besser als unsere Krautentochter, und in ihrem Herzen regte sich die Vorstellung, daß ein Wendepunkt für sie gekommen sei, bald vielleicht, und daß eine Reihe böser Tage vor der Türe stehe.

Wirklich, sie kamen.

Es begann daheim, im eigenen Hause. Sie hatte kein Glück mit den Männern, wenigstens nicht in der Ehe. Der Rittmeister war ein Mann nach ihrem Sinne gewesen, als sie, verwitwet und vertrauert, an seiner Lebenslust sich aufgerichtet hatte. Das alles aber lag jetzt eine gute Weile zurück. Ihre

Temperamente hatten miteinander gestimmt, nichts mehr, nichts weiter, und wenn sie vorher jahrelang in einer gewissen Verdrossenheit zu dem ostfriesischen Baron, ihrem zweiten Manne, hinaufgeblickt hatte, so sah sie jetzt auf diesen dritten *herab*. Und auch *das* wollt ihr nicht gefallen. Wohl war sie das Kind ihrer Zeit und verabscheute nichts mehr als die Langeweile gelehrter Allüren, aber zu gleicher Zeit entbehrte sie doch keineswegs eines feineren ästhetischen Sinnes, und wenn ihr Gründlichkeit verhaßt war, so war es ihr Seichtheit und Oberflächlichkeit noch mehr. Oberflächlichsein war nur statthaft oder ein Vorzug, wenn es sich mit Witz und guter Laune paarte. Davon hatte der Rittmeister seinerzeit ein freundlich und bescheiden Teil gehabt. Aber das war längst aufgezehrt, und sie litt jetzt unter seiner Unbedeutendheit und Schwäche. Möglich nichtsdestoweniger, daß sich ihr Leben in jenem wohlbekannten Halbzustande von Nicht-glücklich- und Nicht-unglücklich-Sein über den Rest der Tage hinweggeschleppt hätte, wenn nicht unmittelbar fast nach dem Tode des bis zuletzt einen gewissen Kontrolleinfluß ausübenden Prinzen eine Verschlimmerung und bald danach eine Zeit völligen Niedergangs bei von Arnstedt eingetreten wäre. Wo früher nur das Gute gefehlt hatte, zeigte sich jetzt auch das positiv Schlechte, laut werdende Vorwürfe verdarben es völlig, und eh abermals ein Jahr um war, war aus dem lustigen Rat und liebenswürdigen Gesellschafter ein Trinker und Spieler geworden, ein nur noch Halbzurechnungsfähiger, über dessen traurigen Lebensausgang in einem folgenden Kapitel zu berichten bleibt.

Und das Unglück, wie das Sprichwort sagt, kommt nie allein. Auch hier nicht. Um dieselbe Zeit, wo die Sorgen um den Mann sich mehrten, mehrten sich auch die Sorgen um Gut und Habe, weil der, wie schon vorstehend erzählt wurde, fast vom Momente der Besitzergreifung an über Löwenberg und Hoppenrade schwebende Prozeß inzwischen nicht nur überhaupt angestrengt, sondern auch von Jahr zu Jahr immer energischer und bedrohlicher in Angriff genommen worden war. Die Bredows verlangten ihr ihnen wegtestiertes Erbe zurück.

An der gerichtlichen Entscheidung dieser Frage hing Leben und Sterben.

12. KAPITEL

Die Krautentochter stirbt

Die Gefahr ging vorüber.

Der 1791 begonnene Prozeß ward 1809 zugunsten der Krautentochter entschieden.

Aber soviel Grund zu Dank und Freude vorliegen mochte, durch diesen Entscheid vor einem Äußersten bewahrt geblieben zu sein, sowenig Grund lag doch überhaupt zu Dank und Freude vor. Es waren durchweg traurige Zeitläufte, Kriegsbeunruhigungen und Truppendurchzüge nahmen kein Ende, Gesindel aller Art fiel lästig, und Strolche, denen man ein Almosen oder ein Nachtquartier verweigerte, ließen die Scheunen und Kornmieten in Feuer aufgehen. Unglück über Unglück. Aber zu Kalamitäten wie diese, die damals allgemein waren, gesellten sich für unsere Krautentochter doch noch besondere: der Hausfrieden schwand immer mehr, und mit dem Ehemanne, dessen Wandel seit Jahr und Tag im Niedergange war, wurd es schlimmer und schlimmer. Es zeigten sich Geistesstörungen, und neben einer äußerlichen erwies sich schließlich auch eine gesetzliche Scheidung als unerläßlich. In welchem Jahre diese stattfand, hab ich nicht mit Bestimmtheit in Erfahrung bringen können, doch muß es annähernd um dieselbe Zeit gewesen sein, in der sich der Prozeß entschied. Wenigstens find ich in einer Taufpatenaufzeichnung unterm 28. September 1809 das Folgende: „Frau Luise*, *geschiedene* von Arnstedt, geborene von Kraut".

* Frau von Arnstedt wird hier *Luise* von Arnstedt genannt, in der Knyphausenzeit hieß sie *Charlotte*. Widersprüchen und Abweichungen derart begegnet man beständig, und Kirchenbücher, Grabdenkmäler und Hausinschriften, an deren Zuverlässigkeit man zu glauben gewöhnt ist, lassen einen geradso gut im Stich wie Mitteilungen und Briefe der Hinterbliebenen. Das schöne Fräulein

Im Herbst genannten Jahres also war die Scheidung bereits ausgesprochen.

Dies Fakt an sich konnte, wie die Dinge lagen, unmöglich als ein Unglück gelten, im Gegenteil. Aber was mit dem geschiedenen Ehemanne beginnen? Das gab eine neue schwere Sorge. Privatinstitute, wie sie jetzt existieren, existierten damals noch nicht, und ihn, den von A., einer jener allgemeinen, in jener Zeit noch nach einem gewissen Schreckenssysteme verwalteten Irrenanstalten anzuvertrauen, widersprach durchaus dem feinen Sinn unserer Krautentochter und fast mehr noch ihrem gütigen Herzen. Endlich indes einigte man sich dahin, ihn in einem Predigerhause, gegen hohe Zahlung, unterzubringen, und gab ihn auch bald danach nach einem in Nähe von Fehrbellin gelegenen Dorfe hin in Pension. Dies Dorf war Hakenberg, und in der Pfarrpension daselbst hat er noch an die vierzig Jahre gelebt. Im Hakenberger Kirchenbuch findet sich folgende Stelle: „Herr Karl Heinrich von Arnstedt, Rittmeister außer Dienst, starb neunundsiebzig Jahre alt am 30. Mai 1847 und ist am 2. Juni selbigen Jahres auf dem Kirchhofe bei der Kirche begraben worden." Zweien Briefen aus Dorf Hakenberg darf ich noch folgendes entnehmen: „Alte Leute hier erinnern sich noch sehr wohl des Rittmeisters von Arnstedt. Er soll bald nach 1813 von Hoppenrade her zu Prediger Drake gekommen sein und hat dort bis zu seinem Ende gelebt. Er war ein schöner, großer Mann, freundlich und gesprächig, aber sofort wütend,

von Voß (später Gräfin Ingenheim) heißt im Bucher Kirchenbuche *Amalie*, in den Tagebuchaufzeichnungen ihrer Tante, der Gräfin von Voß, aber heißt sie *Julie*; am Herrenhause zu Lichterfelde wird auf einem über der Tür angebrachten Inschriftssteine Herr „*Joachimus de Roncha ex Italia de Manilia*" als Baumeister genannt, ein nie dagewesener Name, zu dem sich ein geographischer Unsinn gesellt; auf dem Bilde des berühmten Otto Christoph von *Sparr* in der Marienkirche zu Berlin ist 1605 als Geburtsjahr von Sparrs angegeben, eine Zahl, die mindestens einem Zweifel unterliegt; an dem berühmten Scharnhorstdenkmal auf dem Invalidenkirchhofe erweisen sich Geburts*ort* und Geburts*jahr* als falsch, und der Maler Wilhelm Hensel, der sein Grab auf dem alten Dreifaltigkeitskirchhof hat, wurde *nicht* in Linum (wie der Grabstein angibt), sondern in Trebbin geboren. Die Reihe solcher Beispiele ließe sich leicht fortsetzen, und in aberhundert Fällen bestätigt es sich in der Tat, daß nichts schwerer ist, als einfach festzustellen, welche *Namen* Personen führten, *wann* und *wo* sie geboren wurden und wann und wo sie starben.

wenn das Gespräch auf die Franzosen kam. Er haßte sie, weil ihm seine Frau durch einen französischen Offizier entführt worden war. Auch ist derselbe nie wieder nach Hoppenrade zurückgekehrt.* Wegen seiner aufgeregten Gemütsart war stets ein Wärter um ihn, der ihn auch auf seinen Spaziergängen begleitete. Während der ersten Jahre wurd er öfters von seinen Brüdern besucht, später nicht mehr. Er starb im Pfarrhause. Geboren war er in Liebenberg."

Ein zweiter Brief bestätigt das in vorstehendem Gesagte: „Der Familie von Arnstedt lag daran, den Rittmeister von A. nicht in eine öffentliche Irrenanstalt gebracht zu sehen; so gab man ihn denn zu dem hiesigen Pastor in Pension. Die Küche der Frau Pastor Drake jedoch soll ihm wenig zugesagt haben, weshalb es oft vorkam, daß er das Essen ohne weiteres zum Fenster hinausschüttete. Bemerkte das eine dem Pfarrhofe gegenüber wohnende, sehr gutmütige Pachtersfrau, so wurd ihm von dieser oder ihrem Töchterchen heimlich ein Töpfchen Kaffee gebracht, wofür er immer sehr dankbar war. Er war ein großer, schlanker Herr von durchaus militärischer Haltung und hing, solang er rüstig war, seinen fixen Ideen mit einer gewissen Energie nach. Auf seinen Spaziergängen sprach er viel vor sich hin, empörte sich über die ‚französischen Spitzbuben' und fuchtelte dabei mit seinem Stock umher. Begegneten ihm dann Kinder, so wurd er ruhig und gab ihnen kleine Stückchen von seinem Frühstückszucker, den er sich zu diesem Zweck absparte. Hart am Wege, zwischen dem Turm und dem Kirchhofseingang, ist er begraben worden. Ein Denkmal fehlt. Ein Wärter, der ihn bewachte, hatte nur Tagesdienst und ging abends in sein Tagelöhnerhäuschen nach Linum zurück."

Das ist alles, was ich von dem schmucken Rittmeister, dem

* All dies ist Dorferfindung, in der sich übrigens deutlich erkennen läßt, daß etwas von der Vorgeschichte der Frau von Arnstedt in Hakenberg bekannt geworden war, und zwar ihr damals dreißig Jahre zurückliegendes Verhältnis zu Baron Knyphausen und die Wegführung ihres Töchterchens durch Elliot. Es ist selten, daß solche Dorflegenden ohne jede Spur von Anlehnung entstehen, aber das Volk macht von seinem Geschichten- und Märchenerfindungsrecht Gebrauch und gestaltet das Übernommene mit einer an Willkür grenzenden Freiheit.

einst verwöhnten Liebling der Rheinsberger Gesellschaft, erfahren konnte.

Wunderbare Wege! Die Hinterlassenschaft der beiden geisteskranken Bredows war unter Fehlern, um nicht zu sagen unter direkten Unzulässigkeiten, aus der Bredowfamilie wegtestiert worden, und der erste, der in den Mitgenuß dieses unter mindestens zweifelhafter Berechtigung angetretenen Erbes eintrat, erlag demselben Los und wurde geistesgestört wie sie „zu Tode gefüttert".

Im Hoppenrader Schloß atmete man inzwischen auf, aber nur eine kurze Weile; der Zug gegen Rußland und die Kriegsoperationen, die folgten, sogen aufs neue das Land aus, und wer nicht fest im Sattel saß (wie beispielsweise der alte Hertefeld auf dem benachbarten Liebenberg), der erlag unter einer Last von Schulden. Unter diesen Schwerbedrängten und fast Erliegenden war auch unsere Krautentochter, und gleich nach dem Kriege bot sich ihr nur ein einzig Mittel noch, um sich zu halten: der *Wald*. Es mußte niedergeforstet und alles zu Gelde gemacht werden, und derselbe Harenzacken-Wald, der einst, in zurückliegenden Tagen, der Schauplatz unvergeßner Triumphe gewesen war, er fiel jetzt unter der Axt der Holzschläger, und die schönen Stämme wurden verschleudert, um einigermaßen die Mittel für ein auch *jetzt* noch auf vornehmem Fuße geführtes Leben herbeizuschaffen. Von in Betracht kommenden Erträgen aus der Landwirtschaft konnte keine Rede sein in einer Zeit, wo der Scheffel Roggen einen Taler und unter Umständen auch nur einen Gulden kostete.

So war denn „Geld und wieder Geld" die Losung im Leben unserer Hoppenrader Erbherrin geworden, und einer ihrer Untergebenen, ein Förster, dem sie durch ihren Einfluß nicht bloß einen höheren Titel erwirkt, sondern zu dessen Klugheit und Umsicht sie gleichzeitig ein großes Vertrauen hatte, war ihr dabei zu Willen. Es war dies der Oberförster oder Forstinspektor Görwitz, ein Lebemann, frank und frei, der aller Welt gefiel, vor allem auch seiner Herrin, und ein Jahrzehnt lang oder länger eine Försterexistenz führte, von der noch jetzt gesprochen wird und die damals in der halben Grafschaft Ruppin eine Mischung von Neid und Bewunderung erregte. Mit Hilfe der ihm unterstellten Forsten, deren Gesamtheit mehr als 9000 Morgen umfaßte, war er der eigentliche „Mann der Situation", ja, in gewissem Sinne der große Financier der Löwenberg-Hoppenrader Herrschaft geworden und lebte denn auch seinerseits im Vollbewußtsein dieser seiner Machtstellung auf dem Fuße der haute finance. Zweimal wöchentlich führten ihn Geschäfte, wirkliche oder vorgebliche, nach Berlin, und im elegantest aufgeschirrten Jagdwagen oder noch lieber in einer in Löwenberg genommenen Extrapost fuhr er um elf Uhr vormittag bei Lutter und Wegner vor, um ein Gabelfrühstück zu nehmen. Aber der Nachmittag kam und ging, und am Abend hielten und warteten die Pferde noch, und erst wenn die Theater aus und das Neueste, das die „Habitués" aus dem Schauspielhause mit herüberbrachten, unter den Kommentaren der Witzköpfe mit durchgeredet war, ging es um mitternächtige Stunde wieder bis in seine Försterei zurück.

Die war nun selber keine „Försterei" mehr, sondern präsentierte sich als ein villenartiges Landhaus, auf dessen Vorplatz allerlei seltene Pflanzen im Freien oder in großen Kübeln standen: Aloe, Hortensien und Georginen, die gerade damals in die Mode gekommen waren.

Alles das unter Zustimmung seiner Herrin, die klug und recht tat, ihn gewähren zu lassen. Denn er hatte neben dem raschen Blick auch die glücklich rücksichtslose Hand des Lebemannes und half, eben weil er *der* war, der er war, ohne Skrupel und Schwerfälligkeiten über den Tag hinweg. Und „après nous le déluge".

Und wirklich, als die Sündflut kam, war es „après", und die lebenslustige Dame, die nicht sparen und marchandieren und, aller wachsenden Lebensnot unerachtet, auch nicht entbehren oder gar entsagen gelernt hatte, war nicht mehr unter den Lebenden. Am 13. September 1819 starb sie während ihres Aufenthalts in Berlin und wurde, wie's einer „Krautentochter" zukam, im Krauten-Erbbegräbnis zu Sankt Nikolai beigesetzt. Mutmaßlich als die letzte, die diesen Namen geführt. Sie war ihres Alters siebenundfünfzig Jahre und hinterließ eine beträchtliche Last *persönlicher* Schulden, weil ebendiese Schulden auf ihre Güter, die Fideikommißgüter waren, nicht eingetragen werden konnten.

Es hatte sich ein reiches und bewegtes Leben geschlossen. Ob auch ein glückliches? Alles in allem, ja. Sie verstand die Kunst, den Augenblick zu genießen und sich *das,* was die Stunde bot, durch Zukunftsbetrachtungen oder gar durch Zukunftsbefürchtungen nicht allzusehr trüben zu lassen. Sie war sanguinisch und erfreute sich der Vorzüge dieses Temperaments.

Es liegen mir hinsichtlich ihres Charakters allerhand Aussprüche vor. Am ungünstigsten lautet das, was Thiébault in seinen „Souvenirs" über sie sagt. Aber Thiébault war nicht von der Partei der „Krautentochter". Überdies, als diese sich – und zwar weit über das Ansehen ihrer Mutter, der Madame de Verelst, hinaus – im Jahre 90 in Rheinsberg retablierte, war Thiébault längst aus Preußen nach Frankreich zurückgekehrt. Er spricht anerkennend nur von ihrer Schönheit („elle était sans contredire la plus belle personne de ce pays-lâ"), versichert aber an selber Stelle, „daß sie leichtfertig, kapriziös und eigentlich beschränkt gewesen sei". Dies trifft nun sicherlich nicht zu, und der Sohn Thiébaults, General in der französischen Armee, hielt es, bei Publizierung einer späteren Auflage der „Souvenirs" seines Vaters für angemessen, in einer Anmerkung einen im Jahre 13 geschriebenen Brief abzudrucken, der ihm behufs Richtigstellung dieser Dinge zugegangen war. „Die frühre Frau von Elliot", so heißt es in dieser kritikübenden Zuschrift, „ist weit entfernt davon, eine beschränkte Dame zu sein, *so* weit, daß vielmehr umgekehrt ihre zahlreichen Erfolge mehr noch ihrem *Esprit* als ihrer Schönheit zuzuschreiben sind. Und bis zu dieser Stunde noch erfreut sie sich des Vorzuges, in ihrem Auftreten ebenso gefällig zu sein wie tatsächlich zu gefallen."

Hiermit stimmt auch das Bild überein, das in dem weiten Zirkel ihrer Verwandtschaft von ihr fortlebt. In einer mir zugehenden Zuschrift heißt es: „Sie war der Typus einer

Grande Dame des vorigen Jahrhunderts und hatte viel Verwandtes mit der entzückenden Gräfin La Roche-Aymon (geborene von Zeuner), die mit ihr gleichzeitig am Rheinsberger Hofe glänzte. Doch war sie dieser letzteren – an der, außer ihrer Schönheit, nur eine gewisse Naivetät des Nicht-Wissens hervorleuchtete – durch Esprit und ein natürliches Verständnis für Dinge der Kunst und Literatur überlegen."

Über all das, was ihr fehlte, geben die mehr zu Beginn dieses Aufsatzes mitgeteilten Briefe, die Baron Knyphausen an seinen Vater schrieb und aus denen ich seinerzeit alles Wichtigste mitgeteilt habe, den genausten Aufschluß. Aber fast möcht ich die darin Geschilderte mehr noch und entschiedener in Schutz nehmen, als es seitens ihres damaligen, ihr „heimlich" und „versuchsweis" angetrauten Gatten geschah. Indem er sie verteidigt, klagt er sie doch zugleich auch an, und dieser Ton klingt überall durch. Er persönlich mochte dazu berechtigt sein, ebensosehr seiner seriösen Natur als seiner aparten Lage nach, wir Nachlebenden aber können milder und in dieser Milde vielleicht auch gerechter sein. Ist es richtig (und es *wird* richtig sein), daß sie der Typus einer „vornehmen Dame" des vorigen Jahrhunderts war, so liegt uns die Pflicht ob, sie nicht bloß aus ihrer Epoche, sondern vor allem auch aus ihrem *Gesellschafts*kreise heraus zu beurteilen, will sagen aus einem Kreise heraus, darin der Charakter nicht viel und die Tugend noch weniger bedeutete und in dem, bei Beurteilung schöner Frauen, über vieles hinweggesehen werden durfte, wenn sie nur über *drei* Dinge Verfügung hatten, über Schönheit, Esprit und Charme.

13. KAPITEL

Der Krautentochter Deszendenz

Als Frau von Arnstedt, verwitwete Baronin Knyphausen, geschiedene von Elliot, am 13. September 1819 gestorben war, hinterließ sie Kinder aus allen drei Ehen. Und zwar

Aus der Ehe mit Hugh Elliot

1) *Luise Isabelle* von Elliot. Dieselbe wurde wahrscheinlich 1779 geboren, da die Verheiratung ihrer Mutter mit Elliot im Jahre 1778 stattfand. Als Ende Juli 1783 die gerichtliche Trennung erfolgte, wurde nachstehende Festsetzung getroffen: „Madame Elliot, geborne Baronesse von Kraut, verspricht ihrer Tochter Luise Isabelle von Elliot ein Kapital von 25 000 Talern in Gold sicherzustellen, und zwar derart, daß an dem Tage, wo Madame Elliot in den Besitz des Bredowschen Erbes (Hoppenrade-Löwenberg) eintritt, obiges Kapital von 25 000 Talern auf der königlichen Bank deponiert werden muß."

Gemäß dieser Anordnung wurde denn auch, als der vorgesehene Fall eintrat, verfahren. Zu welcher Zeit das Geld erhoben worden ist, ist aus den Aufzeichnungen nicht ersichtlich. Miß Elliot aber vermählte sich später mit einem Mr. Payne. Weitere Schicksale nicht bekannt.

Aus der Ehe mit Baron Knyphausen

2) Sophie Friederike *Oriane Constanze*, geboren 1785.* Sie war zweimal verheiratet, in erster Ehe mit dem Landrat von Schwerin, in zweiter Ehe mit dem Rittmeister, späteren Major Freiherrn von Kettler auf Jeesch-Kittel. Aus beiden Ehen wurden je drei Kinder geboren.

Der Tod der Frau von Kettler kann nicht vor 1856 erfolgt sein, in welchem Jahre sie noch an weiterhin zu nennenden Erbschaftsverhandlungen teilnahm. Sie war eine kluge Dame, praktisch, energisch und in allen Stücken mehr ihres Vaters (Baron Knyphausens) als ihrer Mutter Tochter. Ihren zweiten Gatten, *von Kettler*, verlor sie auf tragische Weise. Kettler war 1830 aus dem preußischen in den russischen

* Ein Jahr vorher, im Juni 1784, war ein Sohn geboren worden, Karl Wilhelm Tido. Derselbe starb vierjährig (1788) und ward in der Familiengruft zu West-Ekelbur in Ostfriesland beigesetzt. – Der oben im Text zitierte Name *„Oriane"*, der fünfzig Jahre *vor* Tennyson noch ein Fremdling in unserer Mark war, war augenscheinlich verwirrend für die damaligen Pastoren des Löwenberger Landes und findet sich deshalb als „Organe" in ihre Kirchenbücher eingetragen.

Dienst getreten und machte die gleich darauf ausbrechende Campagne gegen Polen mit. In der Schlacht bei Grochow wurd er erheblich verwundet und gefangengenommen. Als man ihn auf einem Wagen nach Warschau brachte, drängte sich der Pöbel heran und heulte und johlte; einer aber stieg auf das Wagenrad und spie ihm ins Gesicht. Ein Faustschlag war Kettlers Antwort. Aber freilich war es auch das Signal, um über ihn herzufallen und ihn buchstäblich zu zerreißen. – Auch seinem ältesten Sohn war ein jäher Tod vorbehalten. Ein herabstürzender schwerer Baumast erschlug ihn.

Aus der Ehe mit Rittmeister von Arnstedt

3) Henriette Sophie *Rosalie.* Verheiratete sich um das Jahr 20 (oder vielleicht auch schon zu Lebzeiten der Mutter) mit dem Baron von Wülknitz und starb 1861 im Bade zu Doberan. Auf dies von Wülknitzsche Paar komm ich am Schlusse des Kapitels zurück.

4) Mathilde Julie *Friederike* war 1802 geboren. Vermählte sich 1826 mit Hans von Oertzen auf Ankershagen, Schloßhauptmann und Kammerherr in Neustrelitz. † 1878.

5) *Heinrich Adolf Friedrich* von Arnstedt. Wahrscheinlich 1796 geboren. Er trat unter Major von Sohr ins brandenburgische Husarenregiment und machte die Kriege von 1813 bis 15 mit. An dem Unglückstage von Versailles (Juli 1815), an dem auch der junge Yorck fiel war er mit unter den Verwundeten. In die Heimat zurückgekehrt, entschied er sich für Verbleib im Regiment und suchte durch ein Leben auf großem Fuß über die Langeweile des kleinen Dienstes und über die noch größere der kleinen Stadt (abwechselnd Beeskow, Düben, Kemberg) hinwegzukommen. Natürlich war er beliebt und ein „guter Kamerad“. Er überschätzte sein Vermögen sehr, weil er den Wert von Hoppenrade-Löwenberg, als deren eigentlichen Erben er sich trotz der Existenz seiner drei Schwestern betrachtete, viel zu hoch anschlug, und erschrak erst, als in der Mitte der dreißiger Jahre die Pachtsummen ausblieben und die helle Not vor der Tür stand. In persönliche Schulden verstrickt, nahm er als Major den Ab-

schied und lebte zurückgezogen in Oranienburg oder in Nähe desselben. Anfang der vierziger Jahre befiel ihn eine Krankheit, und er starb unter traurigen Verhältnissen in der Charité.

Die letzten dreißiger Jahre waren überhaupt Unglücksjahre für das Haus Arnstedt, und wohin man um die genannte Zeit in Mark Brandenburg auch blicken mochte, mit vielleicht alleiniger Ausnahme des von Arnstedt auf Groß-Kreuz, überall sah man die Familie von Leid und schweren Schicksalsschlägen getroffen. Ob verschuldet oder nicht, änderte wenig. In Hakenberg, wie schon erwähnt, pflegte man einen alten von Arnstedt zu Tode, während in Oranienburg ein jüngerer (der Sohn jenes Alten) in Bitterkeit auf ein verfehltes Leben zurückblickte. Trauriger aber als alles war die Geschichte vom *Fähnrich von Arnstedt,* die sich um ebendiese Zeit, Winter 1836 auf 1837, in Frankfurt a. O. abspielte. Wir kommen am Schluß dieses Abschnittes ausführlicher darauf zurück, während es zunächst, in unsrem 14. Kapitel, uns obliegen wird, die Geschichte des *Krautenerbes* zum Abschluß zu bringen.

14. KAPITEL

Hoppenrade von 1819 bis jetzt

Hoppenrade kommt unter ein Kuratorium (von Rabe) und wird an den Amtmann Haupt verpachtet. 1819–36

Nach dem Ableben der Frau von Arnstedt (1819) hätte der einzige Sohn derselben, der vorerwähnte, damals in Düben stehende Husarenlieutenant von Arnstedt, die Güter übernehmen und jeder seiner drei Schwestern ihren Anteil auszahlen oder verzinsen müssen. Er empfand indes, daß er weder der wirtschaftlichen noch der geschäftlichen, am allerwenigsten aber einer sich vielleicht erhebenden finanziellen Schwierigkeit auch nur annähernd gewachsen sei, weshalb er sich mit seinen Schwestern dahin einigte, daß man dem Landrate Grafen von Wartensleben und neben diesem dem

Kammerdirektor von Rabe eine *Generalvollmacht* über Hoppenrade-Löwenberg erteilen und ihr und der Güter Schicksal in die Hände dieser beiden Kuratoren niederlegen wolle. Graf Wartensleben war nur ein Name, der Kammerdirektor von Rabe jedoch, der von jetzt ab in seiner Kuratoreneigenschaft auf fast vierzig Jahre hin erst in den Vordergrund und später wenigstens in die Mitte der Szene tritt, unterzog sich seiner Aufgabe mit Ernst und Eifer, wenn auch zeitweise mit nicht ausreichendem Erfolg, und schritt sofort zur Verpachtung der großen Güterkomplexe. *Hoppenrade,* das uns hier ausschließlich interessiert, kam bei dieser Gelegenheit an den Amtmann *Haupt* in Pacht, einen renommierten Landwirt, und nach dem Tode desselben an den jüngern Haupt. Aber weder der eine noch der andere, von *Förderung* der Kulturen gar nicht zu sprechen, zeigte sich auch nur imstande, den Betrieb au niveau zu halten. Unter dem älteren Haupt waren wenigstens die Pachtzahlungen immer noch prompt geleistet worden, unter dem jüngeren nahm auch das ein Ende. Ja, der eintretende Verfall war ein so vollkommener, daß nicht einmal mehr die Steuern und Abgaben bezahlt werden konnten. So kam es denn, daß sich 1836 der Pächter, der jüngere Haupt, für insolvent erklärte.

Hoppenrade bleibt unter dem Kuratorium von Rabe, wird aber, statt an die Familie Haupt, an den Kammergerichtsrat von Wülknitz verpachtet. 1836–56

Die Folge dieser Insolvenz würde notwendig die Sequestration der Güter gewesen sein, wenn nicht, in so bedrängter Lage, der Kammergerichtsrat Otto *von Wülknitz,* einer der Schwiegersöhne der Frau von Arnstedt, ein kühnes und kluges Spiel gespielt und dadurch sein und seiner Anverwandten Vermögen gerettet hätte. 1836 trat er, ohne sich durch die Hauptsche Bankrutterklärung abschrecken zu lassen, in die Pacht ein und schritt ungesäumt zur Wiederherstellung einer auf jedem Gebiete devastierten Wirtschaft.

Er würde dies, bei den bedeutenden Mitteln, die dazu nötig waren, einfach nicht gekonnt haben, wenn ihm nicht kurz vorher ein kleines, aber ziemlich wertvolles Gut, das Gut Hohenthurm bei Halle, durch Erbschaft zugefallen wäre. Er verkaufte Hohenthurm für 80 000 Taler, teilte diese Summe mit seiner miterbenden Schwester, einer Frau von L'Estocq, und warf nun den ganzen ihm verbleibenden Rest von 40 000 Talern in Hoppenrade hinein. Alles gewann dadurch rasch ein anderes Ansehen, und schon Anfang der vierziger Jahre ließ sich an einem zufriedenstellenden Resultate nicht mehr zweifeln, immer vorausgesetzt, daß der Ausgang des 1809 erst *vorläufig* abgeschlossenen und seitdem von seiten der Familie von Bredow wieder aufgenommenen Erbschaftsprozesses nicht *alles* wieder in Frage stellte. Wülknitz indessen, ein eminent kluger Mann und speziell durch seine juristische Kenntnis unterstützt, erwies sich auch auf *diesem* Gebiet als glücklich und überlegen und hatte den Triumph, eine hüben und drüben mit Aufwand aller Kraft geführte Streitsache zum *zweiten* Male zu seinen und seiner Anverwandten Gunsten entschieden zu sehen.*

Das war im Sommer 1848. Von diesem siegreichen Prozeßschluß an, der endlich einen bis dahin nie dagewesenen *Sicherheits*zustand geschaffen hatte, durchdrang ihn nur noch der *eine* Wunsch, das bis dahin lediglich in Pacht gehabte Hoppenrade zu seinem *freien Eigentum* zu machen. Dazu waren, voraufgehend, drei Dinge nötig,

erstens: Zustimmung der Familie behufs Aufhebung der Fideikommißeigenschaft von Hoppenrade,

zweitens: entsprechender Antrag und Durchsetzung dieses Antrages bei den Gerichten und

drittens: Abfindung aller Gläubiger aus den alten von Arnstedtschen Zeiten her, will sagen, Abfindung aller der Geldleute, die bis dahin an das Fideikommiß-Hoppenrade mit ihren endlosen Geldansprüchen nicht herangekonnt hatten,

* Um diese Zeit soll Wülknitz einem Anverwandten die Lebensregel mit auf den Weg gegeben haben: „Wenn du einem Bredow begegnest, so wisse, er ist dein Feind.“ Ob die Bredows ebenso summarisch verfahren sind, weiß ich nicht. In jedem Falle war ihnen stark mitgespielt worden.

das Allod gewordene Hoppenrade dagegen sofort mit Beschlag belegt haben würden.

Am meisten Schwierigkeit unter diesen drei Punkten bot der erstgenannte: *die Zustimmung der Familie.*

Dies hing so zusammen.

Es lag selbstverständlich bei Beginn dieser Umwandlungsangelegenheit Herrn von Wülknitz ob, allen anderen Erbschaftsberechtigten gegenüber – deren Interessen nach wie vor von dem Kurator und Kammerdirektor von Rabe wahrgenommen wurden – Erklärungen darüber abzugeben, *bis zu welcher Höhe* Hoppenrade, seinen Erträgen nach, von ihm, Wülknitz, bezahlt werden könne. Die Summe, die von W. bei dieser Gelegenheit nannte, war keine geringe. Frau von Kettler indes, eine scharf rechnende Frau, fand sie zu niedrig, protestierte mithin und schuf aus dieser Anschauung heraus allerlei Schwierigkeiten. Ihnen zu begegnen würde nun freilich dem klugen Wülknitz, der unter andern auch *die* Klugheit hatte, den Bogen nie zu straff zu spannen, ein leichtes gewesen sein, wenn nicht der Widerstand der damals in Dresden lebenden Frau von Kettler von Berlin aus, und zwar durch niemand anders als durch den Kurator und Generalbevollmächtigten von Rabe, beständig genährt worden wäre. Was diesen zu diesem Widerstande bewog, ob Kuratoren-Herrschergewohnheit oder Launenhaftigkeit oder bloß die Lust, einem andern die Pläne zu kreuzen und das Spiel zu verderben, ist nicht recht ersichtlich, aber das steht fest, daß er sich von Anfang an gegensätzlich, ja geradezu feindlich gegen Wülknitz stellte, den er doch, aller zuzugebenden Eigennützigkeit des letzteren unerachtet, als einen Retter der Familie hätte begrüßen müssen. Aber davon war er weit entfernt und faßte vielmehr seine Kuratorenstellung einfach dahin auf, daß die beiden unschuldigen und bedrohten Parteien, Kettler und Oertzen, gegen die beständig machinierende Partei Wülknitz unter allen Umständen geschützt werden müßten. Dieser in der Persönlichkeit *beider* begründete Antagonismus zeigte sich im großen und kleinen, und als Wülknitz, um nur ein Beispiel zu geben, unmittelbar nach der Pachtübernahme die doch mindestens nicht zu verachtende Summe von 40 000 Talern in das devastierte Hoppenrade hineingesteckt hatte, schrieb Rabe an Baron Oertzen: „Er wird bald damit ausgewirtschaftet haben; *uns* aber kommen die 40 000 Taler unter allen Umständen zugute."

Das waren nicht Worte, die freundliche Beziehungen anknüpfen konnten, und so ging denn der Krieg durch volle zwanzig Jahre hin. Im Vorteil blieb auch *hier* wieder Wülknitz, weil er doch der gescheitere war, was von Rabe selbst schließlich anerkannt wurde. „Respekt vor Wülknitz. An dem hab ich meinen Mann gefunden. Der hat *mich* überlistet." Und Wülknitz seinerseits versicherte: „Wo Rabe hinsieht, gibt es ein Loch; sein Blick brennt bis auf die Haut, und wenn ich den dicksten Flaus anhabe." Beide waren märkische Naturen, wie sie nicht schöner gedacht werden konnten, scharf und schneidig, auch wohl, wenn es nichts kostete, mit Gemütlichkeitsallüren, aber immer eulenspiegelsch, vorsichtig und sarkastisch. Unter allem, was in ihrer Seele blühte, war die blaue Blume der Romantik, insonderheit aber die des romantischen *Vertrauens* am spärlichsten vertreten.

Im Jahre 56 (nach andern Angaben erst am 4. Dezember 58) war Wülknitz auf jedem Punkte Sieger, alles war geglättet, und er erstand Hoppenrade für die Summe von 350 000 Talern.

Hoppenrade wird freier Besitz des Kammergerichtsrats von Wülknitz. 1856 bis 60

Wülknitz, so sagt ich, war Sieger, und dieser endliche Sieg war ihm zu gönnen, ihm, der auf jedem erdenklichen Gebiete so viel Rührigkeit und Energie gezeigt hatte. Denn was sich auch, wie wohl kaum zu bestreiten, von Selbstischem in sein Tun mit eingemischt haben mochte, das Geleistete war groß, und alle Teile hatten schließlich ihren Vorteil davon. Aus den brachliegenden Ländereien waren wieder gut bestellte Felder, aus dem niedergeschlagenen 9000-Morgen-

Forst ein neu heranwachsender Wald und aus dem vernachlässigten Viehstand eine Stammschäferei geworden.

Er hatte gewonnen, wonach er gestrebt, aber *eigentliches* Glück war doch nicht seiner Mühen Lohn gewesen. Er kam, wie schon mehrfach bemerkt, aus dem Kampfe nicht heraus, und wenn auch zuzugestehen ist, daß er sein lebelang nicht bloß kampfesmutig, sondern auch kampfeslustig war, so ward ihm doch schließlich des Kämpfens zu viel. Besonders hart litten die Seinen unter seiner beständigen Arbeit und Unrast, am meisten die Frau, die nicht nur die ruhigen und idyllisch-heiteren Prinz-Heinrich-Tage, wenigstens als Kind, noch mit erlebt hatte, sondern auf deren Herz und Gemüt auch alle die weichen und liebenswürdigen Eigenschaften ihrer Mutter, unsrer Krautentochter, übergegangen waren. Es ist erschütternd, in einem mir vorliegenden Briefe von ihrem Betroffensein zu lesen, als sie nach siebzehn Jahren, und nun als „Pächterin", in das einst so schöne Schloß Hoppenrade zurückkehrte. „Das war also die Stätte meiner Kindheit und meiner Jugend; alle Tapeten von den Wänden gerissen und Löcher in den Dielen. Niemand da, der mich empfing, und da saß ich denn auf dem Koffer, der eben abgeladen war, und sah vor mich hin und in eine sorgenvolle Zukunft."

Hoppenrade seit 1860

Und was nun noch zu berichten ist, ist kurz.

Hoppenrade blieb nur auf wenige Jahre hin ein freier und ritterschaftlicher Besitz in von Wülknitz' Händen. Am 15. Oktober 1860 bereits ging es durch Kauf an den Kammerherrn und Erbmundschenk von Vorpommern, Hellmuth von *Heyden-Linden,* über, der die ganze Kaufsumme bar auszahlte. Sämtliche Kinder und Enkel aus der Krautentochter-Deszendenz, und zwar, außer den Wülknitzens, drei Schwerine, drei Kettlers, drei Oertzens, empfingen ihren Anteil, und alle Beziehungen zu Hoppenrade waren gelöst.

Von Wülknitz selbst, nachdem er sich eine Zeitlang an

Baugründungen in Berlin beteiligt hatte, ging nach der Schweiz. Daselbst starb er 1866 zu Montreux.

Auch Herr von *Heyden-Linden*, in Pommern reich begütert, hatte sich seines neuen märkischen Besitzes nur kurze Zeit zu freuen. Er starb bald danach, und Hoppenrade kam an seine beiden Enkel: *Georg* Freiherr von *Werthern* und *Ida Maria* Freiin von *Werthern*.

Ersterer ist der gegenwärtige Besitzer. Er hat die schönen Räume wieder herstellen lassen und bewohnt sie wenigstens zeitweilig.

Eine stille Stätte jetzt, dies abseits vom Wege gelegene Schloß, eine Stätte, von der niemand mehr spricht, am wenigsten vielleicht die, die tagaus, tagein es umwohnen. Aber von *ihr*, die hier auf ein paar Jahrzehnte hin ein poetisches und fast märchenhaft phantastisches Leben hervorzuzaubern wußte, von *ihr* erzählen sie noch, und in den Spinnstuben horcht alles auf, wenn von Elliot und seiner goldenen Kutsche, von den tausend Lichtern im Harenzacken-Wald und von dem Badegetümmel in Mon Caprice, versteht sich unter allerlei Zusätzen aus eigner erregter Phantasie, gesprochen wird.

Ja, die schöne, längst aus dieser Zeitlichkeit geschiedene Krautentochter, *sie* lebt fort an dieser Stelle. Von all denen aber, die *nach* ihr kamen, erzählt niemand mehr, und nur ein Grab im Park noch gibt Andeutung von dem, was später und bis in unsere Tage hinein hier halb zu Gast und halb zu Hause war. Ein Grab im Park und auf einem Steine die wenigen Worte: „Clara von Wülknitz, geboren am 10. September 1826, heimgegangen am 1. November 1850."

Blumen und Efeu wachsen drüber hin, und zur Seite steht eine Gruppe von Zypressen und Weimutskiefern.

Einer *Enkelin* letzte Ruhestatt und darunter ein Leben, das vielleicht ernst und schwermütig gerade *hier* erlosch, an einer Stelle, wo die schöne „Grandmama" den Becher der Freude leerte, erst den Schaum und dann – den Rest.

Ohne Beziehungen zu Hoppenrade selbst, noch zu seiner vieljährigen Herrin, der schönen Frau von Arnstedt, steht der schon auf S. 222 von uns erwähnte

Fähnrich von Arnstedt,

der uns in einem Schlußkapitel dieses Abschnittes beschäftigen soll. Nur eine Namensvetterschaft liegt vor, freilich begleitet von einer in mehr als einem Stück verwandten, keine Selbstbeherrschung kennenden Natur- und Temperamentsanlage, die die schöne Frau schließlich bis an den Rand des wirtschaftlichen Ruins, den Namensvetter aber aufs Schafott führte.

Emil von Arnstedt

Fähnrich im Leibregiment; enthauptet am 25. April 1837

I

Am 25. April 1837 mittags stand an den Straßenecken in Frankfurt a. O. die folgende *Warnungsanzeige*:

Der Portepeefähnrich Emil Otto Friedrich Alexander von Arnstedt des 8. Infanterieregiments, einundzwanzig Jahre alt, aus Ballenstedt im Herzogtum Anhalt-Bernburg gebürtig, hatte – aus Rache für *angeblich* von seinem Lehrer an der hiesigen Divisionsschule, dem Lieutenant Wenzel, unverdient erhaltene Zurechtweisungen und vermeintliche, aber unbegründet befundene Verleumdungen bei den höheren Vorgesetzten – am 5. Dezember v. J. morgens, mit schon Tags vorher überlegtem Vorsatze, den Wenzel im Gange der Kaserne durch einen Pistolenschuß getötet.

Das in der Untersuchungssache wider den von Arnstedt am 7. Januar d. J. angeordnete Kriegsgericht hatte seinerseits dahin erkannt:

daß der Angeschuldigte wegen Ermordung des Vorgesetzten mit dem Rade von oben herab vom Leben zum Tode zu bringen, welcher Ausspruch durch Allerhöchste Cabinets-Ordre vom 14. d. M. dahin mildernd bestätigt worden:

daß der Angeschuldigte wegen Ermordung des Vorgesetzten, statt der verwirkten Strafe des Rades von oben, durch das Beil vom Leben zum Tode zu bringen sei,

und ist diese Todesstrafe heut öffentlich an dem von Arnstedt vollzogen worden.*

Frankfurt, 25. April 1837. Königl. Gericht der 5. Division.

Hierdurch war eine Sache zum Abschluß gebracht, die, vom ersten Augenblick an, nicht nur in Frankfurt a. O., sondern auch in den Adels- und Militärfamilien der ganzen Provinz ein großes und gerechtfertigtes Aufsehn erregt hatte. Hinsichtlich des voraufgegangenen Lebens des von Arnstedt aber stehe hier, was ich darüber bei Personen, die dem Unglücklichen einst nahestanden, erfahren konnte.

Emil von Arnstedt wurde 1816 zu Ballenstedt im Anhaltischen geboren. Sein Vater war der Hauptmann von Arnstedt, der sich zu nicht genau zu bestimmender Zeit, wahrscheinlich gleich nach Schluß der Befreiungskriege, mit einer sehr schönen Dame, einer geborenen Aldobrandini, vermählt hatte. Während der zwanziger Jahre wurde von Arnstedt, der Vater, als Hauptmann in das 12. Infanterieregiment, dessen eines Bataillon damals in Sorau stand, versetzt, und auf dem

* Ich entnehme den Wortlaut dieser *„Warnungsanzeige"* der am 29. April 1837 ausgegebenen Nummer des von Dr. C. W. Spieker redigierten „Frankfurter Wochenblatts". Diese Nummer ist aus bloß drei Stücken sehr merkwürdig komponiert. Sie beginnt mit einem Nekrologe des wenige Tage vorher, siebenundsiebzig Jahre alt, verstorbenen Major *Wenzel*, des Großvaters des von Arnstedt erschossenen Lieutenants Wenzel. Dann folgen drei Spalten „Sentenzen und Erzählungen aus Rückerts Weisheit der Brahmanen", an welche Weisheitssentenzen sich die „Warnungsanzeige" mit dem Bericht über die Arnstedtsche Hinrichtung unmittelbar anschließt. In den Weisheitssentenzen heißt es gleich zu Beginn:

Im Meer gen Süden wohnt auf Inseln ein Geschlecht,
Reich in Zufriedenheit, in Einfalt schlicht und recht;
Und über alle herrscht die Inselkönigin,
Die hat nicht Waffenmacht und friedlich ist ihr Sinn,
Ihr Waffen ist *Gebet* etc.

Sorauer Gymnasium empfing Emil von Arnstedt, der Sohn, seine Ausbildung. „Wir vergeudeten unsere Zeit“, so heißt es in Mitteilungen eines ihn überlebenden Mitschülers. „Es wurd uns nichts geboten, was wir im späteren Leben hätten brauchen können. Immer Latein und Griechisch und daneben etwas Mathematik, noch dazu bei Lehrern, die selber keinen Begriff davon hatten. Wir mußten uns damit getrösten, einen Direktor zu haben, der als ein Ausbund von klassischer Gelehrsamkeit galt und vielleicht es auch war. Aber daß diese Gelehrsamkeit einem von uns zugute gekommen wäre, dürfte sich kaum behaupten lassen. So war uns die Schule widerwärtig, und anstatt etwas zu lernen, gingen wir Abenteuern nach oder durchlebten sie doch in unserer Phantasie. Bei Arnstedt kam noch sein Äußeres hinzu. Er war bildhübsch und schien für Aventüren und Liebesverhältnisse wie geboren. Etwa mit achtzehn Jahren kam er nach Frankfurt und trat ins Leibregiment. Sein Umgang und seine Lektüre waren, wie sie damals zu sein pflegten. Avantageure, Fähnriche, dann und wann auch ein paar der jüngeren Offiziere, versammelten sich, um sich von gehabten oder noch zu habenden erotischen Triumphen zu unterhalten. Es war nicht das Feinste, was da zur Sprache kam, um so weniger, als man sich's angelegen sein ließ, das ohnehin nicht sehr Lobesame noch durch Übertreibung und Renommisterei zu würzen. Idealen wurde nachgestrebt, aber woher waren diese Ideale genommen? Aus lasziven Romanen, die mit Hilfe zahlreicher Übersetzungen eben damals in die Mode kamen. Die knappen Geld- und Lebensverhältnisse besserten nichts; im Gegenteil, alles, was sonst vielleicht einen wenigstens äußeren Anstand gezeigt hätte, verlor auch diesen noch. Es war eine traurige Zeit, innerlich haltlos, äußerlich mittellos. Arnstedt persönlich hatte Verfügung über Esprit und Energie, beide Vorzüge jedoch traten in den Dienst von etwas Schlechtem und verhäßlichten sein Bild mehr, als daß sie's verschönert hätten. Auch der ‚Dienst‘ litt schließlich in unzulässiger Weise. Von Ordnung, Pünktlichkeit und Adrettheit konnte keine Rede sein, wo Debauchen aller Art auch dem von Natur kräftigsten Körper den Frohsinn und die Frische nahmen. Allerlei kleine Strafen waren an der Tagesordnung und steigerten sich mehr als einmal bis zu strengem Arrest. Aus dem Arrestlokale wurde dann fleißig in Zetteln korrespondiert, meist an einen Freund und Vetter Adalbert von L."

Neben den weiterhin mitzuteilenden Hauptbriefen liegt mir auch eine der *Vorspielzeit* angehörige Korrespondenz vor, und ich entnehme derselben einige charakteristische Stellen. Am 6. *November* 1836, einen Monat vor der unheilvollen Tat, heißt es, aus dem Arrest, auf einem dieser Zettel: „Wie bist Du mit dem lettre d'amour angekommen? Vergiß heut abend die Gitarre nicht. Ist es wahr, daß Jolly übergefahren? Es sollte mir sehr leid tun. Vergiß auch nicht die Pfeifenspitze, das Buch und den Zucker." Und am 12. November. „Heut ist Dein Geburtstag. Ich erinnere Dich an die Bibelworte: ‚Habe Gott vor Augen und im Herzen', und an das für Dich noch gewichtigere: ‚Hüte Dich, daß Du in keine Sünde fallest.'" Und nun folgt eine völlige Kapuzinerpredigt, abwechselnd in Reim und Prosa, darin er sich selbst als ein sittliches Vorbild aufstellt und den Freund, versteht sich ironisch, auffordert, ihm auf dem einzig heilbringenden Tugendwege zu folgen. Am 25. schreibt er auf rosafarbenem Papier und fühlt sich deshalb zu besonderen Zartheiten veranlaßt. Wenigstens eine kleine Weile. „Grüße meine liebe Modeste, vor allen aber grüße meine liebe Clara. Du kennst ja meine Connaissancen besser als ich. Clara steht mir am höchsten. Wenn es in Deinen Kräften steht, so verschaffe mir wieder etwas Geld und Zucker. Es braucht ja nicht harter zu sein, wenn er nur halbwege süß ist. Und schicke mir auch das Gesangbuch. Es liegt linker Hand in meinem Fach."

Dieser Brief vom 25. ist unterzeichnet „Dein *unglücklicher E. von A.*" Ob dies „unglücklich" ernsthaft oder scherzhaft gemeint war, ist nicht recht ersichtlich, ich vermute jedoch das erstere. „Mein Onkel, der Oberst von Werder", so heißt es nämlich zwei Tage später, am 27., „hat mich wissen lassen, daß ich wahrscheinlich nicht länger im Regimente bleiben könne. Das ist mir unangenehm. Doch laß ich mir deshalb keine grauen Haare wachsen. Mein Capitain hat ihm alles gesagt, und ich habe sein ganzes Mißfallen erregt. Bei seinem letzten Besuch las ich in einem Deiner Bücher, worauf er mir sagte: ‚ich sollte mich lieber mit etwas Nützlicherem beschäftigen, statt Romane zu lesen'. Wie kann der gute Mann nur glauben, daß ich jetzt zu etwas anderem Lust hätte! Vorzüglich aber ist er darüber aufgebracht, daß ich, wie er sich ausdrückte, mit lüderlichen Referendarien und sogar mit einem Küper Umgang hätte. Kommt es zum Schlimmsten und werd ich entlassen, so findet ein junger Kerl wie ich auch wohl sonst noch sein Fortkommen, in einer andern Stadt oder einem andern Land oder unter einer andern Zone. Leute meines Schlages sind nie ganz zu verachten und werden als Soldaten zum Totschießen immer gesucht. Mißlingt aber alles, so befreit mich wohl ein Lot Pulver von meiner Qual. Es sollte mir aber leid tun, scheiden zu müssen, denn erstens wär es doch schade um ein so fideles Haus und zweitens, weil ich verliebt bin."

Nun folgen sentimentale Betrachtungen, eine ganze Seite lang, die dann wieder in Zynismen auslaufen.

II

Der vorstehende Brief vom 27. November ist der letzte *vor* der Tat geschriebene. Vielleicht, daß diese schon beschlossene Sache war, als er drei Tage später (am 30. November) aus dem Arrest entlassen wurde, wenigstens war ihm der Offizier, der seinem Rachegelüste zum Opfer fiel, seit lange verhaßt. Einige behaupten, daß auch Eifersucht mit im Spiele gewesen sei. Gleichviel, am 5. Dezember früh geschah die Tat, Arnstedt selbst machte die Meldung davon und wurde, kaum aus dem Gefängnis entlassen, aufs neue dahin abgeführt. Die vorgesetzte militärische Behörde nahm es, wie selbstverständlich, sehr ernst, sah von allen Rücksichten ab und ließ ihn in Ketten legen. Er machte jedoch das Unmögliche möglich und führte, trotz dieser Ketten und sonstiger Behinderungen, eine lebhafte Korrespondenz, die nicht bloß bruchstückweis wie die vorhergehende, sondern in ihrer Totalität mir vorliegt. Ihr charakteristischer Zug ist ein ungeheures Maß von Selbstsucht und Leichtsinn. An diesem Leichtsinn nimmt einigermaßen auch der Freund, Adalbert von L., teil, an den sich die Briefe richten. Bis zuletzt sprechen sie von Ball, Vereinen, Cotillonorden und Liebesgeschichten. Aber das ist nicht das Schlimmste. Schlimmer ist der Gefühlsmischmasch, das entsetzliche Durcheinander von Sentimentalität und Obszönität, in welcher Hinsicht diese Briefe vielleicht einzig dastehen und geradezu ein psychologisches, sicherlich ein zeitbildliches Interesse beanspruchen dürfen. Oft wechselt der Inhalt von Zeile zu Zeile; Liebe zu Mutter und Geschwistern, Anflüge *wirklicher* Herzensneigung, Anruf und Gebete zu Gott, Gedichte, Flehen um Erhörung, Freundschaftsversicherungen (auch ehrlich gemeinte), Rachegelübde, Vergiftungspläne, Sammetrock, Blumensträuße, Pikschlitten und Gitarre, Witzeleien und Zynismen – in diesem Mengemus geht es fort bis zur letzten Stunde, bis ans Schafott. Von Reue keine Spur; es ist, als ob er einfach ein ihm feindliches Tier über den Haufen geschossen habe. Was ihn beschäftigt, ist nur die Frage: „Komm ich bald wieder frei? Und wie hübsch wird es dann sein!" Eine bodenlose Rücksichtslosigkeit in jedem Wort, und nur immer auf Augenblicke dämmert in ihm die Vorstellung von dem Ernst seiner Lage. Eine wahre Höllenlektüre, *deren Kernstücke sich der Mitteilungsmöglichkeit entziehen*, aber deren anständigere Stellen auch vollkommen ausreichen, um die Häßlichkeit jener halben, unehrlichen und verlogenen Zeit der dreißiger Jahre zu demonstrieren.

Emil von Arnstedts erster Brief aus dem Gefängnis

30. Dezember 1836

Mein lieber Adalbert. Mit Dir unterhalte ich mich am liebsten, denn Du bist mein Vertrauter. Daher sollst Du etwas von jenem Morde hören. Du reistest doch Freitag abend ab, an jenem Tage, dem der schönste Abend meines Lebens folgte. Ich sprach mit Deiner Mutter und äußerte ihr mein Bedauern über die Reise. Clara war so gut, so liebenswürdig, wie ich sie nie sah; ich überließ mich ganz der Freude, obgleich ich schon eine trübe Ahnung hatte. Lieutenants Keßler, Putlitz, Gauvain waren auch da; mit letzterem tauschte ich noch die Cotillondame (Clara gegen Modeste), und wir waren sehr vergnügt. Emma Bantz, die Schiller, die eine Faller (Sidonie) und mehrere hübsche Mädchen (Flora) waren da. Nach dem Balle fuhr Clara nach Hause, und ich begleitete Flora. Sonnabend gehe ich in die Divisionsschule, Sonntag auf Parade; fragt Wenzel mich, ob ich Donnerstag neun Uhr abends zu Hause gewesen sei? Ich sage „ja". Da meint er, „es ist eine ungeheure Frechheit von Ihnen, das zu behaupten". Er zeigt mich an, beide Obersten machen mich schlecht, und ich erhalte wieder mal vierundzwanzig Stunden Arrest. Es kochte fürchterlich in mir. Ich wollte zu Schlomkas gehen, wo Clara war, auf dem Beamtenverein. Alles war vorbei, ich mußte in der Stube bleiben. Kurze Zeit nach der Parade kommt Wenzel wieder zu mir und macht mich schlecht, „daß meine Stube nicht so in Ordnung sei", während doch mein Bursche auf Wache war. Nicht die Worte selbst, sondern die Art und der Ton, wie sie gesagt wurden, haben mich so in Wut gesetzt. Dazu kam, daß mir mein Onkel (es war dies der später kommandierende General von Werder) sagte, „er würde sich genötigt sehen, den König um meine Entlassung zu bitten". Ich war wütend. Hätte nur ein Mensch freundlich mit mir gesprochen, so wär ich auf andere Gedanken gekommen. Hättest Du mir doch zur Seite gestanden! Kurz, ich faßte den Entschluß, *meinem* Leben ein Ende zu machen. Pistol, Pulver, Blei, alles war bald angeschafft und die Waffe geladen. Da dacht ich an meine Mutter, an meine Freunde und Kameraden, an Dich und vor allem an meine liebe Clara. Ohne Abschied konnte ich nicht von Euch scheiden. Ich war, offen gesagt, zu schwach, mich schon von der Welt loszureißen. Da fuhr mir der Gedanke durch den Kopf, *er* muß sterben. Dieser Gedanke hat mich nicht wieder verlassen. Da ich überzeugt war, daß ich meine Lieben nicht mehr sprechen würde, so nahm ich schriftlich von den drei mir am teuersten auf dieser Welt Abschied. Es sind dies die Briefe an Dich, Clara und meine Mutter. Mein Tagebuch hatte ich geschlossen, und eine meiner Locken solltest Du nebst diesem Brief erhalten. Am Montag früh (um fortzufahren) kam Wenzel zu mir und fuhr mich an, „warum ich nicht in der Schule sei?" Ich sagte ihm, „weil ich Arrest habe". Schon den vorigen Nachmittag hatte ich ihn erwartet und die geladene Pistole in Bereitschaft; er kam nicht. Jetzt antwortete ich ihm, „daß ich gleich kommen würde", worauf er eilig mein Zimmer verließ, da er wohl meine wütenden Blicke sah. Ich sprang nach dem Spinde, holte die Waffe und stürzte ihm nach. Auf fünfzehn bis zwanzig Schritte schoß ich das Pistol ab und traf ihn, da er sich gerade umdrehte, in die linke Achsel quer durch die Brust, so daß die Kugel, nachdem sie den rechten Arm noch zerschmettert hatte, dicht unter der Haut sitzen blieb. Er ging nun noch einige Schritte taumelnd zurück und stürzte dann vorwärts aufs Gesicht. Ich meldete mich sogleich selbst als Mörder und wurde nach der Wache gebracht. Am folgenden Tage hatte ich an der Leiche Verhör; der Körper wurde seziert und die Brust ganz aufgeschnitten. Keine Miene habe ich verzogen, bloß um zu beweisen, daß dieser Anblick mich nicht schreckte. Die ersten Tage meiner Einkerkerung waren für mich fürchterlich; nur alle vierundzwanzig Stunden erhielt ich warmes Essen, bis ich dann von mitleidigen Menschen gespeist wurde. Du hast hier ein offenes, wahres Bekenntnis einer schrecklichen Tat; nur die Liebe zu Euch, Ihr Lieben, hielt mich an diesem Leben fest. Denn ich zog doch die Festung dem Tode vor, und daß ich nicht hingerichtet würde, davon war ich damals fest überzeugt. Jetzt ist es freilich anders, denn ich sehe nicht nur die Möglichkeit, sondern sogar die Wahrscheinlichkeit ein. Aber laß das gut sein, es kann alles noch besser werden, als wir denken. Für jetzt freu ich mich nur, daß meine liebe Mutter hier ist und daß ich mich mit Dir unterhalten kann. Denn obgleich mir Weitze und Landvogt soviel Gutes erweisen, so kann ich doch nicht *das* für sie fühlen, was mein Herz für Dich empfindet. Mit welcher Gefahr ich schreibe, glaubst Du gar nicht, denn an meiner Stubentür, in welcher eine Scheibe ist, steht der Posten, und ich habe nur einen kleinen Winkel, wo er mich nicht beobachten kann. Wenn ich nur bald von hier wegkomme. Zwar werde ich dann Dir und meiner Clara entführt, doch mein Herz bleibt bei Euch, und gewiß werde ich Dich stets von meinem Befinden benachrichtigen. Nur muß ich bitten, daß auch Du mich recht ausführlich benachrichtigst und mir schreibst, *was ihr für den Silvesterball vorhabt.* Du weißt gar nicht, wie glücklich es mich macht, von Dir und Clara etwas zu hören; daher sei nicht karg mit Deinem Schreiben, es soll Dir keinen Schaden verursachen. Grüße meinen guten Heinrich, August, Jean etc., aber vor allen grüße *sie,* die ich so heiß liebe. Sage ihr, daß alle Pulse nur für *sie* schlagen, daß kein Augenblick vergeht, in welchem ich nicht an sie denke. Ach, es heißt mit Recht: „Süße Quelle meiner Leiden, ewig, ewig lieb ich dich“, denn jener unvergeßliche Abend (Freitag, den 2. Dezember) ist die Hauptursache. Aber ich klage keinen Menschen an, nur mich allein und meine fürchterliche Verblendung. Ich kann mit Recht sagen, *„ich opferte mich für andere“*, denn mir bleiben von der Tat nur die Hefen, meine Kameraden genießen das Gute. Nur bleib mir treu, erfreue mich mit einem recht langen Schreiben und grüße Clara von Deinem immer noch verliebten

Vetter Emil.

Zweiter Brief Emil von
Arnstedts an seinen Vetter Adalbert von L.

1. Januar 1837

Mein lieber Adalbert! Von Herzen Glück zum neuen Jahr. Du bist doch mein bester Junge und wirst es bleiben, daher will ich Dir auch vertrauen. Ist mein Tod nicht zu umgehen, so steht mir der Weg der Flucht immer noch offen. Ich habe schon im stillen gearbeitet, und Du wirst mich gewiß dabei nicht im Stich lassen. Als ich gestern gegen sieben Dein kräftiges „Oho!" erschallen und die Schellen läuten hörte, war ich schon im Begriff, *als Maske auf den Silvesterball zu kommen.* Nur der Gedanke an die Bemühungen meiner guten Mutter* hielt mich davon ab. Daß es mir gelungen wäre, wirst Du wohl nicht bezweifeln, denn ich gab Dir schon Beweise der Art. Über Deinen Brief habe ich eine unaussprechliche Freude gehabt. Schreibe mir ja, was Clara macht, wie sie von mir denkt, ob sie sich meiner noch erinnert. Glaube mir, nichts straft mich mehr als das Vernageln meiner Fenster, aber ich muß gestehen, es war in den ersten Tagen auch zu auffallend. Alle Mädchen gingen an meinem Fenster vorüber und schauten herauf. Mir war so rasend zumute; doch habe ich mich köstlich dabei amüsiert. Denn Du kennst mich ja, wenn ich hübsche Mädchen sehe. Aber nur *eine* erfreut mich wahrhaft, wenn sie mich eines Blickes würdigt. Schon oft hatte ich das Vergnügen, sie zu sehn. Ach, wenn ich sie nur noch einmal sprechen könnte! O guter, treuer Freund, wenn Du ein kleines Liebeszeichen für mich empfangen könntest, es sollte mir meine Ketten tragen, ja vergessen helfen. Meine gute, liebe Mutter arbeitet Tag und Nacht für mich, und ihren Bemühungen verdanke ich so viel. Ach, wenn ich ihr doch genug dafür danken könnte! Wenn Du wüßtest, wie es in mir gärt und kocht; wenn das so fort geht mit meiner Behandlung, werd ich nächster Tage verrückt. Denke Dir, alle vierundzwanzig Stunden wird bei dieser Kälte nur einmal eingeheizt; wenn ich schlafen gehe, darf ich mich nicht ausziehen, und was dergleichen Schikanen mehr

* Seine Mutter, eine noch sehr schöne Frau, war von Sorau nach Frankfurt gekommen, um von hier aus Schritte zur Rettung ihres Sohnes zu tun oder wenigstens eine Strafmilderung durchzusetzen. Bei dem großen Interesse, das die Stadt, namentlich die Frauenwelt, an dem Hergange nahm, kam man ihr vielfach entgegen und unterstützte sie mit Rat und Tat. Auch mit Geld, denn sie war unbemittelt. Eine von ihrer Hand geschriebene Quittung liegt mir vor. Dieselbe lautet: „Vier Doppel-Louisdor zur hülfreichen Verwendung für meinen unglücklichen Sohn von edlen Menschenfreunden anonym erhalten zu haben, bescheinige ich hiermit und sage den edlen Gebern meinen heißesten, gerührtesten Dank. Frankfurt, 28. Dezember 1836. Verwitwete von Arnstedt, geborene von Aldobrandini."

sind, die man sich ausdenkt. Keine Binde, keine Hosenträgerschnalle, nichts darf ich haben; daß ich *andere* Sachen habe, das wissen sie nicht. Aber nun will ich alles gern ertragen. Ich besitze eine liebe, treue Mutter, eine gute Schwester, geprüfte, treue Freunde und vielleicht auch das Herz eines Mädchens, das mein ganzes Sein ausmacht. Ich bin nicht verlassen, denn man nimmt sich meiner tätig an. Wenn nur nicht gerade meine Richter auch meine Feinde wären. Aber laß das gut sein, ihren Zweck erreichen sie nicht, denn obgleich ich dem Tode mit Trotz ins Gesicht sehe, so ziehen mich doch alle Pferde der Erde nicht zum Schafott. Dafür sage ich Dir gut, und Du kennst mich alte, treue Seele. Der Frau kannst Du unbedingtes Vertrauen schenken, sie ist treu wie Gold, und obschon sie sehr beobachtet wird, Weiberlist geht über alles. Und ich bin Gott sei Dank auch nicht auf den Kopf gefallen. Bald mehr. Lebe froh, genieße Deine Zeit; man ist bloß einmal jung. Grüße meine Freunde und meine heißgeliebte Clara, und sage ihr, wie unaussprechlich ich sie liebe und wie ich nur stets an sie denke. Lebe wohl.

Adalbert von L. an Emil von Arnstedt

3. Januar 37

Mein lieber Arnstedt. Von Clara soll und will ich Dir schreiben. Ja, sie liebt Dich noch mit der Liebe, wie sie Dich stets geliebt hat, und Deine Locke trägt sie beständig auf ihrem Herzen. Sie lebt nur für Dich; auf dem Beamtenverein sprachen wir nur von Dir, und heut noch gehe ich zu ihr, um sie zu einem Briefe zu vermögen. Es war am Sylvester wenig los auf dem Verein, nur ungefähr zehn bis zwölf tanzbare Damen; ich habe mit Clara den Cotillon getanzt und, wie gesagt, nur von Dir gesprochen. Als ich nach Frankfurt zurückkam, hörte ich gleich, daß Du im Gefängnis ungeheuer becourt worden wärest; aber Du hast auch wirklich die ganze Damenwelt auf Deiner Seite. Wenn Deine Richter *Damen* wären, so würdest Du gewiß freigesprochen und noch obenein General. Deinem vis-à-vis traue ich nicht; sprich nicht davon, daß ich mit Dir korrespondiere. Wenn Du heraus könntest, fast glaub ich, ich würde Dich wegbekommen. Überlege Dir die Sache und schreibe mir darüber. In der Stadt geht das Gerede, ich korrespondierte mit Dir und sollte deshalb festgenommen werden; es ist aber nichts, und ich mache mir auch nichts daraus. Nimm Dich nur in acht, daß Du nicht schlecht dabei wegkommst, denn der alte Oberst von Werder sieht mir höllisch auf die Finger und sitzt jetzt den ganzen Tag am Fenster. So weit schrieb ich heute vormittag; jetzt kann ich Dir auch etwas von Clara erzählen. Ich fuhr sie heute Pikschlitten, und ich hoffe von meiner Überredungskunst das Beste. Es würde mich glücklich machen, wenn sie Dir ein paar Zeilen schriebe. Mein lieber Arnstedt, bist Du in Deinem Briefe auch ganz offen gegen mich gewesen? *Hast Du wirklich ganz allein den Entschluß gefaßt? Ich nehme zwar nicht an, daß Du eine Verbindung mit andern in dieser Hinsicht gehabt hast, aber wenn es wirklich so sein sollte, so rette uns Dein teures Leben.* Du hast vielleicht Dein Ehrenwort gegeben; es ist so, nun gut, in Amerika, wenn Du loskämest, weiß niemand etwas davon, und Du stehst so gut als Ehrenmann da wie jeder andre. Glaube mir, meine einzige Bitte zu Gott ist jetzt Dein Leben, und wenn alle die Gebete erhört werden, welche dafür zum Himmel emporsteigen, so wirst Du gewiß erlöst. Verzweifle nur nicht, stelle Dich wahnsinnig, aber werde es nicht. Kann ich Dir in sonst etwas dienen, so sprich es aus. Alles, was ich tun kann, tu ich gewiß mit Freuden. Tu nur keinen übereilten Schritt; Dein Entschluß, *nicht* auf dem Schafott zu sterben, ist *Dir von Gott eingegeben.* Ich könnte nicht leben, wenn ich Dich hinrichten sähe.

Dein A. von L.

Emil von Arnstedt an Adalbert von L.

12. Januar 37

Mein guter lieber Adalbert. Meine Flucht aus dem Kerker, auf die Du hinweist, ist kinderleicht; bedenke aber dann weiter. Ich bin hier entblößt von allen Mitteln, zur Reise braucht man Geld, auch müßt ich von Kopf bis Fuß anders gekleidet werden. Die Sache ist also kostspielig, und ich kann von Dir solches Opfer gar nicht annehmen. Reißen aber alle Stränge, so muß Rat geschafft werden, auch Geld, es mag kommen, woher es will, und wenn ich mich dem Satan verschreiben sollte. Ich warte mit Schmerzen auf die Rückkehr meiner Mutter (wahrscheinlich von *Berlin,* wo sie dem König ein Gnadengesuch überreichen wollte), von *der* hängt viel ab. Fällt das Resultat glücklich aus, so bleib ich vernünftig, wo *nicht,* so werd ich wahrscheinlich wahnsinnig, und dann fang ich damit an, daß ich alles kurz und klein schlage. Ich werde meine Rolle schon spielen. Du mußt mir jedesmal schreiben, wann Du meinen Brief erhalten hast, und das Datum darauf setzen. Ich schicke Dir Deine Briefe mit; Du hebst sie mir auf, daß, wenn ich sie fordere, Du sie mir geben kannst. Verwahre die von mir geschriebenen so, daß, wenn man bei Dir nachsuchen sollte, man keinen findet. Ich schicke Dir hier einen Brief an meine liebe Cl. mit; ich überlasse es Deinem Gutachten, denselben abzugeben oder nicht. Zugleich liegt hier die Zeichnung zu dem Schlüssel meiner Ketten bei, zur Flucht muß ich sie lösen; habe ich aber den Schlüssel *nicht,* so muß ich das Schloß zerbrechen, was mich verraten möchte. Kannst Du mir nicht diesen Schlüssel machen lassen? In diesem Falle benachrichtige mich, wenn er fertig ist. Das Weitere sollst Du dann hören ... Ach, wenn ich Dir doch mit Worten schreiben könnte, welche Freude ich über Deinen Brief empfand! Im Vertrauen auf diesen Brief schrieb ich an Clara. Möchte sie mir doch antworten. Sie ist mein Gedanke bei Tag und Nacht. Im Traume umgaukelt sie mich. Liege ich abends so wachend auf meiner Pritsche, so ist es oft, als stände sie vor mir und lächelte mich freundlich an.

Sehnend breit ich meine Arme
Nach der Teuren Schattenbild,
Ach, ich kann es nicht erreichen,
Und das Herz bleibt ungestillt.

Wenn Du, lieber Vetter, mir von ihr einen Brief senden könntest, ich würde vielleicht schon aus Liebe wahnsinnig. Es ist doch ein köstlich Ding, daß wir uns so unterhalten können. Ja, ja, die Liebe und die Not sind erfinderisch, und wer weiß, wie es stünde, wenn dies nicht wäre. Benachrichtige mich doch offen, was die Leute so über meine Bestrafung sprechen. *Ob der Entschluß in mir oder bei andern gereift ist und ob ich freiwillig oder durch das Los zum Mörder wurde, darüber laß mich schweigen, und auch Du schweige gegen andre.* Nun lebe wohl, schreibe bald und sei nicht so kurz mit Deinen Worten; Du schreibst fünf Zeilen und ich Dir immer ellenlange Briefe. Laß ja den Schlüssel machen; siehe Dich aber mit dem Schlosser vor, er muß Dich entweder genau oder gar nicht kennen.

Dein Emil.

III

Um die Mitte Januar bricht die Korrespondenz ab, um erst zwei Monate später wieder aufgenommen zu werden. Ob hier Briefe fehlen oder ob einfach die Wachsamkeit eine größere geworden war, läßt sich aus der Korrespondenz selbst nicht entnehmen. Diese wird immer äußerlicher und zum Teil auch zynischer, je näher die Katastrophe rückt, was unerklärlich wäre, wenn man nicht annehmen müßte, die Hoffnung auf Begnadigung habe ihn bis zuletzt begleitet. Ich lasse nun wieder die mit dem 10. März aufs neu beginnenden Briefe sprechen.

Adalbert von L. an E. von Arnstedt

10. März 37

Lieber Arnstedt. Gott sei Dank, endlich mal wieder etwas von Deiner lieben Hand. Meine Freude beim Anblick Deiner letzten Zeilen war unaussprechlich. Du verlangst einen ausführlichen Bericht, und ich versuch es. Mit Deiner lieben

Mutter und Deiner schönen, Dir sehr ähnlichen Schwester waren wir am Abend vor Deiner Abreise (dies ist unverständlich) recht *vergnügt* bei Landvogts; *Dein Schwesterchen war etwas angetrunken* und daher sehr liebenswürdig und heiter. Auch von Clara, so verlangst Du, soll ich Dir schreiben. Nun, ich darf Dir der Wahrheit gemäß versichern, daß sie Dich liebt und immer lieben wird. Unsre Gespräche haben nie einen andern Gegenstand als Dich, und Du erfüllst ihre ganze Seele. Nur einmal hat sie mich geärgert: als ich ihr Deinen Brief gab, hat sie diesen Brief an Kirchner gezeigt. Neulich, auf dem Beamtenvereine, haben wir uns ziemlich amüsiert; die Stelle dicht an der Tür, wo Du mit Clara das letzte Mal gesessen, wird jetzt immer von uns eingenommen, weil sie ihr die liebste ist. In der Loge war ich auch neulich. Franziska wird jetzt von einigen Dragonerfähnrichen becourt; zugleich macht sie Gedichte an Dich.* Es ist alles weder gehauen noch gestochen, doch es sind ja Verse. Woher weißt Du, daß ich jetzt einen kurzen *schwarzen Samtrock* habe? Tanze nur fleißig schottisch, damit Du doch etwas Bewegung hast. Schreibe mir auf die Rückseite dieses Briefes.

Dein treuer Vetter A. L.

Arnstedt *antwortete denselben Tag noch (10. März) und schrieb, wie proponiert war, auf die Rückseite des Briefes.*

Mein lieber guter schwarzröckiger Vetter. Daß Du einen schwarzen Samtrock hast, habe ich längst gewußt, aber *das* ist neu, daß ich Dich vielleicht nächstens darin *sehen* werde. Ich habe nämlich Hoffnung, als „Staatsgefangener" nach Magdeburg zu kommen; ist das aber der Fall, so werde ich mit Extrapost fortgebracht. Da können wir uns dann mögli-

* In diesen Brief war auch ein kaum zwei Finger breiter Zettel mit Fräulein Franziskas jüngster, an von Arnstedt gerichteter Dichtung eingeschlossen. Diese lautete:

Ewig wird die Freundin Dich lieben,
Mit Dir sterben will sie, bei Dir ruhn.
Immer mag die Welt mich auch darum verdammen,
Leben kann ich ohne Dich nicht mehr.

Nur um *eine* Zeile von Ihrer Hand bittet Franz . . .
(Darunter hatte von Arnstedt mit Bleistift geschrieben: äußerst dumm.)

cherweise sehen und sprechen; man muß nur alles ausspekulieren und pfiffig sein. Was hat denn Kirchner zu dem Briefe gesagt? Ihr werdet mich übrigens sehr verändert finden. Mein Haar umhüllt mich wie ein Mantel, und mein Bart hängt bis zur Erde, denn es sind jetzt runde funfzehn Wochen, daß ich eingesperrt wurde. In zwei bis drei Jahren hoff ich wieder frei zu sein; kann und darf ich dann in unserem Heere nicht fortdienen, so ist Rußland oder Griechenland mein Asyl. Aber erst verlebe ich einige Zeit bei Dir. Nächsten Freitag kommt Vetter Fritz wieder zu mir; da könntest Du mir etwas Herzstärkendes zuschicken, eine Flasche Wein oder einen guten Leckher oder Leckhin. Aber es muß in einer Flasche sein, die der Vetter in die Tasche stecken kann. Franziska dichtet. Nun, ich auch, und mein Neuestes ist ein Lied *„An den Arrest"*.

Als ich Dich zum erstenmal erblickte,
Diesen Augenblick vergeß ich nie,
Als ich mich auf Deine Pritsche drückte,
Wurde mir, ich weiß es selbst nicht wie.

Du siehst, ich bin *auch* ein Dichter. Dein *Emil,* Suitier in Ketten.

Fünf Tage später, derselbe an denselben

15. März 37

Mein lieber Adalbert ... Mein Urteil wird und muß bald kommen und wird hoffentlich nicht so streng ausfallen. Daher Geduld. Bin ich erst an meinem Bestimmungsort, so erhältst *Du* die erste Nachricht. Nun aber, was macht Clara? Denkt sie meiner noch, oder bin ich vergessen. Laß mich nicht vergebens auf Antwort warten. Grüße sie und sage ihr, daß mein Herz nur für sie schlägt, daß ich durch sie lebe und atme ... Ich hoffe noch auf frohe Tage und rufe deshalb auf Wiedersehen. Grüße Clara. Gesund bin ich und fidel wie immer, obgleich mir die Flügel beschnitten sind.

Dein Emil.

Adalbert von L. an Emil von Arnstedt

24. März 37

Mein guter, lieber Arnstedt. Dein liebes Briefchen habe ich erhalten. Du fragst darin unter andern, wie Claras Vater und ihre Mutter von Dir denken? Ersterer urteilt wie fast alle Männer, also *lieblos*, die letztere jedoch bedauert Dich von Herzen. Du frägst auch, wer jetzt Clara becourt? Die Leute meinen, *ich* täte es; aber es ist nicht wahr, unser Gespräch dreht sich immer nur um *Dich*. Du schreibst auch, Deine Locken wären jetzt Dein Mantel und Dein Bart reiche bis zur Erde. Junge, da mußt Du ja allerliebst aussehen, doch bitte ich Dich, opfere etwas davon und schicke es mir, aber einen recht großen Wusch, *denn alle Welt will eine von Deinen Lokken haben.* Heute zum Karfreitag ist nirgend etwas los, aber am Ostermontag bin ich auf dem dritten Club.

Dein A. von L.

Emil von Arnstedt an Adalbert von L.

25. März 37

Mein lieber Adalbert. Heut ist der Geburtstag meiner Mama, ich durfte ihr direkt keinen Gruß, keinen Glückwunsch senden und mußte es durch einen Mann tun lassen, dem ich nicht gewogen bin, durch meinen Hauptmann. Früher trat ich an der Hand meiner Geschwister und meines guten sel. Vaters vor meiner Mutter Ruhebett und beschenkte sie mit Blumen und anderen Kleinigkeiten, sagte auch, als der Älteste, ein hübsches Gedicht her. Jetzt darf ich ihr nicht einmal schreiben! Bei Gott, das schmerzt tief, das kränkt mich; doch weg mit trüben Gedanken. Wiederkommen bringt Freude. Weiß ich doch, daß liebende Herzen mir entgegenschlagen. Ich sende Dir auf Deinen Wunsch eine Locke, so gut ich sie habe. Gib aber davon nicht jedem oder auch nicht jeder. Brauchst Du mehr, so steht mein Kopf zu Diensten, doch bitte ich Dich um die Namen der Expektanten. Habe Dank für die Flasche. Hast Du nicht ein altes Spiel Karten zu meiner Unterhaltung, es wird Tod und Leben gespielt. Morgen also siehst Du Cl. „Ach, süße Quelle meiner Leiden, ewig, ewig lieb ich dich.“ Beobachte sie gut. Wenn sich irgendein fremder Schnippschnapp an sie machen sollte, sieh, ich schwöre Dir, meine Hand griffe zum zweiten Male nach der Mordwaffe, und *dieses* Ziel würde sie noch weniger fehlen. Ach, ich bin ein schrecklicher Mensch in meiner Einsamkeit geworden und denke nur an blutige Rache. Du verzeihst mir, daß ich so rede. Aber Du weißt, lügen ist nicht meine Passion. Auf ein fröhliches Wiedersehn. Gott *segne* Dich! Wie immer Dein Vetter Emil von A.

Adalbert von L. an Emil von Arnstedt

Lieber guter Arnstedt! Ich habe eben jetzt keine guten Nachrichten für Dich bekommen; der König soll das kriegsgerichtliche Urteil dem Kammergericht übergeben und dieses das Urteil bestätigt haben. Doch harre und hoffe. Vielleicht, daß Dir doch noch die Gnade offensteht. Wenn Dir Dein Urteil publiziert ist, kannst Du verlangen, *die* zu sehen und zu sprechen, welche Du gern hast, und ich glaube, ich werde doch einer der ersten sein. Hoffentlich aber ist alles nur Fama.

Emil von Arnstedt an Adalbert von L.

Lieber Adalbert! Laß das gut sein. Im Fall der Not weiß ich zu sterben. Ich beschwöre Dich bei allem, was Du liebst, laß Dir ein schnell wirkendes Gift für mich bereiten, denn ich bin fest überzeugt, daß du mich nicht willst richten sehn. Wenn es dann Not am Mann ist, schickst Du mir die Pülverchen oder die Mixtur, und ich lache dem Schafott Hohn. Du wirst mir dies nicht abschlagen. Volto (?) subito.

Dein E. von A.

Derselbe an denselben

2. April 37

Mein lieber Vetter Adalbert. Du antwortest mir nicht; das ist nicht recht; denke Dir doch meine Ungeduld! Ich rechne zum 5. auf einen langen Brief von Dir. Ich habe jetzt dic Erlaubnis, Reisebeschreibungen zu lesen, und bin deshalb bald in den Sandwüsten Afrikas, bald in Amerikas reizenden Gefilden. Könnt ich dort in Wirklichkeit mit Dir sein! Wie lauten die Nachrichten über mich? Zum Tode wird es wohl noch nicht gehen; ich habe ja noch nichts gemacht im Leben und sollte schon sterben! Aber sorge nur immer für eine kleine Phiole mit Rettung aus der Not. Wie ist es Dir am Freitag ergangen? Was macht Modeste, Louise, Flora, Agnes, und vor allem, was macht *sie*? Schreibe bald Deinem alten Vetter.

Nachschrift. Das Wetter ist furchtbar und tobt und heult. Es würde sich bessern, wenn ich frei wäre. Dein *Aemilius Buridan,* Hauptmann der schwarzen Bande.

Adalbert von L. an Emil von Arnstedt

6. April 37

Lieber Arnstedt. „Harren und Hoffen hat oft eingetroffen." Ich ruf es Dir heute zu. Deine Sache soll jetzt wie folgt stehen. Der König hat zu seiner Beruhigung das (wahrscheinlich auf Tod lautende) Urteil dem *Oberauditoriat* übergeben; dieses hat sich die Zeichnung des Ganges, in welchem Du Wenzel erschossen hast, schicken lassen und hat nach Kenntnisnahme dieser Zeichnung den Ausspruch getan: daß ein Zielen in diesem Gange nicht möglich gewesen sei. Worauf Du nun, so heißt es, und in gleichzeitiger Berücksichtigung Deiner Jugend, zu zwanzig Jahr Festung verurteilt seist. Nun weiß der König nicht, was er tun soll. Das ursprüngliche Urteil liegt zu seiner Unterschrift da. Er wird es aber hoffentlich nicht unterschreiben ... (Es folgen nun wieder ganz gemütlich Ball- und Gesellschaftsnachrichten, allerlei kleiner Klatsch, Rendezvous und zuletzt Bemerkungen über Treue und Untreue . . .) „Du darfst nicht zu viel von Clara fordern und darfst nicht vergessen, daß sie Deine erste Liebe nicht war und Deine letzte hoffentlich nicht sein wird. Ich glaube bestimmt, wenn Du schönere Mädchen sähest, würdest Du Clara vergessen. Und zuletzt: „Was mir angenehm ist, ist das, daß Du Reisebeschreibungen zu lesen hast. Suche nur ein hübsches Plätzchen in *jenen Regionen* aus; ich ziehe mit Dir, so weit der Himmel blau ist."

Dein Adalbert.

E. von Arnstedt an Adalbert von L.

Mein lieber Adalbert. Ein ruhiges Plätzchen in jenen Regionen aufzusuchen ist wohl leicht; doch ob Du mit mir dort Freud und Leid teilen willst, *das* bedenke. Man verläßt nicht gern ohne Not Eltern, Hab und Gut. Nein, wähle Dir ein hübsches junges Weib, habe Kinder, und wenn *ich* dann vielleicht aus jenen Regionen ohne Fuß oder Arm zurückkehre, so gewähre dem alten zerschossenen, aber gewiß noch *fidelen Krüppel* ein Plätzchen an Deinem Herd. Doch das liegt in weiter Ferne. Vorläufig nur das, daß ich in der ganzen Welt mein Fortkommen zu finden hoffe, denn wenn schon ich nichts als Blut zu vergießen gelernt habe, so braucht man doch Leute, die sich für Geld und gute Worte totschießen lassen, allerorten, sogar bei den Wilden und Negern. Es umarmt Dich Dein Vetter Emil.

Adalbert von L. an E. von Arnstedt

Lieber Arnstedt. Noch eins, aber etwas Ernsthaftes. Ich glaube, ja ich bin gewiß, daß wir einander gut sind und uns von Herzen lieben. Versprich mir, so wie ich Dir jetzt hier verspreche, daß wir – – – nein, es ist zu phantastisch; laß den Satz unausgeschrieben. Wenn wir uns lebendig wiedersehn, will ich Dir mündlich sagen, was ich eigentlich wollte. Da dies vielleicht die letzten Briefe sind, die wir wechseln, so noch einen Vorschlag. Wenn Du verurteilt wirst, ist das einzige Mittel, Dich nicht auf das Schafott bringen zu lassen, Du beißt Dir die Pulsadern durch. Es ist der beste Tod, und man soll sanft einschlafen. Wenn Du leben bliebest und, wie Du schreibst, als Krüppel wiederkämst, so wollt ich das letzte Stückchen Brot mit Dir teilen. Lebewohl. Dein Adalbert.

E. von Arnstedt an Adalbert von L. (Letzter Brief)

Lieber Adalbert! Dank, tausend Dank für Speis und Trank und für Deine Nachrichten. Aber was meinst *Du mit dem, was Du unausgesprochen läßt*? Du machst mich neugierig. Freund, was lange währt, wird gut; laß nur sein, und wenn ich auch 7000 Jahre auf Festung komme, *das* schadet nichts; dann leben wir doch noch einmal vergnügt zusammen und gedenken vergangener Mißgeschicke.

Zittre nicht, zage nicht,
Sei nicht ungeduldig,
Was du nicht bezahlen kannst,
Bleib den Leuten schuldig.

Dein Vetter Emil von A.

Mit diesem, dem Commersbuch statt dem Gesangbuch entnommenen Trostesverse ging er aus der Welt: „Was Du nicht bezahlen kannst, bleib den Leuten schuldig."

Am liebsten (und dies soll ihm unverdacht sein) wär er den Leuten seinen Tod *schuldig* geblieben. Aber es war anders beschlossen, und er mußte mit seinem Leben zahlen. Der König, wie schon eingangs hervorgehoben, bestätigte am 14. April das schon am 7. Januar vom Kriegsgericht gefällte Urteil, und elf Tage später erfolgte die *Hinrichtung.* Dem Bericht eines Augenzeugen entnehm ich darüber das Folgende.

„Fähnrich von Arnstedt wurde den 25. April 1837, fünf Uhr morgens, auf einen mit zwei Pferden bespannten bäuerlichen Korbwagen gesetzt und, begleitet von einer kleinen

Abteilung seines Regiments (Leibregiment), in einem raschen Schrittempo nach dem für die Hinrichtung bestimmten Platze hinausgefahren. Ihm gegenüber rückwärts saßen zwei Unteroffiziere. Der Weg war nicht allzu weit und lag auf den Frankfurter Wiesen, dicht am sogenannten Meisterwerk. Am Ende der hier die Dammvorstadt durchschneidenden Sonnenburger Straße war ein Sandhügel aufgeworfen, und vor dem in Nähe davon aufgestellten Richtblock stand der Scharfrichter. Als Arnstedt all dieser Vorbereitungen von seinem Sitz her ansichtig wurde, gab er sich einen Ruck und sagte zu den Unteroffizieren: ‚er werd ihnen zeigen, wie ein preußischer Soldat sterben müsse'. Gleich danach angekommen, sprang er rasch vom Wagen, trat an den Scharfrichter heran und fragte diesen, ‚was er zu tun habe, um ihm sein Amt zu erleichtern'. Worauf dieser antwortete, ‚daß er den Atem anhalten solle'. Nach Verlesung der Ordre wurde dann das Urteil rasch vollstreckt und der Körper eingesargt und an Ort und Stelle begraben."

In einem *zweiten* Briefe, der von seinem noch lebenden Vetter an mich gerichtet wurde, heißt es: „Als der Zug vorüberkam, lag ich im Fenster meines elterlichen Hauses und empfing ein letztes, freundliches Kopfnicken. Ein mir unvergeßlicher Moment. Worte des Abscheus über von Arnstedts Tat hab ich nie vernommen, aber viel Tränen sind dem bildhübschen Menschen nachgeweint worden, ja, eine mir bekannte ältre Dame, die jenen Hinrichtungstag mit erlebt hat, gerät noch jetzt in ein nervöses Zittern, wenn sie desselben gedenkt."

Ich meinerseits füge hinzu: das Ganze (neben manch andrem, was sich daraus lernen läßt) kann als ein merkwürdiger und beängstigender Beweis von der berückenden Macht einer dämonisch sinnlichen Persönlichkeit gelten. An dem siegreichen Einflusse dieser Persönlichkeit scheiterten alle moralischen Bedenken. Einem ungewöhnlich hübschen Menschen zuliebe verwirrten sich die Begriffe von Recht und

Unrecht, und ein Verbrecher wurd ein Held. Die Frauen, alt und jung, gingen natürlich mit gutem Beispiel voran. Andererseits können wir einzelnen Briefen der vorstehend mitgeteilten Korrespondenz wenigstens *das* als Trost entnehmen, daß es neben diesem innerhalb der Frankfurter Frauenwelt epidemisch auftretenden Fähnrich-Enthusiasmus auch *Männer* gab, die das Ding als *das* ansahen, was es war, als die schnöde, schändliche Tat eines reichbegabten, aber durchaus bösen und von Anfang an den finstren Mächten verfallenen Menschen.

Er hatte nur *einen* Mitschuldigen: die Halbheit, Zerfahrenheit und Verwirrung der Zeit, in der er lebte. Nichts war innerlich in Ordnung, ein Bovist, *alles* hohl und faul, und ein bitteres Lächeln überkommt *den,* der jene Tage noch mit durchkostet hat, wenn er von ihnen wie von einer hingeschwundenen „guten, alten Zeit" oder gar wie von einem „verlorengegangenen Paradiese" berichten hört.

LIEBENBERG

1. KAPITEL

Liebenberg

bis zum Besitzantritt der Hertefelds 1652

An der Grenze der Grafschaft Ruppin, aber mit ihrem Hauptbesitzstande schon der Uckermark angehörig, liegt die große, mehr als 20 000 Morgen umfassende Herrschaft *Liebenberg.*

Über die Vorgeschichte von Dorf und Schloß Liebenberg, die der Herrschaft den Namen gaben, ist wenig bekannt. Aller Wahrscheinlichkeit nach war es, in der wendischen Zeit, ein von den Ukranern ausersehener Verteidigungspunkt, der dann, als die deutsche Sache gesiegt hatte, ebendieser wieder als Stützpunkt diente. Dafür sprechen noch ein paar Ortsbezeichnungen. Insonderheit eine: mitten auf einer schmalen Landzunge, die sich in einen Waldsee, die „Große Lanke", hinein erstreckt, erhebt sich der nach drei Seiten hin von Wasser umgebene „Burgberg", dessen vierte Seite, nach Art eines heranführenden Passes, leicht zu verteidigen war. Die Verteidiger desselben waren *zuletzt* Deutsche, wie der Name „Burgberg" andeutet, aber Deutsche, die sehr wahrscheinlich ein bloßes Erbe hier angetreten hatten. Ausgrabungen würden unschwer Gewißheit darüber geben.

Um die Mitte des 15. Jahrhunderts finden wir Liebenberg im Besitze der Bischöfe von Brandenburg, die sich desselben jedoch um ebendiese Zeit entäußerten. Und zwar kam es, in Gemeinschaft mit dem gesamten „Lande Löwenberg", an die Bredows. Bei diesen blieb es bis 1652, wo dann das unter den Drangsalen des Dreißigjährigen Krieges absolut verwüstete Gut in Konkurs geriet und durch Jobst Gerhard von Hertefeld, einen Cleveschen, eben damals in die Marken gekommenen Edelmann, erstanden wurde. Von jenem Zeitpunkt ab sehen wir es, bis zum Erlöschen des Geschlechts (1867), also durch mehr als zwei Jahrhunderte hin, unverändert im Besitze der *Hertefelds.*

Diese – vom 13. Jahrhundert an in zahlreichen cleveschen Urkunden immer wiederkehrend genannt – waren von Anfang an hervorragend in der Geschichte des Niederrheins, errangen aber erst eine allgemeinere Bedeutung, als sie 1609, unter *Stephan* von Hertefeld, in Beziehung zu dem Hause *Brandenburg* traten.

In ebendiesem Jahre 1609 starb der letzte Herzog von Cleve, bei welcher Gelegenheit Stephan von Hertefeld das Clevesche Land für den Kurfürsten Johann Sigismund, Großvater des „Großen Kurfürsten", in Besitz nahm. Er schlug öffentlich das brandenburgische Wappen an die Tore der Stadt, ohne Rücksicht auf die große Gefahr, der er sich dabei aussetzte. Sein Versuch, einen gleichen Akt in Düsseldorf vorzunehmen, scheiterte an dem Widerstande der dort übermächtigen Anhänger des Hauses Pfalz-Neuburg.

Stephan von Hertefeld hatte, wie begreiflich, durch diese Parteiergreifung für das Haus Brandenburg in Wien Anstoß gegeben, und als einige Jahre später spanische Truppen ins Clevesche eindrangen, suchten sie sich des brandenburgischen Parteigängers auf seinem Rittersitze Kolk zu bemächtigen. In der Tat gelang es auch einer kleinen, von Xanten aus abgesandten Truppenmacht, ihn zu überrumpeln, und nur mit genauer Not entkam er einer Abteilung, die schon bis auf den Schloßhof gedrungen war. Er verbarg sich in einem benachbarten Sumpfe, von dem aus er Zeuge war, wie seine Burg Kolk von Grund aus zerstört wurde.

Stephan von Hertefeld starb 1636.

Seitens des Kurfürsten Johann Sigismund war er schon vorher, in Anerkennung seiner Verdienste um das Haus Brandenburg, zum kurfürstlichen Geheimrat ernannt worden. Ebenso waren einige seiner Söhne, schon bei Lebzeiten des Vaters, in brandenburgische Dienste getreten.

2. KAPITEL

Liebenberg unter den drei ersten Hertefelds von 1652 bis 1790

Jobst Gerhard von Hertefeld von 1652 bis 59
Oberjägermeister Samuel von Hertefeld (nach einem neunzehnjährigen Interregnum) von 1678 bis 1730
Kammerherr Ludwig Casimir von Hertefeld von 1730 bis 90

Die Hertefelds hatten in der Person Stephan von Hertefelds dem regierenden *Hause* Brandenburg einen wichtigen Dienst geleistet, aber zu dem *Lande* Brandenburg als solchem waren sie bis dahin in keine Beziehungen getreten. Auch *das* kam, und zwar unter einem der Söhne Stephans.

Jobst Gerhard von Hertefeld 1652 bis 59

Dieser Jobst Gerhard von Hertefeld erwarb, wie schon hervorgehoben, um das Jahr 1652 einerseits durch Tausch, andererseits durch Kauf ein großes Gutsareal, das aus den seit längerer oder kürzerer Zeit in Devastation übergegangenen Feldmarken von *Häsen* und *Liebenberg* (Grenze von Ruppin und Uckermark) und aus hundert Hufen ebenfalls wertlos daliegendem Havel-Bruchland bei Liebenwalde bestand.

Aus diesem Wertlosen einen Wert zu schaffen lag ihm ob. Und er war der Mann, sich dieser Aufgabe zu unterziehen.

Was er für Häsen und Liebenberg getan, darüber liegen keine bestimmten Mitteilungen vor, aber die Art und Weise, wie er die *hundert Hufen Havel-Bruchland* in Angriff nahm, muß als epochemachend für die Kulturgeschichte der Mark bezeichnet werden. Er zog nämlich clevisch-holländische Landarbeiter heran und gründete, nach vorgängiger Errichtung von Deichen und Dämmen, eine auf Viehzucht und Molkerei gerichtete Kolonie, der er den Namen *Neuholland* gab.

Er gab dadurch, und das war das wichtige, das erste Beispiel von Urbarmachung wertloser Bruchgegenden, ein Beispiel, das später am Rhin, an der Oder und Warthe befolgt und eine Quelle nationalen Wohlstandes geworden ist.

Er wurde (wie sein berühmterer Neffe, mit dem er nicht zu verwechseln ist) in Anerkennung seiner Verdienste zum Oberjägermeister ernannt.

Im Herrenhause zu *Liebenberg,* das er wenigstens zeitweilig bewohnt zu haben scheint, befindet sich ein gutes Bildnis von ihm, in betreff dessen dahingestellt sein mag, ob es schon bei seinen Lebzeiten oder erst gegen Ausgang des 17. Jahrhunderts gemalt wurde. Mir erscheint das letztere wahrscheinlicher. – Einem zweiten Bilde Jobst Gerhards begegnen wir auf einem großen figurenreichen Tableau, das sich im Oranienburger *Waisenhause* (wohin es, zu nicht zu bestimmender Zeit, aus dem Oranienburger Schlosse geschenkt wurde) vorfindet. Ich habe dies Tableau in dem Kapitel *Oranienburg* (Band III meiner „Wanderungen“) ausführlicher beschrieben. Es enthält, außer den Portraits von Kurfürst und Kurfürstin, die Bildnisse des Geheimrats Otto von Schwerin, des Obermarschalls Christoph Otto von Rochow, des Obersten von La Cave und des Oberjägermeisters von Hertefeld. Eine dieser vier Figuren führt eine halb spontonartige Waffe, woraufhin *der,* der diese Waffe trägt, von den Bildererklärern ohne weiteres als Oberst La Cave festgesetzt worden ist; aber gerade dieser Waffenträger ist sehr wahrscheinlich Jobst Gerhard von Hertefeld. Der angebliche Sponton ist nämlich nichts weiter als ein Jagdspieß, der sich auch auf seinem Liebenberger Portrait vorfindet.

Jobst Gerhard starb 1659.

Oberjägermeister Samuel von Hertefeld bis 1730

Samuel von Hertefeld, unter allen seines Namens und Geschlechts der berühmteste, war ein Neffe Jobst Gerhards und folgte seinem Oheim erst 1678 im Besitze von Liebenberg. Auch um diese Zeit war er noch minderjährig.

Samuel von Hertefeld wurde 1667 geboren. Er trat mit fünfzehn Jahren in die Dienste des Kurprinzen Friedrich, der nachmals als der erste König von Preußen den Thron bestieg. Der junge Hertefeld war einer seiner Jagdpagen und bildete als solcher eine solche Fertigkeit in dem damals noch ganz ungewöhnlichen Schießen im Lauf und im Fluge aus, daß er bei den älteren Jägern in den Verdacht der Zauberei kam. Erst als er die feierliche Versicherung gegeben, daß alles natürlich zugehe, traute man ihm und ließ sich von ihm förmlich in der Fertigkeit des Im-Fluge-Schießens unterrichten. Als Ziele dabei dienten rollende Kegelkugeln.

Samuel von Hertefeld folgte dem Kurfürsten übrigens nicht nur auf seinen Jagden, sondern auch auf den Kriegszügen desselben gegen Frankreich und wohnte namentlich der bekannten Belagerung von Bonn bei. Im Jahre 1697 wurd er clevescher Jägermeister, 1704 aber, wie vor ihm sein Oheim Jobst Gerhard, Oberjägermeister in den brandenburg-preußischen Landen überhaupt.

Um ebendiese Zeit, oder doch nicht viel später, war es auch, daß er die durch ebendiesen Oheim begonnene Kolonisation von Neuholland beendete.

Dies, wie schon angedeutet, überaus ersprießliche Werk entging nicht der Aufmerksamkeit König Friedrich Wilhelms I., der, die Bedeutung derartiger Arbeiten erkennend, bald nach seinem Regierungsantritt den Oberjägermeister mit der Entwässerung und Urbarmachung des großen *Havelländischen Luches* beauftragte. Die sinnreiche Methode, durch welche Samuel von Hertefeld das Gefäll des anscheinend immer waagerecht und geradezu bewegungslos dastehenden Wassers entdeckte, verdient einer besonderen Erwähnung. Bei hohem Wasserstand und an windstillen Tagen befuhr er in einem kleinen Kahn das überschwemmte Luch und streute *Papierschnitzel* aus. Die Richtung, in welcher die Papierschnitzel mit der Strömung fortschwammen, gab ihm die Richtung des richtigen Gefälles an, und mit Hilfe dieses ebenso einfachen wie sinnreichen Verfahrens entdeckte er den höchsten Punkt, die *Wasserscheide* der in Frage kommenden Gewässer. Wobei sich's einem unwillkürlich aufdrängt, welche Summen *jetzt* wohl für die Auffindung dieses

Punktes liquidiert werden würden! Auf dem Boden, der durch Abzugsgräben innerhalb des Luchlandes gewonnen worden war, erstand das einträgliche Amt *Königshorst*, das so wichtig für die ganze Viehwirtschaft der Mark geworden ist.

Späterhin leitete der Oberjägermeister, unterstützt durch den geschickten Baumeister, Kriegs- und Domainenrat Stolzen, ähnliche Urbarmachungen in Ostpreußen und Litauen.

In gleicher Weise schöpferisch verfuhr er auf seinem eigenen Grund und Boden. Er gab *Liebenberg* seine gegenwärtige Gestalt: Herrenhaus, Kirche, Dorf, alles datiert aus seiner Zeit. Insonderheit gilt dies von dem ebenso durch seine Größe wie durch seinen Stil ausgezeichneten Park. Ich komme später darauf zurück.

Samuel von Hertefeld starb am 16. Januar 1730 zu Liebenberg und wurde den 22. desselben Monats in dem daselbst befindlichen Gewölbe beigesetzt. Ich entnehme diese Daten, im Gegensatz zu davon abweichenden Angaben, dem Liebenberger Kirchenbuche, das zugleich auch seine gesamten Besitz- und Ehrentitel gibt. Er war danach: Ritter des Schwarzen Adlerordens, Oberjägermeister, Geheimer Oberfinanz-, Kriegs- und Domainenrat, clevischer Jägermeister, Drost zu Cranenburg, Waldgraf zu Nergena, Erbherr auf Hertefeld, Weeze, Kolk, Liebenberg, Häsen, Guten-Germendorf, Clevische Häuser, Bergsdorf, Grüneberg, Boetzlaer, Appeldorn und Wenn und Jurisdiktionsherr zu Hoennepel und Nieder-Moermter.

Wie von Jobst Gerhard, so befindet sich auch von ihm ein gutes Bildnis im Liebenberger Herrenhause.

Kammerherr Ludwig Casimir von Hertefeld bis 1790

Aus seiner Ehe mit der Anna Marie Isabella von Wylich zu Boetzlaer waren dem Oberjägermeister Samuel von Hertefeld drei Söhne geboren worden: Friedrich Wilhelm, Ludwig Casimir und Friedrich Samuel. Unter sie wurde das große Erbe verteilt.

Friedrich Wilhelm (der älteste) erhielt Hertefeld und Kolk.

Friedrich Samuel (der jüngste) erhielt Häsen und Guten-Germendorf.

Ludwig Casimir (der mittlere) erhielt Boetzlaer und *Liebenberg.*

Nur der Letztgenannte, weil er, neben anderem, auch die *Liebenberger* Erbschaft antrat, ist für uns von Belang, trotzdem er nur etwa ein Viertel seines Lebens (er bracht es bis auf achtzig Jahre) auf dieser märkischen Besitzung zubrachte.

Ludwig Casimir wurde 1709 geboren und trat 1728 in das Regiment Gensdarmes, war also noch zwei Jahre lang ein Regimentskamerad Hans Hermanns von Katte. 1743, nachdem er vorher den Ersten Schlesischen Krieg mitgemacht hatte, schied er aus dem Dienst. Abermals sieben Jahre später, 1750, wurd er Kammerherr bei der verwitweten Königin Sophie Dorothee, Mutter Friedrichs des Großen, und blieb in dieser Stellung bis zu deren Tode 1757.

In diesem letztgenannten Jahre zog er sich aus der Stadt auf seine Besitzungen zurück, zunächst nach *Liebenberg,* auf dem er alle Verbesserungen fortsetzte, die sein Vater, ein Menschenalter vorher, begonnen hatte. Seine Neigungen, wie die Neigungen beinah aller dem Friderizianischen Hofe nahestehender Personen, lagen vorwiegend nach der literarischen Seite hin, und die Bücherschätze, die sich, trotz mancher durch Krieg und Wetter erfahrenen Unbill, bis diese Stunde noch im Liebenberger Schloß erhalten haben, sind, aller Wahrscheinlichkeit nach, auf die Ludwig Casimirsche Zeit zurückzuführen. Er war es, der, um diese Schätze zu bergen, eigens ein Bibliothekgebäude aufführen ließ, das freilich, weil zu niedrig und feucht gelegen, seinem Zwecke nur unvollkommen entsprach.

1777, nach einem etwa zwanzigjährigen Aufenthalte in Liebenberg, übersiedelte Ludwig Casimir wieder an den Rhein, und zwar nach Boetzlaer, das inzwischen durch den Tod seiner Mutter, der gebornen von Wylich, an die Hertefelds gekommen war. Hier erlebte er noch die Anfänge der Französischen Revolution und starb hochbetagt am 24. Dezember 1790.

Der größere Teil des beim Tode seines Vaters, des Oberjägermeisters *Samuel* von Hertefeld, in drei Teile gegangenen Besitzes hatte sich, als Ludwig Casimir starb, wieder in Händen dieses letzteren vereinigt.

Ebendieser war seit 1738 an eine jüngere Tochter des Refugiés *Jakob* von *Beschefer* vermählt, wodurch er ein Schwager des Großkanzlers von *Cocceji* geworden war.

Aus dieser seiner Ehe mit Luise Susanne von Beschefer lebte, beim Tode Ludwig Casimirs, außer einer durch ihre Schönheit und ihre Schicksale berühmt gewordenen Schwester nur noch *Friedrich Leopold* von Hertefeld, Landrat des Clevischen Kreises, bei dem wir ausführlicher zu verweilen haben werden.

3. KAPITEL

Liebenberg unter Friedrich Leopold von Hertefeld 1790 bis 1816

Friedrich Leopold von Hertefeld, geboren 1741, stand bereits in seinem fünfzigsten Lebensjahre, als er den Familienbesitz, mit alleiniger Ausnahme von Häsen und Guten-Germendorf, ererbte.

Er war 1759 bei den Gensdarmes eingetreten, also in dasselbe Regiment, in dem sein Vater während des Ersten Schlesischen Krieges gestanden, und hatte die Schlachten bei Liegnitz und Torgau mitgemacht. Er fand aber, worüber er sich in späteren Jahren oftmals äußerte, wenig Gefallen am Dienst und nahm bereits 1765 den Abschied, um, auf Wunsch des damals noch in Liebenberg weilenden Vaters, die Bewirtschaftung der rheinischen Güter zu übernehmen.

Einige Jahre später vermählte er sich, wie sein Großvater, der Oberjägermeister Samuel von Hertefeld, mit einer Wylich (Hermine Luise), aus welcher Ehe ihm eine Tochter geboren wurde: *Alexandrine*, spätere Gräfin Danckelmann.

Das war 1774. Bald darauf erfolgte seine Ernennung zum Landrat des Cleveschen Kreises, welche Stellung er, bei Ausbruch der Französischen Revolution, noch innehatte.

Ziemlich um ebendiese Zeit beginnen auch die dieser biographischen Skizze zugrunde liegenden Briefe.

Die große Zahl derselben eröffnet ein schwarzgerändertes Schreiben vom Weihnachtstage 1790, worin seitens des Schreibers Friedrich Leopold von H. der Frau Justizminister von Danckelmann, geborene von Bredow, das Ableben des alten Ludwig Casimir von Hertefeld in einer allerrespektvollsten Anzeige gemeldet wird. Zugleich aber begegnen wir in einer Nachschrift der Versicherung: „Monsieur votre fils trouvera ici une réception comme le peut attendre le fils de parents, que nous aimons et honorons", und sind, in Erinnerung an diese Nachschrift, nicht weiter überrascht, einige Monate später von der Verlobung des jungen Danckelmann mit der eben erst siebzehnjährigen Alexandrine von Hertefeld zu hören. Abermals ein Jahr später erfolgt dann die Trauung des jungen Paares, und zwar in der *Liebenberger* Kirche, Mark Brandenburg, wohin sich die Hertefelds vom Rhein, die Danckelmanns von Schlesien aus zu kurzem Aufenthalte begeben hatten.

Es scheint fast, daß schon bei dieser Familienbegegnung ein Übersiedlungsplan ins Märkische gefaßt wurde, aber seine Ausführung unterblieb, und erst als zwei Jahre später das ganze linke Rheinufer unter französische Herrschaft gekommen war, legte der sehr antifranzösische Friedrich Leopold von Hertefeld sein Landratsamt nieder und schrieb unterm 5. November 94: „Wenn die politischen Verhältnisse sich nicht *sehr* bald ändern, so werd ich, *unmittelbar nach der Wiederherstellung meiner Frau,* den Rhein aufgeben und mich in Liebenberg wenigstens versuchsweise niederlassen." Das „unmittelbar nach Wiederherstellung meiner Frau" bezog sich auf ein um ebendiese Zeit eingetretenes, freudiges und kaum noch erhofftes Ereignis: ein *Sohn* war dem Hause geboren worden (gerade zwanzig Jahre später als die schon verheiratete Tochter), und wirklich, wenige Monate nach der als

Bedingung gestellten „Wiederherstellung“ erfolgte, Juni 1795, der angekündigte *Versuch* einer Übersiedlung.

Es ist mehr als wahrscheinlich, daß aus diesem „Versuche“ schon damals ein dauernder Aufenthalt geworden wäre, wenn nicht der unerwartete Tod der Frau von Hertefeld alle darauf gerichteten Pläne wieder gekreuzt hätte. Frau von H. starb an einer rasch in Schwindsucht übergehenden Lungenaffektion im Frühjahre 1797 und wurde, wenige Tage später, von ihrer Berliner Stadtwohnung aus, nach Liebenberg übergeführt, um in der dortigen Gruft unter der Kirche beigesetzt zu werden. Ihr Tod erschütterte den Gatten tief, und er schrieb unterm 8. April an seine Tochter Alexandrine: „Deine lieben Zeilen haben mich bereits hier in Liebenberg getroffen, in dessen Abgeschiedenheit ich heimischer bin als in der großen Stadt. Anfangs kehrte mir freilich der Schmerz verdoppelt zurück, als ich die Zimmer wiedersah, die die Teure vor ihrem Heimgange bewohnte, bald aber wurd ich meines Schmerzes Herr, und zwar gerade dadurch, daß ich mich, abweichend von dem, was andere wohl in gleicher Lage zu tun pflegen, mit allem umgab, was der teuren Toten einst lieb und wert gewesen. Ich krame täglich in ihrem Schreib- und Nähtisch, in ihren Wäsch- und Kleiderschränken umher, stell alle Nippsachen an ihren rechten Platz und sehe vergilbte Blätter und Briefe durch, die mir alte glückliche Zeiten ins Gedächtnis rufen. Und warum all dies *nicht*? Warum es vermeiden? Umgekehrt, es ist mir, als ob mir ein unendlicher Trost daraus erflösse ... Meine Ruhe wiederzufinden ist mir freilich noch nicht geglückt, aber es ist der Verlust, der mich daran hindert, nicht das Gewissen. Ich habe mir keine Vorwürfe zu machen, und das hält und trägt mich und wird mir über lang oder kurz auch meine Gesundheit wiedergeben, die, für den Augenblick, beinahe mehr noch durch das lange Kommensehen des Ereignisses als durch das Ereignis selbst erschüttert worden ist.“ Und an anderer Stelle: „Wisse, Kind, es sind Pflichten, die mich halten. Am liebsten aber ruht ich mit in der Liebenberger Gruft.“

Alle philosophische Betrachtung, in der er vorher so fest

zu stehen vermeint hatte, reichte nicht aus, ihm jene Freudigkeit der Seele wiederzugeben, die bis dahin, wie der hervortretendste Zug seiner Natur, so sein eigenstes Glück gewesen war.

Und doch vielleicht, daß er diese Freudigkeit sich wiedergewonnen hätte, wenn unser gesamtes öffentliches Leben ein anderes gewesen wäre. Aber der ganze Zuschnitt mißfiel ihm. Es war die Zeit der Üppigkeiten und der Geistererscheinungen, der Rietz und des Rosenkreuzertums, und viele seiner Briefe geben uns wenigstens Andeutungen über den Gegensatz, in dem er innerlich zu Hof und Hauptstadt stand.

„Es hat nun wirklich", so schreibt er am 18. März 1797, „das kirchliche Aufgebot des Grafen Stolberg-Stolberg und der Gräfin von der Mark (Tochter der Rietz-Lichtenau) stattgefunden. An demselben Abende wurd in der Stadtwohnung der Lichtenau Komödie gespielt, und eine Oper kam zur Aufführung. Über das Brautpaar wird inzwischen allerlei gesprochen. Der Graf, dessen Vater vor dem Bankrutte steht, erfreut sich keines guten Rufes. Er glaubt aber wohl in der Braut das Huhn mit den goldenen Eiern zu haben und rechnet natürlich auf die Börse des Königs. Als ein Zeichen für die Stimmung, die gegen die Lichtenau herrscht, mag Dir das dienen, daß in derselben Stunde, wo die Theateraufführung stattfand, in ihrem *Charlottenburger* Palais ein Einbruch ausgeführt wurde. Diebe, die keine Diebe waren, sperrten den Kastellan ein und begannen nun ein Werk völliger Zerstörung: Spiegel und Porzellane wurden zerschlagen, Tapisserien und Vorhänge zerrissen, Betten und Überzüge beschmutzt – all das, ohne daß auch nur eine Nadel entwendet worden wäre. Dagegen ließ man Karten zurück, auf denen die heftigsten Beschimpfungen und Schmähworte gegen die Lichtenau standen. Alles offenbar ein Akt der Rache. Die Polizei forscht den Exzedenten nach, ohne sie bis jetzt finden zu können. Aber weh ihnen, wenn sie gefunden *werden*. Denn der König ist begreiflicherweise voll Entrüstung über einen Hergang, der sich unmittelbar gegen ihn selber richtet."

Einem ablehnenden Tone der Art begegnen wir überall, und so kann es nicht überraschen, daß der Schreiber dieser und ähnlicher Briefe noch einmal an den Rhein zurückging, um gegen alle „Hofluft" gesichert zu sein. In Liebenberg aber ließ er nicht bloß einen Pächter zurück, „der Artigkeit und Devotion mit Wahrnehmung eigner Vorteile geschickt zu verbinden wußte", sondern räumte die leerstehenden Zimmer auch dem Obersten von Cocceji (Neffen des Großkanzlers) ein, einem alten Sonderlinge, der überall, wo die Briefe seiner Erwähnung tun, um seiner enormen Grandezza willen als „Sa Majesté, le Colonel de Cocceji" vorgestellt zu werden pflegt.

Friedrich Leopold war nun wieder in seiner cleveschen Heimat, die, wenn nichts Besseres, so nahm er an, ihm wenigstens Zurückgezogenheit und Stille bieten sollte. Doch es gestaltete sich anders, und wenn er sich aus der Hofluft heraus und in die Ruhe hinein gesehnt hatte, so mußte er bald wahrnehmen, daß diese Ruhe jenseits des Rheins noch weniger anzutreffen war als diesseits. In dem französisch gewordenen Lande mehrten sich die Tracasserien, und als er eines Tages ein ihm angetragenes Ehrenamt, aus dem sich später ein „Sénateur de l'Empire" entwickelt haben würde, zurückgewiesen hatte, war ihm klar erkennbar, daß seines Bleibens unter den neu-französischen Gewalthabern nicht länger sein könne.

Dieses Erkennen war es denn auch, was ihn 1802 *nach Liebenberg zurückkehren ließ*, und zwar nicht mehr „versuchsweise", sondern umgekehrt mit dem von nun an festen Entschluß, ein für allemal auf märkischer Erde bleiben zu wollen. Er richtete sich demgemäß auch ein und intendierte sofort allerhand Reformen, hielt es aber doch für klug, ehe er zu wirklicher Änderung der vorgefundenen Zustände schritt, diese Zustände vorher sorglich zu beobachten. Ein Jahr erschien ihm dazu Zeit genug, nach dessen Ablauf er denn auch wußte, was zu tun sei. Die Wirtschaft erschien ihm altmodisch und vernachlässigt, weshalb er ihre Führung selber übernahm. „Ich habe Schreyer", so schrieb er an Alexandrine D., „aus der Pacht entlassen und ihm 9400 Taler für Superinventarium und Vorräte gezahlt. Er konnte keinen besseren Zeitpunkt finden, weil alles jetzt in doppeltem Werte steht."

Aber dies Entlassen des Pächters aus der Pacht war nur eins. Auch in seiner eignen unmittelbaren Umgebung gefiel ihm nicht alles, und er zeigte sich gewillt, auch hier eine Reform eintreten zu lassen.

Als erstes Opfer fiel „die Hohendorff", ein adliges Fräulein, das schon zu Lebzeiten der Frau von Hertefeld dem Hause zugehört und sich namentlich unmittelbar nach dem Tode derselben unentbehrlich zu machen gesucht hatte. Nicht ohne zeitweiligen Erfolg. Aus ihrem weitern Leben aber erlaubt sich der Schluß, daß sie dabei von ziemlich selbstsüchtigen Motiven geleitet wurde. Der alte Freiherr durchschaute dies und schüttete darüber sein Herz aus. „Ich fühle mich der Hohendorff, wegen ihrer früheren Dienste, wirklich verpflichtet, es bleibt aber dabei, daß es schwer mit ihr zu leben ist. Immer ist sie krank, will es aber nicht wahrhaben und gefällt sich in diesem Heldensinn." Und an andrer Stelle: „Ich mag nicht geradezu behaupten, daß es ihr an gutem Herzen fehlt, auch weiß sie sich in Gesellschaft gut genug zu benehmen. Aber an allem andren gebricht es ihr, und Einsicht, richtige Menschenbeurteilung und Unterscheidungskraft wird sie nie bekommen." In der Tat, ihr nervös aufgeregtes, altjüngferlich verschrobenes Wesen, in das sich vielleicht auch stille Hoffnungen mischten (wenn diese nicht die Wurzel alles Übels waren), machte schließlich ein längeres Zusammenleben mit ihr unmöglich, und sie wurde zu benachbarten Predigersleuten in Pension getan, aus welcher Abgeschiedenheit sie zehn Jahre später noch einmal erscheint, inzwischen in völlig „hysterisch-pietistische Verrücktheit" verfallen.

Es blieb aber nicht bloß bei der Hohendorff, und im Spätsommer 1803 war überhaupt ein aus neuen Elementen bestehender Kreis geschaffen, der nun durch viele Jahre hin ausdauerte.

Genauer angesehen, war dieser Kreis ein doppelter, und zwar ein äußerer und ein innerer. Der äußere bestand aus dem Wirtschaftspersonale, dessen in den Briefen immer nur kurz und wie gelegentlich Erwähnung geschieht, während die Gestalten des inneren Zirkels auf jeder Blattseite wiederkehren und zuletzt in aller Leibhaftigkeit vor uns stehen. Es waren dies: Demoiselle Neumann, der alte Tackmann, der junge Reichmann und Herr Hauslehrer Greif. Alle vier erfreuten sich der Auszeichnung, nicht bloß Haus-, sondern auch Tischgenossen zu sein. Ebenso gestaltete sich ihr Einvernehmen untereinander aufs beste.

Demoiselle *Neumann*, die jetzt das Haus regierte, war alles, nur keine Dame, wodurch sie gerade *des* Vorzuges genoß, nach dem sich der alte Freiherr durch Jahre hin am meisten gesehnt hatte. „Ich habe jetzt eine Demoiselle Neumann engagiert", so schreibt er an Alexandrine D., „keine elegante Gouvernante, denn sie weiß nichts von Französisch, aber aus einem guten Bürgerhause, sorglich, umsichtig, fleißig." Und bald darauf: „An die Spitze der Ökonomie hab ich jetzt die Neumann gestellt, die das alles versteht, weil sie vor Jahren schon auf dem Amte Blankenfelde die Wirtschaft gelernt hat und mit anzugreifen weiß. Und auch *wirklich* mit angreift. Da müssen denn die Mägde folgen. Sitzet aber die Haushälterin auf dem Lehnstuhl, so setzen sich die Mägde auf den Strohsack." Alles, was von Vertrauen aus diesen Zeilen spricht, bestätigte sich, und die Neumann, „treu wie Gold" und von selbstsuchtsloser Ergebenheit, wurd in allen Sachen des Hauses und der Familie Beistand und Beraterin. In Ehren dienend, beglückte sie das Haus, dem sie diente, wobei sich's freilich auch wieder zeigte, daß ein solches freies und selbstsuchtsloses „Für-andere-da-Sein" im Laufe der Jahre zur Herrschaft über diese anderen führt. Alles hatte Respekt vor ihr. Einmal warf eine der jungen Damen ein Stückchen Band aus dem Fenster, und die Neumann, als sie's aufgesucht, bracht es mit der Reprimande zurück: „So was wirft man nicht auf die Straße."

Ihr an Ansehen zunächst stand der alte *Tackmann*, von

Profession ein Zuckerbäcker, der in seiner Jugend weite Reisen in überseeische Länder gemacht hatte. Namentlich war er das Entzücken des nun zehnjährigen *Karl* von Hertefeld und hatte dabei das Vorrecht, seine wunderbaren Abenteuer bei Tische zum besten geben zu dürfen. Ob er zu dem alten Freiherrn auch in geschäftlichen Beziehungen stand (vielleicht als eine Art Kommissionär), ist aus den Briefen nicht bestimmt erkennbar. Er lebte meist in Liebenberg, in einem in der „Bibliothek" ihm eingerichteten Zimmer, und ging alljährlich auf kurze Zeit nach Berlin, um daselbst ein Zuckerbrot zu backen, auf dessen Herstellung er sich vorzüglich verstand.

An Tackmann schloß sich der junge *Reichmann*, ein Student, der aus Mangel an Mitteln seine Studien unterbrochen hatte. Derselbe bekleidete das Amt eines Privatsekretärs und war tüchtig und gescheit, aber leider auch melancholischen Temperaments. An allem verzweifelnd, an Vaterland, Leben und sich selbst, erschoß er sich später aus romantisch-mystischen Grübeleien.

Eine völlig entgegengesetzte Natur war endlich Herr Hauslehrer *Greif*. Er nahm nichts schwer und wußte sich in alles zu schicken, am leichtesten in Prinzipien, die den seinigen widersprachen, vorausgesetzt, daß er überhaupt Prinzipien hatte. Jedenfalls indessen war es ebendiese seine Nachgiebigkeit gewesen, was ihn dem alten Herrn von Anfang an empfohlen hatte. „Zu meiner Freude", so schreibt der letztere, „glaub ich jetzt den rechten Mann gefunden zu haben. Und zwar ist dies der Herr Candidatus Greif, der, weil er noch jung und in keinem andern Hause gewesen ist, mir passend und geneigt erscheint, sich nach *meiner* Meinung zu richten. Er ist mir in diesem Stücke lieber als solche, die schon in andern Häusern allerlei Grillen aufgefaßt haben." Und an anderer Stelle: „Mit Greif geht es, und ich bin nach wie vor mit ihm zufrieden. Er ist nicht so prätentiös wie sein Vorgänger Wisselink und hat mehr Gutmütigkeit. Auch läuft er nicht so dem Witze nach."

Das war der neu geschaffene Kreis, und mit Behagen und

Freude konnt er um Weihnachten 1803 an seinen Schwiegersohn schreiben: „Ich habe nun mein Personal in Ordnung."

In der Tat, es ging alles am Schnürchen, und es hätte sich von ungetrübt glücklichen Tagen sprechen lassen, wenn nicht der „Vetter in Häsen" gewesen wäre.

Wer aber war dieser Vetter?

Häsen selbst ist Nachbargut und gehörte damals einem nahen, aber stark verschuldeten Anverwandten. Es scheint, daß dieser einen Teil seines Lebens in der Vorstellung zugebracht hatte, früher oder später der Erbe des gesamten Hertefeldschen Besitzes werden zu müssen, aus welcher Vorstellung er sich plötzlich gerissen sah, als dem schon alternden Friedrich Leopold von H. unerwartet ein Sohn geboren wurde. Den Unmut darüber zu bezwingen war ihm (dem Vetter) nicht gegeben, und als er gleichzeitig seine pekuniären Bedrängnisse wachsen sah, ersann er sich das Märchen, daß der spätgeborne Sohn des alten Liebenberger Freiherrn in Wahrheit ein *Enkel* desselben, und zwar der älteste Sohn Alexandrinens von Danckelmann, sei. Mit andern Worten also ein untergeschobenes Kind, untergeschoben einzig und allein in der Absicht, ihm, dem Vetter, ein ihm zustehendes Erbe zu entreißen. Ein solches Märchen erzählt und weiterverbreitet zu sehn war an und für sich schon schlimm genug; aber der „Häsener" ging weiter und wußte seinem Übelwollen auch praktische Folgen zu geben, indem er Gelder aufnahm, und zwar unter beständigem Hinweis darauf, „daß ihm, aller Machinationen und Intrigen unerachtet, über kurz oder lang das Liebenberger Erbe doch zufallen müsse". Dies schuf Ärgernis über Ärgernis, auch wohl Sorgen, und bedrohte den alten Herrn genau in *den* zwei Stücken, in denen er am empfindlichsten war: in seinem Vermögen und seiner Ehre. „Der tolle Mensch von Häsen", so schreibt er, „ist wieder in voller Bewegung. Unter der Hand wendet er sich nach Münster und Cleve und versichert, daß er alleiniger Herr meiner Güter sei. *Die,* an die er schreibt, erkundigen sich bei mir, ob es in des Briefschreibers Kopfe richtig stehe? Sie wollen aber nicht genannt sein. Sonst hätt ich den Narren schon längst beim Kammergericht provoziert." Und an anderer Stelle: „Der tolle Mensch in Häsen, der seit sieben Monaten in Berlin auf Kredit lebt, fängt wieder an zu rasen. Vor acht Tagen hat er mir einige Bogen voll Unsinn geschrieben, um etwas aus mir herauszulocken, was seine Prozeßlust reizen könnte. Ich hab ihm aber kurz, kalt und überhaupt so geantwortet, daß er den Brief keinem Gerichtshofe vorlegen wird."

Äußerungen ähnlicher Art kehren an vielen Stellen wieder, und wenn er schließlich auch dieser unbequemen Stechbremse Herr wurde, so geschah es doch erst, nachdem ihn die Stiche derselben aufs empfindlichste verletzt hatten.

Um ebendiese Zeit zog auch noch ein neues Ärgernis herauf, und zwar der Prozeß, der gegen die Giftmischerin Geheimerätin Ursinus geführt wurde. Die Hertefelds waren in zurückliegenden Jahren mit dieser Frau bekannt geworden, nicht eigentlich intim, aber doch so, daß der alte Freiherr über sie schreiben konnte: „Wenn Frau Geheimrätin Ursinus zu mir kommt, so soll es mir angenehm sein. Denn obgleich sie sich mit ihrer Geschwätzigkeit ziemlich lächerlich macht, *so kenne ich sie doch als eine Frau, bei der das Gute überwiegt."* Und nun war ebendiese Frau wegen denkbar schwerster Verbrechen angeklagt. Auch nur in einem alleroberflächlichsten Verkehr mit ihr gestanden zu haben mußte peinlich empfunden werden, und durch Jahr und Tag hin ist nun der „Ursinus-Fall" ein immer wiederkehrendes und mit einer gewissen Gêne behandeltes Briefthema. „Die Geschichte mit der Ursinus", so heißt es im April 1803, „ist leider so garstig wie nur möglich. Ich weiß jetzt, daß sie schon früher (in Stendal) in dem Rufe stand, zu mausen. Der von seiner Vergiftung wiederhergestellte Bediente soll darüber allerlei Kuriosa ausgesagt haben." Und im Oktober desselben Jahres: „Daß die Ursinus auf Lebenszeit eingesteckt wird, wirst Du wissen ... Was dieses garstige Weib, außer dem Erwiesenen, auch noch an andrem abscheulichen Verdachte gegen sich hat, ist kaum zu glauben." Und dann: „Über der Ursinus' Dreistigkeit kann ich mich nicht genug wundern. Wie kann sie's nur wagen, anständige Personen um ihren Besuch zu bitten, alles bloß, um ihnen etwas von ihrer Unschuld vorzuklagen? Um Versuche zu machen, habe sie das Gift gegeben. So sagt sie. Gut; aber warum hat sie nicht allerpersönlichst eine Unze Gift genommen? Das wäre das weitaus Beste gewesen." Und endlich (am 16. März 1804): „Die Ursinus war überall und auch bei mir vergessen. Vorgestern hab ich mich ihrer wieder erinnern müssen, als ich aus der ‚Hamburger Zeitung' ihre Abführung nach Glatz ersah. Sie hatte, wie Du wissen wirst, appelliert. Das Urteil ist aber einfach bestätigt worden, und sie hat nun ausgespielt."

Das sind die letzten Worte, die sich über diese „cause célèbre" finden.

Die Geheimrätin hatte viel Ärgernis mit sich geführt, fast soviel wie der „Vetter in Häsen", aber trotz dieser und ähnlicher Zwischenfälle waren es im ganzen doch glückliche Tage, diese Tage nach der Übersiedelung, am glücklichsten, wenn die Danckelmanns auf Besuch eintrafen: Eltern und Kinder, Hauslehrer und Bonne, Gesellschafterin und Dienerschaften. Da verkehrte sich denn freilich die Ruhe des Hauses in ihr Gegenteil, aber ohne daß der alte Freiherr, in seinem stark ausgeprägten Familiensinn, einen Anstoß daran genommen hätte. Zu besonderer Freude wurd ihm dabei das immer wachsend gute Verhältnis zwischen Sohn und Enkel, die (beinah gleichaltrig) am Vormittage dieselben Schulstunden, am Nachmittage dieselben Spielstunden hatten. Und wenn die Tischglocke läutete, so bewahrheitete sich's an jedem neuen Tage, „je länger die Tafel, desto besser die Laune".

Das ganze Leben aber, ob es nun stiller oder bewegter verlief, trug den Stempel einer vollkommenen *Patriarchalität*, an der uns nichts begreiflicher erscheint, als daß sie der alte Freiherr gegen ein öffentliches oder gesellschaftliches Leben nicht austauschen mochte, das ihm widerstand und in seiner Sitten- und Gesinnungslosigkeit auch widerstehen *mußte*. Denn es war eine wirklich grundschlechte Zeit, und Mirabeau hatte richtig prophezeit, als er das damalige Preußen „eine vor der Reife faul gewordene Frucht" genannt hatte,

„die beim ersten Sturm abfallen werde". Wenn es nun freilich auch nicht wahrscheinlich ist, daß unser Liebenberger Einsiedler ähnliche, den *Politiker* bekundende Schlüsse zog, so war er doch andrerseits ein so scharfer Beobachter unserer Schwächen überhaupt, daß ihm ein intimer Verkehr mit den Menschen eigentlich schon um dieser scharfen Beobachtung willen unmöglich gemacht wurde. Was an eitler und selbstsüchtiger Regung in den Herzen steckte, lag offen vor ihm, und unter den vielen Hunderten seiner Briefe sind wenige, die nicht, an irgendeiner Stelle, von dieser allereindringendsten Erkenntnis ein Beispiel gäben. Er kannte den ganzen Adel, am besten den märkischen, schlesischen und niederrheinisch-westfälischen, und wenige Familien abgerechnet, die, wie die Reckes, die Reuß, die Lestocqs, ihm einen unbedingten und gern dargebrachten Respekt abnötigten, richtete sich der Stachel seiner Satire so ziemlich gegen alles, was damals „die Gesellschaft" ausmachte. Und ich fürchte, mit Fug und Recht. Einige Zitate mögen auch nach dieser Seite hin seine Schreibeweise charakterisieren.

„In Berlin hab ich gestern den General von Köhler gesprochen. Er ist wohl und vergnügt und tut eine Mahlzeit für zwei. Jedenfalls macht er den Eindruck, als ob er seine Pension noch auf lange hin zu genießen wünsche."

„Gestern war denn auch der Kammergerichtsrat *Roitsch* hier. Er gefiel mir in seinen Ansichten ganz gut, erschien mir aber in dem beständigen Ajustieren seines Haars und seiner Halskrause von seiner Figur etwas eingenommen."

„In diesen Tagen hab ich einen Major von *Schuckmann*, der ein Landwehrbataillon kommandiert, bei mir gehabt. Er ist ein Bruder des Geheimen Staatsrats gleichen Namens und eine wahre Karikatur: kurz, dick, ängstlich, stets in Verfassung einzuschlafen und äußerst dämlich."

„Etwas Sonderbareres als die Todesanzeige, die mir der Freiherr von *Loë* nach dem Ableben seiner Frau zugeschickt hat, hab ich lange nicht in Händen gehabt. Der Druck der Annonce (fast in Mönchsschrift) ist absurde, der Inhalt noch absurder. Die Titulaturen passen nur auf die Eitelkeit dieses

Herrn und stellen ein Machwerk her, wie man's in unsern Zeiten nicht mehr erwarten sollte. Vielleicht hat Herr Geheimrat Focke auch so ein Unding bekommen. Befrag ihn doch, mit bestem Gruß von mir, ob man darauf antworten müsse? Sagt er ‚ja', so könnt ich vielleicht anfangen: Le Sieur de Hertefeld, ni Sênateur, ni Comte, ni Chevalier, ni Grand Croix, a vu avec douleur etc."

„Eine Geschichte, die hier viel Aufsehen macht, ist folgende. Du weißt, daß die Kosaken den westfälischen Gesandten, Herrn von *Linden*, aufgefangen und unter den Papieren desselben eine bedenkliche politische Korrespondenz der Töchter des Ministers von der Goltz mit ebendiesem von Linden gefunden haben. Die Gräfin von Lüttichau (so heißt, glaub ich, eine der Töchter) soll die schuldigste sein. Der Linden ist hier als ein äußerst schlechter Mensch bekannt, als ein Spieler, der das Falschspielen verstand. Und der böse Geist muß unsereinen plagen, mit *solchem* Mann in Verbindung zu stehen!"

„Es heißt, Graf H. . . sei noch auf seinem Gute bei Magdeburg. Böse Zungen ergänzen, er sei dorthin gegangen, um seine Tochter an einen Franzosen zu verheiraten, der längere Zeit auf seinem Gut in Quartier gelegen hat. Ich mocht es anfänglich nicht glauben, obgleich in der Tat nichts verloren wäre, wenn *diese* Stärke, durch diesen Zwischenfall veranlaßt, ganz nach Paris verzöge."

„J. . . . . .tz gibt sich ein Ridikül durch seine Forstbereisungen. In der Neumark ist er (ebenso wie hier) durch die großen Forsten recte hindurchgefahren und hat eigentlich nichts gesehen. Ein vernünftiger Mann aus der dortigen Gegend schrieb mir: ‚Herr von J. geniert sich nicht, 3000 Taler Gehalt zu nehmen, um im Galopp durch die Wälder zu fahren, mit Pferden, die er nicht bezahlt.' Schon in Ostpreußen lachten sie ihn wegen seiner Domainen-Bereisungen aus, die auch im Galopp geschahen."

„Alles, was von Untersuchungen gegen einzelne *Minister* gefabelt wird, ist nicht wahr. Der *Hofmarschall* interessiert in der ganzen Angelegenheit am meisten und hängt in eigentümlicher Weise mit der Erneuerung des Meublements im Charlottenburger Schlosse zusammen. Ist übrigens jetzt applaniert. *Hinter die Wahrheit kommt man nie.*"

„Die Geschichte mit dem *Hofmarschall,* von der ich Dir neulich schrieb, ist nun wirklich beigelegt. Wenigstens befindet er sich nach wie vor bei Hofe. Seitens des Königs war ihm aufgegeben worden, einen Teil des Charlottenburger Schlosses neu zu meublieren und die alten Mobilien unter die Dienerschaft zu verteilen. Da hat er sich nun als ‚Dienerschaft' mitgerechnet und, wie man sagt, das Beste für sich genommen."

„Daß Du den *Carolather* Herrn so langweilig gefunden hast, überrascht mich nicht. Dieses liegt im Geschlecht."

„Es scheint fast, als ob der *Großkanzler* auf die Faulenzer und Unrechtlichen Jagd machen werde, denn über die Schlaffheit seines Vorgängers läßt er sich aus. Alles wäre gut, wenn er nur nicht die Frau hätte, die die schlechten Manieren einer Dame de la Halle mit der Anmaßung einer Emporgekommenen vereinigt. Sie weiß so wenig, was sie zu tun hat, daß sie beispielsweis auf dem Geburtstagsball bei Minister von der Goltz, zu dem auch sie gebeten war, sich weder der Prinzessin von Oranien noch der Prinzessin von Hessen hat vorstellen lassen. Sie fragt niemanden und bekümmert sich um keinen Anstand. Ist also ein komplettes Original."

„Ich komme noch einmal auf J. . . . . . .tz zurück. Sobald ich wieder in Berlin bin, werd ich mich eingehender nach ihm erkundigen. Sein Ehrgeiz hat ihn in das ‚neue System' hineingelockt, und er muß mit allerlei Menschen Umgang halten, die mir nicht gefallen. Nur *ein* Staatskanzlerposten ist zu haben, wenn Hardenberg stirbt oder geschuppt wird. Und wenigstens ein halbes Dutzend der untern Faiseurs macht Anspruch auf diese Stelle."

So läuft die Kritik, ohne sich übrigens, wie die vorstehende Blumenlese vermuten lassen könnte, lediglich auf die *Standesgenossen* zu beschränken. *Alles* wird herangezogen, auch Hof und Geistlichkeit.

„In Geschmackssachen", so schreibt er an Alexandrine D., „ist nicht zu streiten. Eberhard Danckelmann findet bei den Hoffestlichkeiten, an denen er jetzt teilnimmt, alles, was er verlangt. *Ich*, meinesteils, bin freilich immer so dumm gewesen, nichts als Unbehagen und Langeweile dabei zu fühlen."

„Ich bin ganz Deiner Meinung, meine liebe Tochter, in allem, was Du mir über Pastor *Heiligendörfer* schreibst. Er war immer ein Salbader, den aber Onkel Kalkstein protegierte, weil er wenigstens ein ruhiger Mann war. Allerdings von seiner Kanzelberedsamkeit hatte selbst der selige Onkel keine sehr hohe Vorstellung."

Auch allerhand Provinzialeigentümlichkeiten entgingen seinem scharfen Auge nicht, und so schrieb er an Alexandrine: „Du wunderst Dich, daß die *Schlesier* Deinem Manne wegen seiner neuerhaltenen Würde die Cour machen. *Ich* wundere mich nicht. Das ist so Landesart. Als sie noch unter dem Wiener Hof geängstigt wurden, mußten sie sich vor allen österreichischen Großprahlern neigen. Nachher kamen sie unter die Fuchtel des preußischen Finanzministers. Da verdoppelte sich das Neigen, einmal aus Furcht, das andere Mal aus Interesse. Und so ist es ihre Gewohnheit geworden, sich vor allen, die ihnen direkt oder indirekt nutzen oder schaden können, zu beugen."

In solchen und ähnlichen Betrachtungen ergehen sich die Briefe, bis sie kurz vor der Jenaer Schlacht, auf fast Dreivierteljahr hin, abbrechen. Aber an ihre Stelle tritt jetzt ein umfangreiches *„Memoire"*, dem ich nunmehr folgende, für die Geschichte jener Tage nicht unwichtige Schilderung entnehme.

Die Plünderung Liebenbergs
am 26., 27. und 28. Oktober 1806

„Am 25. Oktober war es, als die zum *Hohenloheschen* Corps gehörenden Husaren vom Regiment Prinz Eugen von Württemberg, samt zwei Compagnien Fußjäger, auf ihrem fluchtartigen Rückzug unvermutet in Liebenberg eintrafen. Offiziere und Gemeine waren äußerst ermüdet und mißvergnügt über die elende Führung der Armee, die Pferde gedrückt und schlecht im Stande.

Ein Rind wurde geschlachtet und behufs der Soldatenverpflegung unter die Dorfgemeinde verteilt. Sieben Jägeroffiziere, vierzig Mann und die Wachen blieben bei mir auf dem Hofe.

Den 26. des Morgens um sechs Uhr marschierten Jäger und Husaren nach Liebenwalde; die zur Avantgarde gehörenden übrigen Regimenter aber, die meist in Germendorf, Gransee etc. gestanden hatten, gingen auf Zehdenick.

Ohngefähr um zehn Uhr kam ein Trompeter von der französischen Vorhut auf den Hof gesprengt. Ein Husar aber, der ihn begleitete, schrie meinen vor dem Hause stehenden Leuten zu ‚Hierher!' und hieb nach ihnen, als sie sich ins Haus zurückziehen wollten. Ich ging ihm nun entgegen und fragte ihn auf französisch, ‚was zu seinen Diensten sei?' Wie ein Rasender sprang er jetzt vom Pferde und schrie: ‚Vite, vite, 200 Louis!' Ich erwiderte: ‚Silbergeld hätt ich noch, aber von Gold sei keine Rede', worauf er nur wieder schrie: ‚Vite, vite; sonst kommen die Kameraden mir *anderwärts* zuvor.' (Es war, als hielt er es für seine Bestimmung, überall der erste Dieb zu sein.) Ich öffnete nun mein Schreibspind, und er nahm alles, was darin war, 640 Taler, schüttete die Taler in einen Kornsack und packte sich mit seinem Kameraden davon.

Bald kamen andere Husaren. Es wurde ihnen Wein und Brot gereicht, und sie nahmen mir meinen ganzen Pferdebestand, den ich mit barem Gelde wieder auslösen mußte. So stahlen sie mir 1500 Taler und das zum täglichen Gebrauch im Buffet stehende Silberzeug. Als ich ihnen zum Schlusse sagte: ‚Gebt mir wenigstens eine Bescheinigung, daß die Pferde wiedergekauft sind, sonst nehmen eure Nachfolger sie *doch*', lachten sie herzlich, und der eine, ein verschmitzter Elsässer, sagte mir: ‚Ich will dir einen Sauve Garde schreiben; gib nur Papier.' Ich holte denn auch Papier, und er schrieb: Sauve Garde par le Général de la Selle. ‚Da', sagte er, ‚mache das an; das wird vielleicht helfen.' Kaum aber war er fort, so kam ein Schwarm Husaren, Dragoner und Knechte, die meinem Pferdestall zueilten und die darin befindlichen zwanzig Pferde mitnahmen.

Ich sah dem allem zu und wollte wenigstens um die Rückgabe *eines* Pferdes bitten, als ein Offizier den Hof heraufkam und mir sagte: ‚Êtes-vous le propriétaire d'ici?' Auf meine Bejahung antwortete er: ‚Le Prince Murat vous fait dire, de me suivre incessamment; il veut vous parler.' Ich folgte bis zum Jägerhause und fand in dem Prinzen einen gut gebildeten, gewandten und verschmitzten Franzosen. Ich mußt ihm sagen, wie stark die gestern in Liebenberg gelegenen Preußen gewesen und wohin sie gegangen wären, immer unter der Mahnung: ‚Dites la vérité!' Einer seiner Adjutanten sprach unterdessen mit Dorfleuten, verstand sie nicht und sie ihn nicht. Er meinte jedoch etwas von meinen Angaben Abweichendes verstanden zu haben und sagte zum Prinzen: ‚Cet homme l'a dit *autrement.*' Ich wandte mich sofort zu meinem Gartenburschen, auf den er wies, und sagte: ‚Was weißt du? weißt du mehr, so sag es.' Der wußt aber nicht mehr als ich, worauf der Adjutant in einem harten Tone mich anließ: ‚Il ne faut pas nous mentir; sans cela, on vous arrêtera.' Dieses Kerls Rede brachte mich ganz außer mir, und die Tränen kamen mir ins Auge. Dann wandt ich mich an den Prinzen, riß meinen Hut ab, wies ihm meinen grauen Kopf und sagte: ‚Sehen Sie meine mit Ehren grau gewordenen Haare, und urteilen Sie, wie hart mir solche Rede fallen muß; ich lüge *nicht,* ich sage, was ich weiß, und mehr kann ich nicht sagen.' Murat besänftigte mich und versprach mir eine Sauve Garde. Hernach sagte er mir, ‚er wolle das Hauptquartier zu Liebenberg nehmen, das wäre meine beste Sauve Garde', auf welche Zusicherung hin ich, bei meiner Rückkehr ins Dorf, anschlagen ließ: Quartier général du Prince.

Der Vorteil, den ich von diesem Zwischenfall hatte, war aber gering, wenn es überhaupt ein Vorteil war. Erst kamen viele seiner Knechte mit Pferden in den Stall und danach Offiziere, Dragoner und Wachmannschaften. Alle wollten Hafer, Wein und Lebensmittel, zwölf Portionen Essen für den

Colonel, siebzehn Portionen für den andern Colonel, hier acht Bouteillen Wein, dort zwölf, dort sechs, so ging das Gerufe durcheinander. Wenigstens 3000 Dragoner und Chasseurs waren im Dorf oder in unmittelbarer Nähe desselben. Und während die Offiziere sich bei mir beköstigen ließen, wirtschafteten die Gemeinen nach ihrer Art. Alle Zäunungen wurden verbrannt (obgleich Holz genug da war), auf die Schweine wurde Jagd gemacht, viele erstochen, andere zunichte gehauen, die Federviehställe erbrochen, und weder Huhn, Gans, Pute noch Ente blieb am Leben. Zehn Tonnen Bier wurden aus der erbrochenen Brauerei genommen und die Feuer in solcher Nähe der Häuser angezündet, daß nur Gottes Gnade das Abbrennen verhinderte. Mehr als neun Wispel Hafer waren schon vom Boden abgemessen worden. Als nichts mehr davon zu finden war, ging es über die Haferscheuer her, und Hafergarben und Heu wurden so verschwendet, daß die Pferde mehr zertraten als fraßen. Küchengeräte wurden überall genommen und nicht wiedergebracht.

Der Prinz Murat kam *nicht*; er war bereits bis Zehdenick vorgedrungen.

Der an seine Stelle gekommene Divisionsgeneral Beaumont mußte nach dem Abendessen noch nach Falkenthal vorrücken, und nur ein Brigadegeneral, ein Deutscher, der seinen Namen nicht nannte (es war der General *Becker*) blieb mit dem Generalstabe zurück. Um die Wirtschaft der Gemeinen kümmerte sich niemand.

Und so kam der 27. Als um vier Uhr morgens der General aufbrach, bat ich um eine Sauve Garde, weil die Dragoner mich auf die Gewalttätigkeit und Plünderung ihrer eigenen Infanterie aufmerksam gemacht hatten. Der General bewilligte mir denn auch einen Brigadier (Gendarmeriewachtmeister), der Befehl hatte, das Eintreffen des Infanteriegenerals abzuwarten und denselben um eine Sauve Garde für mich anzusprechen. Und dann erst solle er folgen.

Etwa gegen neun Uhr erschienen die Marodeurs der Infanterie, die wie Strauchräuber aussahen. Sie lachten die Sauve

Garde aus, rissen den Branntwein, den man ihnen in Gläsern anbot, in ganzen Flaschen an sich und drangen ins Haus. Gleich darauf hörte man das Aufstoßen der Türen und Spinden, ohne Rücksicht darauf, ob diese verschlossen waren oder nicht. Alles wurde zerschlagen. Ebenso ging es im Wirtschaftshause; die Keller wurden erbrochen, die Wein- und Branntweinfässer angezapft, und da keiner der Plünderer ans Zumachen dachte, so lief der größeste Teil in den Keller. Die Tonnen mit Lebensmitteln, mit Öl und Gemüse wurden umgeworfen und ihr Inhalt in den Moder getreten. Ich blieb, aller Roheiten und Mißhandlungen unerachtet, unter den Plünderern, um durch Aufschließen der Spinden ihr Zerschlagen und Aufbrechen zu verhüten; allein vergebens. Es läßt sich die Raubbegierde dieser Menschen mit nichts andrem als mit der einer Tatarenhorde vergleichen. Einer der Dragoner, die die vergleichsweise guten und anständigen waren, ließ mir durch die Neumann sagen, ich solle doch nur so weit wie möglich fortlaufen, um mich den Mißhandlungen der Wütriche nicht auszusetzen, deren einige bereits anfingen, meinen Leuten ihr Zeug vom Leibe zu reißen. Und so schlich ich mich durch den Garten in den Busch, ohne etwas anderes mitzunehmen als den Morgenrock, den ich auf dem Leibe hatte. Selbst die Kirche war erbrochen worden, um das Silberzeug, und was sonst Wert haben mochte, zu stehlen.

Endlich neigte sich der Tag, und als alles still geworden war, ging ich ins Haus zurück, in dem ich eine vollständige Zerstörung fand. Matratzen und Bettdecken existierten aber noch, und ich nahm von diesen mit mir, was einige Mann tragen konnten. Ebenso konnte ich mein Portefeuille retten, das ich unter allerhand umhergeworfenen Papieren entdeckte. Wir hatten nur einen Augenblick Zeit und eilten, als neue Marodeurs in Sicht kamen, nach dem Busche zurück, in welchem wir nun drei Tage und zwei Nächte blieben.

Den 28. erschien wieder eine Infanteriedivision in und bei Liebenberg und beschränkte sich darauf, Mobiliar in Stücke zu schlagen.

Am 29. Marketender und Knechte. Sie machten sich über die Reste her, und kein Schlupfwinkel blieb ununtersucht.

Am 30. endlich zog ich zu einem meiner Tagelöhner und wieder ein paar Tage später in eine Stube des ‚Roten Hauses'. Es war aber noch zu früh, und ich geriet nicht bloß in Gefahren aller Art, ich wurd auch Zeuge der verdrießlichsten Szenen. Immer neue Durchmarschierende kamen, Schweine und Schafe wurden fleißig getötet, und ein Colonel, der in dem benachbarten Falkenthal die Nacht zubringen sollte, ließ mir achtunddreißig Schafe nehmen, um sein Kommando damit zu füttern. Einige Tage später erschienen zwei Offiziere und dreiunddreißig Gensdarmen und nahmen Quartier im Wirtschaftshause; Hafer und Heu mußten herbeigeschafft werden, und ihre Forderungen hatten kein Ende. Dabei ließ sich mein Wirtschafter, den man einzuschüchtern gewußt hatte, durch die Fragen eines gut Deutsch sprechenden Gensdarmerieoffiziers derart überholen, daß er ihm meinen Aufenthalt in Liebenberg eingestand, worauf ihm der Offizier erwiderte: ‚Sie müssen das niemandem sagen; es wäre Ihres Herrn Unglück.'

Nach den Gensdarmes kamen Dragoner und nach den Dragonern Chasseurs. An der Spitze dieser stand der Oberst Tessier, ein brutaler Mensch. Er wollte Wein, der nirgends mehr zu haben war, durchlief alle Wohnungen und Ställe und kam auch in meine Stube, wo ich auf einem alten Lehnstuhl saß. ‚Hoho', rief er. ‚Bon soir. Was ist das für ein Benehmen! Ein jeder läuft vor mir, und ich kann kein anständiges Quartier finden. Sacredieu, für einen Obersten muß doch etwas geschehen!' Ich antwortete ihm, daß die Plünderung uns alles genommen hätte, was einem Offizier das Leben angenehm machen könne. Man hätte zur Stadt nach Wein geschickt, aber es werde nichts helfen, da schon vorher keiner zu haben gewesen sei. Der Schloßherr sei nach Berlin gereist; ich persönlich sei früher der erste Aufseher in seinem Dienste gewesen. Er besänftigte sich um etwas und stieß nur einige ruhmredige Redensarten gegen unsern König aus. Am folgenden Tage erfuhr ich, daß er beständig nach dem ‚Schloßherrn' gefragt und geforscht habe, woraufhin beschlossen wurde, daß ich Liebenberg ganz aufgeben und nach dem Vorwerk ‚Hertefeld' ziehen solle.

Das war am 20. November.

Endlich, im Januar, ging ich nach Berlin, um mich wieder mit Kleidungsstücken und dem nötigen Hausgerät zu versehen."

So *Friedrich Leopold* von Hertefelds Bericht.

Als Friedrich Leopold von H. im Mai nach Liebenberg zurückkehrte, war er beflissen, über die Verluste jener mehrtägigen Plünderung einen Überblick zu gewinnen. Er stellte jegliches zusammen, und dem betreffenden Aktenstück entnehme ich folgende Daten und Zahlen:

Wein, Branntwein, Bier, Schlachtvieh, Fourage, Holz, Brot, Butter, Schmalz, Speck, Kartoffeln, Eier, Käse, Materialwaren, Backobst	3485	Tlr.
Pferde, Wagengeräte, Kutschen, Kaleschwagen .	2601	"
Bares Geld und Gold, Silber und Scheine . . .	3836	"
Gold und Silbersachen, Pretiosen	4734	"
Tischzeug (darunter 96 Tafelgedecke mit über 2000 Servietten), Bettzeug, Gardinen, Leinen etc.	6250	"
Hausgerät (Kessel, Porzellan, Fayencegeschirre etc.)	549	"
Physikalische Instrumente	605	"
Bücher	700	"
Gemälde, Stiche etc.	800	"
Waffen aller Art	90	"
Forsthaus mit Stall niedergebrannt	600	"
Sämtliche Zäunungen und Hecken niedergebrannt	100	"
Summa	24350	Tlr.

In vorstehendem hab ich ausschließlich die großen Gruppen gegeben, ohne mich auf Einzelnheiten einzulassen. Es fehlt aber in dem Aktenstücke keineswegs an solchen, und werden unter anderm, um nur eines herauszugreifen, fünfundneunzig Bilder aufgezählt, die seitens der Plündernden aus dem Rahmen herausgenommen und „aufgerollt" wurden. Unter ihnen waren folgende Blätter in Stich, Aquatinta und Buntdruckmanier: General Wolfes Tod, Tod des Capitain Cook, der Tod der Jane Gray, Cromwell löst das lange Parlament auf, Karl II. landet bei Dover – alle nach Benjamin West. Ferner: die Wahrsagerin, die Herzogin von Devonshire etc. von J. Reynolds. Die Kaskaden von Tivoli, die Ruinen von Palmyra, das Bad des Caesar, die Grotte des Neptun etc., alle in Buntdruck.

Auch aus der Reihe der Bücher sei hier einiges aufgezählt: Les Œuvres complètes de Corneille, Montesquieu, Voltaire, Rousseau, Frederic II., Prachtausgaben von Voltaires „Henriade" und „Pucelle d'Orléans". Dazu große naturhistorische Kupferwerke, Atlanten etc.

Es genügt dies, um zu zeigen, wie gut damals, nach der wissenschaftlichen Seite hin, unsere Herrenhäuser ausgerüstet waren. Es waren Überbleibsel aus der durchaus auf *Literatur* gestellten Friderizianischen Zeit.

Am 6. Juli 1807 sehen wir den Briefwechsel mit der Tochter, Alexandrine Gräfin Danckelmann, wieder aufgenommen und gewinnen anfänglich den Eindruck, als solle das patriarchalische Leben, das dem Ausbruch des Krieges vorausging, nach nunmehriger Beilegung der Feindseligkeiten (der Tilsiter Friede war geschlossen) wieder aufgenommen werden. Aber dieser Eindruck ist nicht von Dauer. In kürzester Frist sah man in Liebenberg, an Stelle der bis dahin *feindlichen* Bataillone, die sogenannten *„friedlich-durchziehenden* Bataillone" treten, und mußte sich überzeugen, durch diesen Namenswechsel wenig gewonnen zu haben. Ja, es kamen Tage vor, die den Plünderungstagen sehr ähnlich sahen. Auch hierüber hat Friedrich Leopold von H. in gewissenhafter Weise Buch geführt, und wir erfahren sogar die Namen der

Regimenter, die sich's in kleineren und größeren Trupps auf längere oder kürzere Zeit im Liebenberger Schlosse wohl sein ließen. Alles in allem mag die Zahl der Einquartierten über tausend betragen haben. Unterm 26. August 1808 finden wir beispielsweise folgendes: „Es kamen heut in Quartier: ein General, ein Adjutant, ein Capitain, zwei Lieutenants und sechsundsiebzig Mann vom 10. leichten Infanterieregiment. Dem General (oder vielleicht dem Capitain) war attachiert: eine Frau mit zwei Kindern und eine Magd. Ferner acht Bediente, elf Pferde des Generals und drei des Capitains." Ein andermal heißt es: „Ein Kürassier-General, ein Adjutant, zwei Unteroffiziere, neun Bediente, dreiundzwanzig Pferde." Man erkennt aus allem den außerordentlichen Luxus, in dem sich die damaligen Machthaber Frankreichs gefallen durften.

Es braucht nicht erst versichert zu werden, daß unter Verhältnissen wie diese der kritische Hang unseres Liebenberger Einsiedlers eher wuchs als schwand; aber er wechselte den Gegenstand und wandte sich vom Nächstliegenden dem Allgemeinen, von Haus und Hof dem Lande, dem Staate zu. Kurz und gut, es war über Nacht ein Politiker aus ihm geworden, der nun, mit der ihm eigenen Geistesschärfe, Stellung zu den Zeitereignissen, insonderheit auch zu den „Neuerungen" im eigenen Lande zu nehmen begann. Alles mißfiel ihm, und wenn er einerseits voll tiefster Abneigung gegen den „großen Würger" war, so war er voll kaum geringerer gegen die heimischen „Reformer", denen es oblag, sich mit diesem Würger zu stellen. Er neigte ganz und gar der Ansicht zu, „daß der Wiederaufbau des Staates unter geringerer Schädigung privater Interessen möglich gewesen wäre", mißtraute Stein und Hardenberg und selbst Scharnhorst und verhielt sich absolut feindselig gegen die „Finanzkünstler", die denn auch in all diesen Briefen entweder ernsthaft abgekanzelt oder mit der Lauge des Spottes übergossen werden. All das liest sich vortrefflich und mag im einzelnen nicht bloß dem Buchstabenrecht entsprechend, sondern auch innerlich unanfechtbar gewesen sein, im großen und ganzen aber trägt es nichtsdestoweniger den Stempel einer gewissen opferunlustigen Engherzigkeit, von der, meinem Gefühle nach, der ganze damalige Landadel, und an seiner Spitze der märkische, nicht freigesprochen werden kann. Alle wußten sie's besser, ohne doch irgendwie, diesem Besserwissen entsprechend, ein Geringstes zu tun oder auch nur tun zu *können.* Ein paar der heftigsten Auslassungen mögen hier eine Stelle finden:

„Ich bin jetzt", so schreibt er im Mai 1810, „unter anderm auch mit der lieben ‚*Einkommensteuer*' beschäftigt, deren Reglement so viel Unklarheit und Unbestimmtheit zeigt, daß sich nur die wenigsten darin zurechtfinden können. Das Ganze grenzt an Prellerei, was schon daraus erhellt, daß die Steuer, die zur Tilgung der Landesschulden verwendet werden soll, zur Verpflegung der drei besetzten Festungen mit herangezogen wird. Alles, was geschieht, läuft darauf hinaus, die den ‚Financiers' so lästigen ständischen und städtischen Gerechtsame zu beseitigen. Ein Neues soll an die Stelle treten, eine Nachäffung des Französischen, das für uns paßt wie die Faust aufs Auge."

Und an anderer Stelle: „Der Staatskanzler ist in der Wahl seiner Unterarbeiter überaus unglücklich. Man hat ihm lauter junge idealistische Theoretiker vorgeschlagen, die nun ihr Wesen treiben. So sind zum Beispiel die Herren von *Raumer* und Peter *Beuth* die Urheber des Stempeledikts, das in manchen Punkten ebenso widersinnig wie empörend ist. In diese Kategorie gehört auch der Herr von *Ladenberg,* der Blasenzins-Regierer. (Blasenzins ist Branntweinsteuer.) Die Proben hat er in einer Fabrik machen lassen. Und nun meint er, unsere kleinen ländlichen Brenner können es auch so treiben. Diese theoretisierenden Herrn haben sich den Kopf mit englischen und französischen Einrichtungen vollgepfropft, und in ihre mitgebrachten Modelle sollen wir hineingepaßt werden, ohne Rücksicht darauf, ob wir sie ausfüllen können oder nicht."

Als er diese letzten Zeilen schrieb, stand schon ein neues Gewölk am Himmel: der *Krieg gegen Rußland,* über dessen endlichen Ausgang er nicht zweifelhaft war. „Ich hör eine innere Stimme, die mir deutlich sagt: ‚Wir sind am letzten Aufzuge des Trauerspiels', und ich beklage nur, daß wir mit unserem Gut und Blut in Mitleidenschaft gezogen werden." Und wirklich, einige Wochen später war das Land abermals überschwemmt, und das Drangsalieren begann in alter Art und Ausdehnung. Aber ich verweile nicht bei Szenen, wie sie schon früher von mir geschildert wurden, und nehme die Erzählung erst im Beginn von 1813 wieder auf.

Es war des alten Freiherrn allerschwerste Zeit. Eine große Begeisterung hatte das Land erfaßt, alles, was Waffen tragen konnte, trug sie, selbst Kinder traten ein, und der damals achtzehnjährige Karl von Hertefeld empfand wie seine Genossen, wie die Jugend überhaupt. Aber der Vater, in grenzenloser Liebe zu dem einzigen Sohne, mochte von diesem „Mitgehen" nichts wissen, das ihm vielfach als ein „Mitlaufen" erschien, und entschied sich endlich dahin, ein Immediatgesuch an den damals in Breslau weilenden König zu richten. Er hob in demselben hervor, daß der Eintritt seines Sohnes in die zum Kampfe gegen Frankreich ausziehende Armee die Konfiskation seiner rheinischen Güter unmittelbar im Gefolge haben würde, bat deshalb um vorläufige Zurückstellung und verpflichtete sich gleichzeitig, behufs Equipierung anderer Freiwilligen, eine Summe von 1000 Talern einzuzahlen.

Es währte geraume Zeit, ehe ein Antwortschreiben eintraf. Endlich kam es, aber nicht aus dem Cabinet, sondern aus dem Ministerium, und – ablehnenden Inhalts. „Es sei kein Grund vorhanden, in dem vorliegenden Falle die militärische Verpflichtung aufzuheben." Unser alter Freiherr war wie niedergeschmettert, und in einem Zustande völligen Außersichseins schrieb er an seine Tochter Alexandrine: „Das mit so vieler Ungeduld von mir erwartete Schreiben empfing ich eben. Es ist leider, statt vom Könige, vom Staatskanzler unterzeichnet. Also *so* weit sind wir gekommen, daß einen der König nicht mehr einer Antwort würdigt, *so* weit, daß man die Hardenbergschen Meinungen als königliche Resolutionen annehmen muß. Auf die Gründe meiner Vorstellung ist gar nicht attendieret, sondern nur einfach ausgesprochen worden, daß ein Besitz von Gütern im Clevischen eine solche

Befreiung vom Dienst nicht zulasse. Zorn und Ärger über die Behandlungsart, dazu Wehmut über die Auslieferung meines einzigen Sohnes durchkreuzen meinen Kopf, und ich kann Dir nicht sagen, wie sehr ich affiziert bin. Aber eins will ich aussprechen, ich empfinde eine Verachtung gegen den Resolutionsgeber, die mir unauslöschlich in der Seele bleiben wird. In meinem Nächsten meld ich Dir, was für Maßregeln ich zu nehmen gedenke."

Dieses „Nächste" ließ denn auch nicht lang auf sich warten. Unterm 17. März erfahren wir das Folgende. „Geheimrat Serre* will ein *zweites* Schriftstück aufsetzen und Sorge tra-

* Geheimerat *Serre*, einer Réfugié- oder vielleicht auch Emigré-Familie zugehörig, lebte jahrelang in Kalisch und hatte mit Graf Danckelmann, als dieser in Sachen der polnischen Grenzregulierung tätig war, in Warschau Freundschaft geschlossen. Ein Sohn des Geheimrats trat in die Armee, war lange Zeit Adjutant des Artilleriegenerals von *Blumenstein** zu Glogau und starb als Major in Dresden. Er ist derselbe, der die *Schillerstiftung* ins Leben rief.

* Über den hier genannten General von *Blumenstein* möge folgendes eingeschaltet werden. Er war *auch* Emigré, hieß eigentlich *Rochefleur* und hatte sich schon 1794 in der Schlacht bei Kaiserslautern den Pour le mérite erworben. 1806 war er Ordonnanzoffizier im Fürst Hohenloheschen Hauptquartier, in welcher Eigenschaft ihn *Marwitz* kennenlernte. Beide wurden gute Kameraden und waren einige Tage vor der Jenaer Schlacht beim Herzog von Weimar zur Tafel geladen. Die Gesellschaft bestand, ihrem Kerne nach, aus sechs Personen, einerseits aus dem Herzoge selbst, der zwischen dem Prinzen Louis Ferdinand und dem General von Grawert saß, und andrerseits (diesen dreien gegenüber) aus *Goethe*, dem der Hauptmann von Blumenstein und von Marwitz als Nachbarn gegeben waren. Als sie schon saßen, erschien Generallieutenant von Holtzendorf, ein Freund Goethes, an den nun Marwitz seinen Platz überließ und mehr abwärts rückte. Von hier aus konnt er erkennen, daß das anfänglich lebhafte Gespräch zwischen Blumenstein und Goethe rasch ins Stocken kam, auf welche Wahrnehmung hin er, nach Aufhebung der Tafel, seinen sonst so redseligen Kameraden interpellierte.

„Sagen Sie, Blumenstein, warum sprachen Sie denn nicht?"

„Ei, der verfluchten Kerlen hatten ja wie ein Pechpflaster auf seinen Maulen. Wollten nich antworten. Schweigen ick auch stille."

„Wovon sprachen Sie denn?"

„Wovon kann man sprecken mit einem Poet, von seinen Werken hab ick gesprocken."

„Und das war falsch. Sie mußten von Verwaltungsangelegenheiten mit ihm reden."

„Ist er so hockmütig? Nach meine Meinungen issen ein großer Poet ein ganz andere Kerlen als ein klein Minister."

„Und von welchem seiner Werke redeten Sie denn?"

„Ah, das war ein verfluckter Streichen. Wollte Sie vor Tischen noch fragen, was der Kerlen eigentlich hat geschrieben. Und nun sitzen ick da und kann mir partout nix erinnern. Aber zum größten Glücken fallt mir noch ein: ‚*Die Braut von Messina*'."

So verlief die herzogliche Tafel und das Gespräch, das ihr folgte. – Marwitz kommt auch noch anderwärts auf Blumenstein zurück und urteilt im ganzen sehr günstig über ihn. „Er war lebhaft, geistreich, unterrichtet und ganz und gar Franzose, trotzdem er es abgeschworen hatte, es zu sein. Er wollte nie Französisch verstehen, wenn (bei der Blockade von Glogau) Parlamentäre von der Festung her erschienen, und sagte dann immer: „Ick bin ein Deutscher! Ick verstehe der verfluckten Kerlen ihre Sprake nick. Wollen sie mit einem deutschen Offizieren reden, müssen sie lernen Deutsch."

gen, daß es dem Könige direkt zu Händen komme. Karl aber soll nichts davon erfahren; er will begreiflicherweise von keinem Schritte wissen, der sein Ehrgefühl kompromittieren könnte. Was mich angeht, so kann ich meiner Empörung immer noch nicht Herr werden und *will* es auch nicht. Meine-Verachtung gegen den Urheber aber werde ich mit ins Grab nehmen … Von Patriotismus sprechen solche Menschen, die vom Staate leben, immer. Ich habe keine Gelegenheit versäumt, um nützlich zu sein, habe dem Staatsfonds keinen Heller gekostet, nie Vergütigung verlangt, aber auch niemals in die Zeitungen setzen lassen, wenn ich für den Staat den Beutel zog. Und diese elenden Menschen wollen einem alten Manne nicht einen einzigen Sohn freilassen, dessen Freilassung durch vernünftige Gründe als notwendig vorgetragen wird! Bei Gott, es wären Vormünder nötig, die die Schurken fortschafften! Doch genug davon, denn mir wallt das Blut zu sehr, um nicht auszuschweifen. Emprunts forcés und ‚gezwungene Freiwillige' gehören in die Kategorie des schändlichsten Nonsenses."

In der ganzen Reihe der Briefe stehen diese beiden einzig da. Nirgends sonst begegnen wir einer ähnlichen Indignation, und leider am unrechten Orte. So wenigstens erscheint es mir. Ein Allerhöchstes stand auf dem Spiel, und die Rücksicht auf den einzelnen mußte hinschwinden neben der Rücksicht auf das Ganze. Daß die Formen unter Umständen etwas artiger und gewählter hätten sein können, mag zugestanden werden. Aber die Dinge lagen so pressant, daß auch zu „Formen", die meist Zeit kosten, keine Zeit war.

Auch der alte Freiherr, vermut ich, konnte sich gegen Sätze wie diese nicht verschließen, und vielleicht war es gerade *das*, was ihn über alles Maß hinaus in Leidenschaft und Empörung brachte. Hardenbergs Antwort, so mußt er sich sagen, auch wenn er sich's nicht sagen *wollte*, war scharf, aber nicht ungerecht. Es lag nicht an dem Gegner, es lag an ihm selbst, an *ihm*, der, aus einem egoistischen Gefühl heraus, um etwas gebeten hatte, um das er nicht bitten durfte.

Wurd es bewilligt, so war es gut, so trat das Mißliche der Bitte zurück, wurd es aber *nicht* bewilligt, so gesellte sich zu dem Schmerzlichen eines Refus auch noch die Kränkung einer Reprimande. Und wie sehr er sich dagegen sträuben mochte, in dieser Erkenntnis lag die tiefste Quelle seines Zornes.*

Er war, von Breslau her, abschläglich beschieden worden, aber endlich, wie die Freunde keinen Augenblick bezweifelt hatten, entwickelte sich doch alles im Einklang mit seinen Wünschen. Ein längerer Aufschub wurde bewilligt, und als Karl von Hertefeld im März 1814 aufbrach, um sich, nach Ablauf der Frist, den verbündeten Armeen anzuschließen, standen diese schon in der Nähe von Paris und schlugen ihre letzten Schlachten.

Er hatte sich ohne Schuld verspätet. Aber ob mit, ob ohne Schuld, als im folgenden Jahre die Kriegsflamme noch einmal aufloderte, war es doch jedenfalls ein unerläßliches Gebot der Ehre für ihn geworden, ein *zweites* Mal *nicht* zu fehlen, vielmehr rasch und rechtzeitig am Platze zu sein. Auch der alte Freiherr entschied sich jetzt in diesem Sinne, bezwang sein Herz und beschränkte sich darauf, an den eben damals in Berlin weilenden Sohn eine Reihe kurzer Briefe zu richten, die hier, sowohl zur Kennzeichnung des Schreibers wie der Situation eine Stelle finden mögen. Alles in ihnen ebenso weisheits- wie liebevoll.

* Es mag an dieser Stelle hervorgehoben werden, daß *Goethe* hinsichtlich seines einzigen Sohnes (August) ebenso fühlte und handelte. November 1813 trat der Herzog von Weimar zu den Verbündeten über und erließ einen Aufruf. Goethe, den die politischen und kriegerischen Vorgänge der Zeit ohnehin in fieberhafteste Unruhe versetzt hatten, geriet in eine doppelte Aufregung, als, infolge dieses Aufrufs, sein Sohn August sich zu den Waffen meldete. Er liebte den Sohn über alles, und der Gedanke war ihm unerträglich, ihn in der Blüte der Jugend auf dem Schlachtfelde zu verlieren. Deshalb wandte er sich persönlich an den Herzog und wußte es durchzusetzen, daß August nicht vor den Feind kam, sondern nur auf kurze Zeit mit dem Kammerrat Rühlemann in das Hauptquartier zu Frankfurt a. M. entsendet wurde. Dies Eingreifen eines allzu zärtlichen Vaters soll (wie Holtei im vierten Bande seiner „Vierzig Jahre" behauptet) den Grund zu August von Goethes seelischer Zerrissenheit gelegt haben. Denn als, nach glorreichen Taten, die Sieger später wieder in Weimar einkehrten und auch August von G. sich unter die Beglückwünschenden drängte, habe er überall nur spöttische Zurückweisung gefunden.

19. April

Mein lieber Sohn. Für mich, als Deinem Dich liebenden und seinem Ende sehr nah sich fühlenden Vater, ist es ein Hartes, Dir in einer Sache Rat zu geben, die mich niederdrückt. Ich wünsche nicht, daß Du als Gemeiner in eine ohnehin trübselige Laufbahn eintreten möchtest. Wär es möglich, daß Du als Freiwilliger auf Deine Kosten dienen und in der Adjutantur ankommen könntest, so wäre mir das das liebste. Ich weiß, daß Enthusiasmus Dich treibt, aber sieh Dich vor, daß er Dich nicht zu Schritten verleitet, die Dir später unangenehm werden könnten. *Glaube mir als einem alten, erfahrenen und vorurteilsfreien Manne, der Militärstand ist eine splendide Misère.* Wenn man eine Zeitlang darin gearbeitet hat, so fühlt man erst das Angenehme der Independenz, und wie nützlich sich *der* macht, der als ein Privater seine Güter selbst bewirtschaftet. Er dient dem allgemeinen Besten und braucht mit seiner Meinung nicht zurückzuhalten. *Er ist ein freier Mann, der auch frei sprechen darf.* Fessele Dich also nicht für immer.

Den 22. April

Ich kenne nun Deinen Entschluß, bei Major von *Colombs* Husaren eintreten zu wollen, und kann ihn nicht tadeln. Der Major hat den Ruf eines tätigen und gescheiten Mannes. Wenn Du mit ihm sprichst, so sag ihm Deine verfehlte vorjährige Dienstnehmung. Vielleicht kann er Dich zum Junker ernennen. Daß Du die Garden vermeiden willst, kann ich nur billigen; diese haben den alten unschicklichen Ton angenommen*, der sie dem Bürgerstande anstößig machen muß.

25. April

Über unser Aufrufsedikt, wenn ich darüber sprechen wollte, wäre kein Ende. *Was soll die Menge Kinder, die zusammenläuft, teils um der Schule, teils um der elterlichen Vormund-*

* Jetzt sehr anders geworden. Die Garden sind im ganzen genommen noch um einen Grad affabler und umgänglicher als die Linie. Kann auch kaum anders sein. Es zeigt sich dabei der Einfluß der großen Stadt, die jedem seine Stelle gibt und auch dem Selbstbewußtesten Bescheidenheit predigt.

schaft zu entweichen. Wir hatten ja Landwehren genug, die nur allenfalls der Komplettierung bedurften. Ich bin ein Feind alles Enthusiasmus, weil er sich auf Kosten der gesunden Vernunft eindrängt. „Kalt überlegt und warm ausgeführt", das ist mein Denkspruch.

8. Mai

Du mußt mich nun verlassen, mein lieber Sohn, in einem Zeitpunkt, in dem ich aus dieser Zeitlichkeit scheiden werde. Gott segne Dich und stehe Dir bei in Gefahren und führe Dich gesund und tugendhaft in Deine väterliche Wohnung zurück. Mich wirst Du nicht wiederfinden. Ist es aber meinem Geist erlaubt, Dich zu umschweben, so wird er stets mit Dir sein. Auf Dir ruht das Glück und der Wohlstand Deiner Schwester; Du kannst als ein unabhängiger Mann leben und als solcher viel Gutes fördern. Darum, lieber Sohn, verlasse Deine Güter nicht, gib sie nicht aus der Hand um bloßer Ehrenvorzüge willen, sondern bleibe selbständig. Dein Schwager ist Dein Vormund bis zu Deiner Großjährigkeit. Nochmals lebe wohl und glücklich, und denk an Deinen dahinwelkenden Vater als an einen verlorenen, schlichten, aber treuen Freund.

Es war des Alten aufrichtiger Glaube, daß er vor Rückkehr des Sohnes abscheiden werde. Der rasche Gang des Krieges aber übertraf alle Hoffnungen, und im Herbste war ihm noch ein Wiedersehen gegönnt, die letzte große Freude seines Lebens, denn seine Tage waren allerdings gezählt. Immer deutlicher stellte sich ein wassersüchtiger Zustand heraus, und der alte Heim wurde konsultiert, ohne daß seine Mittel eine Linderung herbeigeführt hätten. Im Gegenteil.

Unter diesen immer wachsenden Beschwerden und Beängstigungen war es, daß ihm, zum Ordensfeste 1816, das Eiserne Kreuz verliehen wurde.

Die Nachricht davon konnte nur noch ein Lächeln in ihm wecken und nebenher eine Verlegenheit darüber, wie der Dank dafür wohl abzustatten sei. Den Eitelkeiten der Welt hatte sein Herze früh entsagt, und das wenige, was ihm davon geblieben sein mochte, war angesichts des Todes hingeschwunden. In allem übrigen aber blieb er unverändert, und seine Briefe zeigen ihn bis zuletzt in allen Vorzügen seines Geistes und Gemütes, vor allem auch als einen feinen und liebenswürdigen Spötter. Und der Schluß dieser seiner Korrespondenz ist es, dem ich die nachstehenden, über die mannigfachsten Gebiete sich verbreitenden Äußerungen entnehme.

Liebenberg, im Januar 1816

... General *Yorck* muß zur Unzufriedenheit sehr geneigt sein, wenn er den Abschied darum nehmen will, daß nicht genug für ihn geschehen ist. Meiner Meinung nach kann er zufrieden sein. – Aus Kölner Briefen ersehe ich, daß Fürst *Blücher* gute Stunden, aber auch wieder „Abwesenheiten" hat. – Und nun wünsch ich vor allem Herrn Geheimrat *Heim* zu befriedigen, dem man, wie ich wohl weiß, mit einer mäßigen Retribution nicht kommen darf. Ich habe Geld bei Schicklers und werde die Firma benachrichtigen, 500 Taler an Dich verabfolgen zu lassen. Sobald Du sie hast, stelle sie dem Geheimrat Heim namens meiner zu.

Den voraufgehenden Briefen zufolge waren ihm durch Heim – sein eigentlicher Arzt war Formey, früher Stosch – ein paarmal Pillen verordnet worden, die seine Beschwerden eher gesteigert als gemindert hatten. Aber gesteigert oder gemindert, unter allen Umständen ein imposantes Honorar. Und das alles in „armen Zeiten".

Liebenberg, den 14. Januar

Ich habe Niebuhr und Chateaubriand aufmerksam gelesen. Niebuhrs Stil hat mich einigermaßen verwundert; um kräftig zu sein, ist er hin und wieder dunkel und gezerrt. Chateaubriand aber hat sein Thema sehr artig ausgeführt, nur der Franzose leuchtet überall durch, Tiraden und Phrasen stürzen übereinander her, und „l'honneur des Français" (das A und das O dieser Nation) muß auch hier wieder als

Aushängeschild dienen. Und diese sogenannte „honneur“ besteht doch in weiter nichts als in dem törichten Versuch, ihr Besiegtsein nicht eingestehen zu wollen.

Liebenberg, den 10. Februar

Ich bitte Dich, grüße Danckelmann, und frag ihn, ob auf das Eiserne Kreuz, das ich empfangen, ein Danksagungsschreiben erfolgen müsse. Wenn dem so sein sollte, so bitt ihn, daß er das Nötige gleich aufsetze. Laß es dann abschreiben und unterschreib es und send es, wo es hin muß. Vermutlich an das Ordensdepartement. (Er nimmt es offenbar nicht sehr feierlich damit.) ... Ich lasse jetzt die Pillen und trinke Wacholdertee ... Niesigs Hochzeit ist vorüber, und soll die junge Frau so tölplich wie möglich gewesen sein ... Gestern hat sich ein alter Fuchs in der Marderfalle gefangen und sie bis an seinen Bau fortgeschleppt. Da hat ihn Rackwitz (der Förster) in Empfang genommen.

Liebenberg, den 12. Februar

Ich muß doch den „Rheinischen Merkur“ tadeln über die Schärfe, mit der er vorgeht. Hier heißt es mit Recht „est modus in rebus“. Wird dem Redakteur etwas Derartiges zugeschickt, so muß er es entweder unterdrücken oder es moderieren. Das ist aber der Journalisten Sache nicht, weil ihre Schriften mehr Abgang haben, wenn sie bitteren Spott auskramen. Besser aber wird die Welt dadurch *nicht,* denn die Serenissimi lesen es nicht. Es ist nur *ein* Weg, um die Wahrheit bis an den Thron zu bringen: *solche* Vorstellungen wie die der Württemberger Stände. Hierzu gehört aber Einigkeit und allgemeiner Sinn. Und wo soll man die suchen. *Nachschrift.* Vorgestern kam *Ritter Claer* hier an. (Ein Liebenberger Tagelöhnersohn, der sich, achtzehn Jahre alt und vom alten Hertefeld als Landwehrulan ausgerüstet, bei Hagelsberg, durch Sprengung eines feindlichen Carrées, das Eiserne Kreuz erworben hatte.) Er war sehr mißvergnügt und mit *Recht.* Sein Landwehr-Kavallerie-Regiment ist aufgelöst worden, und man hat ihnen die neuen Uniformen abgenommen bis auf die Hosen, ohne welche man sie füglich nicht nach Hause schicken konnte. Der König weiß gewiß nichts davon. Es kommen auch bei der Entlassung wieder allerhand Willkürlichkeiten vor, was schon daraus hervorgeht, daß unserer *Infanterie*-Landwehr ihre Röcke belassen wurden, obschon sie meist neu waren.

Liebenberg, den 14. Februar

Da mich nichts mehr verwundert, so befremdet mich auch nicht die Anstellung des gemeinen Spions O . . . Wer weiß, ob nicht ein Bureau errichtet wird mit diesem Menschen als Präsidenten. Aber diese Klasse, die jeder Ehre bar und bloß ist, läßt sich zu *allem* brauchen. Folglich ist sie nützlich.

Liebenberg, den 16. Februar 1816

Über den Aufenthalt *Luisens* (Enkelin des alten Freiherrn) im Hause J. . . will ich nur bemerken, daß man in diesem Hause sehr neugierig ist und allerlei sonderbare Leute zu sehen bekommt. Ich bitte, grüße tutti quanti. Rackwitz' älteste Tochter ist nun förmlich mit dem Falkenthaler Prediger verlobt. Beide tun eine *dicke Sottise.*

Das ist der Schlußbrief, und es ist hübsch, daß die *letzte* Zeile, die wir von dem Liebenberger Einsiedler haben, ihn noch einmal in seiner ganzen Eigenart widerspiegelt.

Am 3. April starb er und wurde wenige Tage später in der Liebenberger Gruft beigesetzt.

Es erübrigt nur noch der Versuch einer Charakteristik.

In Familienaufzeichnungen findet sich über *Friedrich Leopold* das Folgende: „Er war von großer Herzensgüte und stets darauf bedacht, den Seinigen eine Freude zu machen. An allem nahm er Interesse. Seine Enkeltochter (Luise Danckelmann) mußte ihm stets, bis in die Details, von ihrem Umgang und ihren Beschäftigungen erzählen, bei welcher Gelegenheit er mit jugendlichem Verständnis auf all und jedes einging. Besondere Freude gewährte es ihm, Geschenke zu machen und damit zu überraschen. So schickte er einst seiner Tochter vier schöne Wagenpferde nach Liegnitz, wohin – während der Besetzung Glogaus durch die Franzosen – sein Schwiegersohn als Chef des Landesgerichts mit der ganzen Behörde übersiedelt war. Ähnliche Züge finden sich viele in seinem Leben. Er war einfach und natürlich. Sein scharfer Verstand, seine großen Kenntnisse, sein Interesse für die Wissenschaften machten ihn, im Verein mit den edlen Eigenschaften seines Herzens und der Lebhaftigkeit seiner Ausdrucksweise, zu einem selten liebenswürdigen Menschen."

Einige Züge mögen dies Bild, das ich vorfinde, vervollständigen.

In der nüchternen Beurteilung einerseits des Geschehenden, andererseits derer, die die Dinge geschehen ließen, erinnert er außerordentlich an *Marwitz*, und ein Vergleich mit diesem erleichtert die Schilderung und Hervorkehrung dessen, was das Wesen unseres alten Freiherrn ausmachte. Marwitz war in Standesvorurteilen befangener, auch leidenschaftlicher und aufbrausender, aber zugleich die weniger egoistische Natur. Er hatte durchaus den Sinn für das Ganze, den weiteren Blick, und wenn es Prinzipien galt oder ein Eintreten für Staat und Stand, so bracht er jedes Opfer an Gut, Gesundheit, Leben. Unseres Liebenberger Einsiedlers Vorzüge lagen nach anderer Seite hin und zeigten sich vor allem in großer gesellschaftlicher Liebenswürdigkeit, in der er auch aushielt, als er kaum noch innerhalb der Gesellschaft stand. Er war rücksichts- und formvoller als Marwitz, behaglicher und jovialer. Aber diese Tugenden erwuchsen doch zu nicht geringem Teil aus einem selbstsüchtigen Hange nach Ruhe, Geborgensein und umfriedetem Glück. Er war nicht bloß unsensationell, er war auch, seinem eigenen Zeugnisse nach, *unenthusiastisch* und sah, ähnlich wie König Friedrich Wilhelm III., in allem, was ihn umlärmte, nur eine Mischung von Unordnung und Ungehörigkeit, an der teilzunehmen etwas wenig Schönes und im ganzen genommen auch nicht sonderlich Ehrenvolles war. Es führte meistens in schlechte Gesellschaft, und – Kinder spielten Weltgeschichte. Wie weit er es in dem allem traf oder nicht traf, mag hier um so lieber unerörtert bleiben, als ich mich über diese Frage schon an anderer Stelle geäußert und namentlich auf das Mißliche seiner und der Marwitzischen Adelsopposition gegen die „Neuerer" hingewiesen habe. Was aber freilich in dieser Opposition überall erquickt, ist die *konsequente Verspottung der Phrase,* ganz besonders der Freiheitsphrase, zu deren abweisender Kritik er speziell um so berechtigter war, als er für die *wirkliche* Freiheit und „für das Recht, das mit uns geboren ist", ein volles und freudiges Verständnis hatte. Und dies erscheint mir als seine schönste Seite, zugleich als die, der wir unschwer entnehmen können, daß er nicht in den vorwiegend militärisch-gedrillten Ostprovinzen unserer Monarchie, sondern im Westen, an der holländischen Grenze geboren und erzogen war. In der Tat, all seiner Loyalität unbeschadet, ist doch ein wohltuend republikanischer Zug in seinem ganzen Tun und Denken erkennbar, und jedesmal empört er sich, wenn er wahrnimmt, wie wieder einmal hier oder dort, aus bloßer Machthaberlaune, mit dem Menschenleben erbarmungslos gespielt worden ist. Am ablehnendsten verhielt er sich gegen das politische Gebaren der Rheinbundfürsten, denen er nicht bloß ihre frühere Schweifwedelei, sondern vielmehr noch ihre Haltung, ihren eigenen Untertanen gegenüber, zum Vorwurf machte. Jedem Absolutismus abhold, interessierten ihn aufs lebhafteste die Verfassungskämpfe jener Zeit, und es war wenige Wochen vor seinem Tode, daß er schrieb: „Ich erkenne mehr und mehr, daß die Politik die Wissenschaft des Betruges ist. Und so wird es bleiben, bis vernünftige *Landesverfassungen* dasein werden, die Kraft haben, die Großen zu binden."

Solche Worte werden uns mit einer gewissen Enge, wie sie seinem *zu* stark ausgeprägten Familiensinn entstammte, leicht wieder aussöhnen, und um so leichter, je mehr wir im Gedächtnis behalten, daß er sich, wider Wunsch und Willen, in Zeitläufte gestellt sah, die seiner Natur widersprachen und der Betätigung seiner auf Beschaulichkeit und stilles Glück gerichteten Gaben ungünstig waren.

Er hatte nicht den großen Sinn für den Staat, aber er war ein nachgeborner Patriarch und ein Ideal innerhalb des Hauses und seiner Umfriedung.

4. KAPITEL

Liebenberg unter Karl von Hertefeld 1816–67

Seinem Vater Friedrich Leopold folgte *Karl* von Hertefeld, der sogenannte „alte Hertefeld“, im Besitze von Liebenberg. Er stand demselben fünfzig Jahre lang vor und starb kinderlos. Mit ihm erlosch das alte clevesche Geschlecht, das den brandenburgisch-preußischen Landen so viele durch Geist, Charakter und *freiere* Lebensauffassung ausgezeichnete Männer gegeben hatte. Denn beinah allen war ein reformatorischer Zug eigen, derselbe Zug, der sich auch in so vielen unsrer Hohenzollern unschwer erkennen und verfolgen läßt.

Karl von Hertefeld wurde den 27. Oktober 1794 auf Schloß Boetzelaer geboren. Die Freude, „daß nun ein Erbe da sei“, war groß, und kein Brief aus jener Zeit, der nicht Zeugnis davon ablegte, wie von einem allerglücklichsten Familienleben überhaupt. „Karl schackert wie eine Elster. Er grüßt Dich und reitet, seit er ein Steckenpferd hat, täglich zu Schwester Dine.“ So heißt es im Mai 97. Und als nun im selbigen Herbst ebendieser Schwester (Alexandrine Danckelmann) ein Sohn geboren wurde, wurd es versucht, dem dreijährigen „Onkel Karl“ eine Vorstellung von seiner neuen Würde beizubringen. Es schien nicht gelingen zu sollen, als aber, einige Tage später, „Onkel Wylich“, ein Bruder der Frau von Hertefeld, in den Schloßhof einfuhr, lief ihm Karl entgegen und rief schon von weitem: „Onkel, ich bin nun *auch* Onkel.“

Die frühesten Kindheitsjahre verliefen infolge der vielen,

im vorigen Kapitel geschilderten Hin- und Herzüge ziemlich unruhig, und von „Erziehung" konnte wohl erst die Rede sein, als der alte Freiherr in Liebenberg ein für allemal eingebürgert war. In vielen seiner Briefe werden von diesem Zeitpunkt an pädagogische Fragen verhandelt (es war ja die Basedow- und Pestalozzizeit), und die mannigfach eingestreuten Mitteilungen und Ratschläge geben uns, auch nach dieser Seite hin, ein Bild aus jenen Tagen. „Ich bin für *harte* Bestrafungen, aber für *augenblickliche.* Ein Klaps zur rechten Zeit wirkt wahre Wunder." Und bald darauf: „Ich höre von allerhand Erziehungsnöten, in denen Du Dich befindest. Nun, ich bin mit Deinem Bruder Karl in gleicher Lage. Was ich zu sagen habe, ist kurz das: studiere die Gesinnungen und Neigungen des Kindes. Ist er cholerisch-lebhaft, so suche, sobald er hartnäckig einen eignen, ihm unzulässigen Willen zeigt, diesen Willen zu brechen. Entgegengesetztenfalls hast Du später einen schweren Stand. Ist er aber bloß lustig, wild und aus Leichtsinn unwillig, so mußt Du seine Aufmerksamkeit abzulenken suchen, was bei einem Kinde meistens nicht schwer ist. Das aber, worauf Du vor allem zu sehen hast, ist das, daß er erstens *überhaupt* und zweitens nach einer bestimmten Ordnung und seinem Naturell entsprechend beschäftigt ist. In einer solchen Ordnung erzieh ich jetzt Deinen Bruder." Und im nächsten Briefe hören wir denn auch, in *welcher* Ordnung. „Ich beginne mit dem Schlaf, dieser ‚Nährmutter unsrer Natur'. Er kann schlafen, solang er will, denn ich gehe davon aus, daß ein jugendlicher Körper, nach dem beständigen Umherspringen, auch wieder seine volle Ruhe haben muß. Gemeinhin ist er um acht Uhr munter, wird gewaschen und gekleidet, frühstückt mit mir, liest unter Aufsicht und Anleitung und geht dann ins Freie. Gegen elf ist er wieder um mich her, sieht sich Bilder an oder spielt oder liest mir auch wohl aus seinen Kinderbüchern vor, wobei sich's gebietet, mit Geduld und Teilnahme zu folgen. Am Nachmittage beginnen dann seine Spaziergänge, zunächst wieder in den Garten, in dem er mit Hacke, Spaten, Schubkarren tätig ist, und danach, in meiner Begleitung, in Feld oder Wald. Ist schlimmes Wetter, so muß allerhand Spielzeug aushelfen. Und um neun Uhr zu Bett."*

Überblick ich alles an dieser und anderer Stelle Gesagte, so läßt sich leicht erkennen, daß er von einer auf Beispiel und Anschauung den Akzent legenden Erziehung sehr viel, von der eigentlichen „Schule" aber sehr wenig hielt. Er betonte Gesinnung, Form und gute Sitten, das Lernen dagegen mußte sich wie von selber machen. Und wenn er nichtsdestoweniger ein promptes Innehalten der Lehrstunden forderte, so geschah es vorzugsweis um Disziplin und Ordnung willen.

1804 entspann sich, bei Gelegenheit eines schon früher erwähnten Ferienbesuchs, ein intimes Freundschaftsverhältnis zwischen dem zehnjährigen „Onkel Karl" und seinem siebenjährigen Neffen Heinrich von Danckelmann. „Es ist meine tägliche Freude", schreibt der Alte, „die Kinder zu sehen. Sie bauen und pflegen das Stück Gartenland, das ich ihnen gegeben habe, reiten und fahren und gehen sogar auf Jagd, seit Karl eine Flinte hat. Er ist geschickt genug und hat neulich eine Elster, eine Krähe und ein Eichkätzchen geschossen. Auch im Hause wissen sie sich gut genug zu bewegen, und selbst in den Unterrichtsstunden trennen sie sich nicht. Ich war heute bei einer Geographiestunde zugegen und sah, wie Heinrich, dem die Sache noch zu gelehrt vorkam, über einem Fabelbuche saß. Sie lesen viel aus dem ‚Robinson' und überhaupt aus Campes Kinderbibliothek. Alles aber verschwindet neben einem Schiff mit Segeln und mehr noch neben einer Elektrisiermaschine, die ich Karln zu Weihnachten geschenkt habe. Vor dieser sitzen sie stundenlang und drehen und laden Flaschen und freuen sich, wenn der Funke überspringt."

Ein halbes Jahr lang dauerten diese „Ferien", und als endlich die Trennung erfolgen mußte, beschloß der alte Freiherr,

* In einer Nachschrift obigen Briefes findet sich, übrigens ohne jeden Zusammenhang mit dem vorstehend Erzählten, eine Bemerkung, die, um ihrer selbst willen, hier stehen mag. „Ich ersah aus Deinem Briefe, daß ich wegen der *Du Troussel* anfragen und namentlich auch bei unserer guten *Kolonie*-Manon Erkundigungen einziehen soll. Ich hab es aber unterlassen, weil es bei den Kolonisten ein für allemal Sitte ist, *alles* zu loben, was zur Kolonie gehört." (Jetzt nicht mehr; tempi passati.)

um Karl in seiner Vereinsamung zu trösten oder schadlos zu halten, eine Reise mit ihm zu machen. Und zwar nach Hamburg. Das war im Mai oder Juni 1805, und der phantasievolle Knabe begeisterte sich nicht nur an der sich groß und neu vor ihm erschließenden Welt, sondern unterließ auch nicht, eine Beschreibung davon in einem sechzehn Quartseiten langen Briefe zu Papiere zu bringen. Ebendieser Brief ist uns aufbewahrt geblieben und kann, als Elaborat eines Zehnjährigen, für musterhaft gelten. Er zeigt schon, neben einer überraschend scharfen Beobachtung, denselben guten Humor, der seine späteren Briefe, von denen ich einige mitzuteilen gedenke, kennzeichnet. In Vater und Sohn ist dasselbe talent épistolaire erkennbar, trotzdem ihre Schreibweise sehr verschieden ist. In dem Vater herrscht der Philosoph, in dem Sohn der Matter-of-fact-Mann vor.

An die Rückreise von Hamburg schloß sich ein kurzer Aufenthalt in Berlin, wo Geheimrat Dr. Formey wegen Karls „anfälliger Gesundheit" konsultiert werden sollte. Formey gab aber Trost und Hoffnung und versicherte, „daß das alles mit einem schwachen Nervensystem zusammenhänge; später werd er gesund werden, *ganz* gesund". Und er hatte wahr gesprochen.

Aus den Jahren, die nun unmittelbar folgen, erfahren wir wenig, und erst um 1808 werden die Mitteilungen wieder reicher. Karl von Hertefeld ist nun vierzehn geworden und hat ganz die Beschäftigungen und Allüren eines angehenden Junkers. „Er bengelt jetzt viel, und seine Passion fürs Umhertummeln wächst, seit ich ihm letzten Weihnachten die kleine Fuchsstute geschenkt habe. Beständig liegt er draußen, um einen seltenen Hasen aufzuspüren, denkt an nichts mehr als an Hund' und Pferde und pflegt, wenn sich die Gelegenheit bietet, die sechs Meilen zwischen Liebenberg und Berlin im Sattel zu machen."

Er wurde nun auch ganz als „Erbprinz" gehalten, und im folgenden Jahre veranstaltete der alte Freiherr, der die Menschen und ganz besonders seine Liebenberger kannte, einen erbprinzlichen Geburtstag. „Am 27. v. Monats haben wir

Karls Geburtstag durch eine Hochzeit gefeiert. Eins unserer Hausmädchen, das von mir ausgestattet war, wurde mit ihrem Bräutigam getraut, den ich vorher eigens zum Hofmeier ernannt hatte. Fockes aus Berlin waren mit zugegen und freuten sich der ländlichen Szene, die für die Großstädter etwas Neues und für die Liebenberger ein Festtag war."

In demselben Winter wurde Karl „in den Unterricht" geschickt oder, um es noch märkischer auszudrücken, „in die Predigerstunde", was, da Liebenberg keinen Prediger hatte, mit einer allwöchentlich zweimaligen Reise nach Zehdenick gleichbedeutend war. Ostern 1810 erfolgte dann die Konfirmation.

Und nun war die Zeit da, wo die längst angeregte Frage: „wie's mit der weitren wissenschaftlichen Ausbildung des Sohnes zu halten sei", wenigstens auf ein paar Wochen hin eine wiederum viel ventilierte wurde. Das Liebenberger Leben in seiner Eingezogenheit und Stille konnte schließlich nicht ewig dauern, und Alexandrine, die, wie bei allem, so auch hierin zu Rate gezogen wurde, proponierte schließlich Pension oder Alumnat. „Ich habe selbst schon an dergleichen gedacht", antwortete der Alte, „gestehe Dir aber, daß ich durch alles, was ich von Berliner Pensionsanstalten gesehen und geprüft habe, geradezu zurückgeschreckt worden bin. Bei dem Direktor des Joachimsthals, wo der junge Reck ist, kann man Griechisch und Latein genug in den Klassen lernen; aber damit basta. Im übrigen ist der Umgang mit den dort studierenden Bengeln, trotzdem das Joachimsthal immer noch als das beste gilt, äußerst gefährlich. Lüderlichkeit herrscht in den meisten derartigen Anstalten, in der Stadt überhaupt*, was Du schon daraus ersehen magst, daß man,

* Zu dieser Anklage war der alte Friedrich Leopold von H. nur zu berechtigt. Es kam vor, daß die gute Sitte nicht bloß verletzt, sondern in einer gewissen infernalen Freude geradezu brüskiert wurde. So findet sich in einem späteren Briefe das Folgende: „Geheimrat *Graun* (er arbeitet am Appellhofe des Kammergerichts) hat vor einigen Tagen einen öffentlichen Skandal gegeben. Er soupierte bei *Dallach*, Unter den Linden, in Gesellschaft seines Sohnes, eines jungen Referendarius, und hatte zur Belebung der Tafelfreuden eine ‚freudige junge Person' aus der Abtei der Madame Bernard mit eingeladen. Ihr Benehmen, insonderheit das des Alten, war der Art, daß seitens der anderen Gäste Klage geführt wurde. Daraufhin ersuchte Dallach den G.-R. Graun, das

um die neue Universität vor derartig üblen Einflüssen zu sichern, den ‚Neustädtischen Bezirk', also den ganzen Stadtteil von der Schloßbrücke bis zum Brandenburger Tor und von der Letzten Straße (Dorotheenstraße) bis zur Kochstraße, von allen lüderlichen Etablissements gereinigt hat. Selbst die berüchtigte Madame Bernard hat ihr Haus in der Behrenstraße verkaufen und mitsamt ihren Nymphen sich außerhalb des eben angegebenen Bezirks niederlassen müssen. Dies ist geschehen, weil die meisten Studenten (um in Nähe der Universität zu sein) in dem Neustädtischen Bezirk Wohnung genommen haben."

Erwägungen dieser Art führten begreiflicherweise zu dem Entschluß, es mit „Pension und Alumnat" nicht übereilen zu wollen, bis, nach Ablauf von abermals anderthalb Jahren, eine Verpflanzung in die große Stadt nicht wohl länger hinausgeschoben werden konnte.

Doch auch *jetzt* nicht in eine „Pension". Es wurde vielmehr beschlossen, den nun Siebzehnjährigen ohne weiteres in den Kreis der Studierenden eintreten und im Hause des befreundeten Geheimrats Focke Wohnung nehmen zu lassen.

Das war im April 1812. Allerhand Collegia kamen auch wirklich an die Reihe, viel regelmäßiger aber als diese wurden Visiten gemacht und Gesellschaften besucht, und aus zahlreichen Nachschriften und Randbemerkungen ersehen wir, daß es die Reckes und Itzenplitzes, die Beymes und Boguslawskis waren, in deren Zirkel er vorzugsweise verkehrte. Dazu die Fockes selbst. Zu den ihm gleichaltrigen Söhnen einiger dieser Häuser unterhielt er alsbald die herzlichsten Beziehungen, und wenn in Liebenberg ein Fuchs gejagt oder ein ländliches Fest gefeiert wurde, so brach die ganze Freundschaft auf, um auf einen Tag oder eine Woche daran

Lokal, ‚das für solche Dinge nicht da sei', zu verlassen, was aber nur zu schnöder Abweisung führte. Das wiederholte sich, als Polizei requiriert wurde, bis zuletzt ein höherer Beamter erschien und einen schriftlichen Befehl vorzeigte. Nun erst gehorchte der Alte. Der Sohn (etwas klüger als der Vater) hatte sich schon vorher aus dem Staube gemacht. Ich brauche nicht hinzuzusetzen, daß Kammergerichtspräsident von Braunschweig den Fall an den Justizminister gemeldet hat; es bleibt aber traurig und unfaßlich, daß ein in Amt und Jahren stehender Mann einer solchen Auflehnung gegen Sitte und Gesetz überhaupt fähig war."

teilzunehmen. „Am 1. August hatten wir Erntefest", schreibt der Alte. „Karl und drei Söhne von Geh. Rat Focke waren herübergekommen, und als weitere Zuschauer hatten sich die Seilers und hernach auch die Gentz und Bergemanns von Gransee her eingefunden. Die jungen Leute wollten tanzen, und es entstand nun ein Ball von sechs Paaren, der bis zehn Uhr dauerte. Ich hätte gewünscht, Du wärest mit dabei gewesen. Ein solches Impromptu verläuft oft besser als eine geplante Festivität." Und vier Tage später: „Auch eine Goldne Hochzeit haben wir gehabt, die der alten Guichards, wobei sich's traf, daß Karl und die jungen Fockes noch hier waren. Alles verlief aufs beste. Die Neumann hat etwas davon in die Zeitungen rücken lassen, was mit meinem Hange, vergessen zu sein, wenig übereinstimmt."

Er schreibt wörtlich: „mit meiner *Gemütlichkeit*, vergessen zu sein". Überhaupt finden sich viele sprachlich originelle Wendungen.

In dieser Weise ging das Leben Karl von Hertefelds, und erst bei Beginn des Winterhalbjahres war er der gesellschaftlichen Zerstreuungen insoweit überdrüssig, daß er ein regelrechtes Studium anfing, statt sich bloß „Studierens halber aufzuhalten". Er warf sich zunächst auf Physik und deutsche Literatur, insonderheit auf das „Alt-Deutsche", was eben damals in die Mode gekommen war. Obenan das *Nibelungenlied*, über das man übrigens in Liebenberg ebenso klein und gering dachte wie dreißig Jahre früher in Sanssouci. Wenigstens schrieb der Alte: „Gestern, beim Aufräumen, ist mir auch das Nibelungenlied in die Hände gekommen, und schick ich es Dir, weil ich mittlerweile vernommen habe, daß Du Vorlesungen darüber hörst. Wenn übrigens der Nibelungen-Siegfried in *Xanten* seinen Sammelplatz gehabt hat, so ist vielleicht eine Dissertation über den Ort zu schreiben, wo er den Lindwurm totschlug. Ich, meinesteils, würde vermuten, daß es in der an Xanten grenzenden Bonnekather Heide geschehen sein müsse, die so wüst daliegt, als ob ein Lindwurm seine volle Bahn darauf gehabt habe. Vorzeiten trugen unsre Bänkelsänger die Geschichte vom gehörnten Siegfried und vom Reineke Voß auf dem Land herum und sangen ihre Knittelverse dazu. Wer damals gedacht hätte, daß solche Märchen noch aufs Katheder kommen würden! Tempora mutantur et nos mutamur in illis."

Es läßt sich annehmen, daß Karl von Hertefelds Eifer an diesem Spotte nicht erlahmte, die Zeit im ganzen aber war der wissenschaftlichen Beschäftigung ungünstig, selbst widerstrebend, und als in den ersten Tagen des Jahres 13 die Yorcksche Kapitulation in Berlin bekannt wurde, war es mit dem Studium auf lange hin vorbei. Nur *ein* Gefühl beherrschte die Gemüter, insonderheit der Jugend, und Karl von H. wäre mit unter den ersten gewesen, die damals die Waffen nahmen und auszogen, wenn nicht seinem eignen Enthusiasmus ein absolut unenthusiastischer Vater mit sehr abweichenden Ansichten und Wünschen entgegengestanden hätte. So bracht er seiner Kindesliebe das denkbar schwerste Opfer und *blieb*, ohne sich durch Mißdeutungen, denen er kaum entgehen konnte, beirren oder umstimmen zu lassen.

Als aber ein halbes Jahr später die Leipziger Schlacht geschlagen und der Marsch auf Paris eine beschlossene Sache war, wurd ihm der Zwang unerträglich, und er brach auf, um wenigstens ein Zeuge der letzten entscheidenden Ereignisse zu sein. Am 5. März 1814 war er in Leipzig, am 9. in Frankfurt, am 16. in Chaumont und sah sich, am selben Abend noch, in die beinah fluchtartige Rückzugsbewegung des großen Hauptquartiers hineingerissen. Endlich wieder zur Ruhe gekommen, schrieb er, anderthalb Wochen später, von *Dijon* aus. „Ich wollte zur Armee, wie Du weißt, und muß statt dessen im Rücken derselben umherziehen. Daß es im Gefolge des Hauptquartiers geschieht, bessert wenig. In diesem Augenblick sind wir, abgedrängt und gefährdet, ohne jede Nachricht von der Armee. Morgen aber will ich mich an Graf Lottum wenden, um aus seinem Munde zu hören, wie die Dinge stehen. Inzwischen gefällt mir Frankreich recht gut, wenigstens überall da, wo man noch etwas zu leben vorfindet. Die Leute sind höflich und freundlich, und ich werde vortrefflich mit ihnen fertig. Zugleich erhalt ich Komplimente über Komplimente à cause de ma honnêteté. Ich bin fest überzeugt, daß die gelegentlich feindliche Haltung der Einwohner nur von dem zügellosen Betragen der alliierten Armeen herrührt. Die Verheerungen übersteigen alle Vorstellungen. Von Chaumont bis Troyes hab ich in den Dörfern keine Einwohner und von Nancy bis drei Lieues von Chatillon kein Federvieh gesehn. Und wem schaden wir durch solch Gebaren am meisten? Uns selbst. Die nachrückenden Truppen finden nichts und müssen, nach starken Märschen, auch noch hungern. Eben hör ich, das Hauptquartier werde sich nach *Lyon* begeben. Ich glaub es jedoch nicht, daß wir bestimmt sind, so weit nach Süden hin auszubiegen. Geschäh es doch, so bekäm ich die schönsten Städte Frankreichs zu sehen und könnte vielleicht immer noch sagen, ‚die Campagne mitgemacht zu haben'."

So Karl von H. am 27. März. Vier Tage später hatten sich die Dinge sehr geändert, und die Nachricht von der entscheidenden Niederlage Napoleons bei Arcis sur Aube, wie sie dem großen Hauptquartier bekanntgeworden war, war auch zur Kenntnis unseres Briefschreibers gelangt. Er meldet erst das Tatsächliche dem Vater und fährt dann fort: „Es kommt dies alles vom Tische des Staatskanzlers, muß also wohl richtig sein. Übrigens wissen wir erst jetzt, daß wir in Bar sur Aube nahe daran gewesen sind, inklusive Hauptquartier und Kaiser von Österreich, aufgehoben zu werden. Am Morgen um vier Uhr brachen wir von Bar sur Aube auf, und am Abend war – Napoleon in der Stadt. Der ganze Landstrich, in dem wir uns hier befinden, ist nicht annähernd so verwüstet wie Lothringen und die Champagne, vielleicht weil überhaupt und vor allem keine Russen hierher gekommen sind. Die Einwohner sind äußerst zuvorkommend, und das Hauptquartier hat keine Ursache zur Klage. Hier hab ich auch zum erstenmal ein französisches Schauspiel gesehn. Es war ein bürgerliches Lustspiel und übertraf all meine Erwartungen.

Wie hölzerne Klötze kommen mir unsere deutschen Schauspieler dagegen vor. Gestern wurd eine dreiaktige *Oper* ‚Virginie et Paulin' angekündigt. Da fand ich nun freilich, und zumal in den effektvollen Szenen, meine Leute sehr verändert. Es gab ein förmliches Heulen, Schreien und Herumfahren auf dem Theater, alle waren wie Besessene, und ich fürchtete ein paarmal, sie würden sich die Kleider vom Leibe reißen. Wenn ich nicht mehrere Schauspieler vom Tage vorher in ihnen wiedererkannt hätte, so würd ich nie geglaubt haben, daß dieselben Menschen in *einem* Genre so gut und in dem anderen so unsinnig sein könnten."

Dieser zweite Brief aus *Dijon* ist vom 31.

Schon am Tage vorher hatten sich die Dinge vor Paris entschieden, und Karl von Hertefeld brach aus der burgundischen Hauptstadt (Dijon) auf, um sich, auf nächstem Wege, nach der Landeshauptstadt zu begeben. Am 5. oder 6. April traf er daselbst ein und schrieb von hier aus einige durch gute Beobachtung, bon sens und Humor ausgezeichnete Briefe, denen ich folgende Stellen entnehme.

Paris, 18. April 1814

Ich habe nun die herrlichen Kunstwerke mit Muße angesehen und jedesmal, daß ich wieder hinkam, hab ich etwas neues Herrliches entdeckt. Welcher Reichtum an Gemälden hier zusammengehäuft ist, kannst Du daraus abnehmen, daß sich hier allein 25 Raffaels befinden. Alles ist nach Schulen geordnet, und wundert es mich nur, daß man die deutsche mit der niederländischen zusammengeworfen hat.

Und wie die Sammlungen, habe ich nun auch die berühmtesten *Theater* gesehen. Die Große Oper ist herrlich, trotz des Gebrülls der Sänger bei Bravourarien. Ich sah „Iphigénie en Aulide". Mir gefiel der Gesang anfänglich recht gut, als aber die Stelle kam, wo Achill und Agamemnon sich zanken, war es kaum zum Aushalten. Und doch erfolgte gerade jetzt ein Applaudissement, daß das Haus dröhnte. Hernach sah ich „Orphée", der mir viel besser gefiel, weil nicht voll so stark geschrieen wurde. Aber was soll ich vom *Ballet* sagen! Das reißt einen ganz hin; alles steht an seinem Platz und greift ineinander; jeder Figurant ist in seiner Art ein Künstler. Will man aber einen Körper sehn, der zum Äther wird, so ist es die Gardel. Beschreiben läßt sich ihr Tanz gar nicht. Man sieht weder Gliederverdrehungen noch tours de force; alles ist Grazie, wenn sie über das Theater hinschwebt. Was aber am meisten zu verwundern ist, ist das, daß diese Frau schon zweiundvierzig Jahre zählt.

Im Théâtre français habe ich „Semiramis" gesehn. Die berühmte George spielte die Semiramis und Talma den Arsace. Talma hat mir sehr genügt, aber die George gar nicht. Es ist sonderbar mit der französischen Tragödie; man begreift anfänglich nicht, wie diese Deklamationsweise gefallen kann, und am Ende bringt sie doch einen schönen Effekt hervor. Bei dieser Gelegenheit muß ich noch etwas erwähnen, was mir in diesem Stücke sehr auffiel und vielleicht als Kommentar für die wahre Stimmung des französischen Volkes dienen kann. Talma hat nämlich als Arsace folgende Worte zu sprechen: „Le ciel donne souvent des rois dans sa vengeance." Bei dieser Sentenz erfolgte ein Beifall, daß das ganze Haus widerhallte. Und gewiß wurde nicht bloß *deshalb* applaudiert, weil Talma die Worte schön gesprochen hatte.

In der eigentlichen leichten Komödie sind die Franzosen unübertrefflich, und in den kleineren Vaudevilletheatern, wo dergleichen aufgeführt wird, muß man sich fast totlachen. Sinn ist in all diesen Stücken herzlich wenig, aber darauf kommt es auch gar nicht an; wenn nur der Unsinn gut gespielt wird, so geht das Publikum vergnügt nach Haus. Und mir ist es ebenso gegangen. In Deutschland müßte man vor Langeweile umkommen, wenn einem so was vorgespielt würde.

Zum Schluß muß ich Dir noch schreiben, wie sich alle Theater beeifern, Gelegenheitsstücke vorzuführen, in denen ein Vive le roi angebracht werden kann. Da nun aber die französische Geschichte ziemlich arm an edlen Königen ist, so fällt alles über Henri IV. her, der jetzt unter allen möglichen Formen, auf allen möglichen Bühnen herumwandeln muß. Da gibt es „La partie de chasse de Henri IV.", „Henri et d'Aubigny", „Le souper de Henri IV. ou la dinde en pal", ja sogar „Le dessert de Henri IV." In all diesen Stücken sind Lieder angebracht zum Lobe der Könige, der „souverains légitimes", die dann möglichst beklatscht werden. Doch war kein Applaudissement so stark wie bei den oben erwähnten Worten Talmas.

Von Bekannten hab ich hier noch Dönhoff, Salpius und Serre, den Vater, gesprochen.

Paris, den 30. April 1814

Die Bauten und Arbeiten, die Napoleon teils hat vornehmen lassen, teils vornehmen wollte, grenzen wirklich an das Riesenhafte. Auf dem Platz, wo die Bastille stand, sollte ein Elefant von Bronce, zwölfmal größer als ein natürlicher, zu stehen kommen. Bloß um das Modell arbeiten zu können, hat man ein turmähnliches Gebäude aufführen müssen. Dieser Elefant sollte über den projektierten Ourcq-Kanal gestellt werden, so daß die Schiffe unter ihm weggingen, bei welcher Aufstellung er zugleich als Prospekt der ebenfalls neu edierten Rue impériale gedient haben würde. Die Herstellung dieser neuen Straße wurde, weil alte Häuser niedergerissen werden mußten, auf 14 Millionen Francs berechnet.

Ich gehe gern ins Theater, aber es wird einem fast zuwider, weil immer nur Gelegenheitsstücke gegeben werden, in denen man bei jeder passenden oder nicht passenden Strophe wütend applaudiert. Jedes der verschiedenen Theater hat sich, wie ich Dir schon schrieb, ein von Henri quatre handelndes Stück angeschafft, das nun jeden Abend zur Aufführung kommt. Die Stimmung des Volks zeigt sich dabei in einem sehr grellen Lichte. Der Kaiser von Rußland glänzt vor allen anderen Fürsten und wird fast als der einzige angesehen, der etwas zu sagen habe. Dazu kommt noch, daß sein Name sich in Gedichten gut anbringen läßt, wohingegen Frédéric Guillaume und François in keinem Couplet recht reimen wollen, sosehr sich auch die Dichter abarbeiten, solche Reime zu finden.

Paris, den 8. Mai 1814

Paris enthält jetzt so viele merkwürdige Männer wie wohl nie zuvor. Außer den Monarchen ist fast die ganze englische Generalität hier, Lord Wellington an der Spitze. Ich habe diesen merkwürdigen Mann in der Oper gesehen. Schade war es, daß er in einer dunklen Loge saß und sich, um einiger englischen Damen willen, fast wie in einen Winkel gesetzt hatte, so daß ich mir seine Gesichtszüge nicht recht einprägen konnte. Nur so viel sah ich, daß ihm keines der mir in Berlin bekannt gewordenen Gemälde glich. Er ist hager und sein Gesicht länglich; außerdem aber schien mir etwas ganz unenglisch Anspruchloses darin zu liegen, was ihn mir noch lieber machte.

Der Einzug Ludwigs XVIII. ist am vorigen Dienstag in Szene gegangen. Wegen der Kürze der Zeit hatte man nicht viel Anstalten zu seinem Empfange treffen können; auf dem Pont Neuf indessen war die Statue Heinrichs IV. vorläufig in Holz aufgerichtet worden, und von den Türmen wehten weiße Fahnen mit darin eingestickten Lilien. Das Tor von St. Denis, durch das er einzog, war mit Tapeten aus der Gobelinmanufaktur behangen. Ich ging in den Faubourg und stellte mich auf ein zum Zuschauen erbautes Gerüst. Alsbald erschien der König. Er war fast mehr von Nationalgarden als von französischen Truppen begleitet, und weil der Zug, des Gedränges halber, oft stopfte, hatt ich Gelegenheit, Seine Majestät mit aller Muße zu betrachten. Gerade vor unserem Gerüst mußt er fast eine Viertelstunde halten, eh der Weg durch das Tor offen war. Nach den Gemälden Ludwigs XVI. zu urteilen, hat er viel Ähnlichkeit mit seinem unglücklichen Bruder. Die Nationalgarden riefen „Vive le roi", die Truppen aber marschierten stumm vorüber. Besonders die Garden. Ein verbissener Ingrimm war in die Gesichter der alten Grenadiers eingezeichnet.

Vor einigen Tagen traf ich im Theater mit einem Herrn in einer Loge zusammen, den ich anfänglich für einen Deutschen oder Holländer hielt, bis ich durch ihn erfuhr, daß er Besitzungen in Anjou habe und jetzt als Deputierter hier sei.

Weiterhin erzählte er mir, er habe seit drei Monaten weder Abgaben bezahlt, noch seien Rekruten eingezogen worden. Es habe sich nämlich in Anjou, Maine und der Vendée eine starke Partei organisiert, deren Mitglieder, mit der weißen Kokarde am Hut, das Land durchzögen und die Polizeibeamten, die die Steuern und die Konskribierten einziehen wollten, einfach wegjagten. Es seien zwar 2000 Gensdarmes samt Kavallerie von der spanischen Armee heranbeordert und mit Herstellung der „Ordnung“ beauftragt worden, einige Deputierte hätten aber dem Präfekten rundweg erklärt, daß er die Gensdarmes wieder fortschicken müsse, widrigenfalls sie wahrscheinlich totgeschlagen würden. Und das sei denn auch befolgt worden. Inzwischen habe die königliche Sache gesiegt, und alles sei wieder ruhig.

Paris, den 14. Mai 1814

Ich habe neuerdings Graf Eberhard Danckelmann hier kennengelernt. Er will nach *London* und hat mich aufgefordert, mich ihm anzuschließen. In Voraussicht Deiner Zustimmung werd ich es tun. Die Reise macht sich leicht; in drei Tagen bin ich dort und gedenke mich anderthalb Wochen daselbst aufzuhalten, in welcher Zeit sich schon einiges sehen läßt. Graf Danckelmann geht von London aus nach Gothenburg und von Gothenburg auf seine Güter in Livland, ich aber gedenke das Packetboot zu benutzen, das von Harwich auf Amsterdam fährt, und werde von dort aus einen Abstecher nach Diersforth zu Onkel Wylich machen.

Karl von Hertefeld hatte sich entschlossen, in Gesellschaft von Graf Eberhard Danckelmann einen Abstecher nach London zu machen, und führte diesen Entschluß auch aus. Er berichtete darüber nach Liebenberg hin.

London, den 30. Mai 1814

Erst am 25. konnten wir von Boulogne absegeln, weil sich das Schiff bis dahin durch widrigen Wind im Hafen zurückgehalten sah. Genannten Tages aber wurden wir eilig an

Bord gerufen und kamen glücklich aus dem Hafen heraus. Anfangs belustigte mich dies nie gesehene Schauspiel außerordentlich. Bald indessen wurd es anders, und die Nacht zählt zu den unangenehmsten, die ich je zugebracht habe. Die Kajüte war nur klein, und in diesem engen Raume lagen, wie Kraut und Rüben durcheinander, zehn, zwölf Menschen, die alle mehr oder minder seekrank waren. Dabei macht einen das Übel so träge, daß man sich nicht überwinden kann, aufzustehen und den einmal eingenommenen Platz, um eines besseren willen, zu wechseln.

Am andern Morgen wollten wir mit der Postkutsche nach London; da jedoch drei Paquetboote schon vor uns in Dover angekommen waren, so waren alle Inside-Plätze besetzt. Die „Outside" hat sich aber seit Moritz' Zeiten sehr verändert. Seine Beschreibung paßt gar nicht mehr, und ich kann füglich versichern, in Deutschland mit Extrapost nicht angenehmer gefahren zu sein. Freilich mag sehr viel von der Gesellschaft abhängen, mit der man reist. Wir haben es hierin glücklich getroffen. Unsere Reisegesellschafter waren Gentlemen, die, wie wir, von Paris kamen und meistens etwas Französisch sprachen. In Canterbury, wo gefrühstückt wurde, machten wir Bekanntschaft und fanden in ihnen ebenso höfliche wie zuvorkommende Leute. Die Gegend, durch die wir fuhren, war herrlich, und in den Dörfern hatten die Pachterwohnungen Spiegelscheiben.

Auf dem Wege von Canterbury nach Rochester sahen wir die russische Flotte vor Anker liegen. In Rochester selbst wurde diniert, versteht sich, ganz auf englische Art. Wir bekamen erst vortrefflichen Fisch, dann köstliche Beefsteakes und danach einen kleinen Pudding. Den Beschluß machte ein ungeheures Stück Käse. Man erhält hier weniger Gerichte als in Frankreich, aber alle sind vortrefflich zubereitet und die Portionen kolossal. In Gadshill hielten wir vor einem Wirtshaus, auf dessen Schilde wir Sir John Falstaff erkannten, der von Poins und dem Prinzen abgeprügelt wird. Eine halbe Stunde später erschien St. Paul am Horizont, und ehe die Dämmerung einfiel, ging es über die Westminster-

Brücke, an Whitehall vorbei, nach Charing cross, wo die Postkutsche hielt. Und nun nahm uns ein Mietswagen auf und bracht uns nach dem Hôtel Bauer in Leicester Square.

London, den 5. Juni 1814

Ich bin nun eine Woche hier und habe mancherlei beobachtet. Was einem in dieser ungeheuren Stadt am meisten auffällt, ist, daß alles ohne Soldaten, Gensdarmen und Polizeibeamten in Ordnung gehalten wird. Des Abends bei den Theatern, wo zuweilen Hunderte von Wagen stehen, entwikkelt sich das Gewirre so ruhig, daß man darüber erstaunt. Die Fußgänger verhalten sich ebenfalls ganz passiv. Da die Trottoirs, und zwar gerad in den lebhafteren Straßen, nur schmal sind, so kommt es vor, daß man derb gestoßen wird und zur Schadloshaltung wieder andere stößt; dies wundert aber niemanden, und noch weniger fällt es ihnen ein, mit einem „Pardon" um Verzeihung zu bitten.

Die Theater sind hier prächtig, besonders das von Drurylane; alles blinkt in dem Hause von Vergoldung, Spiegel und Bronce. Die Schauspieler gefallen mir aber in Coventgarden besser. Ich habe dort den „Hamlet" und „Othello" gesehen, und obwohl ich nichts davon verstand, machten diese Vorstellungen doch einen bei weitem tieferen Eindruck auf mich als die „Phèdre" und „Semiramis" im Théâtre français.

Von Merkwürdigkeiten hab ich bis jetzt nur die Westminster-Abtei, den Tower, St. Pauls und einige unbedeutendere Sachen gesehen. Was mir im Tower am meisten imponierte, war die kolossale Menge von Gewehren. Der Führer sagte mir, daß 800000 da wären, und ich glaube nicht, daß er übertrieben hat. Denn außer denen, die aufgestellt sind, war noch ein Saal, etwa in Größe einer kleinen Reitbahn, ganz mit Kisten angefüllt, in denen sich eingepackte Gewehre befanden, alle bestimmt, nach Deutschland und Spanien abzugehen. Es sollen, nach der Aussage des Führers, 8000 Stück wöchentlich verfertigt werden. Von solchen Fabriken hat man doch, außer in England, gar keinen Begriff.

Es werden hier seit einigen Tagen große Anstalten zur „Illumination“ und andern Festlichkeiten gemacht, die beim Empfange des Kaisers und Königs in Szene gehen sollen. In welchem Rufe hier *Blücher* steht, ist unbeschreiblich. Sein Empfang wird gewiß ebenso glänzend sein wie der der Monarchen und vielleicht noch glänzender, denn auf einem arrangierten Diner hat man die Gesundheit unsres Königs auf folgende Art getrunken: „Gentlemen, I propose three cheers for the master of old Blücher!“ Übermorgen werden alle die *„hohen Fremden“*, wie sie hier genannt werden, erwartet, und wenn ein Einzug stattfindet, werden gewiß viele Menschen erdrückt werden.

Noch habe ich Dir zu schreiben vergessen, daß ein Engländer, der mit uns von Boulogne nach London reiste, sowohl Graf Danckelmann wie mich zu einer Abendgesellschaft auf übermorgen gebeten hat. Das ist mir sehr interessant, und ich werde hingehen.

London, den 12. Juni 1814

Der Engländer, der uns zum Tee gebeten hatte, hieß Mr. Twigg. Da mehrere Personen in der Gesellschaft Französisch sprachen, so konnte ich an ihrer Unterhaltung teilnehmen. Gegen elf Uhr wurden Eis und Madeirawein präsentiert und darauf nach einem Fortepiano getanzt. Doch muß ich offen bekennen, in meinem Leben nichts Ungeschickteres gesehen zu haben. Der Tanz war eine Art von Ecossaise, blieb den ganzen Abend in Permanenz und wechselte bloß die Touren. Ungefähr um ein Uhr trennte sich die Gesellschaft.

Ich komme nun zur Ankunft der Monarchen und des Feldmarschalls *Blücher*. Der Kaiser von Rußland und unser König hatten sich, durch ein Inkognito, dem Jubel der spalierbildenden Hunderttausende zu entziehen gewußt, der alte *Blücher* aber wurde bei Charing cross erkannt, und wenig fehlte, so hätte man ihm die Pferde ausgespannt und ihn im Triumphe hereingezogen. An jeder russischen oder preußischen Equipage, die folgte, hatten an dreißig oder vierzig

Menschen angefaßt, die nun, unter lautem *Huzza*geschrei, mit dem in scharfem Trabe fahrenden Wagen Schritt hielten. Daß bei dieser Expedition nicht viele gerädert worden sind, wundert mich außerordentlich.

Tags darauf war Ascot-Rennen. Da die Monarchen und Blücher ihr Erscheinen zugesagt hatten, so waren alle Postchaisen schon am Tage vorher gemietet worden. Ich war aber so glücklich, noch einen Platz zu finden. Vor der Loge, in der Blücher saß, stand alles unbeweglich, so daß die Schiedsrichter und Aufseher Mühe hatten, für die laufenden Pferde Platz zu machen.

Als bald darauf die Monarchen erschienen, wurden sie mit lautem Zuruf empfangen. Das Geschrei war aber fast noch ärger, als sich Blücher zu Pferde setzte und die Bahn durchritt. Die Rennpferde waren meistens sehr schön, aber sehr verschieden von allen anderen Pferden, die mir bis jetzt zu Gesicht gekommen sind. Selbst die gewöhnlichen Reitpferde *hier*, wenn sie auch noch so schön sind, haben keine Ähnlichkeit mit den Rennpferden. Die Hufeisen der Renner mochten alle vier zusammen kaum zwei Pfund wiegen. Das Zaumzeug bestand in einer Trense.

Hiermit schließen die Briefe. Bald nachher erfolgte die Heimreise, die, mit Benutzung der Mail, über Colchester nach Harwich und von Harwich aus, auf dem Packetboote, bis Rotterdam ging. In Diersforth, bei „Onkel Wylich“, wurd eine kurze Rast genommen, und Mitte Juli war unser Reisender wieder zurück. Aus dem geplanten Kriegszuge war eine durch die Zeitverhältnisse besonders interessante „Kavaliertour“ geworden.

In Bälde nahm Karl von H. seine Studien wieder auf, entsagte dem gesellschaftlichen Leben und steckte, mit der ihm eigenen Assiduität, in allerhand physikalischen und chemischen Experimenten, als im März 1815 plötzlich die Nachricht von Haus zu Haus lief: „Napoleon wieder da.“ Zur Bekämpfung des Weltstörenfrieds setzte sich, wie bekannt, alles unverzüglich in Bewegung, und *diesmal* mit dabei zu sein war ein unerläßliches Gebot der Ehre. Selbst der alte Freiherr enthielt sich jeden weiteren Widerspruchs und willigte, wie schon erzählt, in den Eintritt des Sohnes bei von Colombs 8. Husaren. Das war im Mai. Mitte des Monats (am 18.) erreichte Karl von H. sein zwischen Wegeleben und Quedlinburg in Cantonnements-Quartieren liegendes Regiment und schrieb Tages darauf: „Ich bin der 3. Schwadron unter Rittmeister von Zychlinski zugeteilt worden, was mir außerordentlich lieb ist. Denn in die Depotschwadron gesteckt zu werden, was doch immerhin möglich war, wäre das Nonplusultra von Unannehmlichkeit für mich gewesen. Ich befinde mich wohl, und Jochen (der Reitknecht, den ihm der Alte mitgegeben) benimmt sich so geschickt, als ob er schon jahrelang gedient hätte." Gleich danach erfolgte der Aufbruch. Am 23. war man in Goslar, am 30. in Kassel und zwei Tage später in Fritzlar. „Ich bin von der 3. Schwadron des Rittmeisters von Zychlinski zur 1. Schwadron des Rittmeisters von Loën versetzt worden, der sehr höflich gegen uns Volontärs ist, womit sich von Zychlinski nicht aufhielt. Ebenso ist Major von Colomb von großer Freundlichkeit gegen uns. In Kassel trat er in einen Gasthof, in dem wir saßen, setzte sich zu uns und aß mit uns. Das hätten nicht viele Regimentskommandeure getan. Wenn Du schreibst, so schreibe bloß: ‚An den Volontär von *Hertefeld*, im Husarenregiment No. 8., IV. Armeecorps, Kavalleriedivision Prinz Wilhelm von Preußen.' Unter dieser Adresse treffen mich alle Sendungen am sichersten."

Am 10. Juni war das Regiment in Köln, am 12. in Aachen und am 15. in Viset an der Maas. „Es geht nun an den Feind. Er ist ganz nah . . ." Ein Signal unterbrach ihn hier, und die *nächsten* Zeilen (vom 24.) sind bereits sechs Tage nach Waterloo geschrieben. „Früh am 16. brachen wir auf und marschierten in einem fort, bis wir am 17. abends zur Armee stießen und in einem aufgeweichten Boden bivouakierten. Am andern Morgen (18.) defilierte die Infanterie an uns vorbei.

Gegen Mittag setzten wir uns ebenfalls in Marsch, und nicht lange, so hörten wir eine Kanonade, die beständig wuchs. Es wurde uns etwas schwül. Dann aber hieß es Trab, und eine kleine Weile noch, so lag das Schlachtfeld vor uns, und die Kugeln pfiffen uns um die Ohren. Eine weitläuftige Beschreibung der Schlacht wirst Du von mir nicht verlangen; ich weiß auch nur, wie's auf dem Flecke zugegangen ist, auf dem wir standen. Wir mußten anfänglich zwei Batterien decken und abwechselnd Bewegungen nach rechts und links machen. Alles im heftigsten Kanonenfeuer. Plötzlich ging es im Trabe vorwärts, und zwar in solcher Eile, daß gar nicht einmal Regiment formiert wurde, sondern jede Schwadron für sich blieb. Eine kleine Anhöhe hatten wir vor uns. Als wir da hinaufkamen, standen französische Lanciers vor uns, und nun ging's drauflos. Aber ehe wir noch heran waren, machten sie kehrt, und nun ging es munter hinterher. Ich setzte einem Offizier nach und stach ihn in den Rücken, in demselben Augenblick aber hieb ihn unser Wachtmeister übers Gesicht, so daß er gleich herunterstürzte. So ging es noch eine Strecke weiter, bis wir in Infanteriefeuer kamen und nun unsererseits kehrtmachten. In einiger Entfernung raillierten wir uns wieder, kamen aber nicht mehr zur Attacke und blieben nur immer einem starken Kanonenfeuer ausgesetzt. Gegen Abend rückten, rechts von uns, ungeheure Truppenmassen in die Front. Es war die englische Armee; der Sieg war unser. Wir verfolgten den Feind noch eine Strecke, kamen aber nicht an ihn, weil andere Regimenter vor uns waren.

Im ganzen genommen hat die Gefahr keinen großen Eindruck auf mich gemacht und ist geringer, als ich geglaubt habe. Wir sind am stärksten mit vorgewesen, und doch hat unsre Schwadron nur zweiunddreißig tote und verwundete Pferde und Menschen.

Seit dem Schlachttage sind wir, ohne weiteres Gefecht, bis hierher (St. Germain bei Guise) vorgerückt. Die Franzosen laufen, wo wir hinkommen. Bei Laon aber sollen sie sich ernstlich widersetzt haben. Gestern war ich auf Feldwacht. Die Einwohner kamen aus Guise heraus und sagten uns, die

Tore seien offen. Wir ritten nun vor, ohne zu bedenken, daß ein festes Schloß neben der Stadt gelegen ist. Ein Glück, daß die Franzosen friedlich gesinnt waren, sonst hätte man uns unangenehm begrüßen können. So wurd eine Zeitlang unterhandelt, bis wir schließlich mit langer Nase abziehen mußten. Die längste aber kriegte der Offizier, der uns geführt hatte.

Rambouillet, den 12. Juli 1815

Verzeih, daß ich so spät erst wieder schreibe. Aber obschon wir seit dem 18. v. M. immer nur unbedeutende Gefechte gehabt haben, so hatten wir doch beständig die Vorposten. Unser Marsch ging bei Compiègne vorbei nach Creil an der Oise, wo wir zunächst die Brücke forcierten und dann über Senlis weiter vorrückten. Den zweiten Tag nach dem Übergang über die Oise kamen wir Paris so nahe, daß wir deutlich die vergoldete Kuppel der Invaliden und das Pantheon unterscheiden konnten. Wir hungerten sehr, und es wurde mir schwer, mir die gut besetzte Tafel im Palais Royal aus dem Gedächtnis zu bringen. In einem Nachtmarsche ging es dann bis vor St. Germain en Laye, dessen Seinebrücke durch zwei uns begleitende Infanteriebataillone genommen wurde. Der Tag darauf war der Unglückstag, an dem sich die brandenburgischen und pommerschen Husaren in Versailles überfallen sahen und so schwere Verluste hatten. In Versailles, wo wir bald danach einrückten, um den Rücken der Armee zu decken, empfingen wir die Nachricht von der Kapitulation von Paris und dem abgeschlossenen Waffenstillstand. Vorgestern sind wir hier in Rambouillet eingetroffen und in die königlichen Ställe einquartiert worden. Zum ersten Male wieder, nach langer Zeit, durften wir absatteln.

Indem ich dies schreibe, kommt Marschbefehl. Einige sagen, es ginge nach Chartres.

Mit Jochen Schulz bin ich außerordentlich zufrieden; ich glaube schwerlich, daß ich einen besseren Menschen hätte finden können.

Blois, den 13. August 1815

Über Château Reynaud sind wir hierher marschiert. Die Franzosen stehen in der Vorstadt, am anderen Ufer der Loire, und wir verkehren mit ihnen. Am Geburtstage des Königs, 3. August, gaben unsere Offiziere eine große Fete, zu der auch die französischen Stabsoffiziere geladen wurden. Sonst leben wir hier langweilig und bringen die Zeit mit Paraden und Exerzieren hin. Mit Jochen Schulz, der sich sehr wohl befindet, bin ich nach wie vor zufrieden. Die Schlacht hat er nicht mitgemacht, weil sein Pferd gedrückt war, infolgedessen er bei der Bagage zurückbleiben mußte. Bei Creil holte er mich wieder ein, fand aber keine Gelegenheit mehr zu Heldentaten.

Paris, den 25. August 1815

Mit dem unaussprechlichsten Vergnügen benachrichtige ich Dich, daß ich durch verschiedene Zufälle nach *Paris* gekommen bin. Hier wandt ich mich sofort an den Grafen Anton Stollberg, und Prinz *Wilhelm* war so gnädig, mir den Urlaub, um den ich bat, ohne weiteres zu bewilligen. Ich bin also jetzt frei und hoffe noch vor dem 1. Oktober in Liebenberg zu sein. Jochen Schulz hab ich leider nicht losmachen können; er muß beim Regimente bleiben, bis alle Freiwilligen entlassen werden.

Hier in Paris ist jetzt alles viel ruhiger als im vorigen Jahre. Aus der Gemälde- beziehungsweise Antikengalerie sind schon viele Stücke weggenommen und eingepackt worden, besonders unsrerseits. Mir tut es leid, daß man die herrliche Sammlung zerstückelt. Es sind halbe Maßregeln. Wollte man diese Schätze den Franzosen nicht lassen, so mußte man *alles* fortschaffen und es an irgendeinem andern zweckmäßigen Orte aufstellen. So schadet es nur der Kunst und bringt uns keinen Vorteil.

Es scheint fast, als ob den Parisern das Recht, über ihre Sieger zu lachen, nicht genommen werden kann. Unter dem Titel „Costumes des armées des alliés en 1814“ verkaufen sie die leider nur zu passenden Karikaturen russischer, preußischer und englischer Offiziere. Vorzüglich schön haben sie den *russo-preußischen* Geschmack, also den, die Menschen in eine Wespe zu verwandeln, aufgefaßt. Ich denke einige der besten dieser Karikaturen mitzubringen.

Paris, den 13. September 1815

Mein Aufenthalt hier hat sich gegen meinen Willen verzögert. Jetzt aber, wo das Geld angekommen ist, gedenk ich übermorgen, den 15., abzureisen. Aus und von Paris kann ich wenig Erfreuliches schreiben. Vor ein paar Tagen entstand im Palais Royal ein Streit zwischen französischen und alliierten Offizieren und Soldaten. Von seiten der Franzosen ließen sich hauptsächlich Schmähungen und Drohungen auf *Preußen* hören, obgleich der Zank eigentlich zwischen Engländern und Franzosen entsprungen war. Überhaupt ist der Haß der Franzosen gegen die *Preußen* aufs höchste gestiegen; Beleidigungen, die von seiten der Engländer, Russen und Österreicher ausgehen, werden diesen nicht angerechnet und auf die Preußen geschoben. Überhaupt scheint Preußen dem Schicksale, *„gehaßt zu werden"*, nicht entgehen zu können. Doch darüber mündlich mehr.

Mit diesen Zeilen vom 13. September schließen die fünfzehner Kriegs- und Reisebriefe.

Zu Beginn des Oktobers war Karl von H. abermals in Berlin und nahm, wie das Jahr zuvor, seine sprach- und naturwissenschaftlichen Studien wieder auf. Aber auch diesmal oft unterbrochen, weil die mit jedem Tage mehr zutage tretende Schwäche des Vaters ihn allwöchentlich nach Liebenberg rief. Endlich, am 3. April 1816, erlag der Alte seiner langwierigen und schmerzhaften Krankheit, und der erst einundzwanzig Jahr alte Sohn übernahm die Güter. Ob selbständig oder zunächst noch unter Vormundschaft, erseh ich nicht mit Bestimmtheit aus den schriftlichen Überlieferungen.

Diese werden überhaupt jetzt ärmer und kärglicher und gestatten uns, sein Leben nur noch in den Hauptzügen zu verfolgen. Ich gebe daraus das Wichtigste.

Der große Besitz, der ihm zugefallen war, vergrößerte sich noch. 1819 starb der „tolle Vetter von Häsen", 1830 „Onkel Wylich", und die Hinterlassenschaften beider ließen seine rheinischen und märkischen Güterkomplexe nicht unerheblich anwachsen.

Auch sein Barvermögen wuchs. Am 18. Juni 1821 (Jahrestag der Schlacht bei Belle-Alliance) erfolgte seine Vermählung mit Emilie Henriette Louise *Mollard*, einer reichen Erbin. Prediger Wilmsen von der Parochialkirche traute das junge Paar.

Einige Jahre später wurde K. von H., unter dem Titel „Ritterschaftsrat", eines der leitenden Mitglieder des mittelmärkischen Kreditinstituts und fungierte 1839 als Vorsitzender bei der Versammlung der Deutschen Land- und Forstwirte zu Potsdam.

In noch voller Manneskraft traf ihn die Revolution von 1848, deren Prinzipien er, trotzdem er einem gemäßigten Liberalismus zuneigte, von Anfang an bekämpfte. Nicht nur war er der ersten einer, die, durch Beisteuerung bedeutender Mittel, die „Kreuzzeitung" ins Leben riefen, er schuf auch sieben Jahre später (1855) die „Berliner Revue", die die seitdem immer einflußreicher gewordene Lehre proklamierte: „daß die sozialen Institutionen die politischen erzeugen und beherrschen". 1863 trat er von der „Revue" zurück und beteiligte sich, von ebendieser Zeit an, an der Herausgabe der „Jahrbücher für Gesellschafts- und Staatswissenschaften", deren Entwickelung und Gedeihen er bis zuletzt mit besonderem Interesse verfolgte.

Diese seine publizistische Tätigkeit aber sekundierte nur seiner *parlamentarischen*. Er war von 1849 bis 52 Mitglied der Ersten, von 1852 bis 61 Mitglied der Zweiten Kammer und wurde 1864 oder 1865 in das Herrenhaus berufen, an dessen Sitzungen er bis zu seinem Tode teilnahm.

In vorstehendem hab ich kurz einige Daten gegeben.

Überblick ich, auf diese gestützt, die Gesamtheit seines Lebens, so teilt es sich in zwei scharf geschiedene Hälften: in eine sportsmännisch-landwirtschaftliche bis 1848 und in eine politisch-parlamentarische nach 1848. Über beide Hälften ein paar Worte noch, auf die Gefahr hin, ein oder das andere zu wiederholen.

Von Hertefeld hatte schon im Sommer 1814, wie sich seinen aus London mitgeteilten Briefen unschwer entnehmen läßt, eine Vorliebe für *England* gefaßt und trat, als er zwei Jahre später die Güter übernahm, in intime, durch sein ganzes Leben hin fortgeführte Beziehungen zu diesem Lande. Was ihn anzog, ist im einzelnen nicht zu spezifizieren, in *allem* erschien es ihm vorbildlich. Er sah in England nichts, gleichviel ob es ein Großes oder Kleines, ein Materielles oder Geistiges war, in dem er nicht freudig und neidlos eine höhere Kulturstufe begrüßt hätte. Die gesellschaftliche Form, die Freiheit der Institutionen, die Detailausbildung in Technik und Handwerk – alles war besser, alles, vom Stiefel bis zum Hut, von der kleinsten Nadel bis zur größten Maschine. Zumeist aber empfand er diesen Unterschied auf dem Gebiete der Agrikultur: Bodenbestellung, Ackerbau, Viehzucht, alles erfolgte nach einem wissenschaftlichen Gesetze, von dessen Vorhandensein man im Preußischen noch kaum eine Ahnung hatte. Dies wirkte derart auf ihn ein, daß er sich das Ziel einer allmählichen wirtschaftlichen Anglisierung stellte. Ganz wie Thaer in Möglin, der ebenfalls durch England angeregt worden war, entschied er sich für die neuen Grundsätze der Fruchtfolge, der Kreuzung und richtete seinen Sinn insonderheit auf Besserung des Viehstandes, auf Veredlung des Pferdes. In letzterer Aufgabe fand er alsbald seine höchste Befriedigung, und was anfangs nur den Zweck gehabt hatte, der Landwirtschaft zu dienen, entwickelte sich mehr und mehr zum Sport. Er begann Vollblutpferde zu trainieren und war unter denen, die die seitdem zu so großem Flor und Ansehen gekommenen Berliner Rennen ins Leben riefen. Eins derselben führt noch jetzt den Namen „Hertefeld-Rennen". Auch kann es als unzweifelhaft gelten, daß er dem Lande durch diese mehr als zwanzigjährigen Anstrengungen erhebliche Dienste geleistet hat. Aber freilich auf seine Kosten. Er gab Unsummen hin, ohne jemals, ein paar Ausnahmen abgerechnet, infolge großer Rennsiege die Rechnung ausgeglichen zu haben.

Es kann nicht überraschen, daß seiner Rennpferdepassion eine verwandte sportsmännische Leidenschaft entsprach. Er pachtete Heiden und Wälder, um große *Jagden* abzuhalten: Hetzjagden, Jagden mit der Meute, Treibjagden, zu denen dann aus der Nachbarschaft, aber mehr noch aus Berlin eine reiche Zahl von Geladenen erschien: Generale, Minister, Prinzen und als eigentlichster bienvenu Professor Franz *Krüger,* der berühmte Tier- und Schlachtenmaler, der sein Erscheinen in jagdlich illustrierten Briefen anzumelden pflegte.

So ging es durch Jahrzehnte hin, bis der März 48 einen Strich durch all dies machte. Von Hertefeld gab Wettrennen und Fuchsjagden auf und warf sich mit gleichem Eifer auf *politische* Dinge. Von der Tribüne her wirken und durch die Macht seiner Rede hinreißen zu können würde den Ehrgeiz seines Lebens erschöpft haben. Aber dies blieb ihm versagt. Er hatte nicht die Gabe der Rede, geschweige die *Macht* derselben, und mußte sich damit begnügen, mit der Feder tätig zu sein.

Er tat dies, wie schon angedeutet, in den mannigfachsten publizistischen Organen, abgesehen von einem ganzen Heer von Broschüren und Aufsätzen, zu denen er den Anstoß gab.

Auf seiner politisch-publizistischen Höhe stand er, als er der Zweiten Kammer angehörte. Das war von 1852 bis 61. Im erstgenannten Jahre ließ er Denkschriften und Promemorias erscheinen, die für unser gesamtes Verfassungsleben, insonderheit aber für die Neugestaltung der *Ersten Kammer* einige Bedeutung gewannen und, wenn ich recht unterrichtet bin, an oberster Stelle zwar nicht durchweg befolgt, aber doch im einzelnen zu Rate gezogen wurden.

„Es deutet verschiedenes darauf hin", so schrieb er in einem dieser Promemorias, „daß es Absicht Seiner Majestät und der Staatsregierung ist, eine fundamentale Umgestaltung unserer jetzigen (1852) *Ersten Kammer* eintreten zu lassen. Es läßt sich auch mutmaßen, auf welche neue Grundlage hin die Umgestaltung erfolgen soll. Ihre zwei wichtigsten Punkte werden sein: 1) die jeweilige *Ernennung* durch Seine Majestät und 2) eine erst zu schaffende *erbliche* Pairie.

Gegen beides unterhalt ich Bedenken, und zwar

1) *Gegen die Ernennung.*

Ernannte Pairs entbehren der Kraft, dem Herrscher und der Staatsgesellschaft eine wirkliche Stütze zu sein. Dies läßt sich historisch nachweisen. Es fehlt eine stützende Kraft überall da, wo die *historische Begründung* fehlt. 1848 nahm die Februarrevolution von den auf Lebenszeit ernannten Pairs Louis Philipps so wenig Notiz, daß das souveräne Volk (das die Deputiertenkammer doch wenigstens der Ehre würdigte, sie durch Gewalt zu beseitigen) an dem Palais Luxemburg vorüberging. Es blieb unbestürmt. Es *dachte niemand an die Pairs.*

2) Gegen eine erst zu schaffende *erbliche* Pairie.

Eine erst zu schaffende ‚*erbliche Pairie*' findet in Preußen zwei Hindernisse: a) die Ernennung von Pairs, die den *Besitz* haben, aber des historischen Hintergrunds vielleicht entbehren; b) die *Nicht*-Ernennung von Pairs, die den *historischen Hintergrund* haben, aber eines ausreichenden Großgrundbesitzes entbehren. Es muß das notwendig, und zwar ganz besonders in den Stammprovinzen der Monarchie, zur Verletzung der Rittergutsbesitzer und des in ihnen vertretenen altständischen Elementes führen. Und nun dies ständische Element selbst! Es ist zwar durch eigene wie fremde Schuld tief gesunken, aber es steckt noch Lebenskraft darin und kann sich wieder erholen. Vergleicht man die jetzigen Rittergutsbesitzer mit ihren Vätern und Großvätern vor fünfzig Jahren, so bemerkt man, daß Güterschacher, Leichtsinn, Verschwendung und Bankerott damals viel häufiger waren als jetzt. Einzelne sind untergegangen, allein der Stand, der im Boden wurzelt, ist *nicht* vernichtet.

Ein anderer Übelstand" (so fährt er fort) „ist der, daß eine lediglich auf *Grundbesitz* basierte ‚erbliche Pairie' den Geldkapitalbesitz ausschließt. Darin liegt aber eine Gefahr. Geldkapital ist unleugbar auch eine Macht, und diese Macht zur Opposition gegen ein neues Institut herauszufordern will uns nicht ratsam erscheinen. Unter allen Umständen indes sind weder Grundbesitz noch Geldkapital daran gewöhnt, sich durch einige hervorragende Spitzen, die nur von obenher *ernannt*, aber nicht durch Nächst-Interessierte *gewählt* wurden, für vertreten zu erachten. Im Gegenteil, der größere, *nicht* ernannte Teil würde sich gegen ein Institut wenden, durch das er sich erniedrigt glaubt. Sind diese Prämissen richtig, so folgt daraus, daß eine *Wahl* auch für eine Pairskammer nicht ganz auszuschließen ist."

Soweit Hertefeld. Auch über den Modus dieser *Wahl* verbreitet er sich im weiteren Verlauf seines Promemorias und wünscht danach etwa 90 Großgrundbesitzer und 45 Großkapitalisten in der Ersten Kammer zu sehen, von denen diese wie jene durch eine mindestens dreißigfache Zahl ihrer eigenen Gruppe *gewählt* sein müssen.

Es ist auf diese seine Vorschläge, wenigstens direkt, nicht eingegangen worden, und, wie hinzugesetzt werden muß, glücklicherweise nicht. Er versah es nämlich in einem wichtigen Punkte, darin, daß er „Großgrundbesitz" und „historischen Hintergrund" als halbe, ja der Mehrzahl der Fälle nach als ganze Gegensätze faßte. Dieser Gegensatz fiel aber teils fort, teils wurd er umgangen.

Um es zu wiederholen, er drang nicht durch. Unter allen Umständen aber zeigen Denkschriften wie diese, mit welchem Ernst und welch *historischer Sachkenntnis* er an die großen Tagesfragen herantrat. Und namentlich dies letztere verdient hervorgehoben zu werden. Er war von einer außerordentlichen Informiertheit, und so wenig glänzend sein erster Schulgang unter Magister Greifs Leitung gewesen sein mochte, so hervorragend war nichtsdestoweniger sein Wissen, ganz besonders die *Menge* seines Wissens. Er gehörte zu jenen Glücklichen, denen alles, was sie sehen und hören, auf immer im Gedächtnis bleibt. Außerdem aber war er von einer wahren Leseleidenschaft ergriffen, und nichts erschien, und wenn es das scheinbar Weitabliegendste gewesen wäre, von dem er nicht Notiz genommen hätte. So kam es, daß er, mit den verschiedensten Künstlern und Gelehrten bekannt und befreundet, mit jedem in seiner Sprache zu reden vermochte. Selbst mit Philologen. Er war „in allen Sätteln gerecht" und doch weder rechthaberisch, noch streitsüchtig, noch prätentiös. Es lag vielmehr umgekehrt in seiner Natur, immer die liebenswürdigsten Formen zu wahren, und zwar einerseits, weil er humoristisch, andrerseits, weil er ohne Wissensüberschätzung war. Es galt ihm viel, aber es bedeutete ihm nie die Hauptsache.

Seine glänzendste Seite war seine Wohltätigkeit. Er besaß einen wahren Helfedrang und half im großen und kleinen. Unter andrem rührt die Bestimmung von ihm her, daß alle Tagelöhner auf seinen Besitzungen Anspruch auf freien Doktor und freie Medizin haben, infolgedessen ein unglaublicher Medizinkonsum in Liebenberg und Umgegend eingerissen ist.

Als er starb, fanden sich neben vielen andern Legaten auch 30 000 Taler vor, aus denen, unter allmählicher Heranziehung „ausstehender Gelder", ein Stiftungsfonds, einerseits zu Dotierung alter Liebenberger Beamten, andrerseits zur Unterstützung augenblicklich in Bedrängnis geratener Familienmitglieder, gebildet werden sollte. Diese „Heranziehung ausstehender Gelder" geschah, und wenige Jahre später war, mit Hilfe derselben, der ursprüngliche 30 000-Taler-Fonds auf 100 000 Taler angewachsen, was, bei dem natürlichen Hange der Menschen, sich ihrer eingegangenen Verpflichtungen *nicht* zu erinnern, einen Maßstab dafür abgeben mag, welche Höhe der Stiftungsfonds *eigentlich* hätte gewinnen müssen. Der alte Hertefeld half nämlich immer „auf Wort" und nahm es nie genau mit der Ausstellung von Schuldscheinen.

In den letzten Jahren seines Lebens schritt er zur Gründung eines Familien-Fideikommisses, auf dessen nähere Festsetzungen ich an anderer Stelle zurückkomme.

Den 17. Februar 1867 starb er.* Aus dem Templinschen und Ruppinschen und nicht zum wenigsten aus der Hauptstadt selbst waren am Begräbnistage viele Hunderte zur Erweisung der letzten Ehre herbeigekommen, an ihrer Spitze die Kriegervereine von Zehdenick und Oranienburg, und hatten, vom Schloß bis zur Kirche hin, Spalier gebildet. An der Spitze des Zuges schritten sieben Geistliche, von denen der Zehdenicksche die Trauerrede hielt. Er gedachte des Verstorbenen als eines treuen Patrioten, eines Vaters seiner Untergebenen, eines immer bereiten Helfers der Armen, Witwen und Waisen. Und dabei hob er unter großer Bewegung aller derer, die die Gruft umstanden, hervor, daß er, als er dem nun in Gott Ruhenden in seiner letzten Lebensstunde noch eine Witwe zur Unterstützung empfohlen habe, nicht nur der altgewohnten Herzensgüte, sondern auch noch dem schönen und christlichen Worte begegnet sei: „Machen wir's gleich, Pastor; ich habe nicht viel Zeit mehr zu verlieren." Und so sei sein letztes irdisches Tun jenes *Wohltun* gewesen, das überhaupt sein Leben ausgemacht habe.

So der Geistliche.

Danach aber trugen sie den zinnernen Sarg, dem man oben, nach Sitte des vorigen Jahrhunderts, eine Glasplatte gegeben, in die Gruft und setzten ihn an die Seite seiner ihm im Tode voraufgegangenen Gattin.

Und damit war der letzte Sproß des alten clevischen Geschlechts der *Hertefelds* zu seinen Vätern versammelt!

* Nach einer mir gewordenen Zuschrift muß es heißen: „den 27. Februar". Ich lasse diese Zuschrift, die mir auch nach andrer Seite hin bemerkenswert erscheint, hier folgen. „Dieser Karl von Hertefeld" (so heißt es darin) „starb am siebenundzwanzigsten Februar 1867 und wurde den 3. März in dem am Ostgiebel der Kirche befindlichen Familiengewölbe beigesetzt. Die letzten von ihm geschriebenen Zeilen, aus der Nacht vom 25. zum 26. Februar, sind an mich gerichtet, und ich bewahre dieselben als einen Schatz. Ebenso werd ich den Sterbetag des von mir hochverehrten Herrn von H., dessen Beamter ich von 1843 an bis zu seinem Tode war, immer als einen Trauertag ansehen. *Ottermann*, Rechnungsführer; Priemern bei Seehausen in der Altmark." – Es hat etwas Erquickliches, dergleichen zu lesen, weil es Zeugnis ablegt von einem in unsren alten Provinzen immer noch vorhandenen gesunden Sinn, der sich freimütig zu Dank bekennt und, die Ordnungen Gottes als *das* hinnehmend, was sie sind, auf Nivellierung und „Egalité" verzichtet. Jeder *ist* was an der Stelle, wo er ist, wenn er *überhaupt* was ist. Bescheidenheit und Demut hindern keinen.

5. KAPITEL

Liebenberg unter den Eulenburgs von 1867 bis jetzt

Am 27. Februar 1867 war Karl von Hertefeld gestorben, und in Gemäßheit einer vorher festgesetzten Erb- oder Sukzessionsordnung folgten im Besitze von Liebenberg die *Eulenburgs.* In dieser Sukzessionsordnung aber hieß es: „Das von mir unterm 3. November 1866 gestiftete Fideikommiß fällt zunächst an meine *Großnichte* Alexandrine Freiin von *Rothkirch,* seit 1848 vermählt mit dem Grafen Philipp zu *Eulenburg,* zur Zeit (1866) Major im 3. Ulanenregiment zu Potsdam. Danach aber an den ältesten Sohn dieser Ehe, den Grafen Philipp zu Eulenburg den jüngeren, geboren 1847, zur Zeit Lieutenant im Regiment Garde du Corps. Da mein Geschlecht und Name mit meinem Ableben erlischt, so stell ich anheim, ob die Besitzer dieses von mir gestifteten Fideikommisses ihrem eigenen Namen den Namen Hertefeld beifügen wollen oder nicht."

Friedrich Leopold von Hertefeld

Alexandrine v. H., geb. 1774; verm. m. Graf *Danckelmann* 1792	*Karl* v. H., geb. 1794 (Letzter Hertefeld)

|

Luise, Comtesse Danckelmann,
geb. 1801;
verm. m. Baron *Rothkirch* 1821

|

Elise v. R., geb. 1822;	*Alexandrine* v. R., geb. 1824.
Clara v. R., geb. 1828;	*Antoinette* v. R., geb. 1830.

Diese vier Baronessen Rothkirch waren also Enkelinnen von *Alexandrine* von Hertefeld (geboren 1774) und Großnichten von *Karl* von H., des „letzten Hertefeld". An sie kam das Erbe, und zwar an die *zweite* Schwester Alexandrine, vermählt mit Philipp Graf *Eulenburg.* Auch die drei andern Schwestern vermählten sich: *Elise* mit dem österreichischen

Baron Diller, Adjutanten des Feldmarschalls Heß, *Clara* mit dem Baron von Esebeck, Major im Garde-Füsilierregiment, und *Antoinette* mit dem Grafen von Montault zu Paris. Alle drei sind jetzt verwitwet.

Es war hiernach Liebenberg, als Frauenerbe, an die bis dahin ausschließlich in Ostpreußen begüterte Familie der *Eulenburgs* übergegangen.

Die *Eulenburgs*, ein uraltes meißnisches Geschlecht, das sich nach der jetzigen Stadt Eilenburg an der Mulde (zwei Meilen von Leipzig) die „Ileburgs" nannte, leitet seinen Ursprung von den Wettiner Burggrafen ab. Otto von Ileburg, gestorben 1234, Herr und Vogt der Herrschaft Eilenburg, auch im Saalkreise begütert, war, nach alter, inzwischen historisch bestätigter Tradition des Hauses, ein Enkel des Burggrafen Ulrich von Wettin. Etwa 150 Jahre nach dem Tode jenes Otto von I. hatte das Geschlecht den Höhepunkt seiner Macht und seines Besitzes erreicht, welcher letztere 250 Rittergüter und mehr als zwanzig Städte, meist in Lausitz und Sachsen gelegen, umfaßte. Es waren: Eilenburg, Mühlberg, Liebenwerda, Wahrenbrück, Übigau, Dahlen, Strehla, Sonnenwalde, Senftenberg, Kalau, Lübbenau, Forst, Finsterwalde, Drebkau, Lieberose, Muskau, Ruhland, Hoyerswerda, Zossen. Dazu in Böhmen: Elbogen, Klösterle, Bürgstein und Drum.

Um ebendiese Zeit war es auch, daß die „Ileburgs" in nähere Beziehungen zum Deutschen Orden traten. Einer von ihnen, *Botho* der Jüngere, focht in der Schlacht bei Tannenberg, 1410, und ward, in Anerkennung seiner dabei geleisteten Dienste, mit dem Gute Sickau, Kreis Schwetz in Westpreußen, belehnt. Aber dieser Besitz war ein bloß vorübergehender. Schon in der zweitfolgenden Generation erlosch der westpreußische Zweig wieder, und an Stelle desselben trat *Wend* von E., der dem Orden in der Eigenschaft eines Söldnerhauptmanns gedient, als nunmehriger Stammvater aller *ostpreußischen* Linien. Es sind dies zur Zeit drei: die Gallingensche, die Leuneburg-Prassensche und die Wickensche Linie, von denen die Gallingensche die älteste, die Leuneburg-Prassensche die begütertste ist. Ein *vierter* Zweig ist neuerdings (1867), eben durch Antritt des großen Hertefeldschen Erbes, in unsre Mark verpflanzt worden und repräsentiert seitdem eine neue, *brandenburgische* Linie des alten ostpreußischen Hauses.

Ein Blick auf die Geschichte dieses Hauses erweist auf jeder Seite die hohen Ehren, in denen es durch alle Jahrhunderte hin stand, und doch blieb es ihm mit Ausnahme zweier Fälle* versagt, seinen Namen, über die heimatliche Provinz hinaus, in die *Gesamt*geschichte Brandenburg-Preußens epochemachend eintragen zu können. Erst die neueste Zeit schuf hierin einen Wandel, aber nun auch in so glänzender Weise, daß wir bis auf das Siebengestirn der Danckelmanns oder doch wenigstens bis auf das modernere Dreigestirn der Manteuffels zurückgehen müssen, um einem ähnlichen plötzlichen Aufleuchten zu begegnen.

Unter den zwölf oder dreizehn Eulenburgs**, die den ge-

* Von diesen zwei Fällen, in denen Angehörige des Hauses Eulenburg in nähere Beziehungen zu *Brandenburg-Hohenzollern* traten, gehört der eine Fall dem 15., der andere dem 17. Jahrhundert an. Über den *ersteren* find ich im Urkundenbuche das Folgende: „1410 wird *Wend* Herr von Ileburg zum Hauptmann der ganzen Mark bestellt; 1411 erhält er das Dorf Kriele (Havelland) zu Lehn und die Lehnsanwartschaft auf Golzow. Im selben Jahre noch ernennt ihn König Sigismund zu seinem Botschafter bei den Ständen der Mark, welche letzteren bald darauf angewiesen werden, ihm, dem Wend von Ileburg, als Unterhauptmann des Burggrafen *Friedrich von Nürnberg* Gehorsam zu leisten. Vgl. das Kapitel *„Quitzöwel"*, S. 43. – Der *zweite* Fall ist dieser. Im Juli 1656 (dieselbe Zeit, in der die dreitägige Schlacht bei Warschau geschlagen wurde) wurde der Kammerherr, Geheime Kriegsrat, Oberst und Chef eines Infanterieregiments, Landrat und Landvogt zu Schaken in Ostpreußen, *Jonas Casimir*, Herr zu Eulenburg, seitens des Großen Kurfürsten zum außerordentlichen Gesandten beim *moskowitischen Zaren* ernannt. Jonas Casimir traf im September in Moskau ein und vereinbarte mit dem Zaren ein *Freundschaftsbündnis zwischen Rußland und Brandenburg*. Er blieb auch noch während des Monats Oktober und beantragte beim Zaren die Bestrafung des russischen außerordentlichen Gesandten für *Ungebührlichkeiten*, die sich derselbe bei der Audienz vor dem Großen Kurfürsten hatte zuschulden kommen lassen. (Jonas Casimir starb 1667. Er war mit einer von *Brandt* vermählt. Sein Regiment focht mit in der Schlacht bei Warschau; sein Bildnis befindet sich im Schloß in Prassen.)

** Es gibt immer nur zwölf oder dreizehn Eulenburgs, in vollkommenem Einklange mit der Familiensage. Nach dieser trat ein Liliputchen vor die Schloßfrau von Schloß Prassen und bat um den großen Saal, „weil man eine Hochzeit anrichten wolle". Der Saal wurd auch gewährt, und die Hochzeit begann. Als aber die Lust am höchsten war, erschien ein Sohn des Hauses, der

genwärtigen Familienbestand ausmachen, befinden sich oder befanden sich bis ganz vor kurzem: zwei Minister, ein Landtagsmarschall und Regierungspräsident, ein Hofmarschall und Vizezeremonienmeister, ein Stiftshauptmann und ein Pariser Gesandtschaftssekretär. Einer (gestorben 1875) war mit der Gräfin Marie von *Bismarck* verlobt und ein anderer Adjutant beim Prinzen Albrecht von Preußen. Es wird sich in kaum einem andren Hause, für den Augenblick wenigstens, ein gleiches „In-Front-Stehen" erkennen lassen.

Aus der Reihe dieser ihrem Amt und Titel nach aufgeführten Eulenburgs ist es ausschließlich der Stiftshauptmann Graf *Philipp* Eulenburg, auf den ich hier, als auf den Erben und Inhaber der Hertefeldschen Güter (Liebenberg etc.), des näheren einzugehen habe.

Graf Philipp zu Eulenburg,
Oberstlieutenant a. D., Stiftshauptmann zu Zehdenick

Graf Philipp zu Eulenburg wurde den 25. April 1820 in Königsberg in Preußen geboren und trat im Dezember 1838 in das 3. (Ostpreußische) Kürassierregiment, die späteren Wrangel-Kürassiere. Das Avancement ging nicht rasch, und erst 1851, nach beinahe dreizehnjährigem Dienst, ward er Premierlieutenant und Adjutant der 1. Kavalleriebrigade. Vier Jahre später (1855) erbat ihn sich General von Wrangel ebenfalls als Adjutanten, welchen General er nun auf allen Inspizierungen in der Mark sowie bei den großen Kavalleriemanövern begleitete. 1860 schied er aus dieser Stellung und wurde bald danach Rittmeister und Eskadronchef im 3. Garde-Ulanenregiment. 1864, bei Beginn des Krieges gegen Dänemark, berief ihn Wrangel ins Hauptquartier, in welchem er nunmehr als Adjutant der Kavallerie fungierte. Wie bei den voraufgehenden Gefechten, so war Graf E. auch mit

von der Verabredung nichts wußte, mitten unter ihnen und störte die Freude des kleinen Volks. Am andern Tage brachte das Liliputchen einen Ring und bedankte sich für den Saal. Aber sie seien gestört worden, und dafür sollten nie mehr als dreizehn Eulenburgs am Leben sein. Der Ring existiert noch und ist ein mittelgroßer Diamant in einfachster Fassung.

vor Düppel und hatte (worin er einem speziellen Befehle des Generalfeldmarschalls Folge leistete) den Sturm auf Schanze IV in der westfälischen Sturmkolonne des Obersten von Buddenbrock mitzumachen. Im folgenden Jahre zum Major aufgerückt, nahm er 1866 an dem Kriege gegen Österreich teil, war mit bei Königgrätz und schied bald danach als Oberstlieutenant aus dem Dienst, um die Bewirtschaftung der ihm, wie mehrfach erwähnt, inzwischen als Frauenerbe zugefallenen Güter zu übernehmen. 1869 zum Rechtsritter des Johanniterordens ernannt, ging er 1870, im Dienste dieses Ordens, bis vor Paris. 1872 Stiftshauptmann von Zehdenick. Schon unmittelbar nach der Düppeler Affaire mit dem Roten Adlerorden mit Schwertern dekoriert, empfing er 1875 den Hohenzoller[n]schen Hausorden und 1876 die Kammerherrnwürde. Er ist, wie schon hervorgehoben, der Begründer einer neuen Linie seines Hauses: der Grafen zu Eulenburg in der Mark.

Im wesentlichen sind diese kurzen Angaben einem vom Geheimen Archivrat von Mülverstedt herausgegebenen Urkunden- und Geschichtsbuche des Hauses Eulenburg entnommen. Ich versuche diesen Angaben einiges Weitere hinzuzufügen, insonderheit aus den Wrangeltagen des Grafen.

Es läßt sich unschwer erkennen, daß Graf Philipp Eulenburg in besonderer Gunst bei Wrangel stand. Aber so gewiß dies einerseits etwas Erfreuliches war, so war es doch andererseits ein gefährlicher und nicht immer beneidenswerter Vorzug. Es scheint nämlich in der Tat, daß der alte Feldmarschall sich vorgesetzt hatte, sein soldatisches Leben auch soldatisch zu beschließen, und daß er während der ganzen dänischen Campagne mit einer Art von Freudigkeit auf eine dänische Kugel wartete. Nichts war ihm daher anheimelnder, als mit seinen Adjutanten und Ordonnanzoffizieren im Schußbereiche des Feindes, am liebsten aber um Schanzen und Festungswerke herumzureiten und auf die Frage nach dem „Warum" entweder elegisch oder sarkastisch zu replizieren. Im elegischen Falle hieß es: „Der alte Mann wird totgeschossen", im sarkastischen: „Ei, mein Sohn, wenn du lieber nach Hause reitest, so reite nach Hause." Doch verlautet nicht, daß er über solche Zwischenfälle jemals ernstlich böse geworden wäre. Sein bon sens war zu groß, als daß er nicht das Berechtigte solcher Vorstellungen erkannt haben sollte.

Noch in demselben Jahre 64, oder vielleicht auch früher schon, unternahm Wrangel in Begleitung Graf Eulenburgs eine Reise nach Schweden, um die dortige Vetterschaft zu begrüßen und den großen Erinnerungen aus der Zeit des *schwedischen* Feldmarschalls nachzugehen. Einer seiner ersten Besuche galt denn auch dem ehemaligen Wrangelschlosse Skokloster am Mälarsee. Die zeitige Besitzerin, eine alte Gräfin Brahe, machte die Honneurs des Hauses und übernahm selbst die Führung ihres berühmten Gastes. Überall, in allen Bilder- und Waffenkammern, waren die Schätze gesammelt und aufgetürmt, die der Wrangel „vom blauen Regimente Südermanland" seinerzeit in Deutschland hatte mitgehen heißen, und immer wenn die alte Brahe sagte: „Sehen, Herr Graf, ein wie schönes Tableau", replizierte der alte Wrangel: „Wissen, Frau Gräfin, alles gestohlen." Aber die Gräfin war eine Dame von Welt und hörte nichts und lächelte nur, und so kam es, daß man sich nicht bloß in aller Freundschaft trennte, sondern sich auch Geschenke zusagte, wobei seitens des alten Wrangel sein Wrangelküraß in Aussicht gestellt wurde. Und in der Tat, als er kaum wieder in seinem Hotel zurück war, wandt er sich an Eulenburg und sagte: „Schick ihr meinen Küraß." – „Exzellenz, Ihren Küraß haben wir gar nicht mitgenommen." – „Dann schick ihr deinen." Und so kam der Eulenburgküraß als Wrangelküraß ins alte Wrangelschloß. Unter den Eulenburgs ist anläßlich dieser Geschichte gelegentlich die Frage verhandelt worden, ob es sich nicht gezieme, der Gräfin Brahe, beziehungsweise deren Erben, über diese Dinge Mitteilung zu machen und ihnen den echten Wrangelküraß, der zufällig viele Jahre später als Erbstück an Graf Eulenburg kam, auf Austausch anzubieten. Es ist aber schließlich Abstand davon genommen worden, wohl in Erwägung, daß es als „preußische Kriegslist" zur Rückeroberung eines „doch vielleicht echten" Wrangelküraß angesehen werden könnte.

An Ereignissen wie die eben geschilderten waren die Wrangeltage reich, am reichsten, wenn sie zugleich Inspizierungstage waren. Es gab dann Anekdoten über Anekdoten, in denen der Adjutant oft in allerdirektester Weise mitzuspielen hatte.

Wrangel inspizierte Truppen in Ruppin (auch andere Städte werden genannt), und die Ruppiner hatten ihren Jungfrauenflor in drei Gliedern aufgestellt. Die hübschesten natürlich in der Front. Wrangel küßte die ganze Frontreihe durch und sagte dann, auf den Rest deutend: „Eule, küsse weiter."

In der Regel indes war der Adjutant nur Augen- und Ohrenzeuge dessen, was vorfiel. So bei folgender Gelegenheit. Ein Bataillon genügte nicht, auf welche Wahrnehmung hin der Alte spöttisch und zweideutig bemerkte: „Das nächste Jahr, Herr Major, werd ich Ihnen woll nich wiedersehn." – *„Aber Exzellenz sind ja noch so rüstig"*, antwortete dieser. Und Wrangel, der Geistesgegenwart liebte, drohte nur lächelnd mit dem Finger und ließ es für diesmal bei dem bloßen Avis bewenden.

Auf derselben Inspektionsreise, wenn ich nicht irre, sah der Alte, daß ein junger Offizier unvorschriftsmäßige Sporen trug, und gab ihm ohne weiteres vierundzwanzig Stunden Arrest. „Aber Exzellenz tragen ja ebensolche." – „Jut, mein Sohn. Da kannst du jleich noch vierundzwanzig Stunden vor mir mit absitzen."

Es waren interessante Jahre, diese Wrangeljahre, wichtiger aber im Leben des Grafen wurde doch die Zeit (1867), als er die Bewirtschaftung von Liebenberg antrat. Er erwies sich sofort als ein ebenso tüchtiger wie passionierter Landwirt und hob den ihm zugefallenen großen Besitz weit über das hinaus, was er vorher gewesen war. Auch der „alte Hertefeld" hatte seinerzeit für einen ausgezeichneten Landwirt gegolten und nicht ohne Grund, aber ausgerüstet mit einer wahren Probier- und Experimentalmanie, war ihm der praktische Gewinn immer nur ein Wünschenswertes, nie die Hauptsache gewesen. Die Hauptsache war ihm das beständige Suchen und Versuchen, und wenn ihm dabei hohe Summen verlorengingen, so hielt ihn das Interesse schadlos, das der Versuch als solcher ihm eingeflößt hatte.

So der alte Hertefeld.

Aber mit dieser Form einer mehr oder weniger genialen Agrikultur war es von dem Augenblick an vorbei, wo Graf Philipp Eulenburg die Zügel übernahm und dem „bloßen Experimentieren um des Experimentierens willen" ein für allemal ein Ende machte. Jeder Neuerung ein gleiches Interesse schenkend wie sein Vorgänger, unterließ er es doch nie, den Wert oder Unwert dieser Neuerungen erst im *kleinen* festzustellen, und wußte dadurch eine bis dahin mehr *theoretisierend*-wissenschaftliche Wirtschaftsführung in eine *praktisch*-wissenschaftliche zu verwandeln. In eine praktisch-wissenschaftliche, der denn auch, an Stelle von ehedem meist unsicheren Resultaten, alsbald die gesichertsten zur Seite standen.

Insonderheit erfuhr der Viehstand eine sich beständig steigernde Pflege, Mastvieh wurde Liebenberger Spezialität und die Prämiierung dafür eine Selbstverständlichkeit. Wie denn auch wirklich ein mit mehr als zwanzig Preismedaillen angefülltes Schubfach von ebenso vielen Ausstellungssiegen erzählt.

6. KAPITEL

Liebenberg (das gegenwärtige); sein Schloß und seine Bilder, seine Kunst- und Erinnerungsschätze

Unter dem vielen, was seit 1867 in Liebenberg umgewandelt wurde, war auch das *Schloß.*

Schloß Liebenberg wurde von den Bredows erbaut, die beinahe zwei Jahrhunderte lang, von 1460 bis 1652, an dieser Stelle saßen. Von diesem ursprünglichen Bredowschlosse sind nur noch die Souterrains übrig, prächtige Kellergewölbe, darin sich bis diesen Tag die Küchen-, Wasch- und Wirtschaftsräume befinden.

Was ums Jahr 1652, als das verwüstete Liebenberg in den Besitz Jobst Gerhards von Hertefeld kam, an bewohnbaren *Ober*räumen aus der unmittelbar voraufgegangenen Epoche noch existierte, hat sich im einzelnen nicht feststellen lassen. Aus Aufzeichnungen des von stattgehabten herrschaftlichen Trauungen und Taufen erzählenden Kirchenbuches geht aber zur Genüge hervor, daß solche Räume wenigstens überhaupt vorhanden gewesen sein müssen und daß man sich mit diesen Resten aus der Bredowzeit bis zu Beginn des 18. Jahrhunderts begnügte. 1711 erst wurde das Unausreichende der überkommenen Wohnstätte lebhafter empfunden, und der Oberjägermeister Samuel von Hertefeld entschied sich, wie schon hervorgehoben, unter Beibehaltung der alten Fundamente für Errichtung eines Neubaues. Aber auch dieser Neubau, Hochparterre mit Mansarde, besaß immer mehr noch den Charakter eines Herrenhauses als eines Schlosses, und nur das Treppenhaus und die Korridore zeigten einigermaßen große Verhältnisse.

Dieser Bau des Oberjägermeisters blieb über 120 Jahre lang unverändert, und erst unter dem „letzten Hertefeld", dessen Gastlichkeit mehr Fremdenzimmer erforderte, wurde, zwischen Erdgeschoß und Mansardendach, ein erstes Stock eingeschoben. Es war das Anfang der dreißiger Jahre, wonach wieder Ruhe folgte, bis Anfang der siebziger Jahre Graf Eulenburg immer deutlicher und immer unbequemer die Wahrnehmung machte, daß es dem Schloß, all seiner Räumlichkeiten unerachtet, oder vielleicht auch um dieser willen, an einem *großen Raume* gebrach. Und daraufhin entstand 1875 ein Anbau, der, rechtwinklig auf die Mitte des alten Baues gerichtet, aus dem einfachen Langhaus (▬) ein Haus in Form eines lateinischen T (**T**) herstellte.

Der Anbau selbst empfing mittlerweile den Charakter einer einzigen großen Halle, die, soweit meine Kenntnis märkischer Landsitze reicht, in unserer Provinz ihresgleichen kaum finden dürfte. Vielmehr gleicht sie, soweit Dimensionen mitsprechen, einer mittelalterlichen englischen „hall" und unterscheidet sich von einer solchen nur dadurch, daß ihr, unter Wegfall alles Steifen und Feierlichen, *umgekehrt* ein heiteres und anheimelndes Ansehn gegeben wurde. Dies geschah einerseits mittelst Aufstellung einer 12 000 Bände zählenden Bibliothek, aber wohl mehr noch dadurch, daß man ebendiesen Raum, unbekümmert um seine Größe, zum eigentlichsten Versammlungs- und Aufenthaltsraum, kurzum zum *gemeinschaftlichen Wohnzimmer* machte. Hier sitzen die Damen am Schreib- und Maltisch, hier wird gelesen und musiziert, geplaudert und Billard gespielt, oft alles zu gleicher Zeit, und ebendadurch allem jener warme Ton gegeben, ohne den es eine wahre Wohnlichkeit nicht gibt. Ein vorgebauter Pavillon und ein Blick auf den Park unterstützen diesen Eindruck.

Außer diesem Neubau, darin sich das Leben im Schloß oder doch seine gesellige Seite konzentriert, ist es besonders das aus den Tagen des Oberjägermeisters herrührende *Treppenhaus*, was ein Interesse weckt. Es findet sich hier, auf Podesten und Korridoren, all jener „Urväterhausrat" zusammen, jener Nipp im großen Stil, der den Besuch alter Schlösser so lehrreich und anziehend zu machen pflegt: Uhren mit und ohne Schlag, alte Rüstungen, die dann und wann einen Handschuh oder eine Beinschiene verlieren, Antiquitäten und Kuriositäten und vor allem große, bunt und prächtig geschriebene Stammbäume, die keiner recht liest, als fürchte jeder die Stelle zu finden, wo sein eigener Name hinkommen und zu Zukunftsgeschlechtern sprechen wird.

Auf einzelne dieser Dinge des längeren oder kürzeren einzugehen wird mir im nachstehenden obliegen.

Ich beginne mit den Familienbildern.

A. *Die Hertefelds*

1) *Heinrich* von H.; trägt die orangefarbene Schärpe der Geusen. Er fiel 1574 in der Schlacht auf der Mockerheide, die Graf Ludwig von Nassau gegen den Herzog Alba verlor. Brustbild. Kopie nach einem niederländischen Meister von Frau von *Esebeck*, geborene von Rothkirch, Schwester der Gräfin Eulenburg.

2) Oberjägermeister *Jobst Gerhard* von H., gestorben 1659. Langes, schwarzes Haar und großer, weißer Fallkragen. Einen Jagdspieß in der Hand. Männlich energische Züge. Sehr gutes Bild. Niederländer.

3) Oberjägermeister *Samuel* von H., gestorben 1730. In Ritterrüstung, in der sich Ende des 17. und Anfang des 18. Jahrhunderts Adlige mit Vorliebe malen ließen. Ich erinnere nur an das bekannte Derfflingerportrait. (Vielleicht aber war es auch eine wirkliche Kürassieruniform und *nicht* eine fingierte Ritterrüstung.) Von Antoine Pesne.

4) und 5) Kammerherr *Ludwig Casimir* von H. und Frau Luise Susanne, geborene von Beschefer. Beide von A. Pesne.

6) Kammerherr *Ludwig Casimir* von H.; gestorben 1790. *Zweites* Bild von ihm. In seinen letzten Lebensjahren von der Madame *Teerbusch* gemalt.

7) Landrat *Friedrich Leopold* von H.; gestorben 1816. Derselbe, von dem ich in dem Kapitel „Die Hertefelds" ausführlich erzählt habe. – Weil er – vielleicht der endlosen Sitzungen halber – einen Widerwillen hatte, sich malen zu lassen, existieren nur zwei kleine Profilbilder von ihm: a) eine Silhouette und b) ein Medaillon in Bronce.

8) Luise Friederike *Henriette* von H., Schwester Friedrich Leopolds; gestorben 1806. Stiftsdame von Stedernburg. Freundin des Herzogs von Braunschweig. Von ihr sind ebenfalls zwei Bildnisse vorhanden: a) ein Ölbild in Phantasiekostüm und b) eine schöne Zeichnung in Rotstift.

Über diese durch Geist und Schönheit ausgezeichnete Dame möge hier das Folgende stehen. Sie wurde 1750 geboren und kam, zu nicht näher zu bestimmender Zeit, an den Braunschweiger Hof, wo sie, bis an ihren Tod, eine Reihe Zimmer im Schloß bezog und ebensolang die vertraute Freundin und Beraterin des Herzogs war. Es blieb ihr, durch ihren am 30. Juli 1806 erfolgenden Tod, der Schmerz erspart, die von ihr empfohlene Politik scheitern und den Herzog selbst (der bei Auerstedt kommandierte) auf den Tod verwundet zu sehen.

Ihr Bruder, Friedrich Leopold von H., hatte eine hohe Meinung von ihr und spricht sich in verschiedenen Briefen über ihren Charakter und ihre Begabung aufs anerkennendste aus. „Sie war eine guttätige, vernünftige Person", schreibt er, „und es war ihr Unglück, daß sie die Tollheiten unserer Zeit schmerzlicher empfand als andere. Seit der Guillotinenwirtschaft und dem Tode Ludwig XVI. hatte sie keine Ruhe mehr gehabt. Ihr Abscheu vor den Franzosen war so groß, daß sie, von der Vorahnung erfüllt, dieselben über kurz oder lang auch Norddeutschland überschwemmen zu sehen, immer bereit war, Braunschweig zu verlassen. Mehrere Koffer und eine Reisekassette mit 5000 Talern in Gold warteten nur auf den rechten Augenblick." Ein Teil der Liebenberger Bibliothek stammt aus ihrer Hinterlassenschaft, was sich aus nachstehendem Briefe Friedrich Leopolds ergibt: „Ich schicke Dir, liebe Tochter, ein paar Bracelettes aus dem Nachlasse der Tante. Sie besaß nicht viel von diesen Dingen, weil sie, was sie hatte, bald wieder fortgab. So fand ich auch beispielsweise keine Uhr, weil sie keine trug. Sie war sehr wohltätig, machte viel Geschenke, und manche Familien werden sie sehr vermissen. An Porzellan, Glas, Mobilien hat sie viel hinterlassen, ich hab aber, der hohen Steuer halber, nur einerseits ihr Silberzeug und die wenigen Nippessachen, andererseits die *Bibliothek* und die Kupferstiche hierher kommen lassen."

9) Ritterschaftsrat *Karl* von H., der „alte Hertefeld", eine Nummer der von ihm gegründeten „Revue" in Händen. Gestorben 1867. Ölbild vom Professor Ernst Hildebrand.

B. *Die Eulenburgs*

1) *Ernst Christoph* zu Eulenburg, hier noch als Cornet im von Roederschen Kürassierregiment zu Breslau; gestorben 1796. – Dieser Ernst Christoph, Großvater des gegenwärtigen Besitzers von Liebenberg, ist es, der 1786 in den Grafenstand erhoben wurde. Sein Portrait ist ein kleines, nur etwa ein Fuß hohes Pastellbild.

2) *Friedrich* Leopold Graf zu Eulenburg, gestorben 1845. Er trat als Offizier in das Füsilierbataillon von Stutterheim und machte mit diesem 1807 die Schlacht bei Preußisch-Eylau, 1813 bis 15 aber im Ostpreußischen Kürassierregiment die Schlachten des Befreiungskrieges mit. Auf längere Zeit war er ins Hauptquartier des Fürsten Blücher abkommandiert. – Er ist der Vater des gegenwärtigen Besitzers von Liebenberg. Sein Portrait (Brustbild in Öl) zeigt ihn in der Füsilieruniform des Bataillons von Stutterheim.

3) *Friedrich* Albrecht Graf zu Eulenburg, ältester Sohn des Vorgenannten und Bruder des Grafen *Philipp* von E., gegenwärtigen Besitzers von Liebenberg, wurde 1860 mit Leitung unsrer ersten ostasiatischen Expedition (nach Japan und China) betraut. Minister des Innern von 1862 bis 78. Brustbild von Eduard Magnus.

4) *Alexandrine* Gräfin Eulenburg, geborene Freiin von Rothkirch, Gemahlin des gegenwärtigen Besitzers von Liebenberg. Ölbild (Kniestück) von Angeli. (Ein zweites Portrait, Pastellbild, rührt von der Schwester der Gräfin, Frau von Esebeck, her.)

5) *Adda,* Gräfin *Kalnein,* geborene Gräfin Eulenburg, Tochter des gegenwärtigen Besitzers. Pastellbild, ebenfalls von Frau von Esebeck ausgeführt.

6) *Auguste* Gräfin Eulenburg, geborene Gräfin *Sandels,* Gemahlin des jüngeren Grafen Philipp zu Eulenburg, künftigen Besitzers von Liebenberg, zur Zeit Legationsrat in München, Verf. des Dramas „Seestern" und anderer Dichtungen.

Über die Familie dieser schwedischen Grafen von Sandels mögen einige Notizen hier eine Stelle finden.

Die *Sandels* sind in Dalekarlien zu Haus, wo sie, noch zu Beginn dieses Jahrhunderts, einen enormen Grundbesitz innehatten. Er ging aber durch Intrigen einer Gegenpartei zu größerem Teil verloren, gerade als der berühmteste Sohn des Hauses, *Johann August* Graf Sandels, gegen Rußland im Felde stand und sich durch seine Verteidigung Finnlands im Jahre 9 auszeichnete. Der schwedischen Hauptarmee war Befehl zugegangen, sich vor der erdrückenden feindlichen Übermacht zurückzuziehen, aber Sandels, als Befehlshaber eines kleinen Seitencorps, operierte mit so großem Geschick und Erfolg, daß er den Russen unverhältnismäßige Verluste beibrachte. Seine Taten erinnern an die gleichzeitigen Andreas Hofers und wurden ebenso volkstümlich. Ein berühmtes Gedicht von Runenberg, das „*Sandels*" heißt, wird in allen schwedischen Schulen auswendig gelernt. Erst als die gemessensten Befehle kamen, zog sich Sandels aus Finnland nach Schweden zurück. Er führte, vier Jahre später, eine Division in Deutschland gegen Napoleon und erfocht den Sieg bei Roßlau. Zu den höchsten Würden aufgestiegen, starb er als Feldmarschall und Vizekönig von Norwegen (1831). Seine Gemahlin war eine Freiin von *Hermelin,* aus einem altschottischen Geschlecht, das, während der Kämpfe der „Hüte und Mützen" unter Friedrich und Adolf Friedrich, eine große Rolle spielte. Der älteste Sohn dieses Ehepaares ist der gegenwärtige Graf Sandels, *Samuel August,* geboren 1810. Er trat früh in die Armee, war aber nichtsdestoweniger durch eine lange Reihe von Jahren hin Kammerherr bei der Königin Désirée, Gemahlin Karl Johanns XIV. (Bernadottes) von Schweden. Désirée war eine Tochter des Marseiller Banquier Clari und gab Napoleon einen Korb, um den damaligen Advokaten Bernadotte zu heiraten. Sie war eine sehr originelle Dame, schlief bei Tag und war auf in der Nacht. Um vier Uhr morgens aß sie zu Mittag. In jedem Jahre reiste sie mit großem Troß nach Frankreich, kam aber immer nur bis an die schwedische Küste und kehrte dann, aus Furcht vor dem Wasser, nach Stockholm zurück. Es war deshalb Regel, auf der Hinreise schon die Nachtquartiere für die Rückreise zu bestellen. Im Dienste dieser Dame stand Graf Sandels bis an den Tod derselben. Er wurde dann, auf weitere zehn Jahre hin, Hofmarschall bei König Oskar I. All dieser Hofämter unerachtet, blieb er im Armeedienst und ist gegenwärtig kommandierender General der Gardetruppen und des Corps von Südermanland, Gouverneur von Stockholm, Präses des obersten Militärgerichtshofes und Ritter des Seraphinenordens. Er vermählte sich mit der Freiin von Tersmeden, einer hugenottischen Familie zugehörig, die, schon bald nach der Bartholomäusnacht, aus Frankreich emigrierte.

C. *Verschiedene Bilder in Farbe, Stich und Gips*

1) *Wrangel*portrait. Kupferstich. Geschenk Wrangels, mit einer eigenhändigen Widmung desselben, an Graf E. Sie lautet: „Dem Oberstlieutenant a. D. Grafen zu Eulenburg, dem mutigen Kämpfer in Schleswig-Holstein, der sechs Jahre lang in Freud und Leid ein treuer Stab und Stütze mir war, weihe ich dieses Bild als Zeichen meiner Dankbarkeit und Freundschaft.

Berlin, den 24. Dezember 1868

Graf *Wrangel*, Feldmarschall."

2) *Wrangel.* Ein kleines Gipsmedaillon. Dies Gipsmedaillon schenkte Wrangel, aller Wahrscheinlichkeit nach in den fünfziger Jahren schon, an den österreichischen Feldmarschall *Heß*, dessen Adjutant, Baron *Diller*, ein Schwager Graf Eulenburgs war. Als Heß starb, kam das Gipsmedaillon an die damals schon verwitwete Baronin Diller, geborene Rothkirch, die, bei Gelegenheit eines Besuches in Liebenberg, ihrem Schwager Eulenburg das kleine Relief, als einen weiteren Beitrag zum „Liebenberger Wrangelmuseum", zum Geschenk machte.

3) *Wrangels Hauptquartier* im Winter 1864. Eine vom damaligen Hauptmann, jetzigen Generalmajor von Lucadou entworfene figurenreiche Federzeichnung, die die winterlich vermummten Gestalten des vierundsechziger Hauptquartiers, ebenso humoristisch wie scharf charakterisiert, in langer Reihe wiedergibt.

4) Fräulein von *Kalckstein* (Sophie Friederike Wilhelmine), geboren 1723, gestorben 1755. – Sie war während der vierziger Jahre Hofdame der Königinmutter und mit dem Fräulein von Pannewitz, der späteren Gräfin Voß, aufs innigste befreundet. In den Memoiren der letzteren wird dieser Freundschaft erwähnt, ebenso wie der Verheiratung der Freundin. „Im Sommer 1746", so heißt es wörtlich, „verheiratete sich Frl. von Kalckstein mit dem Adjutanten des Königs, General von Wylich. Ihr Abgang vom Hofe war für mich ein großer Verlust. Von Kindheit an war sie mir meine beste Freundin gewesen, obgleich sie mehrere Jahre älter war als ich. Sie hatte den besten Charakter von der Welt, war überaus sanft und liebenswürdig und dabei voll Geist und Leben. Ein Frl. von Viereck trat an ihre Stelle, konnte mir aber den treuen Rat und die treue Liebe nicht ersetzen, die ich bei Frl. von Kalckstein immer gefunden hatte."

5) *La poule blanche.* Dies ist das interessanteste Bild im Schloß und vielleicht auch das künstlerisch am höchsten stehende; meiner Meinung nach unzweifelhaft von Pesne *persönlich* herrührend und nicht, wie so vieles andere dieses Meisters, bloß aus seinem Atelier hervorgegangen. Es ist eminent geistreich und stellt in Front eines Schlosses (wahrscheinlich Schloß Monbijou) ein zierliches weißes Huhn und einen kollrigen, schwarzen, mit einem roten Halslappen angetanen Hahn dar, der sich um das überlegen lächelnde weiße Huhn (poule blanche) stolz und zärtlich zugleich bewirbt. All dies ist um so leichter aus dem Bilde herauszulesen, als sowohl Huhn wie Hahn Menschenköpfe tragen, deren Züge das in den Tierkörpern Angedeutete bestätigen und unterstützen. Und beide Köpfe sind Portraits. Aber während über den Frauenkopf, oder die „poule blanche", kein Zweifel waltet (es ist eben das vorgenannte schöne Fräulein von Kalckstein), sind über den erregten Kollerhahn nur Mutmaßungen gestattet. Es werden die verschiedensten Namen genannt, alle mit demselben Anspruch. Und es gilt auch gleich. Als aber die schöne Kalckstein im Sommer 1746, wie das Frl. von Pannewitz uns berichtet, eine Baronin Wylich geworden

war und das ihr zu Ehren gemalte Bild mit in die Ehe brachte, ward es ihrem Eheherrn unbequem, Tag um Tag an einen früheren Umwerber seiner schönen Frau gemahnt zu werden, weshalb er erbarmungslos auf Übermalung drang und sowohl Huhn wic Hahn in den ihnen zukommenden *Tier*köpfen zu sehen wünschte. Dies geschah denn auch, und erst als beinahe hundert Jahre später das reizende Bild aus „Onkel Wylichs“ rheinischer Hinterlassenschaft ins Märkische, nach Liebenberg, zurückwanderte, schritt eine geschickte Hand zur restitutio in integrum. Und mit *Menschen*köpfen, wie's Pesne ursprünglich gewollt und gemalt, blicken wieder la poule blanche und ihr Umwerber, lächelnd und kollernd, in die Welt hinein.

D. *Tierbilder*

La poule blanche bildet einen guten Übergang zu den *Tierbildern* des Schlosses. Diese haben die Repräsentations- und Wohnräume, wenn sie je darin Platz hatten, aufgeben und im Treppenhaus ein Unterkommen suchen müssen, auf dessen Absätzen man ihnen in reicher Zahl begegnet: Schafe, Widder, Hirsche, Rehe, Büffel und Pferde. Sonderbarerweise stellen sie meistens Monstrositäten dar und wurden überhaupt nur gemalt, um irgendeinen abnormen Zustand zu verewigen. Es sind also Kuriosa. Daß sie dennoch mehr interessant als häßlich wirken, ist ein Beweis der ausgezeichneten Technik, mit der sie gemalt wurden. Alle stammen wohl noch aus der Zeit des Oberjägermeisters und lassen die brillante niederländische Schule leicht erkennen.

Werf ich einen Blick auf die Gesamtheit dessen, was an Bildern vorhanden ist, so bleiben nur etwa sechs übrig, die mir als von künstlerischer Bedeutung erschienen sind. Und zwar: La poule blanche von *Pesne*; Gräfin Eulenburg, geborene von Rothkirch, von *Angeli*; Jobst Gerhard von Hertefeld, mit dem Jagdspieß des Oberjägermeisters (Maler unbekannt); Ludwig Casimir von Hertefeld von der Madame *Teerbusch* und Minister Graf Eulenburg von *Magnus*. In dieser Aufzeichnung kommt Pesne, von dem doch so viele Bildnisse da sind, anscheinend zu kurz, aber ich bin nicht imstande gewesen, der ganzen Reihe dieser seiner Arbeiten, außer der mehrgenannten poule blanche, einen Geschmack abzugewinnen. Allerdings ist in Erwägung zu ziehen, daß sie doppelt gelitten haben, und zwar erst durch Übermalung und hinterher durch „Coupieren mit der Schere". Der alte Hertefeld nämlich entbehrte wie die Zeit, deren Kind er war, alles eigentlich historischen Sinnes und nahm bei dem im Anfange der dreißiger Jahre stattfindenden Umbau die hohen, lebensgroßen und in braune Ledertapeten eingelassenen Ahnenbilder, männliche wie weibliche, nicht bloß aus ebendiesen Tapeten heraus, sondern schnitt sie sich auch, nach dem jeweiligen Bedürfnis einer neuen Zimmereinrichtung, zurecht. Er kannte dabei kein anderes Gesetz als das der Symmetrie, der zuliebe die stattlichen Vollbilder in Brustbild oder Kniestück umgewandelt wurden.

Bücher

Die jetzt in der „großen Halle" befindliche Bibliothek umfaßt, wie schon hervorgehoben, bis gegen 12 000 Bände. Während der Plünderungstage von 1806 ging nachweislich einiges verloren; im ganzen jedoch war der Bücherschaden nicht groß, da sich die Raublust des Feindes auf praktisch verwendbarere Dinge richtete.

Den Anfang einer Bibliothek machte der Oberjägermeister um 1720, von welcher Zeit an sie rasch und beständig wuchs, da sämtlichen Hertefelds, insonderheit denen des vorigen Jahrhunderts, ein literarischer Zug innewohnte. Jeder sammelte natürlich seiner speziellen Neigung entsprechend, wodurch es kam, daß Friedrich Leopold von H. die Bibliothek auf dem Gebiete der Geschichte, Karl von H. auf dem der Nationalökonomie bereicherte. Das Wertvollste wurde aus der Hinterlassenschaft der Stiftsdame Henriette von Hertefeld (Schwester Friedrich Leopolds) übernommen. Ich erwähnte dessen schon. Am reichsten in der Bibliothek überhaupt sind Memoiren und Chroniken vertreten, auch illustrierte Bücher aus dem 16. und 17. Jahrhundert. So finden sich beispielsweise: Dantes „Göttliche Komödie“ vom Jahre 1564, Ausgabe von Sansovius in Folio; biblische Darstellungen, namentlich aus Buch Hiob, von Johannes *Frellonius*, illustriert von Holbein, Lyon 1547; die Psalmen von Ambrosius Lobwasser, in Musik von Claudin le jeune, Amsterdam bei Elzevier 1646.

Auch eine Kupferstichsammlung ist vorhanden, mit zahlreichen Blättern von Albrecht Dürer, Holbein, Lucas von Leyden, Salvator Rosa, Rembrandt und andere mehr.

Waffen und Kuriosa

1) Türkische Flinte mit eingelegten roten Korallen. Geschenk des türkischen Gesandten an den Oberjägermeister Samuel von H.

2) Spanische Büchse, die der ältere Graf Sandels (später schwedischer Feldmarschall und Vizekönig von Norwegen) in den Kämpfen gegen Rußland führte. Geschenk des jetzigen Grafen Sandels an seinen Schwiegersohn, Graf Philipp Eulenburg den Jüngern.

3) Ein paar Pistolen, die Wrangel von 1848 bis 64 führte. Geschenk an Grafen Ph. E. den Vater.

4) Ein Revolver, Geschenk Wrangels an Graf Ph. E. den Sohn. Dazu folgende Worte: „Herr, segne du die Waffe, segne, die sie hebt, die Hand. Graf Wrangel, Feldmarschall. Berlin, Juli 1866.“

5) Fayencenachbildung eines großen in Pompeji ausgegrabenen Mosaikfußbodens: „Die Alexanderschlacht“. 1830 in Neapel gekauft und zu Schiff (über Stettin) nach Liebenberg geschafft.

6) Elfenbeinstock Don Pedros I., Kaisers von Brasilien. Sehr wertvoll. Alles ein Stück, von Höhe und Dicke eines starken Bambus. – Dieser Stock stammt aus der Hinterlassenschaft der Königinmutter von Schweden und wurde (niemand weiß, wie dort hingeraten) auf einer öffentlichen Auktion erstanden.

7) Große japanische Broncevasen. Sehr schön. Geschenk des Ministers Graf Friedrich Eulenburg an seinen Bruder, den Grafen Philipp.

8) Großer japanischer Kasten, reich ornamentiert und auf dem Deckel oben das *Eulenburgische Wappen* in Goldbronce. – Dieses Wappen wurde nach einer Zeichnung des Ministers, damaligen Gesandten Grafen Eulenburg, gleich in Yokohama von einem *japanischen* Arbeiter ausgeführt.

Und an dieser Stelle mag denn auch hervorgehoben werden, daß japanische Reminiszenzen überall in Liebenberg nachklingen. Aus der Fülle dessen, was Graf Friedrich E. von seiner ostasiatischen Gesandtschaftsreise mit heimbrachte, kam vieles dem Schlosse seines Bruders zugute, besonders Bilder, mit denen die Fremdenzimmer, oder doch einige derselben, in friesartiger Manier umkleidet wurden. In diesen Zimmern läßt sich vom Schaukelstuhl oder morgens vom Bett aus in die Geheimnisse japanischer Kunst eindringen, und ich muß bekennen, manche berühmte Galerie berühmter Städte mit weniger Nutzen überflogen zu haben. All diese Dinge stehen, ihrem Preis und ihrer Prätention nach, nur etwa auf einer Gustav Kühnschen Bilderbogenstufe, sind aber in Hinsicht ihrer Technik ebenso lehrreich wie bedeutsam. Es wird in ihnen die Kunst geübt, einen Effekt oder eine Perspektive mit allergeringsten Mitteln hervorzubringen, und ist mir namentlich allerlei Landschaftliches in Erinnerung geblieben, auf dem der Zeichner oder Maler, aus drei Linien und einem Farbenklecks, einen Binnensee samt Berg und Landzunge vor mich hinzuzaubern wußte. Fast möcht ich glauben, daß sich ein Studium dieser Arbeiten und ihrer Technik auch unsererseits verlohnen würde, wie denn bereits Amerikaner und Engländer (ich erinnere nur an die englischen Kinderbücher) allerhand daraus gelernt zu haben scheinen.

Der Park, der sich in einen inneren und äußeren teilt, ist durch Umfang und Schönheit ausgezeichnet und stammt in seiner ursprünglichen Gestalt aus den Tagen des Oberjägermeisters.

Ich beginne mit dem Innenpark. Er ging, wie das Schloß selbst, durch allerhand Phasen und verwandelte sich allmählich aus gradlinigen, französisch geschnittenen Gängen in einen Park im englischen Stile. Sein gegenwärtiges Aussehen empfing er durch Lenné, der übrigens einige Reste der ursprünglichen Anlage fortbestehen ließ und durch diesen Akt der Pietät auch der Schönheit einen Dienst leistete. Zu dem, was blieb, gehören unter andern einige der schönsten Hekken, insonderheit eine dichte, zehn Fuß hohe *Buchsbaum*hecke, die, wegen ihrer zwei-armsstarken Stämme, die Bewunderung aller Gartenkünstler zu sein pflegt. Überhaupt ist der Park reich an alten und eigenartigen Bäumen, unter welchen letzteren wiederum eine *Trauerhasel* (die in Paris prämiiert wurde) den ersten Rang einnimmt. Außerdem aber wären ein paar Taxusbäume zu nennen, die, nach Alter und Umfang, dem Taxus im Garten unsres Herrenhauses, Leipziger Straße 3, gleichkommen dürften. Auf das Ganze hin angesehen, erkenn ich indessen die Schönheit des Parkes nicht in einer Reihe dieser oder ähnlicher Einzelnheiten, sondern in seiner Terrassierung und Perspektive. Das in Schräglinie nur mäßig ansteigende Terrain ist durch Abstechung in drei große Stufen umgewandelt worden, auf deren jeder wieder ein quadratischer Teich aufblitzt. In einer Umrahmung oft seltner und jedenfalls immer schöner Bäume gewähren diese Wasserflächen einen großen Reiz.

Unmittelbar an die letzte Terrasse schließt sich der Außenpark, ein Waldhügel, der mit seinen hohen Eichen und Weißbuchen den Innenpark überragt und beherrscht. Er hat die Form eines Topfkuchens, von dessen höchstem Punkt aus eine Menge heller gefärbter Linien nach allen Seiten hin niederlaufen. Dies sind die Wege. Das Ganze führt den Namen

„das Kapphölzchen" oder auch der Obristenberg, weil „Sa Majesté le Colonel de Cocceji" hier zu sitzen und zu meditieren liebte. Zugleich befindet sich hier auch das unterirdische, von Blumen überwachsene Gewölbe, darin derselbe beigesetzt wurde.

Noch ein andres spricht und mahnt an dieser Stelle: das Monument, das die treue Seele, die Neumann, in Erinnerung an die Schreckenstage von anno sechs selbständig und aus eigenen Mitteln errichten ließ. Es trägt folgende Inschrift:

Als in den unglücksvollen Jahren
Der Feind den Herrn vom Herde trieb
Und unter tödlichen Gefahren
Ihm nichts von seiner Habe blieb,
Als ihm und die ihm treu ergeben
Des Schmerzes bittre Trän entfiel,
Da diente unter Furcht und Beben
Uns *diese* Stelle zum Asyl.
Für Euch, die Ihr's empfinden könnt,
Erbaute man dies Monument,
1806. (???) 1810.

Die drei Fragezeichen in Parenthese sind *mit in den Stein* eingegraben und sollen sehr wahrscheinlich einen stillen Protest gegen die französische Wirtschaft ausdrücken. Etwa die Frage: „Wie lange noch?"

Die *Kirche*, nach Art einer Hauskapelle, steht nur wenige Schritte vom Schloß entfernt. Es ist ein einfaches Gebäude, wie die Reformierten (und die Hertefelds waren reformiert) es immer zu halten pflegten. Erst in allerneuester Zeit, unter den Eulenburgs, ist einiges geschehen, um die Nüchternheit zu bannen und die bekannte „weiße Tünche" durch Farbe zu beleben. An die Stelle der sozusagen immer „mehr Licht" fordernden einfachen Scheiben sind fünf Fenster mit Glasmalereien getreten, von denen zwei den Matthäus und Paulus, die drei andern aber die Wappenschilde der Hertefelds, Eulenburgs und Rothkirchs darstellen. Auch an Gedächtnistafeln und Inschriften fehlt es nicht, von denen eine hier ihre Stelle finden mag. „Aus freiem Antrieb ging fürs Vaterland Karl Freiherr von Hertefeld; kehrte in das väterliche Haus zurück den 2. August 1814. *Joachim Schulz.*" So schlicht und unbedeutend das klingt, so hat es doch seine Bedeutung und erzählt uns, im Zusammenhange mit der oben zitierten Steininschrift im Park, von jener Patriarchalität und Humanität, die hier allezeit ihre Stelle hatten. Es gab da nichts von Hochfahrenheit und strengem Regiment, alles war Milde, Wohltun und Freundlichkeit, und durch mehr als zwei Generationen hin wurd ein schönes Beispiel gegeben, wieviel, wenn sie nur echt ist (und nicht *zu* kirchlich auftritt), die Liebe zu den Untergebenen vermag.

An eigentlichen Wertgegenständen birgt die Kirche nichts, doch ist einiges da, was ein Interesse wecken mag. Auf dem Abendmahlskelche finden sich folgende Worte: „Zur Feier des am 30. Mai 1814 zu Paris abgeschlossenen glorreichen Friedens und zum Ersatz des am 27. Oktober 1806 von den französischen Truppen geraubten Kirchengeräts." Ebenso mag noch erwähnt werden, daß sowohl Kruzifix wie Kommunionsleuchter aus Olivenholz angefertigt wurden, das der jüngere Graf Philipp von einer Reise nach Jerusalem und Palästina mit heimbrachte. Der Fußboden der Kirche besteht aus italienischen Fliesen, die, gleichzeitig mit dem vorerwähnten großen Mosaikbilde, nach Liebenberg kamen.

Über all dies hinaus aber und als etwas relativ Wichtiges muß das *Kirchenbuch* gelten, das seit 1663 existiert und über viele Punkte der Hertefeldschen Familie die dankenswertesten Aufschlüsse gibt. Ebenso verzeichnet es eine zu Liebenberg vollzogene célèbre Taufe: „Den 13. März 1689 ist Habba Schachasaga, eine geborene Türkin, nachdem dieselbe in unserer christlichen Religion unterwiesen und ihr Glaubensbekenntnis öffentlich abgeleget, getaufet worden und hat den Namen Maria Louisa bekommen. Gott regiere sie ferner durch seinen heiligen Geist und erhalte sie bei der erkannten und angenommenen Wahrheit bis an ihr seliges Ende. Die Paten waren: Herr Major von Bornstädt, Herr Samuel von

Hertefeld, Herr Wilhelm von der Gröben, Frau Oberst von der Gröben, Frau Hauptmann von der Gröben."

Von anderen Eintragungen in das Kirchenbuch geb ich nur noch folgende zwei: „Den 17. Februar 1719 hat der *reformierte* Prediger Adolph Christoph Stoschius (der jüngere) in der Zehdenickschen Stadtkirche einem *lutherischen* Obristlieutenant von Jeetze die Parentation gehalten, weil es im Letzten von ihm begehrt worden." Und: „Am 9. März 1801 starb in Liebenberg der Königlich preußische Oberst, Herr von *Cocceji*, am Schlagfluß und wurde, seiner bei seinen Lebzeiten gegebenen Verordnung gemäß, in einem für seine Leiche in dem Kapphölzchen besonders hergerichteten Gewölbe den 14. desselben Monats beigesetzt."

Und hiermit haben wir unseren Rundgang durch Schloß und Park und Kirche geendet und nehmen Abschied von Liebenberg, aber nicht ohne vorher eine Parallele zwischen dem Leben von sonst und dem Leben von heute gezogen zu haben.

Es ist nicht loyaler geworden, dies Leben, die Hertefelds waren loyal, aber *preußischer* wurd es, und an die Stelle des dem vorigen Jahrhundert entstammten Aufklärungsevangeliums, mit seinem Hange zu Weltbürgertum und Philosophie, traten wieder Konfession und Nationalität, die Scheidungen und Gliederungen einer weiter zurückliegenden Zeit. Ein Begrenztes an Stelle des Unbegrenzten.

Aber wenn die Betrachtung des Lebens wechselte, die *Temperatur* des Lebens wechselte *nicht*. Es erkühlte sich nichts in den Herzen, und jene Hilfebereitschaft und schöne Gastlichkeit, die hier allezeit heimisch und das alte Vorrecht der Hertefelds war, sie lebt fort bis diese Stunde. Die „japanische Zimmerreihe" wird nicht leer, und nicht müde wird der Eifer, alles, was zu Besuch und Sommerfrische kommt, in die wechselvoll-entzückende Landschaft oder auf die Höhen- und Aussichtspunkte hinaufzuführen.

Unter diesen am liebsten auf die *Burgberg*-Stelle, die, zugleich voll historischem und landschaftlichem Reiz, auf Wald und Wiesen und die von Mummeln überblühte „Große Lanke“ niederblickt.

Hierher geht es in Sommerzeit, um in einem Borkenhäuschen den Tee zu nehmen und sich unter neckischem Spiel, als wär es im „Sommernachtstraum“, über Wald und See hin zu verteilen, zu haschen und zu suchen. An dem Schilfgürtel entlang schiebt sich das Boot, unter den Uferbäumen ist es wie Flüstern und leises Lachen, und nun geht der Mond auf und gießt sein Licht über die stillbewegte Flut.

DREILINDEN

1. KAPITEL

Erster Besuch in Dreilinden

Jagdschloß Dreilinden war Lieblingsaufenthalt des Prinzen Friedrich Karl. Jeder, während der siebziger Jahre, kannte das Schloß, wenn nicht von Ansehen, so doch aus den Hofnachrichten, in denen es in bestimmten Abständen hieß: „Seine Königliche Hoheit kam heute von Dreilinden herein in die Stadt und kehrte gegen Abend dahin zurück." Dreilinden war ein populärer Name geworden, fast so populär wie der des Prinzen selbst.

Ich persönlich lernte das Jagdschloß erst im Spätherbst 1881 kennen, und wie sich's mir damals darstellte, darüber will ich in nachstehendem berichten.

Ein halb durchsichtiger Novembernebel, aus dem es in kleinen Tropfen niederfiel, lag weithin über der Landschaft, und an allerlei wie Schatten aus der Unterwelt dastehenden Vergnügungslokalen vorüber, die traurigen Blicks uns nachsahen, als ob sie bäten, „sie doch mitzunehmen in Licht und Leben", jagten wir erst durch den Steglitzer Bahnhof und gleich danach durch den von Lichterfelde hin. Alles war öd und leer, und selbst der Kadettendom stand wie in Trauer.

Und nun hielten wir. „Wannsee, Wannsee."

Den ganzen Zug entlang öffneten sich nicht mehr als zwei Coupés, deren Insassen, in einer längeren und einer kürzeren Schräglinie, sofort demselben Ziele zusteuerten, und zwar auf zwei hart an einer Windecke haltende prinzliche Wagen, die, luftig und offen, in ihrer ganzen Erscheinung unzweifelhaft eine Wonne für tapferes und abgehärtetes Kriegsvolk, aber von desto zweifelhafterem Werte für alle noch zu den Traditionen der „zuigen Droschke" haltende Zivilpersonen waren. Ich, der den kürzeren Weg hatte, nahm das Marschtempo so, daß ich mit der Hauptkolonne dicht an der Windecke zusammenstoßen mußte, stellte mich hier vor und tauschte dafür, als Gegengabe, vier oder fünf Namen ein, die die gesamten Personalverhältnisse genauso dunkel beließen, wie sie bis dahin gewesen waren.

Übrigens entsprang aus dieser Dunkelheit weder Verwirrung noch Gêne, vielmehr ließ sich umgekehrt leicht erkennen, daß ein unter gleichen Verhältnissen an dieser Ecke stattfindendes Zusammentreffen ein ganz alltägliches Ereignis war. Jedenfalls aber klärte sich die Situation sofort, als die Plätze hüben und drüben eingenommen und unter Zitierung einiger wie Whistwitze stationär auftretenden Schäkereien unsre vier Beinpaare nach Art ebenso vieler Rautenwappen ineinandergeschoben waren. Und nun saßen wir. Fertig! Ein Peitschenknips noch, und in raschem Trabe ging es, unter einem Brückenüberbau weg, in eine breite chausseeartige Fahrstraße hinein, die, nach links hin, eine mit hohen Kiefern besetzte Waldlisière streifte. Hart zur Rechten aber lief der Bahndamm, auf dem eben die roten und grünen Signallichter angezündet wurden.

Am Waldsaum hin wob noch Dämmerung, in demselben Augenblicke jedoch, wo wir, von der breiten Fahrstraße her, in einen schmalen und recht eigentlichen Waldweg einbogen, umgab es uns wie Nacht. Kein Lichtblitz, kein Tagesschimmer mehr, so dicht wölbte sich über uns das von rechts und links her ineinandergeschobene Gezweig.

Und nun schwieg auch die Heiterkeit. Alles rückte sich zurecht und ließ deutlich erkennen, daß wir uns in unmittelbarer Nähe unsers Zieles befinden mußten. Und wirklich, eine scharfe Biegung noch, und der Wagen hielt.

Unvergeßlich Bild! Aus einer mit beiden Flügeln offenstehenden Tür ergoß sich ein Lichtstrom auf einen rondeelartigen und von Tannen umstellten Vorplatz, während sich in der Tür selbst, und weiter zurück, ein buntes Gewirr von

Uniformen und Livreen zeigte. Die Mäntel glitten uns von der Schulter, und im nächsten Augenblicke schon traten wir aus dem Vorflur in eine dahinter gelegene größere Flurhalle, von der aus eine Steintreppe, gradlinig und mit leichtem Eisengeländer, in die Zimmer des ersten Stockes hinaufführte. Hier am Eingang empfing uns der Prinz, ein gnädiges Wort an alle, die gnädigsten an die Neulinge richtend; aber ehe noch das Wort ein Gespräch werden konnte, tat sich auch schon der uns unmittelbar zur Seite gelegene Speisesaal auf, auf dessen von Lichtern überstrahlter Tafel es von goldnem Gerät und eigenartigen, aus der Jagdwelt stammenden Aufsatzstücken blinkte. Die Fülle der Eindrücke nahm der Zeit ihr Maß, die Stunden wurden zu Minuten, und ehe noch die Möglichkeit gewonnen war, sich in dem Bilde von Licht und Glanz zurechtzufinden, war auch die Zeit schon wieder um, und das Vorfahren der Wagen wurde gemeldet. Ein Abschiedswort noch, gnädig wie das des Empfanges, und siehe da, durch Nacht und Dunkel hin und gleich danach an der von einzelnen Lichtern erhellten Lisière vorüber ging unsere Fahrt, immer rascher und rascher, denn der eben laut werdende Pfiff der Lokomotive mahnte bereits zur Eil. Abgepaßt! Im selben Momente, wo der Zug hielt, hielten auch wir, und abermals eine kleine Weile, so war die letzte Station und die letzte Gitterbrücke passiert, und in das Bahnhofsportal eingleitend, wölbte sich wieder der mächtige Bogen über uns. Aussteigen! Ein Strom, ein Gewirr; Pelze, Koffer und Geschrei: der ganze Lärm einer großen Stadt.

Und Dreilinden lag hinter mir wie ein Traum.

2. KAPITEL

Dreilinden, historisch-topographisch

Dreilinden: sein *Forst*haus und sein *Jagd*haus, dazu die gleichnamige Waldparzelle, darin beide, Forsthaus wie Jagdhaus, gelegen sind, bildet den westlichen Teil des Rittergutes

Düppel, das – 1865 auf Antrag der Teltower Kreisstände durch König Wilhelm in Anerkennung der Verdienste des Prinzen Friedrich Karl gegründet – aus einer *Acker-* und einer *Forst*hälfte besteht.

Die *Acker*hälfte hieß (und heißt noch) Gut oder Vorwerk Neu-Zehlendorf.

Die *Forst*hälfte dagegen hieß: die Heinersdorfer Heide, darin, in alten Zeiten schon, ein Forsthaus unter dem Namen „der Heidekrug" gelegen war.

Beide Hälften haben eine Geschichte, die hier in Kürze gegeben werden möge.

Vorwerk Neu-Zehlendorf

Gut oder Vorwerk *Neu*-Zehlendorf bestand, bis zu seinem Aufgehen in das Rittergut „Düppel", aus einem *Alt*-Zehlendorfer Bauernhofe, dem, wenn ich recht berichtet bin, außer seinem alten und eigentlichen Hofbesitz auch noch ein kleineres, durch Kauf oder Erbe hinzugekommenes Ackerstück zugehörig war.

Auf diesem Alt-Zehlendorfer Bauernhofe nun saßen bis 1826 bäuerliche Leute: die Geschwister *Pasewald*. Um die genannte Zeit aber verkauften dieselben ihr Bauerngut an den Salz- und Schiffahrtsdirektor *Bensch*, der dafür 6000 Taler zahlte.

Bensch beantragte, gleich nach der Übernahme, die *Separation* der bis dahin noch in der Gemeinschaft verbliebenen Dorfäcker, bei welcher Antragstellung er sich durch die gesamte Bauernschaft unterstützt sah. Infolge dieser Unterstützung ordneten sich alle zur „Auseinanderlegung" erforderlichen Schritte rasch und mit verhältnismäßig leichter Mühe, so daß noch vor Jahresablauf ein Anteil von 845 Morgen an Bensch fiel. Auf ebendiesem Anteil begann B. alsbald ein *Vorwerk** aufzubauen, dem er den Namen Neu-Zehlendorf gab.

* Bensch war es auch, der, auf dem Gutshofe dieses Vorwerks Neu-Zehlendorf, zur Errichtung eines in einer Art Tudorstil gehaltenen *Herren*hauses schritt. Dasselbe empfing, beinah dreißig Jahre später, eine Marmortafel mit folgender Inschrift: „Durch die Gnade König Wilhelms I. wurde diesem vom Prinzen Friedrich Karl von Preußen im Februar 1859 gekauften Bauerngute

Und so bestand denn um diese Zeit, und zwar im Gegensatze zu weiterhin zu nennenden und ebenfalls aus Benschschen Mitteln erworbenen *Nachbar*besitzungen, der *Zehlendorfer* Besitz des Salz- und Schiffahrtsdirektors B. aus folgenden Einzelstücken:

1) aus dem Alt-Zehlendorfer oder Pasewaldschen im Dorfe selbst gelegenen Bauernhofe, dem bloßen Grundstück samt ererbtem oder erkauftem Ackerannex;

2) aus dem bei der Separation aus der Dorfgemeinschaft ihm zugefallenen Acker von 845 Morgen und

3) aus dem, auf ebendiesem Acker, unter dem Namen *Neu-Zehlendorf* erbauten Vorwerke.

So blieben auch die Verhältnisse von 1826 bis 1851, in welchem Jahre der sogenannte „Seeplan", eine Hütungs- und Weideparzelle, durch Bensch hinzugekauft und dem Vorwerke Neu-Zehlendorf angefügt wurde.

Jagdbegang Dreilinden

In vorstehendem hab ich über die *Feld-* und *Acker*hälfte von Rittergut Düppel beziehungsweise Dreilinden berichtet. Ich berichte nunmehr auch über die *Forst*hälfte: den Jagdbegang Dreilinden.

Der jetzige Jagdbegang Dreilinden hieß, wie schon eingangs hervorgehoben, in alten Zeiten „die Heinersdorfer Heide", welche Heide, von 1515 an bis zu Beginn dieses Jahrhunderts, der auf dem Teltow reich begüterten Familie von *Hake* gehörte. Von den Hakes kam ebendiese Heinersdorfer Heide – der wir (unter Ignorierung der Besitzverhältnisse des gleichnamigen *Rittergutes* Heinersdorf) allein hier gedenken – an den Lieutenant Mumme, welcher die Heide nur kurze Zeit besaß und schon 1820 wieder an den schon vorgenannten Salz- und Schiffahrtsdirektor Bensch verkaufte. Bensch war also bereits sechs Jahre lang

Neu-Zehlendorf, auf Antrag der Teltower Kreisstände, zugleich auch in Anerkennung seiner Siege 1864 im Kriege gegen Dänemark, die Rittergutsqualität und die Benennung Rittergut *Düppel* laut Patent vom 13. Januar 1865 verliehen."

in diesem Heinersdorfer-Heide-Besitz, als er 1826 das vorerwähnte Pasewaldsche Bauerngut in Alt-Zehlendorf erwarb und durch sofortige Zusammenlegung *beider*: aus dem Zehlendorfer Bauerngut einerseits und dem Heinersdorfer Heideland andererseits, einen *Gesamtbesitz* herstellte, der im wesentlichen dem Umfange des gegenwärtigen, seit 1865 bestehenden Rittergutes *Düppel* entsprach. In diesem Gesamtbesitz verblieb der Salzdirektor bis 1856, um welche Zeit er seine mit ebensoviel Liebe wie Verständnis ins Leben gerufene Schöpfung (denn von einer solchen wird sich sprechen lassen) an den Kaufmann Gilka zu Berlin überließ. Letzterer, Gilka, hatte das Gut nur drei Jahre lang, nach deren Ablauf er Acker und Forst unterm 17. Januar 1859 an den Prinzen Friedrich Karl verkaufte. Kaufsumme 95000 Taler.

Prinz Friedrich Karl begann sofort mit Erweiterung seines Besitzes, und zwar durch Erwerbung eines kleinen, am Wannsee hin gelegenen Uferstreifens, der bis dahin, trotz der längst vorher vollzogenen Separation, in der Alt-Zehlendorfer *Gemeinschaft* verblieben war. Damit aber hatten die Territorialänderungen ihren Abschluß erreicht. Von einer weiteren Ausdehnung nach außen hin ward Abstand genommen und dafür der energische Versuch einer selbständigen Bewirtschaftung gemacht, bis die Wahrnehmung unausreichender Erträge zur endlichen *Verpachtung* dieser Ackerhälfte des Gesamtterritoriums führte. Gegenwärtiger Pächter ist Lieutenant (Reserveoffizier) Ring, ein bewährter Landwirt, der das Gut, und zwar neuerdings mit bestem Erfolg, ausschließlich als *Acker*gut bewirtschaftet, nachdem er die frühere, vorzugsweise mit Rücksicht auf die Nähe von Berlin-Potsdam unternommene Milch- und Gartenwirtschaft als unlukrativ hat fallenlassen.

Mit einer selbständigen Ackerbewirtschaftung war der Prinz gescheitert, aber in andrem, was er unternahm, war er erfolgreicher und schuf beispielsweise Forstkulturen und

Wildbestände mit so vielem Glück*, daß ihm Ende der sechziger Jahre der Gedanke kam, auch inmitten dieser seiner Waldwelt leben und in sie hinein übersiedeln zu wollen.

Aus diesem Gedanken heraus entstand 1869 ein „Jagdhaus". Baumeister: Nabbath. Noch im selben Jahre bezog es der Prinz und gab ihm den Namen *Dreilinden*.

Dieser Name „Dreilinden" war übrigens keine Neuschöpfung und existiert bereits seit 1833, in welchem Jahre das uralte schon eingangs erwähnte Forstetablissement *Heidekrug*, mit Rücksicht auf drei alte, vor seiner Tür stehende Linden, die Bezeichnung *Forsthaus* Dreilinden erhalten hatte. Bald danach empfing auch die *Forst* selber ebendiese Bezeichnung, so daß wir seitdem, ein und demselben Namen *dreifach* begegnend, eine *Forst* von Dreilinden, ein *Forst*haus von Dreilinden und endlich drittens ein *Jagd*haus von Dreilinden unterscheiden müssen. Die Forst spricht für sich selbst, das Forsthaus ist Försterei, das *Jagd*haus aber prinzliche Villa.

* Zu dem, was der Prinz hier ins Leben rief, gehörte, neben den im Text genannten Forstkulturen etc., auch ein auf der Neu-Zehlendorfer Feldmark errichtetes Gestüt: *das Gestüt Düppel*. Der Held der Situation – als ich im Sommer 1882 unter sachkundiger Führung dies Gestüt besuchte – war der Hengst „Wildling", der, nach allem was ich bei der Gelegenheit sah und hörte, seinem Namen Ehre machte. Früher war er mit bei Königgrätz gewesen. Auf welchen Lebensabschnitt er persönlich mit mehr Befriedigung sah, auf den ehemaligen oder den jetzigen, muß ungesagt bleiben. Auch hier heißt es: Wer sieht ins Herz! Übrigens war es, die Wahrheit zu gestehn, nicht eigentlich der „Wildling", was mich damals am meisten entzückte, sondern seine sich in verschiedenen Einfriedigungen umhertummelnde Nachkommenschaft, zu der er in den kompliziertesten und zugleich unzulässigsten Verwandtschaftsgraden stand. Die junge Nachkommenschaft selbst aber war sich dieser Unzulässigkeit so wenig bewußt, daß sie, grad umgekehrt, in der Lust und dem Übermut ihrer Bewegungen nichts als einen Protest gegen alle schwerfälligere Weltanschauung auszudrücken schien. Alles an ihnen war Grazie, dabei zugleich von einer so intelligenten Coquetterie, daß man sich versucht fühlen konnte, mit ihnen zu sprechen. Es war so ziemlich derselbe Eindruck, wie wenn man in England einer auf einer Waldwiese spielenden Mädchenpension begegnet ... All diese Fohlen erfreuten sich der besondren Aufmerksamkeit des Prinzen, der ihr Wachstum mit derselben Lust und Liebe wie das seiner Dreilindner Bäume verfolgte. Die Namen der Fohlen wurden zum Beispiel durch ihn persönlich bestimmt. Unter diesen auch Namen aus den drei Kriegen zu begegnen wird niemanden überraschen. Da waren: Alsen, Oberselk, Schleswig, Satrup, Oster-Düppel; ferner Münchengrätz, Königgrätz und Benatek; endlich aus dem Siebziger Kriege: Le Mans, Verneville, Rezonville, Ladonchamp. Was sich sonst noch an Namen vorfand, gehörte freilich einer *sehr* andern, aber fast ebenso bestimmten Geschichtsepoche an: Attila, Krimhild, Odoaker, Berengar.

3. KAPITEL

Dreilinden im Sonnenschein

„Klein, aber mein."
Spruch am Jagdhause von Dreilinden

Es war in Novembernebel, daß ich Dreilinden zum ersten Male sah. Aber nun hatten wir Sommer, und ich brach auf, diesmal einfach als „Wanderer" und zu Fuß, um das Jagdhaus, das mir bis dahin nur ein Nebelbild gewesen war, auch in hellem Tagesscheine zu sehn. Ich wollte mich von seiner *Wirklichkeit* überzeugen.

Und ein prächtiger Junitag war's. Erst am Wannsee, dann am Wald hin, aus dem heute Kuckucksruf und Finkenschlag zu mir herüberscholl, schritt ich „andächtiglich fürbaß", bis ich, nach kurzem Marsch in heißem Sonnenbrand, in den Wald selber einbog und alsbald eines Giebeldachs unter Zweigen und gleich danach einer dicht an den Weg herantretenden Dulcamarahecke gewahr wurde, deren gelb und violette Blütenpracht, wuchernd fast, aus dem dichten Blattgrün hervorschimmerte. Kein Zweifel, diese Bittersüß-Hecke war ein Zufall, nichts weiter, und doch mußt ich unwillkürlich eines Ausspruchs des alten Feldmarschalls Derfflinger gedenken, der, in seinen Gusower Zurückgezogenheitstagen, zu sagen liebte: „Habe des Sauren und Süßen viel genossen; aber des Sauren war mehr." Oft vergessenes Wort (immer wieder in *Hoffnung* vergessen), aber wer, der auf den Höhen des Lebens wandeln durfte, hätt es schließlich *nicht* gesprochen!

Und nun hatte ich die Hecke passiert und stand wieder auf dem Vorplatz, den ich bis dahin immer nur in einem das draußen liegende Dunkel durchflutenden Lichtstrom gesehn hatte. Weshalb ich die Stelle kaum wiedererkannte.

Vom Wald her vorgeschobene Tannen umstanden ein Rondeel, an dessen einer Seite das prinzliche Jagdhaus aufragte, während an der andern ein dänischer Runenstein stand, ein „Mitbringsel" aus Jütland her. Das Jagdhaus selbst aber zeigte nichts als Souterrain und Erdgeschoß und über diesem ein erstes Stockwerk im Schweizerstil, um das herum sich Holzbalkone zogen. An diesen allerlei Sprüche:

Freudig trete herein, und froh entferne dich wieder,
Ziehst du als Wandrer vorbei, segne die Pfade dir Gott.

Andere waren länger, auch kürzer; unter den kürzesten *der*, den ich diesem Kapitel vorgesetzt habe: *„Klein, aber mein."*

In der Tat, Jagdhaus Dreilinden ist klein und wirkt nach Art einer Villa von acht Zimmern; aber es gelang nichtsdestoweniger, mit Hilfe geschickter Raumausnutzung, eine doppelte Zahl von Zimmern und Gelassen herzustellen. Und zwar in folgender Einteilung: im Souterrain die Wirtschaftsräume; darüber, im Erdgeschoß, die Hofmarschall- und Adjutantenzimmer; endlich, im ersten Stock, die Zimmer des Prinzen selbst: ein Vorzimmer, ein Wohn- und Arbeitszimmer, ein Schlafzimmer, ein Eßsaal. Der Rest: kleine Gelasse für die Dienerschaften.

Alle vom Prinzen selbst bewohnten Räume sind ausnahmelos mit Erinnerungsstücken reich geschmückt, *so* reich, daß sie den Charakter eines historischen Museums annehmen. Einzelnes auch von künstlerischem Wert. Alles in allem aber ist es in *drei* Gestalten, daß uns der Prinz aus diesen seinen Erinnerungsstücken entgegentritt: erst als Jäger, dann als Soldat und endlich drittens und letztens in seinen intimeren Beziehungen zu Familie, Freunden, Kunst. Und im Einklange hiermit ist denn auch die Reihenfolge, darin ich diese Museumsschätze dem Leser vorzuführen gedenke. Den *Jagd*erinnerungen sollen *Kriegs*erinnerungen und diesen wiederum Erinnerungen aus dem häuslichen Leben des Prinzen sich anschließen.

Jagderinnerungen

Mit den Jagderinnerungen beginn ich. Ist es doch *Jagd*haus Dreilinden, um das sich's an dieser Stelle handelt. Auf Flur und Treppe, ja mehr, bis unter das Dach hinauf ist Jagdhaus

Dreilinden mit Jagdemblemen geschmückt, und alles, was zu Pürsch und Waidwerk gehört, erscheint hier, und mit Recht, als das „Eigentlichste". Mit Ausnahme des in dem umher gelegenen Jagdreviere geschossenen Wildes befinden sich denn auch nur Geweihe *guter* Hirsche respektive Schaufler an dieser Stelle, guter Hirsche, die seit Erbauung des Jagdhauses (1869) vom Prinzen selbst erlegt wurden. Es sind dies: 136 Rothirschgeweihe, 392 Damhirschgeweihe, 170 Rehkronen. Von den 392 Damhirschen wurden 278 in der Dreilindener Forst geschossen; die 170 Rehböcke *sämtlich.* Alle Geweihe dieser letzteren sind im Schlafzimmer des Prinzen angebracht. Als Flur- und Treppenornament begegnen wir im weitern: einem Kormoran, einer Trappe, verschiedenen Kampf- und Birkhähnen, Wildschweinsköpfen und vor allem einem russischen Wolf, einem besonders schönen und großen Exemplare.

Dies alles aber rechnet nicht zu den eigentlichen, eine Geschichte habenden Jagdbeutestücken, deren Aufzählung wir uns nunmehr zuwenden.

1) Ein *Elchkopf.* Prinz Friedrich Karl schoß diesen Elchhirsch, einen ungraden Zehnender, in der Oberförsterei Ibenhorst am 4. Oktober 1881. Gewicht mit Aufbruch 840 Pfund. Ein noch größerer Elchhirsch, ein Zweiundzwanzigender, wurde vom Prinzen am 18. September 1862 ebenfalls in der Ibenhorster Oberförsterei (Ostpreußen) geschossen. Gewicht 954 Pfund. Der Kopf dieses größeren Elchs befindet sich in Jagdschloß Glienicke bei Potsdam. Ich füge noch folgendes hinzu: Nur noch in vorgenannter Oberförsterei Ibenhorst kommen Elche vor, wie sich andererseits *Auerochsen* (künstliche Zucht; neuerdings, von Rußland her, eingeführt) nur noch in den Waldungen des Fürsten Pleß in Oberschlesien vorfinden. Die Jagd auf den größeren, in Jagdschloß Glienicke befindlichen Elch wurde von dem bekannten Tiermaler Grafen Krockow in einem Jagdstück von mittlerer Größe dargestellt. Es ist der Moment der Erlegung. Das Bild hat seinen Platz im Treppenhause von Dreilinden gefunden. Aus den Läufen des etwas kleineren, erst 1881 geschossenen

Elchs wurden zwei Büchsenfutterale von besonderer Schönheit angefertigt.

2) *Auerochs* (Kopf) wurde vom Prinzen Friedrich Karl am 9. Dezember 1880 in Pleß beim Fürsten Pleß geschossen.

3) *Büffelkopf* (Prachtexemplar). Geschenk des Grafen Hermann von Arnim, der den Büffel auf einer Präriejagd erlegte.

4) *Der weiße Hans.* Dieser hat eine Tafel mit Inschrift, der ich das Nachstehende beinahe wörtlich entnehme. „Dieser starke und seltene weiße Damschaufler ‚Der weiße Hans' ward anno 1874 aus dem hochgräflich Redernschen Wildpark zu Görlsdorf, Uckermark, in den Wildpark Seiner Königlichen Hoheit des Prinzen Karl unweit seiner Sommerresidenz Schloß Glienicke versetzt, brach darauf im Mai anno 1875 aus diesem Wildpark aus und trat, den großen Wannsee durchschwimmend, in den Grunewald. Am 5. Mai desselben Jahres wechselte er vom Grunewald her in die Jagdreviere Seiner Königlichen Hoheit des Prinzen *Friedrich Karl* und wählte seinen Stand von nun an in nächster Nähe des Hochprinzlichen Jagdhauses Dreilinden. Den fortgesetzten Bemühungen Seiner Königlichen Hoheit sowie Höchstdessen Jägerei gelang es, das edle Tier so an Ruf und Stimme zu gewöhnen, daß es bald auf den Namen ‚Hans' hörte und Kartoffeln, Hafer etc. vor dem Jagdhause aufnahm. Seinem Beispiele folgten zwei andre Hirsche, die, gleich ihm, zahm wurden. Während der Brunst war Hans unbestrittener Platzhirsch; aber sein Liebesglück ward ihm nicht verziehen, denn in der Nacht vom 27. zum 28. November 1875 wurd er von seinen beiden Genossen zu Tode gespießt und anderntags verendet vorgefunden." (Der Ausdruck „gespießt" ist nicht jagdgerecht und steht etwa auf der Höhe von „Blut" oder „Ohren". Ich habe mich aber zu dem jagdgerechten Ausdruck, den die Jäger schmerzlich vermissen werden, nicht entschließen können.)

5) *Riesenhirsch-Geweih.* Kein Original, sondern eine Nachbildung desselben von der Hand *Benvenuto Cellinis.* Noch wahrscheinlicher eine Nachbildung der Nachbildung. Zwei Inschriften, eine französische und eine deutsche, geben Auskunft über alles, was zu wissen not tut.

„Cet ouvrage, copie des bois d'un cerf tué vers l'an de Grace de N. S. J. Ch. 648, dans la forest d'Erbach par deux Princes Francs de la lignée mérovingienne, a esté faict par *Benvenuto Cellini* de Florence, maistre sculpteur et orfesvre en renom, de par et pour le Roy Charles, le huictiesme du nom, nostre très haut, très puissant et très-noble Prince et Roy de France. Le susdict contrefait a esté dressé au chastel Royal d'Amboyse en l'an de Grace 1520."

Also in Übersetzung etwa:

„Dies Werk, die Nachbildung des Geweihs eines im Jahre 648 durch zwei fränkische Prinzen aus dem Hause der Merowinger im Walde von Erbach getöteten Hirsches, ist durch den berühmten florentinischen Bildhauer und Goldschmied Benvenuto Cellini im Auftrag und zu Besitz Karl des Achten, unsres allerhöchsten und großmächtigsten Königs von Frankreich, angefertigt und im Jahre der Gnade 1520 am Königlichen Schlosse von Amboise angebracht worden."

Die deutsche Inschrift, die sich in Hexametern versucht, legt das Ereignis in die Zeit des *elften* Ludwig, und lautet:

In den Ardennen lebte als Hirsch ich, ein seltsames Wunder,
Trug auf dem Scheitel der Stirn *dieses* als krönende Zier;
Wuchs dort mehrere Jahre hindurch, für niemand bezwingbar,
Nur vor mir selbst hatt ich Furcht wegen der schrecklichen Last.
Unter des elften Ludwigs Regierung raubte ein Pfeil mir,
Fliegend von tödlicher Hand, Leben und Freiheit zumal.
Staunend sah meine Zeit mich, und wunderbar bleib ich der Zukunft,
Daß der Natur es gefiel, mir zu erschaffen solch Haupt.

Kriegserinnerungen

Was Dreilinden an Kriegserinnerungen aufweist, ist minder zahlreich, als man in Anbetracht eines an kriegerischen Ereignissen und Ehren so reichen Lebens, wie das des Prinzen, erwarten sollte. Zum Teil erklärt sich dies daraus, daß Jagdhaus Dreilinden nicht alles Hierhergehörige besitzt; einiges befindet sich in Jagdschloß Glienicke, noch andres in der Stadtwohnung des Prinzen, im Königlichen Schloß. Auch öffentliche Sammlungen erhielten das ein oder andre. So befindet sich zum Beispiel ein aus einem *jütischen Hügelgrabe* stammender Holzsarg in unsrem „Museum für nordische Altertümer". Ein Geschenk des Prinzen.

Alle diese *Kriegs*erinnerungen, um über ihre Gesamtheit einen klareren Überblick zu geben, teil ich in nachstehendem in vier Gruppen, und zwar nach den vier Kriegen, an denen der Prinz, wenn er sie nicht leitete, wenigstens teilnahm.

1848 und 49. Erster Krieg gegen Dänemark und Feldzug in Baden

1) Eisenteller mit einer Vierpfünderkugel darauf. Umschrift: „Der erste *Salutschuß an Sie*, mein Prinz." Am 23. April 1848 hielt Prinz Friedrich Karl, damals Hauptmann im Stabe Wrangels, an der Seite des Generals, der eben den Sturm auf das Danewerk kommandierte. Diese Vierpfünderkugel schlug neben beiden ein, und der Alte, während er sich schmunzelnd gegen den Prinzen wandte, tat obenzitierten Ausspruch, in dem sich, echt-wrangelsch, ebensoviel Courtoisie wie sang-froid ausspricht.

2) Ein *dänischer Danebrog*. Dazu folgende Worte: „Dieser Danebrog wehte auf der Zitadelle von Friedericia und wurde, bei der Einnahme durch die preußischen Truppen am 2. Mai 1848, von Seiner Königlichen Hoheit dem Prinzen Friedrich Karl eigenhändig niedergeholt."

3) Ein *Aschbecher* mit silbernem Deckel, aus einem Vorderhuf des „Artemidorus" angefertigt. Es war dies das Pferd, das der Prinz in dem Gefechte bei Kuppenheim in Baden am 30. Juni 1849 ritt.

Zehn Tage vorher, am 20. Juni, war das Gefecht bei *Wiesenthal*, in dem Lieutenant von dem Busche-Münch, Adjutant des Prinzen, tödlich, der Prinz selbst aber, wie auch das

Pferd, das er ritt, leicht verwundet wurde. Das Pferd empfing, zur Erinnerung an diesen Tag, den Namen „Wiesenthal" und wurde zu Tode gepflegt. Unmittelbar hinter dem Dreilinder Gehöft hat es einen Grabstein mit folgender Inschrift: „*Wiesenthal*, brauner Hengst, geboren 1836, durch einen Bajonettstich am Kopfe blessiert am 20. Juni 1849; gestorben 31. Mai 1861. F. K. Pr. v. P."

1864. Krieg gegen Dänemark

1) Ein *Aschbecher* aus einem Huf von „Anacreon", Fuchsstute, die der Prinz beim Übergang über die Schlei, bei Missunde und am Düppeltage ritt.

2) *Kugelaufsatz.* Aus Düppelgeschossen aller Art zusammengesetzt.

3) *Zigarrenkasten.* Geschenk des Prinzen Albrecht (Vater) an Prinz Friedrich Karl. Aus Eichenholzrähmchen hergestellt, in die dann kleine Marmorplatten eingelegt wurden. Jede Platte trägt eine Inschrift: Eckernförde 1. Februar; Missunde 2. Februar; Ober-Selk 3. Februar; Arnis 6. Februar; Düppel (Wegnahme von Dorf *Oster*-Düppel) 17. März; Kanonade 2. April. So die Seitenfelder. Die Hauptinschrift aber trägt der Deckel: „Sturm auf die Düppeler Schanzen, Schleswig-Holstein, den 18. April 1864."

4) *Runenstein aus Jütland.* Etwa einen Meter hoch, nach oben zugeschrägt. Am Fuße des Steines sind Runen in aller Deutlichkeit erkennbar. Sie sind auf „*Heirulfr*" hin entziffert worden. Was dies bedeutet, steht nicht fest. Vielleicht ein Name. Der Stein befindet sich nicht *im* Jagdhause, sondern *vor* demselben, auf einem bereits zu Beginn dieses Kapitels erwähnten Gras- und Blumenrondeel.

1866. Krieg gegen Österreich

An diesen Krieg erinnern nur die *Städtewappen* zweier großer Glasfenster, aus deren Gesamtzahl sich je vier auf die Feldzüge von 64 und 70, *acht* aber auf den sechsundsechziger Krieg beziehen. Es sind alles in allem folgende: Dänemark, Schleswig, Lauenburg, Flensburg; ferner: *Österreich*, Böhmen, Ungarn, Mähren, Rohan-Turnau, Prag, Preßburg, Gitschin; schließlich: *Nancy*, Metz, Orleans, Le Mans.

1870 und 71. Krieg gegen Frankreich

1) Eine französische *Trophäe*: Gewehre, Pistolen, Fahnen und Säbel, alles von einer goldbordierten Generalsmütze gekrönt.

2) Ein *Kandelaber* aus siebziger Kugeln und Bajonetten aufgebaut.

3) Ein *Briefbeschwerer*. Orleans, 4. Dezember 1870.

4) Ein paar große *Lampen*, aus siebziger Granaten konstruiert.

5) Eine *Rokoko-Wanduhr*. Geschenk von seiten der Offiziere des Stabes in Orleans. Weihnachten 1870.

6) Eine *Stutzuhr*, deren Uhrwerk von Geweihen umfaßt und getragen wird. Am interessantesten ist der Perpendikel, auf dessen etwa talergroßem, in seinem terminus technicus mir unbekannt gebliebenen, scheibenförmigen Abschluß sich ein Miniaturbild in Gouache befindet. Diese Miniature stellt den Moment dar, wo Louis Napoleon dem König Wilhelm den Degen überreicht.

7) *Alte Glasmalerei* (Bruchstück), einen Moment aus einer der früheren Belagerungen von Metz (1444) darstellend. Aller Wahrscheinlichkeit nach war dies Glasbild ehemals einem großen Schloß- oder Kirchenfenster zugehörig. Zeichnung und Kolorit vorzüglich. Geschenk des Generals *Vogel von Falkenstein*. Der Prinz hat es im Treppenhaus als unterstes Fenster einsetzen lassen, dessen besonderen Schmuck es nun ausmacht.

Bei dieser Gelegenheit stehe hier folgendes.

Unter den drei großen *Belagerungen von Metz*, 1444, 1552 und 1870, ist die von 1444 die *poetischste*, weil entweder die Zeit überhaupt oder aber ihre historische Berichtserstattung poetischer war. *Jetzt* herrscht das spezifisch Militärische vor, das, beinahe grundsätzlich, an dem „Interessanten“, an das es nicht recht glaubt, vorübergeht. Ich gebe hier ein paar der ersten (1444er) Belagerung entnommene Züge.

Schon die Veranlassung zu dieser Belagerung war apart. Eine Iliade kleineren Stils. Die Metzer, weil ihnen Herr René, König von Provence, Sizilien und Jerusalem, eine Schuld von 100000 Gulden, aller Mahnungen unerachtet, nicht zahlen wollte, nahmen seiner Gemahlin (Schwester Karls VII. von Frankreich) ihre wertvolle Garderobe weg. Infolge dieses Affronts zogen beide Schwäger, König Karl VII. und König René, vor Metz. Auf seiten der Stadt zeichneten sich alsbald zwei Männer aus: Johann von Vytoul und Jacob Simon. Johann von *Vytoul* war die Seele der Verteidigung und ritt unausgesetzt umher, um die Posten zu revidieren, war aber doch gutherzig genug, ein *Glöckchen an den Schweif seines Pferdes* zu binden, weil er nur ängstigen und anspornen, aber nicht strafen wollte. Nur gegen die Feinde war er unerbittlich, verurteilte die Gefangenen zum Strang und wies jeden Auswechselungsvorschlag zurück. Ihm zur Seite stand der schon genannte *Jacob Simon*, Stadtschöffe und Weingutsbesitzer auf dem Banne von Longeville. Er hatte geschworen, daß er, *trotz* der Belagerung, seine Weinlese draußen halten wolle. Und wirklich begann er ein großes Schiff auszurüsten, indem er es mit Söldnern bewaffnete, die mit Musketen und Armbrüsten bewaffnet waren, und fuhr nunmehr die Mosel aufwärts bis Longeville. Nachdem er dort angelegt, schickte er seine Winzer und Winzerinnen in den ihm zugehörigen Weinberg. Alsbald erschien der Feind, um die jungen Winzerinnen zu entführen; aber im selben Augenblicke wurde der feindliche Trupp vom Schiff her mit Kugeln und Pfeilen überschüttet. Alles floh, und als die Körbe mit Trauben gefüllt waren, kehrte man in die Stadt zurück. An ähnlichen Zügen ist diese berühmt gewordene Belagerung von Metz reich und gab, in allem malerisch und plastisch, einen hundertfältigen Anreiz zu künstlerischer Behandlung. Unter solcher Anregung entstand auch wohl das Glasbild in Dreilinden.

Die zweite Belagerung war *die* von 1552; Karl V. war der Belagerer und der Herzog von *Guise* der Belagerte. Die Belagerung mißlang, infolgedessen König Heinrich II. von Frankreich in Dankbarkeit und zu Ehren des Herzogs eine Medaille prägen ließ, auf der in längerer Inschrift gesagt wurde: „Mars vous a donné une couronne d'herbe. Continuez, il vous rendra les couronnes royales de Jérusalem et de Sicile, qui ont appartenu à vos ancêtres."

Erinnerungen und Geschenke aus dem Familien- und Freundeskreise: Kunstschätze, Bilder, Portraits

Alles oder doch fast alles, was ich hier aufzuzählen haben werde, befindet sich im ersten Stock. Ich beginne mit der Gruppe:

Raritäten und Kuriosa

1) Ein *Mammutszahn.* Briefbeschwerer. In der Dreilindner Ziegelei beim Ausschachten des Lehms gefunden.

2) Ein aus Hirschgeweihen kunstvoll zusammengesetzter *Riesenkronleuchter.* Er brennt mit 66 Lichtern und erleuchtet, wie schon hervorgehoben, das quadratische Speisezimmer.

3) Drei *güldne Humpen,* Geschenke der drei Prinzessinnentöchter des Prinzen: Prinzeß *Marie,* verwitwete Prinzessin Heinrich der Niederlande, gestorben 1888 als Prinzessin von Sachsen-Altenburg, Prinzeß *Elisabeth,* Erbgroßherzogin von Oldenburg, und Prinzeß Luise *Margaretha,* Herzogin von Connaught.

4) Ein aus einem kolossalen *Elefantenzahn* angefertigter *Humpen,* zehn Zoll hoch und über fünf Zoll im Durchmesser. Die beiden Henkel ebenfalls von Elefantenzahn, Geschenk des Herzogs von Connaught.

5) *Schaufeln* von Damwild, Riesenexemplare, die, wie die vorgenannten Humpen, als Tafelaufsätze dienen.

6) Ein *Trinkhorn.* Abwurf (aber nur die Hälfte davon) eines Vierzehnenders, der 1874 in der Forst von Nassawen, Ostpreußen, gefunden wurde. – Aus diesem Trinkhorn bot der Prinz jedem zum erstenmal in Dreilinden erscheinenden Gaste den Willkommtrunk, auf welchen prinzlichen Gruß hin

der Gast aus ebendiesem Trinkhorne Bescheid tun mußte. Von welcher Stelle, will sagen, von welchem *Ansetze*punkt aus, darüber entschieden die Rangverhältnisse. Das Trinkhorn hat nämlich drei solcher Ansetzepunkte, zu denen sich, und zwar zwischen Geweihzacken hindurch, die Lippen der Trinkenden mühsam heranfühlen müssen, Engpässe, Defilés, unter denen die Generals-Enge die relativ bequemste, die Lieutenants-Enge dagegen die schwierigste ist. In dieser letzteren stehen die Lippen derartig „gekeilt in drangvoll fürchterlicher Enge", daß eine vollkommen virtuose Leistung der Aufgabe, die darin besteht, auch nicht *einen* Tropfen vorbeizuschütten, zu den äußersten Seltenheiten gehört. Um so größer der Triumph, wenn's glückt.

Soviel über die Gegenstände, die, mit Ausnahme des erstgenannten (also des Mammutszahns), als Tafelschmuck dienen. Um die Tafel selbst her aber befinden sich Kunsterzeugnisse mannigfachster Art, aus deren Reihe hier die vorzüglicheren oder durch ihre Geschichte bemerkenswerteren Erwähnung finden mögen.

Kunst- und Kunstindustriesachen

1) Ein aus vertieftem Meißner Porzellan eigenartig zusammengesetzter *Kamin-* oder *Ofen*schirm.

2) Ein Satz bemalter *Teller*, mit Darstellungen aus dem *Husaren*leben. Andenken an die Zeit, wo der Prinz als Eskadronchef dem Gardehusarenregiment angehörte. Von einem Gardehusaren mit Kunst und Sauberkeit ausgeführt.

3) Ein andrer Satz *Teller* (neunzehn an der Zahl; alle mit dem großen *preußischen Wappen* geschmückt) ist Gegenstand einer Spezialgeschichte. König Friedrich I. bestellte, via Holland, ein chinesisches Porzellanservice, zugleich das preußische Wappen in allerlei kolorierten Zeichnungen einsendend. Und wirklich, alle Schildereien, wie diese neunzehn Teller sie jetzt zeigen, wurden in China gemalt. Aber sie sollten ihren Bestimmungsort nicht erreichen, wenigstens *damals* nicht. Das holländische Schiff, das sie heimbrachte, litt Schiffbruch, und die gesamte *Ladung* kam (nach Strand-

recht) an ostfriesische Schiffer, die das preußisch-chinesische Service, mit dem sie nichts Rechts anzufangen wußten, nach Hannover hin verkauften, allwo sich's 150 Jahre lang in Händen von Händlern und Privaten befand. Erst 1867, also nach Einverleibung Hannovers in Preußen, kam das Service wieder ans Licht und wurde von verschiedenen Prinzen des Königlichen Hauses aufgekauft. Der Kronprinz und Prinz Albrecht erstanden den größeren Teil; ein kleinerer (diese 19 Teller) kam in den Besitz des Prinzen Friedrich Karl.

4) Eine *Bronce*schüssel, in Hautrelief einen Prinzen aus dem Hause Nassau-Oranien darstellend. Geschenk der Prinzessin Friedrich Karl.

5) Eine Statuette des fünfzehnjährigen *Kurprinzen* Friedrich Wilhelm, des späteren „Großen Kurfürsten".

Bilder: Landschaften und Portraits

Die Bilder, Landschaften und Portraits, die Jagdhaus Dreilinden aufweist, befinden sich zu größrem Teil im Arbeitszimmer des Prinzen.

Ich nenne zunächst die *Landschaften* mit und ohne Staffage: Winterlandschaft von Ed. *Hildebrandt*; Neapel von *Gudin*; Taormina von *Geleng*; Königssee von einem Unbekannten; Salzburg bei Mondschein von *Hennings*; Staffa (Fingalshöhle) von Ed. *Krause*; Tiroler Bauern von *Kaltenmoor*; Jagdszene: der Prinz, mit befreundeten Herren ein Frühstück nehmend, von *Steffeck*; Tiroler Wilderer von Alb. *Meuron*. Einige dieser Bilder, so das schöne Bild: „Die Fingalshöhle", befanden sich im Besitz der Königin Elisabeth, Gemahlin König Friedrich Wilhelms IV., und gingen, laut Vermächtnis, an Prinz Friedrich Karl über.

Die Zahl der *Portraits* (unter ihnen auch eins des alten *Zieten*) ist nicht groß. Ein besondres Interesse wecken mehrere größere Photographien, Bildnisse früherer persönlicher Adjutanten* oder durch den Dienst näher attachierter Offiziere

* Die Zahl und Reihenfolge der *persönlichen* Adjutanten des Prinzen war in dem langen Zeitraume von 1848 bis 82 die nachstehende: Lieutenant von dem Busche-Münch 1849; Lieutenant Graf Waldersee 1849 und 50; Freiherr von Diepenbroick-Grüter 1850 bis 53; Lieutenant von Zieten 1853 bis 56; Lieute-

des Prinzen, die sämtlich während des siebziger Krieges fielen beziehungsweise ihren Wunden erlagen. Es sind dies die folgenden:

Oberst Graf *Waldersee*; gefallen bei Le Bourget als Kommandeur des Gardegrenadierregiments Augusta.

Generalmajor *von Diepenbroick-Grüter*, 1850 bis 53 persönlicher Adjutant des Prinzen, gefallen als Kommandeur der 14. Kavalleriebrigade: Brandenburger Kürassiere, Fürstenwalder Ulanen und 15. (Schleswig-Holsteinsches) Ulanenregiment, bei Vionville.

Generalmajor von *Doering*, Generalstabsoffizier des Prinzen 1859 in Stettin, fiel als Kommandeur der 9. Infanteriebrigade bei Mars la Tour.

Oberst von *Zieten*, 1853 bis 56 persönlicher Adjutant des Prinzen, gefallen als Kommandeur der Zietenhusaren bei Mars la Tour.

Oberst von *Erckert*, 1866 bis 69 persönlicher Adjutant des Prinzen, gefallen als Kommandeur des Gardefüsilierregiments bei St. Privat. Auf einen Wegweiser blickend, wurd er-

nant von Cosel 1854 bis 58; Rittmeister von Schoening 1856 bis 58 (Bruder des 1870 als Kommandeur des 11. Regiments bei Mars la Tour gebliebenen Obersten von Schoening); Premierlieutenant von Alvensleben 1858 und 59; Oberstlieutenant von Blumenthal 1858 bis 60 (später Kommandeur des IV. Armeecorps); Hauptmann von Witzendorff 1859 bis 64 (zur Zeit Kommandeur des VII. Armeecorps); Premierlieutenant von Jagow 1859 bis 64; Premierlieutenant Freiherr von Loë 1863 bis 66; Major von Bernuth 1864 bis 66; Major von Erckert 1866 bis 69; Premierlieutenant Graf Kanitz 1867 bis 69 (später Hofmarschall des Prinzen Friedrich Karl); Rittmeister von Krosigk 1869 bis 72 (später Oberst und Kommandeur der Gardehusaren); Premierlieutenant von Normann 1869 bis 74; Rittmeister Graf Alexander von Wartensleben 1872 bis 75; Major von Vaerst 1874; Rittmeister von Borcke 1875 bis 79; Rittmeister von Broesigke 1876 bis 80 (später Flügeladjutant Seiner Majestät des Kaisers); Rittmeister Freiherr von Maltzahn seit 1880; Hauptmann von Kalckstein seit 1880. (Ich füge dieser Angabe gleich noch einige Notizen hinzu. Während der Jugend- und Erziehungsjahre des Prinzen war Graf Bethusy-Huc sein Militärgouverneur, an dessen Stelle nach vollendetem 18. Lebensjahr ⟨1846⟩ die „militärischen Begleiter" traten. Dies waren Major von *Roon*, der spätere Kriegsminister, von 1846 bis 48; Major von *Schlegell* 1848; Major von *Hiller*, älterer Bruder des bei Chlum gefallenen Generals, von 1848 bis 49. Von diesem Zeitpunkt an war der Prinz selbständig. – Über diese Dinge möglichst Authentisches zu geben, hab ich nicht versäumen wollen, da mir, aus Erfahrung, bekannt ist, wie schwer es schon nach verhältnismäßig kurzer Zeit hält, sich Gewißheit über ähnliche Fragen zu verschaffen. Um nur ein Beispiel zu geben: die Namen der Adjutanten des Rheinsberger Prinzen Heinrich festzustellen hat mir *nicht* gelingen wollen. Über etwa sechs Namen bin ich in der langen Epoche von 1752 bis 1802 nicht hinausgekommen.)

von einer Kugel in den Kopf getroffen und saß eine Weile noch tot im Sattel. Man begrub ihn zunächst auf dem Begräbnisplatze von Sainte Marie aux Chênes, später wurd er exhumiert und nach Deutschland (*wohin*, konnte ich nicht erfahren) zurückgebracht.

Oberst *von Schack*, Divisionsadjutant des Prinzen, fiel als Kommandeur des 1. Hannöverschen Ulanenregiments Nr. 13 bei Mars la Tour.

Oberstlieutenant von *Stülpnagel*, Divisionsadjutant des Prinzen, fiel als Bataillonskommandeur im 1. Garderegiment z. F. bei St. Privat.

Major von *Schmieden*, Divisionsadjutant des Prinzen, Bataillonskommandeur im 5. Brandenb. Inf.-Regiment Nr. 48, fiel bei Vendôme am 6. Januar 1871.

Hauptmann von *Glasenapp*, Divisionsadjutant des Prinzen, fiel als Compagnieführer im 8. Brandenb. Inf.-Regiment Nr. 64 bei Vionville.

Hauptmann von *Hadeln*, Divisionsadjutant des Prinzen, fiel als Adjutant in der 8. Artilleriebrigade bei Verneville (zwischen Amanvilliers und Gravelotte).

Zählt man hinzu, daß der (der Zeit nach) erste persönliche Adjutant des Prinzen, Lieutenant von dem Busche-Münch, im Gefechte bei Wiesenthal am 20. Juni 1849 auf den Tod verwundet wurde, so wird sich nicht behaupten lassen, daß der persönlichen oder dienstlichen Adjutantur des Prinzen aus dieser Auszeichnung eine gesicherte Lebensstellung erwachsen wäre.

Neben dem Arbeitszimmer des Prinzen befindet sich sein Schlafcabinet. Es enthält eine Menge kleiner Schildereien und inmitten derselben ein einfach umrahmtes Balduin Möllhausensches Gedicht, das in einer Anzahl refrainartig gehaltener Strophen erst dem *Prinzen* und dann dem *Klausner* von Dreilinden die Huldigungen des Dichters darbringt.

4. KAPITEL

Wie Prinz Friedrich Karl in Dreilinden lebte

„Oculi, da kommen sie."

In Kapitel 3 hab ich Jagdhaus Dreilinden in seinem Äußren und Innern zu schildern versucht; ich versuche, daran anschließend, eine Schilderung, wie der Prinz in Dreilinden lebte.

In erster Reihe: weniger andauernd und weniger ausschließlich, als er es wünschte und – als es schien. Es blieb nämlich sein wirklicher Aufenthalt daselbst hinter dem programmäßigen erheblich zurück. Inspektionen, Revuen, Festlichkeiten und nicht zum wenigsten entfernter liegende Jagdausflüge sorgten beständig für Abzüge; sehen wir aber von solchen in Wegfall kommenden Einzeltagen (die sich gelegentlich auch wohl zu halben Wochen ausdehnten) ab, so wird sich sagen lassen, daß etwa fünf Monate des Jahres dem Dreilindner Aufenthalte gehörten, und zwar die zwei Spätherbstmonate vom 15. Oktober bis zum 15. Dezember und die drei Frühjahrsmonate von Mitte März bis Mitte Juni.

Diese drei Frühjahrsmonate waren wohl, wenn ich recht berichtet bin, die besonders bevorzugten, weil sie dem jagdliebenden Prinzen Gelegenheit gaben, auch seiner *zweiten*, seine Jagdlust vielleicht noch überbietenden Passion zu leben: der Lust am *Wald*.

O Frühlingsluft, o Frühlingsduft,
Im Schloß wird mir's zu enge,
Ich fühle, wie der Wald mich ruft
Fort aus dem Stadtgedränge.

Die Häusermassen groß und klein,
Sie wollen mich erdrücken,
Ich sehne mich, mit Lust im Frein
Das erste Grün zu pflücken.

Drum denn hinaus nach altem Brauch
Mit Jagdwehr, Hund und Rossen,
Auf daß ich seh, wie Baum und Strauch,
Die *selbst ich pflanzte*, sprossen.

So klang es in des Prinzen Herzen, sobald Oculi und Lätare gekommen waren:

Und sieh, am Tage Judica,
In seiner Waldesklause,
Da ruft er froh: „Bin wieder da
In meinem eignen Hause; .

Und ob es klein, doch *mein* es ist,
Hier leb ich ohne Sorgen,
Das Flüstern *dreier Linden* grüßt
Mich glücklich jeden Morgen."

Und wirklich glücklich vergingen ihm hier die Tage . . .

Den Forst durchstreift der Feldmarschall
Im grauen Weidmannskleide,
Tautropfen funkeln überall,
Es duftet frisch die Heide . . .

So Balduin Möllhausen in einem reizenden kleinen Liede, das die Waldessehnsucht ausdrückt, die den Prinzen, bei Frühlingserwachen, zu befallen pflegte, gefällige Strophen, denen ich *meinerseits* nur *das* noch hinzuzufügen habe, was ich über Gang und Art eines solchen Dreilindner Frühlingstages in Dreilinden selbst erfahren konnte.

Der Prinz war ein Frühauf und gehörte zu den Glücklichen, die sich mit wenig Stunden Schlaf zu behelfen wissen. Allmorgendlich zwischen drei und vier bereits begann er seinen Tag und fuhr auf die Pürsch, nur von einem Diener oder Leibjäger begleitet. Oft dehnte er diese Fahrten über das ganze Revier hin aus, aber öfter noch begnügte er sich mit einzelnen Schlägen. Der Bestand an Wild war reich: Kaninchen, Füchse, Hirsche, Rehe, Fasane. Was an Wild erlegt ward, wurde verkauft. Nichts davon kam auf den prinzlichen Tisch.

War die Pürschfahrt beendet und das erste Frühstück genommen, so wandte sich der Prinz jenen Forst- und Waldkulturen zu, die von ihm ins Leben gerufen wurden. Er kannte jeden Baum in seinem Revier, hatte er doch jeden einzelnen entstehen sehn und ihm als Setzling und Steckling schon seine Sorgfalt und sein Interesse zugewandt. Ein echter und rechter Erzieher, der bei dem Kleinen beginnt! War aber das Gedeihen erst gesichert, so hieß es, nun diesem Gedeihenden auch die Form, den Reiz der Erscheinung zu geben. Mit sicherm Blick erkannte der Prinz alles, was gefördert und ans Licht gezogen, aber auch ebenso, was beseitigt werden mußte, und mit einer Art Künstlerhand begann er nunmehr den Baum zu bilden und zu gestalten.

Seine höchsten forstmännischen Triumphe jedoch feierte er nicht als Überwacher und Leiter eines in der Gesichertheit glücklicher und gesunder Verhältnisse, dementsprechend auch glücklich und gesund aufstrebenden Baumgeschlechts, sondern umgekehrt als Arzt der Armen und Kranken, und eine nicht unbeträchtliche Zahl der jetzt inmitten einer neuen Anlage hoch aufstrebenden Eichen gehört in die Reihe solcher Geretteten. Es waren diese Geretteten vordem, als der Prinz im Jahre 1859 die Dreilindner Forst an sich brachte, halb verkommene, ja, zum Teil mißgestaltete Bäume, die, weil eingestreut in eine ziemlich dicht stehende Kiefernheide, jeder eigentlichen Entwicklungsmöglichkeit und damit auch aller Gelegenheit zu Wohlgestalt und Schönheit entbehrt hatten. Ihnen Hilfe zu bringen wurde nunmehr Aufgabe, deren erstes Ziel *das* war, an die Verwachsenen und Verkrüppelten *heran*zukommen, ihnen Freiheit, Luft und Licht zu verschaffen. Und so fiel denn zunächst die hemmend und hindernd um sie her stehende Kiefernheide. *Jetzt* erst konnte der Kliniker und Orthopäd an seine Kranken heran, die, kaum in liebevolle Behandlung genommen, auch schon nicht mehr sie selber waren und jetzt in voller Pracht und Stattlichkeit das um sie her neu beforstete Terrain überragen.

Der Vormittag des Prinzen gehörte den verschiedenen Forstbeständen, die wie Klassen, höhere und niedre, gemustert wurden. Um zwölf aber unterbrach er diese Mustrung auf eine Stunde, nahm ein zweites Frühstück, ein Lunch, und kehrte erst mit Beginn des Nachmittags in seinen geliebten Wald zurück. Um fünf war dann Diner, das entweder im engsten Kreise der Adjutanten oder aber im weitren einer bestimmten Anzahl von Gästen genommen wurde. Die darauf folgenden Stunden gehörten teils der Korrespondenz, teils der Lektüre. Der Prinz las viel, zog jede Wissenschaft heran und hatte selbst ein Herz für die belles lettres. Ein glückliches Gedächtnis, das, als ein Hohenzollernerbteil, auch *ihm* geworden, unterstützte ihn bei diesen Studien und erleichterte ihm nicht nur das Eindringen in immer neue Stoffe, sondern auch, im lebendigen Gegenwärtighaben des Gelesenen, einen Ideenaustausch, ein Gespräch darüber. Auf jedem Gebiete bewandert, über das Neueste stets orientiert, war es ihm ein leichtes und zugleich eine liebe Gewohnheit, im Verkehr mit seinen Gästen in der Sprache dieser zu sprechen. „Suum cuique." Er hatte eben auch wissenschaftlich einen Blick *für* und *über* das Ganze, wenn aber ein einzelnes sich rühmen darf, mit besondrer Lust in den Kreis seiner Betrachtung gezogen worden zu sein, so wäre hier wohl in erster Reihe das Ethnographische zu nennen, das Länder- und Staatenkundliche, das Völkerpsychologische. Womit zwei seiner Passionen zusammenhingen: *die* für das Reisen und *die* für die Marine, Neigungen, in denen er lebhaft an den zu früh geschiedenen Admiral Prinz Adalbert erinnerte, mit dem er auch andre Züge gemein hatte: das Affable, das Einfache, das helfende Mitleid und den ruhigen Mut.

Ich komme darauf zurück, insonderheit auch auf die bevorzugten Gesprächsthemata des Prinzen, und begnüge mich damit, an *dieser* Stelle mit einer an die Dreilindner Forstkulturen anknüpfenden Anekdote zu schließen.

Es war im Frühjahr 1871, als, von Fontainebleau her, wo sich der Prinz nach Abschluß der Friedenspräliminarien aufhielt, Ordre nach Dreilinden kam, „einen bestimmten Schlag zu rajolen und demnächst mit jungen Eichen zu bepflanzen". Der Befehl lautete strikt genug; aber ihm zu gehorchen war nicht leicht, denn alles junge Volk stand damals noch in Frankreich. An Arbeitskräften war also Mangel, und so kam es denn, daß, behufs dieser vorzunehmenden Rajol- und Pflanzarbeiten, von dem benachbarten Spandau her ein Trupp *französischer Gefangener* erbeten wurde, der wirklich am andren Tage schon in Dreilinden eintraf. Mit ihm zugleich die Benachrichtigung, „daß, nach drei Wochen, Ablösung dieses Trupps erfolgen werde". Sonderbares Los für alle die, die sich zu diesem Dienste kommandiert sahen, und doch ward „Eichenpflanzen beim Prinzen" alsbald allgemeines und nur zu begreifliches Begehr, denn der Tagelohn war gut und die Tagesverpflegung noch besser, des sonntäglichen Huhns und der halben Flasche „Roten" ganz zu geschweigen, unter deren gedoppeltem Einfluß schließlich auch der chauvinistischste Chauvinismus erliegen mußte. Wenigstens sind Ausbrüche desselben nie zu verzeichnen gewesen. Im Gegenteil, das Benehmen der Abkommandierten war durch all diese Wochen hin ein gleichmäßig vorzügliches und stellte der Einsicht, dem Charakter und der guten Lebensart unsrer Feinde das beste Zeugnis aus. Sie waren fleißig, heiter, dankbar, und wenn *doch* vielleicht (was zu den Möglichkeiten zählt) ein paar halblaute Verwünschungen über die Dreilindner Stecklinge hin ausgesprochen sein sollten, so müssen sie, nach Art aller Flüche, die keinen Schuldacker vorfinden, bedeutungslos verklungen sein, denn überall auf dem Territorium des „Bezwingers von Metz" wachsen und gedeihen neben den von deutscher Hand eingesetzten Eichen auch *die*, die damals von *französischen* Händen gepflanzt wurden.

5. KAPITEL

Wie Prinz Friedrich Karl in Dreilinden Gastlichkeit übte

In einem schon vorzitierten B. Möllhausenschen Gedicht feiert der Dichter den Prinzen als Jagdherrn und Feldherrn, aber im weitren Verlauf auch als „Gastfreund von Dreilinden" und bringt ihm dadurch eine Huldigung dar, die seinem Liede nicht fehlen durfte. Denn so gewiß die Dreilindner Tage die weid- und forstmännische Signatur trugen, so gewiß auch die gastliche. Ja, der Prinz war ein *Gastfreund*. Ein eigen Wort, unmodisch und obsolet fast, weil auch *das* obsolet wurde, was diesem Worte zur Voraussetzung dient: die Gastfreundschaft. Die schöne Gastlichkeitstugend aus Morgenland ist der abendländischen Welt, etwa mit Ausnahme von England und Skandinavien, abhanden gekommen, und wenn dies (wie übrigens kaum anzunehmen) optimistisch bestritten werden sollte, so wird doch *das* nicht bestritten werden können, daß in Mark Brandenburg und seiner Landeshauptstadt eine der traurigsten Heimstätten alles dessen, was „Gastfreundschaft" heißt, erkannt werden muß. Behufs Beweisführung ist es nur nötig, das eine Wort „Logierbesuch" auszusprechen, das, anscheinend von durchaus unschuldiger Bedeutung, im Ohr aller Eingeweihten als Schreckenswort umgeht.

In der Tat, Mark Brandenburg hat wenig Gastfreundschaft und noch weniger einen „Gastfreund"; im Jagdhause zu Dreilinden aber fanden sich *beide*. Während der Monate, die der Prinz hier zubrachte, und am ausschließlichsten wohl in den Spätherbstmonaten, war jeden zweiten Tag eine „Dreilindner Tafelrunde" versammelt, deren Paladine den verschiedensten Lebens- und Berufskreisen, aber doch vorzugsweise dem Kreise der Berliner und Potsdamer Garnison angehörten. Auch Marine, Kriegsministerium und Generalstab stellten ihr Kontingent, das wir glücklich genug sind, bis diesen Augenblick in Dreilinden, und zwar in einem „Bildersaale der Freundschaft", mustern zu können. Eingefügt in die gotischen Buntglasfenster der „Dreilindner Krypt", in der von Zeit zu Zeit die Rundgesänge widerhallten, erblicken wir auch heute noch die Medaillonbildnisse vieler dieser Getreuen und Getreusten, aus deren Hundertzahl ich, unter Verzicht auf Generalität und Subalterne, lediglich aus der *Mittelgruppe der Stabsoffiziere* die folgenden Namen entnehme.

Die „blanke Waffe" hat, wie herkömmlich, auch hier wieder den Vortritt. Also zunächst *von der Kavallerie*: Graf Schlieffen, Oberst und Kommandeur des 3. Gardeulanenregiments*; von Krosigk, Oberst und Kommandeur der *Garde*- und von Rosenberg, Oberst und Kommandeur der *Zieten*husaren; von Schnackenberg, Oberstlieutenant und Kommandeur der Düsseldorfer Ulanen; von Broesigke, Major und Kommandeur der Leibgendarmerie, Flügeladjutant Seiner Majestät des Kaisers; von Dincklage, Major im 1. Gardeulanenregiment. *Von der Infanterie:* von Derenthall, Oberst und Kommandeur des 1. Garderegiments z. F.; von Arnim, Oberst und Kommandeur des Franzregiments; von Lindequist, Oberst und Kommandeur der Schloßgardecompagnie, Flügeladjutant Seiner Majestät; von Natzmer, Oberst und Kommandeur des 28. Infanterieregiments, später in Begleitung des Prinzen auf dessen syrisch-ägyptischer Reise; Freiherr von Fircks, Major im Gardefüsilierregiment, Verfasser des unter dem Namen des „Kleinen Fircks" bekannten Armeekalenders. *Von der Artillerie:* von Körber, Oberst und Brigadekommandeur, ruhmvollen Vionviller Angedenkens. Und endlich *vom Generalstabe*: de Claer, Oberst und vieljähriger Adjutant Feldmarschall Moltkes; Oberst von der Hude, Abteilungschef in der Generalinspektion der Artillerie; Oberstlieutenant Vogel von Falckenstein (Sohn des Mainfeldzugs-Siegers), Abteilungschef im Großen Generalstab; Oberstlieutenant Steffen, desgleichen; Major Freiherr von der Goltz („Gambetta-Goltz"), Lehrer an der Kriegsakademie, später Goltz-Pascha; Major Münnich, Militärgouverneur des Prinzen Friedrich Leopold. Aber auch das Zivilelement ist in der

* Ich gebe hier die Rangverhältnisse, wie sie 1882 waren.

„Krypt“ und ihren Buntglasbildern vertreten: Baron Korff, ehedem im Gardedragonerregiment; Graf Kanitz, Hofmarschall des Prinzen; Kammerherr Graf Brühl; Professor Brugsch-Pascha; Hofprediger Rogge; Dr. Paul Güßfeldt; Balduin Möllhausen.

So die „Tafelrunde“ zu Dreilinden.

Und nun die Tafel selbst!

Ich habe gleich zu Beginn dieses Aufsatzes ein Bild derselben zu geben versucht, aber freilich nur nach Art eines dissolving view, weshalb es mir in nachstehendem obliegen wird, das eingangs bloß im Fluge Berührte hier näher auszuführen.

Oben am Treppenausgang erwartete der Prinz die Geladenen, an jeden ein freundliches Wort der Begrüßung richtend. In einem Vorzimmer, wohl nach schwedischer Sitte, ward ein Imbiß, ein Vorschmack, genommen, und eine mit dem Liqueur-ABC, also mit Allasch, Benediktiner und Chartreuse, beginnende Batterie, die sich über den Rest des Alphabets hin bis zu Maraschino die Zara fortsetzte, stand zu diesem Behufe zur Wahl. Eine kurze Konversation, mehr ein Fragen als ein Sprechen, leitete sich ein, in deren Verlauf der zum erstenmal Erschienene sich aufgefordert sah, seinen Namen in das Fremdenbuch von Dreilinden einzutragen. Eine Durchsicht desselben, jeder Jahrgang ein Band, würde gleichbedeutend gewesen sein mit einer Revue berühmter Namen, wenigstens auf manchem seiner Blätter; aber die Zeit dazu blieb der Neugier versagt, denn im selben Augenblick, wo wir die Fremdenbuchfeder wieder niederlegten, öffneten sich auch schon die Türen zu dem eingangs (im ersten Kapitel) geschilderten Eßsaale, von dessen Decke der große Geweihkronleuchter herniederhing und den Glanz seiner 66 Lichter über den quadratischen, zu zwölf gedeckten und mit Polstersesseln umstellten Eßtisch ausstrahlte. Rechts und links hin blinkende Humpen und Aufsatzstücke. Die dem Range nach Zuhöchststehenden nahmen die Plätze neben dem Prinzen ein, womit das Zeremoniell erschöpft und für die noch verbleibenden Sitze die Gleichwertigkeit ausgesprochen war. Eine Menukarte lag *vor* oder *neben* jedem Couvert, aber nicht in dem herkömmlichen Westentaschenformat, sondern als ein *großes*, in Buntfarbendruck sauber und sinnig ausgeführtes Blatt, das zu besitzen und seinem Album daheim einverleiben zu dürfen ebensosehr Begehr wie Brauch war. Das Blatt selbst aber zeigte das „Jagdhaus", von Efeu und Weinblatt umrankt, in dessen Gezweige die typischen Gestalten aus der Tafeldienstsphäre von Dreilinden standen: der Heiduck, der Jäger, der den Fasan, und endlich der butler und Kellermeister, der das Spitzgläsertablett mitsamt dem Champagner präsentierte.

Aber wie dem Gaste nicht Zeit blieb, sich neugierig in das Fremdenbuch zu vertiefen, so noch weniger in die jetzt vor ihm liegende Tischkarte; Fragen wurden laut, ein Gespräch knüpfte sich an, und alsbald war man mitten im großen Strom der Unterhaltung. Ein Gefühl der Bedrückung konnte nicht aufkommen, dessen trug der „Gastfreund" Sorge, der, wie wenige, die Kunst verstand, auch dem Unsichersten einen Tropfen Sicherheit in den Becher zu tun.

Der Prinz liebte *die* Form der Unterhaltung, die, den ganzen Tisch umfassend, sofort einen persönlichen und sachlichen Mittelpunkt zu gewinnen trachtet. Aber dies Ideal ward nur selten erreicht, vielmehr war es herkömmlich, das zu Beginn der Tafel konzentriert auftretende Gespräch im Laufe desselben zu Gruppengesprächen werden zu sehen. Kein Zweifel, daß sich dies hätte vermeiden lassen, wenn der „Gastfreund zu Dreilinden" ein Sprecher nach Art unsres großen Kanzlers gewesen wäre; solch Usurpatorentum der Rede jedoch, das dem *Kanzler* kleidet, lag dem Prinzen fern, so fern, daß ich umgekehrt beobachten konnte, wie seiner Redelust und -freudigkeit eine Redescheu beständig zur Seite stand. Und so darf wohl gesagt werden, daß die Gefahren einer sich zerbröckelnden Tischunterhaltung allezeit groß waren und noch größer gewesen sein würden, wenn nicht das in Einzelexemplaren immer vertretene *Zivil*element des nicht genug zu schätzenden Vorzugs genossen hätte, bei jeder sich darbietenden Gelegenheit über Gletscherbildung und

Venusdurchgang, über Nordenskjöld und Stanley des ausführlicheren berichten und durch Aufwerfung irgendeiner „großen Frage“ die nach links und rechts hin Ausgeschwärmten wie durch Hornsignal um die Fahne her neu sammeln zu dürfen.

Ein charakteristischer Zug des Prinzen war sein *Approfondierungshang,* worin er übrigens lediglich seiner auf die Realität der Dinge gestellten Natur folgte, der bloßer Schein, Oberflächlichkeit und Dilettantismus gleichmäßig verhaßt waren. Er prätendierte nicht, Interessen zu haben, er hatte sie *wirklich* und erwies sich jede Stunde von einem ernstesten Verlangen erfüllt, den Kreis seines Wissens und seiner Erfahrungen auszudehnen. Mit dieser Vorliebe für „Approfondierung“ ging, was zunächst wie Widerspruch wirkt, ein *Präzisionshang,* eine Vorliebe für Knappheit und Kürze Hand in Hand. Aber dieser Widerspruch war nur scheinbar. Ein echter Präzisionshang verlangt eben nur Knappheit im *Ausdruck, nicht* auch Knappheit im Stoff. Im Gegenteil, der Stoff und seine Fülle sollen gefördert, *nicht* beeinträchtigt werden. So wenigstens stellte sich der Prinz zu dieser Frage, Details waren ihm Bedürfnis, und ich erinnere mich eines Falles, wo sich ein den Lapidarstil bis zum Verbrechen treibender Gast durch den Zuruf unterbrochen sah, „vergessen Sie nicht, lieber Freund, daß der Reiz aller Erzählung in den Einzelheiten steckt“.

Die *Themata,* die zur Verhandlung kamen, waren, wie nach diesem allem kaum noch versichert zu werden braucht, die mannigfachsten und gingen über die Welt. Am allerwenigsten beschränkten sie sich auf das Militärische. Dies trat vielmehr, in Fortsetzung der Traditionen von Rheinsberg und Sanssouci, vergleichsweise zurück und machte Tages*fragen* Platz, ohne die Tages*politik* zu berühren. Unvermeidliche Konsequenz der Stellung eines Prinzen, der sich durch Geltendmachung einer selbständigen, also doch gelegentlich auch abweichenden Meinung anscheinend *dahin* gedrängt gesehen haben würde, wohin er sich nicht gedrängt sehen wollte: in die Reihen der Opposition. Was in England durchaus zulässig erscheint, verbietet sich in dem *Königlichen* Preußen, wo die Regierung nicht der ohne Gefährde zu wechselnde Schild des Königs, sondern der König der Schild der Regierung ist.

Also nichts von Tagespolitik. Aber hundert andre Fragen traten heran, unter denen die *Brandenburgica,* wenn nicht obenan standen, so doch einen Platz in erster Reihe behaupteten. Wie vieles erschien da, das flüchtig oder auch in eingehenderer Behandlung an mir vorüberzog: Otto mit dem Pfeil und der sagenreiche Werbellin; die beiden Waldemare (der echte wie der falsche); die Schlacht am Kremmer Damm und der Straßenkampf in Ketzer-Angermünde; Hussitenzeit und Pommernkämpfe; dazu Lücher und Brücher, Wendenkirchhöfe, versunkene Dörfer und Heideflächen.

„Unter unsre zumindest gekannten Landesteile", nahm der Prinz bei bestimmter Gelegenheit das Wort, „gehören auch Altmark und Prignitz. Und doch würden sie lohnender sein für die Forschung als das mehr durchforschte Land in der Nähe von Berlin und in den mittelmärkischen Kreisen überhaupt. Eine Spezialität der Altmark sind beispielsweise die *wüst* gewordenen Dörfer, die nicht, wie sonst wohl in der Mark, als *Wüste*-Woltersdorf, *Wüste*-Wulkow etc. fortleben, sondern ihren ehemaligen Namen einfach auf ein Forstrevier übertragen haben. Wo sonst Dorf war, steht jetzt *Wald,* der nun seinerseits, *ohne jede weitere Zutat,* den ehemaligen Ortsnamen führt. Im Letzlinger Forst finden sich mehrere solcher Stellen."

Und ein andermal hieß es: „Ich bin einigermaßen überrascht gewesen, von einer Abneigung zu hören, die seitens der regierenden Hohenzollern in bezug auf die Schwedter Markgrafen existiert haben soll. Ist dies zu begründen? Wo finden sich die Beweise?" Die Frage richtete sich an mich. Ich war aber nicht bloß der Gefragte, sondern auch der Verklagte, denn ich hatte irgendwo dergleichen versichert.

Von den Schwedter Markgrafen war nur *ein* Schritt noch bis zum Großen Kurfürsten. „Ein Vorkommnis, das übersehen wird und doch vielleicht bemerkt zu werden verdient, ist *das*, daß der Große-Kurfürsten-Kopf in unsrer Familie mehrfach wiederkehrt. Beim Prinzen August war es frappant, beim Prinzen *Adalbert* immer noch erkennbar."

Einer der Gäste machte den Versuch, Erscheinungen der Art aus einer lang andauernden, oft durch Jahrhunderte gehenden Übereinstimmung äußrer und innrer Lebensbedingungen erklären zu wollen, „jedes Land schaffe sich seine Typen, ebenso jeder Beruf. Es habe Zeiten gegeben, wo sich alle Rittmeister in Preußen ähnlich gesehen hätten."

Ein Wort wie dies konnte natürlich nicht fallen, ohne sofort allerlei Beispiele heraufzubeschwören. Anfangs lediglich illustrierungshalber. Aber es blieb nicht lange dabei. Der Punkt, von dem man ausgegangen war, wurde, wie gewöhnlich, rasch vergessen, und die märkisch-preußische Militäranekdote, nunmehr sich selber Zweck, hielt ihren Einzug.

Einer entsinn ich mich, weil ein Bonmot des Prinzen sie gefällig abschloß.

Ein junger Graf Solms war von den Potsdamer zu den Düsseldorfer Ulanen versetzt worden. Er machte die Fahrt im Postwagen und ließ sein Pferd mittraben, zwölf Meilen an manchem Tage. „Nimmt mich mehr für das Pferd ein als für den Grafen", bemerkte der Prinz und sprach damit jedem aus der Seele.

Soviel über *Brandenburgica.*

Nebenher aber blühte das historische Gespräch überhaupt. Rom hatte den Vortritt und in Rom selbst wieder das *Ausgrabungs*gebiet. „Ausgrabungen" waren überhaupt eigentlichstes Lieblingsthema. Mitunter berührte mich's, als ob eine Philologenversammlung tage, mit Curtius an der Spitze. Palatin und Esquilin waren Alltags- und Haushaltworte, wie Blumshof oder Magdeburger Platz, und niemand war da, der nicht im Hause der Lydia so gut Bescheid gewußt hätte (wahrscheinlich aber besser) als im Jagdhause zu Dreilinden. Man stieg in Tunnel und Grüfte. Mehr als einmal wurde mit dem bekannten langen Stangenlicht in den Thermen des Titus umhergeleuchtet, und wenn es erlosch, erlosch es nur, um als Katakombenlampe wieder angezündet zu werden.

Aber auch andere Fragen kamen zur Diskussion, oft von rein wissenschaftlicher Natur, aus deren Reihe mir *eine* ganz besonders imponierte: *die*, „wo Caesar, als er über den Rhein ging, seine Pfahlbrücke geschlagen habe?" Zwei Parteien bildeten sich sofort, von denen eine für Andernach, die andre für Xanten plädierte. Mommsen, wenn zugegen, hätte seine Freude daran haben müssen.

Allerlei Namen und Notizen liegen mir noch vor, die damals von mir gemacht wurden, um mit Hilfe derselben eine stattgehabte Debatte rekonstruieren zu können. Und diese Rekonstruierung würde mir auch gelingen. Ich muß aber *doch*, um Raumes willen, darauf verzichten und mich auf Hervorhebung einzelner Gesprächsthemata beschränken. Und selbst hier wieder gebietet sich noch ein Sondern und Sichten. Ich wähle, als besonders charakteristisch, nur zwei: „Türkentum und Ägyptertum, und worin können wir (oder andere Zivilisationsstaaten) orientalischen Armeen aufhelfen?"* Und dann zweitens: „Modernes Zeitungswesen, und wie weit nutzt es und schadet es einem Volksheer in Kriegszeiten?"

An solchen und dann meist im philosophischen Essaystil gehaltenen Auseinandersetzungen war nie Mangel, aber Personalfragen wogen doch vor und bildeten in der Regel den festen Punkt, von dem aus sich die weitre Betrachtung entwickelte: *Gottfried Kinkel* und der badische Feldzug; Oberst *Rüstow* und sein Wirken in Italien und Schweiz; *Skobeleff-Wereschagin* und Exkurse nach Turkmenien, Merw und Samarkand; endlich Garibaldi, Chanzy, Bazaine. Welche Fülle der Gesichte! Dabei sprangen dann die Kriegstore klirrend

* Die Antwort, die *hierauf* gegeben wurde, sei kurz erwähnt, weil sie charakteristisch ist für die *vorurteilsfreie* Behandlung, die Fragen der Art erfuhren. „Aus orientalischen Truppen", so hieß es, „europäische machen zu wollen ist unmöglich und der Versuch dazu schon deshalb unrätlich. Es wird vielmehr umgekehrt geraten sein, das Nationale (weil das relativ Natürliche) sowenig wie möglich zu stören. Aber *solche* Dinge wie Verpflegung und Bewegung der Armee, Sanitäts-, Intendantur- und Eisenbahndienst, darauf haben wir, wenn wir wirklich helfen wollen, unser Augenmerk zu richten. Mit andern Worten: nicht strikte *Heeres*ausbildung, sondern Ausbildung alles *dessen*, was ein Heer (es sei im übrigen, wie es sei) in seiner Leistungsfähigkeit unterstützt. Also: Techniker und Zivilingenieure. Beide sind wichtiger als Offiziere."

auf und zeigten allerlei Bilder, ebenso lehrreich wie farbenreich, von deren Vorführung ich hier ungern Abstand nehme. Nur eines sei wenigstens flüchtig wiedergegeben: ein *Friedens*bild.

Ein Major vom Generalstab (er war selbst der Erzählende) ward als Überbringer eines Cabinetsschreibens an den Erzbischof von Rouen, Kardinal Bonnechose, gesandt und erschien im erzbischöflichen Palais in dem vollen Kriegsaufzuge jener Tage: hohe Stiefel, Pallasch und Revolver. Alles erschrak. Aber die Verhandlungen oben im ersten Stock nahmen einen sehr andren Verlauf, als unten die Dienerschaften gefürchtet hatten, und als nach fast einer Stunde der Major sich erhob, um das Antwortsschreiben, das inzwischen im erzbischöflichen Sekretariat ausgefertigt worden war, in Empfang zu nehmen, erhob sich auch der Erzbischof selbst und sagte bewegt: „Ich vermag nicht auf die Sache, der Sie dienen, den Segen des Himmels herabzurufen, aber ich segne Sie *persönlich* und werde für Ihr Haus und das Wohl Ihrer Familie beten."

So wechselte das Gespräch an der Tafelrunde zu Dreilinden. Inzwischen aber ging das Trinkhorn um, und auf der Rückseite der Tischkarte, der eignen und der nachbarlichen, entstanden Bildnisse von Künstlerhand, halb Genre, halb Portrait, bis der Kaffee gereicht ward und mit ihm zugleich die Zigarre samt dem geschnitzten „Weichselholzpfeifchen", einer Spezialität von Dreilinden.

Und nun war auch die Zeit für „Frau Musica" gekommen. Einer der Gäste nahm seinen Platz am Instrument und intonierte leis (als ob er anfrüge) Fescas Frühlingslied: „Es glänzt im Abendsonnengolde / Der stille Waldesteich." Er kannt es seit lang als ein Lieblingsstück des Prinzen, und ein Kopfnicken gab ihm Gewißheit, daß er's getroffen. Aber schon folgten andre: „Das Ständchen" von Haydn, „Vineta" von Bollert, Rubinsteins „Asra", „Vorrei morire" von Tosti, bis die soldatische Stimmung durchschlug und die *„Königsgrenadiere"* gefordert wurden, in die der Prinz alsbald mit einstimmte, was dann das Zeichen gab, seinem Beispiele zu folgen.

Ein Höhengrad war erreicht. Aber die *volle* Festeshöhe wartete noch auf das „*Gründungslied von Dreilinden*". Und nun schlug auch seine Stunde, das zusammengerollte Notenblatt erhob sich als Taktierstock immer energischer und höher, und im Chorgesange scholl es durch den Saal:

Auf zottigen Auerwildsdecken,
Im Hochwald auf märkischem Sand,
Einst lagen zwei schwartige Recken,
Die zechten gar froh miteinand.

Es rastete ihnen zur Seite
Die kunstvoll geschaffene Wehr,
Die steinerne Streitaxt, die breite,
Der lederumflochtene Speer.

Und ein Urhorn nach altdeutscher Weise
Der *jüngre* als Trinkhorn schwang,
Den Zahn eines Mammuts der *greise*
Mit sehnigen Fäusten umschlang.

Eine stattliche Strophenreihe folgte, darin, neben den „zwo schwartigen Recken", auch Odin und Thunar ihre Rolle spielten, und während sich unter immer erneutem Humpengekreise (jetzt glücklicherweise nur noch im Liede) die *Gründung von Dreilinden* vollzog, erschien auch schon der Heiduck, um dem Prinzen die Meldung zuzuflüstern: „Die Wagen."

Aufbruch und Abschied folgten, und ehe noch die Festeslichter in Dreilinden erloschen waren, blitzten auch schon wieder die Signal- und Bahnlichter auf, die, die streng und eisern gezogene Linie der Realität uns zeigend, uns zugleich zurückbegleiteten aus dem Märchen in die Wirklichkeit.

6. KAPITEL

Dreilinden im Schnee

Um die Weihnachtszeit übersiedelte der Prinz nach Berlin und bezog seine Wohnung im Königlichen Schloß; im „Jagdhause“ draußen aber fielen inzwischen die Flocken auf Dach und Balkon, überdeckten heute den Vorplatz und morgen den Runenstein, und ehe noch vom nächsten Nachbardorfe die Glocke zur Christmette herüberklang, lag Dreilinden in Schnee.

Und in Schnee lagen dann auch die Dreilinden und seinen Vorplatz umstehenden Tannen und mühten sich umsonst, einen Einblick in die sonst so lichten Räume zu tun und auszuforschen, ob das Christkind, das sie still durch den Wald ziehen sahn, eine Krippe drinnen und einen Stern darüber gefunden habe. Doch wie weit sie die Wipfel auch neigen und bis über den Balkon hin vorbeugen mochten, sie sahen nichts als Nacht und Dunkel drinnen und hörten nichts als das Kind beider: die Stille.

Wohl, kein Leben drin und kein Licht! Und *doch* zog das Christkind ein an dieser Stelle, *nicht* in das prinzliche *Jagd*haus, aber in das *Forst*haus nebenan, in das Forsthaus mit den „drei Linden“ vor der Tür.* Da zog es ein, da schwebte der Engel über dem Weihnachtsbaum, und helle Kinderaugen, trunken von Glück und Freude, blickten auf zu den goldnen Nüssen in seinem dichten Gezweig.

Ja, hier im *Forsthaus* überwinterte das Leben und mit ihm zugleich die *gastliche Flamme*, die dieser Stätte Kennzeichen war, bis, wenn der Schnee geschmolzen und der Saft wieder trieb, auch das aus seinem Winterschlaf erwachte prinzliche

* Der Glückliche, der hier tagaus, tagein ein von Anerkennung und Huld getragenes Weidmannsleben führen durfte, war der allen Dreilindner Gästen wohlbekannte Förster *Rosemann*, der, auch nach dem Tode des Prinzen, in dieser seiner bevorzugten Stellung blieb, bis er, am 19. August d. J. (1888) einem Unfall erlag. R. befand sich auf dem Wege nach der Wannseestation und hatte seinem erst zwölfjährigen Sohne eben die Zügel in die Hand gegeben, als der Jagdwagen, darin er fuhr, an einer abschüssigen Stelle plötzlich stürzte, bei welchem Sturz er so unglücklich fiel, daß er mit gebrochenem Rückgrat tot liegenblieb. R. war erst in der Mitte der Vierzig und, neben einer gewinnenden Erscheinung, von den verbindlichsten Umgangsformen.

*Jagd*haus seine Türen und Fenster aufs neue weithin öffnete! Dann kamen der Lenz und der Prinz („Oculi, da kommen sie"), und ehe noch die Wochen und Tage bis Judica-Palmarum in der Zeiten Schoße dahingerollt waren, rollten auch schon wieder die Wagen vor, und ein Lichtschein ergoß sich aufs neu von Tür und Flur her über den Vorplatz. Im Flur selbst aber gab's wieder ein Flimmern von Uniformen und Livreen, von Buntglasfenstern und Spiegelscheiben, und eh eine halbe Stunde vergangen war, überstrahlte wieder der Kronleuchter mit seinen 66 Lichtern eine frohe Genossenschaft, und das Geweihtrinkhorn samt dem Elfenbeinhumpen ging wieder um, und *beide* wurden geleert auf den Prinzen und den Feldherrn und nicht zum letzten auf den Gastfreund von Dreilinden!

7. KAPITEL

Prinz Friedrich Karl im Schlosse zu Berlin

Jagdschloß Dreilinden war die Stätte, wo der Prinz am ausgesprochensten der Gastfreund seiner Freunde war, aber er war es nicht in Dreilinden allein, und ich mag in meiner Erzählung nicht fortfahren, ohne vorher von einem in der „Deutschen Rundschau" veröffentlichten Aufsatze Nutzen gezogen zu haben, in welchem *Dr. Paul Güßfeldt* auch über *die* Gastlichkeit berichtet, die seitens des Prinzen im *Berliner Schlosse* geübt wurde.

„Als ich", so schreibt Dr. G., „nach mehrjähriger Abwesenheit von Europa wieder in die Heimat und nach Berlin zurückgekehrt war, schrieb ich mich beim Prinzen in das Meldebuch ein und sah mich schon am andern Morgen eingeladen. Damals bewohnte der Prinz Gemächer im zweiten Stock des Königlichen Schlosses. Der Adjutant empfing uns, und gleich danach erschien auch der Prinz in Person. So groß das Zimmer war, so war es doch derart eingerichtet, daß weder Pracht noch Größe in die Augen fielen. Im Gegenteil, der Eindruck des Behaglichen überwog. An einer scheinbar willkürlich gewählten Stelle stand ein kleiner runder Tisch, an welchem sechs Personen bequem Platz hatten. Ein dicker Smyrnateppich war darüber gebreitet, kein Tischtuch, wohl aber sechs Couverts; in der Mitte eine Moderateurlampe. Der Prinz wies einem jeden seinen Platz an. Ihm gegenüber saß der persönliche Adjutant, zu beiden Seiten je zwei Gäste, der zuhöchst im Range Stehende zur Rechten. Zwei große Schüsseln Austern harrten bereits der Gäste, und jeder griff nach Belieben zu, während im harmlosen Geplauder Neuigkeiten, oft personeller Natur, ausgetauscht wurden. Sobald die Austern verzehrt waren, wurde ein Braten gereicht, selten noch irgend etwas anderes, und damit war die Mahlzeit beendet. In Berlin, im Gegensatze zu Dreilinden, erhielten die Gäste nur Champagner, der aus silbernen Bechern, mit hohem Fuße und innen vergoldeten Schalen, getrunken wurde. Das starre Festhalten an diesem Gebrauch war bezeichnend für den Prinzen; er glaubte fest daran (sprach es auch einmal in meiner Gegenwart aus), daß der perlende Schaumwein seinen Gästen das willkommenste Getränk sei. Nicht gerne wich er von dieser Tischregel ab, und so galt es denn als eine besondere Gunst, den schüchternen Hinweis auf einen widerspenstigen Magen respektiert und statt des Champagners eine Flasche Rotwein für den mehr oder weniger maroden Gast erscheinen zu sehn. Der Prinz selbst trank den Wein stets mit Mineralwasser gemischt, mit dem er seinen Gästen gegenüber geizte; ja, die grüne Biliner Glasflasche stand wirklich wie ein Sacrum vor ihm, und wer nicht weißes Haar (oder keines) hatte, der durfte nicht wagen, an dem Inhalt teilzunehmen.

Nach Beendigung der kaum eine halbe Stunde dauernden Mahlzeit blieb alles sitzen. Nur gelegentlich erhob sich der Prinz, um persönlich ein Buch oder eine Karte herbeizuholen. Dann kursierten die Zigarren, deren Beschaffenheit der Prinz selbst definierte. Vor jedem Gaste stand außerdem noch ein Aschenbecher, eine flache Porzellanschale mit zwei

Laubfröschen, die sich – menschliches Tun humoristisch nachahmend – in den verschiedensten Lagen und Beschäftigungen zeigten. Der Prinz besaß eine große Sammlung davon, und je nach der Laune des Zufalls sah ich an den verschiedenen Abenden die guten Frösche musizieren oder disputieren oder zechen. Zigarrenabschnitte durften nicht in den Aschenbecher gelegt werden, darüber wachte der Prinz streng; sie wurden peinlich gesammelt und am Ende des Jahres dem wohltätigen Vereine überwiesen, der sie verwertete.

Unter den die Wände schmückenden Gemälden befanden sich zwei, die an keinem anderen Orte so berechtigt gewesen wären wie hier. Das eine fixierte den Moment, wo der Prinz, nachmittags zwischen drei und vier, auf dem Schlachtfelde von *Vionville* erscheint und die Meldung des Generals von Stülpnagel über die momentane Situation der 5. Division entgegennimmt. Das andre Bild zeigt den Prinzen am 29. Oktober vor *Metz*, in dem Augenblicke, wo der französische General Girard mit abgezogenem Käppi den Auftrag Bazaines ausrichtet: ‚Monseigneur, j'ai l'ordre de vous rendre la garde impériale.' Zu diesen zwei Bildern gesellte sich noch ein drittes von verwandtem Interesse: Der kommandierende General des IX. Corps von Manstein erstattet am 11. Januar 1871, bei der Ferme St. Hubert, dem Prinzen Meldung über die Aktion bei Champagné (vor Le Mans); der Kommandeur der siegreichen 18. Division, General von Wrangel, steigt eben zu Pferde; von der Seite sieht man General von Alvensleben, Kommandierenden des III. Corps, heransprengen, begleitet vom Chef seines Stabes, damaligen Obersten von Voigts-Rhetz.

Noch ein anderer Gegenstand – aus dem Schloß *Frescati* bei Metz stammend – bot gerade *hier* ein besonderes Interesse: ein rechteckiger Tisch mit schwarzer Marmorplatte, deren vier Ecken die folgenden Inschriften, auf Goldbronce graviert, trugen:

a) 173000 Gefangene, darunter 3 Marschälle, 6000 Offiziere. Verlust der Rheinarmee, bis zur Kapitulation, in Schlachten und Gefechten: 43 000 Mann.

b) 57 Adler (folgen die Bezeichnungen und Nummern sämtlicher Regimenter, von denen die Adler stammen).

c) 4700 Militärfahrzeuge; 13 000 Pferde; Bekleidungsmaterial für 700000 Taler im Wert.

d) 1570 Geschützc (unter besonderer Angabe der einzelnen Gattungen).

Die Herkunft und Bedeutung dieser historischen Reliquie (des Tisches) war mir unbekannt geblieben, bis der Prinz mich eines Tages bei der Hand nahm – wie er gerne tat, wenn er seinem herzlichen Wohlwollen einen Ausdruck geben wollte – und mir sagte: ‚Auf diesem Tisch ist die Kapitulation von Metz unterzeichnet worden.'

So war das Speisezimmer im Königlichen Schlosse zu Berlin, und ich sehe, während ich dies niederschreibe, wieder die durch Reflektoren erleuchteten Gemälde vor mir und dazu den kleinen Tisch der Tafelrunde, bedeckt mit dem mattfarbigen Smyrnateppich, in seiner Mitte die trauliche Lampe, darum herum die glitzernden silbernen Becher mit dem auf Goldgrund gebetteten perlenden Wein, die Aschenbecher mit den unermüdlich tätigen Laubfröschen, die braunen Havannakisten, die große mattglänzende Bombe mit den holländischen Zigarren – und als Tafelrunde selbst den Kreis der Männer, die den Prinzen umgaben. Das waren die ‚buveurs intrépides' (wie uns der Prinz einmal in scherzender Verachtung eines vielbesprochenen Pamphlets nannte), dieselben unerschrockenen Trinker, welche den Tag über im Generalstab oder im Ministerium, vor der Front oder am Studiertisch in schwer verantwortlicher Stellung gearbeitet hatten und welche am folgenden Morgen dieselbe Tätigkeit wieder aufnehmen mußten. Wäre nicht auch des großen Königs Tafelrunde zu Sanssouci stolz darauf gewesen, einen Mann wie Leopold von Ranke zu den ihrigen gezählt zu haben?"

So Dr. Paul Güßfeldt in seinem trefflichen Essay, dem ich, wenn auch aus minder reicher Erfahrung, einiges wenige hinzufügen möchte. Januar bis März 82 bewohnte der Prinz, statt der Zimmer im zweiten Stock, eine zwischen dem Schloßplatzportal und der Schloßfreiheitecke gelegene *Parterre*zimmerreihe. Die Einrichtung war die von Dr. G. geschilderte. Zieh ich eine Parallele zwischen den Reunions in Dreilinden und denen im Königlichen Schlosse, so waren die Dreilindener Zusammenkünfte heiterer und poetischer (schon durch die Szenerie), die im Schlosse dagegen lehrreicher und interessanter. Es konnte dies auch kaum anders sein. In Dreilinden saß man zu zwölf, im Schloß zu sechsen am Tisch, und während sich in Dreilinden das Gespräch in Nachbarplaudereien auflöste, blieb es im Schloß geschlossen. Immer *einer* hatte das Wort. Und dieser *eine* war meist ein Sprechefähigster. Manche freilich, die wohl hätten sprechen können, schwiegen sich aus, nach dem Satze „Schweigen ist Gold". Einmal kam das Gespräch auf Orden, und der Prinz gab Befehl, daß sein Ordenskasten herbeigeschafft würde. Der Kasten kam denn auch und wurde durchmustert, bei welcher Gelegenheit wir erfuhren, daß das Gesamtgewicht der Orden zehn Pfund betrage.

8. KAPITEL

Des Prinzen Friedrich Karl Orientreise im Winter 1882 auf 1883

Anfang Dezember 1882 war wieder Gesellschaft in Dreilinden. Bei Tisch nahm der Prinz das Wort und sagte, sich an Brugsch wendend: „Wir *werden* reisen. Ich habe von Seiner Majestät den erforderlichen Urlaub erhalten. Ich rechne daher auf Ihre persönliche Teilnahme bei der *Orientfahrt*, die ich vorhabe."

Allgemeine Überraschung.

Dann fuhr der Prinz fort: „Wir werden zunächst nach *Ägypten* gehn, um mit jenem alten Sergeanten aus der ersten Kaiserzeit sagen zu dürfen: ‚Il faut avoir été en Egypte *pour avoir vu quelque chose.* J'ai vu de mes propres yeux des crocodiles et des serpents à sonette, qui mangeaient des tambourmajors comme des cornichons.' Gehen wir also nach *Ägypten.* Ihnen aber, grimmer Basse (Brugsch), werde ich an Ort und Stelle gehörig auf den Zahn fühlen."

Nach diesem Tage lebte der Prinz nur noch in Vorbereitungen zur Reise, die sich nicht nur auf Ägypten beschränken, sondern sich auch auf die Sinaihalbinsel und ganz Syrien ausdehnen sollte. Reisegefährten waren: Brugsch-Pascha*, Oberst Gneomar von Natzmer, Kommandeur des 28. Infanterieregiments zu Koblenz, Franz Xaver von Garnier, Major im Leibgrenadierregiment in Frankfurt a. O., und Hauptmann Georg von Kalckstein, persönlicher Adjutant des Prinzen. Am 27. Dezember abends begann die Reise von der Friedrichstraße, Zentralbahnhof, aus.

I. Von Berlin bis Kairo

27. *Dezember* 1882. Abfahrt. Berlin, Friedrichstraße.

28. *Dezember.* Gegen Abend Ankunft in Wien.

28. *zum* 29. *Dezember.* Von Wien nach Triest.

29. *Dezember. Ankunft in Triest. Besuch von Schloß Miramar.* Der Prinz war tief bewegt, als er vor das Bild Kaiser Maximilians von Mexiko trat, und sagte: „Ich habe dich an Bazaine gerächt."** Am Nachmittag an Bord des österreichischen Lloyddampfers „Ettore", Kapitän Colombo.

* Den auf der Reise gemachten Aufzeichnungen *Brugsch-Paschas* bin ich in diesem Kapitel gefolgt. Brugsch-Paschas Aufzeichnungen sind niedergelegt in einem im Jahre 1885 bei Trowitzsch und Sohn in Frankfurt a. O. erschienenen, von Major von Garnier reich illustriertem Prachtwerke in Großfolio, das den Titel führt: „Prinz Friedrich Karl im Morgenlande, dargestellt von seinen Reisebegleitern Professor Dr. H. Brugsch-Pascha und Major Franz Xaver von Garnier."

** Trotz dieser Äußerung wird sich sagen lassen, daß der Prinz, dem Marschall Bazaine gegenüber, stets voll Respekt und jedenfalls voller *Teilnahme* war. Ich habe selbst solche Äußerungen aus des Prinzen Munde gehört. Und was nun gar die von Parteigängern so viel und so leidenschaftlich verurteilte Haltung Bazaines in der „Kaiser-Max-Frage" angeht, so habe ich mich nie davon überzeugen können, daß ihn oder Napoleon den Dritten irgendein Vorwurf trifft. Napoleon war gezwungen, so zu handeln, wie er handelte, und Bazaine ließ den jungen Kaiser Max nicht feig oder verräterisch im Stich, sondern ging erst, als dieser sich dem Rückzuge nicht anschließen wollte. „Man sagt, er *wollte* sterben", paßt auch hier.

30. *Dezember.* An Bord des „Ettore". Plauderabend. Der Prinz erzählt kleine Geschichten aus dem Jahre 70 und 71. Einmal erhielt er von seiner jüngsten Tochter, der späteren Herzogin von Connaught (damals zehn Jahre alt), einen kurzen Brief. Derselbe lautete: „Lieber Papa. Ich habe so lange nichts von Dir gehört. *Siege doch mal wieder.*"

31. *Dezember.* Ankunft in Korfu. Der Prinz besucht den Platz der Esplanade samt der dem venezianischen Feldmarschall, Grafen von Schulenburg, um seiner siegreichen Verteidigung Korfus willen errichteten Statue. Weiterfahrt. Am Abend zwischen Ithaka und Kephalonia.

1. *Januar* 1883. An der Küste von Elis und Messenien. Der mit Schnee bedeckte Taïgetos wird sichtbar. Der Prinz, nach einem in seinem Besitze befindlichen Gemälde, erkennt ihn zuerst.

2. *Januar.* Auf hoher See.

3. *Januar.* Alexandrien. „Wie aus Tragant gebaut", lag es da. Brugsch suchte nach der Nadel der Kleopatra. Sie fehlte. „Vergebens spähte mein Auge nach dem alten Wahrzeichen von Alexandrien. Die weltberühmte ‚Nadel der Kleopatra' hatte ihre 2000 Jahre behauptete Stelle verlassen, um in der Neuen Welt, inmitten der Stadt New York, als einsame Größe von dem Glanze längst entschwundener Zeiten zu träumen, nachdem ihrer im Schutt der alexandrinischen Erde begrabenen Schwester an den Ufern der Themse dasselbe Schicksal nicht erspart geblieben war." Gegen Mittag ging man vor Anker. Am Nachmittage Besuch von Alexandrien. Rückkehr an Bord des „Ettore".

II. In Kairo

4. *Januar.* Der Prinz verläßt den „Ettore". Acht pommersche Matrosen vom Kanonenboot „Cyklop", Kapitän Kelch, rudern ihn an Land. In fünfstündiger Eisenbahnfahrt von Alexandrien nach *Kairo.* Der Generalkonsul des Deutschen Reiches Baron Saurma und der deutsche Konsul in Kairo von

Treskow empfangen den Prinzen am Bahnhof. General Alison, Kommandierender der englischen Okkupationstruppen, ist gleichfalls zugegen. Quartier in Shepeards Hotel. (Besitzer deutsch.) Besuch der Bazare. Rückkehr ins Hotel. Baron Saurma, ein leidenschaftlicher und erfahrener Jäger, erzählt von seinen Jagden im Niltale. Der Prinz beschließt, während seines dreitägigen Aufenthalts in Kairo, begleitet von Baron Saurma, Major von Garnier und Hauptmann von Kalckstein, Jagdausflüge in die Umgegend zu machen. (Geschah. Solche Jagdausflüge wiederholten sich auf der ganzen dreiwöchentlichen Nilfahrt, und sei dabei gleich hier das Resultat derselben gegeben. Bis zum 30. Januar belief sich die gesamte Beute der ägyptischen Jagden des Prinzen auf zwei Wölfe, acht Füchse, zweiunddreißig Schakale, vier Ichneumons und vier Wildkatzen. Daß solch gutes Gesamtresultat zustande kam, verdankte der Prinz dem Umstande, daß fünf Teckel von der von Saurmaschen Teckelmeute die Reise nach Oberägypten mitmachten.)

5. *Januar.* Bazare. Spaziergang in der Stadt.* Am Nachmittag Empfang beim Chediw; der Prinz in der Uniform des ersten Leibhusarenregiments; seine Begleitung in der Uniform ihrer Regimenter. Eine halbe Stunde später erwiderte der Chediw den Besuch des Prinzen im Hotel.

6. *Januar.* Frühstück im Hotel. Professor Schweinfurth und Lieutenant Wißmann (welcher letztere sich in Kairo, nach seiner Durchquerung Afrikas, für den Norden erst wieder akklimatisierte) nehmen als Gäste des Prinzen an diesem Frühstück teil. Wißmann erzählte dem Prinzen von seiner Reise „quer durch“. Besuch der Pyramiden von Gizeh und der Sphinx. „Aus dem lebendigen Felsen gemeißelt, streckt sich der Löwenleib 180 Fuß lang über den Wüstensand dahin, und das menschenähnliche Haupt erhebt sich 60 Fuß über dem

* Auf diesen Spaziergängen überraschte die Reisenden eine ebenso feine wie witzige Schlagfertigkeit des niederen Volks. Ein Bettler fiel durch Zudringlichkeit lästig. „O Schech“, sagte Brugsch, „bitte lieber deine *Brüder*, die Hand zu öffnen.“ Der Bettler antwortete: „Bist du kein Sohn Adams?“ Ein anderes Mal sah Brugsch einen Araber sich mit Wegwälzung eines riesigen Steinblocks abquälen. „Du solltest ihn lieben tragen“, sagte B. scherzend. „Ich bin dazu bereit, sobald du ihn mir auf den Rücken gelegt haben wirst.“

Boden. Eine Nase von 5 Fuß und eine Mundspalte von $6^1/_2$ Fuß Länge können für die Verhältnisse der übrigen Körperteile dienen. Leider ist die Nase verstümmelt und im Sturm der Zeiten zu einer Neger-Plattnase geworden.“

7. *Januar.* Besuch des Museums von *Bulak.* „Wie das A auf B, so folgt regelrecht das Museum von Bulak auf die Pyramiden und die ‚Häuser der Ewigkeit‘* in der Wüste. Was den Wohnungen der Toten fehlt und nur die Phantasie zu ergänzen vermag, das enthüllen die Schätze des Museums in ungeahnter Auswahl und Verständlichkeit. Bulak, eine halbe Fahrstunde vom Hotel, ist eine ebenso schmutzige wie unansehnliche Vorstadt Kairos. Aus einem alten Kohlenschuppen erwuchs unter der Regierung Said-Paschas fast stückweise der heutige Bau des Museums. Der französische Archäolog Auguste Mariette, der bekannte Entdecker des Serapeums und der *Apisgräber* in der *Wüste von Sakkarah,* deren reiche Schätze sämtlich nach dem Louvre gewandert sind, ist der Begründer dieser weltberühmt gewordenen Sammlung ägyptischer Altertümer. 1881 starb Mariette; Maspero, ebenfalls ausgezeichneter Ägyptolog, folgte. (Seit Jahren gehört auch *Emil* Brugsch, jüngerer Bruder von Brugsch-Pascha, als Konservator dem Museum in Bulak an.) Maspero bereicherte das Museum durch die Königsmumien und Königssärge von Dêr-el-bahari (Theben, Oberägypten), Bereicherungen, die das Resultat aller bisherigen Ausgrabungen in den Schatten stellten. Diese Funde von Dêr-el-bahari bildeten, bei dem Besuche des Prinzen, den Schluß. „Da standen vor unseren Füßen an vierzig Särge königlicher Personen. Auf den einbalsamierten Leichen lagen verwelkte Kränze, die während drei Jahrtausenden ihre Gestalt und ihre Farbe kaum verändert hatten. Der Begriff der Zeit verschwindet, und die Worte des alten ägyptischen Totenbuches gewinnen Macht über uns: ‚Die endlose Zeit ist *ein* Tag und die Ewigkeit *eine* Nacht.‘ Der Sturm der Weltgeschichte hat in den zwischenliegenden Jahrtausenden die gewaltigsten Reiche zerstört, aber die Kränze

* Die Araber in ihrer geistvollen Weise sagen: „Die Zeit spottet allem, und die Pyramiden spotten der Zeit.“

auf diesen Königen haben den Sturm der Vernichtung überdauert. Schweigend war der Prinz vor den Mumien seines Lieblingshelden in der Geschichte der Ägypter, des Königs Sesostris, stehengeblieben, den die Denkmäler unter dem Namen Ramses II. kennen und preisen. Er ist der Zeitgenosse Moses, denn seine Tochter war es, die das Moseskind aus dem Schilfdickicht aufnahm. Einst durchhallte sein Ruhm die ganze Welt. Seine Taten verherrlichen die Wände der Tempel an den Ufern des Nils. Und nun ruht hier sein sterblicher Leib vor unsern Augen, und wir lesen seinen wohlbekannten Namen in hieroglyphischen Schriftzügen auf dem Deckel seines Sargkastens. Neben ihm liegt sein großer Vorfahre Thutmes III. Mumie reiht sich an Mumie, bis die des Königs *Pinotems* II. aufs neue unsere Aufmerksamkeit fesselt."

Pinotem II. war der Schwiegervater des weisen Salomo. „Nur die Erinnerung ist das wahre Leben."

III. Nilfahrt von Kairo bis zum ersten Katarakt und wieder zurück

8. *Januar.* Am 8. mittags bestieg der Prinz seine „Dahabieh", ein großes Nilboot, das von einem vizeköniglichen Schleppdampfschiff stroman geführt wurde. Man ging im Flußhafen von Memphis vor Anker.

9. *Januar.* Bis zum Orte Ischment.

10. *Januar.* Bis zum Dorfe El Fent.

11. *Januar.* Bis Minieh. (Schon Oberägypten.)

12. *Januar.* Bis Beni Hassan.

13. *Januar.* In neunzehnstündiger Fahrt (von fünf Uhr früh bis zwölf Uhr nachts) nach *Siût.*

14. *Januar.* Bis Mittag in Siût. Dann von Siût bis Nechêla.

15. *Januar.* In langer Fahrt (bis elf Uhr abends) bis Sohag. „An diesem Orte mühte sich der junge Kopte Bedir, ein Sohn des unsichtbar bleibenden greisen Konsularagenten, dem Prinzen die Huldigungen einer der ärmlichsten und erbärm-

lichsten Städte Oberägyptens in angemessener Weise darzubringen. Es gab warmen Champagner, und drei Tänzerinnen, in Begleitung ihrer musikalischen Helfershelfer, erschienen und setzten ihre Füße auf den Teppich. Kaum aber hatte der Tanz begonnen, als plötzlich eine unglaublich vornehme Erscheinung den Vorhang lüftete und langsamen Schrittes in den Saal eintrat. Eine hohe geisterhafte Frauengestalt mit den edlen Zügen einer Tochter Ramses II., in eng anliegendem schwarzen Sammetkleide, dessen Ränder mit schmalen goldenen Borden besetzt waren, die Brust mit breitem Halsbande aus goldenen Münzen bedeckt, auf dem Kopf eine Haube mit dicht aneinandergereihten Goldstücken, so trat das olivenblasse Weib mit ihrem würdevollen Gange und den sittig niedergeschlagenen Augen wie ein zum Leben erwecktes Bild aus dem Rahmen einer bunten Grabeswand. Der Eindruck des unerwarteten Anblicks war so groß, daß die Zuschauer in das höchste Erstaunen ausbrachen, denn das leibhaftige Gespenst einer *altägyptischen Königstochter* wankte in langsamen Schritten ihnen immer näher. Der Sohn des Konsuls kannte sie genauer und erzählte, daß ihr Vater ein Türke, ihre Mutter eine Araberin gewesen sei und daß die Leute sie ‚Aelfieh‘ nannten, weil man bei ihrem Anblick in das Wort ‚Aelf marschallah‘ ausbrach, das heißt ‚Ei, der Tausend‘. Die Aufforderung, anderen Tages dem Major von Garnier zu einem Bilde zu sitzen, wies sie zurück, weil ihr einziges Kind schwer erkrankt sei.“

16. *Januar.* Bis Farshut.

17. *Januar.* Bis Kenneh und Dendera. „Dendera (griechisch Tentyra) ist berühmt durch seinen Tempel, in welchem, von den Tagen des Königs Chufu-Cheops an, die Tentyriten der ägyptischen Aphrodite, unter ihrem Namen Hathor, göttliche Verehrung bezeugten und sie anriefen als ‚die Große im Himmel, die Mächtige auf Erden und die Gefürchtete in der Tiefe‘. Von dem ihr geheiligten Tiere, der Hathor-Kuh, wissen noch heute die Anwohner zu erzählen, denn der Tempel von Dendera sei auf dem Rücken einer Kuh gebaut, und in nächtiger Stunde zeige sich bisweilen die langgehörnte Tier-

gestalt vor dem Tempel. Der Prinz durchwanderte die Säle, Hallen, Krypten und Gänge des Tempels bis zum Dache hinauf und gewann zum erstenmal, durch Anschauung, die richtige Vorstellung über die Anlage eines altägyptischen Tempels."

18. *Januar.* Früher Aufbruch von Kenneh. Um vier Uhr nachmittags vor Anker in *Theben.* „Theben und seine Glanzzeit ist wie vom Boden der Erde weggefegt, und nur die riesigen Tempelbauten, welche zerstreut über einen Umfang von etwa drei deutschen Meilen liegen, bezeichnen gegenwärtig die Mittelpunkte der einzelnen Quartiere. Man unterscheidet jetzt, als Hauptsache, Karnak und Luxor, letzteres etwas südlich von Karnak. Luxor hat zwei Hotels und etwas vom Ansehen eines europäischen Badeortes. Sein Glanzpunkt ist ein weltberühmter *Amontempel.* Wie die Schwalben haben die modernen Thebaner den schwarzen Nilschlamm an die festen steinernen Wände des Heiligtums geklebt und sich Wohnräume geschaffen, denen die Bildwerke und hieroglyphischen Inschriften der Vorzeit den sonderbarsten dekorativen Schmuck verleihen."

Überhaupt: „Nilschlamm und Schmutz sind das Glück des Fellachen, der diese Hütten in den Tempeln und Nekropolen von Theben bewohnt."

Und nach diesen einleitenden Worten fährt Brugsch fort: „Für die Nachkommen der alten Ägypter, wie immer auch Sprache und Glaube sie schließlich geschieden haben mag, ist in unserer vorgeschrittenen Epoche (in der die Seife eine so bedeutungsvolle Rolle spielt) nur der *Schmutz* als die allgemeine Signatur klebengeblieben. Neben ihren Fellachengenossen im oberen und unteren Niltal erscheinen die Thebaner zur Freude der fahrenden Künstler als die wandelnden Träger jener gepriesenen *Patina,* die der Antike einen so hohen Wert verschafft und hier in Theben – diesem verkörperten Begriff des Altertums – den Bewohnern einen ganz eigentümlichen, beinah erblichen Reiz verleiht. ‚Wenn ihr feinen Franken (so denken sie) diese nie gewaschenen und nie gereinigten Denkmäler unserer Vorfahren mit soviel Wohlgefallen betrachtet, warum sollen *wir*, die Kinder der Erbauer jener Werke, anders aussehn, warum uns mit aller Gewalt in eine falsche Richtung hineindrängen?' In Dorf und Stadt, wo immer sich die Wege öffnen und Kamele, Pferde, Esel die Straße durchziehen, ist es die vornehmste Aufgabe der Töchter des Landes, mit geschäftiger Emsigkeit die ,Gilleh' (Mistfladen) zu sammeln und in gefüllten Körben auf dem Kopfe nach Hause zu tragen, wo nun, nach der Analogie von Torf, das Formen und Trocknen in der Sonne beginnt. Diese Gilleh-Scheiben wandern dann schließlich in die Wohnung, um hier als schwelende Feuerung und zugleich als Heizung für den Backofen zu dienen. Auch das *Brot* schmeckt deshalb danach. Die Gilleh ist und wird für alle Zeiten hin das spezifische Räucherwerk des Ägypters bleiben und sein Wohlgeruch unzertrennlich vom Dasein des letzten Fellachen sein, der noch heute Lampenöl als eine Delikatesse betrachtet und neben seinem Esel das grüne Gras auf dem Felde mit gierig schlingendem Munde abweidet."

Dem Besuche des Amontempels in *Luxor* folgte der Besuch von *Karnak*. Ein Eselsritt von zwanzig Minuten. Ganz in der Nähe von Karnak läßt eine Reihe liegender *Steinwidder* die Spuren der langen Sphinxallee erkennen, welche einst Luxor mit Karnak verband und in nördlicher Richtung nach dem Heiligtum des Amonsohnes: Chonsu, führte. Der Weg zum Tempel ist nicht zu fehlen. Der Prinz ritt von der Westseite her in den großen Vorhof ein, begrüßt von dem marmornen Standbilde König Sesostris', der wie eine Rolandssäule Wache hält. Die heutige Länge des Tempels von Westen nach Osten beträgt 365 Meter, 113 seine Breite. Das ist die vierfache Länge des Königlichen Schlosses in Berlin. Der weltberühmte Saal hinter der Eingangspforte ist groß genug, die Gesamtanlage von Notre-Dame in Paris bequem in sich aufzunehmen. Dies Wunder von Karnak hat eine Länge von 102 Metern und eine Breite von 51. Hundertundfunfzig Säulen trugen einst die Decke, die sich, im Mittelgange, 23 Meter über den Fußboden erhob. Zwölf Säulen, zu beiden Seiten des Mitteleinganges, haben einen Umfang von zehn Metern

(Durchmesser ungefähr elf Fuß). Mit einer einzigen Ausnahme stehen alle Säulen wie vor dreiunddreißig Jahrhunderten kerzengerade da.

19. *Januar.* An diesem Tage besuchte der Prinz die Westseite von Theben (an der linken Seite des Nil), die „Nekropolis" und die beiden Steinriesen, sitzende Königsbilder, eincs davon das Bildnis Amenhoteps oder Amenophis' III., desselben, der den Amontempel in Luxor errichtete. Dies Bildnis, von dem sich während eines Erdbebens im Jahre 27 vor Christo Kopf und Oberteile loslösten, ist die berühmte Memnonssäule.

Am Abend des 19. (der Abschied von *Theben,* um weiter flußaufwärts zu gehen, stand für den nächsten Tag bevor) wurde durch Konsul Tudrus und seinen Sohn ein Feuerwerk abgebrannt. Aber dabei blieb es nicht. Noch eine andere Aufmerksamkeit stand bevor. Brugsch schreibt: „Eben war alles dunkel geworden, als ich bemerkte, daß vom Dorf her Männer herankamen und auf unser Boot zuschritten. Auf meinen Anruf ‚Wer da' erhielt ich Antwort ‚Still'. Es waren Tudrus und sein Sohn samt einem Knecht, die, so schien es, eine tief in Leinen gehüllte vierte Person führten und mühsam mit aufs Schiff schleppten. Dann legten sie, nach vorgängiger Verständigung, diese vierte Person auf einen zur Seite stehenden Diwan nieder. Als Tudrus samt Sohn und Knecht wieder fort waren, trat ich an die vierte Person heran und entfernte beim matten Schein der Schiffslaterne die Nadeln, die die kleineren Hüllen um Kopf und Hals zusammenhielten. Ein kleines, rundes, liebliches Mädchengesicht von weißestem Teint und mit schwarzem Augenpaar, den Hals mit einem weißen Collier geschmückt, lächelte mich spukhaft an. Ihr Alter zu bestimmen war mir unmöglich. Annähernd schätzte ich es mit Kennerblick auf 24 + 2700 Jahre. Es war eine thebanische Priesterin des Amon aus vornehmem Geschlecht. Der wohleinbalsamierte Leib lag in einem buntbemalten Karton. Tudrus hatte das Mädchen von irgendeinem fellachischen Schatzgräber in der Nähe der Memnonien erstanden und sich die Freude vorbehalten, dem Prinzen in nächtlicher Stunde die junge Thebanerin als Geschenk zu übergeben. Von ihrem spätern Schicksal in Dreilinden berichte ich am Schluß."

20. *Januar.* Von Theben bis Belessieh.

21. *Januar.* Besonders stiller Tag. Als man an einsamster Stelle war, wurde man durch eine Bootbegegnung überrascht. Flußabwärts schwamm eine Dahabieh heran, auf der sich zwei junge württembergische Offiziere befanden. Ein Zufall wollte es, daß der Prinz vier Wochen später, auf dem Wege von Jaffa nach Jerusalem, abermals eine Begegnung mit *Württembergern* hatte, und zwar mit „‚württembergischen Templern'. Wir kamen nachmittags bis Ombos, das schon im Altertum wegen seiner vielen Krokodile berühmt war. Aber kein Krokodil war auf den Sandbänken zu sehen. ‚Wo sind sie?' fragte der Prinz. ‚Sie sind nur im Sommer da', erwiderte ein Alter, ‚jetzt würden sie sich erkälten.'"

22. *Januar.* Von Ombos nach dem Dorfe Edfu und von diesem aus, an der Insel Elephantine vorüber, bis zur Stadt *Assuan,* im Altertum Syene (daher Syenit). Hier beginnt die Granitregion Ägyptens; der Nil bildet Fälle. Dicht hinter Assuan ist der erste Katarakt.

22. *zum* 23. *Januar.* In der Nacht vom 22. zum 23. traf von Kairo telegraphisch die Meldung von dem am 21. Januar erfolgten Tode des alten Prinzen *Karl* ein. Prinz Friedrich Karl war sofort zur Rückkehr nach Berlin entschlossen, bis ein zweites Telegramm ihn bestimmte, davon Abstand zu nehmen und die Reise nach dem ursprünglichen Programm fortzusetzen. Dies zweite Telegramm rührte von Kaiser Wilhelm her und sprach aus, „daß er zur Beisetzung doch zu spät kommen würde".

23. *Januar.* Der Prinz bleibt am 23. noch in Assuan und Umgebung. Ein Ausflug nach der Katarakteninsel Philä wird unternommen. Besichtigung des Tempels. Nach der Rückkehr von diesem Ausflug erfolgt die Rückreise nach Kairo.

23. *bis* 30. *Januar.* Rückreise von Assuan und dem ersten Katarakt bis nach *Bedresheïn,* eine halbe Tagereise südlich von Kairo. „Am 30. abends wurde *Bedresheïn* erreicht; die

Schiffe legten vor Klein-Memphis an. Im Hintergrunde, nach Westen zu, leuchteten die Pyramiden von *Sakkarah* im Schein der untergehenden Sonne."

31. *Januar.* Am 31. früh brach der Prinz auf, um von Bedresheïn aus die Pyramiden von Sakkarah zu besuchen. Emil Brugsch hatte sich, von Bulak her, eingefunden, um auf diesem Terrain, das er vorzüglich kannte, die Führung zu übernehmen. Nach Norden hin, während man den Marsch antrat, wurden die Pyramiden von Gizeh (bei Kairo) sichtbar. Das Dorf Sakkarah liegt dicht am Fuße des langgestreckten Wüstenplateaus, auf welchem die Grabpyramiden der längst verschollenen Könige von Memphis, in gruppenweiser Anordnung, ihre Posten als Marksteine der Weltgeschichte einnehmen. Der Aufstieg führt an dem aus Nilziegeln aufgeführten Hause Mariettes vorüber, das derselbe während seines langjährigen Wüstenlebens bewohnte und von dem aus er seine Ausgrabungen leitete.

Der Besuch der unterirdischen *Apisgrüfte* mit ihren ausgedehnten Bogengängen und Nischen erfüllt mit großem Staunen für das, was die Ägypter auch als Bergleute zu leisten imstande waren. In den vierundsechzig Gewölben zu beiden Seiten der Gänge ruhten einst die einbalsamierten und mit reichem Schmuck versehenen Leiber der Apisstiere in roten (und dunklen) Granitsärgen, deren Größe jeder Beschreibung spottet. Vierundzwanzig derselben stehen noch an der alten Stelle, und eine Holztreppe gewährt den Zugang in die Höhlung jedes einzelnen Steinsarges. Im Durchschnitt zwölf Fuß lang, sieben Fuß breit und zehn Fuß hoch, beziffert sich das Gewicht jedes einzelnen auf 13 000 Zentner. In welcher Weise und mit welchen Mitteln die Ägypter jene ungeheuersten aller Sarkophage vom Nil an bis zu den Grüften transportiert haben mögen, bleibt ein ungelöstes Rätsel.

Die Besichtigung einer der *neugeöffneten* Pyramiden bildete den Abschluß der Wanderung auf der einsamen Nekropolis von Sakkarah. „Mein Bruder" (so schreibt Brugsch) „hatte dazu die Pyramide des Königs Unas-Onnos, des letzten Herrschers der fünften Dynastie, gewählt und die Gänge und Räume in dem hohlen Kerne des mächtigen Baues auf das säuberlichste von Schutt und Steingeröll reinigen lassen. Das Einsteigen in den schrägen Gang, der nach der eigentlichen Totenkammer mit dem leeren Sarkophage des Königs führt, bot nicht die geringste Schwierigkeit, und der Anblick der mit endlosen Hieroglyphenstreifen bedeckten Wände hielt reichlich schadlos für die kleine Mühe der Einfahrt in die pyramidale Unterwelt."

Bald danach war man in Bedresheïn zurück und erreichte Kairo zu guter Stunde.

Mit einem „Gott sei Dank" verließen die Orientfahrer das Nilboot, auf dem sie dreiundzwanzig Tage zugebracht hatten. „Namentlich der Prinz atmete auf, als sein Fuß die Ufererde wieder berührte, denn der oft über ganze Tage hin ausgedehnte Mangel an Tätigkeit und Beschäftigung hatte ihm schließlich die gute Laune von Grund aus verdorben. Niemand weiß den Wert der Zeit besser zu schätzen als er, und die lange Trödelei auf dem heiligen Strome war alles andere eher gewesen als eine angemessene Verwertung der Zeit. Ein Glück, daß gelegentliche Jagdpartien am Ufer die Langweil der Fahrt unterbrachen."

IV. Über den Sinai

1\. und 2. *Februar.* Aufenthalt im Hotel Shepeard in Kairo. Der Herzog von Sutherland war Mitbewohner des Hotels. Lord Napier of Magdala wurde erwartet.

3\. *Februar.* Aufbruch nach der Sinaihalbinsel. Achtstündige Eisenbahnfahrt von Kairo über Ismaila nach Suez. Ankunft acht Uhr abends. Hier wartete schon das mittlerweile von Alexandrien nach Suez dirigierte, dem Prinzen für seinen Aufenthalt im Orient zur Verfügung gestellte Kanonenboot „Cyklop", Kapitänlieutenant Kelch, und nahm den Prinzen und seine Begleitung an Bord.

4\. *Februar.* Aufbruch nach dem Hafenort Tôr am Fuße des freilich erst in drei Tagereisen zu erreichenden Sinaiklosters.

5. *Februar.* Hier, in Tôr, fand man auch die von Suez her auf dem Landwege vorausgeschickten Kamele, die bestimmt waren, den Prinzen und seine Begleitung erst auf den Sinai hinauf und dann, von seiner Höhe herab, nach Suez (*nicht* nach Tôr) zurückzutragen. Ausflug nach dem „Mosesbade". Schlechte Nacht; durch Ratten und Glockengebimmel gestört.

6. *Februar.* Aufbruch auf vierzig Kamelen und in Begleitung befreundeter Beduinen. Beschwerden des Kamelritts. Um fünf Uhr beginnt die Steigung, und das Wadi Hebrân öffnet sein Felsentor.

7. *Februar.* Fortsetzung des Aufstiegs.

8. *Februar.* Desgleichen. Nach Passierung eines Felsentors Eintritt in eine von mächtigen Gebirgszügen eingefaßte Hochebene. Im Hintergrunde der Sinai. Gegen Abend wird das Sinaikloster erreicht. Erst in die *Kapelle;* dann Bewirtung im Zimmer des Archimandriten.

9. *Februar.* Der Prinz bleibt einen Tag im Kloster, um in der Umgegend desselben nach dem sinaitischen Steinbock zu jagen. Leider erfolglos. Bei der Rückkehr von der Jagd wird ihm das Sinai-Fremdenbuch vorgelegt, in das er seinen Namen einschreibt. Der Name vor ihm war: *Edward Henry Palmer.*

Edward Henry Palmer, geboren 1840 zu Cambridge, ausgezeichneter Orientalist, nahm 1868 und 1869 teil an der zur Erforschung des Sinaigebietes entsendeten englischen Expedition. Bald nach seiner Rückkehr nach England wurde er an der Cambridger Universität zum Professor des Arabischen ernannt. 1882 übernahm er im Auftrage der englischen Regierung eine geheime Mission in die Wüste östlich vom Suezkanal, mit dem Zwecke, die dort hausenden Beduinenstämme bei dem bevorstehenden Kriege in Ägypten (gegen Arabi-Bey) für England zu gewinnen. Seine Bemühungen wurden auch anfangs von Erfolg gekrönt, bis er einer Anzahl Beduinen, die zu den Anhängern Arabi-Beys gehörten, in die Hände fiel. Diese schleppten ihn und seine zwei Begleiter in die Felsschlucht am Gebel Bischr und forderten hier alle drei auf, sich von der Höhe des Felsens in die Schlucht zu stürzen. Palmer und einer seiner englischen Gefährten gehorchten, der andere zog es vor, sich eine Kugel durch den Kopf zu jagen. Dies Ereignis lag erst um drei Monate zurück, und die Sinaireise des Prinzen war deshalb als gefahrvoll angesehen und von verschiedenen Seiten her abgeraten worden.

10. *Februar.* Abstieg vom Sinai.

11. *Februar.* Desgleichen. Um fünf Uhr wird das Lager angesichts des *„Serbâl"* aufgeschlagen, in dem einige Forscher den biblischen Sinai vermuten. Beim Lagerfeuer beginnt man aus der Bibel vorzulesen, und zwar die Stelle, wo der diesen Teil des Sinai berührende Zug der Juden beschrieben wird.

12. *Februar.* Der Abstieg wird fortgesetzt. Man passiert das Wadi Maghâra. An den Felswänden Bilder und Inschriften;* die ältesten aus der Zeit der dritten Dynastie. „Diese Inschriften sind von großer geschichtlicher Bedeutung; sie zeigen uns die ältesten Könige der ägyptischen Geschichte: Senofru (dritte Dynastie), Cheops, Erbauer der großen Pyramide von Gizeh (vierte Dynastie), und nach ihnen die Pharaonen der fünften und sechsten Dynastie bis auf den langlebigen König Pepi I. als Überwinder der ältesten Bewohner der Sinaihalbinsel."

13. *Februar.* Weiterer Abstieg. Der „Paß der Schwertspitze" wird passiert. Zuletzt ein Felsentor, und das Meer liegt zu Füßen. Am 13. abends wird das Meer erreicht.

14. *Februar.* Erst Marsch am Meer. Dann, landeinwärts biegend, durch Wüsteneien auf Suez zu.

15. und 16. *Februar.* Weitermarsch im Flachland. Am 16. wird Suez erreicht. Hier schließt sich der inzwischen von

* Von diesem „Tal der Inschriften", wie man's nennt, zweigt ein Seitental, eine Schlucht ab, in der von 1855 bis 1866 ein ehemaliger schottischer Major, namens Macdonald, in einem selbstgebauten Hause wohnte, um die schon den alten Ägyptern bekannten Türkisminen dieser Gegenden auszubeuten und auf den europäischen Markt zu bringen. Das Geschäft ließ sich anfangs gut an, leider aber erwiesen sich später die oft faustgroßen Stücke des Edelsteins als unecht in der Farbe, denn sie verloren bald ihren Glanz und das Himmelblau, das den echten Türkis auszeichnet. Das Haus des Majors, dessen die Beduinen noch jetzt als ihres Wohltäters gedenken, steht als eine Ruine da.

Berlin aus mit Briefen und Meldungen eingetroffene Rittmeister Baron *Maltzahn*, erster Adjutant des Prinzen, dem Reisezuge an. Der Prinz geht an Bord des „Cyklop".

17. *Februar*. Fahrt auf dem Suezkanal von Suez nach Ismaila und Port Saïd.

18. *Februar*. Fahrt von Port Saïd nach Jaffa.

19. *Februar*. Fortsetzung der Fahrt. Um vier Uhr Ankunft auf der Reede von Jaffa. Zwei höhere türkische Offiziere, Adjutanten des Großherrn in Stambul, Oberst Achmed Bey und Major Ismael Bey, stellen sich dem Prinzen vor und sprechen ihm in geläufigstem Französisch die Bitte des Großherrn aus, „daß er (der Prinz) geruhen wolle, die Gastfreundschaft Seiner Majestät, während seines Aufenthaltes auf dem Gebiete des türkischen Reiches, huldvollst anzunehmen. Alles stände zum sofortigen Aufbruch nach Jerusalem bereit und Seine Königliche Hoheit habe nur die Befehle zu geben."*

* In Begleitung der beiden türkischen Offiziere befand sich auch ein „Verpflegungs- und Reise-Generaldirektor", von dem Brugsch eine ganz vorzügliche Schilderung gibt. Ich entnehme derselben folgendes: „Er, dem die Adjutanten des Sultans die volle Ausrüstung und Verpflegung der prinzlichen Karawane übertragen hatten, war ein christlicher Syrier. Seiner Abstammung nach dem Lande der Philister zugehörig, nannte er sich auf seiner Visitenkarte trotz alledem ‚Alexander Howard' oder ‚Monsieur Alexandre, Entrepreneur et Directeur générale'. Wie die meisten Leute seines Schlages sprach er alle möglichen Sprachen, war dabei stark und von eiserner Gesundheit. Ein schwarzer Vollbart umrahmte sein rötlich leuchtendes Vollmondgesicht mit den freundlich lächelnden Zügen. Er war der erste auf den Beinen und der letzte im Bett. Während des Marsches galoppierte er in unsinniger Hast neben den Pferdevermietern einher. In hohen Reiterstiefeln mit mächtigen Sporen, im Beduinenmantel und mit der syrischen dunklen Kopfbedeckung, Pistolen im Gürtel, die Nilpferdpeitsche oder den Kurbadsch in der Rechten, so flog er an uns vorüber, und sein Adlerblick erkannte im Nu, wo seine Gegenwart nottat. Das Frühstückszelt ward um die Mittagszeit aufgeschlagen. Mr. Alexandre erschien dann in der Tracht eines türkischen Effendi, das heißt in schwarzem Stambulin mit rotem Fez, in weißer Binde und mit weißen Handschuhen. Er übersah mit wohlgefällig-prüfendem Blick die reich gedeckte Tafel, half jeder mangelhaften Bedienung sofort ab und schätzte sich glücklich, Seiner Königlichen Hoheit selber servieren zu dürfen. Und nun erst am Abend, wenn die Reisegesellschaft an der Mittagstafel versammelt war und Lampen und Kandelaber ihren Glanzschimmer durch das lange Zelt verbreiteten! Mr. Alexandre präsentierte sich dann als vollendeter Salonmensch in schwarzem Leibrock und weißer Binde, dazu weiße Weste und funkelnagelneue Glanzstiefel, alles wie fertig für den Ball. Alles in allem hat sich Mr. Alexandre um die Reise des Prinzen wohl verdient gemacht, und seine Wahl von seiten der Adjutanten des Sultans war sicherlich keine schlechte. In seiner frühesten Jugend ein toller Kopf, hatte er damals, in Gemeinschaft mit einem französischen Abenteurer, Palmyra erobern und ein neues Königreich herstellen wollen.

Die Weiterreise von Jaffa nach Jerusalem erfolgt zu Wagen, in Begleitung türkischer Leibgendarmerie. Unterwegs sieht sich der Prinz von einer Gruppe Reiter überholt, die sich ihm als *württembergische Templer*, ansässig in Palästina, vorstellen und um die Ehre bitten, ihm auch ihrerseits bis Jerusalem das Geleit geben zu dürfen. Der Prinz lehnt es aber dankend ab, unter Hinweis auf seine türkische Begleitung.

20. *Februar.* Der Prinz trifft vor Jerusalem ein.

V. Im Heiligen Lande

20. *Februar.* Der Prinz hält durch das Tor von Jaffa seinen *Einzug in Jerusalem.* Über seiner Uniform trägt er den Johannitermantel. Bald aber steigt er vom Pferde, um den Weg zur *Grabkirche* zu Fuß zu machen. Die Geistlichkeit empfängt ihn am Portal. „Das Gotteshaus war durch Hunderte von Gaslampen erleuchtet, deren höchster Glanz sich auf die reichgeschmückte Stätte des Heiligen Grabes ergoß." Rückkehr in das mittlerweile vor dem Tor von Damaskus aufgeschlagene Zeltenlager.

21. *Februar.* Der Prinz und seine Begleiter empfangen das heilige Abendmahl in der Kapelle des „Muristân", dem alten Wohngebäude der „Ritter vom Spital" (Johanniter).

22. *Februar.* Aufbruch von Jerusalem. Um neun Uhr früh saß der Prinz im Sattel. Zu guter Stunde wird *Bethlehem* erreicht, dessen Häuser „steinernen Burgen und Kastellen" gleichen. Besuch der „Marienkirche"; darauf, unter Führung des griechischen Bischofs Antimos, Besuch der Felsgrotte, der Geburtskapelle und der Krippe des Heilands. Nachtquartier draußen im Lager.

23. *Februar.* Aufbruch. Frühstück am Toten Meer. Das *Menu* lag in Golddruck auf der Tafel des Prinzen und hatte die Aufschrift: „A la Mer Morte, le 23 Février 1883. Campement de S. A. R. le Prince Frédéric-Charles de Prusse". Vom Toten Meer nach Jericho. Auf den Trümmern des alten Jericho wird das Lager aufgeschlagen.

24. *Februar.* Fortsetzung der Reise bis zum Dorf Abd-el-Kader. Lager.

25. *Februar.* Aufbruch zu früher Stunde. Erste Rast am „Jakobsbrunnen". Dann bis zur Stadt Nabulus, dem alten *Sichem* der Bibel. „Nabulus ist bekannt durch seine Seifenfabrikation; trotz dieser herrscht in dem altbiblischen Ort ein unglaublicher Schmutz."

26. *Februar.* Weitermarsch gen Norden. *Samaria* wird passiert. Lager bei Djenin. Vom Regen aufgeweichter Boden; eine entsetzliche Schmutzlache. Nur der Prinz bleibt heiter und guter Dinge.

27. *Februar.* Mittagsrast in Sulem. Passierung der großen Ebene von Esdrelon. Dann bergauf. Als der Zug wieder niederstieg, wurde *Nazareth* sichtbar. Bald danach ging ein Wolkenbruch nieder. „Gott sei Dank, das Pilgerhaus des lateinischen Klosters, die sogenannte Casa nuova foresteria, ist in Sicht, und die Torhalle empfängt die triefenden Reisenden. Dienstfertige Klosterbrüder in brauner Mönchskutte tummeln sich in geschäftiger Hast, um den Prinzen und seine Begleiter in die kleinen, aber wohnlichen und sauberen Gemächer zu führen. Ein orientalisches Mangal, ein mächtiges blankes Kupferbecken voll glimmender Holzkohlen, verbreitet eine wohltuende Wärme im Zimmer des Prinzen, der seine Getreuen zu sich beruft, um die verklammten Glieder zu durchwärmen. Schwieriger war es, die durchweichten Kleider und Mäntel wieder auszutrocknen, aber der freundliche Grobschmied in der Nähe der Casa belud sich mit dieser Sorge, und die Esse sprühte Feuer und Funken, um die eingesogene Feuchtigkeit aus den dampfenden Stoffen und Kleidern herauszutreiben. Das böse Wetter setzte sein Wüten fort, aber die Nacht in Nazareth, im warmen trockenen Himmelbett, wird unvergeßlich bleiben."

28. *Februar.* Wieder Regen. Der Prinz bleibt als Gast im Kloster und faßt den Entschluß, über Beirut und Damaskus nach *Palmyra* zu gehen.

1. *März.* Aufbruch von Nazareth. „Auf der Höhe zeigte sich ein liebliches Bild. Am ‚Marienbrunnen' standen Frauen und Mädchen, um ihre roten Tonkrüge mit dem klaren Wasser der *einzigen* Quelle des Ortes zu füllen. Die Legende, daß einst hier Jesus und seine Mutter gesessen, ist deshalb mehr als wahrscheinlich." Im Konvent der Sœurs religieuses wird Abschied vom Gelobten Lande genommen. *Phönizien* beginnt. Nachtquartier im Gouvernementshaus zu *Akka.* Mükken- und Muskitoplage.

2. *März.* Aufbruch. Nach neunstündigem Ritt an der phönizischen Küste hin wurde *Tyrus* erreicht. Hier erfuhr man, daß der infolge der Schneeschmelze ungewöhnlich hohe Wasserstand des Flusses Litâni (früher Leontes) die Weiterreise unmöglich machen werde. Zugleich indes hieß es: „Der Postbote sei durchgekommen." Der Prinz lachte: „Ist ein Postbote durchgekommen, werden wir's auch." So wurde die Weiterreise beschlossen.

3. *März.* Aufbruch von Tyrus nach Sidon. Die Schwierigkeiten, die der Litâni bot, waren in der Tat groß. Der Prinz, einen überschäumten schmalen Steinweg benutzend, kam hinüber; sein Kammerdiener Goerz aber wurde von der Flut weggerissen und nur wie durch ein Wunder gerettet. Das gleiche Schicksal hatten mehrere Personen aus dem Gefolge. Den 3., abends, traf man in Sidon (Saïda) ein.

4. *März.* Von Sidon nach Beirut. Ankunft am Spätnachmittag. Man sah sofort, daß Beirut (nah an 100000 Einwohner) nicht nur Sidon und Tyrus überflügelt, sondern sich überhaupt zum ersten Handelsort dieser Gegenden erhoben hat. Beirut ist in ähnlicher Weise französisch, wie Kairo und ganz Unterägypten englisch ist. Die Franzosen sind gewillt, sich hier, an der syrisch-phönizischen Küste, für den Verlust von Ägypten schadlos zu halten.

5. *März.* Ruhetag in Beirut, im Hôtel d'Orient. Der Prinz tritt in Beziehungen zu dem türkischen Gouverneur: Rustem Pascha. „Nur einzelne Zedern", sagte Rustem Pascha, „stehen

auf dem Libanon. Ich habe eine jede mit einer Mauer umgeben lassen, da die Reisenden sich nicht scheuten, ihr Lagerfeuer am Fuß ihrer Stämme anzuzünden, und mehrere infolgedessen abstarben. Meine Versuche, die jungen Sprossen hierher nach dem großen Garten von Beirut zu verpflanzen, scheiterten mehrere Male. Erst die Beobachtung, daß sie genau nach derselben Himmelsrichtung, der sie früher zugekehrt waren, stehen müssen, führte zu einem günstigen Resultate. Sie kommen jetzt fort, daß es eine Freude ist. Ja, man muß eben die schwachen Seiten der Bäume wie der Menschen kennen, um seine Hoffnungen auf ihre gute Zukunft nicht fallenzulassen." Dann sprach Rustem Pascha über die Drusen und Maroniten und schloß: „Für die öffentliche Sicherheit habe ich in den langen Jahren meiner Verwaltung das Menschenmögliche geleistet. Maroniten und Drusen leben gegenwärtig in Frieden und Ruhe nebeneinander, und eine Frau oder ein Kind kann des Nachts sicherer durch den Libanon gehen als durch die Straßen von Paris! Wenn man gegenwärtig von Unruhen in meinem Distrikte spricht, so ist das Verleumdung. In summa, ich habe meine Schuldigkeit getan, ich gehöre nicht zur Klasse jener Orientalen, denen alles gleichgiltig ist."

6. *März.* Desgleichen Ruhetag in Beirut. Oberst von *Natzmer,* seit Wochen von einem heftigen Anfall von Ischias geplagt, trennt sich vom Prinzen und der Reisegesellschaft desselben und kehrt auf dem von Konstantinopel eintreffenden Lloyddampfer nach Triest und Deutschland zurück.

7. *März.* Aufbruch $5^1/_2$ Uhr früh von Beirut nach Damaskus, fünfzehn deutsche Meilen. Man benutzt die französische Diligence, die die Libanonausläufer zu passieren hat, und trifft beim Dunkelwerden in Damaskus ein.

8. *März.* Besuch des Prinzen bei *Abd-el-Kader.* Abd-el-Kaders Augen leuchteten, als ihm der Prinz entgegenging und seine beiden Hände, wie die eines alten Freundes, ergriff. Abd-el-Kader machte den Eindruck eines vollständigen Greises und wirkte wie ein betagtes Mitglied der gelehrten Klasse der Ulemas. Das kleine, faltige, rötliche Gesicht, von einem

kurzgeschnittenen weißen Bart umrahmt, zeigte einen feingeformten Mund mit vollzähliger Zahnreihe und eine aquiline Nase. Die bläulich-grauen Augen leuchteten mit einem schillernden Matt, hafteten aber mit eigentümlicher Schärfe an den Blicken des mit ihm Redenden. Sein Gang war der eines ermüdeten Greises, langsam nur schlich er umher, und seine Hände waren beständig in einer leise zitternden Bewegung. Die Unterhaltung des Emirs begann mit höflichen Begrüßungen, voll jener feinen Wendungen, wie sie dem gebildeten Orientalen eigen sind. Der Prinz seinerseits bemerkte, daß er vor langen Jahren, bei einer Reise durch Frankreich, das Schloß von Amboise besucht habe, um die Gemächer zu sehen, in welchen der Emir einst seinen Wohnsitz aufgeschlagen hatte. Abd-el-Kader lächelte verlegen, als sei ihm die Erinnerung daran eine schmerzliche. Statt aller Antwort darauf ergriff er die Hand des Prinzen und legte sie wie die eines lieben Freundes in die seinige. Trotz seines hohen Alters bewies der Emir ein ausgezeichnetes Gedächtnis und erinnerte sich zum Beispiel mit allen nur möglichen Einzelheiten der erlauchten Person des Kronprinzen, mit dem er bei Gelegenheit der Eröffnung des Suezkanals in Ägypten reden zu dürfen die Ehre gehabt habe. Jedes Gespräch, welches auf die Ereignisse des letzten großen Krieges Frankreichs gegen Deutschland ein Streiflicht hätte werfen können, vermied er mit peinlicher Ängstlichkeit. Anderthalb Stunden später machte der Emir dem Prinzen seinen Gegenbesuch, bewegte sich hierbei freier, und die bis dahin gezeigte Schüchternheit war gewichen; er sprach von seinen Studien und namentlich auch davon, wie schwer es ihm werde, den Unterhalt für seine ihm in die Verbannung gefolgten Freunde (5000) aufzubringen. Der Abschied war der denkbar herzlichste. Der Prinz küßte den Emir zweimal und wünschte ihm ein langes und glückliches Alter. „Vielleicht ein Wiedersehen in Deutschland." Abd-el-Kader dankte gerührt. „Mein nächstes Reiseziel wird ein anderes sein, denn ich fühle, daß meine Tage gezählt sind. Möge der Segen Gottes allezeit auf Eurer Königlichen Hoheit ruhen."

9. *März.* Während des Aufenthalts in Damaskus hatte sich der Prinz schlüssig gemacht, trotz aller Unbill des Wetters die nach Palmyra geplante Reise wirklich anzutreten. Vizekonsul Kaufmann *Lütticke* zu Damaskus, der Palmyra von einem früheren Besuche her schon kannte, stellte sich dem Prinzen zur Verfügung und übernahm die Führung. Am 9. früh brach man auf. „Wir waren 150 Menschen (darunter 60 Tscherkessen und kurdische Reiter) und 200 Tiere. Den ersten Gruß brachten uns sechzehn in rasendem Galopp über die Ebene daherjagende Beduinen, ihren Scheich an der Spitze. Ein braun und weiß gestreifter Burnus umhüllt den Körper, aus der Vermummung des Kopfes schaut ein dunkelbraunes Gesicht mit martialischem Schnurrbart; die nackten Beine stecken in unbehilflichen Stiefeln, und eine dreizehn bis vierzehn Fuß lange Lanze wird in den Händen geschwungen. Ihre Rosse, durchweg Stuten, sind von kleinem Bau." Man kam bis zu dem Lehmdorfe Qutaife, wo man lagerte.

10. *März.* Fortsetzung der Reise. „Wir kampierten in der Wüste hart neben einer Ruine, die den Namen Chan-el-ahmar führte. Als die Nacht über die Wüste hereingebrochen war, veranstaltete Mr. Alexandre eine Soirée dansante. Unter der Beleuchtung von zwei mit brennenden Holzscheiten angefüllten Fackelständern, deren Flammen die Ruine mit einem roten Schimmer überzogen, traten alle nichteuropäischen Mitglieder der Expedition, von den Tscherkessen bis zu den Libanesen, zum Tanze an, um ihre Nationaltänze und Gesänge zum besten zu geben. So tanzten und sangen die Urahnen der heutigen Völker auf der Westseite des großen asiatischen Erdteils bereits vor Tausenden von Jahren, und wenn nun jetzt die flammenden Hölzer zu erlöschen drohten und die Sänger und Tänzer nach Licht riefen, gossen ihre Kameraden ganze Flaschen voll Petroleum in die glimmenden Kohlen hinein. Zuletzt erschien ein syrischer Diener Mr. Alexandres, ein wahrer Virtuose, und entlockte der syrischen Doppelflöte die wundervollsten Weisen."

11. *März.* Weitermarsch. Nachtquartier in dem Jagd- und Wüstendorfe Qariatên. Der Scheich von Qariatên erscheint, um den Prinzen im Lager zu begrüßen.

12. *März.* Weitermarsch. Der Wüstenwind nimmt den Charakter eines Orkans an, und als man sich im „großen Zelt" zur Mittagstafel setzen will, bricht alles unter dem Sturm zusammen. Das Nachtquartier an der Quelle der „Steinböcke" war von gleichem Charakter. Schreckliche Stunden.

13. *März.* Weitermarsch. Unerträgliche Staubwolken. Kein Zeltaufschlagen möglich, ebensowenig Herrichtung einer ordentlichen Mahlzeit. Spätnachmittag kam *Palmyra* in Sicht. Der Prinz versammelte seine Begleiter um sich und sagte, während er nach dem Trümmerfelde hinüberwies: „Es ist ein Jugendtraum, der mir im Alter in Erfüllung geht. Als ich noch ein kleiner Knabe war, empfing ich einmal ein Bilderbuch zum Geschenk, das unter anderen Darstellungen auch die der Ruinen von Palmyra enthielt. Die Abbildung und der poetische Name fesselten meine Aufmerksamkeit dermaßen, daß mich eine wahre Sehnsucht plagte, dereinst mit eigenen Augen die Wunder von Palmyra zu sehen. Mein ganzes Leben hindurch habe ich das Bild nicht aus dem Gedächtnis verloren und stets den Wunsch gehegt, den Jugendtraum wahr zu machen. So nahe dem Ziel, bin ich hocherfreut, die Wirklichkeit mit dem Ideale meiner Kindheit vergleichen zu können."

Gegen sieben war man da, und die Reiter stiegen von ihren Pferden, um bei der „Quelle an der Mühle" zu rasten. Leider war es eine stinkende Schwefelquelle und der Aufenthalt in ihrer Nähe nicht bloß unerfreulich, sondern auch ängstlich, weil man nicht wußte, woher Trinkwasser genommen werden solle. Zum Glück zeigte sich's bald, daß Vizekonsul Lütticke mit seiner Versicherung, „das Wasser verliere durch Kaltwerden und Stehen sehr bald seinen Schwefelgeruch und sei dann vortrefflich", recht behielt, und ehe die Nacht einbrach, bot der „Platz um die Mühle" das Bild eines bunten und heiteren Lagerlebens. Gegen zehn hatten wir ein treffliches Souper, und um elf suchten wir unsere Zelte und unsere Betten auf, um von Palmyra, Salomo, seiner Tochter Belkis und der tapferen Königin Zenobia zu träumen.

14. *März.* In Palmyra. Die Lage hart an der östlichsten Grenze der syrischen Wüste, an der Straße von Damaskus nach den Euphratländern, dazu die hier vorhandenen Wasser und Brunnen machten Palmyra früh zu einer Karawanen- und Handelsstadt. Der rasch anwachsende Reichtum der Kaufherren ließ ebenso rasch Denkmäler und großartige Anlagen entstehen, die freilich den Charakter schneller Gründungen trugen. Palmyra ist eine Gründerstadt im besten Sinne des Worts. Ihre Bauherrn, schnell emporgekommene Kaufleute mit allen guten und schlechten Eigenschaften derselben (den Hochmut nicht ausgeschlossen), ruhten von ihren Werken in stolzen Familiengräbern aus, die sich in etagenhohen Türmen oder in den Felsenkammern zu beiden Seiten der westlichen Gebirgseinfassungen befinden. – Wieder eine Sturmnacht.

15. *März.* Wie schon am Tage zuvor wird alles besucht, gezeichnet, photographiert; namentlich werden Inschriften abgeschrieben. In der Nacht wieder Sturm.

16. *März.* Dieser Tag (16. März) bezeichnet das Datum der nun wieder eingeleiteten Heimkehr des Prinzen nach Berlin. Gegen Mittag Begegnung mit dem Beduinenscheich Satam, der sich dem Prinzen schon in Palmyra vorgestellt hatte. Der Prinz ist Satams Gast. Dann scheidet man. Nachtquartier in der Nähe der „Steinbocksquelle" schrecklichen Angedenkens.

17. *März.* Bis zum Dorfe Qariatên, wo der Prinz schon am 11. gelagert hatte. Von hier aus wird jetzt abgezweigt, um den weiteren Rückweg über den *Anti*libanon zu machen.

18. *März.* Bis zum Dorfe *Bridj* am Fuße des Antilibanon.

19. *März.* Über den Antilibanon, bis (hinabsteigend) zum Dorfe Ras-Baalbek.

20. *März.* Geburtstag des Prinzen. Gratulation um sieben Uhr früh. Die Reisegesellschaft überreichte dem Prinzen eine kleine Zahl auserlesener Münzen („Antikas"), die man schon in Damaskus als ein passendes Geschenk erstanden hatte

und die nun dem Geburtstagskinde die größte Freude machten. Dann Aufbruch vom Dorfe Ras-Baalbek, um, nach zehnstündigem Ritt, die Tempelruinen von Baalbek (Heliopolis) zu erreichen. Nachtquartier im „Hôtel Palmyra", wo man's nach acht im Zeltlager zugebrachten Sturmnächten himmlisch fand. Herrliche Mahlzeit. Die Geburtstagsfeier des Prinzen, am Morgen in *Ras*-Baalbek begonnen, wird am Abend in Baalbek fortgesetzt. Vorher, in den Spätnachmittagstunden, hatte man noch Zeit gefunden, die wichtigsten Ruinen zu besuchen, namentlich den größeren und kleineren Sonnentempel.

21. *März.* Aufbruch von Baalbek nach Poststation Schtora, und zwar unter Benutzung der *türkischen* Post. In Schtora – nach Entlassung der aus Damaskus mitgenommenen türkischen Begleitung – Mittagsmahl und Postwechsel. Dann mit der *französischen* Post über die Libanonstraße nach Beirut (*nicht* nach Damaskus) zurück. Ankunft noch zu guter Stunde. Hôtel d'Orient. Begrüßung. Briefe, Nachrichten aus der Heimat. Wieder eine Sturmnacht. Aber man ist unter Dach und Fach. Auf der Reede liegt die „Nymphe"; schon von den Bergen aus (zur Mittagsstunde) hatte der Prinz das Schiff in aller Deutlichkeit erkannt.

22. *März.* Kaisers Geburtstag. Parade an Bord der Glattdeckskorvette „Nymphe" (Kapitän Dietert), die bestimmt ist, den Prinzen über Rhodus, Athen und Neapel nach Livorno zu führen. „Nach der Parade nahm der Prinz Abschied von allen, die ihn bis an Bord der ‚Nymphe' begleitet hatten: von Oberst Achmed Bey und Major Ismael Bey, den beiden Adjutanten des Sultans (beiden liefen die Tränen über die Wangen), vom deutschen Konsul und den sonst noch anwesenden deutschen und türkischen Beamten. Vom Ufer aus winkten die Diakonissinnen mit ihren jungen Pflegebefohlenen dem scheidenden Prinzen, und $3^1/_4$ Uhr stach die ‚Nymphe' in See."

23. *März.* (Karfreitag.) Stürmische Fahrt. Trotzdem Gottesdienst auf Deck. „Er wurde durch das Gesangbuchlied ‚O Haupt voll Blut und Wunden' eingeleitet, übte im Angesicht der entfesselten Elemente eine erschütternde Wirkung auf mich aus, und ich schäme mich auch heute nicht der Tränen, die mir in den Augen standen."

24. *März.* Stürmische Fahrt. Von der Reisegesellschaft nur der Prinz und Hauptmann von Kalckstein bei Tisch.

25. *März.* (Ostersonntag.) Stürmische Fahrt. Kapitänlieutenant Hildebrandt, Erster Offizier auf der „Nymphe", erzählt dem Prinzen von seiner Nordpolexpedition von 1868 bis 70. „Er hatte neun volle Monate mit dreizehn Gefährten auf einer Eisscholle und sieben Wochen auf offenen Booten zugebracht, dabei in steter Gesellschaft eines wahnsinnig gewordenen Gelehrten, Dr. Buchholz, den er wie ein Kind überwachen mußte. Nach maßlosen Leiden erreichte man Grönland und schließlich die Heimat."

26. *März.* Stürmische Fahrt. Um drei Uhr Ankunft in Rhodus. Zweistündiger Besuch in der Stadt. Um sechs Uhr wieder in See. Das Wetter bessert sich.

27. *März.* Um neun Uhr früh zwischen Naxos und Paros; um sieben Uhr abends im Hafen von Piräus.

28. *März.* Alles früh auf Deck. Umblick. Um $8^1/_2$ mit der Eisenbahn nach *Athen.* Erste Fahrt durch die Stadt. Um zwölf im Hôtel de la Grande Bretagne. König Georg I. und sein Bruder, der Kronprinz von Dänemark, begrüßen den Prinzen. Der Prinz zum Frühstück im Schloß. Nach dem Frühstück: Schliemann-Museum, Mykenä-Museum, Tanagra-Museum. Spazierfahrt in der Umgegend von Athen. Um $7^1/_2$ der Prinz und seine Begleiter zum Diner im Schloß. Großfürst Konstantin. Dieser sprach mit Brugsch über die Zukunft des Orients und die Aufgaben Rußlands als des einzigen Vermittlers zwischen dem fernsten Osten und den europäischen Völkern. Vor allem hob der Großfürst hervor, daß Rußland die Aufgabe habe, „die Horden Chinas von Europa fernzuhalten".

29. *März.* Fahrt nach Eleusis. Um zwei Uhr wieder im Hôtel de la Grande Bretagne. 4 1/2 Uhr Abschied von Athen. 5 1/2 wieder an Bord der „Nymphe“. Der französische Admiral erscheint an Bord, um den Prinzen zu begrüßen. Um sechs Fortsetzung der Reise.

30. *März.* Fahrt. Sturm.

31. *März.* Etwas besseres Wetter.

1. *April.* Auf hoher See.

2. *April.* Um vier Uhr früh der Ätna in Sicht.

3. *April.* Um sechs Uhr früh Neapel in Sicht. Um acht vor Anker. Botschafter von Keudell und die Generale von Cranach und von Alvensleben begrüßen den Prinzen. Besuch der Stadt (Aquarium); Besuch der nächsten Umgebung. Pompeji.

4. *April.* Vesuv. Sorrent. Amalfi. Rückkehr nach Neapel.

5. *April.* Fortsetzung der Reise. Nachmittags in Nähe von Ostia-Rom.

6. *April.* In der Frühe zwischen Elba und dem Festland. Um Mittag im Hafen von Livorno.

IX. Von Livorno bis Dreilinden

7. *April.* Von Livorno nach Pisa. Von Pisa (durch die *Tunnel*) nach Genua. Ankunft drei Uhr nachmittag.

8. *zum* 9. *April.* Von Mailand bis Ala.

9. *April.* Über den Brenner.

10. *April.* Abfahrt von München.

11. *April.* Ankunft in Großbeeren. Von da nach Dreilinden.

Kurze Zeit danach war Diner in *Dreilinden,* zu dem in erster Reihe die Teilnehmer an der Orientreise geladen waren. Als man sich von der Tafel erhoben hatte, führte der Prinz seine Gäste in den neu angebauten, geschmackvollen Billardsaal. Ein reich bemaltes altägyptisches Totenbild lag auf dem grünen Tisch. Es war die Mumie der Amonssängerin, die Tudrus, der thebanische Konsularagent, in nächtlicher Stunde (vgl. S. 405) von Luxor aus auf das Deck der Dahabieh geschmuggelt hatte. Die bunte Kartonhülle wurde geöffnet, die Mumienbinden gelöst, und der braune, wohlerhaltene Körper einer Jungfrau, die in der Blüte ihres Daseins das Zeitliche verlassen hatte, enthüllte sich vor den Blicken der Anwesenden. Kein Amulett, kein Schmuckgegenstand, keine Papyrusrolle fand sich an dem Leibe der heiligen Tempelmagd vor. Die Enttäuschung war eine allgemeine. Die Jungfrau hatte schließlich die weite Reise nach Dreilinden zurückgelegt, um, nach dem Befehl des Prinzen, ihre letzte Ruhestätte in der Ägyptischen Abteilung der Königlichen Museen in Berlin zu finden.

Wer sie dort sehen will, frage nach Nr. 8284.

9. KAPITEL

Des Prinzen Friedrich Karl letzte Tage. Tod. Begräbnis. Charakter

Als der Prinz von seiner Orientreise zurück war, trat er sein Erbe an. Dies bestand im wesentlichen aus: dem Palais am Wilhelmsplatz, einem bedeutenden Barvermögen und der in Westpreußen gelegenen Herrschaft Flatow und Krojanke, wodurch die bis dahin ziemlich bescheidene Geldlage des Prinzen in eine vergleichsweise glänzende verwandelt wurde. Trotzdem aber sollten die Verstimmungen, an denen sein Leben so reich gewesen war, nicht enden. Ja, man darf sagen, daß er sich von Stund an nur noch bedrückter fühlte. Zum Teil war es körperlich. Er litt – was ihm auch ein beinah ängstliches Maßhalten bei Tische vorschrieb – an Blutandrang nach dem Kopf, *das* aber, worunter er schwerer litt, war ein mehr und mehr zutage tretender Mangel an Freiheit auf Gebieten, auf denen auch der Schlichteste freie Bewegung zu haben pflegt, beispielsweis auf dem Gebiete der Erziehung und des Bestimmungentreffens innerhalb der Familie. So war es ihm ein Schmerz, seinem Sohne *Friedrich Leopold* die seemännische Carrière, von der er, der Vater, so hoch dachte, durch einen kaiserlichen Befehl verschlossen zu sehn. Dazu kamen direkte Zurücksetzungen: er hatte mit dem Palais des Johanniterordens auch zugleich die Herrenmeisterschaft zu erben gehofft und mußte, als sich Orden und Kaiser in dieser heiklen Frage schlüssig gemacht hatten, dies hohe und ehrenvolle Amt auf seinen Vetter *Albrecht*, den jetzigen Regenten von Braunschweig, übergehn sehn. Das alles empfand er als eine tiefe Kränkung*, und wenn diese Kränkung einerseits an seiner Seele zehrte, so steigerte sie zugleich auch sein körperliches Leiden und zog ihm in der Nacht vom 13. zum 14. Juni 1885 einen Schlaganfall zu, zu dem freilich ein hohes Maß von Unvorsichtigkeit die direkte Veranlassung gegeben hatte.

Was darüber erzählt wird, ist das Folgende.

Der Prinz war im Mai 85 wie gewöhnlich nach Marienbad gegangen und befand sich noch in der Nachkur, als er am 13. Juni einige seiner besten Freunde zur Tafel nach Dreilinden lud. Bei Tische ließ er es an einer nötigen Abstinenz nicht fehlen und hütete sich vor jedem Verstoß. Als er aber, nach Aufhebung der Tafel, seine Gäste bis in die Vorhalle begleitet hatte, kam ihm, bei der herrschenden Schwüle, plötzlich die Lust, noch ein Schwimmbad zu nehmen. Er fuhr denn auch nach dem Wannsee hinaus und schwamm eine gute Weile. Jedenfalls zu lang. Als er aus dem Bade kam, empfand er sofort ein starkes Frösteln und eilte nach Dreilinden zurück, um sich hier niederzulegen und vor allem für Wiederherstellung einer normalen Temperatur Sorge zu tragen. Aber schon zwischen zwei und drei Uhr rief er seinen im Nebenzimmer schlafenden Leibdiener: „Goerz, Goerz,

* Diese Kränkung war groß, aber sie konnte kaum ausbleiben. Von Anfang an hatte der Prinz eine mehr als kritische Stellung zu dem seit 1853 wieder ins Leben gerufenen Orden eingenommen, und zwar *der*art, daß sich sein eigner Vater, der alte Prinz Karl, zu dem den Kommendatoren des Ordens erteilten Rate veranlaßt gesehn hatte: „das Herrenmeisteramt *nicht* auf seinen Sohn übergehen zu lassen". Danach wurde denn auch verfahren, und der Prinz mußte (wie vielfach) für *das* leiden, was er durch seine der freien und freisten Meinung Ausdruck gebende Haltung selbst verschuldet hatte.

nun ist es zu Ende; jetzt muß ich sterben." Und es war so. Der Prinz überdauerte noch den nächsten Tag, starb aber am 15. Juni vormittags. „Gott sei mir gnädig", waren seine letzten Worte.*

Drei Tage später, am 18., hielt ihm Generalsuperintendent Kögel die Parentation in der Garnisonkirche zu Potsdam.

„Trauer und Bestürzung", so hieß es in der Kögelschen Rede, „hat uns ergriffen. Ein Schwert ist über Nacht zerbrochen, ein Schild von Erz jählings zersprungen, von uns geschieden ein ritterlicher Prinz, der dem Sinn seiner Ahnen verwandt war, jenen gewaltigen Soldatenkönigen, die hier in der Grabkammer unter der Kanzel ruhn. Ein Führer und Feldherr des preußischen, des deutschen Heeres ist heimgegangen, ein Held mit dem Lorbeer dreier Feldzüge. Die Fahnen senken sich umflort. Unser greiser Kaiser und König sieht in ihm den einzigen Sohn seines letztabberufenen Bruders in ein frühes Grab dahinsinken. Und mit dem Kaiser trauert das Heer, das er so oft und so glänzend zum Siege führte. Stand doch der Dahingeschiedene da wie das Symbol unerschrockner Mannhaftigkeit, wagenden Reitermuts, unbeugsamer Beharrlichkeit, war er doch, um ein an ihn gerichtetes Dichterwort zu zitieren, ‚Dem roten Aare gleich im Schilde von Brandenburg'." So Kögel. Nach dieser Feier in der Garnisonkirche zu Potsdam, wohin man die Leiche des Prinzen von Dreilinden beziehungsweise von Neu-Glienicke

* Beim Hinscheiden Kaiser *Friedrichs* (15. Juni 1888) ist die Frage nach der eigentlichen Todesursache des Prinzen *Friedrich Karl* wieder aufgeworfen worden und dabei mehrseitig von einem auch bei diesem *letztren* vorhanden gewesenen Krebsleiden gesprochen worden. Aber mit Unrecht. Eine Notiz der „National-Zeitung" erklärt dies Gerücht aus folgendem. „Ein Jahr vor dem Tode des Prinzen wandelte sich eine bis dahin harmlose kleine Hautwarze auf der rechten Wange unterhalb des Auges in eine *bösartige Neubildung* um, die mit dem medizinischen Ausdruck ‚Epithelium' (*Krebs* der Haut) bezeichnet wird. Professor von Bergmann schlug die operative Entfernung der Warze vor, welche damals noch klein und unbedenklich war. Nachdem Kaiser Wilhelm I. seine Zustimmung zur Operation erteilt hatte, wurde dieselbe von Professor von B. mit bestem Erfolge ausgeführt. Die Operationswunde heilte glatt und sicher, und Prinz Friedrich Karl hatte seitdem keinerlei Belästigung davon. Ein Rezidiv ist nicht aufgetreten."

her gebracht hatte, setzte sich der Trauerzug in Bewegung und führte den Toten zu seiner letzten Ruhestätte nach *Nikolskoë*.

Was noch erübrigt, ist ein Wort über den Charakter des Prinzen. „Der Prinz", so schreibt Dr. Paul Güßfeldt, dem ich hier zunächst und mit allem Vorbedachte das Wort gebe, „war doch in vielem anders, als die Welt sich ihn vorzustellen pflegt, und empfand beispielsweis (um nur eines zu nennen) eine große Freude daran, sich zu belehren. Er las nie flüchtig und hielt streng an der Gewohnheit fest, bemerkenswerte Stellen mit Bleistift anzustreichen. Eine besonders wertgehaltene Lektüre war ihm Rankes Weltgeschichte. Gern verlieh er Bücher an nahestehende Freunde und brachte dann abends das Gespräch auf den Inhalt derselben. Hätte seine Neigung den Ausschlag gegeben, so wär er sehr wahrscheinlich Seefahrer oder Forschungsreisender geworden. So wie viele Seeleute bekannt sind durch ihre Reiterpassion, so stak in dem prinzlichen Reitergeneral eine bis zur Schwärmerei gesteigerte Passion für die See. Ich glaube, daß – abgesehen von den großen historischen Momenten erfochtener Siege – der Prinz seine schönsten Stunden an Bord deutscher Kriegsschiffe verlebt hat; auch begegnete man an seiner kleinen Tafelrunde häufig der dunkelblauen Uniform der Marineoffiziere. Er liebte die See an sich, und alles, was die streng militärische Zucht und unablässige Pflichterfüllung in diesem tief empfindenden Herzen verschlossen gehalten hatte, das durfte beim Spiel der Meereswellen in Träumereien ans Licht treten. Er liebte die See aber auch als die Brücke zu fernen Weltteilen, die von seinem Tatendrang und seiner Phantasie mit unverlöschlichen Reizen ausgeschmückt wurden. Wenn dem Prinzen Friedrich Karl nicht eine höhere Mission, seinem eigenen Lande gegenüber, zugefallen wäre, so wüßt ich auch in der Tat nicht, wo sein Löwenmut, sein großer Verstand, seine Empfindsamkeit und sein gestählter Körper bessere Ziele hätten finden können als in der Erforschung unbekannter Länderabschnitte. Doch in diesem Punkte mußt er Entsagung üben. Er erkannte die Notwendigkeit der Schranken an und konnte doch die Wünsche nicht vergessen. Und da lagerte sich denn wohl die Wolke des Unmuts auf seine Stirn.

Allgemein gekannt und gewürdigt ist nur *das*, was der Prinz als Heerführer leistete, sein inneres Wesen aber hat sich nur wenigen erschlossen und ist deshalb fast ein Geheimnis geblieben. Daß es so war, lag in dem Charakter des Prinzen. Popularität war ihm wesenloser Schein. Nicht in der Akklamation der Menge sah er den Lohn seiner Taten, sondern in dem Bewußtsein erfüllter Pflicht. Ja mehr, er gehörte zu denen, die eine verhängnisvolle Freude daran haben, ihre edlen Seiten hinter schroffem Auftreten zu verbergen, und im Bewußtsein ihres Wertes und ihrer Taten fremdes Urteil entbehren zu können glauben, während sie doch in Wirklichkeit davon affiziert werden. Derartigen Charakteren wird man nur gerecht, wenn Ehrerbietung, Treue, Dankbarkeit dem Verständnis den Weg bahnen. Aus meiner Gesinnung habe ich das Recht, aus meinen Erlebnissen die Möglichkeit entnommen, über den Prinzen Friedrich Karl zu sprechen. Ein banaler Panegyrikus würde sich nicht ziemen.

Ein starker Wille und ein weiches Gemüt bildeten die Angelpunkte in dem Charakter des Prinzen. Diesen Willen an großen Taten zu erproben, war ihm ebensosehr Bedürfnis, wie sein Gemüt in Sympathie zu sonnen. Alles, was er tat, tat er mit Energie. Festhalten und Durchführung einmal gefaßter Entschlüsse, das war der vielleicht hervortretendste seiner Züge. *Seiner Antipathien Herr zu werden ward ihm schwer.* Aber wie leicht wog das neben der Treue, die er übte. Wen er seiner Freundschaft oder seines Schutzes wert erkannt hatte, den konnte nichts aus seinem Herzen reißen. Sein rascher Geist forderte schnelles Verständnis, und wenn er dies nicht fand, so verbarg er seinen Unmut nicht immer. Für sein Handeln und Denken war stets das aut aut maßgebend. ‚Triumph oder Untergang, aber kein Kompromiß', das wäre das Feldgeschrei des Prinzen in dem Kampf des irdischen Daseins gewesen, wenn nicht ein zwiefaches Pflichtgefühl:

das des preußischen Soldaten und das des preußischen Prinzen, diesen Ruf unterdrückt hätte, wo es galt, einem höheren Willen Folge zu leisten. Aus diesem Pflichtgefühl zog er aber auch alle Konsequenzen. Er faßte den königlichen Dienst so auf, daß die Sache der Person übergeordnet sei. Manche militärische Carrière hat der Prinz mit ruhiger Hand gebrochen, sobald die schlagfertige Tüchtigkeit der Armee ihm ein solches Opfer abforderte, dieselbe Hand, welche in stiller Heimlichkeit bedrängten Offiziersfamilien, den Witwen und Waisen alter Soldaten so reichlich gab! Denn der Wohltätigkeitssinn des Prinzen übersprang nur zu gern die Grenzen, welche schließlich auch einem fürstlichen Haushalte gezogen sind. Hier waren sie sogar enger gezogen, als gemeinhin bekannt ist, und erst von 1883 ab trat eine Wandlung zum Besseren ein. Zu allen Zeiten aber stand des Prinzen Bereitwilligkeit zu helfen im Bunde mit der Scheu, daß die Welt um seine Wohltaten wisse.

In reicher Fülle hatte die Vorsehung dem Prinzen ihre Gaben verliehen; nicht allein dadurch, daß sie ihn auf eine Höhe stellte, wo nur wenige wandeln, sondern auch dadurch, daß sie eine Summe herrlicher Kräfte in ihn legte. Aber seine Tugenden waren so gewählt, daß sie ihrem Träger oft Leiden bereiteten. Er empfand die Wirkungen um so schmerzlicher, je tiefer, je zarter besaitet sein sonst so starkes Gemüt war, und ‚*so* mischten sich die Element' in ihm, daß die Natur aufstehen konnt und sagen: dies war ein Mann'.

Und dennoch geht ein wehmütiger Zug durch den Lebensabend dieses Helden, und das letzte Telegramm, das er einem Freunde sandte, lautete: ‚Bedenke, Mensch, daß Du von Staub und Asche bist und wieder Staub und Asche werden sollst!'"

So Güßfeldt. Man wird ihm in allem, was er pietätvoll zum Lobe des Prinzen sagt, zustimmen und doch zugleich der Meinung sein dürfen, daß (eben aus Pietät) manches Wichtige verschwiegen oder mit zu leichter Hand berührt worden sei. Der Prinz erinnert in vielen Stücken an den Rheinsberger Prinzen *Heinrich.* Dieser hatte freilich die Formen des vorigen Jahrhunderts, aber dies schuf mehr einen scheinbaren als einen wirklichen Unterschied. Ich mag mich nicht in Einzelpunkte verlieren (unter denen übrigens einige wichtig genug sind) und beschränke mich darauf, dem tiefsten Quell seines Unmuts nachzugehn: dem ihn verzehrenden Gefühl, in seinem militärischen Verdienste nicht ausreichend gewürdigt worden zu sein. Ich möchte bezweifeln, daß der Prinz – so guten Grund er haben mochte, sich *anderweitig* bedrückt und zurückgesetzt zu fühlen – in speziell *dieser* bitteren Empfindung in seinem Rechte war. Er war durch Jahrzehnte hin der Abgott der Armee, der eigentliche Soldatenprinz, und die höchsten Ehren, die seinem unbestreitbaren Verdienste verliehen werden konnten, *wurden* ihm verliehn: er war Feldmarschall und Armeeführer und trug Ordensauszeichnungen, die für ihn und seinen Mitbewerber im Ruhm, den Kronprinzen, eigens ins Leben gerufen waren. Heer und Kaiser sind ihm nichts schuldig geblieben. Aber er verlangte mehr. Mit dem feinen Ohr aller Hoch- und Höchststehenden unterschied er in dem Zujauchzen der Menge die *Grade* der Verehrung und mußte sich sagen, was auch tatsächlich zutraf, daß es ein „Mehr" gab, das ihm nicht zuteil wurde. Dies war und blieb der schmerzliche Punkt. Es war ihm nicht genug, als ein wiedererstandener Blücher, der „Verwalter des Schlachtfeldes" (wie's im Liede heißt) zu sein, er rang auch nach dem Ruhme des Schlachtendenkers und litt unter der Vorstellung, auf diesem Gebiete günstigstenfalls als ein zweiter angesehen zu werden. Aller Ruhm, der der Schärfe seines Blicks und der Raschheit und Energie seiner Entschlüsse gezollt wurde, ließ ihn nicht vergessen, daß die Welt mehr Bewunderung für die große *Strategie von Sedan* als für die *Kühnheiten und Opferritte von Mars la Tour* hatte. Solche Gefühle gehegt zu haben ist menschlich verzeihlich, aber es ist größer und glückbringender, sie bezwungen zu haben. Auch sein Vetter, der Kronprinz, war kein Erster in der Welt der Strategen, aber es ist nicht bekanntgeworden, daß ihm das

Gefühl, von einem Genius überflügelt zu sein, jemals die Freude des Daseins getrübt hätte.

Diese Bemerkungen, die meiner dankbaren Verehrung für den Prinzen wahrlich keinen Abbruch tun, decken sich, soviel ich weiß, mit den Anschauungen weitester militärischer Kreise. Sollte dies aber *nicht* der Fall sein, so werd ich, wenn ich von besser unterrichteter Seite her in diesem heiklen Punkte rektifiziert werden sollte, gerne Veranlassung nehmen, meinem irrtümlichen Urteile das fachmännisch *richtige* gegenüberzustellen.

10. KAPITEL

Dreilindens Umgebung

Dreilinden ist, nach allen Seiten hin, von landschaftlich und historisch anziehenden Plätzen, darunter Pfaueninsel, Kohlhasenbrück, Jagdschloß Stern, Kleinmachnow, Gütergotz (jetzt von Bleichröderscher Besitz), umgeben. In engerem Kreise liegen: *Bensch'* Grab, *Kleists* Grab, *Stolpe* (mit der Stolper Kirche) und die Kirche von *Nikolskoë.*

Diesen vier Punkten wenden wir uns zum Schlusse zu.

1. Bensch' Grab

Salz- und Schiffahrtsdirektor *Bensch* (s. S. 358), der eigentliche Schöpfer der erst später, 1865, zum „Rittergute Düppel" erhobenen Kolonie Neu-Zehlendorf, hing an dieser seiner Schöpfung derart, daß er, trotzdem er sich 1856 derselben entäußerte, doch auf ihr begraben sein wollte. Das geschah dann auch, und zwar in unmittelbarer Nähe von Dreilinden.

Bensch' Grab, wie im Volksmunde die Stelle heißt, ist nicht bloß ein Grab, sondern ein Friedhof und besteht aus zwei mitten im Walde gezogenen Kreisen, einem weiteren *Laubholz-* und einem engeren *Nadelholz*kreis, in dessen Mittelpunkte sich ein holzumgittertes, großes und von einem alten

Lindenbaum überschattetes Familiengrab befindet. Alles von Efeu dicht überwachsen und voll jenes eigentümlichen Zaubers, den immer nur *die* Begräbnisplätze haben, die sich von aller Kunst fernzuhalten und sich statt dessen an die Natur möglichst eng anzuschließen wissen. Es hat das allertiefste Zusammenhänge mit dem „Wieder-zu-Erde-Werden", ein natürlicher Prozeß, den wir sowenig wie möglich gestört sehen wollen. Die mehr oder minder zwangvoll herangezogene künstlerische Betätigung, die, je nachdem, ins Museum oder in die Kapelle gehört, wirkt *draußen* wie Disharmonie. Keine gegossenen Kreuze, mit dem Schmetterling oder dem Engel mit der gesenkten Fackel darauf, haben mich je so tief bewegt wie die Feldsteingräber in Jütland und Schleswig oder *hier* dies unter Bäumen geborgne „Bensch'sche Grab". Unvergeßne Stunde, die mich in seine mystisch gezogenen Kreise führte! Die Dämmrung war gekommen, eine Himbeerhecke duftete, tiefer im Walde schlugen die Nachtigallen, und die Mondessichel (ein Ring, eine Linie nur) stand hoch über uns im Blauen.

2. Kleists Grab

Ein noch größeres Interesse weckt das etwa 1000 Schritt von Dreilinden unmittelbar am kleinen Wannsee gelegene *Grab von Heinrich von Kleist.* Erst der Prinz erwarb diesen Uferstreifen. Die Stätte selbst ist seit Eröffnung der in geringer Entfernung vorüberführenden Grunewaldbahn eine vielbesuchte Pilgerstätte geworden, und in schöner Jahreszeit vergeht wohl kein Nachmittag, an dem nicht Sommervergnüglinge von Station Neu-Babelsberg her aufbrächen, um, am Wannsee hin ihren Weg nehmend, dem toten Dichter ihren Besuch zu machen.

Der Weg von Dreilinden her aber ist ein *andrer* und mündet erst in verhältnismäßiger Nähe von „Kleists Grab" in einen sowohl dem Neu-Babelsberger wie dem Dreilindner Wege gemeinschaftlichen, von Werft und Weiden umstandenen Wiesenpfad ein, der auf die (wie schon hier bemerkt werden möge) sich dem Auge völlig entziehende Begräbnisstätte zuführt.

An ebenerwähntem Einmündungspunkte gesellt ich mich einer „Partie" zu: vier Personen und einem Pinscher, die, den Pinscher nicht ausgeschlossen, mit jener Heiterkeit, die, von alter Zeit her, allen Gräberbesuch auszeichnet, ihre Pilgerfahrt bewerkstelligten. Es waren kleine Leute, deren ausgesprochenster Vorstadts- und Bourgeoischarakter mir, in dem Gespräche, das sie führten, nicht lange zweifelhaft bleiben konnte.

Die Tochter ging ein paar Schritte vorauf. „Er soll ja so furchtbar arm gewesen sein", sagte sie mit halber Wendung, während sie zugleich mit einem an einer Kette hängenden großen Medaillon spielte. „Solch berühmter Dichter! Ich kann es mir eigentlich jar nich denken."

„Ja, das sagst du wohl, Anna", sagte der Vater. „Aber das kann ich dir sagen, arm waren damals alle. Und der Adel natürlich am ärmsten. Und war auch schuld. Denn erstens diese Hochmütigkeit und dann dieser Kladderadatsch und diese Schlappe. Na, Gott sei Dank, so was kommt nich mehr vor. Davor haben wir jetzt Bismarcken."

„Ach, Herrmann", unterbrach ihn hier die Frau, „laß doch *den*. Hier sind wir ja doch bei Kleisten. Und arm? Ich hab es janz anders gehört; um eine kranke Frau war es. Und er soll ihr ja so furchtbar geliebt haben."

„I, Gott bewahre", sagte der Mann in einem Ton, als ob es sich um das denkbar Unglaublichste gehandelt hätte.

Während dies Gespräch noch andauerte, hatten wir einen Punkt erreicht, wo der über die Wiese führende Weg ein Ende zu haben schien, bis wir zuletzt, bei schärfrem Hinsehn, eines Fußpfades gewahr wurden, der sich, zwischen allerlei Gestrüpp hin, in einer schmalen Schlängellinie fortsetzte. War das *unser* Weg? Ein Versuch schien wenigstens geboten, und siehe da, keine hundert Schritt, und wir hatten's und standen an der Grabstelle, die, seitab und einsam im Schatten gelegen, denselben düstren Charakter zeigte wie das Leben, das sich hier schloß. Auch eine pietätvolle Wiederherstellung der durch viele Jahre hin vernachlässigten Stelle hat an diesem Eindruck nichts ändern können. Ein Eisengitter zwischen vier Steinpfeilern schließt das Grab ein, das *zwei* Grabsteine trägt: einen abgestumpften Obelisken aus älterer und einen pultartig zugeschrägten Marmor aus neurer Zeit. Auf dem abgestumpften Obelisken fanden wir ein Häuflein Erde, darin eine sinnige Hand, vielleicht keine Stunde vor uns, einen Strauß unterwegs gepflückter Feldblumen eingesetzt hatte. Zu Füßen des Obelisken aber, auf dem zugeschrägten Marmorsteine, stand das Folgende:

Heinrich von Kleist
Geboren 10. Oktober 1776,
gestorben 21. September 1811
Er lebte, sang und litt in trüber, schwerer Zeit,
Er suchte hier den Tod und fand *Unsterblichkeit.*

Die Tochter las die Verse laut, und ob es nun die Nähe des Grabes oder vielleicht auch nur die Verlegenheit war, in die so viele Menschen geraten, wenn sie Verse hören (ein Rest von Respekt vor dem alten Propheten- und Bardentum), gleichviel, alles im Kreise wurde still, und diese Stille wirkte wie Huldigung und Gebet.

Erst der Rattenpinscher, dem die Szene zu lange dauern mochte, gab uns durch einen dreimaligen Unmutsblaff unsren Augenaufschlag und gleich danach auch unsre Bewegung wieder, und denselben Schlängelpfad entlang, auf dem wir gekommen waren, schritten wir nunmehr auf die draußen liegende Waldwiese zurück.

Neben der Tochter ging jetzt ein in dem doppelten Abhängigkeitsverhältnis von Geschäft und Liebe stehender junger Mann und versuchte das auf dem Hinweg unterbrochne literarische Gespräch wieder aufzunehmen. Er begann mit H. von Kleists Käthchen, das alle sonderbarerweise kannten, und gebrauchte dabei den Ausdruck „holdseliges Geschöpf“.

Aber darin versah er es durchaus, und Anna, die das Prinzip der „Erziehung von Anfang an“ aller Wahrscheinlichkeit nach von der Mutter adoptiert hatte, replizierte scharf: „Ich weiß nicht, Herr Behm, was Sie so nennen. Ich find es bloß unnatürlich, immer so nachlaufen und sich alles gefallen lassen. Und es verdirbt bloß die Männer, die schon nichts taugen.“

Er wollte mit Nachdruck und Wärme das Gegenteil versichern, aber die Mutter trat peremtorisch dazwischen und sagte: „Recht, mein Anneken . . . Ja, Herr Behm, Anna hat recht.“

Und nun waren wir wieder an der Stelle, wo der Weg sich teilte, weshalb ich meinen Hut zog und mich aufs *artigste* verabschiedete. Nichtsdestoweniger konnt ich, rückblickend, an Blick und Gesten unschwer erkennen, daß die Meinungen über mich schwankend und nur die der Mutter zu meinen Gunsten waren. Was mich allerdings über den endlichen Ausgang der Sache beruhigte.

Bald danach, als ich einen höher gelegenen Punkt erreicht hatte, hielt ich noch einmal an und überschaute das vor mir ausgebreitete landschaftliche Bild. Nach Westen hin lagen Fluß und Wald in einem goldnen Abendschimmer, und Villentürme, Kiosks und Kuppeln wuchsen daraus empor. Alles, was ich sah, war Leben, Reichtum, Glück. Und daneben gedacht ich des *Dichtergrabes*, das einsam ist, trotz der Neugier, die jetzt tagtäglich nach ihm pilgert. Aber ich gedachte zugleich auch der unbekannten Hand, die vor wenig Stunden erst einen Feldblumenstrauß in jenes Häuflein Erde gepflanzt hatte, und getröstete mich: „Eine Hand voll Liebe besiegt *jedes* Geschick.“

3. Die Kirche zu Stolpe

Stolpe, Stolpeken oder Wendisch-Stolpe scheint – so schreibt Berghaus, dem ich die Verantwortung dafür zuschiebe – das am frühesten in unserer Landesgeschichte genannte Teltow-Dorf zu sein. 1197. Es war eine wendische Besiedlung, auf der sich bis diesen Tag zahlreiche Totenurnen vorfinden. Im übrigen gedeiht hier, und zwar in besonderer Vortrefflichkeit, die Teltower Rübe, nachdem die Bevölkerung jahrhundertelang vorwiegend von Fisch- und Honigfang gelebt hatte. Die Lage des Dorfes ist sehr malerisch, wozu die von Wannsee bis nach Klein-Glienicke sich hinziehende Seenkette das Ihrige beiträgt. Bis zur Reformation gehörte Stolpe zum Brandenburger Bistum, nach welcher Zeit es zum Amte Ziesar und dann zum Amte Potsdam kam. Dahin ward es eingepfarrt, und seine hochgelegene Kirche zeichnete sich, neben andrem, auch durch eine große Glocke aus.

Das ging so bis 1848, wo die große Glocke sprang, und als bald danach die ganze, noch der gotischen Zeit entstammende, zur Zeit des Großen Kurfürsten oder ersten Königs aber umgebaute Kirche baufällig wurde, beschloß man regierungsseitig, alles von Grund aus abzutragen und genau an Stelle der alten Kirche die Fundamente zu einer neuen zu legen. Bei diesen Fundamentierungsarbeiten stieß man auf zwei Grüfte, von denen eine sogleich als Erbbegräbnis der Hofgärtnerfamilie Heydert erkannt wurde, deren Ahnherr, *Martin* Ludwig Heydert, kurfürstlicher Hofgärtner zu Neu-Glienicke, sich bei Gelegenheit des vorerwähnten, in die Wende des 17. und 18. Jahrhunderts fallenden Umbaues der Stolper Kirche durch eine reiche Beisteuer von 800 Talern derart wohlverdient gemacht hatte, daß ihm das Recht auf Anlegung einer Familiengruft in besagter Kirche bewilligt wurde. *Martin* Ludwig Heydert starb 1728 und bezog nun, als erster, die wahrscheinlich zu seinen Lebzeiten gebaute Gruft. Ob auch seine zwei Frauen hier beigesetzt wurden, stehe dahin; jedenfalls aber fanden sein jüngster Sohn und eine seiner Schwiegertöchter ihren Platz an seiner Seite. Das erhellt mit Bestimmtheit aus einem in den Neubau der Kirche mit hinübergenommenen, von Gestalten des Todes und der Trauer eingefaßten Epitaphium, das der junge Heydert (*Joachim* Ludwig) zu nicht näher zu bestimmender Zeit dem Andenken seines Vaters *Martin* Heydert errichtete, bei welcher Gelegenheit neben dem etwas vorspringenden und mit des Vaters Grabschrift ausgefüllten Mittelfelde zwei reich ornamentierte Seitenfelder freigelassen wurden, in die dann später einerseits die Grabschrift des Sohnes, andererseits die der Schwiegertochter eingetragen werden sollte. Was auch geschah. Mit Hilfe dieser drei Grabschriften lesen wir jetzt die Geschichte der Familie Heydert von dem ihrem Andenken errichteten Steine herunter.

Die Grabschriften selbst aber lauten wie folgt.

Mittlere Grabschrift. Dieses Denkmal decket die Asche des weiland Herrn *Martin* Heydert, geboren 1656 in Rathe im Fürstentum Oels in Schlesien. Hat im fürstlichen Garten (zu Oels) die Gärtnerei erlernt. Hernach von Kurfürst Friedrich Wilhelm von Brandenburg aus Holland als Gärtner und Planteur nach Klein-Glienicke berufen, den 18. Februar 1686. Ist gestorben im August 1728. Er war zweimal verheiratet und zeugete 5 Söhne und 3 Töchter, von denen zwei Töchter und der jüngste Sohn noch itzt am Leben sind. Dieser noch lebende jüngste Sohn hat nach seines Vaters Letztem Willen dieses Denkmal setzen lassen.

Grabschrift links. Allhier ruhet in Gott Frau Maria *Margarethe* Heydert, geborene Kroocken (wahrscheinlich Krogh), geboren in Dänemark den 11. November 1715, verwaist erzogen von ihrer Tante in Holland, verehelicht daselbst den 26. März 1752 mit Herrn *Joachim* Ludwig Heydert, nachher berufenen Königlich preußischen Oberhofgärtner, aus welcher Ehe eine Tochter entsprossen, die in ihrem ersten Jahre in Holland verstorben. Sie (Frau Maria Margarethe) endete ihr ruhmvolles Leben in christlicher Aussicht zur Ewigkeit zu Potsdam den 29. Dezember 1777. Dies setz ich Dir in Lieb und Pflicht. *Joachim* Ludwig Heydert.

Grabschrift rechts. Hier ruht die Asche des Königlichen Hofgärtners *Joachim* Ludwig Heydert, 1716 am 8. August zu Klein-Glienicke bei Potsdam (wo der Herr Vater als Königlicher Gärtner und Planteur gestanden) geboren. Den 21. April 1733 ist weiland derselbe in den Königlichen Gärten bei dem Königlichen Hofgärtner Herrn Saltzmann in die Lehre getreten und anno 1736 in die Fremde gegangen. Zuerst nach Sachsen und Kopenhagen; dann nach Holland, wo derselbe

17 Jahre lang konditionierte, später aber von Ihro Majestät dem hochseligen Könige von Preußen, Friedrich II., engagiert worden ist. Hat sich dreimal verheiratet und hinterläßt aus der letzten Ehe zwei Söhne. Gründer einer Stiftung, von deren Kapital die armen Kinder Freischule haben. Starb den 3. Januar 1794.

Außer diesem Epitaphium und der dazugehörigen Heydertschen Gruft fand man im Mittelschiff der Kirche noch ein *zweites* Gewölbe mit einem noch wohlerhaltenen eichenen Sarge. Der Sage nach sollte dies der Sarg der Frau des Hans oder Michael Kohlhas sein, die, so hieß es in der Dorfsage, „mit fast fürstlichem Gepränge, auf einem mit schwarzem Tuche ausgeschlagenen Wagen, von Kohlhasenbrück nach Stolpe geschafft und in der dortigen Kirche beigesetzt worden sei". Dieser Spinnstubengeschichte gegenüber hat Rentier Heydert, ein Nachkomme der in der Kirche zu Stolpe ruhenden Familie Heydert, darauf hingewiesen, daß sein Urgroßvater, der Königliche Hof- und Obergärtner Joachim Ludwig Heydert, wie das Epitaphium mit seinen Inschriften auch hervorhebt, *drei*mal verheiratet gewesen sei, von dessen drei Frauen eine jede das Recht der Beisetzung in der Kirche zu Stolpe gehabt habe. Da nun aber für die *dritte* Frau schließlich kein Platz mehr in der ursprünglichen Familiengruft vorhanden gewesen sei, so sei noch diese Nebengruft gebaut worden. Eine Vermutung, die ihm durch den merkwürdigen Kopfputz der in dieser Gruft beigesetzten Frauenleiche bestätigt werde. Denn zwei der Heydertschen Ehefrauen seien *Holländerinnen* gewesen, die stets einen eigentümlichen Kopfputz getragen hätten. Und damit sei denn ein für allemal widerlegt, daß dies Nebengewölbe – jetzt zugeschüttet, während man das andere belassen hat – die Gruft der Kohlhasin gewesen sein könne.*

* Dieser Annahme des Rentiers Heydert ist nur zuzustimmen. Jedenfalls ist die, die hier ruhte, nicht die Frau des Hans Kohlhas gewesen (Kleist nennt ihn irrtümlich Michael). Alle diese Sagen entstammen der alten, längst widerlegten Annahme, daß Kohlhase in dem dicht bei Stolpe gelegenen Kohlhasen-

1858 war, nach einem von Stüler herrührenden Plane, mit dem Bau der neuen Kirche begonnen worden, und am 25. November 1859 wurde sie eingeweiht. Ein Querschiff scheidet das Langhaus vom Chor. Über der Durchschneidung ist der Turm, der mit seinen an den vier Ecken angebrachten gotischen Pyramidentürmchen zu dem romanischen Basilikenstil des Ganzen nicht recht paßt, aber in der Landschaft eine gute Wirkung macht. Die schön ausgeführte Sandsteinkanzel mit den vier Statuetten der Evangelisten nimmt, neben dem Grabdenkmal der Familie Heydert, das künstlerische Interesse am meisten in Anspruch.

Früher umgab hier in Stolpe, wie überall, der Kirchhof die Kirche. Seit dem Umbau der letzteren aber ist der Kirchhof wegverlegt worden und hat sich, bei dem raschen Wachstum der Gemeinde, rasch mit Gräbern gefüllt. Auch die Nachbarschaft bestattet gelegentlich ihre Toten hier, und der in der „Kolonie Wannsee" wohnhafte Zweig der Familie Begas hat ein offenes Erbbegräbnis auf dem Stolper Kirchhof. Ein von Strauchwerk und jungen Bäumen überwachsenes Eisengitter schließt einen geräumigen Platz mit zur Zeit zwei Grabhügeln ein. Der eine wird von einem Obelisken aus rötlichem Granit überragt und trägt die Inschrift:

Oscar Begas
geboren 21. Juli 1828
gestorben 10. November 1883.

Unter dem zweiten Grabhügel ruht die zweiundzwanzigjährige Tochter; zu Häupten ein schwarzer Syenit mit folgender Inschrift:

brück gelebt habe. Dies ist aber falsch. Kohlhasenbrück hat mit Kohlhase weiter nichts zu schaffen als das eine, daß der für sein Recht kämpfende Roßkamm sich an ebendieser Stelle verbarg und von hier aus den kurfürstlichen Hüttenfaktor Conrad Drahtzieher überfiel und beraubte. Was dann mit Kohlhas' Hinrichtung (er ward aufs Rad geflochten) endigte. Kohlhas wohnte in Berlin, Fischerbrücke Nr. 27, in einem Hause, das noch im Jahre 1866 in seiner alten Gestalt bestand und Stallung für vierzig Pferde hatte. Erst 1867, nachdem es noch im Jahre vorher als Lazarett gedient, ward es umgebaut und in ein Gasthaus modernen Stils verwandelt. Beim Umbau wurden einige Münzen aus der Mitte des 16. Jahrhunderts gefunden.

Marie Veronika Eugenie Mathilde Begas
geboren 27. Mai 1862
gestorben 8. Oktober 1884.

Der Tod der liebenswürdigen jungen Dame weckte damals eine besondere Teilnahme: sie starb an einem giftigen Insektenstich in die Lippe.

Ein anderer Fremder, der seine letzte Ruhestatt hier gefunden, ist der vieljährige Besitzer von Kohlhasenbrück, Heinrich Beyer, ein geborner Westfälinger. Ein Kreuz erhebt sich zu seinen Häupten und trägt folgende Inschrift:

Hier ruht in Gott
der Gutsbesitzer *Heinrich Beyer*
geboren 15. März 1826
gestorben 13. Oktober 1887.

Er war ein jovialer Herr, der es sich, von dem Augenblick an, wo Kohlhasenbrück in seinen Besitz kam, zur Lebensaufgabe machte, die Silberbarren wieder herauszugraben, die Kohlhas, nach der Beraubung des kurfürstlichen Hüttenfaktors, in die hinter dem Beyerschen Grundstück hinfließende „Beke" versenkt haben sollte. Natürlich verlief auch *diese* Schatzgräberei erfolglos.

4. Die Peter-Pauls-Kirche zu Nikolskoë

Nikolskoë war ursprünglich nichts als ein russisches Blockhaus, das Friedrich Wilhelm III. auf einer Havelhöhe gegenüber der Pfaueninsel errichten ließ. Kastellan von Nikolskoë ward ein geborner Russe mit Namen Iwan, ein schöner alter Mann, mit langem weißem Bart und in bequemer russischer Nationaltracht. „Als bald danach", so erzählt Eylert, „Kaiser Nikolaus samt Gemahlin (Prinzessin Charlotte von Preußen) Potsdam besuchte, führte Friedrich Wilhelm III. seine russischen Gäste vor dies Blockhaus und sagte: ‚Sieh, Charlotte, es ist eine getreue Kopie des Blockhauses, in dem wir, als ich euch in Petersburg besuchte, so froh waren. Du wünschtest dir damals ein solches Haus und meintest, man könne darin ebenso vergnügt sein als in einem kaiserlichen Palast. Dies dein Wort hab ich behalten und im Andenken daran dies Haus errichten lassen. Und nach dem dir teuersten Namen soll es ›Nikolskoë‹ heißen.'"

Das alles war in den letzten zwanziger Jahren, und wie damals die junge russische Kaiserin ahnungslos die Anregung zum Bau des *Blockhauses* Nikolskoë gegeben hatte, so sollte sie später die Veranlassung zum Bau der *Kirche* von Nikolskoë werden. Und zwar war dies bei einem abermaligen Besuche, den sie der preußischen Heimat abstattete. Mit ihrem Vater, dem Könige, bei Sonnenuntergang zwischen den Bäumen der Pfaueninsel auf und ab schreitend, äußerte sie, „wie schön und erbaulich es sein müsse, wenn diese Abendstille vom Glockengeläut einer am andern Havelufer errichteten Kapelle durchtönt würde", Worte, die ganz der Stimmung des Königs entsprachen und kurze Zeit danach bei diesem zu dem Entschlusse führten, in der Nähe des russischen Blockhauses eine den Aposteln Petrus und Paulus zu stiftende Kirche entstehen zu lassen: die Kirche von Nikolskoë. In der betreffenden Cabinetsordre hieß es: „Die Kirche soll im Stil der russischen Kirchen, jedoch ohne die diesem Stile charakteristischen fünf Türme, sondern nur mit *einem* kuppelartigen Turme gebaut und danach die Zeichnung entworfen werden."

Dies Reskript war vom 27. April 1833. Der Kronprinz entwarf eine Skizze, die bald danach vom Könige gutgeheißen und von den Hofbaumeistern Stüler und Schadow zu regelrechten Plänen erweitert wurde. Diesen Plänen entsprechend erfolgte nunmehr der Bau selbst, nachdem noch vorher unterm 24. März 1834 folgendes in mehr als einem Punkte charakteristische Cabinetsschreiben an die vorgenannten Bauräte gerichtet worden war. „Ich genehmige, daß der Bau nach den mir eingereichten Plänen ausgeführt werde. Nur die Kanzel scheint mir unrichtig *so* gezeichnet, als ob sie *über* den Stufen, die zum Altar führen, aufgerichtet werden solle. Die für die Vergoldung der Kuppel und des Kreuzes angesetzten 455 Taler 15 Sgr. fallen aus, da *Kuppel und Kreuz grün gestrichen werden sollen.* Friedrich Wilhelm." Von der Hand des Cabinetsrats Albrecht war in einer Nachschrift hinzugefügt: „Bei Vollziehung dieser Cabinetsordre hat Seine Majestät geäußert, ‚er habe nur bemerken wollen, daß man aus der Zeichnung nicht recht ersehe, *wie* die Kanzel eigentlich zu stehen kommen solle'." Der König hatte sehr wahrscheinlich die die Kanzel betreffenden Worte des vom Cabinetsrat abgefaßten Schreibens nicht allzu glücklich gewählt gefunden und wünschte durch diese postskriptliche Hinzufügung seine Bauräte vor dem Vorwurf einer in der Zeichnung zutage getretenen Unsorglichkeit zu schützen.

Am 1. August 1837 war der Bau beendet; am 13. August erfolgte die Einweihung durch den Generalsuperintendenten Bischof Neander, und zwar in Gegenwart des Königs, des Oberpräsidenten von Bassewitz, des Hofmarschalls von Massow, des Schloßbaumeisters Schadow und vieler anderer. Acht Tage später wurde Pastor Fintelmann, Bruder des Hofgärtners Fintelmann auf der Pfaueninsel, eingeführt.

Die Kirche kann als eine frei behandelte Basilika gelten, bei der, ganz wie bei der Kirche zu Stolpe, „pittoreske Wirkung" die Hauptaufgabe bildete. Stüler und Schadow haben sich denn auch über die Rücksichten, die, nach dieser Seite hin, beim Bau maßgebend waren, ausführlich ausgesprochen. „Die Höhe von Nikolskoë", so heißt es im 4. Heft des „Architektonischen Albums", „ist in der Landschaft von Potsdam weithin zu sehn. Das sie krönende Bauwerk konnte aber keine bedeutende Ausdehnung erhalten, und so war die Ausbildung hoher Formen, namentlich die Anlage eines schlanken Turmes mit Kuppel, einem flacheren Kuppelbau vorzuziehen. Die Zusammenstellung der Formen mußte vor allem auf malerische Wirkung berechnet sein. Dazu kommt, daß die Pfaueninsel und die Höhe von Nikolskoë jährlich von einem großen Teil der Einwohner von Berlin und Potsdam besucht werden und die Aussicht gerade von diesem Punkt aus zu den schönsten hiesiger Gegend zählt. Beides veranlaßte die Anlage von Loggien neben dem Turm, die in solcher Höhe liegen, daß man, über die nächsten Bäume hinweg, das vielfach bewegte Waldterrain, das Flußgebiet mit zahlreichen Buchten und großen Wasserflächen sowie die eine kleine Meile entfernte Residenz Potsdam mit ihren Schlössern und ihren rings um die Stadt gelegenen romantischen Villen übersieht. Die Loggien wurden außerdem noch durch Anordnung der *Glocken* motiviert, welche in dem kleinen Turm schwer Raum gefunden hätten und hier im Freien bei weitem besser geeignet sind, die auf eine halbe Meile entfernte Gemeinde zur Kirche zu rufen."

Daß diese *Glocken* – die nach dem Wunsche der Prinzessin Charlotte (Kaiserin von Rußland) „mit ihrem Feierklange die abendliche Stille durchbrechen sollten" – in zurückliegender Zeit die recht eigentliche Veranlassung zum Bau der Kirche von Nikolskoë gewesen waren, *diese* Tatsache war den beiden Baumeistern (wenn sie je davon gewußt) bei Niederschreibung ihres Rechenschaftsberichtes sehr wahrscheinlich aus der Erinnerung gekommen, dem Pastor Fintelmann aber bei seinem Amtsantritt sicher ganz unbekannt geblieben, er würde sonst schwerlich, und zwar nach verhältnismäßig kurzer Zeit schon, angefragt haben: „ob nicht das tägliche dreimalige Läuten in der Kirche zu Nikolskoë *auf die Sommermonate* beschränkt werden könnte?" Worauf denn aus dem Hofmarschallamte der folgende, ziemlich ungnädige Bescheid erging: „Seine Majestät sind keineswegs mit der von Ihnen geäußerten Ansicht einverstanden und befehlen vielmehr, daß, *während des ganzen Jahres*, morgens, mittags und abends geläutet werde, und wollen auch, daß, wenn bisher in dem Filialdorfe Stolpe *nicht* geläutet wurde, dieses sogleich eingeführt werde."

Die Peter-Pauls-Kirche zu Nikolskoë verfolgt also, um an dieser Stelle zu rekapitulieren, neben ihrer gottesdienstlichen Aufgabe vor allem *zweierlei:* sie soll als *Bild* in der Landschaft wirken und soll zweitens mit ihren *Glocken* die Stille romantisch-feierlichen Klanges unterbrechen. Und beides ist erreicht worden. Im übrigen gibt sich das Innere der Kirche ziemlich nüchtern, welche Nüchternheit auch durch drei die Kanzel zierende Medaillonbildchen nur wenig gemindert wird, weil alle drei Bildchen, so hübsch und bemerkenswert sie sind, nicht unmittelbar und durch sich selbst, sondern erst durch ihre Geschichte zur Geltung kommen. Zwei davon, die Apostel *Petrus* und *Paulus*, sind wertvolle Mosaikarbeiten (besonders Petrus mit dem Unterkleide von Lapislazuli), die Papst Clemens XIII. in den sechziger Jahren des vorigen Jahrhunderts dem König Friedrich II. zum Geschenk machte. Beide Bildnisse gehörten der Bildergalerie zu Sanssouci an, von der sie, während des Baus der Kirche, hierher kamen. Das dritte Medaillonbild ist ein „Christuskopf mit der Dornenkrone" nach Guido Reni und rührt nicht von einem kopierenden italienischen Meister, sondern vom Lehrer und Küster Fischer her, der, während der letzten Regierungsjahre König Friedrich Wilhelms IV., an der Schule von Nikolskoë amtierte. Fischer bat um die Erlaubnis, dies Bild machen und, wenn gut befunden, in das noch leere Kanzelfeld einsetzen zu dürfen. Nach erhaltener Erlaubnis begann er mit sorgfältiger Präparierung einer Tontafel. Dann schritt er zu einer majolikaartigen Bemalung derselben und brannte die Farben, unter Benutzung seines eigenen Backofens, ein. Einen ihm angebotenen Ehrensold lehnte er ab und bat nur um Bewilligung von „frei Arzt und Arznei", welche Bitte mit dem Hinzufügen gewährt wurde, „daß diese Bewilligung nicht nur *ihm*, sondern ein für allemal allen Lehrern und Küstern an der Schule beziehungsweise Kirche von Nikolskoë zugute kommen solle". So wurde sein Fleiß und seine Kunst zum Segen auch für seine Nachfolger, die sich, bei zufällig viel Krankheit, ihres Amtsvorgängers in besonderer Dankbarkeit erinnern.

In der Kirche von Nikolskoë blieb durch vierzig Jahre hin (von 1837 bis 77) so ziemlich alles beim alten. Erst das letztgenannte Jahr führte Veränderungen herauf. Am 18. Januar 1877 war die Prinzessin *Karl* gestorben und hatte, wohl in Erinnerung an hier trostreich verlebte Stunden, in ihrem Testamente den Wunsch ausgesprochen, „in der Peter-Pauls-Kirche zu Nikolskoë zu ruhn". Im Einklange hiermit schritt man, nach einem Entwurfe des Hofbaumeisters Persius, zur Erbauung einer mit weißem, blauem und dunkelgrauem schlesischen Marmor getäfelten und zur Aufnahme von acht Särgen ausreichenden Gruft,* in der am 24. Mai früh sechs Uhr die Prinzessin – deren Sarg bis dahin in Charlottenburg gestanden hatte – beigesetzt wurde.

Von dem Tag an war die Gruft zu Nikolskoë die designierte Begräbnisstätte der Karlschen Linie des Hauses Hohenzollern:

am 24. Januar 1883 wurde der alte Prinz *Karl*** hier beigesetzt,

am 18. Juni 1885 Prinz *Friedrich Karl.*

Und an den Geburts- und Sterbetagen legen Dankbarkeit und Liebe hier ihre Kränze nieder.

* Erst das Jahr 77 gab der Kirche zu Nikolskoë diese *Gruft*, aber schon von 1837 an war ein Kirchhof da. Derselbe befindet sich hundert Schritte weiter zurück und ist Begräbnisplatz vieler auch in weiteren Kreisen bekannt gewordener Persönlichkeiten. Hier ruht, unter einem mächtigen schwarzen Syenit, Oberlandforstmeister *Ulrici*; neben ihm sein Schwiegersohn Oberst von *Kayser*. Hier ruht ferner Frau *Friedrich*, die sogenannte „alte Friedrich", von der ich in dem Kapitel *„Pfaueninsel"* (Band III meiner „Wanderungen") ausführlich erzählt habe. Hier endlich hat auch der viele Jahre lang auf der Pfaueninsel installierte, später mit einer Potsdamerin verheiratete Sandwichs-Insulaner *Maitay* seine letzte Ruhestätte gefunden. Ein Steinkreuz, mit Maitays Namen in *Front*, bezeichnet seine Grabstelle, während es, an der Rückseite des Kreuzes, in einer für Mark Brandenburg höchst charakteristischen Weise heißt: „Hier ruhen des Sandwichs-Insulaners Maitay *Schwiegereltern*". In jedem andern alten Kulturlande würde sich auch der edelste Sandwichs-Insulaner immer noch *seinerseits* in der Benötigung einer Berufung auf seine Schwiegereltern befunden haben – in Mark Brandenburg ist es umgekehrt oder war es doch bis 70. Alles von „weither" hatte den Vortritt, wie diese Steinkreuzinschrift in beinah rührender Bescheidenheit lehrt.

** Prinz *Karl* starb am 21. Januar. Wenige Stunden vor seinem Hinscheiden erschien sein Bruder Wilhelm im prinzlichen Palais am Wilhelmsplatz, und der Generalarzt Dr. Valentini meldete dies mit den Worten: *„Seine Majestät der Kaiser!"* Freudig lächelnd erhob der sterbende Prinz den rechten Arm und rief, unter Dransetzung seiner letzten Kraft: *„Er lebe hoch!"* Es waren seine letzten Worte. Die menschlich siegreiche Persönlichkeit Kaiser Wilhelms hatte Rivalitäten, wie sie früher geherrscht haben mochten, längst beglichen und in dem Herzen des Bruders nichts zurückgelassen als Bewunderung und Liebe.

ANHANG
ZUM KAPITEL „LIEBENBERG“

VOM 14. OKTOBER 1806 BIS 18. OKTOBER 1813

Sieben Jahre Welt- und Landesgeschichte vom Standpunkt eines märkischen Herrensitzes aus

In einer Reihe von Aufsätzen über „Liebenberg und die Hertefelds“, die zu Beginn dieses Jahres an ebendieser Stelle veröffentlicht wurden, hab ich vor allem auch die Gestalt *Friedrich Leopolds von H.* (des Vaters des „letzten Hertefelds“) zu zeichnen gesucht, und zwar nach seinen eigenen, an seine Tochter Alexandrine Danckelmann gerichteten Briefen.

Ebendiese Briefe jedoch geben nicht bloß ein Bild seiner Person, sondern zugleich auch ein Bild seiner *Zeit,* an welches Zeitbildliche sich aus dem Moment heraus überall auch ein Zeit*raisonnement* anschließt. Er war *so* scharf in Beobachtung und Urteil, daß es ihm unmöglich war zu referieren, ohne zu kritisieren. Ob diese seine Kritik überall eine richtige war, ist mindestens zweifelhaft. Er versah es, mein ich, darin, daß er, um beispielsweise nur *einen* Namen, den Hardenbergs, zu nennen, Person und Sache nicht ausreichend zu scheiden, die Schwierigkeiten der Lage, ganz besonders auch die der zu schaffenden Hilfe, nicht genugsam zu würdigen und alles in allem sich vor einer, wenigstens teilweise, aus Alter, Neuerungsunlust und geschädigtem Interesse herstammenden *Einseitigkeit* nicht zu wahren wußte. Aber gerade diese Einseitigkeit, die uns zur Opposition gegen seine Opposition zwingt, ist sehr lehrreich und außerdem noch in hohem Grade dazu angetan, uns in einem freudig dankbaren Gefühle für alles *seit* jener Zeit und *durch* jene Zeit Errungene zu bestärken.

Ich gehe nun zu den brieflichen Aufzeichnungen selbst

über und teile dieselben, auszugsweise, nach Jahren geordnet mit. Es ergibt sich aus dieser chronologischen Einteilung auch zugleich eine Gruppierung dem *Stoffe* nach.

1806 BIS 1808

In den letzten Oktobertagen 1806 war Liebenberg geplündert und infolge davon auch die bis dahin zwischen Friedrich Leopold von H. und seiner Tochter Alexandrine geführte Korrespondenz unterbrochen worden. Erst aus dem Herbst 1807 finden sich wieder Briefe vor, in denen der alte Freiherr über das Elend des Landes und den Übermut der Unterdrükker Klage führt. Am meisten aber beklagt er die Feigheit und Zerfahrenheit im Lande selbst und die falschen und teils unsicheren Schritte derer, die der herrschenden Zerfahrenheit steuern sollten. Er wünscht sich aus diesem Leben voll Plakkereien und Unwürdigkeiten heraus, und nur wenn die Tochter einen ähnlich trüben Ton anstimmt, ermahnt er sie, „weil sie noch jung sei", zum Erharren einer besseren Zeit.

Ebendiesem wechselvollen Tone der Anreizung und Besänftigung begegnen wir auch in den Briefen aus dem nächstfolgenden Jahre (1808), aus deren Reihe hier ein paar nur als Stimmungsbilder eine Stelle finden mögen.

Liebenberg, den 19. Januar 1808

Auf die traurigen Vorstellungen, die Du Dir machst, sage ich Dir, daß ich alles, was Du von der Zukunft sagst, wohl überdacht habe. Du siehst alles in einem zu dunklen Schatten; der alte Gott ist noch immer derselbe, wenngleich er zuläßt, daß anjetzo so vieles Unheil in der Welt ist. Es wird sich ändern, und Du mußt alles tun, es bis dahin zu tragen. Ich wenigstens hab es mir jetzt zur Pflicht gemacht, den Widerwärtigkeiten entgegenzuarbeiten. Laß Dich durch die empfundenen traurigen Vorfälle nicht niederschlagen und sorge nicht ängstlich für die Zukunft; alles, was wir mit unserer Vernunft nicht abwenden können, ist Schicksal, und dem

Schicksal müssen wir ruhig entgegengehn, weil es nicht zu ändern ist. Oft ist auch die Hilfe näher, als wir glauben. Noch freilich haben wir die Gäste hier; gehen sie indes nicht bald, so muß Hunger und Elend sie bald ohn unser Zutun vertreiben, denn der Bauer verkauft schon das ihm Nötige, um das unzufriedene Volk zu füttern.

Liebenberg, den 2. Februar 1808

Hier ist es noch immer, wie es war, keine Aussicht zum Abmarsch, zunehmendes Elend unter den meisten Klassen und steigende Preise der meisten Lebensbedürfnisse. Dabei zunehmender Geldmangel. Das Gold und Courant verschwindet gänzlich; nicht nur die unerhörten Kriegssteuern nehmen es fort, sondern die französischen Kommissariatskerls und ihre Affilierten, die sich auf unsere Rechnung bereichert haben, wechseln es des leichteren Fortbringens wegen ein und zahlen uns den Betrag in Groschen aus. Dahingegen läßt der, der keine Groschen nimmt, immerfort Groschen unter Friedrichs Stempel schlagen, und wenn die Armee einmal ein paar Monat ihres rückständigen Soldes empfängt, so wird sie in Groschen bezahlt. Dazu kommt noch, daß eine Menge falscher Groschen in Altona von Schelmen fabriziert und in Umlauf gebracht worden sind, wodurch diese Geldart vollends allen Kredit verliert.

L., den 15. Februar 1808

Du bist in den Jahren, noch bessere Zeiten zu erleben. Diese Aussicht bleibt mir aber nach durchlebten siebenundsechzig Jahren *nicht*. Demungeachtet arbeite ich wieder darauf los, als wenn ich noch lange Zeit vor mir hätte. Bei mir rührt das von einer gewissen Hartnäckigkeit her und von der Lust der hämischen Freude, so mancher Schadenfrohen entgegenzuwirken. Dabei denke ich, solange man noch den Kopf oben und die Beine unten hat, muß man seinen alten Weg gehen. Wir sind doch alle weit glücklicher, als der Urheber alles dieses Übels, denn wie mag es mit dessen Gewissen stehen? Es *ganz* zu unterdrücken ist nicht möglich, und sicherlich ist er allen Gefahren nur entgangen, um dereinst mit seinem Gewissen eine lange Konferenz zu haben.

Nachschrift. Alles bleibt hier beim alten, nur daß die Unredlichkeiten zunehmen. Die Wälder werden ihrer Eichen beraubt, die nach Magdeburg abgeführt werden, und 6000 Pferde werden von uns gefordert, ohne der Bezahlung zu erwähnen. Gott sei's geklagt, wie mit uns in vollem Frieden gehandelt wird.

L., den 23. Februar 1808

Daß Du die Bekanntschaft des Herrn Generals und der Frau General *Lestocq* gemacht hast, ist mir um so lieber, als ich dadurch erfahre, daß beide noch an mich denken. Es sind durchaus rechtliche und brave Menschen, dabei von sanftem, angenehmem Umgang, denen ich von Herzen gut bin; sage doch beiden in meinem Namen, was Freundschaft Dir eingeben kann, und versichere sie, daß ihr Andenken mir außerordentlich wert ist. – Der Frau Gräfin *Voß,* deren Erinnerung mir ungefähr so viel wert ist als das Anfliegen eines Papillons, wolle doch ja versichern, daß die Poule blanche zu Liebenberg in unserer Wohnstube als wahres Andenken hängt. – Der Hof tut sehr wohl daran, eingeschränkt zu leben, denn wenn er wieder hierherkommt, so wird er, wie die Holländer sagen, einen „desolaten Bödel" finden. Alles wird aufgezehrt, verschuldet, und die Plünderung ist methodisch, ohne das Ende davon zu sehen. – Als der Adjutant *von Jagow* hier die Niederkunft der Königin ankündigte, war ich in Berlin und sah ihn auf der Straße; hätte man mir nicht gesagt, daß er es wäre, so hätt ich ihn nicht erkannt, dermaßen hat er an Volumen zugenommen. Hier nehmen die Leute *nicht* zu, sondern ab; ja unglaublich viel sind vor Gram gestorben. Das habe ich nun zwar nicht getan, und abgenommen hab ich auch nicht (da ich vorhin schon nichts zu missen hatte), aber der Kopf ist fast ganz kahl, und was noch von Haaren da ist, bedarf keines Puders.

Nachschrift. Der alte Herr, der jetzt am Militärruder sitzt, stößt manche brave Männer, die sich ihm zeigten, vor den Kopf. Ich höre darüber manche Klagen.

L., den 17. April 1808

Ich fühle meine Isolierung täglich mehr und habe bei Betrachtung des allgemeinen Schicksals manche trübe Stunde. Die Schindereien währen bis zur Niederträchtigkeit fort; will man sich nicht darin geben, so heißt es, „man habe üblen Willen", tut man aber, als merke man's nicht, und gibt und gibt, so werden vor den Augen Bücklinge gemacht, hinterrücks aber lachen die Ehrenmänner. Ich bin nun so weit, daß ich nicht *einem* traue. Leichtsinn, Eitelkeit und eine fürchterliche Habsucht haben die Moralität dieser Menschen vernichtet; das einzige, worin alle übereinkommen, ist, „daß Bravour die *erste* der Tugenden sei". Sie ist aber vielmehr die *einzige* bei ihnen.

L., den 30. Mai 1808

Was Du über die Hofluft sagst, ist sehr wahr. Wir hören hier so manches, was wirklich niederschlagend ist. Herr *von Stein* geht, und Herr *von Voß* wird die Immediatkommission dirigieren. Von den Personen, die jetzt oben in Königsberg Einfluß haben, kenn ich wenige; es sollen aber meistenteils ganz ordinäre Menschen sein, das, was die Franzosen pauvres gens oder gens sans moyens nennen. – Unter den beiseite gelegten Militärs zeichnet sich hier der von Massenbach aus, der eigentlich an der Hohenloheschen Katastrophe schuld ist und in seinen Schriften alle andern Unglücksgefährten angreift. Der Mensch muß wahrlich nicht klug sein, denn indem er die andern inkulpiert, deckt er seine Blöße auf. Man hat unrecht, zu sagen, daß es unserm Militär an Mut gefehlt habe; nein, das war es nicht; mehrere Regimenter und Bataillone haben ihre Pflicht getan, aber die Leitung war elend und die jungen Herren, die in der Nähe des Thrones eine Rolle gespielt hatten, waren verweichlicht, und bei allem Manövrieren war *eine* der Hauptsachen vergessen, nämlich die des kleinen Dienstes gegen den Feind. Man ging vorwärts ohne Vortrupp, ohne Rekognoszierung, und so kam es denn, wie es zutage liegt. – Grüße die Familie von Lestocq und sage dem General, ich wäre noch von demselben Geiste beseelt wie unter dem großen König. Hier ist alles unverändert; man sieht des Elends so wenig als der treulosesten Insolenz ein Ende. Wahrlich, man muß seinen Verstand gefangennehmen, um nicht alle Hoffnung zum Besseren daranzugeben. – Ich bewundere übrigens die Königsberger, daß sie nach allem erlittenen Elend und bei gänzlicher Handelsstokkung an ein Theater denken können. – Von meiner Gesundheit ist nicht viel Gutes zu melden. Obgleich mich das Fieber verlassen hat, so kann ich doch den Magen nicht wieder in Ordnung bekommen. Der häufige Gebrauch der China ist wohl mit schuld daran, denn wer kann so viele geraspelte Baumrinde verdauen!

L., den 17. Juni 1808

Hier ist alles auf die nächsten Begebenheiten gespannt. Es heißt, die Franzosen würden im August alle abgehen, die Spanier und Portugiesen an ihre Stelle hierherkommen. Die Regimenter, die jetzt hier sind, meinen selbst, daß sie bestimmt wären, über den *österreichischen* Kaiser herzufallen, und dieser soll es auch erwarten, also sich zur Gegenwehr rüsten.

1809

Der Silberstempel. – Schill und der Herzog von Braunschweig. – Der Krieg gegen Österreich. – Mißstimmung über den Gang der inneren Politik. – Königs Geburtstag (3. August); Theatersachen. – Der Brand der Petrikirche. – Rückkehr der königlichen Familie

Der Silberstempel

Liebenberg, 15. April 1809

In Berlin war man über das Arrangement des *Silberstempels,* wenn ich sagen soll mit Recht, verdrießlich. In der großen Stadt, wo von sechs Meilen in der Runde alles Silberzeug hinfloß, war nur *eine* Stempel- und Empfangsstube; den Ersten sollte das Stempeln anfangen, und den Vierten waren erst die Stempel fertig. Die dahin strömenden Leute standen zu Hunderten vor der Tür bis auf die Straße, und die meisten sind zwei- bis dreimal unverrichtetersache dort gewesen. Das laute Murren mochte wohl Besorgnisse erwecken, denn nach sechs Tagen wurde eine zweite Stube und nun endlich eine dritte dazu eingerichtet, welches noch alles nicht zureicht, weshalb der Termin bis zum 20. April hat hinausgerückt werden müssen. Mit den Bescheinigungen, die dabei ausgestellt werden, geht es ebenso absurd; über das Abgelieferte bekommt man einen Gewichtsschein, wobei ein viertel oder ein halb Lot oft übersehen wird. Dieser wird nach drei Tagen gegen einen Interimsschein eingelöst und dieser wieder nach drei Tagen gegen einen Münzschein. Wenn der Häsensche Herr solche Anordnungen gemacht hätte, so würde ich mich nicht wundern, aber von so weisen Herren kann man nur urteilen, daß sie zwar Neuerungen erdenken können, in der Ausübung jedoch Lehrlinge sind. Ein alter Bürger, der sein Silber wieder zurücktragen mußte, sagte ganz laut auf der Straße, „die Minister wären schlechte Praktiker; *haben* wollten sie, aber mit *Ordnung* zu nehmen, das wüßten sie nicht". Diese Herren setzen sich in einen schlechten Kredit beim Publikum, und wenn sie nach Berlin kommen werden, wird man ihnen *kein* Vivat bringen. Auch in Breslau bringt die Silberstempelung viel ein. Die Münze ist schon in vollem Schlagen von Einsechstel- und Dritteltalerstücken begriffen; im ganzen kann dadurch leicht eine Million in Cours kommen.

Schill und der Herzog von Braunschweig

Liebenberg, den 6. April 1809

Unsere Zeiten sind nicht für den ruhigen Bürger geeignet, nur Tollköpfe, Schwindler und Schelme spielen darin eine Rolle. Unter die ersteren gehört auch gewiß der so belobte Held Schill, dessen Desertion mit einem ganzen Husarenbataillon aus Berlin eine unerhörte Sache ist. Der ehrliche alte

Gouverneur Lestocq ist darüber außer sich, indessen konnte er das nicht vorhersehen, denn Schill hat sein Unternehmen so geheimgehalten, daß nicht einmal seine Offiziere davon etwas vermuten konnten. *Wohin* er ist, *was* er vor hat, mit *wem* er im Auslande in Verbindung steht, kann niemand erraten. Bei Tangermünde ging er über die Elbe, und da ist vorläufig ein Punctum in seiner Geschichte. Gewiß wird er als Deserteur zitiert werden. – Die Kriegsbegebenheiten beunruhigen mich sehr; in dem wehrlosen Zustand, worin wir uns befinden, kann ein jeder bei uns eindringen und uns ganz verderben.

den 23. Mai 1809

Schill ist ein exaltierter Mann, der vermutlich ausländische Korrespondenzen gehabt hat, die ihn durch allerlei Vorstellungen irregeleitet haben. Er war vor acht Tagen noch in Dömitz, einer kleinen Elbveste, dem Herzoge von Mecklenburg gehörig, deren er sich ohne Widerstand bemeisterte, denn es lagen darin nur ein paar alte Soldaten. Was er weiter vorhat, läßt sich nicht einsehn; indessen hat er Geld aus manchen Kassen zusammengebracht und sein Häuflein durch Zulauf vermehrt. In dem Gefecht unweit Magdeburg hat er fünf tüchtige Offiziere und einige dreißig Mann verloren; daß er aber die ihn angreifenden Westfälinger und Franzosen tüchtig zusammengesäbelt hat, davon sagen die Zeitungen nichts. Es ist aber doch wahr. Mir tut es leid, daß so ein brauchbarer Mann solche Tollheiten begeht; indessen der so gepriesene Geist der Zeit bringt fast nichts wie Tollheiten hervor.

Die Schillsche Geschichte, die die Arrestation von Chazot (der nach Königsberg gereist war) zur Folge hatte, hat nun auch noch viel Unannehmlichkeiten für das Militär erzeugt. Es hieß nach einer mir gestern zugekommenen Nachricht, daß der alte ehrlich Lestocq* und Tauentzien den Abschied

* Man machte den alten *Lestocq* für Schills Desertion verantwortlich oder gab sich wenigstens das Ansehen, es zu tun. So fiel er in eine halbe Ungnade. Wenige Wochen später schrieb von Hertefeld: „General von Lestocqs Verhältnis kann ich nicht begreifen, er geht nicht auf Parade, und doch wird ihm alles gemeldet; er ist dem Äußeren nach zufrieden, *sie* aber ist nicht vergnügt. – *Chazot* braucht das Bad in Freienwalde. Ob er außer Dienst ist, weiß ich nicht."

gefordert, letzterer ihn aber nur bekommen hätte, daß auch sechsundachtzig Stabsoffiziere bei der preußischen Division den Abschied verlangten. Das wäre ein gewaltiges Zeichen von Mißvergnügen, welches nichts Gutes prophezeit. Ich kenne den General *Scharnhorst* nicht, mir deucht aber, daß seine Einrichtungen, Änderungen etc. uns keine Ordnung der Dinge bringen.

L., 31. Mai 1809

Mehrere Husaren haben Schill verlassen und sind wieder hierhergekommen, während er noch in Stralsund ist und sich auf englischen Schiffen embarquieren will. Sein Zug ist wahrlich ein sonderbarer Parteigängerstreich, denn nachdem er den Fürsten von Köthen heimgesucht und in 30000 Taler Strafe genommen hatte, zieht er nach Magdeburg und schlägt das ihm entgegengesandte Corps Westfälinger und Franzosen bei Dodendorf, nimmt ihnen drei Kanonen, geht nach Halberstadt und eine seiner Abteilungen nach Blankenburg; dann gegen die Elbe und ins Mecklenburgische, wo er den Herzog von Schwerin ziemlich ängstigt. Auf die Nachricht, daß der Hamburger Kommandant, General Gratien, ihm mit drei Regimentern Holländern entgegengehe, paßt er diesen auf, schickt des Nachts seine ziemlich angewachsene Infanterie über die Elbe, überfällt den Gratien bei Hitzacker, haut das meiste zusammen oder sprengt es, nimmt sechs Kanonen und 700 Mann; die letzteren sendet er ohne Gewehre und Uniformen nach Hause, er aber geht nach Rostock und so weiter nach Stralsund, wo, wie es heißt, er nun Schanzen aufwirft. Er soll mit der in Dömitz gefundenen geringen Artillerie jetzt achtzehn Kanonen und gegen 5000 Mann haben, mit welchen er bis zum Embarquement sich auf Rügen halten will. Den Grafen Schulenburg-Kehnert hat er gewaltig geelendet, weil er Verdacht hatte, daß er Nachrichten über ihn nach Magdeburg gesandt habe. Er hat 5000 Taler ausbeuteln müssen; 20000 sollte er geben, hatte sie aber nicht bar. An Geld fehlt es Schill nicht, denn er hat überall die westfälischen Kassen geleert und aus Halberstadt allein 50000 Taler mitgenommen. Wahrlich, das ist ein sonderbarer Mensch, der verschroben zu sein scheint und *doch*, wenn er die Mittel fände, vielleicht eine große Rolle spielen könnte. Gerät es ihm, nach England zu kommen, so wird man ihn dort mit einem Kußhändchen aufnehmen und gebrauchen. Hier hieß es ferner, der Herzog von *Braunschweig-Oels* sei auf dem Marsche durch Sachsen und habe bereits Zittau passiert, um etwas zur Wiedererlangung seines Landes zu unternehmen, ja daß der alte *kassel*sche Herr ein Gleiches tue. Die Konfusion nimmt also überall zu, und wo ist eine Aussicht zum Besseren?

L., den 6. Juni 1809

Schills Geschichte ist, wie vorabzusehen war, zu Ende. Er mochte 1500 Männer unter Gewehr haben, wurde von 7000 Holländern und 2000 Dänen verfolgt und so nach Stralsund gedrängt und in dieser Stadt nach einer lebhaften Gegenwehr forciert; sein Corps ist zerstreut oder gefangen, er aber blessiert in einem Nachen in See gegangen, um, wie es heißt, englische Schiffe zu erreichen. Der General Gratien kommandierte die 9000 Mann gegen ihn, und vermutlich hätte er nichts ausgerichtet, wenn Schill nur 4 bis 5000 Mann gehabt hätte, denn er hatte bis zur Zeit, da das ihm entgegengestellte Corps so stark anwuchs, den General Gratien und alle, die sich ihm entgegensetzten, gerupft oder geschlagen. Sein ganzes Unternehmen war nichtsdestoweniger Tollheit. Mehrere seiner Jäger und Husaren, die von seinem Corps abgeschnitten waren, sind vorher zurückgekommen und werden unter andere Regimenter gesteckt. Ihnen konnte man nichts tun, sie waren einfach ihrem Kommandeur gefolgt. Des Herzogs von *Oels'* Unternehmen kommt mir auch als eine Schilliade vor.

L., 12. Juni

Ob Schill geblieben sei oder nicht, darüber streitet man noch. Mecklenburger haben mir versichert, daß der Herr General Gratien einem toten Körper den Kopf habe abhauen und diesen dem gefangenen Reitknechte des Schill habe vorzeigen lassen mit dem Befragen, „ob das nicht seines Herrn Kopf sei?" Der Reitknecht habe gesagt „ja" und hätte seine Aussage beschwören müssen. Der durch eine Schußwunde gänzlich entstellte Kopf sei aber der des Rittmeisters von Blankenburg gewesen, der beim Eindringen der Holländer mit einigen Husaren über sie hergefallen und die ersten heruntergesäbelt habe; es hätt ihn aber endlich ein Pistolenschuß hinterm Ohr durch den Kopf getroffen und so vom Pferde geworfen. Schill wäre, durch einen Hieb blessiert, nach dem Strande gejagt und nach Rügen übergekommen. Was hiervon wahr ist, wird sich zeigen; übrigens war es keine große Heldentat, mit 9000 Dänen und Holländern diesen Trupp zu übermannen. Mehrere Offiziere und Mannschaften sind nach erfolgter Kapitulation dem General von Blücher übergeben worden, der alle nach Kolberg gesandt hat; andere sind durch Umwege nach Berlin gekommen und in Spandau arretiert. Nun erfolgt eine Untersuchung. So viel ist gewiß, daß den Siegern dieses Gefecht eine Menge Menschen gekostet hat, denn die Schillianer haben sich wie Rasende gewehrt, und bei ihrer großen Gewandtheit wußten sie den Säbel sehr geschickt zu gebrauchen. Denn das muß ich bezeugen, daß ich nie ein Husaren- und Jägercorps *so* geschickt gesehen habe wie dieses. – Lestocqs sind wohl und grüßen; *ihr* kann man es anmerken, daß das Verfahren in der Schillschen Sache sie verdrießt, und das mit Recht. Überhaupt hat das halbe Dutzend Alentours die Eigenschaft, die besten Männer vor den Kopf zu stoßen.

L., 5. August

Der Herzog von *Oels* scheint, wie ich Dir schon schrieb, mit seinen paar Männern eine zweite Schilliade spielen zu wollen; den Waffenstillstand respektiert er nicht; über Leipzig ist er hinaus, scharmuziert soll er auch schon haben, aber wo, was er will, was er für Hoffnungen hat, das sieht niemand ein. In unseren sogenannten aufgeklärten Zeiten finde ich mehr Ungereimtheiten als vordem.

Den 19. August

Vor zwölf Tagen noch hatten wir Einquartierung von dem französischen 22. Regiment, das aus Stettin kam, um den Herrn *von Oels* zu fahnden, der sie alle betrogen hat. – Einige Tage vorher kam ein Regiment polnischer Dragoner hier in die Gegend und zog nach Magdeburg. Sie benahmen sich überall wie Schurken.

Der Krieg gegen Österreich

Liebenberg, den 15. April

Über die in der Nachbarschaft sich türmenden Kriegswolken sind wir alle sehr verlegen, denn ein jeder kann uns ins Land laufen. Alles wird übrigens aufgeboten, um gegen Spanien oder Österreich zu ziehen. Letzte Woche lag wieder ein Regiment sächsischer Kürassiere bei Bergsdorf; sie führten sich gut auf und gingen nach Brandenburg, wo sie weitere Ordre erwarteten. Sie hofften auf nichts Erfreuliches und verwünschten den Krieg. Nun soll noch ein sächsisches Infanterieregiment hier durchpassieren. Dieses ist das letzte, welches von Danzig kommt. Ich denke, daß es am Main oder an der Elbe irgendwo schiefgehen muß und deshalb alle Festungstruppen, die meist alte Soldaten sind, herangezogen werden.

L., den 4. Juni 1809

Mehrere von unsern vormaligen Soldaten haben bei den Österreichern Dienste genommen; selbst aus Berlin sind welche desertiert, um zu ihnen zu gehn.

L., den 8. Juni

Hier ist man in der Erwartung, daß der französische Kaiser, der alles an sich zieht, um eine Übermacht zu haben, wegen der letzthin verlorenen Schlacht bei Aspern und Eßling sich an dem Erzherzog Karl zu rächen suchen wird. Noch sind in keiner Schlacht so viele französische Generale von vorzüglichen militärischen Kenntnissen geblieben oder verwundet als in dieser; es muß schrecklich hergegangen sein. Die Donau hat manchen Körper nach dem Schwarzen Meere befördert, der vor vier Monaten noch in Spanien lebte. Wenn es wahr ist, daß Krieg nötig ist, um die Welt von zu großer Volksmenge zu säubern, so muß ich doch bekennen, daß diese Säuberung etwas stark ist. – Was hier von Truppen steht, wird komplettiert und nach und nach bekleidet; auch die Artillerie instand gesetzt. Dabei wird fleißig exerziert. Aber das alles ist bloß Vorsorge und scheint mir nicht auf Teilnahme an dem Kriege abzuzwecken. Wollte Gott, es wäre einmal Friede; aber bei Versperrung aller Wege dazu, wo soll er herkommen?

30. August 1809

Des französischen Kaisers böses Gewissen sieht und bemerkt Gefahr und Aufstand und will doch nicht Buße tun. Am wenigsten in *Tirol,* wo man durch Füsiladen und harte Behandlung den Aufstand erneuert hat, und zwar in solcher Wut, daß ein Teil der Rheinbündler-Truppen und der Bayern vernichtet ist. Der Verlust von Vlissingen wird auch sehr ärgern. An Stelle des von Stettin ausmarschierten 22. Regiments kam neuerdings das in Spanien ruinierte 27. wieder durch Zehdenick. Früher gehörte es zum Soultschen Corps, stand in hiesiger Gegend und war damals über 1800 Mann stark. Anjetzo, trotzdem schon eine Konskriptions-Ergänzung dazu gestoßen ist, zählt es nur 450 Mann. Von den alten Offizieren war *keiner* mehr dabei, so hat Spanien damit aufgeräumt. Möchten sie doch *alle* so siegen.

L., den 13. September 1809

Ich war vorige Woche in Berlin, aber der Aufenthalt daselbst ist mir ganz zuwider. Ich habe da nichts von frischer Luft, und ein Gang Unter den Linden will auch nicht viel besagen. Wenn ich hier in Liebenberg bin und Unbehaglichkeit fühle, setze ich mich aufs Pferd und befinde mich besser.

Neues weiß man hier gar nicht. Oft hört man ganz widersprechende Nachrichten. Die Friedensbedingungen, hieß es, wären: daß Salzburg, Tirol und Vorarlberg dem Herzoge von Würzburg zufallen sollten, wohingegen Bayern Würzburg bekäme. Galizien käme zu Warschau, der König von Sachsen würde König von Polen und der Herzog von Weimar König von Sachsen. Ich verbürge die Wahrheit der Nachricht nicht, so viel aber scheint mir gewiß, daß man vor Tirol Respekt bekommen hat, wo der Herr Duc de Danzig (General Lefebvre) Gott hat danken müssen, daß er mit heiler Haut aus den Bergschlupfen entkommen ist.

Mißstimmung über den Gang der inneren Politik

Liebenberg, den 25. April

Die französische Niedertracht wächst mit jedem Tag und ruiniert uns noch das bißchen von Anstand, Gesinnung und guter Sitte, was wir uns aus besseren Tagen gerettet. Über die Spioniererei in Magdeburg hat uns Frau von A. denn doch eine Beschreibung gemacht, die alles übertrifft; Freunde müssen bei verschlossenen Türen und alsdann auch nur sachte sprechen. Und in den Zeitungen wird der Welt tagtäglich von unserem Glück und Wohlbefinden erzählt.

L., 6. Juni

Bei der hiesigen Regierung ist man mit Verabschiedungen neuerdings sehr liberal gewesen. Der Direktor Groote trat freiwillig zurück, aber die Räte von Winterfeldt, Bonsery, Nagel sind entlassen worden. Alle drei waren während des Aufenthalts der Franzosen viel in Verpflegungsmagazin- und Lieferungssachen gebraucht worden. Andere Räte und kleinere Beamte der Regierung sind auf kleine Pension gesetzt worden. Ich werde aus dem ganzen Verfahren nicht klug; hat man Ursach zu Mißvergnügen gegen Beamte, so lasse man sie *richten* und *strafen,* aber das démettre et chasser, ohne einen Grund anzuführen, setzt Beamte in die Kategorie eines Knechts, dem ich ohne weiteren Grund sagen kann: Du ziehst ab.

L., 10. Juli 1809

Ich kann mich mit der Umänderung unserer Staatsverfassung nicht befreunden und pflichte denen bei, die da sagen: früher hätten wir mittelmäßige Doctores gehabt, nun aber wären wir unter die Hände der Quacksalber geraten. Ich kann noch nicht einsehen, daß bei den Neuerungen mehr Ordnung und Tätigkeit eintrete; ich gehöre aber auch freilich zu den alten dummen Alltagsmenschen. – Daß *Danckelmann* nicht nach Berlin berufen und daselbst angestellt worden ist, ist verdrießlich. Aber nach meiner Ansicht von unserer Gesamtlage war es eigentlich nicht möglich. Denn verhehlen wir uns nicht, es ist eine *Clique* da, die über alles disponiert, und *die* wird sich hüten, andre als ihrem Kreis Angehörige in die Nähe des Thrones zu ziehen. Klage darüber zu führen ist unstatthaft und gilt für illoyal, unter Umständen auch für revolutionär. So steht es um unsere bürgerliche Freiheit! Etwas Freies soll weder gedruckt noch geschrieben werden. *Friedrich* ließ drucken und schreiben und bekümmerte sich um nichts.

L., 13. September

Der Großkanzler ist nun wieder in Berlin; von den übrigen Ministern hört man nichts. Dagegen höre ich, daß der Accoucheur Dr. Ripke nach Königsberg abgegangen ist. Ich bedaure die Königin über ihre Fruchtbarkeit, denn sie kann das viele Kindern nicht aushalten, zumal ihre Lage, wie die des ganzen Staates, sehr unangenehm auf ihr Gemüt wirken muß. – Es wird nun also wirklich an Rückkehr des Hofes von Königsberg nach Berlin gedacht. Am äußeren Jubel wird es bei der Gelegenheit nicht fehlen, ob er aber innerlich und dauernd sein wird, steht leider sehr dahin. Es kann sein, daß das Alter mich mürrisch und von schweren Begriffen macht, muß aber gestehen, daß ich alle Veränderungen als verderblich ansehe. Ich kann in den Neuerungen nichts Besseres finden, als das Alte war, im Gegenteil, alles arbeitet einem reinen Despotismus in die Hand. Anstatt den König dem Volke zu nähern, entfernt man ihn von ihm; einige *Faiseurs wollen* alles machen und machen auch alles. Was nebenher der Menschenschinder im großen Babel mit all seinen königlichen Sklaven aushecken wird, wird bald zutage kommen. Uns und allen Völkern kann es nur nachteilig sein. Alles läuft darauf hinaus, auch Chef der Kirche sein zu wollen und das *abendländische* Kaisertum mit voller Despotie wiederherzustellen. Zum Schlusse fehlt nur noch, daß auch Kaiser Alexander das *orientalische* Reich wieder aufrichtet; dann sitzen wir und Österreich in der Mitte, geprellt von dem einen, gestoßen vom andern.

Königs Geburtstag. Theatersachen

Berlin, 5. August 1809

Vorgestern war hier zu Königs Geburtstag ein prächtiges Konzert im Saale des Komödienhauses, und zwar zugunsten des Friedrichs-Instituts, des Mittags großes Diner bei Prinz Ferdinand, abends Ball von 300 Personen bei Minister von der Goltz. Die Stadt war ziemlich erleuchtet, meistens im Innern der Häuser. Das Konzert habe ich gehört. Unsere besten Stimmen sangen einen Akt aus einer von Righini komponierten Oper. Die Singakademie sang die Chöre sehr schön; eins, welches ein paar Crescendo-Passagen hatte, war ordentlich rührend. Schade war es, daß viel Regen fiel. Den Abend vorher sah ich *Iffland* den „Amerikaner" spielen; er war glänzend und hat uns alle bei herzlichem Lachen erhalten.

Berlin, 8. August 1809

Der Tod der Madame Schick macht alle Theater- und Musikliebhaber traurig; mir erschien sie als Sängerin nicht so vorzüglich, aber ihr Ruf von guten Sitten machte sie mir schätzbar.

Berlin, 31. Dezember 1809

Interessieren wird Dich vielleicht, daß die Bethmann, die das Publikum durch einen dummen Auftritt wegen ihrer Tochter sehr beleidigt hatte (deshalb übrigens auch in Hausarrest war), nun durch eine öffentliche Abbitte wieder zu Gnaden aufgenommen ist. Von dem elenden Vorfall wurde so viel gesprochen als wie vom letzten Friedensschlusse, denn es gehört zum Geiste der Zeit, daß die Komödianten nicht nur auf dem Theater, sondern auch im Publikum etwas vorstellen.

Der Brand der Petrikirche

Berlin, den 25. September 1809

In der Nacht vom 20. d. hatten wir hier die fürchterliche Szene des Brandes der Petrikirche. Ich glaubte, der nächstgelegene Stadtteil würde abbrennen, denn der Sturmwind trieb das Feuer bis weit über meine Wohnung hinaus. In der Stralauer Straße fingen zwei Häuser und der Waisenhausturm Feuer; jene wurden gerettet, aber der Waisenturm brannte ab, nicht ohne Gefahr für das ganze umliegende Viertel. An der Petrikirche selbst war nichts zu tun, als sie brennen zu lassen; der Turm fiel zum Glück in sich zusammen, vierzehn Häuser aber, die nächsten unter dem Winde nach der Grünstraße zu, sind teils ganz abgebrannt, teils sehr beschädigt. Was das Feuer sehr vermehrte, war *das,* daß die auf dem Kirchensöller mietsweis aufgestellten Buchniederlagen von Haude und Spener und von Pauli gleich von den Flammen ergriffen und die Blätter brennend umhergetrieben wurden. Ohne die guten Anstalten zum Löschen, die Menge der Spritzen, besonders der Prahmspritzen, und ohne die herbeiströmenden Menschen würde gewiß ein Viertel der Stadt abgebrannt sein. Du kannst Dir eine Vorstellung von den Flammen machen, wenn ich Dir sage, daß es um zwei Uhr in der Nacht so hell vom Feuer wurde, daß ich bequem kleinen Druck lesen konnte. Die Urheber des Feuers sind gestern eingezogen worden. Es ist zunächst eine Schusterfrau, die einen bloßen Tischladen zum Verkaufe hat, den sie dann des Abends, für eine Erkenntlichkeit an den Küster, in die Kirchenhalle setzte. Da es kaltes Wetter war, hatte sie einen Feuertopf, um die Beine zu wärmen, gebraucht und diesen

Feuertopf, ohne die Kohlen auszuschütten, am Abend samt ihrem Tisch und Stuhl in die Halle gesetzt. Und daraus ist der Brand entstanden. Vermutlich wird diese Kirche zunächst in Schutt und Trümmer bleiben; denn wo soll das Geld herkommen? Über dreißig kleine Krämer, die ihre Buden an der Kirche hatten, haben alles verloren.

Rückkehr der königlichen Familie

Liebenberg, 14. Dezember 1809

Gestern hörte ich von Berlin her, daß die Schlächter in egalen Uniformen den König einholen wollen und daß ihn die Gärtnertöchter anreden und ihm mit einem Gedichte Langeweile machen werden.

Berlin, den 26. Dezember 1809

Deinem Wunsche gemäß erfolgt hierbei eine kurze Geschichtserzählung vom Einzuge des Königs. Dieser Einzug war wegen des Frohsinns, der herrschte, außerordentlich rührend. Auch das Wetter begünstigte ihn, und der 23. war der einzige Tag, an welchem die Sonne ununterbrochen schien.

Drei Tage vor der königlichen Ankunft bekam der alte brave Lestocq seine Demission. – Auch *diesen* Mann mußte man abdanken, weil der allgemeine Wütrich – noch aus Groll wegen Major Schills irren Ritterzuges – solches als eine Satisfaktion verlangt hatte. Auf ein Verlangen von derselben Seite her ist Feldmarschall Kalckreuth zum Gouverneur ernannt worden. Lestocq kennt den ganzen Zusammenhang, er weiß, daß er ein Opfer der Politik ist, und wird vermutlich auf die Propstei nach Brandenburg ziehen. Der König hat ihn auf die ehrenvollste Art empfangen und ihn ganz allein zu einem Familiendiner gebeten; er behält sein volles Gehalt und ist zufrieden, so wie auch sie, die, nach so viel Unruhe, nun endlich Ruhe zu finden hofft. Kalckreuth wird hier nicht gern gesehen werden; er soll Ende Januar eintreffen, übrigens ohne seine Frau, die an der Luftröhrenschwindsucht ohne Hoffnung darnieder liegt. Vielleicht stirbt sie, eh er abreist.

Das Urteil gegen den Generallieutenant *von Wartensleben* hat uns, nebst noch anderen, die „Hamburger Zeitung" mitgeteilt; ich weiß nicht, warum man es nicht bei *uns* auch durch den Druck bekanntmacht. Unseres Fräuleins *du Troussel* Vater hat wohlgetan zu sterben, denn vermutlich hätt er ein Todesurteil bekommen. Der alte *Romberg* und der Kommandant *Knobelsdorf* zu Stettin würden ein gleiches Schicksal gehabt haben, wenn sie nicht zur Ewigkeit abgereist wären. Dem Wartensleben gönnt ein jeder sein Schicksal. Übrigens sehe ich, daß manche Militärs bloß nach Gunst wieder angestellt werden, dagegen andere, die tüchtige Kerls sind, zurückstehn müssen.

Der französische Gesandte soll sich gegen die Königin über die Freude des Volks beim Einzuge mit den Worten geäußert haben: „On voyait, que les acclamations n'étoient pas commandé."

1810 UND 1811

Vom Hofe. – Innere und äußere Politik. – Neue Minister. – Der Tod der Königin. – Die Theoretiker. – Justiz-Organisationsplan. – Der Tugendbund

Liebenberg, 22. Januar 1810

Wir haben nun also das Ordensfest gehabt, und sonderbar ist die Zusammenstellung derer, die dekoriert worden sind: Minister, Präsidenten, Prediger und Iffland. Alles ist bei uns russische Nachahmung; Originales haben wir nichts als unsre gutmütige Einfalt.

Berlin, den 11. Februar 1810

Hier ist nun der neue Gouverneur mit seiner Ehefrau angekommen. Er zeigt sich, *sie* aber *nicht*, weil sie kränkelt. Ich sah ihn letzte Woche bei Recks, wo er Visite machte, fand ihn aber so gealtert, daß ich ihn an anderem Orte schwerlich erkannt haben würde. Lestocqs leben vergnügt und ruhig; sie verlangen weiter nichts.

Recks sind wohl, ob sie aber mit der Gegenwart zufrieden sind, weiß ich nicht. Sie wünschen ihr Haus gut zu verkaufen, und dies gibt mir fast den Gedanken, daß sie Berlin zu verlassen wünschen. Mir wurde gesagt, daß sowohl er wie sie bei der großen Cour von dem König und der Königin kalt behandelt oder doch wenig beachtet worden wären. Indes ist das der Fall mit allen gewesen; die Cour hat nicht voll eine halbe Stunde gedauert, und vielleicht waren einschließlich des Militärs 800 Personen gegenwärtig. Es hat also unter zehn Personen kaum eine angeredet werden können. So viel ist andrerseits gewiß, daß die nächsten Umgebungen alles Alte zu entfernen suchen, und Nagler ist nun im engsten Sinne *das,* was sonst Beyme war. Letzterer, der gewaltig strenge sein soll, geht so gut seinen Gang wie die andern. Wenn den Ständen etwas entzogen werden kann, ist er mit dabei, schon deshalb, weil sein eignes Ansehen gewinnt, wenn er alle Mittelinstanzen zwischen Land und Minister verwischen kann. Unter allen Umständen soll's mich wundern, was nun weiter versucht werden wird. Die Neuerungen verwirren alles dermaßen, daß zum Beispiel der Busenfreund, der sich in Königsberg um Brot- und Fleischpreise bekümmerte, letzthin selber in aller Naivetät bekannt hat, „nicht zu wissen, was die Neuerungen eigentlich bezweckten". Ja, der Kerl soll letzthin dem Minister der Finanzen bei Vorlegung des neuen Etats gesagt haben, „er sähe wohl, daß er um 700000 Taler höher als früher sei, wisse aber nicht warum". Ich bin immer der Meinung, daß die Dirigenten dem Werke nicht gewachsen sind, und erwarte nicht Beßres; fest werden sie sich fahren, wo nicht umwerfen.

L., 5. März 1810

Über die Sonderbarkeit, daß der Direktor Kiekhöfer, wie Du mir schreibst, gerade zu *der* Zeit vorgezogen worden ist, da gegen ihn Untersuchung und Klage vorliegt, wundre ich mich keinen Augenblick, denn auch hier geschehen Mißgriffe aller Art, die zuweilen lächerlich sein würden, wenn nicht unser ganzer Zustand so sehr zum Weinen wäre.

Die Verbindung des französischen und österreichischen Kaisers durch die bekannte Heirat macht bei uns eine unangenehme Sensation. Noch mehr aber bei den Russen. Diejenigen dieser Nation, die jetzt in Berlin sind, haben dessen kein Hehl, und da es einmal die Politik des französischen Kaisers erfordert, seine halbe Million Soldaten auf Kosten der Nachbarn zu ernähren, so ist es klar, daß er ein gutes Teil davon, bei demnächst zu veranlassender Gelegenheit, dem nordischen Alexander zu verpflegen geben wird. Von der Räumung unsrer Festungen hört man nichts, *die* können dann als Entredepots dienen, und wenn wir nicht mitgehen wollen, nun dann gibt man Schlesien an den Schwiegerpapa, welcher es dankbar akzeptieren wird. Gutes erwart ich von der Zukunft *nicht,* Gott müßte denn sehr merklich dazwischenkommen.

L., 21. April 10

Landrat von Itzenplitz ist hier, um die Domainen in der Gegend zu revidieren. Er bleibt ein paar Tage. Feldmarschall Graf Kalckreuth hat zwar in Paris bei dem Herzog von Cadore eine artige Aufnahme gefunden, allein von dem Kaiser selbst ist ihm noch keine Audienz erteilt worden. Es heißt, dieser wolle unsere Anleihe in Holland *nicht* und maule deshalb mehr als vorher. Wenn man uns aber an dieser Anleihe hindert, so weiß ich gar nicht, wo das Geld zur Zahlung unserer Schuld herkommen soll. Geplagt von außen und von innen, wird man ganz kopfverkehrt. Nicht genug, daß der Großkanzler mit Hrn. von Altenstein in Fehde ist, so ist es auch der letztere wieder mit Graf Dohna, und der König selbst fühlt sich diesem Zwiste gegenüber so wenig sicher, daß der Exminister von Hardenberg invitiert worden ist, zu kommen und nachzusehen, ob er ein Medium finden kann. Ob er sich dazu bequemen wird, steht dahin; ich bezweifle es fast, weil seine eigene Sicherheit dabei ins Spiel kommt.

30. April 1810

General Scharnhorst hat das Kriegesministerium niedergelegt; es soll von Paris aus verlangt worden sein. Wer dieses Amt nun bekleiden wird, steht dahin. Ebensowenig wissen wir, was des Feldmarschalls Grafen Kalckreuth Mission nach Paris auf sich hat; sie muß mehr betreffen als eine bloße Beglückwünschung, weil er zwei Legationsräte mit sich hat.

L., 5. Mai 1810

Mit dem Herrn Gr. K. (wahrscheinlich Großkanzler; damals *Beyme*) bin ich auch nicht zufrieden. Ich kenne ihn persönlich nicht, aber ich finde so viel Eigenmächtiges in seinem Verfahren, daß ich ihm nicht traue. Neuerlich hat er darauf angetragen, eins von unsern Landarmenhäusern zu einem Gefängnis für Personen von höherer Klasse zu nehmen. Der Minister des Innern hat zugestimmt, und so soll das Land, dem die Landarmenhäuser gehören und das ebendieselben aus seinen Beiträgen unterhält, dies sein Eigentum hingeben, weil es an Festungen fehlt, wohin man Verbrecher senden kann. Auf diese Art ist das Publikum der Scherwenzel aller Minister und Ministerien. Diese Sache zirkuliert nun bei den Kreisbehörden, die sämtlich ablehnen werden, und dann soll mich wundern, wo man hinaus will. Ich habe ein auf Wahrheit gegründetes Gutachten, das sehr handgreiflich ist, abgegeben, mit Freistellung an den Landrat, solches der Vorstellung beizulegen. Graf Dohna soll als Minister nicht viel bedeuten; ich kenne ihn nicht. Der der Finanzen, heißt es, sei ängstlich. Das *darf* er auch, denn bei unseren Finanzen ist einem jeden bange.

Feldmarschall *Kalckreuth* soll eine sehr freundliche Audienz gehabt haben, wobei der *persönliche* Charakter des Königs Lobsprüche bekommen hat. Was indessen über des Königs *politischen* Charakter gesagt worden ist, davon schweigt man.

L., 19. Mai 1810

Das Erscheinen des Königs von Sachsen ist mir auffallend lächerlich gewesen. Das ist ein Mann, wie ihn Napoleon verlangt, ein Mann, der sich alles gefallen läßt. Nun ist er ganz in den Händen des Generals Thielemann, eines erzfranzösisch Gesinnten und großen Anhängers des verstorbenen Ministers von Bose. Diese beiden ersparten ihm die Mühe, einen Willen zu haben. Wir hier in Berlin haben jetzt einen Troß von lüderlichen Prinzen um uns her, unter denen der Hesse der erbärmlichste ist*. Unser Prinz August ist, was die Frauen anlangt, wie sein verstorbener Bruder Louis. Des Königs Brüder aber zeichnen sich durch eine ordentliche Lebensart aus.

L., 24. Juni 1810

Was die plötzliche Neugestaltung des Ministeriums herbeigeführt hat, ist manchem ein Rätsel, und was im engsten darüber verlautet, kann dem Papiere nicht wohl anvertraut werden. So viel ist gewiß, daß Herr von Hardenberg mit Zustimmung des französischen Kaisers angestellt worden und daß die abgedankten Herren wegen einer Kabale gegen von H. außer Amt gekommen sind. Beyme soll sogar auf eine Bitte zu viertelstündiger Audienz *nicht* beschieden worden sein.

L., 31. Juli 1810

Die Reunion von Holland ist eine schreckliche Begebenheit, die den Bankerott dieses Landes nach sich ziehen wird.

L., d. 11. Aug. 1810

Der Tod der Königin hat hier und überall die traurigste Sensation veranlaßt; ein jeder beklagt den König und fühlt den Verlust. Sie hatte schon öfter Brustbeklemmungen emp-

* Gegen nichts eifert der alte von H. so heftig und so konstant wie gegen lüderliche Prinzen. So heißt es in einem früheren Briefe über Louis Bonaparte (den Vater Napoleons III.): „Dieser elende Kerl, der überall in der schmutzigsten Wollust seinen Körper ruiniert hat und einem Skelett ähnlicher ist als einem Menschen, ist nun also wirklich bestimmt, in Holland zu regieren." An anderer Stelle hat er in ähnlicher Weise mit dem Großfürsten Konstantin ein Hühnchen zu pflücken. „Dieser teure Konstantin kontrastierte hier sehr mit seinem kaiserlichen Bruder, der sich überall Achtung erworben hat. Konstantin ist nichts als ein Wüstling. Er hat fleißig die Elevinnen der Madame Schupitz schmutzigen Andenkens besucht, sonst aber, aller Brutalität unerachtet, mehr Jungenstreiche als Bosheiten verübt."

funden, und wäre sie für diesmal der Gefahr entgangen, so hätte sie doch nicht lange mehr leben können, weil ein Gewächs am Herzen ihren baldigen Tod herbeigeführt haben würde. – Was den unglücklichen Pariser Feuer-Ball angeht, so wurde hier anfänglich auch die Verwundung unseres Gesandten mit allerlei Nebenumständen erzählt. Jetzt aber hört man nichts weiter davon. Der Tod so vieler Personen ist begreiflich, wenn man bedenkt, daß das Feuer durch die von Linon angefertigten Festons sich in einem Augenblick über das Ganze verbreitete. Mich wundert es nur, daß dergleichen nicht öfters geschieht, da der Luxus jetzt 100 Wachslichter erfordert, wo sonst zehn zureichten.

L., 13. Nov. 1810

Gestern war ich in Berlin, wo alles sehr still ist. Der König kommt wenig zur Stadt; die Pumpernickel- und Pachter-Feldkümmel-Komödien unterhalten das Publikum, und die Finanzeinrichtungen schröpfen es. Daß Graf Dohna von der Szene getreten ist, wirst Du wissen; nun ist überhaupt kein Minister des Innern da. Das Departement ist unter die Geheimen Staatsräte verteilt, und Herr Präsident von Schuckmann hat die Sektion des Kultus als Chef erhalten. Ich hoffe, er wird die schwarzen Herrn, die ins Gelach hinein befehlen, etwas in ihre Schranken zurückweisen.

L., d. 29. Dez. 1810

Unser Staatskanzler ist in der Wahl seiner Unterarbeiter unglücklich. Man hat ihm pure junge idealistische Theoretiker vorgeschlagen, so zum Beispiel die Herren *von Raumer* und Peter *Beuth,* die Urheber jenes Stempeledikts, das in so manchem Punkte widersinnig und empörend ist.

Berlin, 26. Dezember

Über die Justizkollegien-Umschmelzung kann ich Dir nur folgendes melden. Das Projekt, das Kammergericht in Bezirksgerichte zu zerteilen, ist *nicht* beiseite gelegt, es wird vielmehr immer noch darüber gebrütet. Und zwar soll zu

Wittstock, Schwedt, hier in Berlin und in Frankfurt ein Instruktionssenat als Oberlandesgericht angestellt und der erste Senat des Kammergerichts zu diesem Zweck auseinandergerissen werden. Der Appellationssenat und das Tribunal bleiben hier. Das Neumärkische Oberlandesgericht sollte *den* Teil der Neumark verlieren, der in Pommern einschießt, dahingegen den Ober-Barnimschen und Lebuser Kreis zubekommen. Der abgerissene Teil der Neumark käme dann zum Oberlandesgericht von Stargard, während dies wiederum einen Teil seiner Geschäfte an ein neues Oberlandesgericht in Stolpe abgäbe. Das OLG in Schwedt bekäme die Uckermark als Distrikt, das zu Wittstock die Prignitz und das zu Berlin verbleibende behielte Havelland, Zauche, Nieder-Barnim etc. Ob das alles zustande kommen wird, steht dahin, denn es erfordert Geld und Lokale. Dabei welcher Zeitverlust, um die Trennung der Registraturen und Hypothekensachen zu bewerkstelligen! Ich denke noch immer, daß die großen Schwierigkeiten die Zerreißung verhindern werden. Dienlicher als all das wäre eine beständige Revisionskommission, die sich bloß damit beschäftigte, die Untergerichte zu bereisen und diese tüchtig zu züchtigen, wenn sie – wie dies so oft der Fall ist – sich Nachlässigkeiten oder gar Schurkereien haben zuschulden kommen lassen. Alles, was wir jetzt tun, ist Nachäffung der Franzosen und der Westfälinger. – Einige von unseren bekanntesten „Tugendbündlern" sind neuerdings verhaftet worden. Es hängt mit Arrestationen zusammen, die in Halle und andern westfälischen Örtern stattgefunden. Gestern sagte man mir jedoch, „es geschähe dies alles nur pro forma". Scharnhorst, als Primas der Union, wisse um alles, trage also auch die Verantwortlichkeit, und *dem* sage man nichts. Ich kann es nicht glauben, denn alle möglichen Tollheiten geschehen so öffentlich, daß sie durchaus eine Ahndung verdienen. Da bei uns leider immer Unschicklichkeiten und Unbesonnenheiten mit drunterlaufen, so hat es auch diesmal wieder an einer solchen nicht gefehlt. In derselben Nacht, in der man Werder und einen Herrn von Schulenburg verhaftete, läßt das Gouvernement auch den Justizkommissarius Bartels aus dem Bette holen und nach der Hausvogtei bringen. Am andern Morgen findet es sich aber, daß es nicht ihm, sondern einem seiner Kopisten, einem gewesenen Soldaten, der für Geld bei ihm abschrieb, gegolten hat. Bartels, wie sich denken läßt, will für den öffentlichen Affront eine öffentliche Unschuldserklärung haben, und nun wollen weder der Kommandant noch der Gouverneur etwas von dem Verhaftsbefehle wissen, obgleich der Kommandant den Polizeibeamten selbst zur Arrestation instruiert hat.

1810, 11 UND 12

Die „Finance" und die Finanzprojekte. – Steuerpläne. – Einkommensteuer. – Blasenzins (Branntweinsteuer). – Stempeledikt. – Direkte oder indirekte Steuern? – Immer neue Abgaben, immer neue Theorien, immer neue Probiererei. – Vermögenssteuer

Liebenberg, 1810

Die gute Aufnahme, die Danckelmann bei dem Könige gehabt hat, ist mir um so angenehmer, als die „Finance" (worunter von H. immer alles Finanzministerielle versteht) fast durchgängig einen insolenten Eigendünkel zutage legt. Alles wollen sie wissen, wobei denn doch manche Unwissenheit und mancher dumme Streich mit drunterläuft. Ob Minister von Hardenberg, als er in Schlesien war, über alles genaue Nachricht hat einziehen können, stehe dahin; wenn er seine Nachrichten bloß von der Finanz- und Polizeibehörde bekommen hat, so ist er gewiß nur *halb* unterrichtet. Du wirst in Breslau wohl erfahren haben, ob er dort mit Landeseinwohnern, Banquiers, Zuckerfabrikbesitzern etc. Unterredungen gehabt hat, und da läßt sich denn aus den Leuten, die er befragt hat, urteilen, *was* zu erwarten steht. – Von den *Finanz*projekten hört man weiter nichts, als daß eine Landakzise dem Schuldenfonds gewidmet werden soll, wobei nicht bloß viel Ungerechtigkeiten vorkommen werden, sondern auch zu befürchten steht, daß es eine bleibende Last sein wird. Warum man nicht die ganze Bevölkerung in fünfundzwanzig Klassen nach einer in jeder Stadt und in jedem Dorfe durch den Landrat und zwei Volkskommissarien anzufertigenden Skala einteilt und für die unterste Klasse ⅓ Taler, für die oberste aber 500 Taler als Steuer festsetzt, weiß ich nicht. Diese Operation ist die leichteste und in der Erhebung die wohlfeilste. Die Zeit verläuft mit Projektieren, die Zinsenrückstände vermehren sich, und ich fürchte ein Chaos. Wie es im Winter werden soll, *wer* von den Prinzessinnen bei Hofe repräsentieren und Damencour annehmen wird, weiß noch niemand. Das wäre indes das Geringste. Wenn nur die Neuerungsherren nicht so despotisieren dürften. Sie fahren oft an und werden von Privaten zurechtgewiesen, was aber in ihren Plänen nichts ändert.

L., 5. Mai 1810

Ich habe manches Unangenehme zu tun. Zunächst geht es hier über die Einrichtung der *Einkommen*steuer her, nachdem man achtzehn Monate lang darüber gebrütet hat. Wir werden recht methodisch ausgeschält, denn ich glaube fest, daß man mit der *Vermögens*steuer nur deshalb zurückhält, um erst durch Anleihen Geld zu bekommen.

L., 19. Mai 1810

Ich bin immer noch mit der lieben *Einkommen*steuer beschäftigt, dessen Reglement in vielen Punkten so unbestimmt ist, daß wenige es verstehn. Das Ganze läuft auf eine Prellerei hinaus und wird durch die Oberaufsicht des Königlichen Commissarii, des von der Regierung zu ernennenden Commissarii und des Domainendeputierten einfach in die Hände der Finanziers gespielt, was schon daraus erhellt, daß diese Steuer auch die Verpflegung der drei besetzten Festungen betrifft, während sie doch lediglich zu Tilgung der Landesschulden verwendet werden sollte. Sodann ist es absurde, daß wir auf dem Landtage ganz vor kurzem erst ein neues Comité zu Regulierung der Schulden und der Einkommensteuer wählen mußten und daß es nun wieder eingehen und ein anderes gewählt werden soll, alles unter dem Vorgeben, daß auch die Rustikaleigentümer und Laßbauern repräsentiert werden sollen. Und doch ernennen diese nicht die Eigentümer, sondern die Regierung, um offenbar die Stimmen für sich zu haben. Der ganze Zweck ist die Untergrabung der den Finanziers so lästigen ständischen und städtischen Repräsentation. Nun werden funfzehn im Comité sein, in dem sonst nur acht waren. Alles, was zu unserer sogenannten Verbesserung geschieht, ist eine französische Nachäffung, die für uns paßt wie die Faust aufs Auge. – Was Du mir von den üblen Finanzzuständen von U. sagst, tut mir leid. Überhaupt beklage ich alle Gutsbesitzer, die auf Spekulation guter Zeiten teuer gekauft haben.

L., 24. Juni 1810

Es heißt, die *Einkommen*steuer werde nun ganz beseitigt werden. Die Schuldenmasse aller Provinzen soll in eine Staatsschuld verwandelt und diese dann durch eine Konsumtions- und Familiensteuer abgetragen werden.

L., 8. Januar 1811

Über unsere neue Finanzeinrichtung hört man allerlei, welches nicht zur Ehre derer gereicht, die die betreffenden Edikte gemacht haben. Die Erhebung des Blasenzinses (Branntweinsteuer) ist verschoben, und es bleibt bei der Getreideakzise. Hätte man den Blasenzins forcieren wollen, so müßten alle ländlichen Brauereien eingehen und man hätte einen Ausfall von mehreren 100000 Talern gehabt. Das Stempeledikt hat noch mehr Widerstand gefunden. Es soll deshalb umgearbeitet werden. Meiner Meinung nach müßte man's aber bei solcher Umarbeitung nicht bewenden lassen, sondern *die*, die solchen Unsinn ausarbeiteten, einfach fortjagen. Denn sie haben durch ihre Überspanntheiten den König und den Minister kompromittiert. *Man kann diese Menschen nicht bewegen, direkte Steuern einzurichten und das Defizit durch indirekte zu decken.* Es muß *alles* indirekt sein, denn das Indirekte kann man nicht nachrechnen. Sodann ist es zu tadeln, daß man dem Lande nicht das Schuldenquantum sagt, welches solche Steuern notwendig macht. Überall sieht man in Geldsachen wenigstens eine Wendung zum Despotischen, und das böse Gewissen leuchtet aus mancher Phrase hervor. Man will gern alles à la français hudeln; der deutsche Sinn kann aber noch nicht ganz unterdrückt werden.

19. Januar 1811

In Berlin ist jetzt eine Ständezusammenkunft, die das Drückende der neuen Abgaben vorstellen wird. Unterdessen hält der Staatskanzler einen sogenannten Landtag von selbstgewählten Deputierten. Ich seh einer kompletten Konfusion entgegen, und wenn der Minister nicht die uns französierenwollenden Novitätenkrämer aus der Regierung verweist und andre, gemäßigter denkende Leute zu Arbeitern nimmt, so wird ohne die gewaltsamsten Maßregeln nichts einkommen oder wenigstens nicht das, was man erhofft. Gott weiß, wie dieser Mengelmus auseinanderkommen wird! Ich habe mich von der Deputation nach Berlin freigemacht. In meinen Jahren habe ich nicht Lust, mich zu ärgern und meine kurze Lebenszeit mit Geschäften auszufüllen, die weder günstigen Erfolg noch Ehre versprechen.

4. Februar 1811

Ob die Versammlung der Stände viel ausrichten wird, weiß ich nicht, ich vernehme aber, daß das Hauptpetitum dahin geht: den Etat der Schuld einsehen zu dürfen. Zur Begründung dieser Forderung haben sie angeführt: „Sie wüßten, daß viel aufgebracht werden müsse und wären auch willig und bereit zu großen Opfern. Allein die neuen Abgaben, die doch eigentlich mit der Schuldenabführung aufzuhören hätten, wären so angelegt, daß sie permanent zu bleiben scheinen, wogegen sie Vorstellung erheben müßten." Mir ist gesagt, der Staatskanzler habe an der böhmischen Grenze eine Zusammenkunft mit dem Exminister von Stein gehabt und von diesem die Projekte eingesogen, die nun zutage gekommen sind. Ich bin geneigt, dies zu glauben, denn letzterer hatte beständig eine Menge Reformideen und unter diesen auch die General-Konsumtionssteuer, die er mir schon früher als eine große Hilfe vorschlug. Ich habe manches Mal mit ihm darüber disputiert. – Warum in dem Stempeledikte keine Abänderung kommt, begreif ich nicht; es kann durchaus nicht bestehen, und dem Staatskanzler sind darüber unumstößliche Beweise vorgelegt worden. Ladenberg, Raumer, Pechhammer sind dem Publikum sehr verhaßt, denn sie sind es, die all das Drückende ausgeheckt haben.

L., 16. Februar 1811

In Berlin wird nun wegen unserer Finanzen gehörig gedoktert. Wir sollen jetzt womöglich *alles* decken, obgleich all die enormen Anleihen, die vordem in Frankfurt, Kassel etc. ohne unser Wissen gemacht und in Polen vergeudet worden sind, *uns* nichts angehn, sondern *dem* zur Last fallen, der die Schuld gemacht hat. Die Finanzprojektierer müssen wohl selbst von dem geringen Zutrauen, welches sie dem Publikum einflößen, überzeugt sein, denn es ist erstaunlich, wie vielerlei Federn sie zu ihrer Verteidigung in Bewegung setzen. Auch Hermbstädt mußte den Blasenzins verteidigen, aber in seinem Elaborat ist vieles ausgelassen, was diesen Zins so drückend macht.

L., d. 4. Mai 1811

Da ich während A.s Anwesenheit in Berlin hier viele Beschäftigungen hatte, hab ich nicht hinreisen können. Daß er nicht sehr erbaut ist von dem, was er dort gesehn und gehört hat, wundert mich nicht; es paart sich dort so viel Überspanntes mit so vielem Kleinlichen, daß es einen anekelt. Darum vermeid ich auch soviel wie möglich, dort zu sein, zumal ich bloß in die Klasse der Alten gehöre, die höchstens als gutmütige Imbeciles angesehen werden.

L., d. 30. Nov. 1811

In der „Finance" ist alles schwankender denn je. Die Distriktempfänger und ihre Unteraufseher gehen mit dem

1. Dezember ein, die Dorfeinnehmer aber bleiben und liefern ihren Empfang an die Städte-Akzise-Kassen ab. Mit dem 1. Januar soll dann ein neuer, noch unbekannter Modus eingeführt werden. Es ist mehr wie toll, mit einer Nation derartige Proben auf ihre Kosten zu machen. Doch so geht es überall. Wie hat Euch das Manifest des österreichischen Hofes gefallen? Eine solche Bekanntmachung setzet immer voraus, daß man vorher schwach gewesen ist oder Dummheiten begangen hat, deren Vorrückung man fürchtet. Das Gewebe des Despotismus wird immer durchsichtiger, und am Ende werden alle Souverains sich gefallen lassen müssen, ein Parlament anzunehmen. Welches Gott bald wolle eintreten lassen!

L., d. 17. Dez. 1811

Das Edikt wegen Umschmelzung der Groschen ist allen *nicht* wuchernden Menschen angenehm. Endlich, denk ich, werden wir mit dem Münzwesen in Ordnung kommen.

Liebenberg, 1. Juni 1812

Es scheint wohl, daß des Königs Abwesenheit benutzt worden ist, um uns mit Publikation des schönen Einkommenedikts von dem *Kapitalwerte des Eigentums* zu erfreuen. Ich glaube nicht, daß diese widersinnige Maßregel durchgehen oder bestehen kann, denn außer der Ungerechtigkeit des Angriffs auf das Kapital der Untertanen ist es für die Wohlhabenden auch nicht möglich, das zum ersten Termin geforderte bare Geld aufzubringen. Ich, für meine Person, werde mich nicht übereilen, etwas zu zahlen, während ich sonst immer der erste zu sein pflegte. Möchte wohl wissen, welcher neue Faiseur dieses Edikt ausgebrütet hat! Es ist nur zu glaublich, wenn versichert wird, daß der Herr Staatskanzler von den Handlungen seiner Bureauoffizianten keine oder doch nur eine sehr oberflächliche Notiz nimmt.

L., 6. Juni 1812

Das saubere Edikt, die dreiprozentige Abgabe vom Kapital betreffend, erregt allgemeines Mißvergnügen. Ein jeder sagt, es *kann* nicht bestehen, und was am sonderbarsten ist, niemand bekümmert sich ernstlich darum. Wer dieses Edikt fabriziert hat, konnt ich bisher nicht erfahren, es kann aber nur ein Tollkopf sein, wie wir deren leider mehrere haben. Denn wenn sich der Staat vom Kapital seiner Mitglieder erhalten will, so muß *er* sowohl wie der Particulier, der sein Kapital angreift, zugrunde gehen. Was ich von dem Staatskanzler denken soll, weiß ich nicht; alles soll durch seine Hände gehen, und doch kann er nicht den hundertsten Teil von dem durchlesen, was an ihn kömmt. Alles wird so verkehrt, so linkisch angefangen, daß das allgemeine Vertrauen zugleich mit dem Kredite sinkt.

L., 13. Juni 12

Noch ist uns im Kreise nichts hinsichtlich Erhebung der Vermögenssteuer angesagt worden, und doch soll am 12. Juli schon der erste Zahlungstermin sein. Es ergibt sich schon hieraus, wie elend die Direktion des Ganzen ist. Geld wollen die Dirigenten immerfort haben, und doch wissen sie nicht vernünftige Einrichtungen zu treffen. Im neu kreierten Königreich Italien sieht es freilich noch toller aus. Dort müssen fünfzig Prozent Grundsteuer entrichtet werden, ohne die droits réunis, Personal- und Gewerbesteuern zu rechnen, so daß der Grundeigentümer von 100 Talern Einnahme nur etwa dreißig Taler behält.

Berlin, den 16. Juni 1812

Meine Hoffnung, Glück auf dem Wollmarkte zu machen, ist bis dato vereitelt. Die Käufer wollen nichts geben, und es wird vielleicht zwei Drittel der guten Wolle aufgesöllert werden. Die Käufer verlassen sich darauf, daß man am 24. Juni, wegen des ersten Termins der Vermögenssteuer, unter allen Umständen Geld haben muß. Einen solchen Einfluß üben die Ministerialübereilungen auf den Handel aus. Denn Käufer waren genug da, selbst aus dem Auslande.

Wir sind wirklich in traurigen Händen. Unser Staatskanzler kann die Sachen nicht übersehen, und sein „Bureau“ tut alles. Da sind wir denn zur Disposition der verschiedensten Räte, die dann wieder ihre Unterratgeber haben, allerhand unsaubere Schacherer, deren eingereichte Gutachten in den feinen Operationen zutage treten. Der Staatskanzler wird beschuldigt, daß er eine Liebesintrige mit Madame B. habe und daß sich nur hierauf des Hahnreis Einfluß gründe. Dieser Mann, den man nach Paris geschickt, um dort wegen unserer noch zu leistenden Lieferungen eine Übereinkunft zu treffen, versprach dreimal mehr, als wir leisten können. Der Kaiser selbst hat dies eingesehen, und Herr *von Heydebrock,* unser Gesandter in Dresden, der ihm ein wahres Tableau von unserem Zustande vorgelegt hat, ist wegen seiner Offenheit gelobt und an Daru verwiesen worden. Der General Dumas, dem die Geschäfte der Verpflegungsunterhandlung mit unserem Minister übergeben sind, soll über des B. übertriebene Versprechungen *so* aufgebracht gewesen sein, daß er dem Staatskanzler gesagt hat, während er auf B. hinzeigte: „Que vous êtes ou un fripon ou un imbécile." So wird allgemein in der Stadt erzählt, und etwas Wahres ist gewiß daran.

L., 23. Juni 1812

Die Vermögenssteuer soll durchaus erhoben werden. Die Folge wird zeigen, ob das so gehen wird, wie man will. Die Urheber des Edikts will ich nicht nennen. Wir sind in den Händen von bloßen Schwindlern, die der große Haufe (freilich unter Schimpfen) anstaunt und die von allen vernünftigen Leuten aufs äußerste verachtet werden. Wenn die dreiprozentige Steuer durchgeht, so werde ich auch Karls Vermögen angeben und zahlen. Woher ich aber eine Summe von so vielen tausend Talern nehmen soll, weiß ich noch nicht. Besonders schändlich ist es, daß man in vielen Fällen die Papiere nur nach dem Cours nehmen will, so daß der Staat sein eigenes Papiergeld in Verruf bringt.

L., 7. August 1812

Alles verschweigt man uns, was zur hohen Politik gehört. Das Auswärtige geht uns nichts an. Aber ebenso dumm erhält uns unsre Oberfinanzbehörde über den Zustand unsrer Bedürfnisse. Es wird nur frisch auf den Beutel geklopft, ohne zu sagen, wann es ein Ende haben soll. Alle unsre neuen Abgaben sind *der* Art, daß man sich wundern muß, wie die Verordnungen darüber ohne Scham haben niedergeschrieben werden können.

Den 11. August 1812

Die fünf Schimmelhengste aus Prinz Heinrichs Stall, von denen Du mir schreibst, werden wohl nicht ohne Fehler gewesen sein, sonst hätt er sie nicht verkaufen lassen. Denn gemeiniglich werden nur die alten und schlechten öffentlich ausgeboten. Sind es übrigens *die* gewesen, die ich früher vor seiner Kutsche gesehen habe, so passen sie zu meinen Schimmeln nicht, denn sie waren ganz weiß wie Papier. Zudem, da der Herr Staatskanzler, wie ich höre, auch von den *Wirtschafts*reitpferden eine Luxussteuer erheben will, so trag ich Bedenken, neue Pferde zu kaufen, möchte vielmehr deren einige abschaffen.

L., 3. November 1812

Bei der *Vermögens*steuer kommen immer neue Tollheiten zum Vorschein. Jetzt ist auf dem Tapet, daß die Amtleute, die Güter gepachtet haben, denen aber das Inventarium gehört, auch von diesem Inventarium noch eine besondere Steuer zahlen sollen, trotzdem bereits von dem *ganzen* Ertrage des Guts eine Steuer genommen wird. Das kommt mir so vor, wie wenn der Schmied einmal für sein Gewerbe bezahlt und dann wieder für seinen Hammer und Amboß. Eigentlich entstehen diese Zweifel aus der Dummheit mancher Kreiskommissarien, die über alles und jedes Anfragen stellen.

15. November 1812

Über die, wenn ich es geradezu sagen soll, unbescheidene Verordnung des Staatskanzlers, daß der zweite und dritte Termin der Vermögenssteuer am 21. Dezember *zugleich* bezahlt werden soll, herrscht ein allgemeiner Unwillen. Die Drohung der Exekution durch Gensdarmen wird ebensowenig helfen wie die Verordnung selbst. Kann man doch in Berlin das zum *ersten* Termin Fällige noch vielfach nicht zur Hebung bringen. Ich werde abwarten, was kommt. Mir widerstehn alle Gewalttätigkeiten, ich würd aber doch lachen, wenn unsere Faiseurs eine körperliche Admonition zur Besserung erhielten.

L., 24. November 1812

Es geht alles den gewohnten Gang, und wir werden nach wie vor mit Pferdelieferungen, Magazinlieferungen und Vermögenssteuer so gepreßt, daß ich am Ende für unangenehme Auftritte besorgt bin. Scharnweber besteht durchaus auf Einziehung der Patrimonialgerichte; noch aber widersteht ihm der Justizminister. Ich zweifle jedoch nicht, daß ersterer (Scharnweber) die Oberhand behalten wird. Er hat das Ohr des Staatskanzlers. Andere freilich behaupten, daß er mißvergnügt sei und von Abschied-Fordern gesprochen habe, weil von Bülow in einigen Angelegenheiten obgesiegt hat. Also ist das Reich in sich uneins.

Nachschrift. Eben erfahre ich, daß der Kriminalsenat die Herren von Bärensprung und Scharnweber wegen ihres bekannten Duells zu Kassation und zehnjähriger Festungsstrafe verurteilt hat. Ob der König das Urteil bestätigen oder beide begnadigen wird, wußte man noch nicht. Vermutlich wird letzteres geschehen, weil nun einmal der Scharnweber die Protektion des Staatskanzlers hat.

1812

Der Zug gegen Rußland

Einige Briefe aus dem Jahre 1811, die das allmählich heraufziehende Wetter ankündigen, schick ich vorauf.

Liebenberg, 12. Januar 1811

Wahrlich, man möchte an der Vorsehung verzweifeln, wenn man die Fortschritte der Bösewichter und das Unterdrücken so vieler rechtlichen Leute bedenkt. Zum Erstaunen ist es, wie, bei der obwaltenden Bosheit und Frechheit, noch so viele Menschen sich durch die Narrenkappe einschläfern lassen. Es wird keine achtzehn Monate mehr dauern, so wird der nordische Koloß von dem südwestlichen bekriegt werden. Dazu sieht man die Anstalten nach und nach in Wirksamkeit übergehen.

L., 16. Februar 1811

Was man über den politischen Zustand der Dinge urteilen soll, weiß niemand. Die Russen sind in der festen Überzeugung, daß ihnen ein Krieg mit dem Allgewaltigen bevorsteht; unter Vorwand des Küstenschutzes ziehen sich französische Truppen im niedersächsischen Kreise zusammen, ja, sie haben sogar einen Versuch gemacht, Swinemünde, wo wir nur ein kleines Detachement haben, zu besetzen. General Blücher, der gute Nachrichten haben muß, ist ihnen aber zuvorgekommen und hat schleunigst ein Bataillon dorthin gelegt, worauf die Ankommenden nicht weiter vorgerückt, sondern zurückgegangen sind. Aus den politischen Manövern in Schweden wird man nicht klug. Einige behaupten, daß der neuerwählte Kronprinz *nicht* in die Projekte des Allgewaltigen einstimmen werde, sondern ein Schwede sein will. Die ihn begleitenden französischen Adjutanten sind wenigstens wieder zurückgereist, und vor drei Tagen hieß es, die Güter, die Bernadotte im Hannöverschen habe, seien von Napoleon in Beschlag genommen worden. Ob das Gaukelei oder Ernst ist, weiß nur *der*, aus dessen Kopf es kommt.

Liebenberg, 25. Januar 1812

Die verdammten Franzosen machen uns mit ihren Fuhrwerken wieder Unruh und Kosten. In voriger Woche mußten 180 Wagen gestellt werden, um Kugeln zu fahren, und in dieser Woche werden wieder ebenso viele verlangt werden. Alle diese Transporte gehen auf Danzig. Mir deucht, daß das nicht nach Frieden aussieht.

L., 18. Februar 1812

Sichern Nachrichten vom Rhein entnehm ich, daß eine Menge Truppen bei Wesel übergegangen sind und in der dortigen Gegend kantonieren. Sowie neue Regimenter nachrükken, so rücken die andern in der Direktion von Magdeburg vorwärts. Wir sind wirklich in einer traurigen Lage und gezwungen, an der Feindschaft anderer teilzunehmen, um auf alle Art ausgesogen und ausgezogen zu werden.

L., 3. März 1812

Gestern brachte der Postschirrmeister die Nachricht, daß die Franzosen Swinemünde und die Insel Usedom besetzt hätten. Ich bezweifle es noch, denn es wäre ja eine halbe Kriegserklärung. Magdeburg ist in Belagerungsstand. Das bedeutet nun freilich nichts, da dergleichen von der Caprice der Marechaux abhängt. Sonst nichts Neues, noch weniger etwas Gutes. Wollte Gott, daß man einmal von einem dauerhaften Frieden hörte, noch besser freilich, wenn der Störer alles Menschenglücks ein für allemal zum T... führe.

L., 10. März 1812

Seit vier Tagen ist unsere Gegend von französischen Truppen gewaltig heimgesucht worden. Ein Corps, weit über 20000 Mann, ist die Zehdenicker Straße in Eilmärschen gezogen; kaum vierundzwanzig Stunden vorher wurden sie angemeldet. Den 7. März bekam ich einen Divisionsgeneral, elf Offiziere und fünfundsechzig Reiter von den Kürassiers; sie blieben den 8. hier und zogen dann die Route nach Schwedt weiter. Essen, Trinken und Fourage wurde gereicht, und bei aller strengen Ordnung, die der General Saint-Germain halten ließ, war der Besuch immer kostbar wegen der Menge und wegen des Vorspanns. Die Infanterie war in den Städten zusammengedrängt; der Bürger hatte zwanzig und mehrere im Quartier. Der Bauer von zehn bis sechzehn Reiter. Alle sagten, es ginge gegen die Russen und die Armee würde mit den Polen und Rheinländern 300000 Mann stark sein. Durch das Lüneburgische und Mecklenburgische geht das

Corps, welches Marschall Oudinot führt; durch Sachsen gehen die Bayern und Württemberger; durch Ungarn gehen 60000 Mann unter Befehl des Vizekönigs von Italien. Pferde und Menschen leiden sehr durch die Eilmärsche im Kot und in der Nässe. Die Reitpferde des Kaisers sollen schon in Dresden sein; er selber nimmt ebendiesen Weg, ob er aber bereits unterwegs ist, wußte niemand zu sagen. Das Fuhrwerk, welches der Marsch erfordert, ist ungeheuer. Da die Corps zur Aushilfe für jeden Mann sechs Paar neue Schuh und Stiefeletten und andere Kleidungsstücke in großen Fässern mitnehmen, so bleibt kein Pferd in unserer Gewalt, und oft müssen die Bauern, aus Mangel an Relais, zwei und mehr Stationen statt einer fahren. Genug, es entsteht eine Verwirrung in unseren Ökonomien, die ganz unaussprechlich ist. Es muß durchaus etwas vorgefallen sein, welches diese Eile erfordert; allein die Wahrheit erfährt man nicht. Die in Stettin liegenden deutschen Regimenter haben auf Danzig gehen müssen, wogegen die französischen als Besatzung zurückblieben. Wir sind also nun wieder in der befürchteten großen Krise, und Gott weiß allein, wie das alles ausfallen wird.

L., 17. März 1812

Ich glaube Dir vor acht Tagen geschrieben zu haben, daß ich das Hauptquartier der 1. Kürassierdivision der Franzosen zwei Tage bei mir bewirtet habe; seitdem sind noch kleine Abteilungen hier durchgezogen, und das ganze Davoustsche Corps ist nun über die Oder. Ob es in Pommern bleibt oder weiterzieht, weiß ich nicht. Es hieß, der französische Kaiser würde nach Berlin kommen; da sich jedoch alles, was zu seiner Equipage gehört, auf Dresden dirigiert, außerdem auch der österreichische Kaiser nach Dresden kommen soll, so scheint es wohl, daß dort ein Rendezvous sein wird. Nansouty, der Oberbefehlshaber über alle Kürassiers, ist durch Berlin gegangen, vermutlich um seine Bekannten in Kunersdorf und Quilitz angenehm zu überraschen. Vier von den Marschällen, die ganze Corps führen, sind uns bekannt: Davoust, Ney, Oudinot und Bessières. Morgen geh ich auf ein paar Tage nach Berlin, wohin ich einige Papiere und angreifliche Sachen bringen werde, weil man nicht weiß, was kommt. Ein jeder grübelt über die Zukunft und ist verlegen, und man hat Ursach, es zu sein, wenn man die Umstände betrachtet und ganz besonders den, der all dies treibt. Ich hab übrigens eine starke Ahnung, daß dies der letzte Auftritt des Trauerspiels sein wird. Denn „tant va la cruche à l'eau".

L., 31. März 1812

Der König ist wie gewöhnlich nach Potsdam gegangen, um dort am Stillen Freitag zu kommunizieren. Er hat seine Garden mitgenommen; das Leibregiment blieb in Berlin und ist mobil, um mit den Alliierten zu ziehen. Alles übrige, als das 1. Brandenburger Reiterregiment, das Gardejägerbataillon etc., marschiert nach Schlesien. Berlin ist voll von den Truppen des Oudinotschen Corps; ich habe bis heut aber keine Nachricht, ob dieses weiterzieht oder nicht. Von den bei Euch ausgesprengten Nachrichten ist manches nicht richtig. Daß die Dohnas den Abschied gefordert haben, ist wahr, auch andere haben ihn verlangt, aber nicht alle haben ihn erhalten, sondern der König ist böse geworden und hat sich darüber hart ausgelassen. Ob Gneisenau den Abschied hat, kann ich nicht erfahren, nur das scheint festzustehen, daß Scharnhorst aus dem Generalstabe zurückgetreten ist; in welcher Verbindung er bleibt, weiß ich nicht, er geht aber nach Preußen und von da nach Schlesien zurück. Vom Prinzen August hieß es, er sei unwillig und hätte den Dienst verlassen wollen; er war aber all die Zeit über ruhig in Berlin, und gewiß ist die ganze Geschichte ihm angedichtet worden, obgleich man nicht darauf schwören kann, was er tun wird. G., der sich einen Posten in der Oberpolizei zu verschaffen gewußt, ist, wie es heißt, auf sein Gesuch verabschiedet. Es könnten noch mehrere verabschiedet werden, ohne daß der Staat darunter litte. Daß die Corps der Alliierten unter den Befehl eines französischen Divisionsgenerals gestellt werden sollen, ist denn doch empfindlich. Bei uns heißt es, daß Grawert, der unsere Truppen führen wird, nur vom Marschall

Davoust abhängig sein soll. Die Zahl der Alliierten in der Großen Armee wird mit Einbegriff der Polen wohl drei Siebenteil ausmachen. Ich höre in mir immer noch die Stimme, die da sagt, wir spielen den letzten Akt, der mit dem Tode des Helden endigt.

L., 7. April 1812

Das Marschwesen bleibt immer dasselbe; die Etappenörter und nächst daran liegenden Dörfer gehen zugrunde, denn es wird alles aufgezehrt. Gewiß sind nun über 100000 Menschen und vielleicht 20000 Pferde diese und die Mecklenburger Straße gezogen, und schon sind abermals 5000 auf heut und morgen angesagt. In Berlin geht es ebenso; sie kommen und gehen weiter, aber andere rücken an ihre Stelle. Die Aufführung ist sehr verschieden, je nachdem die Divisionsgenerale auf Ordnung sehen. Was aus dem Ganzen werden soll, darüber läßt sich noch nicht urteilen; für uns ist auf alle Fälle Nachteil und Verderben in Sicht. – Die Bayern, von denen Du schreibst, sind als etwas grobkörnig bekannt. Du hast sehr recht, wenn Du sagst, daß man die weisen Herren, die uns mit ihren Floskeln so fleißig bedienen, nach den Etappenörtern hinjagen müßte, um für Magazine und Lebensmittel zu sorgen. Hier hüten sie sich, am Platze zu sein, und lassen oft die Unterbehörden in der größten Verlegenheit. Überhaupt überzeuge ich mich täglich mehr, daß die mehrsten unserer Faiseurs elende Praktiker sind, denn wenn sie's wirklich verständen, wie würden dann so viele Abänderungen und Erläuterungen über ihre neuen Gesetze stattfinden müssen. Ob der König nach Breslau gehen wird, kann ich nicht erfahren; solange sich seine Garden nicht in Bewegung setzen, bezweifle ich solches.

L., 9. April 12

Heut hat Bergsdorf wieder eine Compagnie Einquartierung, und in Zehdenick hört es damit gar nicht auf. Wir wissen aber nicht, von welchem Corps die Gäste sind. Einige sagen, sie gehörten zum Victorschen Corps; dann bliebe *der* aber nicht in Berlin, wie man bis dahin doch glaubte. – Bei der russischen Armee erwartet man den Kaiser Alexander in Person. Ich möchte sagen, daß dies ein böses Omen sei, denn jedesmal, daß er früher bei der Armee eintraf, bekam sie Schläge.

L., 18. April 1812

Du hast recht, man erhält jetzt sonderbare Besuche. Der, welcher Dich bis Mitternacht mit seiner Visite vom Schlafe abhielt, ist ein ganz elender Mensch. Er war einer der ersten, die anno 1794 nach Preußen kamen, von Profession ein Barbiergeselle, der von nichts als „Kopf ab" und totschießen sprach und dabei mit allen Händen nahm. Genug, er war immer, was man einen ganz gemeinen Kerl nennt, und an dem Dir verursachten Aufwand erkenn ich ihn wieder. Der Hunde-Knicker kommt gewiß nicht *umsonst*; denn vor dem Feinde brauchen kann man ihn nicht, er sucht also irgendwas anderes wegzuschnappen.

L., 21. April 1812

Bei meiner neulichen Anwesenheit in Berlin hab ich manches gehört, ob es aber zu verbürgen ist, steht dahin. Viele behaupten, das dem Kaiser Alexander vorgelegte Ultimatum laute wie folgt: 1) Abtretung Polens. 2) Abtretung von Kurland und einem Teile von Liefland an die Herzöge von Mecklenburg. 3) Sperrung allen Handels mit England und Beitritt zum Kontinentalsystem. 4) Erlaubnis, sich auf Kosten der Türken zu vergrößern, und Anerbieten einer Hilfsarmee, um sie aus Europa zu verjagen. 5) Restitution von Finnland an Schweden. Mecklenburg und Schwedisch-Pommern sollen an den König von Preußen kommen, dahingegen soll die französische Besitznahme Deutschlands bis an die Elbe von Rußland anerkannt werden. Der König von Westfalen wird in Zukunft König von Polen. Wenn diese Sage erdacht ist, so ist sie doch nicht ohne alle Wahrscheinlichkeit erdacht, denn schon vor dem Tilsiter Frieden war von einem neuen Königreich Polen die Rede. – Hier in der Mark steht noch immer das Corps des Marschall Oudinot, welches auch, wie man glaubt, bis zum Angriffsmomente stehenbleiben wird. Die Durchmärsche hören noch immer nicht auf. Unserer Rechnung nach sind schon 200000 Mann durchgezogen, und wie die französischen Offiziere behaupten, wird die aufgestellte Macht 400000 Mann betragen. Einzelne sind noch immer der Meinung, daß Rußland sich fügen und der Frieden erhalten werden wird. Allem Anscheine nach geht der König *nicht* nach Schlesien; er soll ruhig und guter Laune sein. Unsere Garden rücken erst wieder in Berlin ein, wenn das Oudinotsche Corps vorwärts geht. Es mag nun kommen, wie's will, unter allen Umständen sind wir hart mitgenommen; denn bleibt Friede, so muß doch alles, was hier durchgezogen, auch wieder zurück, und da haben wir abermals eine kräftige Abfutterung zu erwarten. Man versinkt in Ahnungen und Sorgen und verliert den Glauben, daß Wahrheit und Ehrlichkeit je wieder *den* Platz einnehmen werden, den jeder gewissenhafte Mensch ihnen gerne zugesteht. Ob der französische Kaiser nach Berlin kommt, ist noch ungewiß, obgleich Zimmer für ihn und Berthier auf dem Schlosse bereit sind. Deserteurs und Exzedenten sind mehrere totgeschossen worden, und im ganzen herrscht Ordnung, wenngleich die Herren Generals und Colonels im Widerspruch zu den publizierten Reglements gern bei ihren Wirten vorliebnehmen.

L., 28. April 12

Den General Grouchy, der bei Dir im Quartier gelegen hat, kenne ich bloß dem Namen nach. Er zog 1806 mit seiner Abteilung hier durch, und seitdem hab ich nichts von ihm gehört. Daß Du einen großen Unterschied zwischen seinem Benehmen und dem seines Vorgängers gefunden hast, wundert mich nicht, letzterer ist mir als ein Wüstling und Plünderer bekannt. Von Herzen beklag ich die Landleute, wo die Italiener hinkommen; sie taugen alle nicht; selbst die bei den französischen Regimentern angestellten, die 1806 mit ebendiesen Regimentern hier durchkamen, zeichneten sich durch ihre Exzesse aus. Ich bin fest überzeugt, daß, wenn die Armee nicht bald vorwärts geht, auch hier Not und Mangel entstehen werden. Tramnitz sagte mir gestern, daß Zehdenick nun schon 57000 Mann in Quartier gehabt hätte; rechnest Du nun hinzu, was auf dem Lande gelegen hat und über Gransee, Bernau, Frankfurt an der Oder gegangen ist, so reichen keine 200000 Mann, die durch unsre Sandgegend gezogen sind. Das Davoustsche Corps ist großenteils schon in Polen, das Oudinotsche aber ist noch ganz hier und kantoniert teils in Berlin, teils, von Prenzlau an, in der Uckermark und in Pommern. Das Neysche Corps stand noch in der Neumark; Frankfurt a. O. war so belegt, daß zwanzig Mann bei jedem Bürger lagen. Das Gemisch der Truppen ist das sonderbarste von der Welt. Die letzten, die hier durchzogen, waren Schweizer und Illyrier; vorher Kroaten. Die Fuhren zur Fortschaffung ruinieren uns, um so mehr, als sie gerade in die Saatzeit treffen. Wie man mit uns umspringt, ist daraus schon klar, daß wir Spandau den Franzosen haben einräumen müssen. Wir werden, wenn der Krieg beginnt, das Depot für alles sein, was nachfolgt, und einfach aufgezehrt werden. Um uns kein fremdes Geld zu hinterlassen, wird den Truppen kein Sold ausgezahlt; sie sind so arm, daß sie kein Pfund Tabak bezahlen können. An Krankheiten fehlt es auch nicht; in den zu Lazaretts aptierten Berliner Kasernen liegen schon 1000 Menschen. Dies ist aber nichts gegen Danzig, wo das vollständige Lazarettfieber die Menschen wie Fliegen hinrafft. Von einem der dort liegenden Regimenter ist schon ein Transport zurückgegangen, um 800 Rekruten zu holen, woraus ersichtlich, daß schon ebenso viele daselbst gestorben sind. Großer Gott, wie geht man mit deinen vernünftigen Geschöpfen um! Und was leiden nun nicht erst die Unvernünftigen, die geradezu in den Tod getrieben werden. Man darf über all das nicht tief nachdenken, sonst gerät man in Zweifel, die nicht aufzulösen sind.

L., 28. April 12

Aus Glogau hör ich, daß General Grouchy sein Quartier daselbst genommen hat und sich höflich, still und mit allem zufrieden zeigt. Er will sein Hauptquartier nach Fraustadt verlegen und seine Wohnung bei D.s lediglich als Absteigequartier behalten, womit sie sehr zufrieden sind. Die Division Italiener liegt nun in und um Glogau; die Kerls sollen stehlen wie die Raben. Der Duc d'Abrantes, der sie kommandiert, traut ihnen so wenig, daß er zwar zwei Italiener zur Schildwacht vor dem Hause, im Innern aber zwei Sachsen zur Wache hat. Ebenso machen es auch die andern Generale. Des Kaisers Garde kömmt nun auch noch nach Glogau.

L., 5. Mai 1812

Über das Einrücken der heute bei Dir erwarteten, sehr prätentiösen Gäste (die Kaisergarde) bin ich für Dich besorgt, denn ich glaube nicht, daß man auf die Schildwachen des Generals Grouchy Rücksicht nehmen, sondern Dir Einquartierung geben wird. Es wird in der Tat schrecklich mit uns verfahren. So müssen wir jetzt beispielsweise zur Komplettierung der französischen Artillerie Pferde liefern, alles auf Konto der vermeintlich rückständigen Kontribution, wodurch unsere besten Pferde fortgehen. Und deren sind nur noch wenige. Für den Tag, wo ein Corps in den Etappenplatz einrückt, wird nichts mehr vergütet; die Vergütigung gilt nur für Kantonierungen. Ich bin froh, daß ich mein Vieh gestern auf die Weide treiben konnte, denn mit dem Futter war es am Ende. Hafer laß ich so geschwind als möglich säen, denn was in der Erde keimt, kann wenigstens nicht genommen werden. Ob der Marschall Victor in Berlin bleibt, ist noch nicht gewiß; einen unangenehmeren Gouverneur hätte man nicht wohl wählen können. Er ist noch in zu frischem Andenken. Übrigens ist er in der Stadt Paris abgetreten, was fast vermuten läßt, daß er auf eigne Kosten zehren wird. Nun hoffen wir, daß alles, was nach Norden soll, hier durch ist; auch werden wir durch die Wassertransporte in etwas erleichtert. Einer unser[er] Liebenberger, der mit in den Krieg ist, schreibt aus Friedland in Preußen, daß dort ein grobes Brot zwanzig Groschen Courant und das Quart Branntwein einen Taler koste, woraus man auf das übrige schließen kann. Am Ende wird Hunger und Elend bewirken, was durch menschliche Kraft nicht erzwungen werden konnte.

L., 12. Mai 12

Gestern hatt ich wieder Nachrichten aus Glogau. Die Gegend ist mit Truppen überdeckt, so daß nun schon der vollständigste Mangel an allem herrscht. Außer dem Corps des Herzogs von Abrantes, welches noch stehenbleibt, liegen 20000 Mann Garden von Glogau bis Liegnitz in Quartier. Letztere kennt man als nie genug habende Buben. Am 3. Mai hat Glogau einen großen Schreck gehabt. In einem Sauf- und Tanzhause haben sich sächsische und italienische Soldaten verzürnet. Die Italiener waren meistens Dalmatiner. Sie haben sich geschlagen, andere von beiden Teilen sind hinzugekommen, und so ist die Schlägerei in den Straßen fortgesetzt worden, ohne daß die Offiziere die Macht gehabt hätten, die Kerls auseinanderzubringen. Nur durch Generalmarschschlagen hat man sie wieder zur Ruhe gebracht. Fünf sind tot, über fünfzig schwer blessiert. Abrantes ist besonders auf den sächsischen Obersten, der sich ängstlich benommen hat, böse gewesen, und weil die Gärung unter den Soldaten fortwährte, so hat er die Italiener ausmarschieren lassen und auf die Dörfer verlegt. – In unserm Ostpreußen ist noch kein Franzose; es heißt dort, daß diese Provinz allein *unsern* Truppen verbleiben werde. – Am Sonnabend lagen in Zehdenick und Umgegend neun Compagnien Matrosen, die zwar nach Matrosenart gekleidet, aber im übrigen wie Musketiere bewaffnet waren. Sie kamen von Boulogne und zogen nach Danzig, welches ein Spaziergang von dreihundert Meilen ist. Also will Napoleon auch Flotten ausrüsten. Es heißt, er wolle sie auf dem Kaspischen Meere gebrauchen, und man erinnert sich, daß schon ein ähnliches Detachement mit Davoust vorangezogen ist.

L., 16. Mai 12

Ich habe gerade noch auf vierzehn Tage Heu für meine Pferde, bekomme ich aber Reiterei zu verpflegen, so wird alles in einem Tage aufgezehrt. Alle Preise der Lebensmittel steigen, und schon ist ein Schock Stroh mit dreißig Talern bezahlt worden. Die von Danzig und aus der Armeegegend zurückkommenden Offiziere machen eine traurige Beschreibung des dort herrschenden Elends, und doch sollen die Leute sich einbilden, daß das alles zu ihrem Glück geschieht. Was dort erzählt wird, daß ein Zug zu Lande nach Ostindien beabsichtigt sei, das haben wir hier lange geglaubt; was sollten auch sonst die mitgeschleppten Mühlen, die in Vorrat gemachten Wasserschläuche und die trotz aller Not mitgeführten Kleidungsstücke bedeuten? Unter den Vorräten befinden sich auch Brillen, gewiß, um die Augen gegen den Sand der Wüste zu schützen. Möchten sie doch alle schon am Kaspischen Meer oder im Kaukasus sein. Vielleicht gilt es auch Ägypten, wo dann einige Steppen und Wüsten zu durchziehen wären. Nie ist eine Expedition mit mehr Macht und Vorsicht unternommen worden, und doch ist drei gegen eins zu wetten, daß sie mißlingt.

L., den 23. Mai 1812

Aus Berlin erfahre ich heut, daß nun das eigentliche Victorsche Corps, das IX., daselbst einquartiert worden sei und daß nach diesem die Garden folgen sollen. Letzteres kann ich mit der Nachricht nicht reimen, daß die Garden bereits durch Glogau gezogen sind. – Stelle Dir vor, daß ein Brief, den ich im März an Schwager Wylich schrieb und in dem ich ihm beiläufig sagte, „daß wir durch die Truppendurchzüge litten", in *Wesel* geöffnet, an das Pariser Polizeiamt gesandt und von diesem eine Weisung an Wylich gegeben worden ist, „in seinen Korrespondenzen keine Politik zu berühren", also daß nun auch das Unschuldigste nicht mehr geschrieben werden darf.

L., 26. Mai 1812

Unser König ist vermutlich zur Dresdner Konferenz *nicht* eingeladen worden, sonst wäre er gewiß dahin gereist, da seinerseits nichts versäumet wird, um die durch Berlin reisenden vornehmen Oberen der französischen Armee zu bewillkommnen. Der König von Neapel hat sich, wie ich von Berlinern gestern erfuhr, sehr freigiebig gezeigt, sowohl gegen die königlichen Equipagen als auch gegen die Madame Overmann, bei der er inkognito abgetreten war. Unter anderem hat er auch ein englisches Racepferd, welches der junge Schickler hatte, für 500 Friedrichsdor gekauft. – Da nun alle Matadores zur Armee abgegangen sind, so kann der Zeitpunkt nicht entfernt sein, wo sich die Frage Krieg oder Frieden entscheidet. Die Russen haben keine geringen Gegenanstalten gemacht und haben, um nur eines zu nennen, fünfzehn Meilen von ihrer Grenze alle Lebensmittel, Fourage, Vieh, selbst Arbeitsgeräte hinter ihre Linien bringen lassen. Dieses sagen französische Offiziers, die hier durchkamen, um Rekruten zu holen. Die ganze alliierte Armee lebt aus Magazinen; der Bauer in Polen hat nichts, ja er ist froh, wenn der Soldat ihm ein Stück Brot abgibt. Auf der Frankfurter Route ist es ebenso gegangen wie auf manchen Gütern in Schlesien; Saathafer und Gerste sind genommen worden, wo es an Futter fehlte, und hätte die schnelle Witterungsänderung nicht Gras hervorgebracht, so hätte unser Vieh in den kahlen Wäldern und Wiesen verhungern müssen.

L., den 6. Juni 1812

Ich freue mich um Deinetwillen, daß der vornehme Schwarm aus Glogau fort ist, denn hoffentlich wird nun einige Erholungszeit eintreten. Der gelbsüchtige höfliche Mann, von dem Du schreibst, gehörte zu den Lieblingen des Kaisers. Ob er es noch ist, steht dahin. Er hätte übrigens nicht nötig gehabt, die Gelbsucht eigens mit auf die Reise zu nehmen, denn nach den Nachrichten, die wir hier haben, herrscht sie in tödlichem Grade bei den Truppen. Er konnte sie also dort, wo er hinwollte, schon vorfinden. Was Du von unserem alten Feldmarschall schreibst, hat mich nicht überrascht; da man uns schmeicheln will, mußt er auch gut empfangen werden. Mit dem sächsischen Hofe soll man nicht so ganz zuvorkommend umgegangen sein, sondern alles etwas de haut en bas behandelt haben. – Die Armeecorps hatten schon vor der Dresdener Zusammenkunft Befehl, weiter vorzurücken, und waren großenteils über die Weichsel gegangen; ich befürchte daher, daß nun auch Ostpreußen in Mitleidenschaft gezogen wird. Einige von der Armee zum Rekrutenholen abgeschickte französische Offiziere machten kein günstiges Gemälde von der Lage der Truppen, sie litten Mangel am Notwendigsten, und Krankheiten äußerten sich über Erwartung. Wie es unserem Yorckschen Corps geht, wissen wir aus einigen Soldatenbriefen; sie klagen über Mangel und melden, daß Wasser ihr Hauptgetränk sei. Dem Gerüchte, daß mit Rußland eine Übereinkunft getroffen sei und der Krieg nicht statthaben werde, kann ich keinen Glauben schenken; vielmehr will ich wetten, daß in vierzehn Tagen Tätlichkeiten vorgefallen sein werden. Wir sehen voller Ungewißheit in die Zukunft, und obgleich Ängstlichkeit nicht in mir liegt, so bin ich doch überzeugt, daß wir, es möge glücklich oder unglücklich ablaufen, immer als der leidende Teil aus diesem Kriege hervorgehen werden. Alliierter oder Feind, wir werden aufgezehrt.

L., 12. Juni

Aus Glogau höre ich, daß Marschall Bessières nur eine Nacht bei Danckelmanns im Quartier gewesen ist. Er benahm sich etwas steif, sonst höflich.

Bei Danzig und in unserm Westpreußen wird schon grün fouragiert für die Kavallerie. Einige französische und badische Offiziere, die zum Rekrutenholen von der Armee zurückkamen, haben ohne Rückhalt erzählt, daß Mangel und Krankheiten die Menschen und Hunger die Pferde aufriebe. Alles ist unzufrieden bis zum Schimpfen. – In Stettin hat sich vor circa vierzehn Tagen eine ähnliche Geschichte wie die in Glogau zugetragen. Der Tambourmajor eines badenschen Regiments hatte sich mit einem Franzosen geschlagen und diesem derart zugesetzt, daß er niederstürzte. Darauf sind mehrere Franzosen über den Tambour hergefallen und haben ihn, wie es heißt, totgestochen. Dies wurde selbstverständlich von den badenschen Soldaten sehr übel genommen, die sich nun zusammenrotteten. Eine Schlägerei entstand, Gewehr und Bajonette sind in Gang gekommen, und als man endlich Frieden gestiftet hatte, zählte man siebzig Tote und Blessierte, unter denen sogar Offiziere sein sollen. Man erschrickt, wenn man sieht, daß alle Ordnung sich auflöst und überall nur das Recht des Stärkeren gilt. Es soll der sächsische Graf Einsiedel sein, der einen französischen General, man sagt Reynier, vielleicht einen Bruder des Corpskommandeurs, zu Warschau totgeschossen hat.

L., 23. Juni 12

Zwischen Kyritz und Wusterhausen hat sich am 14. d. M., um neun Uhr abends, ein sonderbarer Vorfall ereignet. Ein wohlgekleideter Reisender, der zu Fuß nach Kyritz ging, wurde auf der Landstraße von vier Kerls angegriffen, von denen zwei mit Säbeln und die beiden andern mit dicken Prügeln bewaffnet waren. Gegen diese wehrt er sich und ruft um Hilfe. Ein des Weges gehender invalider Gardejäger, mit Namen Romanus, eilt herbei und schlägt auf die Mörder so gewaltig los, daß diese die Flucht ergreifen. Romanus hat vier Hiebe in seinen Tschako und einen am Kopfe bekommen, jedoch nicht gefährliche. Der Reisende hat seinen Namen dem Romanus nicht sagen wollen, sondern nur erklärt, „er sei der Graf von G.," hat dann dem Romanus freundlich gedankt und ihm seine Börse angeboten, die dieser jedoch nicht hat annehmen wollen. Am anderen Tage hat man, nicht weit vom Kampfplatz, ein an den Kommandeur der Invalidencompagnie, bei welcher Romanus steht, gerichtetes und an einem Baum befestigtes Blatt gefunden, worin um Bekanntmachung der edlen Tat des Romanus in einem sehr gebildeten Stil gebeten wird. Auch dieses Billet war unterzeichnet Gr. von G. Aller Wahrscheinlichkeit nach ist es der Graf von Gottorp, der, nachdem ihn die Herrnhuter in Gnadenfrei nicht haben aufnehmen wollen, nun, um nicht bemerkt zu werden, zu Fuß reist. Wohin, das mag nur er wissen. Sollten ihm nicht auch Spione nachgeschickt sein, um ihn gelegentlich aus der Welt zu schaffen? War es doch in derselben Gegend in der Nähe von Perleberg, wo, vor fünf Jahren, ein englischer zurückreisender Gesandter (Lord Bathurst) verschwand.

L., 1. Juli 12

Gestern kam das 4. Westfälische Regiment hier durch, zum Teil bloße Jungen. Unser benachbartes Bergsdorf hat davon eine Compagnie futtern müssen. Sie eilen nach Stralsund, weil man französischerseits in der Furcht ist, daß die Engländer es besetzen möchten. Übrigens hab ich Dir aus Bergsdorf noch zu berichten, daß Knorrs Bruder, als er einen großen Stein einsenken wollte, durch ebendiesen Stein totgequetscht worden ist. Wenn man diesen doch über den Niemen senden und an richtigem Ort und, versteht sich, zu gleichem Zweck aufstellen könnte.

L., 7. Juli

Wenn Ochsen sich zu wundern imstande wären, so würden die illyrischen sich wundern, die heute hier, der Großen Armee nach, vorübergetrieben wurden. Unser Vieh, soviel wir dessen noch haben, zieht desselben Weges. Dazu wird selbstverständlich Roggen, Hafer, Heu und Stroh verlangt; von den beiden letzteren Artikeln ist nichts mehr vorhanden. Auch in Preußen oben geht alles über Bord. Auf Onkel Kalcksteins Gut hat die Einquartierung neunundvierzig Ochsen und sieben Kühe weggefressen. Alle guten Pferde waren auf Vorspann mitgeschleppt, und ob sie zurückkommen, ist mindestens zweifelhaft.

L., 10. Juli 12

Wie die Bedrückung des Menschengeschlechts von der Vorsehung so lange geduldet werden kann, ist mir ein Rätsel, und fast möcht ich sagen, wie Prediger Krause neulich zu Aschof sagte: „Freund, hätt ich nicht noch einige Nebengründe, um an die Vorsehung zu glauben, so müßt ich daran verzweifeln.“ Der Wunsch, die Bedrücker vernichtet zu sehen, äußert sich in Berlin so laut, daß sich die Polizei gezwungen sah, derartig öffentliche Äußerungen mit harter Gefängnisstrafe zu bedrohen. Den Mund kann man dadurch zum Schweigen bringen, aber das Gefühl nicht. – In Ostpreußen geht es viel toller her als hier; im übrigen ist auch hier des Lieferns und Fuhrwerkstellens kein Ende. Stelle Dir vor, daß täglich über hundert Wagen in Berlin in Bereitschaft sein müssen, um die „Freunde", ihre Bagage, Lebensmittel und Munition zu fahren. Das geht dann so weiter von Etappe zu Etappe, so daß täglich einige tausend Pferde in Bewegung sind. Ein solcher Vorspannwagen muß fünf Tage lang auf seine Kosten in Berlin sein, und da viele dieser Fuhrwerke von sechs bis acht Meilen entfernten Dörfern heranbeordert werden, so gehen dem Bauer und Gutsbesitzer oft acht bis zehn Tage an der Heu- und Feldarbeit verloren. Gestern ist mein einer Knecht nach siebentägiger Abwesenheit zurückgekommen, und ich werde froh sein, wenn ich nicht in der folgenden Woche wieder ein Gespann abschicken muß. Da die Menschen- und Pferdeschinder auf die Wagen laden, was diese nur irgendwie halten können, so werden die Pferde schändlich abgetrieben. Wegen der Vermögensteuer ist auf dem Lande noch nichts in Ordnung; in Berlin aber wird gewaltsam zugefahren, was unter den kleinen Bürgern eine heftige Bewegung veranlaßt. Und mit Recht. Ein gutes Ende nimmt das nicht, denn jeder sagt sich, wenn schon der Hinzug der Truppen uns an den Bettelstab bringt, was wird erst sein, wenn sie wiederkommen? Ich erschrecke bei dem Gedanken, daß sie zurückgetrieben werden könnten; denn da bliebe uns nichts. Ich beklage Glogau, daß es, wie Du mir schreibst, eine mediterranische Einquartierung bekommt; das wird wohl ein zusammengestoppeltes Corps von Italienern, Spaniern etc. sein, ebenso schlecht wie die Illyrier. Vorgefallen muß übrigens schon etwas jenseits des Niemen sein, denn die beiden Massen waren schon zu nah, um sich nicht zu berühren. Und wie muß es nun erst in *den* Gegenden aussehen, wo eine halbe Million Menschen leben will! Von der Geschichte des Gr. von G. habe ich weiter nichts erfahren können. Wenn er der Mann ist, der er zu sein scheint, so wird er gewiß gesucht haben nach Holstein durchzukommen.

L., 21. Juli 12

Die französischen Offiziere, die zurückkommen, sind nicht sehr von dem Fortschreiten auf russischem Gebiet erbaut. Alle stimmen darin überein: „Viel Elend, schlecht Land, viel krank." Einer hat auch geäußert: „Ruß retiriert, aber viel brav." Aus seiner kauderwelschen Erzählung ließ sich schließen, daß die zu rasch nachjagenden leichten Truppen der Franzosen verschiedene Schlappen erlitten haben. – Am 6. August wird der König, wie es heißt, in Breslau sein und nach einem zweitägigen Aufenthalt Neiße besuchen. Von dort aus nach Prag und von Prag nach Töplitz, woselbst er baden und um eine österreichische Prinzessin werben wird. So wenigstens sagt man im Publikum. Vielleicht ohne Grund.

7. August 12

Daß die Hospitäler voll von Kranken sind und daß in einigen Gefechten auf dem rechten Flügel unter Nachteil gekämpft worden ist, das sagt man sich ins Ohr. Letzteres scheint sich dadurch zu bestätigen, daß König Hieronymus das Kommando dieses Flügels an Davoust hat abgeben müssen. Wir werden mit Phrasen in Unwissenheit erhalten. So hat beispielsweise kein Bulletin etwas von der Einnahme von Badajoz erwähnt, und doch stand der Bericht Wellingtons darüber in der Petersburger Zeitung, die noch vor Ausbruch des Krieges nach Berlin kam. – Letzten Sonntag zog ein Regiment Chasseurs hier vorbei nach Stralsund, ein Zeichen, daß man nach wie vor eine Landung seitens der Schweden befürchtet. Es mag wohl etwas der Art im Werke sein, denn in ganz Pommern heißt es, daß ein Truppencorps in Karlskrona zusammengezogen werde. *Die* können aber nur zu Hause bleiben. *Wenn* sie kämen, so hätten wir sie bloß auf dem Halse und im ganzen würd es nichts fruchten.

L., 7. Oktober 12

Täglich gehen jetzt Züge von Remontepferden für die Sachsen durch Gransee. Ihrer sind in allem 800, die in Mecklenburg und Holstein aufgekauft wurden, aber elende Dinger sein sollen. – Die republikanischen Pariser Aufrührer sind, wie ich's dachte, schon totgeschossen. So wird denn „la terreur" die andern vom Komplottieren wohl abhalten. Daß man aber dem Moreau bei dieser Gelegenheit noch einen Schandflecken anhängen will, hat mich verdrossen. Moreau hatte ja hiermit nicht das geringste zu tun.

L., 30. Oktober 12

Der eingefallene bedeutende Frost wird wohl nach Nordosten hin augenblickliche Ruhe schaffen, wir aber werden alles nachkommende Volk mittlerweile füttern müssen. Es geht nun gerade wieder wie nach der Eylauer Schlacht; man läßt dem großen Würger Zeit, sich wieder in Positur zu setzen.

L., 3. November 1812

Was die Zeitungen über den Pariser Lärm gemeldet haben, ist gewiß nicht so gering, als es gesagt wird. Jedenfalls ersieht man daraus, daß der Zunder bereitliegt. Den Börsennachrichten trau ich nicht viel, und so glaub ich auch nicht, daß für Königsberg etwas Ernstliches zu befürchten sei. Daß aber unser Corps von Riga zurückgedrängt ist, daran ist kein Zweifel. Einige Soldaten vom Leibregiment schrieben es an ihre Eltern, so beispielsweise einer aus unserer Kolonie Neuholland, der mit dürren Worten sagt: wir sind neun Meilen von Riga zurückgegangen. – Pferdelieferungen verdingen jetzt die französischen Commissairs an hiesige Entrepreneurs. Es soll nur die Kleinigkeit von 20000 Pferden angekauft werden, was die Summe aller brauchbaren Pferde auf funfzig Meilen in der Runde übersteigt. Daraus läßt sich aber abnehmen, welche Masse von Pferden gefallen ist.

L., 15. November 1812

Wie gefällt Dir das In-die-Luft-Sprengen des Kremls? Und was wurde nicht vorher gegen das Abbrennen der Stadt geschrieen! Sollte das Maß nicht bald voll sein? Hier in der Gegend haben wir jetzt wenig Passanten, aber durch Berlin gehen noch immer viel Invaliden, die dann unser Fuhrwerk bis Magdeburg bringen muß. Ich habe jetzt alle vierzehn Tage ein Gespann dazu unterwegs.

L., 21. November 12

Nova kommen uns jetzt von allen Ecken, und alle sagen dasselbe. Nämlich das, daß unser Armeecorps fast aufgerieben und Macdonald, der es führt, überrannt und gänzlich geschlagen ist. Ferner, daß die Visite gegen Kaluga und Tula hin auf eine unhöfliche Art abgewiesen worden und daß das Ganze rückwärts geht. Gestern passierte hier ein französisches Regiment in der Richtung auf Oranienburg und Berlin. Die armen Menschen kamen von Rostock und waren vor Nässe halb erstarrt. Sie geben sich drei Bataillons stark aus, waren es aber nicht. Vermutlich gehen sie weiter oder bleiben in Berlin, um die dortige Garnison gegen etwaige Tätlichkeiten der Bürger zu verstärken. Wenn von all dem, was gesagt wird, nur die Hälfte wahr ist, so steht es schlecht mit dem Ritterzuge nach Norden.

Da sich durchaus keine Entrepreneurs für den Pferdeankauf finden lassen, so sollen wir nun liefern. Das Unehrlichste bei der Sache ist das, daß der französische Schurke, der die Pferde annehmen soll, keins akzeptiert, wenn ihm nicht vorab zwei Friedrichsdor für jedes Pferd als Cadeau gegeben werden. Unser Kreis soll sechsundfünfzig Pferde liefern, so daß der Schurke allein von uns 112 Friedrichsdor bekömmt, und dann fragt man noch, wo unser Geld bleibt. Schlechtendal (der Landratsvertreter) will toll darüber werden; aber wer kann aus dem Labyrinth der französischen Schurkereien ungeschunden herauskommen?

L., 24. November 12

Seit meinem Vorigen sind Nachrichten über Nachrichten eingelaufen. Einige melden, daß die vereinigten russischen Corps von Wittgenstein und Esser den Marschall Macdonald über den Haufen gelaufen haben und daß dabei nicht bloß unsere Truppen, sondern auch die zur Deckung ihrer Flanke abgesandten badischen und polnischen Truppen hart mitgenommen, zum Teile gefangen sind. Ferner daß Mangel an allem bei der Großen Armee herrscht und daß besonders die Reiterei ganz herunter ist. Endlich daß nach dem verunglückten Versuch auf Kaluga der Entschluß gefaßt worden ist, zurückzugehen. Daß das Hauptquartier bis Smolensk rückwärts verlegt wurde, sagen die Zeitungen und kann deshalb als sicher gelten. Und wenn einige zurückkommende Verstümmelte sich dahin geäußert haben, daß sie solch einen häßlichen Kampf noch nie bestanden hätten, so kann man das *auch* glauben.

L., 28. November 12

Daß es dem „Helden" nicht gut geht, ist außer allem Zweifel. Mangel, Jahreszeit und beständige Beunruhigung ruinieren ihm die Truppen, noch mehr aber leiden die Pferde, daran bereits ein großer Mangel ist. Hier sollten die Küstentruppen durchziehn; nun aber heißt es, daß sie durch Pommern auf Danzig hin dirigiert werden. – Wieviel Deutsche in den Gefechten bereits umgekommen sind, kannst Du daraus abnehmen, daß in München alle Theater und Vergnügungslokale geschlossen gewesen sind, und zwar wegen der Trauer der meisten Familien über verlorene Angehörige. Die Bayern sollen von 20000 Mann auf 7000 zusammengeschmolzen sein. Die Württemberger auch über die Hälfte. Wenn die Russen klug handeln, so ziehen sie den Krieg in die Länge, was der Verderb der Alliierten ist, die ihre Hülfe einige hundert Meilen weit herholen müssen. Wollte Gott, daß ein billiger Frieden die Menschen endlich beruhigte. Das Wie und Wo bleibt uns freilich verborgen.

L., 8. Dezember 12

Von meinen Pferden ist der Braune den Franzosen zuteil geworden; den Schwarzen hab ich wiederbekommen, was mir sehr lieb ist, denn dieser ist ein viel besseres Arbeitspferd, und der Braune, wenngleich hübscher, hatte schon zweimal Anfälle von Kolik gehabt, die ja so leicht tödlich verläuft. Ich zweifle nicht, er wird, wenn er bivouakieren soll, bald umfallen.

L., 18. Dezember 12

Dein Brief bestätigte mir die hier schon bekannte Reise. In Dresden stieg er des Morgens zwei Uhr bei dem Gesandten ab, warf sich auf ein Bett, schlief ein paar Stunden und ließ darauf Serenissimus zu sich entbieten, der denn auch um fünf Uhr morgens in einer Portechaise zu ihm gebracht wurde und eine einstündige Konferenz hatte, worauf die Reise eiligst weiterging. Diese an Flucht grenzende Eile hat den Neuigkeitskrämern Gewißheit gegeben, daß die ganze französische Armee geschlagen und zerstreut ist. Was man vernünftigerweise zusammenbringen kann, ist etwa das Folgende. Die Kommunikation mit Polen war abgeschnitten, mehrere russische Generale hatten bereits im Rücken der Großen Armee verschiedene glückliche Gefechte gehabt, und das Magazin zu Witebsk war verbrannt. In der mißglückten Expedition nach Kaluga war viel Artillerie verlorengegangen und Kavallerie und Train ihrer Pferde beraubt. Nun mußte die Hauptmasse vor allem Wilna zu erreichen suchen, zu welchem Behufe die bereits im Rücken stehenden Russen vertrieben werden mußten. Und in der Tat, man hat sich durchgeschlagen und mit ungeheuren Verlusten an Menschen, Pferden und Artillerie wenigstens *das* erreicht, daß das Hauptquartier in Wilna bleiben konnte. Man will wissen, daß 130 Kanonen verlorengegangen sind, und kann den Reden der durchpassierenden Verstümmelten unschwer entnehmen, daß die Armee in schlechtem Zustande ist. Von den Verstümmelten starben viele unterwegs. Vor vier Tagen wurden neun von einigen vierzigen, die hier ankamen, totgefroren vom Wagen genommen. Oh, Menschen, wie wird mit euch verfahren! Wir sollen nun noch drei Regimenter Kavallerie nachschicken. General von Winzingerode, der mit seinem Adjutanten Narischkin gefangengenommen wurde, sollte zur Strafe dafür, daß er erst bei uns, dann bei den Österreichern, dann bei den Russen gegen die große Nation gedient hat, *zu Fuße* nach Frankreich abgeführt werden; die Kosaken haben ihn aber im Rücken der Franzosen befreit. Die Portugiesen sind, wie verlautet, zu den Russen übergegangen und auf englischen Schiffen fortgebracht worden. Rostoptschin ist zum Gouverneur von Petersburg ernannt, was genügsam andeutet, daß er Befehl hatte, Moskau zu verbrennen. – In zweiundzwanzig Tagen war kein französischer Courier hier durchgekommen. Einen hatten die Kosaken aufgehenkt. Der letzte, der durchkam, kam mit ein paar Säbelhieben an. – Yorck soll über Macdonald klagen, daß er ihn nicht unterstützt habe; der aber konnt es wahrscheinlich nicht, weil er ein fünfzig Meilen breites Terrain zu decken hat.

L., 23. Dezember 12

Was Du mir über den angekommenen verhungerten Sekretär schreibst, ist tragisch genug, aber im Grunde genommen nur ein Geringes gegen *das*, was man hier von der Katastrophe vernimmt. Auch hier kommen so manche durch, die, wie Diogenes, nichts haben, als was sie auf dem Leibe tragen. Und versteht sich an Ohren und Händen erfroren. Obgleich wir nur brockenweis den Hergang erfahren, so reicht es doch aus, uns mit Schauder zu erfüllen. Was in Wäldern und auf Heerstraßen an Menschen und Pferden umgekommen ist, übertrifft vielleicht die Zahl derer, die das Schwert getötet hat. Nicht nur das ganze Hauptquartier ist jeder kleinsten Bequemlichkeit beraubt, sondern auch der Anstifter all dieses Unheils hat nichts gerettet, als was er auf dem Leibe hatte. General *Narbonne,* der, wie es heißt, hier negoziieren soll, kam hier so kahl an, daß er die ersten zwei Tage in seiner Stube bleiben mußte, um sich Wäsche und Kleider zu verschaffen. Aber glaube nicht, daß man sich bei dieser ersten verunglückten Probe beruhigen wird. Nein, man wird die Vorsehung aufs neue versuchen wollen. Dazu geschehen schon allerhand Zubereitungen. Das Scheusal Daru, der wieder Generalintendant sein soll, kam auf der Flucht in Gumbinnen an und sagte dem Präsidenten von Schön in seinem allerimperativsten Ton, „er müsse für den nächsten Winter für 100000 Mann Lebensmittel besorgen". Und als Schön die Unmöglichkeit vorstellte, wurd er abgerumpelt. Ein Attaché, mit dem Schön hinterher mehrmals über dasselbe Thema sprach, sagte beruhigend, „er möchte nur das Beste tun, es würden wohl etwas weniger als 100000 Mann kommen".

Nachschrift. Soeben sehe ich den Duc de Bassano bei mir einpassieren, in einem sehr stattlichen Aufzuge. Er muß also wohl *vor* der Katastrophe abgereist sein.

1813

Der Rückzug aus Rußland

Liebenberg, 5. Januar 13

Daß das französische Hauptquartier in Gumbinnen war, haben die Zeitungen gesagt, und aus der Truppenverlegung ergibt sich, daß die Weichsel behauptet, also Ostpreußen im Falle der Not verlassen werden soll. Ich glaube nicht, daß die Russen etwas vornehmen können; sie haben viel gelitten und mußten eine Gegend durchziehen, die gänzlich verheert ist. Pariser Nachrichten besagen, daß der Kaiser auf die Aushebung von 200000 Menschen und 60000 Pferde dringt; außerdem sollen alle Truppen aus Spanien nach dem Norden gezogen werden. Das sieht nicht sonderlich aus. Ich zweifle nicht, daß *alles* versucht werden wird, um in einer zweiten Campagne den diesmal vereitelten Zweck zu erreichen. Was die nächsten Wochen angeht, so haben weder Schlesien noch die Mark etwas zu befürchten, solange die Weichsel gehalten wird; sollte diese jedoch verlorengehen, so wird es Zeit sein, sich vom Lande in die großen Städte zu begeben, obgleich seit Moskaus Brand auch in großen Städten nicht viel Sicherheit zu gewärtigen ist. Der vernünftigste Mensch kann in der Zukunft nichts Tröstliches erblicken; andererseits haben wir neuerdings Proben von *dem,* was die Vorsehung tun kann. Laß uns also nicht verzweifeln. Lange kann diese Periode des Elends nicht mehr dauern, denn wenn niemand mehr etwas haben wird, tritt alles ins Naturrecht zurück, und wehe dann *denen,* die sich nicht schnell davonmachen.

L., 9. Januar 13

Tackmann schreibt mir auch, daß das Macdonaldsche Corps durch Kapitulation in russischer Gewalt sei. Wenn Du etwas Gewisses hörst, so schreib es mir; ich will dann doch auf alle Fälle einige précautions gebrauchen, damit wir von der fliehenden Horde nicht noch *vor* der Ankunft der Kosaken ausgeplündert werden. Hier kommen viel bettelnde Franzosen und Deutsche durch. Ein Westfälinger, mit einer Hand, bat um ein Stück Brot in Gransee. *Der* hat dann erzählt, wie's im Norden zugegangen ist. Die Verwundeten gehen aus den Hospitälern, sobald sie nur irgend kriechen können, weil es, der ungeheuren Masse halber, an jeder Wartung und Verpflegung fehlt. – Der Herr von Köpernitz ist endlich aus Paris wiedergekommen; er hat den davongereisten Helden im Theater gesehn mit der wie gewöhnlich kalten und dreisten Physiognomie, als ob nichts geschehen wäre. Bewachen aber läßt er sich sorglicher denn je; die Kavallerievedetten, ebenso wie die Infanterieposten, haben alle scharf geladen, so daß seine Wohnung sozusagen im Belagerungszustand ist. Übrigens war die Stimmung in Paris sehr satirisch, und es fehlte nicht an Calembours über die „Reise im Schlitten".

L., 18. Januar 13

Allen Vermutungen nach wird die Errichtung einer neuen Armee jenseits der Elbe stattfinden. Das uns zu Kantonierungen angesagte, teils aus französischen, teils aus neapolitanischen Regimentern zusammengesetzte Geniersche Corps ist wieder abbestellt worden und muß jenseits der Elbe bleiben. Nur eine Brigade, die schon zu nahe heran war, ist in Berlin eingerückt. Auch die transportablen Blessierten und Kranken werden über die Elbe gebracht. Von Generalen und höheren Offizieren zieht noch immer eine gute Zahl ihrer Heimat zu. Was die Polen vorhaben und, vor allem, was der österreichische Hof tun wird, davon wissen wir hier nichts. – Ein Schweizer sagte mir letzthin, daß die schöne Schweizer Division auf höchstens 600 Mann zusammengeschmolzen sei; er hatte fünf Verwandte, die als Offiziers dabei standen, verloren. Und so steht es mit allen Auxiliartruppen. Unsere beiden Husarenregimenter und das Ulanenregiment, welche mit zur Großen Armee herangezogen waren, bestanden zuletzt nur noch aus 400 Mann. Und in diesem Augenblicke weiß niemand, wo sie sind. Von Österreichs Haltung hängt jetzt alles [ab]. Kaiser Franz könnte nicht nur den Ausschlag in der Sache geben, es war auch noch *keine* Periode so günstig, ihm das Verlorene wieder einzubringen. Man ist aber schon gewöhnt, daß die Erfahrung unsre Großen nicht aufmerksam macht.

Berlin, 25. Januar 13

Seit dem 21. bin ich hier, um die Ereignisse abzuwarten. Marschall Davoust hat sich mit allem, was sich in der Eile zusammenraspeln ließ, in Thorn festgesetzt und will es verteidigen. Es heißt, der Verstand sei ihm erfroren. Denn obgleich die Stadt ein paar neue Werke hat, so ist sie doch nach der Stromseite hin offen und wird, wenn die Kutusowsche Armee herankommt, ein trauriges Schicksal haben. Die Durchzüge der fliehenden Überbleibsel der Großen Armee dauern fort. Und Mitleiden muß man mit den aufgeopferten Menschen haben. *Neun* Kavallerieregimenter kamen letzthin zu Fuß hier an; sie betrugen zusammen sechzig Mann. Von dem Großherzoglich Bergischen Chevauxlegersregiment sind bis dato drei Subalternoffiziers, ein Korporal und sechs Mann hier eingetroffen. Unter den ersteren ist des Chevalier Rex Sohn, der früher bei uns diente. An der Beresina wurde das schon früher mißhandelte Regiment aufgerieben. Er verlor sein Pferd und hat die Promenade hierher mit einem Hemd auf dem Leibe gemacht. – Allem Anscheine nach werde ich den Frieden nicht erleben, oder *die* Hand, die neuerlich ein so großes Werk zerstörte, müßte den Ausschlag in der Sache geben.

B., d. 1. Febr. 13

Die Durchzüge der elenden Überbleibsel einerseits und andererseits das Erscheinen des Grenierschen Corps, das nun in und um Berlin kantoniert, macht die Einquartierung äußerst drückend. Der Unwille der Bauern und Bürger steigt und steigt um so mehr, als die Grenierschen ziemlich dummdreist sind. Sie haben eben die russische Luft noch nicht gefühlt.

Vorgestern bat mich Geheimerat Serre zum Tee, wo ich dann die Bekanntschaft des Generals Grouchy machte, der mir viel Gutes von Dir und Deinem Manne sagte. Man sieht gleich an seinem ganzen Benehmen, daß er ein Mann von Erziehung und guter Gesinnung ist; seine Gesundheit hat übrigens sehr gelitten, denn in der Schlacht an der Moskwa hat ihn eine Kartätschenkugel, die ihn auf die Brust traf, vom Pferde geworfen. Sein Notizbuch und eine auf Leinen geklebte Karte, die er beide in der Brusttasche hatte, retteten ihm das Leben. Er hat aber an der Kontusion lange gelitten und Blut ausgeworfen. Jetzt liegt ihm ob, die destruierte Reiterei wieder in Ordnung zu bringen; die Depots sind in Braunschweig und Hannover; er hat aber vorläufig Urlaub nach Paris. Es werden jetzt an aller Welt Enden Pferde für die Franzosen gekauft, aber ungelehrte Reiter und ungelehrte Pferde bilden nicht gleich eine Reiterei. Unsere Ärzte sind außerdem der Meinung, daß alle die, welche durch Kälte und Hunger sehr heruntergekommen sind, nie wieder zu einer festen Gesundheit gelangen können. Was *uns* angeht, so sind wir auch nicht beneidenswert. Aufgefressen von den Alliierten, geschunden von unseren eigenen Finanzherren, erwarten wir einen vollkommnen Unvermögenszustand. Ohnerachtet des sauberen Tresorscheinedikts standen die

Scheine selbst vor acht Tagen zu sechzig Prozent, und vorgestern auf der Börse hatten sie gar keinen Cours. Das Drolligste bei der Sache ist, daß jetzt niemand das Edikt fabriziert haben will. Stägemann und Scharnweber haben öffentlich erklärt, nichts davon gewußt zu haben, ja, letzterer hat sogar eine Vorstellung dagegen nach Breslau gesandt. Von allen Seiten ist protestiert worden, ob es aber helfen wird, steht dahin. Tages nach der Publikation war ein Zettel an der Königlichen Porzellanmanufaktur befindlich mit der deutlichen Inschrift: „Hier kauft man nur für *bares* Geld". Ebenso hat der Entrepreneur der Posten erklärt, „daß er nur auf bares Geld kontrahiert habe und den Kontrakt nicht erfüllen könne, wenn ihm Tresorscheine gegeben würden". – Der Elend- und Ekelzustand der armen Soldaten, die aus Rußland zurückkommen, spottet jeder Beschreibung. Von Ungeziefer sprechen gibt kaum eine Andeutung. Selbst hohe Offiziere machen keine Ausnahme, und die Waschweiber weigern sich, für sie zu waschen. Die wenigen, die noch Mittel haben, kleiden sich hier ein. Sonst schleppen sie ihre Lumpen bis nach Frankreich hinein. – Von Kotzebue läuft hier unter der Hand eine Beschreibung des Einmarsches und Rückzuges der unüberwindlichen Armee herum, deren ich noch nicht habe habhaft werden können. Sie soll nett geschrieben, aber auch mit tüchtigen Hieben auf manche Windbeuteleien ausgestattet sein. – Vor zwei Tagen hab ich Fritzchen, den zweiten Sohn des Feldmarschalls Grafen Kalckreuth, kennenlernen. Was ist das für ein Schwätzer! Er fängt jede seiner Erzählungen immer mit Lachen an.

Berlin, den 8. Febr. 13

Die Russen müssen entweder nicht stark genug sein, um rasch vorwärts zu gehen, oder sie sind, vielleicht im Hinblick auf Polen, um ihre Rückzugslinie besorgt. Sonst hätten sie längst und ohne große Hindernisse bis hierher kommen können. Es existiert an widerstandsfähigen Truppen nichts als das Greniersche Corps, und dieses ist auf dem Papiere stärker als auf dem Felde. Hätten die Russen Nachricht davon gehabt, so würden ein paar Pulk Kosaken ausgereicht haben, eine Menge hohe und niedere Offiziere wegzufangen. Obgleich alles, was die Franzosen tun, sehr geheimgehalten wird, so geben doch allerhand Maßregeln zu erkennen, daß sie diese Stadt zu verlassen sich bereit machen. Ein Jammer ist es, die Kranken aus Stettin und Küstrin hier ankommen zu sehen. Viele werden schon tot aus dem Wagen genommen, und in den Lazaretten sterben sie massenhaft. Ob es wahr ist, was Soldaten hier ihren Wirten erzählen, „daß bei Sprengung des Kremls und der Mauer von Smolensk die an diesen Orten befindlichen Lazarette mit in die Luft gesprengt wurden", laß ich dahingestellt sein. Es wäre das der zweite Teil zur Expedition von Jaffa. Unsere Ärzte sind einstimmig der Meinung, daß alle diejenigen, die selbst noch mit einem Anscheine von Gesundheit hier ankommen, im Frühjahr erkranken und sterben werden. – Wenn Königsberger Zeitungen nach Breslau kommen sollten, so suche sie zu lesen; es sind darin allerlei Kuriosa. Besonders die Erklärung des General Yorck. Das wird eine zweite Schilliade, nur von weiterem Umfange. Im Tatsächlichen mag Yorck recht haben, aber in den Formen fehlte er doch gewaltig. – Baron von Stein, dem die Ziviladministration in Ostpreußen übertragen ist, wohnt bei Nicolovius und verfährt, seiner Gewohnheit gemäß, ganz rasch. – Lies doch auch den „Moniteur", der jetzt alle Unfälle der Franzosen auf General Yorck schiebt, obgleich er hundert Meilen von dem Orte war, wo die letzten Szenen [des] Trauerspiels vorfielen.

Die Erhebung Preußens

B., 12. Februar 1813

Seit meinem Letzten erschien hier die Aufforderung zu Errichtung der Freiwilligen. Ein Schwindel ist sofort in die Köpfe aller jungen Leute gefahren. Alles stellt sich, alles will mit. Ich weiß nicht, was ich von der Sache denken soll. Mir gefällt sie nicht. Solange man nicht ausspricht, gegen *wen* es gemeint ist, bleibt es etwas Mißliches, und alle diese jungen Leute, wenn es nicht gegen *den* geht, dem sie gern eins anhaben möchten, werden Sottisen begehen. – Von Breslau wird geschrieben, daß General Scharnhorst wieder in Dienst getreten sei. Was das bedeutet, löst sich von selbst. Du wirst am besten wissen, was hiervon wahr oder nicht. Überhaupt arbeitet jetzt alles unter der Hand, welchem Unwesen ich nicht Beifall geben kann. – Die Franzosen trauen uns in keinerlei Art, können auch nicht, denn Bürger und Bauern geben ihnen ihren Widerwillen deutlich genug zu verstehen, was ich beiläufig nicht klug gehandelt finde. Denn gerade wir, wir haben am meisten zu fürchten, wenn der Allgewaltige mit einer neuen Heeresmacht heranzieht. –

Im Münsterschen und Bergischen hat die enorme Konskription Unruhen veranlaßt. Ebenso ist in Bayern Uneinigkeit zwischen Vater und Sohn wegen neugeforderter Truppenaushebungen. Allerwärts scheint Zunder zu glimmen. – Unter so vielen düstern Aussichten erscheint manchmal ein lustiger Einfall, ein gutes französisches Wortspiel. Der Gewaltige schilt seinen Gärtner zu St. Cloud darüber, daß die Treibhäuser in schlechtem Zustande seien. Der entschuldigt sich, „parce qu'on l'a laisse manquer de tout". Das Ende seiner Entschuldigung aber ist: „Voilà pourquoi les lauriers sont flétris et les grenadiers gelés."

B., den 21. Februar 1813

Die Geschichte von der Uneinigkeit der hiesigen Bürger mit dem französischen Militär – veranlaßt durch einige aufgegriffene Krümper, die nach Kolberg gehen sollten und bei dieser Gelegenheit ein französisches Wachkommando insultierten – hätte schlimmer werden können, wenn nicht die Polizei und Bürgergarde das Rechte getan und die Rädelsführer arretiert hätten.

Die königliche Familie, die noch hier ist, hat es sehr übelgenommen, daß man französischerseits gewillt gewesen ist, das Schloß zu einer Art von Defensionsburg zu machen. Der Minister von der Goltz hat dem Gouverneur einen derben

Protest überreichen müssen. Sodann verlautet, daß auch der Magistrat dem französischen Gouverneur im Namen der Bürgerschaft erklärt habe, „da die Residenz kein Kriegsplatz wäre, so könnte auch kein Artilleriefeuer in den Straßen der Stadt geduldet werden. Der erste Kanonenschuß, der einen Bürger oder sein Eigentum beschädige, würde das Signal zur Sturmglocke sein und könne von dem Augenblick an der Magistrat für die Folgen nicht einstehen." –

Übrigens hab ich den Schreck bewundert, den die tollkühnen Kosaken den jungen, unerfahrenen französischen Soldaten einjagten, obgleich jene wenig gefährlich sind. Ein junger Graf Schwerin, der unvorsichtig genug gewesen ist, gestern vor dem Tore zu reiten, ist in das Scharmützel hineingeraten und von einer Kugel schwer verwundet nach Hause gebracht worden. Ein paar Bürgersleute sind auch blessiert.

Lb., 22., morgens

Ich wollte, wir wären in Ruhe, deren wir so sehr bedürfen. Um Dir einen Begriff von dem Umfange der Aushebungen zu machen, so sag ich Dir nur, daß mir der Kutscher und drei Hofknechte samt einem Taglöhnersohn genommen sind. Wenn das aus *einer* Wirtschaft geschieht, so kannst Du Dir denken, wie's im Ganzen geht.

B., d. 4. März 13

Heut ist uns endlich das Heil widerfahren, daß die Franzosen des morgens vier Uhr die Stadt verlassen haben. Seit meinem vorigen Briefe machten sie zu belachende Anstalten, um die Stadt zu verteidigen, in der Tat aber sah man, daß sie von Furcht erfüllt waren. Nur zwei Tore: das Brandenburger und das Oranienburger Tor, waren offen gelassen, die anderen hatte man inwendig bis zu zehn Fuß hoch mit Erde beschüttet, damit sie nicht geschwind frei gemacht werden könnten. Am Potsdamer und Brandenburger Tor waren die nächsten Häuser mit vierzig und fünfzig Mann belegt; Graf Reuß hatte deren sogar 100 und den General Grenier dazu. Dieser (Grenier) hatte nicht, wie gewöhnlich, zum Abmarsch trommeln lassen, und die mündliche Bestellung mußte wohl schlecht besorgt worden sein, kurzum, einige achtzig französische Soldaten, die einquartiert gewesen waren und erst durch den Lärm vom Abmarsch ihrer Landsleute erfuhren, wurden noch in der Stadt überrascht und gefangengenommen. Um elf Uhr waren gewiß 2000 Kosaken und ein Regiment Dragoner in der Stadt. Wollte nur Gott, daß alles dies uns endlich zu einem festen und ruhigen Zustand hinüberführte. Der Kommandant von Spandau, ein Holländer, Graf Hogendorp, hat es wie der Glogauer gemacht und alles Vieh von den benachbarten Ortschaften eintreiben, heut auch die Gewehrmanufaktur auf dem Plan und die Vorstadt von Spandau abbrennen lassen. Der Mensch verdient dafür einer harten Strafe zu begegnen, denn das elende Nest Spandau kann sich, wenn es ordentlich angegriffen wird, nicht halten, und doch tut er einen so großen Schaden. – Einige französische Legationssekretäre, die die Kosaken hinter Potsdam aufgefangen haben, sind von diesen über Oranienburg und Liebenwalde weiter rückwärts transportiert worden. Überhaupt sind die Kosaken wahre Spürhunde und wahrlich nicht solche verächtlichen Feinde, wie die französischen Bulletins sie beschreiben. Sie haben hier keinen Augenblick gezaudert, mit der Infanterie sich herumzuschießen, und wenn sie gar eine Aussicht auf Beute haben, so sind sie tollkühn.

Die armen Sachsen beklag ich von Herzen; sie sind das Opfer der französischen Gesinnung ihres Ministeriums und werden jetzt feindlich behandelt werden, wozu die Proklamation ihres fliehenden Königs nur noch mehr beitragen wird. Wahrscheinlich sind russische Abteilungen schon bis gegen Dresden vorgerückt, und gestern wurde versichert, daß sie in Luckau 100000 Taler Kontribution eingefordert hätten. – Auch gegen die Bayern äußern sich die Russen sehr feindlich. – In Amsterdam haben, wie ich höre, sehr beunruhigende Szenen stattgefunden. Auch hier würd es nicht an Volksgewalttätigkeiten gefehlt haben, wenn die 4000 Mann starke Bürgerwache nicht sorgfältig ihren Dienst beobachtet hätte. Nur in einzelnen Handlungen, und namentlich bei der

Kosakade vom 19. Februar, trat die feindselige Volksstimmung unverhohlen hervor. – Von Geheimrat Fockes Söhnen ist der älteste (der schon Assessor war) und der dritte mit in den Krieg, überhaupt aber sind von hier 6000 Freiwillige teils nach Breslau, teils nach Kolberg abgegangen, von denen gewiß zwei Drittel durch Beiträge ausgerüstet worden sind. Bei dem guten Willen, den jeder bezeigt, ist es zu bewundern, wie das *Kokardenedikt* so mit dem Knüppel unter die Leute werfen kann. Ein solch grobes Benehmen verdirbt all das Gute wieder, was zu erwarten war. Ich mag wohl zu alt und zu kalt sein, um alles aus dem rechten oder wenigstens aus einem wünschenswerten Gesichtspunkte betrachten zu können, *allein wenn der Enthusiasmus in Grobheit ausartet,* ist für mich der Beweis da, daß er die Vernunft über den Haufen wirft.

Berlin, d. 11. März 13

Sie sind also abgefahren, und Gott gebe, daß sie *nie* wiederkommen. In die Zukunft kann man nicht sehen, aber der Anschein sagt, daß die Franzosen, wenn wir ihnen nur scharf auf die Haut gehen, unterliegen werden.

General Yorck mit dem preußischen Corps wird hier nächstens erwartet, ebenso das Corps, welches General Bülow in Pommern kommandierte. Die Armee wird sehr ansehnlich werden, wovon sie aber leben soll, weiß ich nicht recht, da die Scheunen leer sind. Wenn wir nur direkt auf Dresden gingen, um den sächsischen „Ölgötzen" vom Rheinbund abzuzwingen. Das erscheint mir als das Notwendigste. Graf Tauentzien wird Gouverneur von Pommern. Obrist von Knesebeck, der zum Generaladjutanten ernannt werden soll, besucht vorab die Kaiser Alexander und Franz.

L., d. 12. [März] 13

Das Wittgensteinsche Corps ist hier 10000 Mann stark eingerückt, die Kosaken und Baschkirn nicht mitgerechnet. Infanterie und Kavallerie sind schön, nur ist das Grün der Uniformen sehr verbleicht. Die Pferde alle in gutem Stande, die Artillerie vortrefflich. Aber komplett sind die Regimenter nicht. Essen und Trinken schmeckt ihnen. Bis heute habe ich noch kein Belagerungsgeschütz gesehen; das muß aber doch dasein, wenn man Festungen einnehmen will. An den sächsischen König soll eine Einladung abgegangen sein, sich wieder nach Dresden zu begeben und den Rheinbund zu verlassen, widrigenfalls sein Land feindlich behandelt werden würde. Mich soll's wundern, ob er auch jetzt noch der Stimme seiner Minister und Generale mehr Gehör geben wird als der seines Volkes, das durchaus gegen die Franzosen ist. Sein General Thielemann hat alles, was noch von Truppen vorhanden war, in der Niederlausitz zusammengezogen; er ist bekanntermaßen ein gewaltiger Franzosenfreund. Unter den Generalen, die Graf Wittgenstein mitgebracht hat, ist auch Herr von Dörnberg, der seinerzeit (1809) die verfehlte Revolution in Kassel anordnete. Möchte er doch jetzt in Kassel als Sieger einziehen können. Seine Westfälische Majestät sollen schon alles, was einigen Wert hat, haben einpacken lassen, sich also auf alle Fälle bereithalten. *Darauf* kann er rechnen, daß, wenn die Russen bis ins Hessische kommen sollten, all seine Truppen übergehen werden, denn sie desertieren *hier* schon häufig und helfen jetzt unsere Freicorps bilden.

B., den 15. März 1813

Übermorgen, den 17., soll unser Yorcksches Corps hier ankommen. Auch das pommersche, unter General Bülow, ist schon über die Oder, um sich jenem anzuschließen. Warum das mobile schlesische Corps nicht schon längst in Dresden ist, begreife ich nicht; dem großen, allgemeinen Feinde wird dadurch nur Zeit gegeben, wieder auf die Beine zu kommen, und den politischen Unterhandlungen trau ich nicht recht. In Küstrin haben die Russen glühende Kugeln nach den Magazinen geschossen; ob mit Erfolg, wissen wir nicht. Die Bekanntschaft des Herrn von Dörnberg, jetzt General in englischen Diensten, habe ich hier gemacht; ein einnehmender Mann, der zwar nur als Volontär die Campagne mitmacht, aber gewiß eine Rolle zu spielen bestimmt ist.

B., den 17. März 1813

Heute zog der erste Teil des *Yorckschen* Corps hier ein. Sehr schöne Truppen: zwei Husaren-, vier Dragoner-, sechs Infanterieregimenter, einige Fußjäger und acht Batterien (halb reitende, halb Fußartillerie), alles in sehr gutem Stande. In einigen Tagen soll der Rest und, wie es heißt, auch das Bülowsche Corps einrücken. Beide Corps sollen dann dem Grafen Wittgenstein als einem Oberbefehlshaber unterstellt werden. – General *Rapp,* der jetzt wieder in Danzig kommandiert, macht öfters Ausfälle, die ihm Menschen kosten. In der Stadt liegen außer den Franzosen und Rheinländern auch zwei polnische Regimenter, die durchaus haben desertieren wollen. Eines Tages ist in der Stadt ein anhaltendes Schießen gewesen, da haben die Polen und Franzosen aufeinander gefeuert. Der Zustand ist also noch schlimmer als in Glogau. Die Sterblichkeit in Danzig ist fürchterlich, weil das daselbst zurückgelassene große Lazarett 12000 Mann, einige behaupten 18000 Mann, Verwundete und Kranke enthielt, zu deren Wartung es an allem fehlte. Diese armen Menschen sterben wie die Fliegen, und ihr Fieber rafft auch eine Menge Bürger mit fort. Es sollen Wochen vorkommen, in welchen 120 und mehr Bürger begraben werden.

Berlin, den 25. März 13

Der König zeigte sich an dem Tage, wo Große Parade war, sehr freundlich. Die Truppenlinie fing an der Hundebrücke an und zog sich zum Brandenburger Tore hinaus bis an den Statuenzirkel. Der König und der Kronprinz sahen sehr wohl aus. Der Prinz von Oranien war im Gefolge des Königs, und zwar in österreichischer Generalsuniform. Zufällig sah ich die Parade, ohne es gesucht zu haben, denn ich besuchte Fokkes am Brandenburger Tor, unter dessen Fenster alles vorbeizog. Wenn General Blücher mit unserer Avantgarde im Marsch geblieben ist, so muß er in kurzem vor Dresden sein. Das einzige Gute, was die sächsischen Generale tun, ist, daß sie keinen Franzosen in ihre Festungen einlassen. – Du meinst von G…, daß er nur nicht unter die „Tugendhaften" gehen solle, ich werde aber bald glauben, daß die Tugendbündler viel wert sind, weil sie wirklich die Sache vorwärtsbringen. Ihre Zirkel enthalten viel schlechte Personnagen, unter diesen werden aber manche gebraucht, um in die Ferne zu lauern, und von dem eigentlich Politischen erfahren sie nichts.

General Dörnberg fängt seine Operationen nach dem Hannöverschen hin an. Er hat russische Husaren, zwei Pulk Kosaken und, wie es heißt, ein preußisches Dragonerregiment samt einigem Fußvolk als eigentlichen Fonds zu einem *Freicorps* bei sich. Zu diesem Fonds hofft er Zulauf zu bekommen. Und ich glaub es. Denn überall ist man der Franzosen so satt, daß ein jeder Lust hat, draufzuschlagen. Sein in England stehendes Regiment schwarzer Husaren wollen die Engländer zu ihm bringen. Ich wollte, es wäre schon da, denn hauptsächlich Kavallerie muß die Franzosen ermüden, da es ihnen daran fehlt.

Berlin, den 26. März

Es ist nun resolviert, daß das Corps des Generals *Borstell* mit Dörnberg über die Elbe geht. Wie mir soeben geschrieben wird, ist alles bereits in Bewegung. Das Regiment Königin-Dragoner machte den Vortrab und ist am 21. schon durch Zehdenick auf Ruppin gezogen. Es wird daher das Dörnberg-Borstellsche Corps vielleicht 10000 Mann stark sein. Wenn ich aufrichtig sein soll, so mißfällt mir der ganze, sich mehr und mehr entwickelnde Plan. Man zerstreut sich in kleine Corps, um den Aufstand zu befördern, während man, meiner Meinung nach, mit aller Stärke gerad auf Erfurt losgehen müßte, um die sich dort sammelnden Franzosen zu schlagen. Dann käm all das andre von selbst. Wenn man erwägt, daß Danzig, Küstrin, Glogau, Stettin, Thorn, Magdeburg und selbst Spandau Observationscorps erfordern, so leuchtet ein, daß die Feldarmee nicht stark sein kann, wenn sie noch viele Neben-Detachements aussendet. – Wir erwarten täglich das Landwehredikt, das von dem in Ostpreußen verschieden sein soll. Das erste Glied mit Piken, die zwei andern mit Gewehren, was etwa 38000 Piken und Gewehre erfordern würde, wovon wir nicht den hundertsten Teil haben. Wahrlich, wenn nicht eine Hoffnung auf die Fügungen der Vorsehung bliebe, man müßte vor Mißmut untergehen. Ich bringe mich persönlich bei diesem allem nicht mit in Anschlag; meine Jahre führen mich dem Ziele näher, wohin wir alle müssen. Allein wenn ich an andere denke, dann hab ich einen herzlichen Kummer, den ich mit mir herumtrage und der mich gesellschaftsscheu macht. Denn da hört man so viel überspannte Äußerungen, daß man sich ärgern muß.

Berlin, 3. April 13

Das *Bülowsche* Corps ist nun auch hier durch und zur Armee gegangen. Es war sehr gut im Stande. Darunter auch drei Eskadrons der schwarzen Husaren, die neuerdings erst wieder beritten gemacht worden sind. Sie hatten nämlich die Ehre gehabt, unter Napoleons Anführung so ruiniert zu werden, daß nur zweiundzwanzig Pferde übrigblieben. Die 4. Eskadron wird noch in Preußen komplettiert.

Ich wollte, daß das Kutusowsche Corps auch schon in Sachsen wäre; denn in dem Augenblicke, wo der große Würger bei seiner Armee ankömmt, wird er gewiß auch gleich losschlagen. Meiner Berechnung nach stehen mit General Blücher höchstens 50000 Preußen und Russen in Sachsen. Das ist viel zu wenig. – In Danzig herrscht die schrecklichste Teuerung; Pferdefleisch kostet das Pfund einen Taler; ebenso Butter. General Rapp treibt die kleinen Bürger heraus, und die Russen treiben sie wieder herein. Welch ein Zustand für die armen Leute! Der Spandauer Kommandant will auch zuweilen Ausfälle machen; sie mißraten ihm aber, weil die Deutschen der Garnison überlaufen. Vor zwei Tagen hatte er eine Plünderpartie nach Pichelsdorf gesandt, die jedoch von den Pichelsdorfern, mit Hilfe einiger Kosaken, tüchtig zusammengeknüppelt wurde. Man erzählt sich, Herr *Staegemann* würde in des Staatskanzlers Bureau kommen, Herr Beguelin aber die Bank- und Seehandlungsdirektion übernehmen. Woher *der* alle Weisheit nimmt, weiß ich nicht. Noch ist er in Amsterdam, wohin er wohl gegangen sein mag, um dem Pariser Ungewitter auszuweichen. – Der „Moniteur" spottet unserer schon; es wird aber schließlich auf Worte nicht ankommen. Gebe Gott nur, daß wir die ersten Schläge recht hart austeilen, dann wird sich das andere von selber finden. An gutem Willen fehlt es nicht, aber auf seiten der Gegner wird sehr wahrscheinlich wieder die Übermacht sein, weil er aus Spanien eine große Truppenabteilung herbeigeholt hat.

Nun wird mit Bildung der Landwehr vorgegangen, was viel Schwierigkeiten hat. Es fehlt an Arbeitskräften, und wenn die Landwehr davon noch mehr fortnimmt, so werden bald auch *die* Handwerke stillestehn, die für die Armee arbeiten. – Das „Russisch-Deutsche Volksblatt", das *von Kotzebue* hier herausgibt, kann ich Dir als eine possierliche Diatribe empfehlen. Mit dem französischen Kaiser macht er es etwas arg.

Liebenberg, 17. April 1813

Mit Formation unsrer Landwehr geht es rasch vorwärts, und um sie zustande zu bringen, werden wir methodisch ausgesaugt. Da hat es der freiwilligen Beiträge kein Ende. Und komisch genug, daß die schlimmsten Bankruttierer dabei immer das große Maul haben und Beiträge unterschreiben, während sie zwei- und dreijährige Zinsen schuldig sind.

Ich werde es täglich mehr gewahr, daß unsere neue Finanzeinrichtung infolge der Zerstückelung und Zwischenstationen nichts taugt. Die Regierungen sind bange vor den regierenden Geheimen Staatsräten und diese wiederum vor dem nicht antwortenden Staatskanzler samt Umgebung. Und so herrscht eine innere Konfusion, die man früher nicht kannte. – Zu den vorgekommenen Possierlichkeiten gehört auch *die,* daß der Kammerherr *von Podewils,* der die jüngste Tochter des Kammerherrn von Reck zur Frau hat, zu den Gardekosaken gegangen ist. Er hat sich einen tüchtigen Bauch angeschafft und nichts von einem Kosaken an sich. Sobald aber das Czernischewsche Corps vor Berlin kam, ritt er zum Tore hinaus und zog mit den Kosaken herum, um sich auf dem Zug nach Oranienburg und Kremmen das Kosakische einzustudieren. Dann kam er zurück, kleidete sich ein und ist nun bei den Gardekosaken. Überhaupt, eine gute Zahl Männer ist zur Armee abgegangen, die, meines Dafürhaltens, eher zur Last als zum Nutzen sein werden.

L., 27. April 1813

Daß die jetzt nachrückenden russischen Truppen schmutzig und abgerissen aussehen, ist kein Wunder. Sie haben ja beinah in neun Monaten nicht den Rock vom Leibe gehabt. – Wenn ich nur unsre Festungen in unsern Händen wüßte. Vor allen Dingen aber müßten wir *Wittenberg* haben, welches der darin kommandierende französische General total ruiniert. Überhaupt hausen die Franzosen, wo sie hinkommen, wie die Schinder. Unter andren zeichnet sich der General Vandamme, den Du ja kennst, als ein vorzüglicher Bösewicht aus. Er wird aber, denk ich, auch seinen Lohn bekommen, denn das Corps an der Niederelbe verstärkt sich täglich und wird ihn wohl aus Bremen herausjagen. – Die Schweden stehen, wie es allgemein heißt, in englischem Sold. – Der Vizekönig *Stein* tut alles Mögliche, um die Sachsen in Gang zu bringen, und der davongelaufene Ölgötze riskiert *alles,* wenn die Alliierten Glück haben. Von seiner Armee existieren vielleicht nur noch 8000 Mann, wovon 5000 in Torgau (unter Thielemann) die Neutralität ergriffen haben; die anderen sind in französischen Händen. – Wahrscheinlich wird in kurzem etwas Wichtiges vorfallen, denn Ney, der jetzige Liebling Napoleons, hat mit allem, was er zusammenzubringen imstande war, eine Bewegung gegen die Alliierten vorwärts gemacht. Vielleicht auch nur in der Absicht, sich die Kosaken vom Halse zu schaffen, die bis Eisenach gestreift haben.

L., den 7. Mai 1813

Gestern bekam ich das in Berlin angeheftete Extrablatt über die am 2. vorgefallene fürchterliche Bataille bei *Lützen,* also auf demselben Terrain, wo Gustav Adolf den Wallenstein schlug. Da das Blatt sagt, „daß die Nacht die Schlacht unentschieden gelassen habe", so bin ich über die Folgen nicht ohne Sorge. Privatnachrichten meldeten, daß der Prinzessin Wilhelm Bruder geblieben und General Blücher leicht verwundet sei.

Zur Landwehreinstellung hier hab ich zwar alle pro forma losen lassen, dann aber ist eine Auswahl gemacht und *die* sind genommen worden, die am entbehrlichsten waren. Aus Liebenberg sieben, die ich alle ausgerüstet habe, einen als Kavalleristen und sechs als Fußgänger. Mit dem Landsturm sieht es konfuser aus, weil alles mit soll, was noch kriechen kann; Piken werden geschmiedet, und alles muß marschieren und schwenken lernen. Am allermeisten ärgern mich die unberufenen Aufforderer „zu allerlei Gaben", nicht zu vergessen die Damenvereine. Wenn man dieser Menschen Aufforderungen liest, so sollte man glauben, es sei noch nichts geschehen, und wahrlich ein *jeder* hat gegeben und *viel* gegeben. Besonders wir Landleute und kleinen Städte, die die Magazine stets füllen mußten und doch zu allen anderen Beiträgen mit herangezogen worden sind. Und was alles vorgeschlagen wird! Ein Narr will zum Landsturm von zehn zu zehn Schritt eine kleine eiserne Kanone haben, wo aber Artilleristen und Munition herkommen sollen, das sagt er nicht. Ein anderer will alles Kirchensilber in die Münze liefern, ein dritter dagegen schlägt „silberne Kelche" als Prämien für die Taten des Landsturms vor. Flugs ist ein vierter Narr da und sagt, „nein, nicht silberne, sondern *eiserne* Kelche". Aber auch *er* ist noch nicht der letzte, denn ein fünfter hat sogar sammetgestickte Kanzel- und Altardecken in Vorschlag gebracht. Wahrlich, die mehrsten solcher Kleinigkeitskrämer gehörten ins Tollhaus. Alles soll einen *religiösen Zweck* haben, im Grunde aber liegt ein mir ekelhafter Servilismus und Fanatismus im Hinterhalte, dessen mehrere Geistliche sich anjetzo bedienen, um die Hände mit im Spiel zu haben. Unter diesen ist der Herr Propst Hanstein nicht der letzte. Einige Prediger haben den Auftrag, „die Landwehr beim Ausmarsch durch eine Anrede zu ermuntern", so weit getrieben, daß sie den Landwehrmännern das Abendmahl gereicht haben. Die Landwehr unseres Kreises ist mit einigen Compagnien des Havellandes nach Spandau eingezogen worden, um diese Festung, die vor kurzem kapitulierte, zu reinigen und ihr als Garnison zu dienen. Kaum aber ist sie zwci Tage dort gewesen, als sie nach Burg aufbrechen mußte, was vermuten läßt, daß von der französischen Garnison zu Magdeburg allerlei zu befürchten sei. Wollte Gott, daß der allgemeine Menschenschinder bald seinen Untergang fände!

L., den 18. Mai 13

Am 12. dieses ging ich nach Berlin. Ich fand daselbst solche Bestürzung und so eine Furcht, als ob schon die ganze feindliche Armee vor den Toren stünde. Der Justizminister, mehrere Geheime Staatsräte und die vornehmsten Banquiers waren abgereist. Die Prinzessinnen von Oranien und Hessen brachen in der Nacht nach Stargard auf; die Prinzessin Wilhelm hatte packen lassen und wollte folgen. Geheimrat Rosenstiel, der drei Söhne bei der Armee hat, hat einen durch Gefangenschaft verloren, die beiden andern sind verwundet. Reck, Dönhoff, die beiden Reuß sind wohl; Oberpräsident von Gerlachs Sohn ist verwundet, Fockes beide Söhne sind gesund. Zu verwundern ist es, daß die mehrsten Verwundungen nur leicht sind. Es hieß, daß Oberstlieutenant von Tippelskirch schwer blessiert sei und so sämtliche Stabsoffiziere der Garden. Anton von Stolbergs Pferd wurde erschossen, er stürzte und zwei andre Pferde über ihn, so daß er durch Quetschung sehr gelitten hat. Aber nicht gefährlich. Am meisten hat das Regiment der brandenburgischen Kürassiere verloren, welches beim Einhauen auf ein Viereck zwei Drittel seiner Mannschaft liegen ließ.

L., den 21. Mai 1813

Viel gewonnen ist dadurch, daß die Alliierten ihre Position behaupten und unterdessen Verstärkungen erhalten haben. Der französische Kaiser, um in Übermacht zu bleiben, läßt den Marschall Davoust von der Niederelbe nach Sachsen kommen. Sein Corps soll 10–12000 Mann stark sein. Dadurch werden die Hanseaten frei, Schweden sind genug im Mecklenburgischen. Gehen *die* endlich über die Elbe, so wird der saubere Vandamme über die Weser zurück müssen, oder er bekommt Schläge. – Mit unseren Belagerungen geht es traurig, weil es an allem fehlt. Stettin ist eng eingeschlossen, aber weiter nichts. Küstrin wird beschossen; dieser Ort ist aber gerade der festeste. Hart ist es, seine eigenen Festungen ruinieren zu müssen, nachdem man sie dem Feinde zuliebe verproviantiert hatte. – Unsere Hoheiten sind nun gottlob alle aus Berlin fort. Sie waren eigentlich nachteilig und unbequem, brauchten eine enorme Menge Pferde, und sowie sie einpacken ließen, glaubt das Publikum, nun sei alles verloren.

L., den 5. Juni 1813

Ich werde ruhig hierbleiben, denn ich habe das feste Zutrauen, daß die Lage der Dinge bald besser werden wird. Schon ist es was, daß das Durchbrechungsprojekt des französischen Kaisers nicht geglückt ist. Seine Lage ist nicht angenehm, er findet Widerstand von Schritt zu Schritt, hat wenigstens schon 50000 Mann verloren und wird in seinem Rükken beständig beunruhigt. Dabei leidet er Mangel, und in Dresden selbst herrscht Not. Die Bewegungen der *Schweden* können nicht[s] anders als ein Vorgehen gegen ganz Niedersachsen und besonders gegen die Weser beabsichtigen, und dann muß sich die feindliche Hauptarmee schwächen, um dort zu helfen. Wenn nicht die verächtliche Haltung des sächsischen Hofes und die nun glücklicherweise beseitigte Jalousie der Dänen die Projekte des Feindes befördert hätten, so wäre dieser so weit nie gekommen. – Unsere *Landwehren* bilden sich in der ganzen Gegend, sie fangen an, eine militärische Konsistenz zu bekommen, und werden in kurzem keinem regulären Corps weichen. Der *Landsturm* dagegen ist meiner Meinung nach ein Unding. Indessen wird auch *daran* gearbeitet. Alles in allem, es steht nicht schlecht. Sollte nichtsdestoweniger das Unglück über uns hereinbrechen, so geh ich, nachdem es die Umstände erlauben, nach Stargard oder der Insel Rügen. Ich bleib aber nochmals bei meiner Meinung, daß die Sachen besser stehen, als manche fürchten, und schon ist es ein vieles, daß das Poniatowskische Armeecorps in Polen entwaffnet ist. Spanien wird wohl bald ganz frei sein, denn da geht es rasch vorwärts, und binnen kurzem wird Frankreich seine Südgrenze zu schützen haben. *Jetzt* ist die große Krisis. Hilft uns *Österreich,* so ist Deutschland frei.

L., den 22. Juni 13

Die momentane Gefahr, in der wir schwebten, wurde durch den über das Oudinotsche Corps vom General von Bülow erfochtenen Sieg bei Luckau beseitigt, und ich kann ruhig hierbleiben. An unsern Zustand mag ich nicht denken, und ich schwanke beständig hin und her, ob ich Mut fassen oder ihn verlieren soll. Wenn die, welche auf dem Papiere beständig stärker sind als im Felde, es ernstlich meinen und es auch zeigen wollten, so müßte die wieder mal in einer langen Spitze vorgeschobene Stellung des Feindes einen verderblichen Rückzug Napoleons zur Folge haben. Die traurigen Ölgötzen in D. und K. sind der menschlichen Existenz eigentlich unwürdig. Auf ihre Dummheit gründen sich die Vorteile des Feindes, und wenn ein Dritter (Österreich) sich zu ihnen gesellt, so ist alles verloren. Gesellt er sich aber zu *uns,* so werden sich die stolzen Wellen von selbst legen. Was Kotzebue und andere über den hohen Kranken in Dresden erzählen, wird auch *Euch* wohl bekannt geworden sein. Alles, was wir teils mündlich, teils schriftlich erfahren, läuft darauf hinaus, daß der Kranke *der* sei, für den man ihn hält. Über die Veranlassung und Umstände der Krankheit wird gewiß viel gelogen. So heißt es unter anderm, daß General *Maison,* den er nach der verlorenen Affaire bei Hainau tätlich beschimpft, ihn in der Wut gefährlich verwundet habe. – Vermutlich werden die Regimenter aus der Landwehr rekrutiert werden, welche nun schon eingeübt ist und wenigstens, was *die* unseres Kreises betrifft, dem Feinde unter die Augen treten kann. Auch der Landsturm exerziert zweimal in der Woche, doch erwart ich nach wie vor nicht viel von ihm. Von der Landwehr aber das Beste.

L., den 3. Juli 13

Die Not und das Elend in Sachsen ist uns bekannt, und wenn man bedenkt, daß all dies anders sein könnte, was soll man da von dem Ölgötzen sagen, der sich und sein Land so unglücklich gemacht hat. – Lützow, der der treulosen Gefangenschaft entronnen ist, war in Berlin beschäftigt, sein Corps zu retablieren. Ebenso Colomb, der mit dreizehn Mann seinen glücklichen Feldzug vollendet hat. Letzterer hat in Berlin schon achtunddreißig völlig ausgerüstete Freiwillige gefunden, die, bei Erneuerung des Krieges, wieder mit seinem kleinen Corps ausziehen wollen. Ich hoffte, man werde die an Lützow begangene Verräterei ahnden, denn was hilft Waffenstillstand, wenn solche Hinterlist erlaubt wäre. – Österreich unterhandelt noch. Wenn es, anstatt zu unterhandeln, mit 100000 Mann nach Erfurt ginge, so wäre die Sache zu Ende. Aber Erfahrung macht ja die Kabinette nicht klüger.

L., den 26. Juli 13

Den 24. d. reiste der Kronprinz von Schweden hier durch nach Berlin, mit einem ziemlichen Gefolge, denn er brauchte 118 Pferde. Wie es heißt, wird er die Truppen, die seinem Befehl unterstellt werden sollen, in Augenschein nehmen, danach aber die Defensionsanstalten bereisen und alle Positionen längst der Elbe besichtigen. Das alles deutet mehr auf Krieg als Frieden, obgleich die Negoziationen in Prag ihren Fortgang haben. Die Ausrüstung der Landwehr kostet ein rasendes Geld. Unser kleiner Kreis, der 330 Mann zu stellen hatte, hat außer dem, was den Wehrmännern von ihren Eltern oder Grundherrschaften gegeben ist, schon 7000 Taler zur Feldausrüstung aufgebracht, und der Magazinlieferungen ist kein Ende. Jetzt zieht sich die ganze pommersche und kurmärkische Landwehr längst der sächsischen Grenze hin. Sie beträgt über 20000 Mann, die nun insgesamt mit Feuergewehr versehen sind. Alle Piken sind gottlob beiseite gelegt. Englische Sendungen von Militäreffekten sind angekommen, und andere stehen noch in Sicht. Gewiß sind schon über 12000 neue englische Gewehre an die Landwehr verteilt, und was uns am meisten not tat, Schießpulver, ist jetzt in Menge da. – Mit unserem hier befehlenden Generallieutenant von B. sind die Truppen nicht recht zufrieden; sie beschuldigen ihn, daß er in dem gewonnenen Gefecht bei Luckau das Oudinotsche Corps gänzlich hätte aufreiben können, wenn er den General Borstell mit der Reiterei zeitig genug an sich gezogen hätte. Die österreichische Armee steht schlagfertig da und schimpft auf das Zögern ihres Ölgötzen, der dadurch aber nicht besser und klüger werden wird.

L., den 6. August 1813

Heute rücken die ersten Schweden in Gransee, Zehdenick, Bergsdorf, Falkenthal etc. ein. Ein vorausgegangener Oberster hat bei der Durchreise den Amtmann Haupt ersucht, den Landrat von Schlechtendahl wissen zu lassen, daß er in seinem Kreise die Dörfer von dem Anmarsche der Schweden benachrichtigen möchte, damit diese freundlich aufgenommen würden. Er hat dabei mitgeteilt, daß das ankommende Corps 22000 Mann betrage und vors erste zwischen Oranienburg, Gransee und Zehdenick sich einzuquartieren gedenke. Des Kronprinzen Pferde sind gestern durch Löwenberg nach Oranienburg gezogen, wohin der Kronprinz auch sein Hauptquartier legen wird.

L., den 20. August 13

Am 8. traf hier bei mir in Liebenberg das Hauptquartier der ersten schwedischen Division ein. Ich logierte bis zum 14. abends den Generallieutenant von Skjoldebrand, zwei Majors (Oberadjutanten), zwei Capitains von der Generaladjutantur, drei Ingenieuroffiziers, zwei Oberauditeurs, einen Oberchirurgus, zwei Lieutenants, 124 Unteroffiziere und Gemeine, dreizehn Knechte und vierundzwanzig Pferde. Ich hatte außerdem noch manche andere Offiziers, die zum General kamen, zu Mittag. Wir waren immer zwischen achtzehn bis zwanzig Personen zu Tisch, und des Tafelns war kein Ende. Indessen es ging alles gut. Die Schweden waren mit uns und ich mit ihnen zufrieden. Die Offiziers alle ausgesucht gebildete Menschen, und die Gemeinen das schönste Volk und das gesittetste, welches man sehen mag. – Die Not der armen Sachsen wächst. Dies haben sie ihrem Ölgötzen zu verdanken, der, wenn er auf dem Königstein blieb, seine Truppen in Torgau und Wittenberg beließ und sich zu uns gesellte, keinen Feind im Lande gesehen hätte. Die Franzosen wären nicht weiter als bis an die Saale gekommen. Es wird eine Zeit anbrechen, und sie ist nicht entfernt, wo die Völker den Druck ahnden werden, der aus schlechten Regierungen entsteht. Was mich über den Zustand Europas in etwas beruhigt, ist die allgemeine Bedrückung und Anstrengung. Diese letztere ist so groß, daß sie nicht lange bestehen kann, und eine allgemeine Ohnmacht wird den Frieden herbeiführen. Schon leidet die französische Armee durch Desertion, was früher unerhört war, und Moreaus Ankunft weckt manchen seiner alten Freunde.

L., den 22. August 1813

Landrat von Schlechtendahl hatte Befehl, mich für die gezwungene Anleihe zu veranschlagen, und auf seine Hervorhebung alles dessen, was ich schon geliefert und gezahlt *hätte,* schreibt ihm der Präsident von Bassewitz: „Hart wär es, aber Geld müsse geschafft werden." Alles bare Geld aus den Kassen hat Hardenberg nach Schlesien kommen lassen, und nun liegt es uns ob, diese leeren Kassen wieder zu füllen. Wann wird man doch die Finanzdurchbringer wegjagen und ehrliche Leute einsetzen.

L., 11. September 13

Außer dem, was den Franzosen die Retraite aus Schlesien und die Niederlage des Vandammeschen Corps in Böhmen kostet, haben sie auch bei ihrem dritten gescheiterten Vorgehen gegen Berlin, und zwar bei Jüterbog (Dennewitz), arge

Verluste gehabt. Der Heerführer Ney, der gegen Blücher unglücklich war (Irrtum, es war Macdonald), und sein Konfrater Oudinot waren es auch *hier* bei Dennewitz; sie unterlagen. Vermutlich sollte die Niederlage an der Katzbach durch irgendeinen desperaten Coup ausgelöscht werden; das schlug aber so fehl, so daß sie mit einer Einbuße von fast 15000 Mann eiligst nach Torgau liefen. Der Kronprinz von Schweden, der wohl weiß, mit wem er zu tun hat, ist sehr vorsichtig in seinen Bewegungen; er äußert bei jeder Gelegenheit seine Zufriedenheit über unsere Truppen, die denn auch wirklich Wunder tun. Noch ist kein Treffen gewesen, in dem sie nicht wie Rasende den Feind gepackt und ihn in aller Strenge des Ausdrucks totgeschlagen hätten. Aus dieser Ursache und weil unsere und die russische Kavallerie die feindliche niederreitet, kommt es auch, daß die Franzosen soviel Artillerie verlieren. Es kostet uns aber viele brave Menschen. Hätte der Ölgötze dem Feinde nicht seine Festungen eingeräumt, so magst Du versichert sein, daß der ganze feindliche Schwarm längst schon über die Saale getrieben wäre. Gott wird uns ja wohl von dem Gesindel befreien, das nun, seit Aufhebung des Waffenstillstandes, schon an 70000 Mann verloren hat. Dazu mehr denn 200 Kanonen.

L., den 27. Sept. 13

Die französischen Verluste bei Dennewitz sind sehr groß gewesen, zum Teil dadurch, daß die zu rechter Zeit eintreffende russische und schwedische Artillerie die französischen Massen in die Flanke nahm und dadurch der Reiterei Gelegenheit zum Einhauen gab.

Wenn die Dänen nicht zu Napoleon hielten, so glaub ich, daß auch Davoust nicht mehr existierte. Die Gefangennehmung seines Waffen- und Gemütsbruders Vandamme bei Kulm und Nollendorf hat auch hier große Freude gemacht. Ich denke, er wird vom General Kleist (dem späteren Kleist von Nollendorf) nicht sagen „cette canaille“, wie er es vom Grafen Goltz gesagt haben soll. Allgemein wird behauptet, daß, wenn unser König nicht standhaft auf die Behauptung der Gegend bei Töplitz gedrungen hätte, der Fürst Schwarzenberg über die Eger zurückgegangen sein würde, wodurch Vandamme Herr des Gebirges bis Glatz geworden wäre. Der König hat sich dadurch die Liebe und das Vertrauen der Armee und der Böhmen erworben. Unsre Landwehrbataillons haben viel verloren, aber auch wie die alten Truppen gefochten. Viele von den beiseite gelegten Offiziers der alten Armee benehmen sich jetzt als Landwehroffiziers wie die Helden, woraus man abnehmen kann, daß manchem Unrecht geschehn ist. Freund Unruhs Fata sind wirklich sonderbar; er könnte seinen Lebenslauf schreiben, der vielleicht interessanter wäre als der von Wilhelm Meister.

L., den 5. Oktober 13

Du kennst meinen alten Tagelöhner Claer, dessen Sohn ich für die Landwehrkavallerie eingekleidet habe. Dieser war immer mit dabei. Rittmeister von Redern hat seinem Bruder geschrieben, daß Claer ein ganz vorzüglicher Soldat und vom Brigadegeneral zum Eisernen Kreuz vorgeschlagen sei. Bei dem Hagelsberger Gefecht ist er mit seinem Schimmel und seiner Pike der erste gewesen, der in das feindliche Quarré kam; vier Kugeln und fünf Bajonettstiche haben den Schimmel getötet, ohne den Claer zu beschädigen. Dieser kommt zu Redern und sagt: „Was ist nun zu tun, Herr Rittmeister, der Schimmel ist tot?" – „Geh zurück", sagt Redern. Ein paar Minuten darauf sieht er ihn aber wieder auf einem aufgegriffenen Pferde im Galopp ankommen, und beim Verfolgen der Franzosen ist er, hauend und stechend, immer im dichtesten Getümmel gewesen. An seine Eltern schrieb er, „sie sollten ihm nicht antworten, denn an der Elbe, wo sie jetzt stünden, blieben sie nicht". Und nun erseh ich aus den Zeitungen, daß Marwitz Braunschweig überrumpelt hat. Unsre Landwehr ist also dort. Die gefangenen Franzosen, die hier durchtransportiert werden, nennen die Landwehr „Kreuzbauern" und setzen hinzu: „Viel schlimm; immer ‚Bruder, schla drup', nicks Pardon, viel miserable." Ein Glück, daß sie sich so in Respekt gesetzt haben.

L., 23. Oktober 1813

Danken wir Gott für seine Gnade. Das Maß der Untat war voll, und bei Leipzig, am 18. und 19., sind die Würfel gegen den großen Würger gefallen. Es war mutmaßlich sein Plan, den Kronprinzen von Schweden, der ihm durch seine Stellung an der Saale Unglück drohte, durch Absendung eines Corps fortzumanövrieren. Er hatte jedoch nicht gebührend in Anschlag gebracht, daß die um ihn herum stehende alliierte Armee durch eine konzentrische Bewegung ihn in einen Kreis zusammendrängen und ihn entweder angreifen oder aber ihn zwingen würde, *sie* anzugreifen. Überhaupt scheint der große Held einige Überreste des vorjährigen Frostes in seinem Hirn zu haben, denn in seinem hartnäckigen Bestehen auf sein ruinöses Projekt hat er Fehler begangen, die keinem Anfänger zu verzeihen sind. Es ist uns durch diese Fehler ein weiterer Beweis dafür erspart worden, daß er, ohne eine numerisch überlegene Macht, nicht der von aller Welt bewunderte Heros geworden sein würde. Nochmals Preis und Dank, daß der 18. Oktober ein Tag des Verderbens für ihn wurde. Wenn Du unsere Zeitungen mit den Extrablättern erhältst, so wirst Du die Umstände der großen Begebenheit schon wissen. So viel kann ich Dir versichern, daß unsere Truppen ihrer großen Erinnerungen würdig gefochten haben. Unsere Landwehren, die großenteils von früher als „untauglich" pensionierten Stabsoffizieren geführt wurden, haben sich mit einem Mute benommen, den selbst die Linientruppen bewundern.

Welch ein Kontrast zwischen den sächsischen Truppen und ihrem König! Erstere sind alle zu uns getreten, und letzterer ist nach Prag hin abgeführt worden. Wenn der Ölgötze einige Empfindung von Scham hätte, so müßt er sterben, allein er wird all seine Dummheiten dem Willen der Vorsehung zuschreiben und sich selbstverständlich diesem Willen unterwerfen. Der Rheinbund ist aufgelöst, und will's Gott, so bringt Napoleon nicht viel von seinem Heere nach Hause. Denn um ihn herum sind wenigstens 12000 Kosaken und fast ebensoviel reguläre Kavallerie. Er kann keinen Schritt tun, ohne zu schlagen, und wird er nur so lange aufgehalten, daß Infanterie herankommen kann, so muß er en détail aufgerieben werden. Vielleicht daß er dabei, zur Ruhe des Menschengeschlechts, die eigene „Ruhe“ findet. Ich wünsch es ihm und uns. Hoffentlich werden nun alle Festungen fallen, und die französischen Corps unter Gouvion St. Cyr können der Gefangenschaft nicht entgehen. Es bleibt ihnen nichts übrig, als sich nach Dresden hineinzuwerfen, wo nichts zu leben ist. Hoffentlich werden wir den Sieg zu benutzen und einen raschen Frieden herbeizuführen wissen. Ich atme wieder auf, und seh ich auf das, was, wetteifernd mit den eigentlichen Soldaten, unsere Landwehren getan haben, so erquickt es mein altes Herz, daß es, neben Gottes Gnade, des Volkes Kraft war, was diesen Wechsel der Dinge schuf.

ANHANG

ZU DIESER AUSGABE

Die Edition, die sich als zweite Abteilung an die „Romane und Erzählungen in acht Bänden", herausgegeben von Peter Goldammer, Gotthard Erler, Anita Golz und Jürgen Jahn, anschließt (zuerst 1969; zweite Auflage 1973, dritte Auflage 1984), umfaßt sechs Bände. Sie bietet in den Bänden 1 bis 4 die „Wanderungen durch die Mark Brandenburg", wie sie Fontane von 1862 bis 1882 unter den Titeln „Die Grafschaft Ruppin" (so erst von der zweiten Auflage an), „Das Oderland", „Havelland" und „Spreeland" veröffentlichte. Band 5 bringt das Buch „Fünf Schlösser. Altes und Neues aus Mark Brandenburg", das Fontane im Herbst 1888 (mit der Jahreszahl 1889) erscheinen ließ, Verwandtschaft und zugleich Unterschiede zu den „Wanderungen" betonend; in einem speziellen Anhang wird eine Briefdokumentation mitgeteilt, die in engem Zusammenhang mit dem „Liebenberg"-Essay steht und die 1881 unter dem Titel „Vom 14. Oktober 1806 bis 18. Oktober 1813" in der „Vossischen Zeitung" publiziert wurde. Band 6 schließlich vereinigt alle jene Texte, die Fontane bei der ständigen Umarbeitung der einzelnen Bände ausschied; die für die „Wanderungen" bestimmt waren, aus unterschiedlichen Gründen aber nicht aufgenommen wurden; die in den thematischen Umkreis märkischer Wanderungen gehören, ohne daß sie der Autor je in die Sammlung eingereiht hätte; die sich aus dem gleichen Stoffbereich im Nachlaß gefunden haben, soweit sie inhaltlich aufschlußreich sind und formal bereits einen bestimmten Reifegrad erreicht haben. Band 6 wird überdies die verschiedenen Register aufnehmen. Um die Einheitlichkeit und Überschaubarkeit der Abteilung zu wahren, führt sie trotz heterogener Elemente den übergreifenden Titel „Wanderungen durch die Mark Brandenburg".

Die Textgrundlage bildet für die Bände 1 bis 4 die jeweils letzte Auflage, an der Fontane nachweislich durch Änderungen oder Durchsicht der Korrekturfahnen mitgewirkt hat. Der Text von „Fünf Schlösser" folgt der einzigen zu Fontanes Lebzeiten erschienenen Ausgabe (1889).

Die Texte werden vollständig und kritisch geprüft dargeboten. Orthographie und Interpunktion haben wir – unter sorgfältiger Wahrung des Lautstandes und unter Beibehaltung Fontanescher Eigenheiten (z. B. Anführung von indirekter Rede; Doppelpunkt vor

Apposition) – dem heutigen Gebrauch angeglichen, nachweisbare Druckfehler stillschweigend beseitigt und fehlende Anführungszeichen ergänzt. Die Modernisierung der Schreibweise betrifft auch – ausgenommen einige wenige Brief-, Tagebuch- oder amtliche Dokumente, bei deren Abdruck Fontane selbst auf das historische Kolorit Wert legte – Zitate und Inschriften, die der Autor oft nicht originalgetreu wiedergibt. Konserviert wurden die französischen Formen zahlreicher Wörter (z. B. Billet, Cabinet, Compagnie, Corps, Lieutenant) sowie die für Fontane charakteristischen französisch-deutschen Mischformen (z. B. Affairen, Défilén, Domainen, Façaden, Gensdarmen). Zahlen bis 100 wurden (außer bei statistischen Aufzählungen, Datumsangaben oder Regimentsnumerierungen) ausgeschrieben, häufig (und uneinheitlich) gebrauchte Abkürzungen (v., geb., z.B., d.h., vgl., resp., S.K.M. [Seine Königliche Majestät]) aufgelöst. In der Vorlage gesperrt gedruckte Textstellen werden (sofern es sich um echte Hervorhebungen handelt) kursiv, Orts- und Personennamen in der heute üblichen Schreibweise wiedergegeben (die Namen der Orte, die in der DDR liegen, nach dem „Ortslexikon der Deutschen Demokratischen Republik", zusammengestellt und bearbeitet von Heinz Adomeit, Berlin 1971).

Da Fontane ständig nicht nur an der Gruppierung des Stoffes, sondern auch an der Textkonstitution gearbeitet hat und da solche Korrekturen mitunter die politische Entwicklung des Autors dokumentieren, wurden für die Bände 1 bis 4 die einschlägigen, textgeschichtlich relevanten Publikationen (namentlich alle Buchausgaben; in einzelnen Fällen auch die Zeitungs- und Zeitschriftenvorabdrucke) zum Vergleich herangezogen. Die dabei ermittelten Varianten werden für die Bände 1 bis 4 im Zusammenhang der Textanmerkungen mitgeteilt, soweit sie interessante inhaltliche oder stoffliche Ergänzungen oder Veränderungen bieten. Für den vorliegenden Band wurden sämtliche Vorabdrucke ausgewertet; über wichtige Abweichungen informieren die jeweiligen entstehungsgeschichtlichen Vorbemerkungen. Auf eine annähernd vollständige Verzeichnung der Lesarten, wie wir sie im Bereich des erzählerischen Werks für sinnvoll hielten, haben wir bei den mehr publizistischen Texten der „Wanderungen" verzichtet.

Die Anmerkungen, für die u. a. Fontanes Notizbücher im Theodor-Fontane-Archiv der Deutschen Staatsbibliothek, Potsdam, ausgewertet werden konnten, geben jeweils die Entstehungs- und Wirkungsgeschichte der Bände und Kapitel und bringen alle zum Textverständnis notwendigen sachlichen Erläuterungen. Dabei werden Erklärungen zu Personennamen nur gegeben, wenn sie zum Verständnis der Textstelle unbedingt erforderlich sind; ausführlichere biographische Angaben und Auskünfte über alle weiteren Personennamen findet der Leser im kommentierten Personenregister in Band 6, dem auch ein Ortsregister angeschlossen ist. Um die Praktikabilität des Gesamtwerkes für den Benutzer zu erhöhen, haben wir uns bemüht, bei den von Fontane beschriebenen oder erwähnten Baulichkeiten (sofern sie dem Gebiet der ehemaligen Mark Brandenburg angehören) knappe Angaben über Bauzeit und Baustil, Erhaltungszustand und heutigen Verwendungszweck mitzuteilen.

Mit Auskünften waren für den vorliegenden Band in dankenswerter Weise behilflich: Herr Uwe Berndt (Kyritz), Herr Pfarrer Peter Engel (Löwenberg), Herr Alexander Fiebig (Berlin), Frau Dr. Ruth Freydank (Berlin), Frau Professor Dr. Charlotte Jolles (London), Herr Dr. Günter Mangelsdorf (Greifswald), Herr Dr. Wolfgang Marggraf (Eisenach), Herr Joachim Meinert (Berlin), Herr Professor Dr. Helmut Richter (Berlin), Herr Wolfgang Ritschel (Weimar), Herr Klaus Täubert (Berlin), Herr Dr. Werner Volke (Marbach am Nekkar), Herr Professor Dr. Gerhard Worgt (Leipzig).

Zu danken ist dem früheren Leiter des Theodor-Fontane-Archivs der Deutschen Staatsbibliothek, Potsdam, Herrn Dr. Otfried Keiler, sowie vor allem den Mitarbeitern des Archivs, Frau Helga Breithaupt und Herrn Peter Schaefer; das Archiv stellte diverse Materialien zur Verfügung, darunter den teilweise unveröffentlichten Briefwechsel zwischen Fontane und den Eulenburgs, und gestattete die Benutzung des ungedruckten Tagebuchs. Im Märkischen Museum zu Berlin konnte die Handschrift von „Hoppenrade" ausgewertet werden. Dank gilt ferner Frau Anita Golz, der vielfach bewährten Fontane-Lektorin im Aufbau-Verlag, sowie Herrn Martin Koch.

Für die Anmerkungen zu dieser Ausgabe haben wir u. a. folgende Publikationen dankbar genutzt:

Theodor Fontane, Werke, Schriften und Briefe, Abteilung II: Wanderungen durch die Mark Brandenburg, Band 1–3. Herausgegeben von Walter Keitel und Helmuth Nürnberger, Anmerkungen von Jutta Neuendorff-Fürstenau. Carl Hanser Verlag, München 1977 (2. Auflage);

Theodor Fontane: Briefe an Wilhelm und Hans Hertz 1859–1898. Herausgegeben von Kurt Schreinert (†), vollendet und mit einer Einführung versehen von Gerhard Hay. Ernst Klett Verlag, Stuttgart 1972;

Theodor Fontane: Briefe. Herausgegeben von Kurt Schreinert, zu Ende geführt und mit einem Nachwort versehen von Charlotte Jolles, Band 1–4. Propyläen Verlag, Berlin (West) 1968–1971;

Dichter über ihre Dichtungen, Band 12 / I. II. (Verantwortliche Herausgeber Rudolf Hirsch und Werner Vordtriede.) Theodor Fontane, Teil I. II. Herausgegeben von Richard Brinkmann in Zusammenarbeit mit Waltraud Wiethölter. Heimeran Verlag, München 1973;

Jutta [Neuendorff-]Fürstenau: Fontane und die märkische Heimat. Germanische Studien, Heft 232, Berlin 1941. (Auf dieser Publikation fußt auch das im Anschluß an die Anmerkungen abgedruckte Literaturverzeichnis.);

Die Bau- und Kunstdenkmale in der DDR. Bezirk Potsdam. Herausgegeben vom Institut für Denkmalpflege im Henschelverlag, Berlin 1978;

Georg Dehio, Handbuch der deutschen Kunstdenkmäler. Bearbeitet von der Abteilung Forschung des Instituts für Denkmalpflege (besonders der Band „Bezirke Berlin/DDR und Potsdam"). Akademie-Verlag, Berlin 1983.

Um einen Einblick in handschriftliche Vorarbeiten, Lage- und Umrißskizzen in Fontanes Manuskripten und Notizbüchern zu geben, bringt auch dieser Band eine kleine Auswahl von Faksimiles, die wir mit freundlicher Genehmigung des Theodor-Fontane-Archivs der Deutschen Staatsbibliothek, Potsdam, veröffentlichen. Die Fotos für die Druckvorlagen fertigte Eberhard Renno, Weimar, an. Zum vorliegenden Band gehören:

1. Entwurf des ersten Kapitels von „Quitzöwel". Rückseite von Blatt 3 des Gedichtentwurfs „Annemarie" (J 17).
2. Vorbereitende Aufzeichnungen zu „Quitzöwel". Rückseite von Blatt 5 des Gedichtfragments „Annemarie" (J 17).
3. Lageskizze Schloß Plaue a. H./Wiesike-Besitz. Bleistiftskizze im Notizbuch A 16, Blatt 21.
4. Schloß Plaue a.H. Bleistiftskizze im Notizbuch A 16, Blatt 13.
5. Die Kirche in Plaue a.H. Bleistiftskizze im Notizbuch A 16, Rückseite von Blatt 37.
6. Arbeitsnotiz zu „Hoppenrade" (Ka 1).
7. Aus dem „Liebenberg"-Manuskript. Abschrift von Briefen Friedrich Leopolds von Hertefeld (Kf 2).
8. Vorbereitende Aufzeichnungen zu „Dreilinden" (L 25).

G. E.

Fünf Schlösser

ENTSTEHUNG UND ÜBERLIEFERUNG

Entstehungsgeschichte im Überblick

1. bis 30. Januar sowie 6. und 13. Februar 1881: unter den Überschriften „Die Hertefelds" und „Liebenberg" erscheint der spätere „Liebenberg"-Aufsatz in der „Vossischen Zeitung" (entstanden zwischen Spätsommer 1880 und Januar 1881)

14. Mai bis 25. Juni 1882: der „Hoppenrade"-Aufsatz wird in der „Vossischen Zeitung" veröffentlicht, den Anhang über „Emil von Arnstedt" bringt das Blatt zwischen 31. März und 3. April 1883 (nach langjährigen vorbereitenden Ansätzen entstanden zwischen Januar 1881 und April 1882; der Anhang wird 1881/82 zusammengestellt und redigiert)

25. Dezember 1882 bis 1. Januar 1883: die „Vossische Zeitung" druckt in einer kürzeren Version den „Dreilinden"-Aufsatz (entstanden vor allem Anfang und Ende 1882)

Oktober 1887 bis Januar 1888: der „Quitzöwel"-Aufsatz erscheint in der Zeitschrift „Zur guten Stunde" (entstanden im Sommer 1887)

1. Januar bis 3. März 1888: Fontane spricht im summarisch geführten Tagebuch erstmals von der „Herausgabe von ‚Fünf Schlösser', Fortsetzungsband der ‚Wanderungen'"

8./9. Mai 1888: Einigung mit dem Verleger Wilhelm Hertz über eine Sammlung „märkischer Spezialarbeiten" Fontanes unter dem Titel „Fünf Schlösser"

13. bis 23. Juni 1888: der Aufsatz über „Plaue a. H." wird in der „Vossischen Zeitung" publiziert (entstanden zwischen Sommer 1887 und Februar 1888)

30. Juni 1888: Fontane übergibt das Manuskript seinem Verleger Hertz

Juli bis September 1888: Korrektur des Bandes und Niederschrift der Vorrede

Mitte Oktober 1888: Auslieferung des Bandes „Fünf Schlösser. Altes und Neues aus Mark Brandenburg", der auf 1889 vordatiert ist. Einzige Ausgabe zu Lebzeiten des Autors.

Die Entstehungsgeschichte des Bandes „Fünf Schlösser“ reicht in die Zeit der „Wanderungen durch die Mark Brandenburg“ zurück, mit denen er nach der Intention des Autors ebenso verwandt ist, wie er sich von ihnen unterscheidet. Zumindest die Herrensitze Hoppenrade, Liebenberg und Plaue sowie die in ihnen residierenden Adelsfamilien gerieten bereits in den sechziger, vor allem aber in den siebziger Jahren in Fontanes Blickfeld, ohne daß er Genaueres recherchiert oder geschrieben hätte. Hoppenrade und der „Krautentochter“ galt das älteste und anhaltendste Interesse (seit 1861), Liebenberg und die Hertefelds tauchten Ende 1872 auf, Plaue bot sich im Umkreis der Besuche bei Carl Ferdinand Wiesike seit 1874 an. Erst 1880 setzte intensive Arbeit an Aufsätzen über Liebenberg und Hoppenrade ein. Im Januar/Februar 1881 erschien der „Liebenberg“-Aufsatz in der „Vossischen Zeitung“. Wenig später begann Fontane mit der Zusammenstellung und Schlußredaktion des vierten Bandes der „Wanderungen“ („Spreeland“), wobei „Liebenberg“, wohl aus Gründen des Umfangs wie der Struktur, nicht in die Disposition einbezogen wurde. Da zu diesem Zeitpunkt auch die „Hoppenrade“-Studie schon weit gediehen war (sie erschien im Mai/Juni 1882 in der „Vossischen Zeitung“), dürfte Fontane bereits an eine künftige Sammelpublikation gedacht haben – zumindest äußerte er am 26. Dezember 1880 in einem Brief an Graf Philipp zu Eulenburg die Absicht, die „Liebenberg“-Teile „später, im Buch“, zusammenzufügen.

Das Vorhaben mag sich verdichtet haben, nachdem 1882 auch das „Dreilinden“-Kapitel entstanden war; jedenfalls schrieb Fontane am 2. November 1882 an Eduard Engel, daß er auch als „Märker“ sein „letztes Wort noch nicht gesprochen“ habe. Ob er dabei an das Projekt eines „4bändigen Parallelwerks“ zu den „Wanderungen“ dachte (zu dem er nach dem Brief an Karl Zöllner vom 4. November 1883 zu „dreiviertel oder mehr“ den Stoff gesammelt haben will; vgl. Band 6 dieser Ausgabe) oder an Vereinigung und Erweiterung seiner „märkischen Spezialarbeiten“ über Liebenberg, Hoppenrade und Dreilinden, ist nicht mit Sicherheit zu sagen. Übrigens verwies er auch im Vorwort zur vierten Auflage der „Grafschaft Ruppin“, datiert vom 14. November 1882, auf seine „bei früherer Gelegenheit von mir in Aussicht gestellten Kapitel über das Löwenberger Land oder die Südostecke der Grafschaft, Kapitel, die freilich in der zwischenliegenden Zeit geschrieben wurden, aber viel zu zahlreich ausgefallen sind, um diesem ohnehin starken Bande noch einverleibt werden zu können“. Ohne direkten Bezug zu den „Wanderungen“, wohl aber im Stile des historischen Essays wie jene drei Aufsätze entstehen 1887/88 noch „Plaue a. H.“ und „Quitzöwel“, die dann 1888 schon im Hinblick auf eine folgende Buchveröffentlichung publiziert werden. Für die Wochen vom 1. Januar bis 3. März 1888 hielt Fontane im Tagebuch die Korrektur des „Plaue"-Manuskriptes fest: „... damit ich – wenn es gedruckt wird – an die Herausgabe von ‚Fünf Schlösser', Fortsetzungsband der ‚Wanderungen' gehen kann."

Wann sich Fontanes Vorstellungen präzisierten, ist kaum zu ermitteln; auf jeden Fall trug er am 8. Mai 1888 Plan und Titel zum neuen Band dem Sohn seines Berliner Verlegers Wilhelm Hertz vor, der am gleichen Tag an den Autor schrieb: „Mit Freude und mit Dank bewerben wir uns um den Verlag der von Ihnen beabsichtigten Herausgabe Ihres Werkes: ‚Fünf Schlösser. Altes und Neues aus Mark Brandenburg', von der Sie heute meinem Hans Mitteilung machten ..." Fontane quittierte dieses Schreiben am 9. Mai: „Besten Dank für Ihre freundlichen Zeilen vom gestrigen Tage, denen ich überall zustimme: 30 Bogen, 1500 Exemplare, 2250 Mark Honorar, wobei ich Gelegenheit nehme, mich für die ‚Zulage' noch speziell zu bedanken. Ich sorge dafür, daß Ihnen das Manuskript bis spätestens 1. Juli zugeht. Es werden recht gut 30 Bogen, und ich werde eher zu kürzen als hinzuzufügen haben." Ebenfalls am 9. Mai teilte Fontane seinem Sohn Theodor mit: „Mit Hertz habe ich gestern zu meiner Freude einen Kontrakt gemacht, und er wird zum Spätherbst ein dickes Buch von mir, ‚Fünf Schlösser. Altes und Neues aus Mark Brandenburg', bringen. Natürlich ist es eine Art Fortsetzung zu den ‚Wanderungen', aber doch etwas anders, und will seinen eignen Weg gehn."

Fontane wandte sich offenbar sofort der Redaktion des Manuskripts zu, wobei vor allem im „Liebenberg"-Essay Umstellungen und Änderungen sowie im „Dreilinden"-Aufsatz – nach dem Tode des Prinzen Friedrich Karl – Überarbeitungen und Erweiterungen erforderlich waren. Auch mußten „Hoppenrade" und die jüngst erst im Vorabdruck erscheinenden Texte „Plaue" und „Quitzöwel" noch einmal durchgesehen werden (vgl. die Vorbemerkungen zu den einzelnen Teilen). Im Tagebuch notierte Fontane für den Zeitraum vom 4. März bis 8. Juli 1888: „Ich machte mich nun [nach der Vereinbarung mit Hertz] an die Zusammenstellung des Materials und gab namentlich dem großen Schlußabschnitt ‚Dreilinden' noch die nötige Abrundung." Fontane hielt den verabredeten Abgabetermin ein und schickte das Manuskript am 30. Juni an Hans Hertz: „Es ist alles in bester Ordnung ... / Meine kleinen Druckwünsche, lauter Bagatellen, habe ich dem M.S. gleich beigefügt ... / Nur noch 3 (Schluß-)Kapitel von ‚Dreilinden' fehlen; es sind solche, die ich erst *jetzt* geschrieben habe ..." Wilhelm Hertz antwortete am gleichen Tag: „Die ‚Fünf Schlösser' habe ich mit Ihrem ‚Bogen' gleich nach Sondershausen [an die Druckerei von Friedrich August Eupel] gesandt. Ich habe das Manuskript dankbar empfangen, aber mich jeder Lektüre trotz aller Lockung enthalten, damit es rasch seinem Drucker zukomme."

Hertz übergab im gleichen Brief auch den Verlagsvertrag (entsprechend „unseren brieflichen Unterhaltungen vom 8. und 9. Mai"), den Fontane am 1. Juli unterschrieben zurücksandte: „Mögen die ‚Fünf Schlösser' keine spanischen Schlösser sein, die sich in nichts verflüchtigen. Ich darf doch annehmen, daß der Druck im Einklange mit den ‚Wanderungen' (37 Zeilen auf die Seite) erfolgt? Dabei, denke ich, wird es ganz genau ‚aushauen', d. h. 30 Bogen. Bei weniger Zeilen ist die Gefahr einer unerwünschten Anschwellung nicht ausgeschlossen." Am 4. Juli informierte der Verleger seinen Autor über ein Schreiben Eupels, der eine neue Schrift angeschafft habe und diese für „Fünf Schlösser" verwenden wolle. Fontane erklärte sofort sein Einverständnis mit Eupels Druckprobe, und der Satz begann. Im Fontane-Faszikel des Marbacher Cotta-Archivs, das dankenswerterweise genutzt werden durfte und dem auch die hier zitierten Briefe von Wilhelm Hertz entstammen, ist folgende Notiz über die Herstellungskosten von „Fünf Schlösser" erhalten:

Satz – Druck	950 M
Papier	530 –
Umschlag	20 –
Honorar	2250 –
	3750 –
Kosten	150 –
	3900 –

Die Korrektur besorgte Fontane im wesentlichen in Krummhübel, wo er sich vom 16. Juli bis 31. August 1888 aufhielt. In einer Mitteilung an Georg Friedlaender vom 29. Juli entschuldigte er sich „wegen zu erledigender massenhafter Korrekturbogen", während es in einem Brief an Karl Zöllner vom 3. August hieß: „Ich habe hier arbeiten wollen, bin aber über ein bißchen Korrekturlesen noch nicht recht hinausgekommen." Offenbar geriet die Setzerei Anfang September zunehmend in Verzug. „Eupel nölt jetzt furchtbar", klagte Fontane am 5. September, und als Hertz in Sondershausen interveniert hatte, bemerkte der Autor am 7. September in einem Brief an Hertz: „Sehr dankbar bin ich Ihnen, daß Sie Eupel einen kl. Stoß gegeben haben. Es ist ja noch Zeit genug, aber ich hätte die Korrigiererei gern hinter mir, um wieder an andres etc. gehn zu können. Die Korrektur solches Buchs braucht doch frische Morgenkraft und läßt sich nicht nebenher machen."

Vom 20. September ist das Vorwort datiert, und am 30. September erhielt Fontane das „Circulair-Exemplar" (das, was im heutigen Verlagsgebrauch „Signalexemplar" genannt wird). Am 12. Oktober konnte sich Fontane für die ersten Exemplare bedanken (die er selbst aufbinden ließ), und ab Mitte Oktober 1888 wurde das Buch „Fünf Schlösser. Altes und Neues aus Mark Brandenburg" ausgeliefert (mit der Jahreszahl 1889). Die Sonderstellung des Bandes *neben* den „Wanderungen" drückt sich auch darin aus, daß es der „Wohlfeilen Ausgabe" der vier „Wanderungen"-Teile (1892) nicht angegliedert wurde und zu Lebzeiten Fontanes keine weitere Auflage erlebte.

Fontanes Handexemplar der „Fünf Schlösser", mit einer winzigen Bleistiftskizze zu „Hoppenrade" am Rande von Seite 159, wird im Theodor-Fontane-Archiv der Deutschen Staatsbibliothek, Potsdam, aufbewahrt. Dort befinden sich auch diverse Vorarbeiten auf Rückseiten anderer Manuskripte sowie in Notizbüchern; darauf wird jeweils in den Vorbemerkungen verwiesen. Die Handschrift von „Hoppenrade" liegt im Märkischen Museum zu Berlin.

Zeitgenössische Resonanz

Als Fontane das „Circulair-Exemplar" von „Fünf Schlösser" erhalten hatte, wandte er sich am 30. September 1888 an seinen Verleger Hertz und legte dar, wie er sich die Verteilung der Rezensionsexemplare dachte. Er analysierte aufschlußreich das politische Spektrum der zeitgenössischen Blätter und erörterte deren Verhältnis zu seinem Werk: „Es gibt eine ganze Anzahl von Zeitungen, die, aus mir unerklärlichen Gründen (denn ich wüßte nicht, daß ich je einem etwas zuleide getan hätte), einen förmlichen Haß gegen mich haben und dieser Abneigung bei jeder Gelegenheit Ausdruck geben. Die besseren darunter beschränken sich auf Schweigen oder kolossale Nüchternheit, was weniger ärgerlich, aber für den Absatz eigentlich noch unvorteilhafter ist. An der Spitze stehen die konservativen Blätter: ‚Kreuz-Ztng.', ‚Post' (diese vor allem), ‚Reichsbote', dann das Blatt, das Prof. Herbst bei Perthes herausgibt; in Schweigen hüllen sich: ‚Nordd. Allg.', ‚National-Ztg.', ‚Köln. Ztng.', ‚Berl. Tageblatt', während der ‚Börsen-Courier', trotz entgegengesetzten polit. Standpunktes, in seinen Angriffen mit der ‚Post' wetteifert. Von den Monatsschriften schweigt ‚Nord und Süd', von den Wochenschriften ‚Gartenlaube' (trotzdem Kröner mein Gönner ist) und ‚Daheim'. Es wäre nun mein herzlicher Wunsch, Sie ließen alle diese Blätter oder doch fast alle – zwei, drei Ausnahmen werde ich noch nennen – schießen und beschränkten sich auf Einsendung von Exemplaren an *solche* Blätter, die mir wohlwollen und mir dies durch 20 Jahre hin bewiesen haben. Wozu dem Dr. Kropatscheck, der ein ganz guter Mann sein mag (ich habe sogar so was gehört) oder dem Dr. Kayßler von der ‚Post', der, glaub ich, findet, daß ich weder ihm noch seinen Leuten den Hof gemacht habe – warum diesen Leuten und vielen andern mit ihnen Exemplare schicken, bloß um sie ignoriert oder getadelt zu sehn. Wollen die Herren das, so können sie sich das Buch wenigstens kaufen. ... Sie kennen mich genug, um zu wissen, daß dies nicht Feigheit und nicht Vogel Strauß ist, so wenig, daß ich Ihnen offen ausspreche, [daß] eine mich ordentlich, aber ernst, gewissenhaft und liebevoll ins Gebet nehmende Kritik [mir] die liebste ist, weil ich an ihren Ton am meisten glaube, aber mir von irgendeinem Schmock im ‚Börsen-Courier' oder von irgendeinem Stöckerschen Predigtamtskandidaten in der ‚Kreuz-Ztg.' etc. Sottisen sagen zu lassen, dazu bringe ich freilich keine große Geneigtheit mit, und wenn ich es vermeiden kann, so vermeide ich es. Daß es für das Buch von Vorteil wäre, gerade in den großen konservativen Blättern warm und nachdrücklich empfohlen zu werden, bestreite ich nicht, da ich diese Empfehlung aber nicht haben kann, so widersteht mir auch ein Bewerben darum, bei dem ich nur mit einer langen Nase heimgeschickt werde." Fontane legte eine Liste bei, die Hans Hertz bei seinem Besuch am 2. Oktober im Namen der Firma akzeptierte – „was mir", schrieb Fontane am gleichen Tag an seine Frau, „sehr lieb, aber doch eigentlich auch nur in der Ordnung ist. Was habe *ich* oder was hat *Hertz* davon, wenn mir in der ‚Post', dem feindseligsten und großmäuligsten dieser Blätter, versichert wird: ich wandle auf Abwegen. Und nun denke Dir Kayßler dabei, der in der verloddertsten Mätressenwirtschaft steckte und vielleicht noch nicht draus raus ist."

Am 26. Oktober präzisierte Fontane seine Vorstellungen und fragte an, ob Hertz geneigt sei, „an die Redaktionen von ‚Bär', ‚Johanniterblatt' und ‚Berliner Geschichtsverein' (Béringuier; Toeche) sowie an die mir ganz gewogenen und schreibezuverlässigen Herren: Dr. Braun-Wiesbaden, Dr. L. Freytag (‚Zentralorgan für d. Interessen d. Realschulwesens'), Geh. R. W. v. Lübke (‚A. Allg. Ztg.') und Schriftsteller Siegfried Samosch (‚Nat.-Ztng.') je ein Exemplar gelangen zu lassen? Ich denke mir, daß es sich verlohnen würde, ganz besonders die beiden letztgenannten."

Fontane hatte am 12. Oktober in einem Brief an den Verleger die Hoffnung ausgesprochen, daß das „Wanderungen"-Publikum „seine mir so lange bewährte Gunst auch dieser freien, weil an kein eng begrenztes Lokal gebundenen Fortsetzung zuteil werden" lasse, und er hatte Hertz davon unterrichtet, daß er seine zehn Vorabexemplare „für Puttkamer, Bitter, Herrfurth und vor allem für ein halbes Dutzend Generale – Strubberg an der Spitze – bestimmt" habe, „die meinem verstorbenen Sohne, solang er Lehrer am Cadettencorps war, besondre Freundlichkeit und Förderung erwiesen haben". Am 12. November registrierte der Autor freundliche Reaktionen darauf: „Goßler und Puttkamer haben mir liebenswürdige Briefe geschrieben; die Militärs, immer die feinsten und verbindlichsten, erst recht."

Inzwischen erschienen auch die ersten Rezensionen. Die (anonyme) Besprechung in der „Vossischen Zeitung" (Morgenausgabe vom 11. November 1888; Fontane hatte an gleicher Stelle am Vortag die Uraufführung des „Quitzow"-Schauspiels von Wildenbruch vom 9. November besprochen) erschien dem Autor „aufs *Praktische* hin angesehn ganz vorzüglich, sie wirkte appetitreizend, was sich hoffentlich bestätigt". In der „Vossischen Zeitung", in der Rubrik „Journal- und Bücherschau", hieß es:

„Ein neues Buch von Theodor Fontane kann stets auf allgemeine und lebhafte Teilnahme rechnen, aber das hervorragende Bühnenereignis, das zufällig mit der literarischen Erscheinung zusammentrifft, gibt doch den Freunden der Dichtkunst wie denen der vaterländischen Forschung Gelegenheit zu anziehenden Vergleichen. Wie gestaltet sich der Quitzow-Stoff unter den Händen des frei schaltenden Poeten, und wie tritt er vor uns in der klaren, gewissenhaften Darlegung des geschichtlichen Schilderers? ... Den Anfang nun macht ‚*Quitzöwel*', der unweit der Einmündung der Havel in die Elbe belegene Stammsitz derer von Quitzow. Auf das genaueste hat der Verfasser die Quellen durchforscht und gibt in sorgfältiger Sonderung der Spreu vom Weizen ein klares Bild von den berühmtesten beiden Quitzows, Dietrich und Johann. In der landläufigen Vorstellung leben sie nicht viel anders als Raubritter und Buschklepper, als Landesverräter gegenüber dem Burggrafen Friedrich, während sie in Wahrheit sich niemals mit gemeinem Raube befaßten, ihre Kriege in ordentlicher Fehde führten und ihr Versuch, dem neuen unbekannten Statthalter zu trotzen und eine starke Quitzow-Macht an die Stelle der mangelnden landesherrlichen Gewalt zu setzen, aus dem Charakter der Zeit betrachtet nicht unberechtigt erscheint. Freilich war diese Zeit eine rauhe, aber nicht dem einzelnen ist die Schuld an Dingen zuzuschreiben, die uns heute kaum faßbar sind, sondern der allgemeinen Zerrüttung. ... Hier [in „Dreilinden"] gesellt sich der Dichter zu dem Forscher, ein poetischer Schleier umwebt die Fahrten zu dem herrlich in Grün gebetteten oder von schneeiger Winterlandschaft umgebenen Jagdschloß. So reiht sich das Buch den ‚Wanderungen' des Verfassers würdig an, ja in gewisser Beziehung beansprucht es eine höhere Bedeutung. Denn während in dem älteren Werke, dem Charakter desselben entsprechend, meist nur der fröhliche Plauderer zu uns spricht, redet hier der ernste Forscher, der freilich die überaus glückliche Gabe hat, den Ernst niemals ins Langweilige verfallen, sondern stets die heitere Frohnatur durchleuchten zu lassen."

In einer anonymen Anzeige des Buches in der Zeitschrift „Der Bär. Illustrierte Wochenschrift für die Geschichte Berlins und der Mark" (15. Jg., Nr. 10, 8. Dezember 1888) hieß es: „Selten ward einem Buche auf dem Gebiet der historischen Spezialforschung so ungeteiltes Interesse entgegengebracht wie demjenigen, welches Theodor Fontane vor wenigen Wochen der Geschichte der heimatlichen Mark widmete. Aber selten auch fand sich in geschichtlicher Einzeldarstellung längst vergangener Tage sorgsame Quellenforschung und Stoffansammlung in so glücklichem Vereine mit der fesselnden Form der Wiedergabe, mit der anziehenden Sprache und lebensfrischen Schilderung, welche den frohgemuten Verfasser der berühmten ,Wanderungen' auch in diesem ernsten Geschichtswerke überall begleitet und dieses Buch zu einer höchst genußreichen Lektüre macht. Doppelt interessant wird uns das Buch durch das Zusammentreffen seiner Herausgabe mit der dichterischen Ausgestaltung desselben Stücks vaterländischer Geschichte, wie sie eben in dem vaterländischen Drama ,Die Quitzows' von Ernst von Wildenbruch zum Ausdruck gekommen ist. Die Quitzows, die Stegreifritter aus den Tagen Jobsts von Mähren oder die Vertreter der selbstbewußten Kraft und Macht gegenüber der vaterlandslosen Schattenautorität entfernter Statthalter, sind vornehmlich auch der Gegenstand der Darstellung in Fontanes Buch."

Unter den Blättern, die Fontane in seinem Brief an Hertz vom 30. September 1888 als „schweigend oder nüchtern" bezeichnet hatte, war die „National-Zeitung". Gleichwohl bat Fontane seinen Verleger, ein Exemplar einzusenden, weil „einer der Redakteure, Dr. Samosch, ein besondrer Schwärmer für diese meine Arbeiten ist". Die „National-Zeitung" brachte am 9. Dezember 1888 tatsächlich aus der Feder von S[iegfried] S[amosch] eine neunspaltige, ausführlich zitierende und referierende Besprechung. „Der schalkhafte, mit Ironie gepaarte Humor ... ist eine der liebenswürdigsten Eigenschaften Fontanes, zu denen ich auch den männlichen, allem Strebertum und Byzantinismus abholden Freimut des Verfassers zählen möchte." Fontane trage „keine Bedenken, dem innerhalb der märkisch-preußischen Geschichtsschreibung ,beinahe heiliggesprochenen Herkommen', die Quitzows als Landesverräter, Buschklepper und Räuber anzusehen, mit aller Entschiedenheit entgegenzutreten". In der Darstellung der Quitzows zeige sich „die unbefangene, objektive Beurteilung Fontanes, welche auch demjenigen Achtung abnötigen muß, der mit dem Verfasser keineswegs in allen Einzelheiten übereinstimmt". „Jedenfalls zu weit" geht dem Rezensenten Fontanes Bemerkung, daß angesichts der Exzesse des Herrn von Anhalt in Plaue „die Franzosen von einem starken Bruchteil unserer Bevölkerung mehr als Befreier wie als Unterdrücker empfangen wurden". Samosch lobt das Wiesike-Kapitel, das deutlich belege, „ein wie herrlicher Menschenschlag diese märkischen Bürger sind". Am Schluß setzt sich der Kritiker noch einmal mit Fontane auseinander: „Fontane meint, der Prinz [Friedrich Karl] habe es als eine tiefe Kränkung empfunden, daß nach dem Tode seines Vaters die Herrenmeisterschaft des Johanniterordens nicht auf ihn übergegangen sei ... Wir glauben jedoch nicht mit Fontane, daß Prinz Friedrich Karl wirklich für das gelitten hat, ,was er durch seine der freien und freiesten Meinung Ausdruck gebenden Haltung selbst verschuldet hatte'. Der Sieger in mancher blutigen Feldschlacht besaß einen viel zu scharfen historischen Blick, als daß er sich nicht selbst gesagt hätte, wie weit hinter seinen Leistungen für das deutsche Vaterland eine Würde zurückstehen müßte, die einer romantischen Neigung entsprechen mag, veraltete Einrichtungen künstlich wiederzubeleben, die aber in unserem Zeitalter für das Volksbewußtsein eine überwundene Weltanschauung darstellt. Von dem ‚roten Prinzen' aber wird man noch sagen und singen, wenn der letzte Herrenmeister eines ‚Ritterordens' bereits längst vergessen sein wird."

Am 15. Dezember 1888 meldete sich in der Zeitschrift „Die Nation" (6. Jg., 1888/89, Nr. 11) Maximilian Harden „mit liebevollem Verweilen" zu Wort. „Ausdrücklich vindiziert der Verfasser in einem kurzen Vorwort den hier gesammelten Essays historischen Wert, dennoch kann man manchmal sich der Vermutung nicht entschlagen, als habe der Dichter den Historiker mit sich fortgeführt, nicht zum Schaden der Darstellung. Besonders der dritte Abschnitt, der von Hoppenrade und den Erlebnissen der ‚Krautentochter' erzählt, trägt einen fast novellistischen Charakter. Überall aber erkennt man die feinen geistigen und sittlichen Qualitäten des Erzählers, der heimische Art mit zärtlicher Gründlichkeit wiederzugeben sich bestrebt, immer geleitet von unerschütterlicher Wahrhaftigkeit. Ein durch fünf Jahrhunderte fortlaufendes Kulturbild aus der Mark Brandenburg entrollt sich so ohne pedantischen Zwang; in behaglichem Aufmerken lauschen wir den Worten des Erzählenden, und wenn er nach alter Freunde Art sich gehen läßt und abirrt vom planen Wege, wenn er dem reichen Schatz seiner Erfahrungen Parallelen und Gegenstücke aus neuer und neuester Zeit entnimmt, wir werden nicht ungeduldig, denn wir kennen und lieben seine inkorrekten Gedankensprünge." Harden ging dann speziell auf „Quitzöwel" ein: „Auf eine Rettung der Quitzows nach berühmten Mustern hat es Fontane nicht abgesehen; aber sein historischer Sinn und seine gut altkonservative Überzeugung drängen ihn bei der Beurteilung der Quitzowschen Taten an die Seite Raumers, der den Vorwurf des räuberischen Rebellentums und der Felonie von dem Namen der Quitzows ferngehalten wissen will. ... Ich möchte nicht mißverstanden sein. Fontane ist kein Adelsfreund, wie er beileibe kein Bürgerfeind ist. Er findet die schärfsten Tadelsworte für das schamlose Treiben der märkischen Edlen zu Ende des vorigen Jahrhunderts, für das der Menschenwürde spottende Gebaren zu ebenjener Zeit, wo die Menschenrechte anderenorts feierlich proklamiert wurden ... Das Bild wäre nicht vollständig ohne einen letzten liebenswürdigen Zug. Fontane ist bei aller Freude am Tun und Treiben der märkischen Altvordern kein grämlicher laudator temporis acti. Nein, er ist ein im modernen Leben zufrieden wurzelnder Poet, der mit hellem

Auge der gewaltigen Errungenschaften der Neuzeit sich erfreut und es gelegentlich nicht verschmäht, durch ein ehrliches Irrtumsbekenntnis Zeugnis abzulegen von der jugendlichen Aufnahmefähigkeit seines Geistes." Harden schloß mit den Worten: „Die kleinen und großen Wunderlichkeiten des Fontaneschen Stils, seine behagliche Umständlichkeit und die häufigen Gedankensprünge haben schon vorher Erwähnung gefunden; nicht so die Freude an reichlichem, lebensvollem Detail, die wohl an Kleists Darstellungsart erinnern mag. Brahm hat es einmal ausgesprochen, wie der Reiz Fontanescher Schilderung den knappen Reizen märkischer Landschaft ähnlich ist: beide drängen sich nicht auf, sie wollen gesucht sein. Und das erklärt auch das sonst unerklärliche Ausbleiben eines breiten, populären Erfolges. Schönheiten aufsuchen ist nicht jedermanns Sache, und es finden sie nur solche, denen die Schönheit spricht, auch wenn sie ‚nur' naturschön ist."

Fontane bedankte sich am 24. Dezember 1888 bei Harden: „Ihre Besprechung meines Buches ist so ziemlich das Liebenswürdigste, was über mich gesagt worden ist, und altmodisch in vielem, bin ich's auch darin, daß mir das persönlich Liebenswürdige noch mehr gilt als das dreimal unterstrichene Lob, als die schmeichelhafteste Anerkennung, an der es Ihre Güte ja auch nicht hat fehlen lassen."

Am 4. November 1888 schickte Fontane ein Exemplar der „Fünf Schlösser" an Julius Rodenberg: „Nun komme ich Ihnen doch zuvor und the other Richmond is earlier in the field [bezieht sich auf Rodenbergs gleichzeitig erschienenes Buch „Unter den Linden. Bilder aus dem Berliner Leben"]. Wir alten Wanderer von diesseits und jenseits des Tweed können uns ja diesen Exkurs ins Englische gönnen. Aber wenn gemeinschaftliche Wandrer in London und Middlesex, so noch mehr in Berlin und Mark. Nehmen Sie dies Buch von Ihrem Spezialkollegen freundlich hin." Rodenberg ließ erst ins Januarheft 1890 der von ihm herausgegebenen „Deutschen Rundschau" eine längere Rezension einrücken; Verfasser war Otto Brahm, der unter anderem schrieb: „Nicht als ob sich Fontane seine Sache leicht machte. Er ist unermüdlich, dem oft trockenen und dürftigen Stoffe sein Bestes abzugewinnen. Er weiß die Dinge um und um zu wenden und stumme Zeugen reden zu machen. Er weiß so lange zu kratzen und zu schaben an den in die Erde versunkenen Schätzen, bis sie Art und Bedeutung ihm offenbaren. Er scheut, wo es gefordert scheint, die schematische Aufzählung der historischen Denkmäler nicht, und auf die Gefahr hin, den Laien zu ermüden, legt er des Genauesten Rechenschaft ab über alte Bilder und Waffen, über Inschriften und Kuriosa. Aber er nimmt sich doch manche Freiheit gegenüber seiner Vorlage, aus historischen Erwägungen wie aus einem individuellen Bedürfnis heraus, und formt z. B., wo er Mitteilungen und Übersetzungen aus ungedruckten Dokumenten zu geben hat, die Dinge in einen allerpersönlichsten Theodor-Fontane-Stil um. – Dieser Fontane-Stil aber bildet für uns, die wir nicht fachmännisch hier zu urteilen haben, den größten Reiz des Buches. Einer der liebenswürdigsten Erzähler spricht zu uns, der den ererbten Gaben der französischen Emigrantenfamilie vielleicht jenen graziösen Plauderton dankt, welcher in Deutschland eine so große Rarität ist; und eines der feinsten Künstlertemperamente spricht, das in einer reizvollen Mischung von Überlegtheit und Caprice, von weisem Vorbedacht und Planlosigkeit seinen Zickzackweg geht."

Im „Deutschen Wochenblatt" (1. Jg., Nr. 37, 6. Dezember 1888) referierte Otto Girndt ausführlich und wohlwollend über „Fünf Schlösser" und schrieb am Ende: „Was an dem Buch außer seiner Reichhaltigkeit und dem fesselnden Stil, der den Poeten Fontane durchblicken läßt, noch besonders wohltuend berührt, ist der überall hervorleuchtende Gerechtigkeitssinn des Autors. Er schmeichelt und liebedienert nirgend ‚nach oben hin', nimmt keinen Parteistandpunkt ein, schreibt nicht dies und jenes ‚mit geheimer Absicht', sondern geht stets der Wahrheit nach, erforscht die Beweggründe der Handlungsweise aller Menschen, mit denen seine Feder es zu tun hat, und leitet, wo ihm Motive zweifelhaft bleiben, dieselben, wenn sie tadelnswert erscheinen, lieber aus der allgemeinen Unvollkommenheit unseres Geschlechtes ab als aus teuflischem Hang zum Bösen. So steht er immer als milder Richter da. Häufig entschlüpft ihm bei Beurteilung von Personen und Verhältnissen auch ein Witzwort, das jedesmal so natürlich herauskommt, daß der stille Leser beifällig lacht; denn Fontanes Witz hat nichts Ätzendes, er bleibt gutmütig und fein. Daher ist dem Buch leicht sein Schicksal zu prophezeien: es kann kaum einen Gegner finden, muß sich aber zahlreiche Freunde erwerben."

Der Kuriosität halber sei erwähnt, daß sich solche „Gegner" unter den zeitgenössischen Puristen fanden. Nachdem Fontane durch die Unterzeichnung der Berliner Erklärung vom 28. Februar 1889 (?) „als offener Widersacher einer vernünftigen Sprachreinigung" hervorgetreten sei, druckte ein (vom Herausgeber des vorliegenden Bandes nicht identifiziertes) Periodikum eine Stellungnahme von B. Buchrucker ab, der den Autor von „Fünf Schlösser" wegen angeblich übertriebenen Gebrauchs von Fremdwörtern französischer Herkunft scharf tadelte und mit den Sätzen schloß: „Fontane, der Geschichtsschreiber der Mark, wie er wohl genannt wird, ist ohne Zweifel ein hervorragender Schriftsteller, und seine Werke sind voll märkischen Markes und vaterländischen Geistes; er versteht die eigenartige Poesie der märkischen Landschaft meisterhaft wiederzugeben und hat das große Verdienst, wesentlich dazu beigetragen zu haben, daß man über des Heiligen Römischen Reiches Streusandbüchse im übrigen Deutschland anders denken gelernt hat. Auch das besprochene

Buch, welches über märkische Herrensitze und deren Geschichte handelt, ist seiner Brüder vollkommen würdig. Warum aber so vaterländischen Stoff in so unvaterländischer Form, in so entsetzlich vermengter Sprache!"

Aufschlußreich sind die Beobachtungen, die Guido Weiß in seinem Aufsatz „Musen und Grazien in der Mark", am 20. Juni 1889 in der „Frankfurter Zeitung" veröffentlicht, im Anschluß an eine kurze Besprechung von „Irrungen, Wirrungen" über „Fünf Schlösser" anstellt: „Durch die lokalen Bezüge, die überall festgehalten werden, bildet das Buch eine Ergänzung zu des Verfassers bekannten liebenswürdigen ‚Wanderungen durch die Mark', es erfreut, wie diese, durch die poetische Stimmung, es legt außerdem Zeugnis ab von der echt vornehmen, d. h. unabhängigen konservativen Gesinnung Fontanes; als ein spezifisch märkisches Bild könnte in dem Buche aber nur das Leben Hertefelds gelten, wenn hier nicht der clevisch-holländische Zug in dieser Familie in Abrechnung gebracht werden müßte. Eher hätte sich provinziale Eigenheit in der Skizze von Wiesike, einem der ältesten und begeistertsten Schopenhauer-Verehrer, herausarbeiten lassen, wenn F. eben Intimeres von ihm zu erzählen gewußt hätte."

Bemerkenswerterweise kam Franz Mehring in der „Lessing-Legende" (1893; Erster Teil, Kapitel X) im Zusammenhang mit den Mätressen des Erbprinzen Karl Wilhelm Ferdinand von Braunschweig auf das Fräulein von Hertefeld zu sprechen und verwies dabei in einer Fußnote auf Fontanes „Liebenberg"-Kapitel in „Fünf Schlösser", das ausgiebig ausgewertet wird. Dies ist einer der wenigen Belege dafür, daß Fontane von zeitgenössischen Marxisten zur Kenntnis genommen wurde.

Mit dem „Quitzöwel"-Kapitel von „Fünf Schlösser" geriet Fontane (wie der Rezensent der „Vossischen Zeitung" ja sogleich hervorhob) in eine aktuelle Diskussion hinein, die sich an die Uraufführung von Ernst von Wildenbruchs „vaterländischem Drama" „Die Quitzows" anschloß, das am 9. November 1888, also unmittelbar nach Auslieferung von Fontanes Buch, im Schauspielhaus am Gendarmenmarkt zum ersten Male gespielt worden war (und das durch Martin Böhms Parodie, die seit April 1889 im Berliner Eldorado-Theater mit großem Erfolg aufgeführt wurde, noch an Attraktivität für das Publikum gewann). Fontane, bislang ein leidenschaftlicher Wildenbruch-Gegner, zeigte sich in seiner Besprechung in der „Vossischen Zeitung" vom 10. November voller Begeisterung für das Stück, für dessen Stoff er der kompetente Experte war. Er schrieb unter anderem: „Jeder, der ihn [den Quitzow-Stoff] mal, für diesen oder jenen Zweck, unter Händen gehabt hat, wird das aus Erfahrung wissen. Der Quitzow-Stoff ist keine Metze Mehl, daraus man seinen Kuchen ohne weiteres backen kann, sondern ein Scheffel und, wenn man an die dickleibigsten Bücher geht, sogar ein ganzer Wispel Kleie, draus sich der arme Kuchenbäcker die paar brauchbaren Körner erst heraussuchen und sie dann zu vorläufiger Mehlbereitung beiseite schieben muß. ... Man muß in der Geschichte jener Zeit leidlich zu Hause sein, um ganz das glückliche Zugreifen des Dichters ermessen zu können. Es gibt nichts Langweiligeres als immer wieder Strausberg und Liebenwalde, als immer wieder Bötzow und Köpenick, als immer wieder Pommern- oder Sachsenherzog, als immer wieder ‚auspochen' und Kühe wegtreiben und Schulmeister totschlagen und dazwischen ‚schloßgesessen' und ‚nicht schloßgesessen' und absagen und Ritterpflicht und Fehderecht und dann wieder schloßgesessen und wieder Kühe mit Sturmläuten und Kyrie Eleison und (Gott sei Dank) dem Donnerwetter oder Schockschwerenot einiger biederer ‚Märkischer' mit oder ohne Adel dazwischen. Aber in diesem ganzen trostlosen Sumpfdickicht hat sich Wildenbruch *nicht* verirrt, am wenigsten ist er drin steckengeblieben, sondern hat, unter Ausübung einer geradezu glänzenden Ausscheidungskunst, diesen ganzen kolossalen Wirrwarr auf ein paar bestimmte Linien und Punkte zurückzuführen gewußt und dadurch in den beiden ersten Akten, zumal aber im zweiten, ein Etwas erreicht, das von dem, der sich historisch und dramatisch auf das speziell hier Gegebene versteht, nicht genug bewundert werden kann."

Der Kritiker war freilich nicht nur von der Kunst des Stoffarrangements fasziniert, sondern offensichtlich auch von der Tendenz, die Quitzows zu rechtfertigen – so wie er selbst es im Kapitel 12 seines Aufsatzes versucht hatte. Noch im „Stechlin" (Kapitel 35) läßt er Dubslav und den alten Barby das Thema der „Quitzow-Ecke" bekenntnisreich erörtern: „Es heißt immer, das Junkertum sei keine Macht mehr, die Junker fräßen den Hohenzollern aus der Hand und die Dynastie züchte sie bloß, um sie für alle Fälle parat zu haben. Und das ist eine Zeitlang vielleicht auch richtig gewesen. Aber heut ist es nicht mehr richtig, es ist heute grundfalsch. Das Junkertum (trotzdem es vorgibt, seine Strohdächer zu flicken, und sie gelegentlich vielleicht auch wirklich flickt), dies Junkertum – und ich bin inmitten aller Loyalität und Devotion doch stolz, dies sagen zu können – hat in dem Kampf dieser Jahre kolossal an Macht gewonnen, mehr als irgendeine andre Partei, die Sozialdemokratie kaum ausgeschlossen, und mitunter ist mir's, als stiegen die seligen Quitzows wieder aus dem Grabe herauf."

Als Fontanes schlesischer Brieffreund Georg Friedlaender 1892 ein Referat zum Quitzow-Thema vorbereitete, schrieb ihm Fontane am 20. November: „Ich bin so frei, mir folgende Disposition für den Vortrag zu erlauben: / In den letzten Jahrhunderten kümmerte man sich wenig um die Quitzows, Klöden (in ‚Die Quitzows und ihre Zeit') belebte die Sache wieder, andere Historiker (diese zunächst *nicht* nennen) folgten, von da ab blieb es ein vielbesprochener Stoff, bis Wildenbruch die ganze Geschichte auf eine volle Höhe des Interesses hob. / Nun eine ganz kurze Inhaltsangabe der Wildenbruchschen ‚Quitzows'; / dann Hervorhebung dessen, was den großen Erfolg schuf: das beständige Erinnertwerden an den lebenden großen Typus altmärkischen Adels, an *Bismarck,* / dann Übergang zur Kritik, nicht des Stücks als dramatisches Kunstwerk, sondern als historische Darstellung unsres wichtigsten Landesereignisses. / Als Stück ist es um seiner dramatischen Wucht willen unbedingt zu loben, als histor. Darstellung ist es anfechtbar. / Nun (aus ‚Fünf Schlösser') die Stelle, wo ich Riedel und Raumer gegenüberstelle und mich für Raumer entscheide. / Dann (auch aus ‚Fünf Schlösser') als Schlußpassus: ‚Dennoch haben wir uns zu beglückwünschen, daß es kam, wie's kam.' Durch diesen Schlußpassus wird die Loyalität gerettet. Ich rate Ihnen, weiter nichts zu lesen als das Stück und meinen Aufsatz in dem mehrgenannten Buch. Mehr verwirrt bloß."

Friedlaender scheint mit diesen Vorschlägen einverstanden gewesen zu sein, denn Fontane schrieb ihm unter dem 30. Januar 1893 resümierend: „Seien Sie schönstens bedankt für alles Freundliche über die Quitzow-Kapitel. Ich halte den ganzen Band [„Fünf Schlösser"] für reifer und besser als die Bände der ‚Wanderungen', und daß das Publikum anders zu urteilen scheint, kann mich nicht umstimmen. ‚Wer vieles bringt, wird jedem etwas bringen' – darin liegt es wohl, daß der buntere Inhalt der ‚Wanderungen' bevorzugt wird. Vielleicht auch darin, daß der Stoff mehr wechselt und daß Landschaftliches und rein Deskriptives neben dem Historischen eine Rolle spielt."

ANMERKUNGEN

Vorwort

Teile des (stark korrigierten) handschriftlichen Entwurfs haben sich in der Mappe „Märkische Dörfer. Kirchen- und Kirchhofs-Denkmäler in und um Berlin“ (Ke 2; Blatt 8, Rückseite) im Theodor-Fontane-Archiv der Deutschen Staatsbibliothek, Potsdam, erhalten.

7 *Schlösser ... Herrensitze* – Im „Caputh“-Kapitel des Bandes „Havelland“ (vgl. Band 3 dieser Ausgabe) schreibt Fontane: „Dies Herrenhaus [in Caputh] führt den Namen ‚Schloß‘ ... Man geht in der Mark etwas verschwenderisch mit diesem Namen um und hilft sich nötigenfalls (wie beispielsweise in Tegel) durch das Diminutivum: Schlößchen.“
Fortsetzung meiner „Wanderungen“ – Mit dem Band „Spreeland“ war das vierteilige Werk dieses Titels 1882 abgeschlossen worden.
die zu verschiedenen Zeiten ... entstandenen Einzelarbeiten – Vgl. die Vorbemerkungen zu den einzelnen Teilen.
8 *Tod Kaiser Karls IV.* – Im Jahre 1378.
Tod des Prinzen Karl – Im Jahre 1883.
Friedrich Karl – Er starb 1885.
Joachimische ... Friderizianische Zeit – Das 16. Jahrhundert, als in Brandenburg Joachim I. Nestor (1499–1535) und Joachim II. Hektor (1535–1571) als Kurfürsten regierten, und das 18. Jahrhundert mit den preußischen Königen Friedrich Wilhelm I., dem „Soldatenkönig“ (1713–1740), und Friedrich II. (1740–1786).
Tage des Großen Kurfürsten – Friedrich Wilhelm war von 1640 bis 1688 Kurfürst von Brandenburg.
Lützburg – Schloß Lütetsburg.
E. Handtmannsches Buch – Vgl. das Literaturverzeichnis, S. 653.

Quitzöwel

Als Fontane in seinem Schottland-Buch „Jenseit des Tweed“ (1860) „die Fülle historisch-romantischer Anknüpfungen“, die sich ihm bei einer Fahrt auf dem Forth boten, mit der Havel und der geschichtsträchtigen Landschaft an ihren Ufern verglich, verwies er auf die dort ansässigen „alten Familien", die, „von den Tagen der Quitzows an, mehr auf Charakter als auf Talent hielten und deren Zähigkeit und Selbstgefühl, die doch nur die Typen unseres eigenen Wesens sind, wir uns endlich gewöhnen sollten mehr mit Respekt als mit Eifersucht anzusehn" (Kapitel „Von Edinburg bis Stirling"). Schon in einer Übersicht „Bücher und Notizen" (Theodor-Fontane-Archiv der Deutschen Staatsbibliothek, Potsdam; Notizbuch A 11, Blatt 55; wohl aus den frühen sechziger Jahren) wird denn auch unter Nr. 9 vermerkt: „Über die alten Quitzow-Schlösser: Die Quitzows und ihre Zeiten" (gemeint ist das Buch von Klöden; vgl. das Literaturverzeichnis, S. 654). Auch bei der Konzeption des „Wanderungen"-Bandes über das Havelland um 1869/70 waren „Die Quitzow-Schlösser" mit bedacht worden, doch es blieb dort schließlich bei einer beiläufigen Darstellung der Querelen zwischen den Junkern und dem Kloster Lehnin (Kapitel „Kloster Lehnin", Abschnitt „Die Äbte von Lehnin"; Band 3 dieser Ausgabe).

Aber das „übermütige Machtbewußtsein" der Brüder Dietrich und Johann von Quitzow, die mit Fehden und Raubzügen das Land tyrannisierten und von 1412 bis 1414 von dem neuen Statthalter in der Mark, Burggraf Friedrich VI. von Nürnberg aus dem Hause Hohenzollern, unterworfen wurden, hat Fontane auch nach dem Abschluß der „Wanderungen" Ende 1881 fasziniert (noch in den „Poggenpuhls" und im „Stechlin" wird ja das Phänomen diskutiert und die anscheinend wieder zunehmende Macht der Junker erörtert). Bereits im Mai 1882 plante er eine Reise nach Rühstädt, die aber wohl unterblieb. Am 16. Juli 1885 schrieb er seiner Tochter Martha über „Herrn v. Jagow auf Rühstädt, den ich seit Jahr und Tag besuchen soll. ‚Rühstädt': ist die Ruhstätt (daher der Name) der berühmten alten Quitzows." Das Tagebuch verzeichnet einen recht intensiven Briefwechsel mit Eugen von Jagow zwischen Februar und Mai 1882. Erst zwei Jahre später indes, Ende Mai 1887 – „Cécile" war gerade erschienen, und der Autor arbeitete an „Irrungen, Wirrungen" –, besuchte Fontane Wilsnack, Quitzöwel und Rühstädt, um sich (wie es im Tagebuch heißt) „die alte Quitzow-Lokalität anzusehn". Im Juni war er mit der Vorbereitung des Aufsatzes beschäftigt, und die erste Niederschrift erfolgte im Juli, als er sich in einer Pension am Rüdersdorfer Kalksee (östlich von Berlin) aufhielt. „Ich denke jeden Tag ein Kapitel im Rohbau fertigzukriegen", heißt es am 9. Juli in einem Brief an seine Frau, „rechne ich dann noch 14 Tage für die Korrektur, so denke ich bis etwa 7. August fertig zu sein." Am 16. Juli teilte er Frau Emilie mit: „Von den Quitzow-Kapiteln, soweit sie die sogenannte Quitzowzeit betreffen – denn es gab eben auch später noch Quitzows, wie Du ja aus eigner Erinnerung weißt –, ist nur noch eins zu schreiben, das morgen an die Reihe kommt. Aber freilich alles ist erst im Rohbau fertig und notdürftig unter Dach gebracht."

Gleich zu Beginn des Rüdersdorfer Aufenthalts, am 8. Juli, hatte er sich mit der Bitte um Unterstützung an Mathilde von Rohr gewandt, die ihm, wie schon oft, aus Gutsakten, Kirchenbuch oder „Dorftradition" Informationen über das Quitzow-Gut Stavenow beschaffen sollte: „Es ist nicht nötig, daß sich's auf die alten historisch-berühmten Quitzows (1400 bis 1414) bezieht, auch Mitteilungen aus spätren Jahrhunderten würden mir sehr willkommen sein, wobei mir historisch Anekdotisches oder poetisch Sagenhaftes immer das liebste bleibt. Trockne Sachen, wie Verschreibungen, Besitzveränderungen oder Erweiterungen, haben wenig Wert für mich, aber es würde, um ein Beispiel zu geben, schon einen Wert für mich haben, wenn es hieße, *der* focht unter Gustav Adolf und *der* fiel als Oberst bei Roßbach etc. etc." Auch Emilie Fontane wurde bemüht; sie sollte, laut Brief vom 18. Juli, bei ihrem bevorstehenden Besuch in Rüdersdorf folgende Bücher mitbringen: „*Handtmanns* märkische Sagen (liegt, glaub ich, auf dem Fensterbrett), *Haases* Sagen der Grafschaft Ruppin (stehen in meinem Bücherschrank da, wo alle großen und kleinen märk. Bücher in einer Reihe stehn, in der Hälfte nach rechts hin neben andern märk. Sagenbüchern)".

Die endgültige Fassung des „Quitzöwel"-Aufsatzes entstand in den folgenden Wochen und wurde dann von Frau Emilie abgeschrieben. (Eine Seite dieser Abschrift, den Anfang von Kapitel 10 enthaltend, hat sich auf der Rückseite von Blatt 203 der „Mathilde-Möhring"-Handschrift im Theodor-Fontane-Archiv der Deutschen Staatsbibliothek, Potsdam, erhalten.) Am 20. September unterrichtete er sie, er habe „ein Quitzow-Kapitel zur Einsendung fertiggemacht, d. h. Deine Abschrift noch einmal durchkorrigiert". Einzelheiten der ersten Publikation hatte Fontane am 22. Juli in Rüdersdorf mit dem Berliner Verleger Emil Dominik besprochen, der ab September die neue Halbmonatsschrift „Zur guten Stunde" herausbrachte. „... mein Quitzow-Aufsatz", bemerkte er in einem Brief vom 23. Juli an Emilie, „auf den er Wert legt (natürlich), wird wahrscheinlich mit landschaftlichen Illustrationen erscheinen."

Fontanes Essay wurde dann von Oktober 1887 bis Januar 1888 unter dem Titel „Quitzöwel oder die Quitzows in Geschichte, Lied und Sage" in Dominiks „Zur guten Stunde" abgedruckt (1. Jg., 1888, Sp. 37–48, 99–104, 207–210, 319–324, 391–395, 481–486, 605–608, 647–652, 685–692, 747–754, 905–912, 951–958); beigegeben waren zahlreiche Abbildungen, die in den ersten Fortsetzungen als „Aufnahmen des Hofphotographen Alb. Schwartz in Berlin" ausgewiesen sind.

Für die Buchausgabe nahm Fontane eine leichte stilistische Überarbeitung vor und ergänzte das Kapitel 14 um die Fußnote auf S. 97.

Andererseits kürzte er den Text der Fußnote auf S. 37; statt des Satzes „Gleichviel, damals wie heut etwas Nervöses und Exzentrisches" heißt es in der Fassung von „Zur guten Stunde": „So muß man denn, wenn verglichen werden soll, in Ermangelung eines ‚Eigentlichen' und Besten, auf kleinere Gestalten unseres Jahrhunderts, auf französische Generäle, Schill, Liszt etc. zurückgreifen, um in unserer Stadtgeschichte Huldigungen zu begegnen, wie sie, nach Wusterwitz, dem Dietrich v. Quitzow überschwenglich und überreich zuteil wurden. So viel aber wird sich sagen lassen: etwas Nervöses und Exzentrisches damals wie heut!" Bemerkenswert sind ferner zwei Textabweichungen, wo die Lesung des Vorabdrucks logischer zu sein scheint und deshalb in unseren Text übernommen wurde: S. 18, Z. 7, statt „gehuldet" steht im Vorabdruck: „gehudelt"; S. 82, Z. 11 v. u., statt „Aufführung" steht im Vorabdruck: „Ausführung".

Einen aufschlußreichen Einblick in Fontanes Arbeitsweise gibt ein auf Rückseiten des Gedichtentwurfs „Annemarie" erhaltener Entwurf zu Kapitel 1, der jenem Rüdersdorfer „Rohbau" vom Juli 1887 entsprechen dürfte (Theodor-Fontane-Archiv der Deutschen Staatsbibliothek, Potsdam; J 17). Es handelt sich um die Rückseiten von Blatt 3, 8 und 2.

Quitzöwel

1. Kapitel
Quitzöwel und Rühstädt

Quitzöwel als Quitzow-Mittelpunkt. Der Besitz war der und der. Dazu gehörte auch *Rühstädt* als gemeinschaftliche Ruhestätte des Geschlechts.

Es gab Quitzows von 1200 (?) an, und es gibt ihrer noch, aber innerhalb dieser beinah 700 Jahr gibt es einen kleinen Zeitraum, das ist die Quitzowzeit. Wenn man Welthistorisches mit Provinzialhistorischem vergleichen darf, so geht es den Quitzows wie den Bonapartes. Auch Bonapartes gab es und gibt es, und ihre Zeit umfaßt viele Jahrhunderte, aber die eigentliche Bonaparte-(Napoleon-)Zeit dauert nur 15 Jahr, von 1800 bis 1815, und die eigentliche Quitzowzeit dauert ebenfalls nur 15 Jahr von 1400 bis 1415.

Das ist die große Zeit des Geschlechts, und was wir davon wissen, ist genaugenommen sehr wenig. Dies Wenige ist das folgende: „..." Riedel setzt hinzu: „Das ist alles. Alles andre ist Vermutung, Erfindung." Er hätte vielleicht noch ein kl. Zugeständnis machen, noch eine nebenherlaufende histor. Quelle gelten lassen können: das Kirchenbuch (?), die Grabsteine etc. Mit Hülfe dieser weitren Quelle wissen wir noch das folgende:

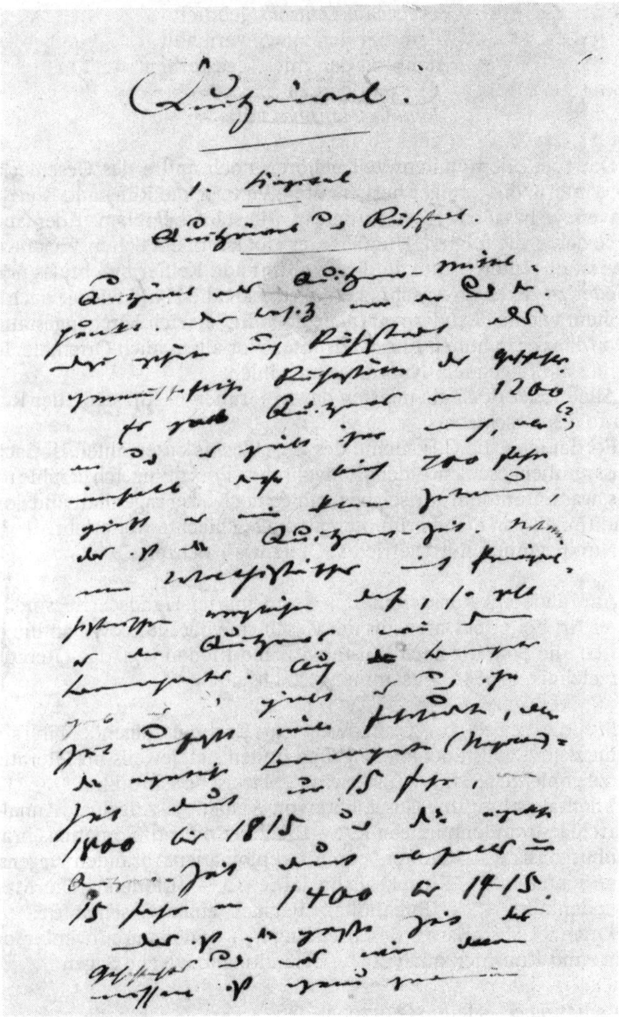

Entwurf des ersten Kapitels von „Quitzöwel"

Dietrich v. Quitzow, geboren
den und den zu ..., vermählt
den und den mit ..., gestorben
den und den zu ...
Johann (Hans) v. Quitzow
alles ebenso.

Der speziellen Quitzowzeit gehören noch andre des Geschlechts an, Vettern, die weniger hervortraten, Vettern, die Rühstädt, Kletzke, Stavenow besaßen. Alle wurden in Rühstädt begraben. Aber auch viele derer, die folgten, Hunderte, es gibt kaum ein Seitenstück dazu. Das ist das Interessante an diesem Rühstädt. Keiner brachte es noch wieder zu gleichem Ansehn, keiner streckte die Hand wieder nach so Hohem wie das Brüderpaar, aber doch finden sich Kirchengestalten und Männer in hohen Ehren darunter. Vor allem auch Originale. Ich nenne die folgenden: Nun diese aufzählen.

Alle – oder doch die meisten davon – ruhen in Rühstädt, der Ruhstätte des Geschlechts.

Fortlaufend die Geschichte des Geschlechts zu erzählen ist Sache der Familiengeschichte, der archivalischen Forschung. Ich erzähle nur das, was mitunter historisch beglaubigt, noch öfter sagenhaft und dorftraditionell von dem berühmten alten Geschlechte weiterlebt.

Nun beginnen mit Dietrich v. Quitzows Hochzeit.

Auf anderen Rückseiten der „Annemarie"-Handschrift sind in einer Art Zeittafel Daten aus der Geschichte der Quitzow-Familie erhalten, die Fontane nach Wusterwitz und Klöden (vgl. das Literaturverzeichnis, S. 654 f.) zusammengestellt hatte.

Für die Arbeit an „Quitzöwel" hat Fontane folgende Literatur benutzt (die vollständigen Angaben finden sich jeweils im Literaturverzeichnis, S. 653 ff.): Wusterwitz, „Märkische Chronik ...". – „Urkundensammlung zur Geschichte von Anhalt". – Angelus, „Annales Marchiae Brandenburgicae ...". – Riedel, „Codex diplomaticus brandenburgensis". – Raumer, „Codex diplomaticus brandenburgensis continuatus ...". – Riedel, „Zehn Jahre ...". – [Klöden,] „Die Mark Brandenburg ...". – Buchholtz, „Versuch einer Geschichte ...". – Bekmann, „Historische Beschreibung ...". – Bergau, „Inventar der Bau- und Kunstdenkmäler ...". – Handtmann, „Neue Sagen ...".

11 *Quitzöwel* – Heute: Quitzöbel.
Kirche – Um 1500 gebaut, 1876 aber stark verändert; im ursprünglichen Zustand nur der östliche Giebel.
Bistum Havelberg – Havelberg, das einst eines der slawischen Haupttheiligtümer gewesen war, wurde 948 Bistum (1150 erneuert).

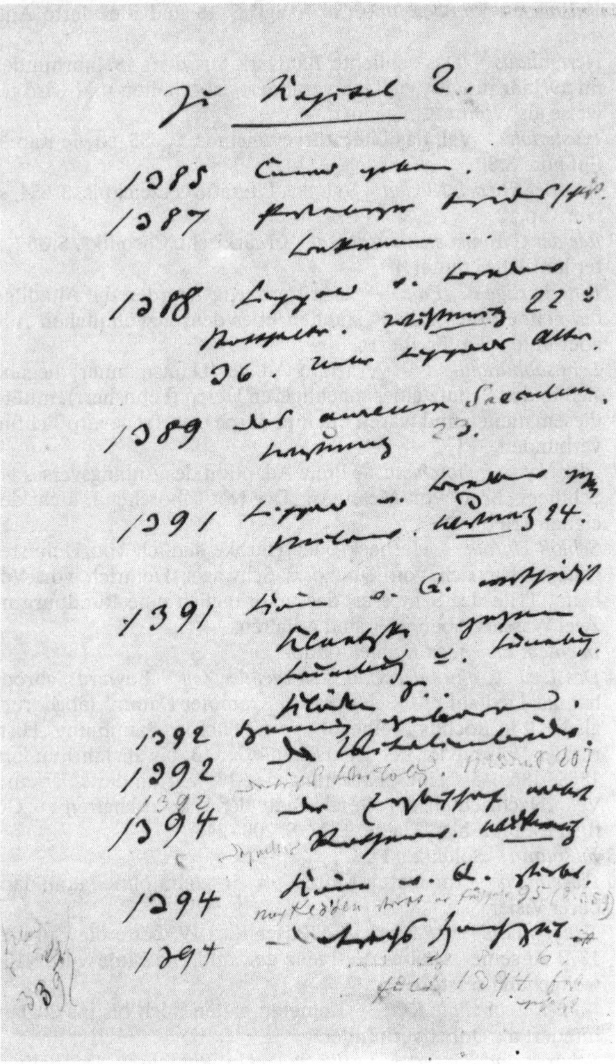

Vorbereitende Aufzeichnungen zu „Quitzöwel"

11 *Wilsnacker Wunderblutkirche* – Vgl. S. 18 und die vierte Anm. dazu.

Herrenhaus – Das schlichte Bauwerk aus dem 18. Jahrhundert, im 19. Jahrhundert vielfach verändert, ist erhalten und wird teilweise als Wohnraum genutzt.

Wusterwitz – Vgl. das Literaturverzeichnis, S. 655, sowie Kap. 12, Fußnote S. 80.

Raumer, Riedel, Klöden – Vgl. das Literaturverzeichnis, S. 654, sowie Kap. 12.

12 *wie der Chronist sich ausdrückt* – „Märkische Chronik", S. 36 („alter höfflicher reuter").

Ritterbürtige ... „Edle" – Als „ritterbürtig" wurden die Altadligen bezeichnet; die „Edlen" standen über dem gewöhnlichen Adel, aber unter dem Freiherrn.

Lehnsabhängigkeit – Verarmte Adlige (Lehnsmänner) begaben sich in den Schutz eines mächtigeren Herrn (Lehnsherr), mußten diesem dienen und waren mit ihm durch eine Treueverpflichtung verbunden.

„der Not ... gehorchend" – Freie Adaption des Anfangsverses von Schillers „Braut von Messina": „Der Not gehorchend, nicht dem eignen Trieb ..."

13 *Schloß Harpke* – Herbeck oder Harbke südlich von Helmstedt gehörte Dietrich von Quitzows Schwager Heinrich von Veltheim. Teile des Schlosses, das ursprünglich eine Rundburg mit zwei Wassergräben war, sind erhalten.

in einem folgenden Kapitel – Kap. 2.

14 *Das Lied ..., eines der schönsten aus der Zeit* – Edward Schröder hat das Lied auf die „Schlacht am Kremmer Damm" (abgedruckt als Nr. 9 in Rochus Freiherrn von Liliencrons Sammlung „Historischer Volkslieder der Deutschen vom 13. bis 16. Jahrhundert"; 1865–1869) als eine „Fälschung des 18. Jahrhunderts" erkannt. Vgl. „Nachrichten der Gesellschaft der Wissenschaften zu Göttingen", Phil.-hist. Klasse, 1927, S. 200–247.

15 *Fußmann* – Soldat zu Fuß.

16 *Pickelhaube* – Im späten Mittelalter ein Helm ohne herabklappbares Visier.

Tangermünde ... Kaiserhof – Kaiser Karl IV. hatte die Burg seit 1373 zu seiner zweiten Residenz gewählt. Die Burg wurde 1640 weitgehend zerstört.

17 *Komet ... predigte Krieg* – Kometen galten noch bis ins 20. Jahrhundert als Unheilverkünder.

18 *Schwert und Panzer ... bis diesen Tag im Rathause* – Das Schwert befindet sich noch heute dort, der Panzer dagegen ist nicht mehr vorhanden.

Invocavit – Im Kirchenjahr der 6. Sonntag vor Ostern.

18 *Bassewitzfest* – Es wird seit über fünfhundert Jahren begangen. Zur Tradition gehören neben dem Gedenkgottesdienst ein Festumzug sowie die Aufführung des Volksstückes „Bassewitz sinnt wieder Krieg“. 1963 hatte man das Bassewitzfest aufgegeben, 1987 wurde es zur 750-Jahrfeier von Kyritz jedoch neu belebt.
„gehudelt“ – bedrängt, geplagt.
Wunderblutkirche – Wallfahrtskirche St. Nikolaus: spätgotische Backstein-Hallenkirche (mit Renaissance-Westgiebel), gebaut von 1384 bis um 1430. Mit zahlreichen Ausstattungsstücken erhalten, darunter die Statue des Bischofs von Wöpelitz und der Tragaltar (1400).
19 *Bergau* – Vgl. das Literaturverzeichnis, S. 653.
20 *pia fraus* – (lat.) frommer Betrug. Wendung nach den „Metamorphosen“ des Ovid (IX, 711).
Prachtkapelle zu Wittstock – Wittstock war zwischen 1270 und 1548 Residenz der Havelberger Bischöfe. Die Wittstocker Pfarrkirche St. Marien erhielt 1484 und 1498 zwei reichgeschmückte Kapellenanbauten.
Domumbau zu Havelberg – Der Havelberger Dom St. Marien, etwa 1150 begonnen und nach einem Brand 1279 im gotischen Stil umgebaut, wurde um 1400 prächtig ausgestaltet.
21 *in einem späteren Kapitel* – Kap. 5.
Wepelitz (damals noch nicht Bischof) – Johann von Wöpelitz war Bischof von 1385 bis 1401.
Sängerkrieg – Nach einer sagenhaften Überlieferung soll ein solcher Sängerwettstreit 1207 auf der Wartburg stattgefunden haben.
22 *aus dem Lübischen* – aus Lübeck oder dem Gebiet um die Stadt.
„Likedeeler“ – Fontane hat in den achtziger und neunziger Jahren des 19. Jahrhunderts mehrfach angesetzt, einen Roman um Klaus Störtebeker und dessen „Likedeeler“ zu schreiben. Er kam aber über fragmentarische Aufzeichnungen nicht hinaus.
Orlogschiff – Kriegsschiff.
23 *„Auspochung“* – Plünderung.
Wusterwitz berichtet darüber – Wusterwitz, „Märkische Chronik“ (vgl. das Literaturverzeichnis, S. 655), S. 26–29. Fontanes Text bietet – wie auch bei anderen Zitaten aus der „Märkischen Chronik“ – eine Paraphrase seiner Vorlage; er hat nicht nur „Stil angeputzt“, sondern umgeschrieben und lesbar gemacht.
Kriegsgurgeln – Schimpfwort für die Landsknechte.
in Pflicht nehmen – in ein (juristisch fixiertes) Dienstverhältnis bringen.
25 *Tedeum* – Hier soviel wie: Dankgottesdienst; nach dem Hymnus „Te Deum laudamus“ (Dich, Gott, loben wir).
26 *„der hofliche alte Reuter“* – Vgl. die erste Anm. zu S. 12.

26 *Mariä Heimsuchung* – 2. Juli.
Schenk von Landsberg auf Schloß Teupitz – Vgl. „Spreeland", Kap. „Eine Pfingstfahrt in den Teltow", Abschnitt „Teupitz"; Band 4 dieser Ausgabe.
Sankt Nikolai – Pfarrkirche der nach 1230 entstandenen Altstadt Berlin. Die spätgotische dreischiffige Backsteinkirche entstand zwischen 1380 und 1470 anstelle einer Feldsteinbasilika aus dem ersten Drittel des 13. Jahrhunderts. 1944/45 weitgehend zerstört, wurde die Kirche seit 1981 wiederaufgebaut (Einweihung als Museum 1987).
27 *Schloß Meyenburg* – Um 1500 entstandene spätgotische Anlage, die 1865/66 zu einer Dreiflügelanlage umgebaut wurde.
Heiligengeisthospital – Frühgotischer Ziegelbau aus dem späten 13. Jahrhundert. Das Spital wurde 1825 abgebrochen, die Kapelle 1905/06 in den Neubau der ehemaligen Handelshochschule einbezogen. Das Gebäude beherbergt heute die Wirtschaftswissenschaftliche Fakultät der Humboldt-Universität.
Rathaus – Es befand sich damals Spandauer Straße / Ecke Königsstraße.
28 *Badehaus ... auf dem Krögel* – Der Krögel, eine der ältesten Gassen Berlins (14. Jahrhundert), deren Häuser 1935 abgerissen wurden, führte von der Stralauer Straße zur Spree. Dort befanden sich im Mittelalter zwei Badestuben.
Pickelheringe – Possenreißer, Spaßmacher.
Geflecht aus Rosmarin – Rosmarin wurde in alten Volksbräuchen viel benutzt, unter anderem auch für den Brautkranz.
„Ego conjungo vos ..." – (lat.) Ich vereinige euch zur Ehe im Namen Gottvaters, des Sohnes und des Heiligen Geistes (Trauformel). Korrekt müßte es lateinisch heißen: filiique et spiritus sancti.
30 *das Strumpfband abgetanzt* – Altes Hochzeitszeremoniell am Ende des Festes (später mit Brautkranz bzw. Brautschleier).
Verweser – Verwalter (eigentlich Stellvertreter).
Felix Quitzowia nube – (lat.) Glückliches Quitzow, heirate. – Gebildet nach dem Satz des ungarischen Königs Matthias Corvinus (1458–1490): „Bella gerant alii! Tu, felix austria, nube!" (Kriege mögen andere führen! Du, glückliches Österreich, heirate!).
Bredowfamilie – Über dieses märkische Uradelsgeschlecht wollte Fontane ein umfassendes Buch schreiben (Studien dazu zuerst 1889). Die Vorarbeiten, unter dem Titel „Das Ländchen Friesack" überliefert, sind in Band 6 dieser Ausgabe abgedruckt.
Schloß Neustadt an der Dosse – Vgl. „Die Grafschaft Ruppin", Kap. „Neustadt a.D."; Band 1 dieser Ausgabe. Die Burg, 1375 zuerst erwähnt, verfiel bereits im 16. Jahrhundert.
31 *Schloß Plaue* – Vgl. „Plaue a.H.".

33 *Schloß Friesack* – In Friesack gab es bereits in frühaskanischer Zeit eine Burg, die den Dammweg durch das Luch sicherte. Von Schloß und Burg ist nichts erhalten.

Waterloo-Nachspiel – Napoleon, der nach seiner Abdankung 1814 nach Elba verbannt worden war, landete am 1. März 1815 an der südfranzösischen Küste und zog am 20. März wieder in Paris ein, nachdem die gegen ihn ausgesandten Truppen zu ihm übergelaufen waren. Nach „Hundert Tagen" erlitt er jedoch am 18. Juni bei Waterloo eine endgültige Niederlage und wurde nach Sankt Helena gebracht.

Heinrich Stich – Vgl. „Havelland", Kap. „Kloster Lehnin"; Band 3 dieser Ausgabe.

dramatis personae – (lat.) die Mitwirkenden des Schauspiels.

34 *Rattenkönig* – Bezeichnung für etwas, das unentwirrbar verschlungen ist. Nach einer spätmittelalterlichen Darstellung hat eine Anzahl alter Ratten ihre Schwänze unauflösbar verknüpft und läßt sich von ihren Jungen ernähren.

„von dannen keine Wiederkehr" – Wahrscheinlich in Anklang an Shakespeares „Hamlet" (III,1): „Das unentdeckte Land, von des Bezirk / Kein Wandrer wiederkehrt".

Schloß Bötzow – Vgl. „Havelland", Kap. „Schloß Oranienburg"; Band 3 dieser Ausgabe. Ort und Burg Bötzow wurden 1652 in Oranienburg umbenannt.

35 *Schloß Beuthen* – Vgl. „Spreeland", Kap. „Schloß Beuthen"; Band 4 dieser Ausgabe.

„... Um diese Zeit war es ..." – Wusterwitz, „Märkische Chronik" (vgl. das Literaturverzeichnis, S. 655), S. 61 f.

absagen – Freundschaft aufkündigen, Feindschaft ankündigen.

36 *„Es ist aber aus Furcht ..."* – Wusterwitz, „Märkische Chronik" (vgl. das Literaturverzeichnis, S. 655), S. 67 ff. Fontane faßt hier besonders frei Elemente der „Märkischen Chronik" als „Zitat" zusammen.

Schwesterstädte Berlin und Cölln – Auf der rechten Spreeseite entstand Berlin, auf der linken Cölln. Schon Ende des 13. Jahrhunderts war die Doppelstadt von Mauern umfaßt.

37 *„Und nun, Ihr Berlinischen ..."* – Wusterwitz, „Märkische Chronik" (vgl. das Literaturverzeichnis, S. 655), S. 72 ff. Wiederum in sehr freier Bearbeitung zitiert.

Item – (lat.) Desgleichen, auch.

39 *Kindelbier* – Festmahl zur Taufe (nach dem ersten Kirchgang der Wöchnerin).

41 *hatte nur wenig Bord* – Soviel wie: lag tief im Wasser.

43 *König Sigismund (inzwischen auch zum Kaiser erwählt)* – Sigismund, seit 1386 König von Ungarn, war 1411 zum deutschen Kaiser gekrönt worden.

43 *Ahnherrn der jetzigen Grafen zu Eulenburg* – Vgl. „Liebenberg", Kap. 5.
Lätare – Im Kirchenjahr der dritte Sonntag vor Ostern.
wie Wusterwitz berichtet – „Märkische Chronik" (vgl. das Literaturverzeichnis, S. 655), S. 82 f.

44 *Ofen* – Buda (= Ofen), die frühere Hauptstadt des Königreichs Ungarn, wurde 1872 mit Pest zu Budapest vereinigt.

45 *Burggraf Friedrich kommt ins Land* – Im Jahre 1411 setzte Kaiser Sigismund den Burggrafen Friedrich VI. von Nürnberg aus der fränkischen Linie der Hohenzollern zum erblichen Statthalter in Brandenburg ein. Friedrich warf 1412 bis 1414 den von den Quitzows geführten Aufstand nieder, wurde 1415 Markgraf, 1417 Kurfürst von Brandenburg.
Neustadt Brandenburg – Alt- und Neustadt Brandenburg waren bis 1715 selbständige Städte.
„sich zu der in kaiserlichen Briefen ..." – Wusterwitz, „Märkische Chronik" (vgl. das Literaturverzeichnis, S. 655), S. 85.

46 *Riedel, in seinem ausgezeichneten Buche* – Vgl. das Literaturverzeichnis, S. 654.
in einem späteren Kapitel – Kap. 12.
„Etliche vom Adel aber ..." – Wusterwitz, „Märkische Chronik" (vgl. das Literaturverzeichnis, S. 655), S. 85 f.

47 *Tand von Nürrenberg* – Nach Riedel, „Zehn Jahre ..." (vgl. das Literaturverzeichnis, S. 654), S. 336, eine Formulierung aus der „Magdeburger Schöppenchronik".
Rencontre – Zusammenstoß, (militärische) Auseinandersetzung, Scharmützel.
Tag von Fehrbellin – In der Schlacht bei Fehrbellin (28. Juni 1675) schlugen die brandenburgischen Truppen unter Kurfürst Friedrich Wilhelm die Schweden, die während des Holländischen Krieges (1672–1679) in das mit Holland verbündete Brandenburg eingefallen waren. Mit dem Sieg bei Fehrbellin wurde die Mark Brandenburg von der schwedischen Besetzung befreit. Vgl. die ausgeschiedenen Kapitel „Fehrbellin" und „Fehrbellin in Sage, Kunst und Dichtung"; Band 6 dieser Ausgabe.

48 *Die erste Schlacht am Kremmer Damm* – Fontanes Zweifel an der Echtheit der „Volksballade" erwiesen sich als berechtigt; Edward Schröder ermittelte 1927 den Pfarrer Joachim Friedrich Sprengel aus Boldikow bei Anklam als Verfasser (1765). Fontane nahm seine Bearbeitung der Ballade in die dritte Auflage seiner „Gedichte" (1889) auf.

51 *Défilé* – (franz.) Engpaß, Hohlweg.
Franziskanerklosterkirche – Um 1250 bis 1265 als frühgotischer Backsteinbau entstanden (Klosterstraße). 1945 schwer beschädigt. Die Ruine ist gesichert.

52 *Graf Hohenlohe ... Wandbild* – Das Epitaph befindet sich heute in der Dorfkirche von Berlin-Buckow (Berlin-West).
Ysopstab – Nach dem Neuen Testament, Johannes 19, 29, reichte man dem gekreuzigten Christus an einem Ysopzweig einen mit Essig getränkten Schwamm.
Legende – Hier: Inschrift.
St.-Columbanus-Abend – Columbanus-Tag ist der 21. November.
Kreuz am Kremmer Damm – Es wurde 1796, 1844 und 1866 erneuert.
Großer Kurfürst – Friedrich Wilhelm. Vgl. die fünfte Anm. zu S. 8.
53 *Friedrich ... nicht beigewohnt* – Riedel (vgl. das Literaturverzeichnis, S. 654), S. 106, versichert das Gegenteil.
„Fronde" – Etwa: die von den Quitzows geführte Adels-, Junkeropposition.
54 *wie Wusterwitz schreibt* – „Märkische Chronik" (vgl. das Literaturverzeichnis, S. 655), S. 88 f.
55 *„in Versatz" gegeben* – verpfändet.
wie Wusterwitz es nennt – „Märkische Chronik" (vgl. das Literaturverzeichnis, S. 655), S. 90.
„renitente" Partei – Nach Riedel (vgl. das Literaturverzeichnis, S. 654), S. 135.
57 *ins Jerichowsche* – Das Gebiet um Burg und Prämonstratenserstift Jerichow.
Zauche – Soviel wie: Dürrland; Bezeichnung für die Kiefern- und Heidelandschaft südlich der Havel (zwischen Nuthe im Osten, Buckau im Westen und Fläming im Süden).
Ferchland – Das Gebiet um Ferch an der Südspitze des Schwielow-Sees.
Stremme-Fluß – Linker Nebenfluß der Havel.
58 *wie Wusterwitz irrtümlich schreibt* – „Märkische Chronik" (vgl. das Literaturverzeichnis, S. 655), S. 94.
bei welcher Gelegenheit Wusterwitz schreibt – „Märkische Chronik" (vgl. das Literaturverzeichnis, S. 655), S. 96.
59 *„Als nun Johann von Quitzow ..."* – Wusterwitz, „Märkische Chronik" (vgl. das Literaturverzeichnis, S. 655), S. 96 ff.
60 *in den Stock gesetzt* – Besondere Form der Strafe, wobei der Delinquent, durch eine spezielle Vorrichtung (zum Beispiel Halsring) an der Bewegung gehindert, öffentlich zur Schau gestellt wurde.
andere Lesarten über den Fall von Plaue – Fontane folgt, zum Teil wörtlich, der Darstellung Riedels in „Zehn Jahre ..." (vgl. das Literaturverzeichnis, S. 654), S. 156.
magdeburgische Schöppenchronik – „Magdeburger Schöffen-Chronik zum Jahr 1414".

60 *Chronik von Zerbst* – „Anhaltische Chronik zum Jahr 1414" von Peter Becker.

61 *in einer Ballade gefeiert* – Unter dem Titel „Der Quitzowen Fall und Untergang" nahm Fontane seine Bearbeitung von Nikolaus Uppschlachts niederdeutscher Ballade in die dritte Auflage seiner „Gedichte" (1889) auf.

Seit Kaiser Karl ... starb – 29. November 1378.

Ingesinde – Etwa: Anhänger.

62 *Tartschen* – Kleine Schilde für die Reiter.

„Grete" – Vgl. Fußnote zu S. 59.

65 *dem Ehrensolde Tennysons* – Über die hohen Einkünfte von Alfred Tennyson äußerte sich Fontane bereits 1860 in einem Vortrag über den englischen Dichter, den er den „ausgesprochenen Liebling der liberalen Aristokratie" nannte.

das fünfzigjährige Regierungsjubiläum – Im Jahre 1887.

Lstr. – Pfund Sterling.

Condottiere-Stellung – Die Condottiere waren die italienischen Söldnerführer des 14./15. Jahrhunderts.

Zeiten, die der eigentlichen Landsknechtschaft vorausgingen – Der Begriff „Landsknecht" kommt erst am Ende des 15. Jahrhunderts für die Söldner Kaiser Maximilians I. auf.

„Kriegsoberst" – Fontane hat sich in zwei Aufsätzen mit diesen Heerführern beschäftigt: „Die Mark und märkische Kriegsobersten zur Zeit des Dreißigjährigen Kriegs" und „Märkische Kriegsobersten während des Dreißigjährigen Krieges"; vgl. Band 6 dieser Ausgabe.

66 *Wusterwitz ... in aller Kürze zu berichten* – „Märkische Chronik" (vgl. das Literaturverzeichnis, S. 655), S. 107 f.

Klöden, in seinem ... Buche „Die Quitzows ..." – Vgl. das Literaturverzeichnis, S. 654. Das erwähnte Kapitel steht in Band 4. Klödens Darstellung ist eine Mischung aus sachlichem Bericht und erzählerischen Elementen mit langen Dialogeinlagen; Fontane folgt dem Autor in vielen Details, ohne sich jeweils ausdrücklich auf ihn zu berufen. – Die vorliegende Fußnote ist von Fontanes Hand auf der Rückseite von Blatt 200 der „Mathilde-Möhring"-Handschrift im Theodor-Fontane-Archiv der Deutschen Staatsbibliothek, Potsdam, erhalten.

67 *Der Bericht ... lautet* – Wusterwitz, „Märkische Chronik" (vgl. das Literaturverzeichnis, S. 655), S. 110 f.

Judica – Im Kirchenjahr der zweite Sonntag vor Ostern.

Kastner – Beamter, der unter anderem mit der Verwaltung der Getreideabgaben an den Landesherrn beauftragt war.

68 *Vierraden* – Der Turm und Teile anderer Gebäude der spätgotischen Anlage sind erhalten.

hellen Haufen – Hier soviel wie: Truppe, Schar.

69 *eine bei Raumer sich findende Urkunde* – Der „Vertrag zwischen der Witwe des Hans von Quitzow und Dietrich und Cune von Quitzow" (1438) ist abgedruckt in: „Codex diplomaticus brandenburgensis" (vgl. das Literaturverzeichnis, S. 654), Teil 1, S. 98 f.
Orbede – Abgabe.
Sankt-Walpurgis- und Martinstag – 25. Februar und 11. November.
Leibgedinge – Das für eine Person auf Lebenszeit ausbedungene Einkommen.

70 *Das Lied von der „Eroberung von Ketzer-Angermünde"* – Unter dem Titel „Die Gans von Putlitz" nahm Fontane seine Bearbeitung der niederdeutschen Ballade, die die dreitägigen Straßenkämpfe von 1420 schilderte, in die dritte Auflage seiner „Gedichte" (1889) auf. Im Theodor-Fontane-Archiv der Deutschen Staatsbibliothek, Potsdam, werden unter der Signatur L 25 (Blatt 2–4) folgende Notizen Fontanes aufbewahrt:

Ketzer-Angermünde

Das Lied steht in Schwebel. Kulturhist. Bilder, S. 133
Buchholtz' Beschreibung ist gut.
Micrael u. Kuntzow gleich null.
Nach Angermünde reisen wegen der Lokalität. Wo stand das Schloß? Die Stadt wie halbiert, eine pommersche und märk. Hälfte; Casimir im Schloß; Schwerin (Pommer) und Putlitz (Märker) draußen vor der Stadt.

Ketzer-Angermünde
und
die Gans von Putlitz

S. O. *Schwebel,* S. 126 bis 136
Kaspar Gans zu Putlitz war mit den Quitzows gewesen und gefangen worden. Als er wieder freikam, kam es zur Versöhnung etc. etc.
Wahrscheinlich weiß man in *Angermünde* Näheres.
Wappensage der Putlitz. Hübsch. Schwebel 366. „Hier liege ich wie eine verflogene Gans."

Der Überfall bei Angermünde

Sieg Friedrichs I. über die Pommern in und bei Angermünde. Hauptheld *Putlitz.* Schönes märkisches Lied. Steht in der Kreuz-Ztng. 1873. S. meine Notizen im Kasten unten.

70 *Kietzer* – Bewohner eines bestimmten (Stadt-)Gebiets.
Gercken – Der Historiker Philipp Wilhelm Gercken, der zahlreiche Quellen zur brandenburgischen Geschichte veröffentlichte,

darunter den „Codex diplomaticus brandenburgensis. Aus Originalien und Copial-Büchern gesammelt" (1769–1785), den Raumer und Riedel später erneuerten.

70 *Luciferaner* – Lucifer, der 371 gestorbene Bischof von Cagliari auf Sardinien, verfocht den nicänischen Glauben, der die Wesenseinheit von Gott und Christus lehrte.

73 *seit den Tagen Herders und der Romantiker* – Gedacht ist an Johann Gottfried Herders „Stimmen der Völker in Liedern" (zuerst, noch unter anderem Titel, 1778/79) und an Arnim/Brentanos „Des Knaben Wunderhorn" (1806–1808).

hinter dem englisch-schottischen – Dieses Balladengut war von dem englischen Geistlichen Thomas Percy in den „Reliques of Ancient English Poetry" („Überreste alter englischer Dichtung", zuerst 1765) gesammelt worden. Fontane kannte und schätzte auch Walter Scotts Ausgabe der „Minstrelsy of the Scottish Border" („Balladen der schottischen Grenzlande", 1802/03).

Chevy-Jagd – Fontane nahm seine bearbeitende Übersetzung der „Ballad of Chevy Chase" (bei Percy) unter dem Titel „Chevy-Chase oder die Jagd im Chevy-Forst" in seine „Gedichte" (1851) auf.

bei Otterburn – Dort (in der englischen Grafschaft Northumberland) schlugen am 19. August 1388 die Schotten unter Douglas die Engländer unter Henry Percy.

Aufstand in Northumberland – Unter dem Titel „Der Aufstand in Northumberland" schrieb Fontane, gleichfalls nach einem Text bei Percy, eine zweiteilige Ballade, die er 1861 in seine „Balladen"-Sammlung aufnahm.

75 *Ist die pommersche Ballade echt* – Vgl. die Anm. zu S. 48.

Zeit Heinrichs VI. – Der englische König Heinrich VI. regierte von 1422 bis 1461.

Buchholtz' „Geschichte ..." – Vgl. das Literaturverzeichnis, S. 653.

76 *Riedel ... schrieb 1851* – Riedel, „Zehn Jahre ..." (vgl. das Literaturverzeichnis, S. 654), S. 173–182. Fontane zitiert nicht genau, schreibt manches um und faßt größere Passagen zusammen, ohne die Auslassungen zu kennzeichnen.

78 *Grapen* – (Eiserne) Kochtöpfe.

Deutscher Orden – 1198 gegründeter Ritterorden, der sich zunächst in Ungarn ansiedelte und von 1225/26 an vom Kulmer Land aus (zwischen Kulm und Thorn) das Gebiet der heidnischen Pruzzen unterwarf und schließlich auch Livland und Kurland beherrschte. Er wurde vom einheimischen Adel und vom Bürgertum attackiert und schließlich 1410 in der Schlacht bei Tannenberg geschlagen.

„Nahmen" und „Überfahrungen" – Soviel wie: Raub und Rechtsbrüche.

79 *Raumer ... „Codex diplomaticus brandenburgensis"* – Vgl. das Literaturverzeichnis, S. 654. Das folgende Zitat findet sich in Teil 1, S. 35–38. Auch hier zitiert Fontane ungenau, verändernd und zusammenfassend, ohne Auslassungen kenntlich zu machen.

Hohenstaufen-Raumer – Das Hauptwerk des Berliner Historikers Friedrich von Raumer ist die sechsbändige „Geschichte der Hohenstaufen und ihrer Zeit" (1823–1825). Seine Darstellung regte zahlreiche Dramatisierungen an (u.a. Raupach).

80 *Heidemann ... Aufsatz* – Es handelt sich um die Einleitung zu der von Julius Heidemann herausgegebenen „Märkischen Chronik" von Engelbert Wusterwitz (vgl. das Literaturverzeichnis, S. 655), S. 1–5.

Abt Stich von Lehnin – Vgl. „Havelland", Kap. „Kloster Lehnin"; Band 3 dieser Ausgabe.

Syndikus – Der für alle juristischen Fragen zuständige Beamte einer Stadt.

Hafftiz – Das Hauptwerk des Pädagogen Peter Hafftiz, um 1595 verfaßt, ist das „Microchronologicon".

Angelus – Das Hauptwerk des Pädagogen Andreas Angelus sind die „Annales Marchiae Brandenburgicae" (1598).

81 *Provisor des Abts* – Hier soviel wie: Verwalter.

83 *„Entsagung"* – Aufkündigung des Friedens.

so fährt er denn fort – Raumer (vgl. das Literaturverzeichnis, S. 654), S. 39–42.

84 *crimen laesae majestatis* – (lat.) Majestätsverbrechen, Hochverrat.

Sickingen, dessen Pläne ... – Franz von Sickingen, der in viele private Fehden verwickelt war, stellte sich in den Dienst Maximilians I. und Karls V., dem er auch bei der Kaiserwahl behilflich war.

87 *tudor-lancastrisches Parteigefühl* – Die Tudors stellten von 1485 bis 1603 die englischen Könige; von 1399 bis 1471 hatten Vertreter des Hauses Lancaster den englischen Thron innegehabt.

88 *nach Wusterwitz' Aufzeichnungen* – „Märkische Chronik" (vgl. das Literaturverzeichnis, S. 655), S. 26 ff.

Fehderecht – Der Anspruch der Adligen, in Fällen von Rechtsverweigerung oder Rechtsverzögerung durch die Gerichte zur Selbsthilfe zu greifen. Solche Aktionen mußten durch einen Fehdebrief angekündigt werden. Das Fehderecht wurde durch den Ewigen Landfrieden von 1495 formell abgeschafft.

Rat von Heilbronn, der ... zu Gerichte sitzt – Nach Goethes „Götz von Berlichingen" (IV).

89 *Seconde-Lieutenant* – Unterleutnant.

90 *Sukkurs* – Verstärkung, Unterstützung.

91 *Urtel* – Alte Nebenform zu: Urteil.

92 *Eins … in der Dorfstraße* – Das Denkmal, in der Nähe der Kirche von Legde, ist erhalten.
in der Kirche zu Rühstädt – Die Kirche, ein Backsteinbau aus dem späten 13. Jahrhundert, 1890 stilwidrig erneuert, enthält Malerei und Schnitzaltar aus spätgotischer Zeit, Kanzel und Orgel aus dem Barock sowie zahlreiche wertvolle Grabdenkmäler, vor allem der Quitzows und Jagows. Die im folgenden erwähnten Epitaphien, Grabsteine und Büsten sind erhalten.
93 *Jesaias, Kapitel 56* – Tatsächlich Jesaja 57,1.
96 *Die Eldenburger Quitzows* – Die folgende Darstellung beruht, zum Teil in wörtlicher Übereinstimmung, auf dem Abschnitt „Die Eldenburg" in Handtmanns „Neuen Sagen …" (vgl. das Literaturverzeichnis, S. 653).
Stavenow – Vgl. den in der Vorbemerkung zitierten Brief Fontanes an Mathilde von Rohr, 8. Juli 1887.
Kirche zu Kletzke – Feldsteinbau aus der Mitte des 13. Jahrhunderts; im 17. Jahrhundert verändert; Kanzelaltar und Taufe aus der Barockzeit. Die ehemalige Burg ist nur in spärlichen Resten erhalten.
Klöden – Vgl. das Literaturverzeichnis, S. 654, sowie die zweite Anm. zu S. 66.
wie Bekmann schreibt – Vgl. das Literaturverzeichnis, S. 653.
zwei Grabsteine sind geblieben – Beide Grabdenkmäler sind erhalten. Das besonders prunkvolle Wandgrab Philipps von Quitzow (gest. 1616) stammt vermutlich von Christoph Dehne aus Magdeburg.
in Markgraf Waldemars Tagen – Waldemar war Markgraf von Brandenburg von 1303 bis 1319.
Eldenburg – Das nach dem Brand von 1881 entstandene Schloß, ein zweigeschossiges Hauptgebäude mit kurzen dreigeschossigen Endflügeln, von einem quadratischen Turm überragt, wurde am Ende des zweiten Weltkrieges beschädigt und 1946–1948 abgetragen. Der Turm mit dem Quitzowstuhl ist erhalten.
98 *des Kurfürsten hartes Gebot* – Joachim I., von 1499 bis 1535 Kurfürst von Brandenburg, hatte 1510 und 1514 die Juden aus Berlin und Stendal vertreiben lassen.
99 *Brot der Trübsal* – Wohl in Anklang an das Alte Testament, 5. Mose, 16,3.
„An den Wassern zu Babel …" – Altes Testament, Psalm 137,1.
100 *„Ich, der Herr, dein Gott …"* – Altes Testament, 2. Mose, 20,5.
Neuspanien – Alter Name für Mexiko.
101 *Schaffnerin* – Hier: Verwalterin, Haushälterin.
105 *„daß die Sünde der Leute Verderben"* – Altes Testament, Sprüche Salomos, 14,34: „Gerechtigkeit erhöhet ein Volk; aber die Sünde ist der Leute Verderben."

105 *„Lasset uns ...“* – Neues Testament, Paulus an die Galater, 6,10.
Johannisnacht – Die Nacht zum 24. Juni.
Johanniterorden – Aus einem 1113 vom Papst bestätigten Ritterorden hervorgegangen, widmete er sich vor allem der Krankenbetreuung im Heer und pflegte feudale Überlieferungen. Das Ordenszeichen war das achtspitzige „Tugendkreuz“. 1810 wurde die Ballei Brandenburg des Ordens aufgelöst; an ihre Stelle trat 1812 der Königlich Preußische Johanniterorden, der sich später erneut als Ballei Brandenburg bezeichnen durfte, die eingezogenen Güter aber nicht zurückerhielt. Das Oberhaupt des Ordens führte die Bezeichnung „Herrenmeister“.
der der Kirchenbuße verfallen war – Einer, der aus der Kirche ausgeschlossen ist und durch besondere Bußleistungen die Wiederaufnahme zu erlangen sucht.

Plaue a. H.

Plaue als ehemaliger Quitzow-Besitz dürfte Fontane schon früh interessiert haben. Die aus der Arbeitsphase um 1869/70 erhaltenen Dispositionsversuche für den dritten „Wanderungen“-Band („Havelland“, 1873) sahen bereits eigene (allerdings nicht ausgeführte) Kapitel über „Schloß Plaue“ beziehungsweise „Plaue und die Königsmarcks“ vor (vgl. Band 3 dieser Ausgabe). Aber erst die Bekanntschaft mit dem Landwirt, Parkgestalter und „Schopenhauer-Enthusiasten“ Carl Ferdinand Wiesike, dessen Besitzungen „Schloß Plaue gegenüber“ lagen, zeitigte die Lokalkenntnis und rückte dieses märkische Original in Fontanes Optik.

Im Winter 1873/74 hatte Fontane gemeinsam mit seiner Frau, der Familie Wangenheim und Pastor Windel Schopenhauer-Studien getrieben, die ihm nach Auskunft seines Briefes an Mathilde von Rohr vom 26. März 1874 „sehr viel Freude“ und „viel Anregung“ gebracht hatten, und vor allem die Begeisterung für den deutschen Philosophen wird Fontane im Mai 1874 („in großer Kumpanei“, wie er in Kapitel 6 von „Plaue a. H.“ schreibt; vgl. S. 135) zu dem damals sechsundsiebzigjährigen Wiesike geführt haben. Während dieses ersten Plauer Aufenthaltes schrieb Fontane am 25. Mai 1874 an Alexander Gentz: „Ich habe hier zwei, drei höchst angenehme Tage verlebt, die mich an die Tage mit Ihnen am Molchow- und Zermützel-See und dann in Gentzrode selbst lebhaft erinnert haben. Alles neue Zeit, neue Anschauungen, wenn auch der *Träger* derselben noch im vorigen Jahrhundert steht.“ Diesem Kompliment an die Landwirtschaftspioniere Carl Ferdinand Wiesike und Johann Christian Gentz fügte Fontane die Bemerkung an: „Plauerhof wird wohl mal ein Artikel werden wie Gentzrode ...“

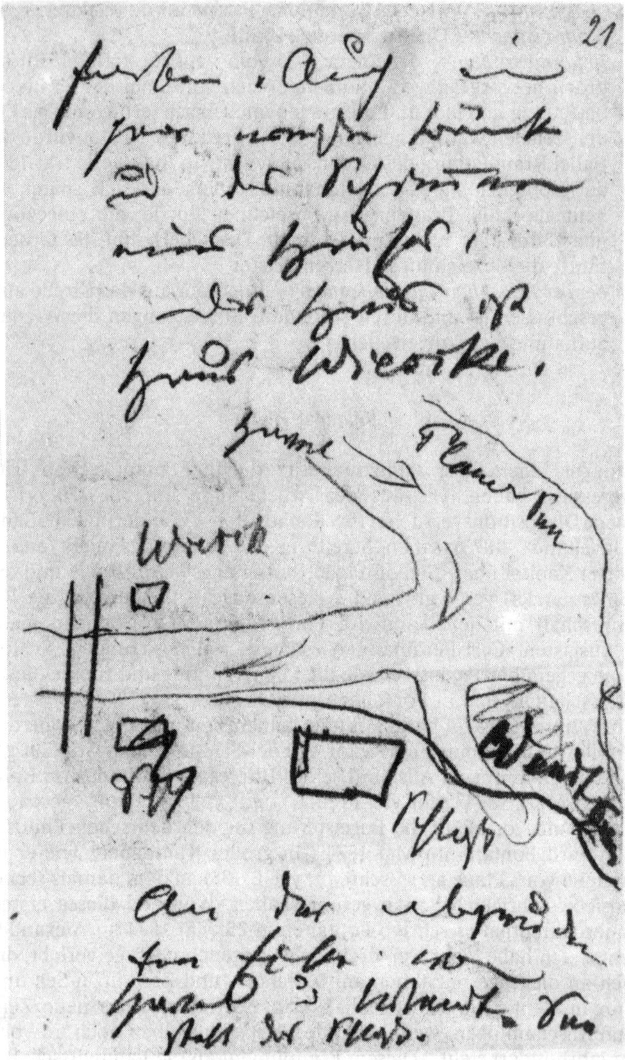

Lageskizze Schloß Plaue a. H./Wiesike-Besitz

Von diesem Vorhaben verlautet indes mehr als ein Jahrzehnt lang nichts mehr, obwohl Fontane bis 1880 fast jedes Jahr einmal nach Plaue reiste. Über die „Wiesike-Fahrt" von Anfang Juli 1875, an der auch Frau Emilie teilnahm, berichtete er beispielsweise am 14. Juli an Karl Zöllner: „Bei diesem [Wiesike] waren wir vier Tage der vorigen Woche, die Stunden zwischen Schopenhauer, altem Rheinwein und Naturgenuß gewissenhaft teilend. Alles geschah im Freien, vom Morgenkaffe an, und der ganze Kreislauf der Ernährung vollzog sich unter Plaues ewig blauem Himmel." Am 17. Juni 1876 heißt es in einem Brief an die Tochter Martha: „Meine Reisepläne ruhn; ich werde nach dem 3. August, bis wohin ich [in der Akademie der Künste] keinen Tag fehlen darf, auf eine halbe Woche zu Wiesike gehn, die Wirkung von Apfelwein und Schopenhauer auf mich abwarten und dann an meinen Schreibtisch zurückkehren."

Wie stark Fontane bereits zu dieser Zeit von Plaue und dessen Umgebung fasziniert war, geht aus dem „Melusine"-Entwurf vom Sommer 1877 hervor (Handschrift im Schiller-Nationalmuseum Marbach/Neckar; gedruckt in: Nymphenburger Fontane-Ausgabe, Band 24, München 1975, S. 129f.). Unter der Überschrift „Königsmarck-Wiesike. Plaue" notierte er: „Eine wundervolle Roman-Szenerie ist Plaue."

Auch im April 1878 scheint Fontane bei Wiesike zu Gast gewesen zu sein, bevor er im Juli mit diesem die Ferienpension in Wernigerode teilte. Am 17. Juli 1878 schrieb er darüber an Karl Zöllner: „Der alte Wiesike ist jetzt hier und spuckt [!] und schopenhauert weiter; im übrigen haben *wir* uns seiner Anwesenheit aus hundert Gründen zu freuen, so z. B. weil er heizen läßt und dadurch Erinnerungen an Temperaturzustände weckt, wo die Vögel nicht tot aus der Luft fielen." Von Besuchen in Plaue ist dann im Mai 1879 und im April 1880 die Rede. Am 11. Oktober 1880 starb Wiesike, und Fontane verfaßte einen Nachruf für die „Vossische Zeitung" (vgl. S. 573ff.).

Erst sieben Jahre später nahm der Autor – zugleich mit der Geschichte der Quitzows (vgl. die Vorbemerkung zu „Quitzöwel") – den Wiesike-Plaue-Stoff ernsthaft auf. Er zog sich im Juli 1887 in die Pension „Seebad Rüdersdorf" am Rüdersdorfer Kalksee (östlich von Berlin) zurück, um die beiden Aufsätze zu schreiben. Am 7. Juli resümierte er in einem Brief an seine Frau erste Rüdersdorfer Eindrücke mit den Worten: „Der Ort wirkt so wie Plaue, Wilsnack etc. Alle diese Jammernester haben irgendwo einen Charme, eine relative Bedeutung: in Plaue das Schloß samt seinen historischen Erinnerungen ..."

Zunächst schrieb Fontane „Quitzöwel" nieder, doch schon am 18. Juli erhielt Emilie den Auftrag, bei einem bevorstehenden Besuch das „*Manuskript* oder doch die vorläuf. Notizen zu meinem Plaue-Aufsatz (liegt auf dem zugeklappten Spieltisch neben dem Bücherschrank)" mitzubringen. Demnach existierten neben dem Nekrolog von 1880 andere Vorarbeiten, wobei es sich auch um die umfangreichen Aufzeichnungen im Notizbuch A 16 handeln könnte (Theodor-Fontane-Archiv der Deutschen Staatsbibliothek, Potsdam). Am 23. Juli bemerkte er in einem Brief an Emilie: „Mit Plaue habe ich heute schon begonnen und all die alten Wiesike-Notizen wieder durchgelesen. Wie viele wunderbare Heilige hat man schon kennengelernt! Und weil's ihrer schon so viele sind, machen die neuen Nummern keinen großen Eindruck mehr." Am 24. Juli äußerte er sich seiner Frau gegenüber optimistisch über den Fortgang der Arbeit: „Ich werde mit meinem Plaue-Aufsatz mutmaßlich vier, fünf Tage eher fertig, als ich annahm ..." Wahrscheinlich entstand in Rüdersdorf eine Rohfassung wie für „Quitzöwel".

Im summarisch geführten Tagebuch für den Zeitraum vom 1. März bis 6. Juli 1887 heißt es: „Im August war ich wieder in Berlin und setzte hier die obengenannten märkischen Arbeiten fort." Danach begann Fontane jedoch mit der Niederschrift von „Unwiederbringlich", und erst zu Beginn des Jahres 1888 wandte er sich „Plaue a. H." wieder zu. Am 8. Februar 1888 konnte er seiner Schwester Elise berichten: „Ich habe eben einen 50 bis 60 Seiten langen Aufsatz beendet, ein großes märkisches Kapitel. Im Sommer, aber nicht eher (sonst bin ich von vornherein verloren), werde ich ihn bei der Vossin einreichen, und vielleicht wird er da angenommen." Im Tagebuch notierte er für die Wochen vom 1. Januar bis 3. März: „Dann korrigiere ich ‚Plaue a. H.', damit ich – wenn es gedruckt ist – an die Herausgabe von ‚Fünf Schlösser', Fortsetzungsband der ‚Wanderungen', gehen kann." Auch für die anschließende Zeit wird „Plaue a. H." unter den „früher geschriebenen Sachen" genannt, die er „in Ordnung" gebracht habe.

Der „Plaue"-Essay erschien zuerst, unter dem Titel „Schloß Plaue a. H.", am 13., 15., 17., 20. und 23. Juni 1888 in der „Vossischen Zeitung".

Für die Buchausgabe nahm Fontane einige wenige stilistische Korrekturen an der Fassung des Vorabdrucks vor. In drei Fällen hat er etwas ausführlichere Stellen in der „Vossischen Zeitung" gekürzt. Nach „das Licht der Welt erblickten" (S. 117, Z. 4) folgt in der „Vossischen Zeitung": „und eine rein bürgerliche Erziehung erhielten". – Nach „verschwindet" (S. 124, Z. 6) folgt in der „Vossischen Zeitung": „Die beliebteste Form war eine Kegelquadrille, die Fischerstochter, in mehr als entschleiertem Zustand, als Kegel. Um sie herum die ritterlichen Gäste. Die nun ihren Anfang nehmenden Touren der Quadrille liegen jenseits der Möglichkeit der Beschreibung; nur so viel, daß – was schließlich noch als ein Glück gelten kann – die vorkommenden Häßlichkeiten mehr nach der Seite des Zynischen als des Erotischen hin lagen." – Nach „1816 and 1819" (S. 143, Z. 17) folgt in der „Vossischen Zeitung“: „Ich weiß nicht, ob es heißen muß 1818 und 19 oder 1816 und 19. Wenn mich mein Gedächtnis nicht trügt, muß es heißen 1816, wie es auch in der Übersetzungsstelle gedruckt ist.“

Als Vorstufe des „Plaue“-Aufsatzes wird im folgenden Fontanes Nachruf auf Wiesike aus der „Vossischen Zeitung“ mitgeteilt (15. Oktober 1880, Morgenausgabe):

Auf seiner Besitzung bei Plaue a. H. starb am 11. d. M. im zweiundachtzigsten Lebensjahre *Carl Ferdinand Wiesike*, ein durch Gaben des Geistes und Gemütes ausgezeichneter Mann.

Einer alten, noch am Orte blühenden Kaufmannsfamilie zu *Brandenburg a. H.* entsprossen, ergriff er selbst den kaufmännischen Beruf und war, in seiner Jugend, in dem hiesigen Heylschen Geschäfte, Leipziger Straße, tätig. Aber schon in den zwanziger Jahren übernahm er die Leitung einer bei Plaue, gegenüber der alten Quitzow-Schloßkapelle, neubegründeten Ziegelei, deren Erträge sehr bald ihn in den Stand setzten, ein angrenzendes, räumlich nicht unbedeutendes Territorium an sich zu bringen. Es war aber zu größerem Teil ein steriler Boden, und so richtete sich denn von Anfang an sein Sinnen und Trachten auf Melioration. Die Frage war nur *wie*? Das Verfahren, das er einschlug, zeigte gleich im Beginn einer Laufbahn das praktische Genie, das auf abseits des Weges gelegene Hilfsmittel verfiel. Es handelte sich um Herbeischaffung von Dünger, und da sich vorläufig, bei der unbedeutenden Ertragsfähigkeit der Ländereien, eine grade Dünger produzierende Wirtschaftsführung verbot, so schloß er mit den Marstallvorständen in Potsdam ein Abkommen, wonach ihm der auf Havelkähne geladene Stalldünger bis unmittelbar an seine den Fluß entlang gelegenen Ländereien herangeführt wurde. Das Guano-Bewirtschaftungsprinzip vor Anbruch der Guano-Zeit. Die Distanz betrug 4 Meilen, auf dem Wasserwege vielleicht 6, aber der kaufmännische Kalkül war so sicher gemacht, daß unser Neuerer die lächelnden Besserwisser bald zum Schweigen brachte. Wiesike prosperierte, wurde reich und zog sich, als er sein fünfzigstes Lebensjahr überschritten, von den Geschäften zurück, um den Rest seiner Tage „comme philosophe“ zuzubringen. Er gründete sich sein „Sanssouci“ an derselben Haveluferstelle, die der Ausgangspunkt seiner reichen schöpferischen Tätigkeit gewesen war, und wandelte das einfache Haus, von dem aus er seine Ziegel- und Landwirtschaft geführt hatte, in eine von geschmackvollen Parkanlagen umgebene Villa um. Ein entzückender Ruhesitz, an dem es ihm noch an die dreißig Jahre vergönnt war, in voller Geistesfrische zu leben und gastfrei zu sein und Wohltaten zu spenden.

Es ist aber doch ein anderes noch, um dessentwillen diese Zeilen seiner gedenken. Er war nicht bloß ein genialer Praktiker, der nach eigenem selbständigen Gedenken sich vorwärtszubringen verstand, er hatte das „eigene Denken" auf jedem Gebiete und verachtete nichts so sehr als den Glauben an das allein Seligmachende der Überlieferung. Er ließ die Tradition gelten, er respektierte sie sogar und war weitab davon, ein Reformer à tout prix sein zu wollen, aber ebenso gewiß er alles Neue kritisch ansah und es nicht eher annahm, als bis es die Probe bestanden, ebenso kritisch verhielt er sich gegen das Alte, dessen Anspruch auf Giltigkeit, bloß weil es alt, er mit jugendlichem Eifer bestritt. Und so kann es denn kaum noch überraschen, daß wir ihn auf den verschiedensten geistigen Gebieten als einen eifrigen Förderer epochemachender Ideen und unter den begeistertsten Vorkämpfern ebendieser erblicken.

Unmittelbar fast nach *Hahnemanns* Auftreten trat er in persönliche Beziehungen zu diesem und bekannte sich nicht nur zu den Grund- und Lehrsätzen desselben, sondern ward auch, wenn man diesen Ausdruck gestatten will, der Homöopathenapostel für den alten Gau Hêveldun. Ein vollkommenes Wallfahrten begann, und es gab Tage, wo die Heilung suchenden Leute bis zu Hundert und darüber auf seinem Flur und, als dieser sich zu klein erwies, auf seinem Hofe lagerten. Altehrwürdige Interessen von Doktor und Apotheker wurden dadurch derartig geschädigt, daß nach einer Reihe von Jahren ein Verbot gegen ihn erging, dessen gesetzliche Zulässigkeit unbestritten bleiben soll; aber nicht weniger unbestritten ist wohl die Tatsache, daß er vielen Tausenden ein Trost- und Gesundheitsspender, in der ganzen Brandenburger Gegend ein Pionier und Konquestador für die neue medizinische Lehre gewesen ist. Er hielt an ihren Grundsätzen fest bis zuletzt und hat es, wie seine zweiundachtzig Jahre bezeugen, *nicht* zu bedauern gehabt.

Es war Ende der zwanziger Jahre, als er enthusiastischer *Homöopath* wurde; dreißig Jahre später ergriff ihn ein zweiter Enthusiasmus: er wurde *Schopenhauerianer.* Wenn ich nicht irre, war es der damalige Redakteur dieser Zeitung, *Dr. Lindner,* der ihn auf Schopenhauer hinwies und in dem vorgeschrittenen Fünfziger eine Begeisterung weckte, die bald über die des Anregung gebenden ersten Lehrers hinauswuchs. Wiesike trat in persönliche Beziehungen zu Schopenhauer wie früher zu Hahnemann, unterließ es selten, alljährlich bei dem „Meister in Frankfurt" vorzusprechen, und war einer der Eifrigsten unter denen, die – ich weiß nicht mehr, bei welcher Gelegenheit – eine große Schopenhauer-Feier anregten und durchführten. Er spendete den Ehrenbecher, er erstand das Bild des Meisters und kaufte schließlich, aus dem Nachlasse des Heimgegangenen, den Ehrenbecher zurück, den er einige Jahre vorher demselben überreicht hatte. Man glaube jedoch ja nicht, daß dies alles nur Taten eines von einer Koterie geschickt „Eingefangenen" gewesen wären –

der alte, kluge Wiesike war nicht der Mann danach und durfte mit Windthorst-Meppen sagen: „Wer mich einfangen will, *der muß früher aufstehen.*" Alles, was er an Huldigungen bei dieser und anderen Gelegenheiten darbrachte, sproß nicht aus Eitelkeit und sich geschmeichelt fühlendem Mottenburgertum (über das er weit hinaus war), sondern aus jener innerlichen Überzeugung, die dem Wissen und dem Zuhausesein in den Disziplinen entsprießt. Er hatte seinen Schopenhauer wohl zwanzigmal gelesen, bis zum Auswendigwissen ganzer Kapitel, und war in jeder Faser seines Wesens von ihm durchdrungen. Und daß der Pessimismus nicht ruiniert, sondern unter Umständen auch eine fördernde, humanitäre Seite hat, dessen konnte man an dem alten Wiesike gewahr werden. Er hatte das *Mitleid* – nach Schopenhauer der Menschheit bestes Teil –, und es sind ihrer viele, die die Segnungen dieses Mitleids erfahren haben.

Es mögen jetzt sieben Jahre sein, daß ich den alten Herrn auf seiner anmutigen Besitzung kennenlernte. Seitdem sah ich ihn öfter, meist wenn ich abgearbeitet und elend war, und nie bin ich von ihm fortgegangen, ohne mich an seiner Havel, an seinem Wein und, um das Beste nicht zu vergessen, *an ihm selber* erholt zu haben. Er verstand zu beleben, zu trösten, ohne daß je ein Trosteswort über seine Lippen gekommen wäre. Dazu war er viel zu klug und viel zu fein. Ich kann seiner nicht ohne Dank und Rührung gedenken und zähle die mit ihm verplauderten Stunden zu den glücklichsten und bestangelegten meines Lebens.

Heute (Freitag) wird er in seinem Park, an längst vorherbestimmter, von einem hohen Obelisk überragter Stelle begraben, und ich bezweifle nicht, daß Hunderte von nah und fern herbeigeeilt sein werden, um dem Senior, dem Wohltäter und vor allem dem guten Menschen ein letztes Liebeszeichen aufs Grab zu legen.

Und das will ich auch, wenn der Fliedergang wieder blüht, der, in langem Spaliere, von dem Park aus nach dem Obelisken aufwärts führt.

Das obengenannte Notizbuch A 16 vermittelt einen Eindruck von Fontanes Materialsammlung. Es enthält außer Bildbeschreibungen, Lageskizzen (vgl. S. 570) und biographischen Angaben zu Wiesike, Hahnemann und Schopenhauer auch verschiedene beschreibende Ansätze. Die folgenden drei Passagen mögen diese frühen Versuche charakterisieren.

[Zum Schloß;
A 16; Blatt 13, Rückseite, bis Blatt 15, Rückseite]

Es ist ein Bau aus dem Anfang des vorigen Jahrhunderts, wahrscheinlich 1700, denn in einem Zimmer findet sich noch das Bild der *Sophie Charlotte* in den japanisch hergerichteten (ganz wie in

Schloß Plaue a. H.

Charlottenburg) Zimmerwänden. Sophie Charlotte starb aber etwa 1706.

Das Schloß liegt auf einer Bodenerhöhung; nach vorn zu erscheint es aufgemauert, etwa wie der Erfurter Dom. Dies ist aber Täuschung. Es ist entweder eine Erhöhung von Natur oder, was wahrscheinlicher, durch *Kunst aufgeschüttet*, und auf dieser Erhöhung, die nach vorn zu durchaus quaiartig, an den drei anderen Seiten in Schräglinie abfällt, steht das gegenwärtige Schloß. Es ist ein 1stöckiger Bau (Parterre und Beletage) aus dem Anfang des vorigen Jahrhunderts und besteht aus einem 1stöckigen, auf den Fluß blickenden Frontalbau, an den sich, nach hinten zu, zwei nur aus einem Erdgeschoß bestehende Flügel lehnen, die nicht ganz von gleicher Länge sind. Die Front besteht wieder aus einem nur dreifenstrigen, risalitartig vorspringenden Mittelbau, an den sich nach rechts und links zwei etwas niedrigere Flügel von je 6 Fenster Breite anlehnen. Ein Bau, wie sie [!] damals ziemlich stereotyp als Mansion houses [Herrenhäuser] hierlandes gebaut wurden. An der Frontseite läuft auf dem schmalen Quai zwischen Schloß u. Fluß ein Weingang, der sich nach rechts und links in Baumgruppen verliert; in der Mitte dieses Weinganges, in Front des Risalits, eine Erhöhung, die als Veranda dient.

Auffahrt an der Rückseite des Schlosses.

Die beiden stattlichsten Räume des Schlosses befinden sich in dem Corps de logis und füllen dasselbe aus.

Parterre der Empfangssaal oder das Gesellschaftszimmer; eine Treppe hoch diesem Empfangssaal entsprechend der Ahnensaal.

Dies sind die beiden Hauptstücke, an die sich noch einige Zimmer von einiger Bedeutung (?) anlehnen.

[Es folgen weitere Notizen über die Zimmer. An anderer Stelle des Notizbuches A 16, Blatt 33, Rückseite, und Blatt 34, findet sich zum Stichwort „Schloß“ noch folgende Aufzeichnung:]

Alles hoch unterkellert; meist wohl aus der Görnezeit. Aber an einigen Stellen schiebt sich uraltes wüstes Gemäuer, fast wie Fels, in die Regelmäßigkeit dieser Fundamentbauten hinein. Eine solche Stelle ist die, die für den Kerker des Herzogs von Mecklenburg gilt. Etwa 9 oder 10 Fuß hoch, 9 bis 10 Fuß lang, 6 bis 7 Fuß breit. Dieses Kellerstück liegt nach hinten raus, ohngefähr da, wo das mittlere Corps de logis aufhört. Hier stand vielleicht der Turm. Vielleicht auch da, wo jetzt die Brauereigebäude anfangen. Dort fand man viel Menschengebein. Doch kann das einfach eine Burgbegräbnisstätte gewesen sein.

Haus Wiesike
[A 16; Blatt 20 und 21]

von der Schloßseite aus gesehn.

Geschwungene Uferlinie der Havel, die dann bald an einer Ecke in den Plauer See umbiegt. Ganz und gar mit kleinen Gruppen von Weiden und Pappelweiden besetzt. An einer Stelle ist eine weitere Lichtung mit schönstem Rasen überdeckt und mit einigen Parkbäumen, Larix, Schwarztanne, Sykomore, Blutbuche, besetzt. Zur einen Seite der großen Rasenfläche wird etwas sichtbar wie eine Statue oder ein Brunnen. Bald werden wir dessen sicher: eine Wassersäule steigt auf, und von der Nachmittagssonne beschienen, glänzt sie auf dem dunklen Hintergrunde der Parkbäume in allen Regenbogenfarben. Auch ein paar weiße Bänke und das Schimmern eines Hauses.

Dies Haus ist Haus Wiesike.

Schluß
[A 16; Blatt 25, Rückseite, bis Blatt 27, Rückseite]

Der Hauptreiz bleiben doch immer die Erinnerungen an die Quitzowzeit und die Zerstörung des Schlosses. Zunächst scheint nichts da; forscht man aber, so findet man eine Menge Dinge, die das Bild wieder beleben.

a. Hundert Ruten vom Schloß, im Wiesikeschen Küchengarten, war vor wenigen Jahrzehnten noch die Schanze, von wo aus die Faule Grete schoß. Zu Löseckes Zeit war noch viel. Jetzt ist es abgetragen, aber die Stelle ist noch bekannt.

b. Die Kirche. Das Kirchenschiff, wo Johann im Bock saß, ist noch da. Die Wände sind übertüncht, und die Gewölbe sind später, kriecht man aber durch das Loch auf den Kirchenboden und leuchtet umher, so sieht man noch die Malereien aus der romanischen Zeit der Kirche her, die damals auf ihn herabsahen. Vielleicht das Echteste und Erhaltenste noch aus jener Zeit.

c. Nun in den Park. Hier ziehen sich noch, jetzt als Parkornament, die Wallgräben-Reste; dann kommt

d. der Schloßberg, der noch deutlich die Burgform zeigt. An und in diesem Berg steckten noch Fundamente von Schloß und Turm. Letztrer hielt sich ganz und gar bis 1725 (so ohngefähr). Noch später, unter Lösecke, hatte es Erdgeschoß und Souterrain. Jetzt ist das Erdgeschoß fort, aber das Souterrain, in dem die beiden Ritter etc. steckten, ist noch da.

e. Am schönsten ist es aber doch am Rand des Sees, wo Weidicht und Rohr abwechseln. Besser: hoch das Rohr steht. Es ist wie zu Johann v. Quitzows Tagen. Hier sitzen im Abendschein. Dann rauscht und raschelt es. Man horcht auf und fröstelt, als führe Quitzow heraus.

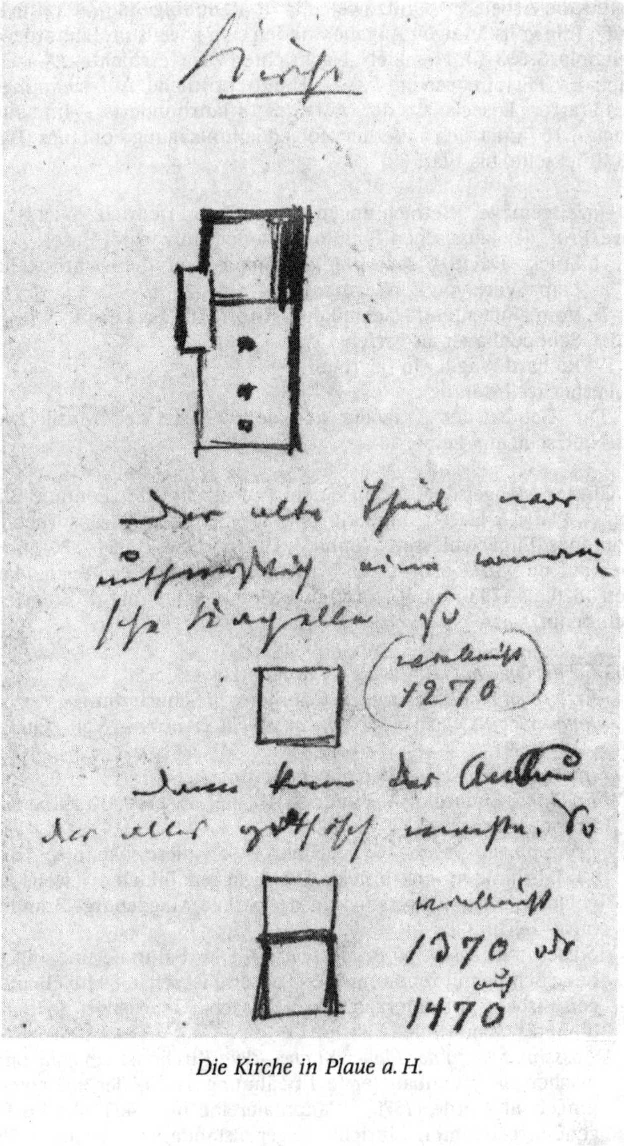

Die Kirche in Plaue a. H.

Für die Arbeit an „Quitzöwel" hat Fontane folgende Literatur benutzt (die vollständigen Angaben finden sich jeweils im Literaturverzeichnis, S. 653 ff.): Hesekiel, „Nachrichten zur Geschichte ...". – Mirabeau, „Histoire secrète ...". – Handschriftliche Aufzeichnungen des Pfarrers Lösecke aus der Mitte des 18. Jahrhunderts. – Im Notizbuch A 16 findet sich außerdem folgende Eintragung Fontanes (Blatt 38, Rückseite, bis Blatt 39):

Unzeitgemäße Betrachtungen von Dr. Friedrich Nietzsche, Ord. Prof. der klassischen Philologie an der Universität Basel
I. Stück. David Strauß der Bekenner und der Schriftsteller. Leipz. Verl. von E. W. Fritzsch
II. Vom Nutzen und Nachteil der Historie für das Leben
III. Schopenhauer als Erzieher
IV. Richard Wagner in Bayreuth
Ferner (selbständig):
„Die Geburt der Tragödie aus dem Geiste der Musik" von Fr. Nietzsche etc. Leipz. 1872.

Günter Mangelsdorf hat in einem Aufsatz für die „Fontane-Blätter", „‚Plaue a. H.' – Anmerkungen zu einem Kapitel aus Theodor Fontanes ‚Fünf Schlösser'" (Band 5, Heft 3, 1983, S. 324–330), überdies auf den 1871 gedruckten Vortrag „Geschichte der Stadt Plaue von 1620 bis 1793" von F. Horn hingewiesen, den Fontane offensichtlich benutzt hat.

109 *fiel die Quitzowburg Plaue* – Vgl. „Quitzöwel", S. 58.
Erzbischof von Magdeburg – Günther von Schwarzburg.
Johann von Quitzow bei seinem Fluchtversuche – Vgl. „Quitzöwel", S. 59 f.
in den Stock gesetzt – Vgl. die erste Anm. zu S. 60.

110 *Friedrich Eisenzahn* – Friedrich II., der Eiserne, Kurfürst von Brandenburg von 1440 bis 1470.
keine andere Brücke – Die Havel ist an dieser Stelle seit dem 13. Jahrhundert überbrückt. Die Brücken bildeten jeweils das wichtige Verbindungsstück in der Straße Magdeburg–Brandenburg–Berlin.
Saldernsche Schule zu Brandenburg – Die „Saldria", eine angesehene Schule mit renommierten Lehrern, ist seit 1589 im ehemaligen Bischofshof untergebracht. Das Gebäude existiert noch und dient als Oberschule.

111 *Ausschmückung der Plauer Kirche* – Die Kirche ist ein spätromanischer Backsteinbau (erste Erwähnung 1217), der spätgotisch umgebaut wurde (1570); Wandmalereien um 1400. Die im folgenden genannten Einrichtungsgegenstände sind erhalten. Vgl.

Fontanes Aufzeichnungen im Notizbuch A 16, S. 579 dieses Bandes.

111 *alabasternes Epitaphium* – Aus dem Jahre 1616.

Donatoren – Stifter.

Thesaurarius – Schatzmeister.

Beginn des Dreißigjährigen Kriegs – 1618.

112 *Tribulation* – Quälerei, Bedrückung.

113 *Neubau* – Das heutige Schloß wurde von 1711 bis 1716 gebaut. Der Balkon über der Freitreppe stammt von 1876. Bei der Instandsetzung des Baues, der heute ein Institut für Sprachintensivausbildung beherbergt und nicht öffentlich zugänglich ist, wurde 1965 das Äußere stark vereinfacht. Vgl. Fontanes Aufzeichnungen im Notizbuch A 16, S. 575f. dieses Bandes.

vom alten Pfarrer Lösecke herrührende ... Beschreibung – Es handelte sich dabei um das sogenannte Urbarium des Amtes und Städtchens Plaue von 1560 bis 1750, einen Folianten mit handschriftlichen Aufzeichnungen von Lösecke, der von 1734 bis 1763 Pfarrer in Plaue war. Das Urbarium ist in Plaue nicht mehr vorhanden.

Rute – Altes Längenmaß; eine Rute hatte zwischen 10 und 16 Fuß, ein Fuß etwa 0,3 Meter.

mittäglich – Hier: südlich.

114 *Böttchersche Porzellanmanufaktur* – Dem Alchemisten Johann Friedrich Böttger war 1709 die Herstellung weißen Porzellans gelungen. 1710 war daraufhin die Meißner Porzellanmanufaktur gegründet worden.

anschlägig – Hier: einfallsreich, geschickt.

115 *Peter der Große ... zweite Reise durch Europa* – Gemeint ist offenbar die große (einzige) Westeuropareise des Zaren von 1697.

„große Garde" – Die Leibgarde König Friedrich Wilhelms I. bestand aus sehr großen Soldaten, den sogenannten „langen Kerls" oder (nach ihrer Uniform) „großen Blauen", die meist mit Gewalt oder List zum Dienst gepreßt wurden.

116 *der Plauesche Kanal* – Er verbindet Havel und Elbe und ist jetzt Teil des Mittellandkanalsystems.

Plauer Kirchenbuch – Es ist erhalten und wird im Evangelischen Pfarramt in Plaue aufbewahrt.

natürlich – Hier: unehelich.

Alter Dessauer – Leopold I., Fürst von Anhalt-Dessau, genannt der Alte Dessauer.

117 *Hochkirch* – Dort gelang den Österreichern im Siebenjährigen Krieg (14. Oktober 1758) ein Überraschungsangriff auf die Preußen, die sich unter schweren Verlusten zurückziehen mußten.

119 *Liegnitz* – In der Schlacht bei Liegnitz siegten die Preußen am 15. August 1760 über die Österreicher.

119 *Generalquartiermeister* – Der Rangälteste unter den Oberquartiermeistern, die, im Generalsrang, jeweils mehrere Abteilungen im Generalstab leiteten.

120 *Friedensschluß* – Der am 15. Februar 1763 auf dem sächsischen Jagdschloß Hubertusburg zwischen Preußen, Österreich und Sachsen abgeschlossene Friedensvertrag beendete den Siebenjährigen Krieg.

was Mirabeau … schrieb – Der französische Staatsmann und Publizist Mirabeau, ein führender Ideologe des liberalen Adels zu Beginn der Französischen Revolution, hatte sich 1786/87 in Berlin aufgehalten und in seinem Buch „Histoire secrète de la cour de Berlin …" darüber berichtet (vgl. das Literaturverzeichnis, S. 654).

Tod des Königs – Friedrich II. war am 17. August 1786 gestorben.

Schwarzer Adlerorden – Höchster preußischer Orden; gestiftet 1701 von König Friedrich I.

den jetzigen König – Friedrich Wilhelm II.

121 *trepanieren* – den Schädel durch- oder anbohren.

Kämmerier – Finanzverwalter.

123 *Kossäten* – Häusler, Kleinbauern ohne Hufenbesitz.

Kontraventionsfall – Fall der Zuwiderhandlung.

Grandseigneurschaft – Hier etwa: Großmannssucht.

Tabakskollegium – Bezeichnung für die „Abendgesellschaften", die Friedrich Wilhelm I. mit höheren Offizieren und durchreisenden Persönlichkeiten in Berlin, Potsdam und Königs Wusterhausen abhielt und bei denen Zivilisten bevorzugte Objekte von Demütigungen und derben Späßen waren. So wurden der meist betrunkene Akademiepräsident Gundling (den man später in einem Weinfaß begrub) und der Historiker Morgenstern wie Hofnarren behandelt.

124 *Zeit, wo die Menschenrechte proklamiert wurden* – In der Französischen Revolution von 1789.

125 *ein Teil unseres Rückzugs* – Nach der verheerenden Niederlage der preußischen Armee 1806 bei Jena und Auerstedt.

126 *Corps de logis* – Der Mittel-, Hauptbau eines Schlosses.

Herrichtung und Ausschmückung – Von dem im folgenden Beschriebenen ist nichts erhalten.

Kirche zu Plaue … gotisches Monument – Das Grabdenkmal, nach einem Entwurf von August Kiss, ist erhalten.

127 *Hierher gehören …* – Über die meisten der aufgeführten Personen schreibt Fontane ausführlicher an verschiedenen Stellen der „Wanderungen durch die Mark Brandenburg"; vgl. das Register im Band 6 dieser Ausgabe.

128 *Sturm auf die Bonner Schanze* – Ereignis im Annexionskrieg Ludwigs XIV. von Frankreich gegen die Niederlande (1672/73), denen brandenburgische Verbände zu Hilfe kamen.

128 *Schlacht vor Warschau* – Während eines Krieges, in den Schweden, Polen, Brandenburg und Dänemark verwickelt waren, besiegte in der Schlacht bei Warschau (28.–30. Juli 1656) das vereinigte schwedisch-brandenburgische Heer die Polen.

129 *Athen ... Bombardement* – Venedig führte von 1684 bis 1688, unterstützt unter anderem von brandenburgischen Verbänden, Krieg gegen die Türken. Bei der Belagerung von Athen durch Morosini wurde 1687 das Parthenon zerstört, das als Pulvermagazin gedient hatte.

Ordensgroßmeister auf Malta – Kaiser Karl V. hatte dem Johanniterorden (vgl. die vierte Anm. zu S. 105) 1530 die Insel Malta zu Lehn gegeben (Malteserritter), wofür dieser ständig gegen die „Ungläubigen" kämpfen sollte.

130 *Courtrai* – Die flandrische Stadt nahe der französischen Grenze wurde im 17. Jahrhundert mehrfach von den Franzosen belagert.

131 *Ein Volkslied* – Es stammt in Wahrheit von Fontanes „Kreuzzeitungs"-Kollegen George Hesekiel, der es in seinem Buch „Nachrichten zur Geschichte des Geschlechts der Grafen von Königsmarck", Berlin 1854, S. 34–36, veröffentlicht hatte.

132 *im Schlosse zu Holyrood* – Fontane schreibt über diese Galerie von hundertzehn Porträts schottischer Könige im Edinburgher Holyrood-Palace in seinem Buch „Jenseit des Tweed" (1860).

133 *„Noblesse oblige"* – (franz.) Adel verpflichtet.

die Standbilder – Über einige von ihnen schreibt Fontane in den „Wanderungen durch die Mark Brandenburg"; vgl. das Register im Band 6 dieser Ausgabe.

134 *Gemahlin Friedrich Wilhelms I.* – Sophie Dorothea von Hannover.

Kronprinz Fritz – Der spätere Friedrich II.

Kantate – Im Kirchenjahr der vierte Sonntag nach Ostern.

unglücklicher Graf Struensee – Der Arzt Johann Friedrich Graf von Struensee hatte am dänischen Hof Karriere gemacht und umfangreiche bürgerliche Reformen begonnen. Er wurde von der adligen Opposition gestürzt und zum Tode verurteilt (1772).

Aurora von Königsmarck, der der Ahnensaal verschlossen blieb – Weil sie die Geliebte Augusts des Starken von Sachsen war.

135 *Aga Sophia* – Die Hagia Sophia ist seit 1453 die Hauptmoschee in Konstantinopel; seit 1934 Museum.

die „große Büchse" – Vgl. „Quitzöwel", S. 59.

um Pfingsten – Mai 1874; vgl. die Vorbemerkung.

Vatermörder – Bezeichnung für einen im 19. Jahrhundert modischen Herrenhemdkragen mit scharfen Spitzen (mit denen man bei der Umarmung seinen Vater verletzen konnte).

136 *unter der Fahne „Similia similibus"* – Similia similibus curentur (lat.: Ähnliches soll durch Ähnliches geheilt werden) war der

Grundsatz der von Samuel Hahnemann begründeten Homöopathie, die auf den heftigen Widerspruch der Schulmedizin stieß.

136 *ein Freund, der mich eingeführt hatte* – Möglicherweise der Potsdamer Pfarrer Windel, der an den Schopenhauer-Studien beteiligt gewesen war.

137 *Handlung* – Hier: das Kaufmännische.

Heylsches Geschäft – J.F.Heyl war der Besitzer einer Farben- und Malutensilienhandlung in der Leipziger Straße / Ecke Charlottenstraße in Berlin.

„Wische" – Fruchtbare Niederung in der Altmark zu beiden Seiten der Elbe. 1958–1960 Umgestaltung zu einem Zentrum der Viehzucht.

Kanon – Hier: eine Erb- und Grundsteuer.

138 *„alles seinen Erben"* – Nach der dritten Strophe von Goethes „Der König in Thule".

139 *„Villa Wiesike"* – Das von Wiesike ausgebaute Haus und der Park sind noch vorhanden. Wiesike nannte sein Anwesen Margarethenhof (nach der Enkelin seines Bruders). Da er kinderlos blieb, vererbte er seine Besitzungen seinem Neffen Hermann Wiesike.

140 *Ebenbürtigkeit zwischen Homöopathie und Allopathie* – Hahnemann bezeichnete die Anwendung von Arzneimitteln nach nicht homöopathischen Grundsätzen als Allopathie.

Zeit der Regentschaft – Nachdem Prinz Wilhelm im Oktober 1857 bereits die Stellvertretung des geistig hinsiechenden Königs übernommen hatte, trat er im Oktober 1858 die Regentschaft an (bis zum Tod Friedrich Wilhelms IV. am 2.Januar 1861).

141 *Schopenhauers siebzigster Geburtstag* – 22.Februar 1858.

Gentilezza – Höflichkeit, Artigkeit.

„Wo viel Licht ist ..." – Zitat aus Goethes „Götz von Berlichingen" (I, 3).

„vivant et mourant ..." – (franz.) lebend und sterbend wie ein Philosoph.

142 *Marinen* – Darstellungen des Meeres.

143 *Eastlake* – Er hatte Goethes „Farbenlehre" ins Englische übersetzt (1840).

„Tag- und Jahreshefte" – Vgl. Goethe, Berliner Ausgabe, Band 16, S.263f. und 290.

144 *con amore* – (ital.) mit Vergnügen, mit Liebe.

wonach der Brief 1843 geschrieben sein muß – 7.Mai 1843.

nicht immer so ungerecht – Schopenhauers Hauptwerk, „Die Welt als Wille und Vorstellung", war 1819 zuerst erschienen (eine zweite Auflage folgte 1844) und wurde kaum beachtet. Erst in den fünfziger Jahren des 19.Jahrhunderts begann die eigentliche Wirkung von Schopenhauers (pessimistischer) Philosophie.

145 *Debit* – Absatz, Verkauf.
148 *Schicksal dieser Manuskripte* – Die Texte waren von Ernst Otto Lindner teils in der „Vossischen Zeitung", deren Chefredakteur er war (1. Juni 1862), teils in dem von ihm und Julius Frauenstädt herausgegebenen Schopenhauer-Buch (1863) bereits veröffentlicht worden.
Friedhof der Humboldts in Tegel – Vgl. Fontanes Darstellung am Schluß des Kapitels „Tegel" in „Havelland"; Band 3 dieser Ausgabe.
Begräbnisplatz in seinem Park – Etwas abseits des Wohnhauses auf einer kleinen Erhebung gelegen und schon zu Lebzeiten Wiesikes angelegt. Das Grab mit großem Obelisken ist erhalten, allerdings fehlen die Bildnismedaillons von Wiesike und seiner Frau.
„Hygiea und Psyche" – Hygiea ist in der griechischen Mythologie die Göttin der Gesundheit; Psyche (die Seele) wurde in der bildenden Kunst als geflügeltes menschliches Wesen, später als Schmetterling dargestellt.
Legende – Hier: Inschrift.
Mens sana ... – (lat.) Gesunder Geist in einem gesunden Körper. Zitat aus der zehnten Satire des Juvenal.
149 *à tout prix* – (franz.) um jeden Preis.
150 *Windhorst-Meppen* – Der katholische Politiker war wegen seiner Schlagfertigkeit berühmt.
Mottenburgertum – Soviel wie: Spieß- oder Schildbürgertum. Nach der Posse „Die Mottenburger" (1867) von D. Kalisch und A. Weirauch.
151 *Contre und Kegelquadrillen* – Höfische Gesellschaftstänze.

Hoppenrade

Fontane besuchte Dorf Hoppenrade erstmals während seiner „märkischen Reise" von Ende Mai/Anfang Juni 1861 (und seine Eindrücke hat er zwanzig Jahre später am Beginn des „Hoppenrade"-Kapitels beschrieben). Aber erst 1864, als er sich mit der „wesentlichen Umgestaltung" des ersten „Wanderungen"-Bandes für die zweite Auflage befaßte (vgl. Band 1 dieser Ausgabe), scheinen ihn „Krautentochter" und Hoppenrader Herrenhaus intensiver interessiert zu haben. Am 21. August 1864 wandte er sich an Mathilde von Rohr und bat sie, „wegen Hoppenrade" mit Herrn von Wülknitz, der das Gut bis 1860 besessen hatte, in Verbindung zu treten. „Ich kann natürlich nicht mehr ausführlich über Hoppenrade schreiben, das muß ich mir vorbehalten, bis auf spätre Zeit. Nur eine kurze Beschreibung der Rokoko-Kapelle und eine Beschreibung des Grabmals (im Park [für

Klara von Wülknitz, gestorben 1850]) nebst Inschrift wäre mir höchst wünschenswert. Ist's möglich?!" Da der Band bereits Ende Oktober 1864 erschien, kam selbst dieser kurze Exkurs nicht zustande.

Wahrscheinlich hat Fontane dann 1867 dem damals nicht mehr bewohnten Schloß einen Besuch abgestattet, der ihn nachhaltig beeindruckte. Als er sich Anfang 1873 mit einer „totalen Neugestaltung" des ersten „Wanderungen"-Bandes beschäftigte (vgl. Band 1 dieser Ausgabe), wollte er Hoppenrade mit einbeziehen. Diesmal wurde Schwester Elise in Neuruppin zur Mitarbeit aufgefordert. Am 20. Januar 1873 schrieb er ihr: „Wegen Hoppenrade frage doch gelegentlich mal bei Gentz an. Ich fand es damals *höchst* interessant, will sagen vielversprechend, doch fehlt mir noch der Schlüssel, der zu den Geheimnissen schließt." Am 29. Januar präzisierte er sein Anliegen: „*Hoppenrade.* Dieser Stoff hat mir, seit ich vor sechs, sieben Jahren dies Schloß sah, nicht Ruhe gelassen. Heute zum ersten Male fällt mir aber ein, daß er für mich möglicherweise gar nicht mehr zu brauchen ist. Sein Hauptzauber lag in seiner Unbewohntheit. Ist jetzt ein beliebiger weiß oder schwarz gestempelter Erdenbürger dort eingezogen, so ist sein Charme dahin. Das Interesse könnte sich dann nur *dadurch* wieder beleben, daß über das Leben der Arnstedts und vielleicht auch ihrer Vorbesitzer (Kaphengst?) wirklich historisch-romantisches Lüderlichkeitsmaterial auszugraben wäre; dies scheint mir aber sehr schwierig. In der Mark war man lüderlich ohne Beihülfe von Steno- und Photographen; nichts wurde festgehalten."

Am 15. Februar teilte er seiner Schwester mit: „Das winterliche Reisen, wenn nicht absolut nötig, hat überhaupt sein Mißliches; nur Hoppenrade, das *Hertefeldsche* – vorausgesetzt, daß es noch wüst und unbewohnt ist –, hätte ich gern in Schnee-Einsamkeit gesehn. Das Bild wäre dadurch noch wirksamer geworden. Ich gebe dies auch noch nicht ganz auf." Obwohl er im gleichen Brief die Niederschrift für April/Mai ankündigte, wurde der Plan aufgegeben, und erst im Frühjahr 1874 kam Fontane wieder nach Hoppenrade. Am 23. April schrieb er an seine Frau aus Gransee: „Heute vormittag fuhr mich Herr Berr nach Hoppenrade hinüber; ich sah die Stätten, wo Zöllner im Flügelkleide glücklich war. Die Ausbeute, die sich ausschließlich auf Frau v. Arnstedt und die Prinz-Heinrich-Zeit bezieht, ist glänzend." Im Theodor-Fontane-Archiv der Deutschen Staatsbibliothek, Potsdam, hat sich – offensichtlich im vorliegenden Zusammenhang – folgende Notiz des Autors erhalten (Ka 1): „*Hoppenrade* / (Arnstedtsch) / Filial von Grüneberg/ Herr Rittergutsbesitzer *Berr* zu Löwenberg in M. gibt Auskunft über dies Gut, das jetzt dem Herrn v. Heyden-Linden gehört oder gehörte."

Gleichwohl scheinen die Informationen für den Autor eher ver-

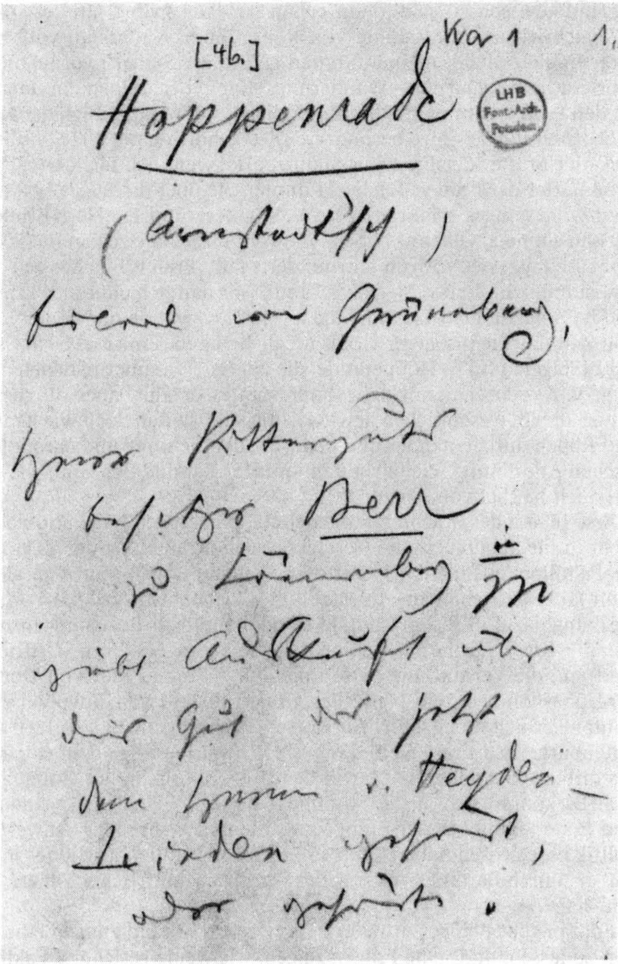

Arbeitsnotiz zu „Hoppenrade“

wirrend gewesen zu sein; denn genau ein Jahr später, am 20. April 1875, schrieb er an Mathilde von Rohr: „Zum Winter hin will ich dann endlich wieder meinen Roman [„Vor dem Sturm"] vornehmen oder ein halbes Dutzend ‚Wanderungs'-Kapitel schreiben, zu denen ich den Stoff gesammelt habe. Unter diesen interessiert mich das Kapitel ‚*Hoppenrade*' ganz besonders. Dies gehörte einer Frau v. *Arnstedt*, der Mutter der Frau v. Wülknitz, also, wenn ich nicht irre, der Großmutter der Frau v. Blücher. Könnten Sie über diese Frau v. Arnstedt wohl einiges erfahren? Frau v. Romberg und Ihr Herr Bruder müssen sie noch gekannt haben, wiewohl ihre Glanzzeit in die 70er und 80er Jahre des vorigen Jahrhunderts fällt. Frau v. Blücher zu fragen ist mißlich; Frau v. A., geb. v. Kraut, war nämlich ein tolles Kraut und hat unglaubliche Geschichten ausgeführt, wie sie nur in der wüsten Zeit des Rheinsberger Hofes möglich waren. Eine alte 80jährige Frau [Stägemann] in Hoppenrade, die eine Art Kammermädchen bei Frau v. A. war, hat mir sehr Interessantes erzählt, aber all diese Dinge, die im wesentlichen gewiß richtig sind, laufen doch wie Kraut und Rüben durcheinander und bedürfen der Sichtung und chronologischen Anordnung. Vielleicht kann mir Ihr Rat und Beistand, wie so oft, auch hierbei von Nutzen sein."

Erst 1880 indes brachten ausgedehnte Recherchen nach und nach Licht in die abenteuerliche Geschichte der „Krautentochter". Durch Graf Philipp zu Eulenburg, mit dem Fontane wegen seines im gleichen Jahre entstehenden Aufsatzes über Liebenberg (vgl. die Vorbemerkung dazu) in regem Kontakt stand, knüpfte er Beziehungen zur Familie Knyphausen auf Schloß Lütetsburg in Lützburg (Ostfriesland) an; die Vermittlung hatte Eulenburgs Freund Karl von Dörnberg übernommen, ein Neffe des Grafen Edzard von Knyphausen. Fontane erhielt nicht sofort Antwort und schrieb am 29. Mai 1880 an Eulenburg: „Es ist nun wohl das beste, ich warte ruhig ab, nochmaliges direktes Schreiben an Baron D. wäre wohl schon des Guten zuviel. Es könnte sich ja die Stimmung bei den Beteiligten geändert und [man könnte] in der Elliot-Frage die Fortdauer einer Schweigepolitik beschlossen haben." Am 15. Juli teilte er Eulenburg indes mit, daß er „durch Baron Dörnberg alles sozusagen auf frischer Tat erfahren" habe.

Fontane bat Philipp zu Eulenburg, weitere Erkundigungen einziehen zu lassen, und seine Fragen zeigen, wie wenig gesicherte Fakten ihm bis dahin zu Gebote standen: „Der Gegenstand des celèbren Elliot-Knyphausen-Duells war eine Frau v. *Arnstedt* auf Hoppenrade, die etwa anno 80 eine schöne junge Frau war, um die Wende des Jahrhunderts eine ins Kurbrandenburgische transponierte Messalinenexistenz führte und vielleicht erst in den 20er oder 30er Jahren dieses Jahrhunderts gestorben ist. Eine 80jährige Frau in Hoppenrade – würde jetzt 86 sein –, die ‚alte Stägemann', hat mir gegen einen

Berrschen Taler, der mir noch auf der Seele brennt, wahre Wundergeschichten von der ‚Krautentochter' erzählt, wie sie sie ausschließlich nannte (nie Frau v. Arnstedt) und bei der sie mit 12 oder 14 Jahren kleines Kindermädchen gewesen war./ Der Moment ist nun da, wo in das Kraut- und Rübentum der ‚Krautentochter' Klarheit gebracht werden muß, denn ich kann das berühmte Duell nicht in der Luft schweben lassen. Es muß einen *Hintergrund* haben. Dieser Hintergrund ist Hoppenrade und seine damalige Herrin: Frau v. Arnstedt./ Meine Bitte geht nun dahin, daß Sie, wenn sich's macht, ein paar Fragen tun. In Hoppenrade selbst ist nichts zu erfahren. Herr v. Heyden-Linden (wenn er's noch besitzt) ist zwar Enkelschwiegersohn, ich bezweifle aber, daß er etwas weiß, und wenn doch, so wird er nicht sehr ausgiebig sein. Es existieren aber noch Personen, die von den Dingen wissen, ich glaube, ein Pastor (Schultz, wenn ich nicht irre) und ein Förster oder Oberförster in der Grüneberger Forst. ... Reißen alle Stränge, und nun kommt die Hauptsache, so müssen die Kirchenbücher wenigstens das Gerüst der Geschichte geben. Ich weiß aus vielfacher Erfahrung, daß einem aus diesen trocknen Daten und Zahlen unter Umständen eine ganze Geschichte erblüht. Sind Kirchenbücher da – mutmaßlich handelt sich's um Löwenberger, denn Hoppenrade ist wohl nur Filial –, so muß ich draus erfahren können:

1. welchen Familiennamen Frau v. Arnstedt früher führte, ob Kraut oder nicht?
2. Welcher Kraut? Der berühmte K. lebte, glaub ich, schon unter Fr. W. I.
3. Wie die Männer und die Kinder aufeinander folgten, wann die Hochzeiten und Taufen und Begräbnisse waren, welche Personen Gevatter standen etc. etc.

Hab ich *das*, so hab ich zwar nicht alles, aber allenfalls genug. Nehm ich das Gefasle der ‚alten Stägemann' hinzu, so baut sich schließlich doch eine ganze Welt auf. Freilich besser, wenn noch andre alte Werkmeister mit tätig sind./ Ich würde mich *sehr* glücklich preisen, wenn ich bei meiner Rückkehr aus Friesland eine Antwort von Ihnen vorfände: ‚Kommen Sie; die Wüste gibt Wasser; das Kirchenbuch sprudelt.'"

Mitte Juli 1880 reiste Fontane nach Lützburg, wo er die Knyphausensche Familienchronik einsehen durfte. „Wahre Schätze", schrieb er am 21. Juli an seine Frau. „Ich könnte 4 Wochen hier lesen und extrahieren und würde immer noch nicht fertig sein. Das geht nun aber aus hundert Gründen nicht; so werde ich mich auf meine Hoppenrader Geschichte, deren Held ein Knyphausen war, beschränken ..." Am 24. oder 25. Juli meinte Fontane seiner Frau gegenüber, daß das „Hoppenrade"-Kapitel dank des „wunderschönen Stoffs" eins „der brillantesten" werden müsse. Auch im Tagebuch ist der „sehr wertvolle Stoff für mein märkisches Kapitel ‚Hoppenrade'" verzeichnet.

Fontane begann dann in Wernigerode, wo er am 4. August eingetroffen war, mit der ersten Niederschrift. Am 10. August heißt es in einem Brief an Emilie: „Ich kann doch nun wieder schwimmen und über die ‚Krautentochter', deren Spuren ich seit Jahren folge, den momentanen Wernigeroder Jammerzustand vergessen: Regen und Wind und Hunger und Kälte." Und am folgenden Tag erfuhr seine Frau: „Ich bin *sehr* fleißig gewesen und habe den Triumph, den Hoppenrade- bez. den ‚Krautentochter'-Stoff schließlich doch untergekriegt zu haben. Aber es war eine Hunde-Arbeit." Gleichwohl fehlten noch immer zahlreiche Details, die der Autor durch Grabmonumente und Kirchenbücher aus der Berliner Nikolaikirche zu erfahren hoffte. Am 12. August teilte er seiner Frau mit: „Was die ‚Krautentochter' und das ‚große Bredow-Erbe' angeht, um diese beiden Dinge dreht es sich, so werd ich nun einfach einen Brief an den ‚Bär' schreiben und hoffe, daß sich Personen finden, die, aus ihrer Kenntnis oder ihren Büchern heraus, die Frage mit Leichtigkeit beantworten werden."

Fontane schrieb am 13. August 1880 von Wernigerode aus an Emil Dominik, der damals gemeinsam mit Ernst Friedel den „Bär. Illustrierte Berliner Wochenschrift. Eine Chronik fürs Haus" herausgab. „Der Bär" (VI. Jg., Nr. 36) druckte am 4. September 1880 diesen Brief unter der Überschrift „An die Genealogen des Hauses Bredow" ab:

Hochgeehrter Herr und Freund.

Hätten Sie wohl die Güte, der nachstehenden ergebensten Anfrage, die sich, ohne der Mildtätigkeit Schranken zu setzen, vor allem an die Genealogen des *Hauses Bredow* richtet, einen Platz zu gönnen?

Herrschaft Löwenberg,
ehemalig Bredowscher Besitz

In der Mitte des vorigen Jahrhunderts besaßen zwei Brüder Bredow, und zwar Johann *Friedrich* oder nach einer andern Kirchenbuch-Angabe Johann *Heinrich* von Bredow und *Carl Samuel Ludwig* von Bredow die aus den Gütern Löwenberg, Hoppenrade, Teschendorf, Grüneberg, Kerkow, Neuendorf und Schleuen bestehende Löwenberger Herrschaft. Die genannten Brüder waren Söhne des Dompropstes Johann Heinrich von Bredow und starben 1782 bez. 1788 beide kinderlos.

Das große Bredow-Erbe kam im letztgenannten Jahre (1788) an eine Dame, die bis diesen Tag in der Löwenberger und Hoppenrader Gegend unter dem Namen der „*Krauten*tochter" fortlebt. Ihre Eltern waren: Karl Friedrich *von Kraut*, Hofmarschall des Prinzen Heinrich, und Ilse Sophie von *Platen*.

Es liegt mir nun daran festzustellen, auf welchen Verwandtschaftsgrad hin die *Krauten*tochter (eigentlicher Name: Louise *Charlotte* Henriette von Kraut, dreimal verheiratet, und zwar 1. an den englischen Gesandten Mr. Elliot, 2. an den Baron George von Knyphausen und 3. an den Rittmeister von Arnstedt), ich sage auf welchen Verwandtschaftsgrad hin diese Krautentochter das große Löwenberger Bredow-Erbe antreten konnte.

Ihre Mutter war eine *Platen – keine* Bredow, wie Thiébault irrtümlich angibt –, und so mein ich dann, daß die Mutter des Hofmarschalls, also des Karl Friedrich von Kraut, eine Bredow gewesen sein muß. Aber es fehlt mir hierüber die Gewißheit.

Es liegt mir nämlich hinsichtlich der Familie *Kraut* kein anderes zuverlässiges Material vor als das, was die Grabkapelle der Krauts in der Berliner Nikolaikirche bietet, deren lateinischen Inschriften ich in vielleicht nicht ganz korrekter Übersetzung der Titulaturen folgendes entnehme:

Christian Friedrich von Kraut, Geheimer Etatsminister, geb. 14. Juli 1650, gest. 10. August 1714.

Johanna Concordia von Kraut, geborne von Drosten (Gemahlin des Etatsminister[s]), geb. 1679, gest. den 21. Oktober 1714.

Johann Andreas von Kraut, Geheimer Kriegs- und Domänenrat und Vizepräsident der Kriegs- und Domänenkammer (Bruder des Etatsministers), geb. 17. Juli 1661, gest. den 24. Juni 1723.

Anna Ursula von Kraut, geborne Schindler (Gemahlin des Geheimen Kriegs- und Domänenrats), geb. den 27. November 1662, gest. den 7. Juli 1720.

Franz Andreas von Kraut (Sohn des Geheimen Kriegs- und Domänenrats), geb. den 9. April 1686, gest. den 22. Mai 1716.

Auch hier also nirgends der Name *Bredow*; ich möchte jedoch vermuten, daß der letztgenannte *Franz Andreas* von Kraut und wenn nicht dieser, so doch vielleicht ein Bruder desselben, an eine Bredow, und zwar an eine Schwester des Dompropstes, verheiratet war, aus welcher Ehe dann der vorgenannte Hofmarschall von Kraut, der Vater der „Krautentochter", geboren wurde.

Ich würde sehr erfreut sein, durch Vermittlung des „Bär" über diesen für mich wichtigen Punkt aufgeklärt zu werden, übrigens nur in Aufsatz- und nicht in Erbschaftsangelegenheiten.

Wie immer Ihr ergebenster

Th. Fontane

Auf diese Notiz reagierte der „sehr liebenswürdige Amtsgerichtsrat" (Fontane an Mathilde von Rohr, Dezember 1880) Hermann Klingner aus Gransee, und er zählte im Herbst 1880 zu den wichtigen Gewährsleuten Fontanes bei diversen familiengeschichtlichen und erbrechtlichen Fragen. Am 12. September schrieb Fontane an

Klingner: „Ich bin Ihnen *sehr* dankbar und kann nun erst meinen Aufsatz über ‚Hoppenrade' und die Heldin desselben: die ‚*Krautentochter*', schreiben. In alle Verhältnisse kommt nun mit einem Male Licht." Klingner gab, von Fontane gebeten, weitere Aufschlüsse speziell zum Prozeß um das Krautenerbe, und der Autor sah sich gezwungen, seinen teilweise wohl schon skizzierten Essay neu zu konzipieren. Am 8. November bekannte er in einem Brief an Klingner: „Aufs neue hat mich Ihre Güte zu lebhaftem Danke verpflichtet. Es ist alles wundervoll, und ich komme mehr und mehr aus dem im Dunklen-Tappen heraus. Allerdings schwindet mir die ursprüngliche Anlage des Aufsatzes unter den Händen hin, und aus einer bloßen Duell- und Liebesgeschichte wird ein *Zeitbild*, in dem zahlreiche Personen und Interessen mitspielen. Ich wollte anfänglich weiter nichts als eine Beschreibung von Hoppenrade geben und hinzusetzen: ‚Hier, in Hoppenrade, erzählte mir eine alte 80jährige Frau [Stägemann] von der Krautentochter, um derentwillen ein Duell zwischen Mr. Elliot und Baron Knyphausen stattgefunden habe. Diesem Duell forschte ich nach und erfuhr das folgende.' Und nun wollt ich die verschiedenen, höchst wunderbaren Phasen des Elliot-Knyphausen-Zweikampfes schildern. Ich glaub auch, daß, wenn ich damals irgendeiner Löwenberger Kirchenbuchnotiz ein paar kurze Angaben über die *Abstammung* der Krautentochter hätte entnehmen können, so hätte mir das genügt, und die Welt hätte weiter nichts erfahren als eine freilich mit allen Schikanen ausstaffierte Liebesgeschichte. Daß ich eine solche Kirchenbuchnotiz *nicht* fand, daß ich monatelang nicht feststellen konnte, wer die Krautentochter eigentlich gewesen sei, diesem glücklich-unglücklichen Umstande verdank ich die ganz neue Gestalt meiner Arbeit. Das Suchen nach dem Genealogischen führte mich, an Ihrer Hand, in das Prozessualische, und die Akten gaben ungeahnte Schätze heraus. Neben der Duellgeschichte, und dieselbe weit überdauernd, läuft jetzt eine *Familienfehde* her, in deren Mittelpunkt abermals die Krautentochter steht und von der sie fühlbarer getroffen wurde als von den paar Pistolenschüssen, die Gemahl und Liebhaber aufeinander abfeuerten."

Nach einem Brief Fontanes vom 3. August 1884 an Eulenburg reagierte auch ein Graf Bredow-Liepe – „ein etwas wunderlicher Heiliger und in seiner äußren Erscheinung mehr schlesischer Leineweber (klein, häßlich, mit rotblonder Perücke) als märkischer Edelmann" – auf die Veröffentlichung im „Bär"; er schickte „einen langen Brief, worin er mir die Besitzverhältnisse des [Löwenberger] Ländchens mit musterhafter Präzision und Klarheit auseinandersetzte". Wahrscheinlich ist dieser Brief gemeint, wenn es unter dem 6. Januar 1881 im Tagebuch heißt: „Durch letztren [Emil Dominik, der den „Bär" redigierte] empfing ich einen interessanten Brief des Grafen Bredow-Liepe über Hoppenrade, Löwenberg und die Krauts." (Die Darstellung von Graf Bredow-Liepe spielte 1884 noch einmal eine Rolle, als Karl Friedrich Ludwig Much, seit 1882 Pfarrer in Löwenberg und Verfasser einer Chronik des „Löwenberger Landes“ (die erhalten ist und sich heute im Zentralarchiv der Evangelischen Kirche in Brandenburg befindet), sich mit Fontane in Verbindung setzte. Das Tagebuch weist zwischen Januar und März 1884 mehrfachen Briefwechsel mit Much aus, und am 3. August 1884 bemerkte Fontane in dem schon zitierten Brief an Eulenburg: „Ich verwies ihn [Much], wie recht und billig, an Graf Bredow, er zog aber schließlich meinen [„Hoppenrade“-]Aufsatz vor, weil er sich, so nehme ich an, keinem Refus von seiten des Grafen aussetzen wollte.“)

Nach dem stark veränderten Stand seiner Kenntnisse setzte Fontane Anfang 1881 erneut an. Am 9. Januar notierte er im Tagebuch: „Das ‚Hoppenrade‘-Kapitel dem Stoff nach arrangiert“, und am 27. Januar: „Mit dem Kapitel ‚Hoppenrade‘ begonnen.“ Vom 28. Januar bis 10. Februar meldet das Tagebuch regelmäßig: „Gearbeitet: Hoppenrade.“ Dann taucht das Projekt, das Fontane ursprünglich für Paul Lindaus Zeitschrift „Nord und Süd“ bestimmt hatte (an Klingner, 8. November 1880), erst im Januar 1882 wieder auf. Am 21. Januar schrieb er ins Tagebuch: „Gearbeitet. Die Korrektur von ‚Hoppenrade‘ begonnen.“ Vom 4. März bis Mitte April steht fast täglich im Tagebuch: „Gearbeitet: Hoppenrade korrigiert“ oder „Gearbeitet: Hoppenrade“. Am 26. April 1882 heißt es: „Hoppenrade I korrigiert und an die ‚Voss. Ztng.‘ geschickt.“

Der Aufsatz wurde schließlich im Mai und Juni 1882 unter dem Titel „Hoppenrade. Ein Kapitel aus der Prinz-Heinrich-Zeit“ in der „Vossischen Zeitung“ abgedruckt (14., 21. und 28. Mai, 4., 11., 18. und 25. Juni). Fontane berichtete seiner Frau am 19. Juli, daß der Aufsatz in der Redaktion „sehr gefallen“ habe.

Der Anhang über „Emil von Arnstedt“ folgte im gleichen Blatt am 31. März, 1. und 3. April 1883. Fontane hatte sich 1881 von Ende Februar bis in den Juni hinein um Material über Arnstedt bemüht und dessen Briefe durchgesehen; er führte in dieser Zeit Korrespondenzen mit Pastor Schmidt in Kränzlin (vgl. die Anm. zu S. 214), mit dem Hoftraiteur W. Schwarz in Frankfurt/Oder und vor allem mit Eduard Schmutzler in Frankfurt (vgl. die zweite Anm. zu S. 230). Im April und Mai 1882 hatte er laut Tagebuch erneut daran gearbeitet.

Für die Buchveröffentlichung von „Hoppenrade“ nahm Fontane einige stilistische Korrekturen vor, schrieb am Schluß von Kapitel 14 die kurze Überleitung zum „Emil-von-Arnstedt“-Anhang dazu und ließ am Ende von Kapitel 13 eine Passage über Arnstedt fort. Statt des Satzes „Wir kommen am Schluß dieses Abschnittes … zum Abschluß zu bringen“ (S. 222, Z. 17 bis 20) steht in der „Vossischen Zeitung“: „Fähnrich v. A., ein bildhübscher Mensch und um seiner

Schönheit willen übermütig und von der Frauenwelt verzogen, erschoß in heimtückischer Weise seinen ihm vorgesetzten Offizier, den er als Widerpart und Rivalen in einem Liebeshandel ansah, und wurde daraufhin enthauptet, *nicht* erschossen, trotzdem sich die Bemühungen der Familie darauf gerichtet hatten, wenigstens diese Strafänderung herbeizuführen. König Friedrich Wilhelm III., empört über die Art, wie sich die Tat vollzogen hatte, blieb unerbittlich. Der ganze Hergang in mehr als einer Beziehung ein Seitenstück zum Katte-Fall."

Aus dem Vorabdruck ist außerdem folgende Fußnote, die in Kapitel 2 zum Stichwort „Lehngut Hoppenrade" (S. 163, Z. 5 v. u.) steht, nicht in die Buchausgabe übernommen worden: „Es erscheint uns jetzt beinah unbegreiflich, wie das Testament der Domprōpstin unter doch wohl unzweifelhaft mitwirkendem juristischen Beirat aufgesetzt und, *nachdem* es aufgesetzt war, von anderen Behörden als etwas zu Recht Bestehendes akzeptiert werden konnte. Die Sache findet nur darin ihre Erklärung, daß eben damals, unmittelbar nach dem Tode Friedrich Wilhelms I., der Absolutismus auf seiner höchsten, der *Feudalismus* aber auf seiner niedrigsten Stufe stand. Es gab nur *Untertanen*, Untertanen, die, trotz aller Verschiedenheit, der obersten Gewalt gegenüber eigentlich alle gleich wenig bedeuteten. Am wenigsten aber bedeutete das Lehnswesen. Es war obsolet, überwundener mittelalterlicher Kram und wurde geradeso ridikül gefunden wie die Gotik und ihre bunten Glasfenster."

Die Handschrift von „Hoppenrade" – die einzige, die von den „Fünf Schlössern" überhaupt überliefert ist – befindet sich im Märkischen Museum zu Berlin und gibt vielfältige Einblicke in Fontanes Schreibweise. Die Kapitel liegen in Umschlägen, auf denen er den jeweiligen Stand der Arbeit sowie charakteristische Anweisungen an sich selbst notiert hat. Die Texte der einzelnen Kapitel sind teilweise in mehreren Arbeitsstufen erhalten (mit Tinte, Blei- und Blaustift fixiert), sind aber auch in den relativ abgeschlossenen Fassungen mit Korrekturen übersät. Ausgeschnittene und aufgeklebte Seiten zeigen Spuren noch älterer Niederschriften, Teile stammen von der Hand Emilie Fontanes, und überall finden sich Notizen und Arbeitshinweise. (Ein Beispiel: Auf Blatt 20 in Kapitel 1 heißt es: „Das Hauptaugenmerk hab ich auf Kapitel 2 zu richten. Da liegen die Schwierigkeiten. Ich darf von *Testament* u. *Prozeß* nicht zuviel u. nicht zuwenig sagen.") Von den an verschiedenen Stellen des Manuskripts liegenden Vorarbeiten seien die Abschrift vom Testament der Domprōpstin aus dem Jahre 1745 (Kapitel 6, Blatt 19 und 20) sowie „*Genealogisches* in bezug sowohl auf *Georg* Anton Wilhelm wie auf *Dodo* Heinrich v. Knyphausen" (am Schluß der Handschrift) erwähnt.

Blatt 35 von Kapitel 1 enthält folgende, noch auf zehn statt der endgültigen vierzehn Teile veranschlagte Kapitelübersicht, die in zwei Arbeitsgängen entstanden ist; die Kapitelüberschriften wurden zunächst mit Tinte niedergeschrieben, und nachträglich fügte Fontane mit Bleistift jeweils die ausführlichen Zusätze ein:

Hoppenrade

[Oben links mit Blaustift:] Gut
1. Einleitung. 2. Wer war die Krautentochter? 3. Die Krautentochter wird Mrs. Elliot. Die Charakteristik der Mutter, die ihre Tochter verheiraten will. Dann die Charakteristik Elliots. 4. Die Krautentochter wird Ursach eines Duells zwischen Mr. Elliot u. Baron Knyphausen. Es ist begreiflich, daß die Ehe unglücklich war. Die Szene mit dem holländischen Gesandten. Knyphausen nimmt sich ihrer an. Vertraulichkeiten u. Korrespondenz. Ihr Brief an Elliot. Elliot kommt von Kopenhagen. Szene. Entführt das Kind. Fordert Knyph. auf, nach Kopenh. zu kommen. Dieser lehnt ab. 5. Die Krautentochter wird Baronin Knyphausen. Nun Elliots Renommistereien. Endlich das Duell. Die Folgen. Nun erfolgt Trennung, und er heiratet sie. Ein Sohn u. eine Tochter wird geboren. Dann wird er krank. Stirbt. 6. Die Krautentochter wird Frau v. Arnstedt. Hochzeit mit Herrn v. Arnstedt; einige glückliche Jahre, vielleicht ihre einzigen. Die Kinder werden geboren. 7. Der Krautentochter letzte Lebensjahre. 8. Die Kinder und Schwiegerkinder der Krautentochter. 9. Baron v. Wülknitz in Hoppenrade. 10. Hoppenrade jetzt.

In den Kapiteln 1 und 11 sind vorbereitende Aufzeichnungen über die Hoppenrader Schloßkapelle erhalten, die in dieser Ausführlichkeit nicht in den endgültigen Text eingingen. Blatt 34 von Kapitel 1 verzeichnet folgende Übersicht:

In der Hoppenrader Schloßkapelle

1. *Eine vergoldete Oblaten-Schachtel*
   Auf ihr die Namen Ludwig v. d. Groeben und Anna Sophie v. Pfulin. Dazu die Jahreszahl 1653 und die beiden Familienwappen. In einem eingravierten Herzen stehen die Worte: Der Kirche von Löwenberg zum heiligen Abendmahlsbrot verehret.
2. Eine *Patene* mit den Anfangsbuchstaben derselben Namen: L.V.D.G. und A.S.V.P. Anno 1667.
3. *Großer vergoldeter Abendmahlskelch*, auf dessen Fuß sich das Bredowsche Wappen befindet mit der Überschrift J. H. V. B. und der Unterschrift 1694.
4. *Kleinerer vergoldeter Kelch.* Auf seinem Fuß die verbundenen Wappen der Familien Bredow und Rohr. Darüber I. V. B. und S. R.

Blatt 9 von Kapitel 11 enthält folgende Skizze und die zugehörigen Notizen:

Hoppenrade

Die Kapelle

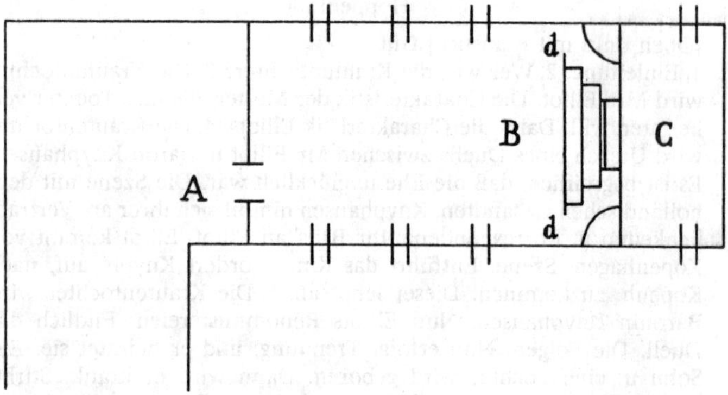

A Glastür, durch die man in die Kapelle hineinsehen kann, auch wenn sie verschloss[en].

B Altar und drüber die Kanzel, weiß, blau, gold mit 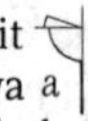

dem Bredowschen Wappen an dem Kanzelschnabel. Etwa bei a das Wappen. – Der Altar oben mit Engeln und symbol. Gestalten, unten mit Glaube, Liebe, Hoffnung. Auf dem Altar ein schönes Elfenbein-Kruzifix; [zwei Worte nicht entziffert] desselben ein Kasten, in demselben (verborgen) ein kleiner Kasten, eine Art Schubfach, und in diesem eine Reliquie: rot und weißes Seidenzeug, ein bloßes Flöckchen, an einem Pergamentschnitzel befestigt, der die Inschrift trägt: De vestimento sanctae Mariae. Dann die Abendmahlskelche usw. 1619.

Eine Art Sakristei. [Ein Wort nicht entziffert.] Zwei Deckenbilder. Eine Anbetung vor *Gott* (man sieht leichtes Gewölk, aus dem Lichtstrahlen und ein Flügel der Taube des Heiligen Geistes hervorblitzen. Betende knien davor. Das andre stellt einen Sternenkönig vor; ein Engel trägt ein Weihrauchfaß oder einen kleinen Opferherd, auf dem eben ein Herz geopfert wird. Inhalt unverständlich.

d. d. Interessant sind die durch eine durchbrochene Rokoko-Tür verschlossenen Eckplätze (d. d.). Draußen Bibelsprüche. Sie stehen ganz so, wie man jetzt weiße dreieckige Vasen in die Ecke eines Zimmers stellt. Die Wirkung ist die eines Beichtstuhls, wie wohl wiederum das Knie- und [Textverlust am Rande].

Aufschluß über Fontanes Verfahrensweise geben auch die Listen, auf denen er Personen vermerkte, an die er sich mit der Bitte um Auskunft wenden wollte. Im Kapitel 7, Rückseite von Blatt 24, findet sich folgende Notiz:

Frau v. Arnstedt
auf Hoppenrade (die Krautentochter)

Anfragen:
1. Herr v. *Zeuner* auf Köpernitz. Muß etwas wissen, namentlich der alte Oberförster dort.
2. Fräulein v. *Rohr*. Einiges weiß wohl diese selbst. Dann kann sie anfragen
   a. bei ihrem Bruder in Trieplatz
   b. bei Oberst von Blücher, der eine Wülknitz zur Frau hatte, also eine Enkelin der Frau v. Arnstedt
   c. Frau v. Romberg.
3. Emeritierte[r] Pastor *Schultz* (?), der so lange in Grün[e]berg oder Teschendorf oder Löwenberg Geistlicher war. (Er war damals 1874 im Bade.) An diesen durch *Gentz* heranzukommen suchen.
4. Herr v. *Hövel* auf Meseberg.

Dann nachforschen in *Rheinsberg, Oranienburg, Gransee* etc.

Dazu gehört auch der Vermerk auf Blatt 14 in Kapitel 10: „Pastor *Schulze* in Grüneberg. (Jetzt tot.) Forstinspektor Görwitz in oder bei Grüneberg. (Tot.) Die ‚alte Stägemann' in Hoppenrade. (Tot.)"

Für die Arbeit an „Hoppenrade" hat Fontane folgende Literatur benutzt (die vollständigen Angaben finden sich jeweils im Literaturverzeichnis, S. 653ff.): Berghaus, „Landbuch der Mark Brandenburg ...". – Thiébault, „Frédéric le Grand ...". – Voß, „Neunundsechzig Jahre ...". – Hoppe, „Chronik von Rheinsberg". – Knuth, „Chronik von Gransee". – „Frankfurter patriotisches Wochenblatt".

155 *zum ersten Male nach Hoppenrade* – Vgl. die Vorbemerkung. Hoppenrade ist heute Ortsteil von Großmutz.
Ein Freund ... Führung – Wahrscheinlich der Neuruppiner Kaufmann Alexander Gentz.
dem „verwunschenen Schlosse" – Das Hoppenrader Schloß entstand 1724 als eingeschossige Dreiflügelanlage und wurde um 1800 aufgestockt und in den Fassaden verändert. Es ist erhalten, wurde nach dem zweiten Weltkrieg als Wohnraum genutzt, beherbergt heute aber nur noch die Konsumverkaufsstelle und eine Gaststätte. Das Dach wurde erneuert, die Restaurierung der Räume ist vorgesehen.
Halbchaise – Eine besondere Form der Kutsche.

156 *Schloßkapelle* – Sie stammt von 1724, ist ebenfalls erhalten und wird für Gottesdienste genutzt. Der Kanzelaltar wurde 1958 restauriert. Das hölzerne Muldengewölbe stammt von 1899. Vgl. Fontanes vorbereitende Notizen, S. 595f.

157 *De vestimento Mariae* – (lat.) Vom Kleid der Maria.

Deckenbild in der Sakristei – Nicht mehr vorhanden.

sich resolvieren – sich entschließen.

158 *Metzmaß* – Altes Hohlmaß für trockene Güter; in Preußen entsprach eine Metze etwa 3,5 Litern.

Wülknitz – Vgl. Kap. 14.

159 *immer drüben in Rheinsberg* – Am Hofe des Prinzen Heinrich, eines Bruders von Friedrich II. Heinrich residierte zeitlebens in Schloß Rheinsberg, lebte dort seinen wissenschaftlichen und musischen Neigungen und versammelte einen oppositionellen Kreis um sich.

das Duell – Vgl. Kap. 5 und 6.

160 *Lützburg in Ostfriesland ... Familienchronik* – Vgl. die Vorbemerkung.

Die Reise dahin – Im Juli 1880.

Thiébaultsche „Souvenirs" – Vgl. das Literaturverzeichnis, S. 654.

161 *Nibelungenhort* – Die im Nibelungenlied überlieferte Sage vom Goldschatz des Nibelungengeschlechts, der den jeweiligen Besitzern Unglück bringt.

auch Liebenberg in fremde Hände – Vgl. „Liebenberg", Kap. 1 und 2.

162 *i.e. Loewenberg proprium* – (lat.) das ist Löwenberger Eigentum.

Lehnsguts-Eigenschaften – Gut, das vom Lehnsherrn auf Grund geleisteter Dienste auf den Lehnsmann übertragen, aber wieder zurückgenommen werden konnte.

Allod – Gut, das frei veräußerlich und vererbbar war.

163 *Testament vom Jahre 1745* – Eine Abschrift liegt im Kap. 6 der „Hoppenrade"-Handschrift im Märkischen Museum zu Berlin.

Leibcarabiniers – Die Carabiniere waren eine berittene Truppe.

165 *des zwei Jahre später ausbrechenden Krieges* – 1756 begann der Siebenjährige Krieg.

Prinzessin Heinrich – Wilhelmine von Hessen-Kassel, die seit 1752 mit Prinz Heinrich verheiratet war, der sich jedoch später von ihr trennte.

„La belle fée ..." – (franz.) „Die schöne Zauberin", „Die Göttliche", „Die Unvergleichliche".

In den Tagebuchblättern der Gräfin von Voß – Sophie Marie Gräfin von Voß, „Neunundsechzig Jahre am preußischen Hofe" (vgl. das Literaturverzeichnis, S. 654f.), S. 55, 59f., 67, 70 und 88f.

Assemblé – Besonders glanzvolle Gesellschaft.

166 *folgenden Bemerkungen* – Es handelt sich nicht um ein Zitat; Fontane faßt vielmehr die redaktionellen Zwischenbemerkun-

gen des (nicht genannten) Herausgebers der Voßschen Erinnerungen in einem eigenen Text zusammen.

166 *Schlacht bei Torgau* – Dabei besiegten die Truppen Friedrichs II. am 3. November 1760 die Österreicher.

167 *Löwenberger Kirchenbuch* – Es ist erhalten und befindet sich im Evangelischen Pfarramt in Löwenberg.
Nikolaikirche zu Berlin – Vgl. die vierte Anm. zu S. 26.

168 *In dem Tagebuch der Gräfin von Voß* – Sophie Marie Gräfin von Voß, „Neunundsechzig Jahre am preußischen Hofe" (vgl. das Literaturverzeichnis, S. 654f.), S. 23.
„Mes Souvenirs de vingt ans ..." – (franz.) „Meine Erinnerungen an zwanzig Jahre Aufenthalt in Berlin" (vgl. das Literaturverzeichnis, S. 654).

169 *„une femme vaine ..."* – (franz.) eine eitle, dumme und abscheuliche Frau.
„un monstre" – (franz.) ein Scheusal.
Une femme adroite – (franz.) Ein schlaues (listiges) Weib.
Tournüre – Bildung, Gewandtheit.
ein „sort" machen – sich eine angenehme Lebensstellung in guten Verhältnissen schaffen.
„Phèdre" – Trägödie (1677) von Jean Racine.
„Médée" – Tragödie (1635) von Pierre Corneille.

170 *„Mérope"* – Tragödie (1743) von Voltaire.
Ambassadeur – Botschafter, Gesandter.

171 *Mitchell ... Harris* – Der schottisch-britische Diplomat Sir Andrew (nicht John) Mitchell vertrat sein Land in Preußen von 1756 bis zu seinem Tode 1771. Nachfolger wurde 1772 (bis 1776) James Harris, 1. Earl of Malmesbury.
König – Friedrich II.
hautain – hochmütig.

172 *als er nach Berlin kam ... sehr jung* – Hugh Elliot, geboren 1752, trat sein Amt in Berlin im Jahre 1777 an und hatte es bis 1782 inne.
Worte, die die „Souvenirs" für ihn haben – Thiébault, „Frédéric le Grand ..." (vgl. das Literaturverzeichnis, S. 654).
„plus sublime" – (franz.) das Erhabenste.
rekurrieren – Hier: zurückkommen.
Szene zwischen Prinz Heinz und Franz ... zwischen Falstaff und Dorchen Lakenreißer – „König Heinrich der Vierte", Erster Teil (II,4) und Zweiter Teil (II,4). Dorchen heißt in Schlegels Übersetzung Dortchen.
zwischen den beiden Kärrnern – „König Heinrich der Vierte", Erster Teil, Anfang des zweiten Aufzugs.

173 *zugunsten der amerikanischen Kolonien ... entschieden* – Von 1778 an fochten französische Verbände auf der Seite der nordameri-

kanischen Kolonisten, die für ihre Unabhängigkeit von Großbritannien kämpften (nordamerikanischer Unabhängigkeitskrieg 1775–1783).

173 *so berichtet Thiébault* – Thiébault, „Frédéric le Grand ...“ (vgl. das Literaturverzeichnis, S. 654).

Courtoisie – Ritterlichkeit, Artigkeit.

Bonhomie – Biederkeit, Gutmütigkeit.

174 *fou ... furieux* – (franz.) verrückt ... rasend.

177 *Versetzung Elliots an den Kopenhagener Hof* – Im Jahre 1783.

célèbres Rencontre – merkwürdiges Aufeinandertreffen.

179 *Bureau* – Hier: Schreib-, Arbeitstisch.

Bravade – Großsprecherei.

180 *Generalfiskal* – Etwa: Generalstaatsanwalt.

181 *auf schwedisch-pommerschem Grund* – Vorpommern (mit Rügen) war von 1648 bis 1815 schwedischer Besitz.

182 *Rendezvous* – Hier: Duellplatz.

183 *Estafette* – (franz.) Reitender Eilbote.

184 *Louis* – Louis d'or: Goldmünze von schwankendem Wert (ca. 5 Taler).

à la mode d'un assassin – (franz.) wie ein Mörder.

185 *Scheidungserkenntnis* – Scheidungsurteil.

187 *Kammergericht* – Das Berliner Kammergericht war das höchste Berufungsgericht für die Mark Brandenburg.

Requisition – Forderung, Begehren.

188 *Hausvogtei* – Berüchtigtes Untersuchungsgefängnis in Berlin.

Landreiter – Berittene Polizeibeamte.

190 *Exposé* – Hier: Darlegung, Rechenschaft.

193 *au fond* – (franz.) im Grunde.

197 *depraviert* – verkommen.

198 *stipulieren* – festsetzen, verabreden.

200 *Jägerbrücke* – Zedlitz schreibt in seinem „Neuesten Conversations-Handbuch für Berlin und Potsdam“ (1834): „Sie wird, weil das Wasser, über welches sie führt, nicht sichtbar ist, von Tausenden passiert, ohne für eine Brücke gehalten zu werden.“

degoutieren – anwidern.

Spa – Im 18. Jahrhundert das bedeutendste europäische Modebad.

201 *Vorschmack* – Vorgeschmack, Ahnung.

202 *Laudanum* – Opium.

Moschus – Wurde früher bei unheilbaren Krankheiten verabreicht.

Nikolaikirche – Vgl. die vierte Anm. zu S. 26.

Thiébault erwähnt des Barons mehrfach – Thiébault, „Frédéric le Grand ...“ (vgl. das Literaturverzeichnis, S. 654).

Le beau Knyphausen – (franz.) Der schöne Knyphausen.

203 *späterer Schwiegersohn von Wülknitz* – Vgl. Kap. 14.
204 *hazardieren* – etwas übermütig und unüberlegt wagen.
206 *imperiös* – herrschsüchtig.
208 *enfant gaté* – (franz.) verhätscheltes Kind.
bon camerade – (franz.) guter Freund.
209 *Dependancen* – Niederlassungen, Nebenstellen.
Köpernitz – Dort lebte die Gräfin La Roche-Aymon. Vgl. „Die Grafschaft Ruppin", Kap. „Zwischen Boberow-Wald und Huwenow-See ..." und „Köpernitz"; Band 1 dieser Ausgabe.
Meseberg – Sitz des Majors von Kaphengst. Vgl. „Die Grafschaft Ruppin", Kap. „Zwischen Boberow-Wald und Huwenow-See ..."; Band 1 dieser Ausgabe.
Wustrau – Sitz der Zieten-Familie. Vgl. „Die Grafschaft Ruppin", Kap. „Wustrau"; Band 1 dieser Ausgabe.
Festin – Festmahl, Gastmahl.
„surprenieren" – überraschen.
210 *„Mon Caprice"* – (franz.) Meine Laune, mein Eigensinn. Die Stelle wird heute noch so genannt. Fontane verweist in einer Notiz in der Handschrift (Märkisches Museum; Kap. 10) auf „Berghaus I 390". In Berghaus' „Landbuch der Mark Brandenburg" (vgl. das Literaturverzeichnis, S. 653) findet sich dort folgende Bemerkung: „Mon Caprice ist ein einzelnes Haus, zu Hoppenrade gehörig und vermutlich in einer Zeit entstanden, innerhalb deren der märkische Edelmann es für ehrenhaft hielt, sich seiner Muttersprache zu schämen."
Werft – Weidengestrüpp.
Medisance – Verleumdung, Klatsch.
211 *„Monseigneur"* – Prinz Heinrich.
Grabpyramide ... Grabstein – Vgl. „Die Grafschaft Ruppin", Kap. „Rheinsberg" (Abschnitt 4); Band 1 dieser Ausgabe.
„Jetté par sa naissance ..." – (franz.) Durch seine Geburt geworfen in diesen Strudel eitlen Rauchs, / Den der Pöbel nennt / Ruhm und Größe, / Aber von dem der Weise die Nichtigkeit kennt. – Die Inschrift ist wesentlich länger.
212 *in einem folgenden Kapitel* – Kap. 12.
213 *Fräulein von Voß ... Tagebuchaufzeichnungen ihrer Tante* – Sophie Marie Gräfin von Voß, „Neunundsechzig Jahre am preußischen Hofe" (vgl. das Literaturverzeichnis, S. 654 f.).
am Herrenhause zu Lichterfelde – Vgl. „Das Oderland", Kap. „Lichterfelde"; Band 2 dieser Ausgabe. Das ehemalige Schloß wird heute als Schule genutzt. 1972/73 erfolgten umfangreiche Umbauten; der Eindruck des Renaissancebaus (1565–1567) ging dabei verloren. Die Außenmauern wurden glatt verputzt, wobei Portal und Inschriftplatte verschwanden; statt des hohen Walmdachs trägt das Gebäude jetzt ein Flachdach. Erhalten geblieben

sind der Treppenhausvorbau und die Gewölbe in den unteren Geschossen.

213 *Sparr in der Marienkirche* – Vgl. „Das Oderland", Kap. „Von Sparren-Land und Sparren-Glocken"; Band 2 dieser Ausgabe. Das Sparr-Grabmal in der Berliner Marienkirche ist erhalten.

Scharnhorstdenkmal – Vgl. „Spreeland", Kap. „Der Scharnhorst-Begräbnisplatz auf dem Berliner Invalidenkirchhof"; Band 4 dieser Ausgabe.

Hensel – Vgl. „Spreeland", Kap. „Trebbin"; Band 4 dieser Ausgabe.

214 *Hakenberger Kirchenbuch* – Fontane hatte seinen Freund Hermann Scherz in Kränzlin um Informationen über Arnstedt gebeten. Scherz wandte sich an Pfarrer Schmidt, der seinerseits den Pfarrvikar Kraft einschaltete. Dieser schrieb am 23. Februar 1881 an Schmidt, und Schmidt schickte diesen Brief am 25. Februar 1881 an Fontane (beide Briefe befinden sich im Märkischen Museum zu Berlin). Die Notiz aus dem Hakenberger Kirchenbuch findet sich in Krafts Schreiben, das Fontane im folgenden, vielfach verändert, als ersten Brief aus Hakenberg zitiert.

215 *Ein zweiter Brief* – Er stammt von Kantor Peters aus Hakenberg, ist vom 7. März 1881 datiert und befindet sich ebenfalls im Märkischen Museum zu Berlin. Fontane hat auch diesen Text vielfach redigiert und umgeschrieben.

216 *Zug gegen Rußland* – Napoleons Feldzug gegen Rußland im Jahre 1812, der mit einer verheerenden Niederlage der französischen Großen Armee endete.

der alte Hertefeld – Vgl. „Liebenberg", Kap. 3, sowie die als Anhang abgedruckte Dokumentation „Vom 14. Oktober 1806 bis 18. Oktober 1813", S. 447 ff.

Scheffel – Altes Hohlmaß für Getreide mit beträchtlichen regionalen Abweichungen; in Preußen hatte der Scheffel etwa 55 Liter.

217 *haute finance* – (franz.) Hier etwa: reiche Leute.

Lutter und Wegner – Berühmtes Weinlokal Charlottenstraße / Ecke Französische Straße; beliebter Künstlertreffpunkt (u. a. E.T.A. Hoffmann).

„Habitués" – (franz.) Stammgäste.

ein villenartiges Landhaus – In älteren Teilen des „Hoppenrade"-Manuskripts heißt es: „Eine große Rolle während ihrer letzten zehn Lebensjahre spielte der Oberförster Görwitz, der in Teschendorf in einem sehr ansehnlichen massiven Hause wohnte."

„après nous le déluge" – (franz.) nach uns die Sintflut. – Mit diesen Worten soll die Marquise von Pompadour, die Mätresse des französischen Königs Ludwig XV., den Sieg Friedrichs II. über die Franzosen bei Roßbach (1757) kommentiert haben.

217 *die Sündflut* – Gemeint ist die verheerende preußische Niederlage von Jena und Auerstedt im Oktober 1806.
marchandieren – handeln.
218 *Fideikommißgüter* – Güter, die durch gesetzliche Festlegung in der Hand eines Familienmitglieds blieben, unveräußerlich waren und nur nach einer bestimmten Ordnung vererbt werden konnten.
Thiébault in seinen „Souvenirs" – Thiébault, „Frédéric le Grand ..." (vgl. das Literaturverzeichnis, S. 654).
retablieren – Hier: wieder zu Ansehen bringen.
„elle était ..." – (franz.) sie war unumstritten die Allerschönste in diesem Land.
bei Publizierung einer späteren Auflage – Es handelt sich um die von Fontane benutzte 4. Auflage vom Jahr 1827; vgl. das Literaturverzeichnis, S. 654.
219 *La Roche-Aymon* – Vgl. die zweite Anm. zu S. 209.
220 *„Oriane" ... fünfzig Jahre vor Tennyson* – Alfred Tennysons Ballade „Oriana" erschien 1830 und wurde in der Übersetzung von Ferdinand Freiligrath (1846) sehr bekannt. Vgl. auch die erste Anm. zu S. 65.
221 *Campagne gegen Polen ... Schlacht bei Grochow* – Im Gefolge der Pariser Julirevolution begann 1830 in Warschau ein Aufstand gegen die zaristische Herrschaft. Obwohl die polnischen Aufständischen bei den europäischen Liberalen Unterstützung fanden, waren sie den russischen Truppen unterlegen. In der Schlacht bei Grochow (19.–25. Februar 1831) wurden die Polen geschlagen; im September fiel auch Warschau.
Unglückstag von Versailles – Gemeint ist ein Gefecht zwischen Preußen und Franzosen am 1. Juli 1815.
222 *Arnstedt auf Groß-Kreuz* – Das ehemalige Gutshaus in Groß-Kreuz, 1765 gebaut, dient heute als Berufsschule.
223 *au niveau* – (franz.) auf dem bisherigen Stand.
devastiert – darniederliegend, verkommen.
225 *machinierend* – anstiftend.
226 *blaue Blume der Romantik* – Symbol der Romantiker für Dichtung und Sehnsucht in unbekannte Ferne; zuerst in Novalis' Roman „Heinrich von Ofterdingen" verwendet.
228 *ein Grab im Park* – Es war verfallen und ist inzwischen beseitigt worden. Reste des Parks mit sehr schönem Baumbestand sind erhalten.
229 *Fähnrich von Arnstedt* – Fontanes Darstellung des Falles ist später als einseitig, ja ein wenig tendenziös kritisiert worden, nachdem weitere Dokumente bekannt geworden waren (zum Beispiel Briefe Arnstedts an seine Mutter sowie ein Schreiben der Mutter des erschossenen Leutnants Wenzel an die Mutter Arn-

stedts). Vgl. dazu „Theodor Fontanes Bericht über den Fähnrich von Arnstedt; seine Quellen und ihre Behandlung" von Reinhard Lüdicke, in: „Der Herold für Geschlechter-, Wappen- und Siegelkunde", 1941, Band 2, Heft 4/5, S. 181–202; „Emil von Arnstedt" von Friedrich Gustav Bernhard sowie „Noch einmal ‚Emil von Arnstedt'" von Martin Henning, in: „Jahrbuch für brandenburgische Landesgeschichte", Berlin 1958, Band 9, S. 15–17, und Band 10, S. 25.

229 *Portepeefähnrich* – Niederer Rang der Offiziersanwärter.

230 *Rückerts Weisheit der Brahmanen* – Friedrich Rückerts Nachdichtungen fernöstlichen Spruchgutes, die sechsbändige Sammlung „Die Weisheit des Brahmanen", erschien 1836–1839.

Personen, die dem Unglücklichen einst nahestanden – Dabei dürfte es sich um W. Schwarz und vor allem E. Schmutzler in Frankfurt/Oder handeln, mit denen Fontane laut Tagebuch 1881 korrespondierte. Aus Lüdickes Untersuchung geht hervor, daß der „Vetter Adalbert v. L." eine Fiktion Fontanes ist; es handelte sich in Wirklichkeit um den damals zwanzigjährigen Kaufmann Eduard Schmutzler, dessen Erben die Briefdokumente besaßen.

1816 zu Ballenstedt ... geboren – Tatsächlich am 12. Oktober 1815.

231 *Avantageure* – Ältere Bezeichnung für „Fahnenjunker": junge Adlige, die ihre Offizierslaufbahn als gewöhnliche Soldaten begannen.

Debauchen – Ausschweifungen.

232 *lettre d'amour* – (franz.) Liebesbrief.

Kapuzinerpredigt – Derbe Predigt mit handfesten Argumenten (nach „Wallensteins Lager").

Connaissancen – Bekanntschaften.

233 *Küper* – Hier wohl soviel wie: Gastwirt.

234 *Cotillonorden* – Cotillon: Gesellschaftstanz.

Pikschlitten – Peekschlitten: der vom Fahrer mit einer Stange (Peeke) vorwärtsbewegte Schlitten.

237 *die Hefen* – Soviel wie: das Schlechte von der Sache.

239 *vis-à-vis* – (franz.) Gegenüber.

243 *schottisch* – Der schottische (National-)Tanz (Ecossaise).

proponiert – vorgeschlagen.

244 *Suitier* – Lustiger Bruder.

245 *Expektant* – die Wartenden, die Anwärter.

246 *Volto (?) subito* – Das Fragezeichen deutet wohl darauf hin, daß im Italienischen nur „Volta subito" sinnvoll ist: Antworte sofort.

247 *Aemilius Buridan* – Arnstedt spielt mit dieser Namensgebung möglicherweise auf die deterministische Willenslehre des französischen Scholastikers Johann Buridan an.

Oberauditoriat – Militärobergericht.

249 *Commersbuch* – Sammlung von Studentenliedern. Hier könnte das „Allgemeine Commers- und Liederbuch" von Albert Methfessel gemeint sein, das 1818 zum erstenmal erschien und weit verbreitet war.

Liebenberg

Fontanes Interesse für Liebenberg – an die Geschichte der cleveschen Familie Hertefeld gekoppelt – reicht in die frühen siebziger Jahre zurück. Am 23. Dezember 1872 bedankte er sich bei Ludovica Hesekiel für nicht näher bestimmte „Notizen": „Bei aller Dankbarkeit bin ich indessen doch einigermaßen desappointiert [in Verlegenheit gebracht]. Ich trug mich nämlich mit dem Wahn, der Papa [George Hesekiel] oder der sel. Keipp [Hermann Keipp, der Herausgeber der „Berliner Revue"] hätte vor 10 oder 15 Jahren mal ein ganzes Buch über die Hertefelds geschrieben. Ich muß nun suchen, in Liebenberg selbst einen guten Fischzug zu tun."

Diese Chance bot sich erst 1880, nachdem Fontane den Grafen Philipp zu Eulenburg (1847–1921) kennengelernt hatte (dem er später die Anregung zu „Cécile" verdankte und dessen Schauspiel „Der Seestern" er 1887 in der „Vossischen Zeitung" besprach). Eulenburg vermittelte ihm die Bekanntschaft mit den Knyphausens in Lützburg (vgl. die Vorbemerkung zu „Hoppenrade") und eröffnete ihm vor allem den Zugang zu Liebenberg, das die Eulenburgs seit 1867 besaßen. (Der im Theodor-Fontane-Archiv der Deutschen Staatsbibliothek, Potsdam, in Abschriften erhaltene, zu größeren Teilen ungedruckte Briefwechsel Fontane–Eulenburg ermöglicht die folgende detaillierte Entstehungsgeschichte.)

Eulenburg bat am 27. Mai 1880, auch im Namen seiner Eltern, „uns hier in Liebenberg die Freude Ihres Besuches zu schenken. / Sie erreichen unser Heim von Berlin aus in 1¾ Stunde[n] mit der Nordbahn, Station Löwenberg, und können – was allerdings *nicht* nach unserem Wunsch wäre – schon am selben Tage nach Berlin zurückkehren. / Ich bin stolz darauf, Ihnen versichern zu können, daß diese ‚Wanderung' Sie in einen der hübschesten Orte der Mark führen würde. / Die große Reichhaltigkeit an alten interessanten Familienerinnerungen in Bild und Wort würde Ihnen dazu unzweifelhaft viel Vergnügen machen."

In Fontanes Antwort vom 29. Mai 1880 heißt es: „Mit ganz besondrer Freude hat mich Ihre freundliche Einladung nach Liebenberg erfüllt, und ich erscheine hoffentlich nicht zudringlich, wenn ich bitte, meinen Besuch recht bald machen zu dürfen." Am 9. Juni resümierte Fontane bereits seinen ersten Besuch in Liebenberg. Er habe „gleich alle Liebenbergiana" aufzuzeichnen begonnen: „Wirklich zu zeichnen, erst Haus und Innenpark, dann Außenpark, dann Grundriß des alten Hauses, dann den des Anbaus. Ich glaube, daß nichts fehlt und alles richtig ist, nur mit der Zimmerverteilung des alten Hauses bin ich nicht recht in Ordnung gekommen. ... / Auch den Erzählungsstoff selbst habe ich gleich geordnet und glaube, daß mir unter Heranziehung des Artikels im Wag[e]nerschen Lexikon wie unter gleichzeitiger Benutzung von Mülverstedt und Berghaus [vgl. das Literaturverzeichnis, S. 653f.] nichts Wesentliches für meine Arbeit fehlen wird. Ich hatte, solang ich bei Ihnen war, den entgegengesetzten Eindruck, als ich aber das in 24 Stunden Erlebte und Gesehene durchging, fand ich mich viel besser darin zurecht, als ich erwartet hatte." Fontane kündigte an, daß er während des sommerlichen Harzaufenthaltes den Aufsatz schreiben wolle; „kurz wird er nicht; ich denke 16 bis 20 Seiten". Am 1. Juli indes teilte er Eulenburg mit, daß er „schwerlich vor dem Herbst zu Behandlung des Stoffes" komme. Tatsächlich schoben sich zunächst die Recherchen über die „Krautentochter" in den Vordergrund, aber Fontane hoffte dennoch (an Eulenburg, 15. Juli), „auch die noch ausstehenden Liebenbergiana mit heimnehmen und an eine Doppelarbeit gehen" zu können („Hoppenrade" und „Liebenberg").

Bis November 1880 hielt sich Fontane noch mehrfach zu Studien in Liebenberg auf – von der Familie Eulenburg stets respektvoll und freundlich aufgenommen; „zu meinen glücklichsten ‚Wanderungs'-Tagen in Mark Brandenburg gehören die in Liebenberg verbrachten", konstatierte er später, am 30. Januar 1890, in einem Brief an Eulenburg. Von einem Besuch im Sommer 1880 heißt es im Tagebuch: „Am 1. oder 2. August nach Liebenberg zur Taufe; die schwedischen Schwiegereltern des jungen Grafen, General Graf Sandels und Frau, sind zugegen, außerdem beide Minister Eulenburg, der alte und der junge. Letztrer mit seiner Frau, verwitw. Gräfin Keyserlingk. Ich bleibe nur einen Tag. Das Ganze gerade interessant genug, um die Gêne aufzuwiegen."

Die erste Niederschrift des Essays entstand vor allem seit dem Spätsommer 1880; zumindest legt Fontanes Brief an Hermann Kletke, den Chefredakteur der „Vossischen Zeitung", vom 10. Oktober 1880 die Vermutung nahe, daß das Manuskript weit fortgeschritten gewesen sei: „Ich arbeite seit Wochen an einem großen märkischen Kapitel: *Liebenberg*, ehemals von den Hertefelds, jetzt von den Eulenburgs bewohnt, und hoffe Ihnen dasselbe in 14 Tagen zustellen zu können." Im Tagebuch nahm es sich ein wenig anders aus: „Ende Oktober oder im November nochmals auf einen Tag nach Liebenberg. Bald danach beginn ich meine großen Aufsätze über Liebenberg und die Hertefelds."

Fontanes Briefwechsel mit Eulenburg vom November/Dezember 1880 belegt, daß die Arbeit noch längst nicht abgeschlossen war. In einem Brief vom 3. November erörtert Eulenburg die publizistische

Verwendbarkeit der Hertefeld-Briefe: „Ich will Ihnen dennoch, ohne Rücksicht auf Ihren etwaigen Besuch, einiges über den Inhalt Ihres [offenbar nicht erhaltenen] letzten Briefes sagen. / Erstens einmal, daß, obgleich ich sicher war, als ich Ihnen die Briefe gab, von denen Sie sprechen, daß Sie meinen alten Urgroßvater liebgewinnen würden, ich dennoch freudig überrascht gewesen bin über Ihr *Urteil* und die Anerkennung, die Sie ihm zollen. Es ist mir wie ein Verlust und Schmerz, daß ich ihn nicht mehr persönlich kennen konnte. Das Hervorleuchten des Herzens durch alle Originalität, durch alles, was seine Zeit bewegte, tut mir wohl, und es macht mir Freude, die Erbschaft bis in die Brust meiner heißgeliebten guten Mutter zu verfolgen. / Was nun die Frage der Veröffentlichung einiger seiner scharfen amüsanten Bemerkungen anbetrifft, so tut es mir eigentlich leid, daß Sie diese Frage stellten. / Es sind meinen Eltern allerhand Skrupel aufgestiegen – besonders den alten Itzenplitz anbelangend –, die durch das Faktum des Drucks nicht entstanden wären. Ich trete auf Ihre Seite, da mir selbst zu viel ähnliche Fälle bekannt sind und mir für ein Charakterbild als erstes Erfordernis ‚Unverfrorenheit' notwendig erscheint. Ich glaube jedenfalls, daß eine mündliche Besprechung vieles erleichtert. Sie führen die einzelnen Stellen an – und führen die Diskussion sieghaft zu Ende."

In einem Schreiben vom 4. November 1880 bemerkte Fontane: „Auf die Gefahr hin, als ein wahrer Meister auf dem Gebiete prompter und unbefangener Einladungsannahme angesehn zu werden, akzeptier ich abermals mit vielem Dank ... Abgesehen von der schwebenden Frage, die vielleicht am besten auf jeden Einzelfall hin entschieden wird (ich bringe sechs, acht solcher Stellen mit), ist mir überhaupt ein Nachexerzieren innerhalb des Liebenberger Schloß-*Inventariums* nötig. Ich werd es diesmal erfolgreicher als das vorige Mal können, weil ich mich mittlerweile literarisch eingelebt und nicht bloß die Hertefeld-Wylich-Danckelmanns, sondern auch die Trias Neumann-Tackmann-Reichmann am Schnürchen habe. Kenn ich doch selbst Jochen Schulz, den ‚Ritter Claer' und ‚Little', die 5 Junge geworfen hat. Ich werd also alles mit verständnisvollerem Auge ansehn, weil ich orientierter bin."

Am 6. November kündigte Fontane seinen Besuch für Dienstag an: „Noch an demselben Abend können wir beim Tee die fraglichen Stellen [in den Briefen Friedrich Leopolds von Hertefeld] durchsprechen und hab ich dann den ganzen Mittwochvormittag zum Inventarisieren in den Zimmern und namentlich auch im Treppenhause. / Wenn ich mir die Plünderung von 1806 vergegenwärtige, so wird es mir, was Sie auch, glaub ich, schon aussprachen, sehr wahrscheinlich, daß das meiste von dem, *was jetzt da ist*, als eine *spätere* Zufuhr aus den rheinischen, vielleicht auch (Onkel Kalkstein) aus den ostpreußischen Schlössern anzusehen ist."

Am 24. November stand dann ein gewisser Abschluß unmittelbar bevor, und der Autor resümierte seine Arbeit in einem Brief an Eulenburg: „Mit meinem ellenlangen Aufsatze ‚Die Hertefelds' hoff ich in 8 oder 10 Tagen fertig zu sein. Ich hätt es so leicht gehabt, wenn ich den fix und fertigen Stoff (Konvers.lexikon u. Mülverstedt) einfach genommen und, wie die Journalisten sagen, Kopf und Schwanz drangesetzt hätte. Das war mir nun aber gegen die Reputation, und dadurch ist es eine der mühevollsten Arbeiten auf dem Gebiete meiner ‚Wanderungen' geworden. Glücklicherweise, soweit mein eigenes *Lern*interesse mitspricht, auch eine der dankbarsten. Der dankbarste[n] für mich persönlich. Das Mühevolle, ja sogar Schwierige lag nämlich darin, daß, mit Ausnahme der Plünderungsgeschichte, gar kein Stoff von Allgemeininteresse vorliegt. Mit dieser Tatsache hatt ich mich erst einzuleben und mir immer wieder die Frage zu stellen: ‚Wie führst du einen Mann vor (Friedrich Leopold), von dem die Welt nichts weiß und auch nichts wissen *kann*, denn er hat nicht das Geringste getan, was ihn in den Kreis unsrer historischen Männer einreihen könnte.' *Was* er im entscheidenden Momente getan hat, schmeckt ein klein bißchen nach Gegenteil von Historie. Und doch steckte gerade hierin wieder ein Reiz, ähnlich wie in dem Kleistschen ‚Friedrich von Hessen-Homburg', der partout nicht sterben will. Jeder Mensch, der den Mut hat, anders zu empfinden als der große Haufe, auch selbst in Mutsachen *mutig* anders zu empfinden, als die lederne Tapferkeitsschablone vorschreibt, erweckt mein Interesse. Und doch hoffentlich auch einzelner andrer noch. Enfin, ich entschied mich zuletzt dahin, alles aufs Idyll, aufs Kleinleben, auf die Patriarchalität und die Gefühls- und Geistes*selbständigkeit* hin zu schildern, und bin denn auch diesen Weg gegangen. Ich darf aber sagen, es war schwer, weil ich mir jedes Steinchen für dies Mosaikbild aus den 4 Briefbänden erst habe suchen müssen." Fontane fügte diesem Bekenntnis die Bemerkung hinzu: „Was hinterher noch kommt: ‚Liebenberg', ist, denk ich, verhältnismäßig leicht; es wird, halbe Seiten lang, auf Katalogisieren hinauslaufen, Bilder, Bücher, Kuriosa."

Aufschlußreich ist Eulenburgs Antwort vom 28. November 1880: „Ich will Ihnen gestehen, daß ebensosehr wie ich erwartete, als ich Ihnen die Briefe meines Urgroßvaters gab, daß Sie großen Gefallen daran finden würden, ich meinerseits *nicht* erwartete, daß Sie in diesen Briefen Material für Ihre Zwecke finden würden – wenigstens Material, das sich zur *selbständigen* Verwertung des Stoffes eignen könnte. Das, was Sie erwähnen: ein Charakter gewinnt nur allgemeines Interesse durch das wirksame und erfolgreiche Eingreifen in historische bedeutsame Fakten, war eben der Grund gewesen, weshalb ich den Stoff der Briefe für die Verwertung als ungenügend ansah. / Daß Sie aber so lebhaft durch den Zauber der Persönlichkeit eines Privatmannes berührt wurden und es auf sich nehmen, trotz der hinkenden Grundlage das allgemeine Interesse zu wecken, hat mich einmal angenehm berührt, weil ich eine Art von Schwärmerei für meinen alten Urgroßvater habe und gern sehe, wenn meine Freunde meine Passionen teilen, dann aber, weil ich mich über Ihren Mut freute! / Ich wüßte kaum einen unserer ersten Schriftsteller – zu denen Sie zu rechnen Sie mir nun schon erlauben müssen! –, der es auf sich nehmen würde, wie Sie es tun, *nur um eines edlen und guten Menschen willen* in die Schranken zu treten, der weder eine tolle Liebesgeschichte noch verschmitzte Intrigen noch irgend etwas getan hat, das durch seinen Hautgoutgeruch angebracht wäre, dem Geschmacke unseres ‚gewählten' Publikums vorgesetzt zu werden."

Zwei Briefe Fontanes an Eulenburg kurz vor Jahresschluß zeigen den Autor bei abschließenden Arbeiten. Am 23. Dezember 1880 heißt es: „Diesen Zeilen lege ich wieder einen Fragezettel bei; die Fragen sind so gestellt, daß Sie sie, glaub ich, aus dem Stegreif und in wenigen Minuten beantworten können. Die vorletzte (5.) ist mir für den Augenblick die wichtigste, weil ich den Hertefeld-Aufsatz, der mit dem Wappenspruch schließen soll, gern abschicken möchte. Das Beste daran ist der lange ‚Essay' (etwa 30 Druckseiten) über Friedrich Leopold." Am 26. Dezember bestätigte Fontane bereits den ausgefüllten „Fragezettel": „Die Namhaftmachung des ehemaligen Besitzstandes erspart mir ein mühevolles Suchen im Mülverstedt, und die Notizen über die Graf Sandelssche Familie vereinigen alle Vorzüge: kurz, mannigfaltig, interessant. Ich habe nun alles Material zusammen, um auch die 2 *Liebenberg*-Kapitel schreiben zu können; – die Hertefeld-Kapitel sind seit Wochen fertig, erscheinen hoffentlich bald und werden später, im Buch, in das große Kapitel ‚Liebenberg' eingekapselt werden. Was ich an Büchern und Schriftstücken von Ihnen noch habe, bitt ich noch ein paar Wochen behalten zu dürfen. Ende Januar pack ich alles sorglich und gut umwickelt in eine Kiste und schicke es, mit meinem besten Dank, an Ihren Herrn Papa." (Vgl. aber Fontanes Brief vom 20. Juni 1881 in der Vorbemerkung zu der Dokumentation „Vom 14. Oktober 1806 bis 18. Oktober 1813", S. 642 f. dieses Bandes.)

Mit Fontanes Brief vom 24. November 1880 war die Zweiteiligkeit des späteren „Liebenberg"-Aufsatzes für den Vorabdruck erstmals festgeschrieben. Unter dem Titel „Die Hertefelds" – laut Tagebuch Mitte Dezember abgeschlossen – brachte die „Vossische Zeitung" – jeweils in den Sonntagsbeilagen – am 1., 9., 16., 23. und 30. Januar 1881 einen Text, der den Schluß des Kapitels 1 (ab S. 256, Z. 5) sowie die Kapitel 2, 3 und 4 der späteren „Fünf-Schlösser"-Fassung enthielt. Der einleitende Satz lautete: „Am 17. Februar 1867 erlosch in dem allen älteren Lesern dieser Zeitung wohlbekannten Freiherrn Karl von Hertefeld das alte Geschlecht dieses Namens."

In einer zweiten Artikelfolge, „Liebenberg" überschrieben und am

6. und 13. Februar 1881 – wiederum in den Sonntagsbeilagen der „Vossischen Zeitung" – abgedruckt, folgten dann der Anfang des Kapitels 1 (die drei ersten Absätze) und die Kapitel 5 und 6 der „Fünf-Schlösser"-Fassung. Dieser Text war vor allem im Januar 1881 fertiggestellt worden; am 26. Januar heißt es im Tagebuch: „Gearbeitet; den ‚Liebenberg'-Aufsatz endlich beendet."

In beiden Veröffentlichungen der „Vossischen Zeitung" haben die Kapitel noch keine Überschriften. Trotz der Umstellung für die Buchausgabe blieb die Textsubstanz des Vorabdrucks erhalten; an den „Nahtstellen" machten sich teilweise kleinere veränderte Übergangsformulierungen erforderlich. Stilistische Korrekturen hat Fontane kaum vorgenommen; die einzig bemerkenswerte Korrektur betrifft S. 296, Z. 15, wo die Wendung des Vorabdrucks: „in den immer und ewig militärisch-gedrillten Ostprovinzen unserer Monarchie", zu: „in den vorwiegend militärisch gedrillten Ostprovinzen unserer Monarchie" gemildert wurde. Für „Fünf-Schlösser" schrieb Fontane die Fußnoten auf den Seiten 289 und 326 hinzu.

Am 25. Februar 1881 schickte Fontane ein Konvolut mit den Abdrucken in der „Vossischen Zeitung" an Eulenburg: „Seit etwa acht Tagen liegt das Büchelchen, das ich Ihnen hiermit zu freundlicher Durchsicht überweise, vor mir und harrt auf Absendung. Es schien mir aber die denkbar ungeeignetste Woche, Ihnen mit einem Idyll zu kommen, als ob Bismarck nie gelebt und nie mit dem Säbel in der Faust als sabreur [Haudegen] unter den Eulenburgs umhergemetzelt hätte. ... / Zu meinen Liebenberg- resp. Hertefeld-Aufsätzen mache ich weiter keine Bemerkungen. Von Kleinigkeiten abgesehn, sind es zwei Dinge, die ich selbst bemängle: die Plünderungsgeschichte muß gegen das Ende hin, trotzdem ich schon gekürzt habe, noch mehr gekürzt werden, und die scharfen Bemerkungen aus den Friedrich Leopoldschen Briefen, weil ich sie aus einer Epoche mitteile, die mit dem Jahre 6 abschließt, dürfen nicht Sätze bringen, die sichtbarlich einer *späteren* Zeit, der Zeit der Reformen, angehören. Wenige Leser werden diesen Fehler bemerkt haben, diesen wenigen aber wird er störend gewesen sein. / Auf Fehler im Detail, die sich leicht herauskorrigieren lassen, macht mich Ihre Güte wohl aufmerksam."

In einer auf Friedrich Fontane zurückgehenden Fußnote zum Erstdruck des Briefes („Briefe Theodor Fontanes. Zweite Sammlung", herausgegeben von Otto Pniower und Paul Schlenther, Band 2) wird mitgeteilt, daß Fontane selbst „die Ausschnitte sehr sauber auf Briefpapier geklebt und einbinden" lassen habe, „dazu das Titelblatt eigenhändig geschrieben". Darauf bezieht sich offensichtlich die Tagebucheintragung vom 17. Februar 1881: „Das ‚Liebenberg'-Exemplar für Graf Eulenburg in Paris zurechtgemacht."

Unter den Archivmaterialien, die die Eulenburgs Fontane zur Verfügung gestellt hatten, befanden sich vor allem die Briefe Friedrich

Leopolds von Hertefeld an dessen mit Danckelmann verheiratete Tochter Alexandrine. Fontane veröffentlichte eine Auswahl daraus im September/Oktober 1881 in der „Vossischen Zeitung". Diese Dokumentation mit dem Titel „Vom 14. Oktober 1806 bis 18. Oktober 1813. Sieben Jahre Welt- und Landesgeschichte vom Standpunkt eines märkischen Herrensitzes aus" ist in der vorliegenden Ausgabe in einem Anhang mitgeteilt (vgl. S. 447ff. dieses Bandes).

Für die Arbeit an „Liebenberg" hat Fontane außer den erwähnten Materialien aus dem Besitz der Eulenburgs in Liebenberg folgende Literatur benutzt (die vollständigen Angaben finden sich jeweils im Literaturverzeichnis, S. 653ff.): Mülverstedt, „Diplomatarium Ileburgense". – Mirabeau, „Histoire secrète ...". – Voß, „Neunundsechzig Jahre ...". Berghaus, „Landbuch der Mark Brandenburg ...".

255 *Dorf und Schloß Liebenberg* – Liebenberg, 1267 erstmals erwähnt, wurde 1957 in die Gemeinde Neulöwenberg eingegliedert und ist seit 1971 Ortsteil von Neulöwenberg.

Ukraner – Zu den Liutizen gehörende slawische Völkerschaft („Uckermark").

als die deutsche Sache gesiegt hatte – Im 12. Jahrhundert, als die feudale Ostexpansion gegen die slawischen Stämme im wesentlichen abgeschlossen war.

„Große Lanke" – Heute: Großer Lankensee.

„Land Löwenberg" – Vgl. „Hoppenrade", Kap. 2. Nach Berghaus, „Landbuch der Mark Brandenburg" (vgl. das Literaturverzeichnis, S. 653), Band 1, S. 390, war Löwenberg „eine der frühesten Eroberungen der Deutschen auf dieser Seite des Slawenlandes, welche sehr wahrscheinlich von Albrechts des Bären Sohn Otto I., 1170–1184, mit der Mark vereinigt wurde". „Das heutige Dorf Löwenberg war ehedem ein Städtchen, von dessen Wällen und Gräben noch gegenwärtig einzelne Spuren wahrgenommen werden können."

257 *Devastation* – Verfall, Verwüstung.

Hufe – Altes, in der Größe regional variierendes Flächenmaß. Eine Hufe hatte zwischen 70000 und 250000 Quadratmeter.

clevisch-holländische Landarbeiter – Die brandenburgischen Kurfürsten und die ersten preußischen Könige zogen vielfach holländische Spezialisten heran und übertrugen ihnen Kanalbauten sowie die Anlage von Gärten und den Bau privater und öffentlicher Gebäude.

Neuholland – Südöstlich von Liebenberg. Seit 1659 als Streusiedlung von clevisch-holländischen Siedlern angelegt.

258 *sein berühmterer Neffe* – Der im folgenden besprochene Samuel von Hertefeld.

258 *ein gutes Bildnis von ihm* – Vgl. Kap. 6, S. 337.
figurenreiches Tableau – Vgl. Fontanes Beschreibung in „Havelland“, Kap. „Schloß Oranienburg“, Abschnitt „Die Zeit Luise Henriettens, von 1650 bis 1667“; Band 3 dieser Ausgabe.
Oranienburger Waisenhaus – Zweigeschossiger frühbarocker Backsteinbau, gestiftet 1665 von der Kurfürstin Luise Henriette, 1671 abgebrannt und 1675 wiederaufgebaut. Die rechte Hälfte des Gebäudes wurde 1944 zerstört. Das Haus dient heute als Verwaltungsgebäude.
259 *Belagerung von Bonn* – Bonn, von den Franzosen besetzt, wurde 1689 vom brandenburgischen Kurfürsten erobert.
Urbarmachung des großen Havelländischen Luches – Vgl. „Havelland“, Kap. „Das Havelländische Luch“; Band 3 dieser Ausgabe.
260 *Amt Königshorst* – 1719 von Friedrich Wilhelm I. nordwestlich von Nauen begründete Ansiedlung; 1950 in Friedenshorst umbenannt.
Ich komme später darauf zurück – Vgl. Kap. 6.
Liebenberger Kirchenbuch – Es ist erhalten und befindet sich im Evangelischen Pfarramt in Falkenthal.
Schwarzer Adlerorden – Vgl. die vierte Anm. zu S. 120.
Drost – Titel des adligen Verwalters eines Gebiets.
Jurisdiktionsherr – Adliger, dem die Gerichtsbarkeit untersteht.
ein gutes Bildnis – Vgl. Kap. 6, S. 337.
261 *Regiment Gensdarmes* – Preußisches Kürassierregiment, das nach dem Vorbild der gleichnamigen Haustruppe der französischen Könige geschaffen worden war. Es galt als „vornehme“ Elitetruppe. 1807 wurde es bei der Reorganisation des preußischen Heeres aufgelöst.
Katte – Vgl. „Havelland“, Kap. „Wust. Das Geburtsdorf des Hans Hermann von Katte“; Band 3 dieser Ausgabe.
Erster Schlesischer Krieg – Friedrich II. führte ihn 1740 bis 1742 um den Besitz Schlesiens gegen Österreich.
262 *Refugié* – (franz.) Flüchtling. Gemeint sind die ihres kalvinistischen Glaubens wegen aus Frankreich vertriebenen Hugenotten, die sich in Brandenburg niederließen.
Landrat des Clevischen Kreises – Cleve, seit 1417 Herzogtum, fiel durch Verträge von 1614 und 1666 an Brandenburg. 1801 und 1805 kam das Gebiet zu Frankreich, 1814 wieder an Preußen.
Schlachten bei Liegnitz und Torgau – Vgl. die erste Anm. zu S. 119 und die erste Anm. zu S. 167.
263 *die dieser biographischen Skizze zugrunde liegenden Briefe* – Vgl. den in der Vorbemerkung zitierten Briefwechsel zwischen Fontane und Philipp zu Eulenburg sowie die als Anhang abgedruckte Dokumentation „Vom 14. Oktober 1806 bis 18. Oktober 1813“, S. 447 ff.

263 *„Monsieur votre fils …"* – (franz.) Ihr Herr Sohn wird hier empfangen, wie es der Sohn von Eltern erwarten kann, die wir lieben und verehren.
zwei Jahre später das ganze linke Rheinufer unter französische Herrschaft gekommen – In der zweiten Hälfte des Jahres 1794.
265 *Rietz* – Wilhelmine Encke, Tochter eines Musikers, 1782 der Form halber mit dem Kammerdiener Rietz verheiratet und 1785 zur Gräfin von Lichtenau erhoben, war eine der zahlreichen Mätressen Friedrich Wilhelms II. Ihre Tochter war Gräfin Marianne von der Mark.
Rosenkreuzertum – Die Rosenkreuzer waren eine Geheimgesellschaft im 17./18. Jahrhundert, die antike und christliche Ideen zu verschmelzen suchte und eine Welt der Tugend und der Gerechtigkeit anstrebte. Vgl. „Havelland", Kap. „Geheime Gesellschaften im achtzehnten Jahrhundert"; Band 3 dieser Ausgabe.
Exzedent – Täter, Unfugmacher.
266 *Tracasserien* – Quälereien, Stänkereien.
„Sénateur de l'Empire" – (franz.) Senator des Kaiserreichs.
267 *Superinventarium* – Überschuß; das, was zusätzlich erwirtschaftet wird.
268 *Ökonomie* – Hier im alten Sinne: Hauswirtschaft.
Reprimande – Tadel.
270 *Schwiegersohn* – Danckelmann.
271 *Äußerungen ähnlicher Art … an vielen Stellen* – Im Theodor-Fontane-Archiv der Deutschen Staatsbibliothek, Potsdam (Kf 2), hat sich außer den beiden zitierten Passagen folgender von Fontane gestrichener Briefauszug vom 1. März 1806 erhalten: „Der tolle Mensch in Häsen ist in eine fiskalische Untersuchung geraten, weil er die Ritterschaftsdirektion, die sein im Konkurs stehendes Vermögen administriert, aufs gröbste beleidigt hat. Cocceji glaubt, er (der Häsener Vetter) werde wieder nach Spandau [auf die Festung] reisen müssen. Er ist 48 Jahr alt, also wohl keine Besserung mehr zu gewärtigen."
Prozeß … gegen die Giftmischerin Geheimerätin Ursinus – Am 5. März 1803 war die dreiundvierzigjährige angesehene Justizratswitwe Sophie Charlotte Elisabeth Ursinus während einer Abendgesellschaft in Berlin verhaftet und unter Mordanklage gestellt worden. Sie hatte ihren Mann, ihren Geliebten und eine Verwandte vergiftet und wurde bei dem Versuch, ihren Hausdiener umzubringen, überführt. Sie erhielt eine langjährige Festungsstrafe.
Gêne – (franz.) Zwang, Verlegenheit.
272 *appellieren* – einen höheren Gerichtshof anrufen.
„cause célèbre" – (franz.) Sensationsprozeß.
Bonne – (franz.) Erzieherin, Kindermädchen.

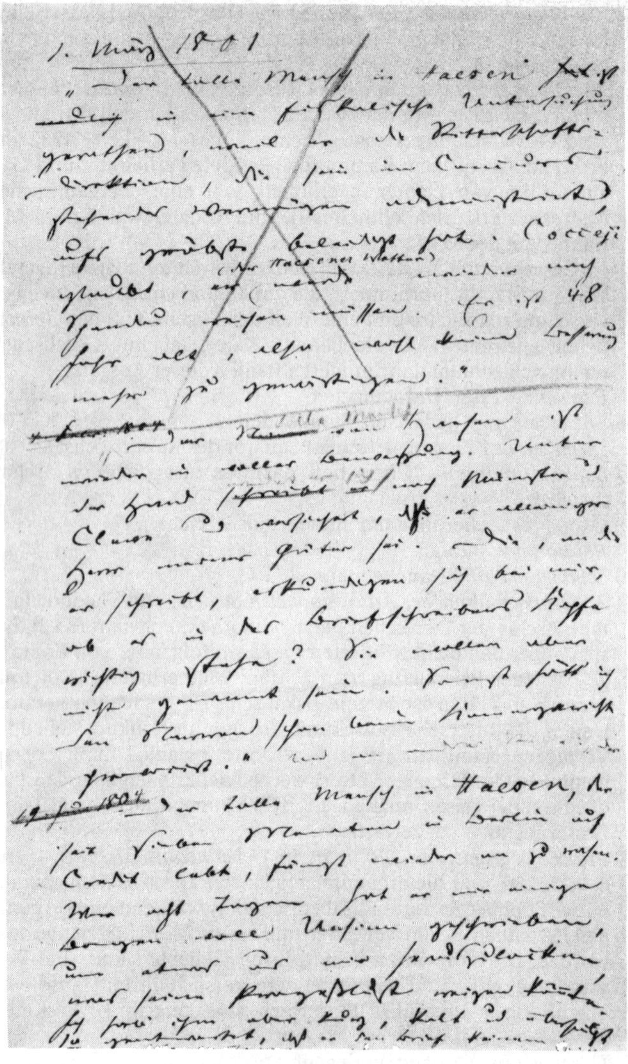

Aus dem „Liebenberg"-Manuskript

272 *Mirabeau hatte richtig prophezeit* – In seiner „Histoire secrète de la cour de Berlin ..."; vgl. das Literaturverzeichnis, S. 654.

273 *Ajustieren* – Hier: sorgfältig kämmen.

Landwehrbataillon – Die Landwehr war eine im März 1813 gegründete milizartige Organisation zum Kampf gegen Napoleon. Vgl. dic dritte Anm. zu S. 516.

274 *Le Sieur de Hertefeld ...* – (franz.) Der Sieur von Hertefeld, weder Senator noch Graf noch Chevalier noch Großkreuz [Rangstufen der Ehrenlegion], hat mit Bedauern zur Kenntnis genommen usw.

die Kosaken – Die Kosakeneinheiten der russischen Armee zeichneten sich in den Kämpfen gegen die Napoleonischen Truppen besonders durch Überraschungsaktionen aus.

gibt sich ein Ridikül – macht sich lächerlich.

recte – Hier im Sinne von: schnurstracks.

275 *Charlottenburger Schloß* – Aus dem ehemaligen Lustschloß Lietzenburg hervorgegangene barocke Dreiflügelanlage (Berlin-West); in den letzten Jahren des 17. Jahrhunderts nach Plänen von Johann Arnold Nering begonnen, bis um 1713 von Johann Friedrich Eosander vollendet; später mehrfach erweitert. Im November 1943 brannte das Schloß nach einem Bombenangriff aus; inzwischen ist es wiederaufgebaut worden.

applanieren – in Ordnung, ins reine bringen.

den Carolather Herrn – Ein Fürst von Carolath-Beuthen in Schlesien.

Großkanzler – Alte Bezeichnung für den preußischen Justizminister. Gemeint ist Karl Friedrich von Beyme.

Dame de la Halle – Pariser Marktweib.

geschuppt – entlassen, hinausgeworfen.

Faiseurs – (franz.) Unruhstifter, Plänemacher; ministerielle Agenten.

276 *unter dem Wiener Hof geängstigt* – Schlesien war österreichischer Besitz und kam erst durch die Kriege Friedrichs II. zu Preußen.

Jenaer Schlacht – Die Doppelschlacht von Jena und Auerstedt (südwestlich von Naumburg) am 14. Oktober 1806 endete mit der vernichtenden Niederlage der preußischen Armeen und mit der Auflösung des morschen preußischen Staates.

277 *„Vite, vite ...!"* – (franz.) Schnell, schnell, 200 Louisdor!

Sauve Garde – (franz.) Geleitbrief, Schutzbrief.

278 *„Êtes-vous ..."* – (franz.) Sind Sie hier der Besitzer?

„Le Prince Murat ..." – (franz.) Der Fürst Murat läßt Ihnen sagen, Sie sollen mir sofort folgen; er will mit Ihnen sprechen.

„Dites la vérité!" – (franz.) Sagen Sie die Wahrheit!

„Cet homme ..." – (franz.) Dieser Mann hat es anders gesagt.

278 *„Il ne faut pas ...“* – (franz.) Lügen Sie uns nicht an; sonst wird man Sie einsperren.
Quartier général du Prince – (franz.) Hauptquartier des Fürsten.
279 *Chasseurs* – Jäger.
Wispel – Altes Getreidemaß; in Preußen bis 1816 zwischen 1313 und 1370 Liter.
Marodeurs – Plündernde Nachzügler.
280 *Moder* – Modder, Schmutz.
281 *überholen* – Hier: überlisten.
Bon soir – (franz.) Guten Abend.
Sacredieu – (franz.) Alle Wetter.
282 *Vorwerk „Hertefeld“* – Südöstlich von Liebenberg gelegen.
Fourage – (Pferde-)Futter.
283 *Les Œuvres ...* – (franz.) Die vollständigen Werke von ...
Tilsiter Friede – Im Friedensvertrag von Tilsit zwischen Frankreich und Rußland (7. Juli 1807) erkannte Zar Alexander I. die von Napoleon in Europa geschaffenen Machtverhältnisse an, stimmte der Bildung des Großherzogtums Warschau zu und unterstützte die Kontinentalsperre gegen England. Preußen unterzeichnete daraufhin am 9. Juli 1807 die von Napoleon diktierten Friedensbedingungen, die u. a. die Zahlung einer hohen Kriegskontribution und die Abtretung der Hälfte seines Territoriums festlegten.
284 *Dem General ... war attachiert* – Der General wurde begleitet.
285 *drei besetzte Festungen* – Gemeint sind die Oderfestungen Stettin, Küstrin und Glogau, die auch nach der Pariser Konvention von 1808 in französischer Hand blieben.
Gerechtsame – Befugnisse.
Staatskanzler – Hardenberg.
286 *Immediatgesuch* – Direktes Gesuch an den Landesherrn.
Equipierung – Ausrüstung.
attendieret – eingegangen.
287 *affiziert* – gereizt.
Refugié- oder vielleicht auch Emigré-Familie – Die Refugiés waren die hugenottischen Flüchtlinge (vgl. die vierte Anm. zu S. 261); Emigrés wurden jene (vor allem adligen) Franzosen genannt, die im Gefolge der Französischen Revolution von 1789 ihr Land verlassen hatten.
in Sachen der polnischen Grenzregulierung – Wohl im Zusammenhang mit dem Großherzogtum Warschau, das Napoleon 1807 aus dem ehemals preußischen Teil Polens bildete.
Schillerstiftung – Nachdem seit 1855 vorbereitende private Zweigvereine entstanden waren, wurde am 10. November 1859, dem 100. Geburtstag Schillers, in Dresden die Deutsche Schillerstiftung zur Unterstützung hilfebedürftiger Schriftsteller und de-

ren Hinterbliebenen gegründet. Major Serre hatte in Dresden eine Schillerlotterie veranstaltet und damit über 900000 Mark beigesteuert.

287 *Schlacht bei Kaiserslautern* – 1794 gab es zwei Schlachten bei Kaiserslautern (23.Mai und 20.September). Beide Male schlugen die Preußen die französischen Verbände.

Pour le Mérite – (franz.) Für das Verdienst. 1740 von Friedrich II. gestifteter preußischer Orden.

interpellieren – um eine Erklärung bitten.

Blockade von Glogau – Die Festung Glogau war von französischen Truppen besetzt und wurde 1813/14 von russischen und preußischen Verbänden eingeschlossen.

288 *Emprunts forcés* – (franz.) Zwangsanleihen.

289 *Refus* – Ablehnung.

wie Holtei ... behauptet – Karl von Holteis Autobiographie „Vierzig Jahre" erschien in acht Bänden 1843–1850.

als ... die Kriegsflamme noch einmal aufloderte – Vgl. die zweite Anm. zu S.33.

290 *die Garden* – Die Garde war eine von Friedrich Wilhelm I. geschaffene preußische Elitetruppe (ursprünglich für den Sicherheits- und Ehrendienst des Herrschers bestimmt).

affabel – leutselig, freundlich.

die Linie – Bezeichnung für die Infanterie des stehenden Heeres (im Unterschied zu Reserve, Landwehr und Garde).

Aufrufsedikt – Gemeint ist offenbar die Landsturmverordnung vom 21. April 1813, die die Bewaffnung aller Männer zwischen dem 15. und dem 60.Lebensjahr vorsah.

291 *Schwester* – Alexandrine von Danckelmann.

292 *Retribution* – Hier: Arzthonorar.

Ich habe Niebuhr und Chateaubriand aufmerksam gelesen – Vermutlich sind die „Römische Geschichte" (1811/12) des Berliner Historikers Barthold Georg Niebuhr und die „Réflexions politiques" (1814) des französischen Politikers und Schriftstellers François-René Vicomte de Chateaubriand gemeint.

„l'honneur des Français" – (franz.) die Ehre der Franzosen.

293 *„Rheinischer Merkur"* – Die von Johann Joseph von Görres herausgegebene politische Tageszeitung (1814–1816) unterstützte die Befreiungskriege von nationalistischer Position aus.

„est modus in rebus" – (lat.) es gibt ein Maß in allen Dingen. – Zitat aus den „Satiren" des Horaz (I, 1, 106).

moderieren – Hier: abmildern.

Serenissimi – Die regierenden Fürsten.

Vorstellungen wie die der Württemberger Stände – Offenbar eine Anspielung auf den Konflikt um den Verfassungsentwurf, den der württembergische König Friedrich I. am 15. März 1815 der

Ständeversammlung vorgelegt und den diese mit Berufung auf ihr „altes, gutes Recht" abgelehnt hatte.

293 *Hagelsberg* – Im Gefecht bei Hagel(s)berg im Fläming am 27. August 1813 besiegte die preußische Landwehr ein französisches Corps.

294 *tutti quanti* – (ital.) alle anderen.

Sottise – Dummheit.

296 *an anderer Stelle ... auf das Mißliche ... der Marwitzischen Adelsopposition ... hingewiesen* – Vgl. „Das Oderland", Kap. „Schloß Friedersdorf"; Band 2 dieser Ausgabe.

„für das Recht, das mit uns geboren ist" – Zitat nach Goethes „Faust", I, Vers 1978.

Gebaren der Rheinbundfürsten – Vgl. die zweite Anm. zu S. 459.

298 *Basedow- und Pestalozzizeit* – Johann Bernhard Basedow, der Gründer des Philanthropinums in Dessau (1774), und Johann Heinrich Pestalozzi, der 1774 in Neuhof und 1805 in Iferten Erziehungsanstalten einrichtete, reformierten das Erziehungswesen ihrer Zeit aus dem Geiste der Aufklärung.

299 *bei den Kolonisten* – Gemeint ist die französische Kolonie, die Gemeinschaft der nach Brandenburg eingewanderten Hugenotten (vgl. die vierte Anm. zu S. 261), die lange Zeit an ihren kulturellen Traditionen festhielten.

tempi passati – (lat.) vergangene Zeiten; das ist vorbei.

„Robinson" ... Campes Kinderbibliothek – Der Pädagoge und (Jugend-)Schriftsteller Joachim Heinrich Campe hatte Defoes „Robinson Crusoe" bearbeitet (1779/80) und damit den europäischen Erfolg des Buches eingeleitet. Mit der Kinderbibliothek sind wahrscheinlich Campes „Sämtliche Kinder- und Jugendschriften" (37 Bände) gemeint.

laden Flaschen – Gemeint sind Experimente mit der „Leidener Flasche" (1745/46 erfunden), einer frühen Form der elektrischen Batterie.

300 *talent épistolaire* – (franz.) Briefschreibetalent.

Matter-of-fact-Mann – Ein Mann der Tatsachen, ein Praktiker.

bengeln – sich wie ein Halbwüchsiger benehmen.

301 *proponieren* – vorschlagen.

Alumnat – Internat.

des Joachimsthals – Das Joachimsthalsche Gymnasium wurde 1607 von Kurfürst Joachim Friedrich in dem uckermärkischen Städtchen Joachimsthal gegründet, 1650 nach Berlin, 1880 nach Berlin-Wilmersdorf und 1912 nach Templin verlegt.

Kammergericht – Vgl. die erste Anm. zu S. 187.

302 *die neue Universität* – Die Berliner Universität wurde 1810 gegründet und in dem 1748 bis 1766 für den Prinzen Heinrich Unter den Linden errichteten Palais untergebracht.

303 *das „Alt-Deutsche" ... Nibelungenlied* – Gemeint ist die Rückbesinnung auf die mittelalterliche Literatur, ein Verdienst der romantischen Bewegung. Die Nibelungen-Forschung setzt 1816 ein.

304 *Tempora mutantur ...* – (lat.) Die Zeiten ändern sich und wir uns mit ihnen. Die Sentenz wird Kaiser Lothar I. (840–855) zugeschrieben.

die Yorcksche Kapitulation – Ludwig Yorck von Wartenburg hatte am 30. Dezember 1812 mit dem russischen General Diebitsch die Konvention von Tauroggen abgeschlossen, die das von ihm geführte preußische Hilfscorps in Napoleons Großer Armee für neutral erklärte; dadurch war der Weg für die russische Armee nach Ostpreußen frei. Yorcks Schritt wurde zum Signal für die allgemeine Volkserhebung gegen die französischen Okkupanten.

Leipziger Schlacht – Die „Völkerschlacht" bei Leipzig (16.–19. Oktober 1813) besiegelte die Niederlage Napoleons, der sich hinter den Rhein zurückziehen mußte.

305 *à cause de ma honnêteté* – (franz.) wegen meines ehrenhaften Benehmens.

Lieues – (franz.) Meilen.

Kaiser von Österreich – Franz I. (als Franz II. deutscher Kaiser).

aufgehoben – gefangengenommen.

306 *„Virginie et Paulin"* – Eine von Rousseaus Devise „Zurück zur Natur" geprägte Idylle von Bernardin de Saint-Pierre; wurde von Rodolphe Kreutzer und von Jean-François Le Sueur als Opernvorlage verarbeitet.

bon sens – (franz.) gesunder Menschenverstand, Mutterwitz.

„Iphigénie en Aulide" – (franz.) „Iphigenie in Aulis", Oper von Christoph Willibald Gluck (1774).

„Orphée" – Gemeint ist vermutlich „Orpheus und Eurydike" (1762) von Christoph Willibald Gluck.

307 *tours de force* – (franz.) Gewaltsamkeiten.

„Semiramis" – Tragödie (1748) von Voltaire.

„Le ciel donne ..." – (franz.) Der Himmel gibt oft Könige in seiner Rache.

Vaudevilletheater – Theater für das französische Singspiel mit Couplets.

Vive le roi – (franz.) Es lebe der König.

308 *„La partie de ..."* – (franz.) Die Jagdpartie Heinrichs IV., Heinrich und d'Aubigny, Das Souper Heinrichs IV. oder die Pute am Spieß, Das Dessert Heinrichs IV.

„souverains légitimes" – (franz.) rechtmäßige Herrscher.

Kaiser von Rußland – Alexander I.

Frédéric Guillaume und François – Friedrich Wilhelm III. von Preußen und Franz I. von Österreich.

309 *Einzug Ludwigs XVIII.* – Nach der Abdankung Napoleons zog Ludwig XVIII. aus dem Hause Bourbon am 3. Mai 1814 als französischer König in Paris ein.
Lilien – Die Wappenblumen der Bourbonen.
Faubourg – (franz.) Vorstadt.
stopfen – Hier: stocken.
unglücklicher Bruder – Ludwig XVI. war 1793 im Verlauf der Revolution hingerichtet worden.
310 *die Konskribierten* – die zum Kriegsdienst Ausgehobenen.
Packetboot – In englischer Schreibung (packet): Postschiff.
311 *Paquetboot* – In französischer Schreibung (paquet): Postschiff.
Inside-Plätze ... „Outside" – Die Plätze in der Postkutsche bzw. die außen angebrachten Sitzmöglichkeiten.
seit Moritz' Zeiten – Anspielung auf Karl Philipp Moritz' Darstellung in seinem Buch „Reisen eines Deutschen in England im Jahre 1782", das 1783 erschienen war.
John Falstaff – Anspielung auf Shakespeares „König Heinrich der Vierte", Erster Teil (II, 2).
St. Paul – Die St.-Pauls-Kathedrale, die größte Kirche Londons, wurde von Christopher Wren 1675 begonnen; 1710 wurde das Bauwerk vollendet.
312 *Whitehall* – Abschnitt eines Londoner Straßenzuges (Regierungsviertel), der nach dem Ende des 17. Jahrhunderts abgebrannten Königspalast benannt ist.
Drurylane ... Coventgarden – Traditionsreiche Londoner Theater.
„Phèdre" – Tragödie (1677) von Jean Racine.
„Semiramis" – Tragödie (1748) von Voltaire.
313 *„Illumination"* – Festbeleuchtung der Stadt.
In welchem Rufe hier Blücher steht – Blücher, der bis zum 2. April 1814 den Oberbefehl über die preußischen Truppen geführt hatte, war außerordentlich erfolgreich gegen Napoleon vorgegangen und hatte Paris erobert. Im Juni, als er mit nach England kam, erhielt er die Ehrenbürgerschaft von London und wurde Ehrendoktor von Oxford.
„Gentlemen, I propose ..." – (engl.) Meine Herren, ich schlage drei Hochrufe auf den Chef vom alten Blücher vor.
Ecossaise – Schottischer (National-)Tanz.
314 *Ascot-Rennen* – Traditionsreiche Rennen (alljährlich im Juni) in Ascot, südwestlich von Windsor.
Mail – (engl.) Postkutsche.
Assiduität – Beharrlichkeit.
„Napoleon wieder da" – Vgl. die zweite Anm. zu S. 33.
315 *Cantonnements-Quartiere* – Unterbringung der Truppen in verschiedenen, nahe beieinander liegenden Ortschaften vor dem Beginn eines Feldzuges.

315 *Volontär* – Hier: (Kriegs-)Freiwilliger.
Waterloo – Vgl. die zweite Anm. zu S. 33.
bivouakieren – im Freien lagern.

316 *Lanciers* – Lanzenreiter, Ulanen.
sich raillieren – Gemeint ist sich ralliieren: sich sammeln, wieder vereinigen.
Laon – In der Schlacht bei Laon (Departement Aisne) siegte Blücher am 9./10. März 1814 über die Napoleonischen Truppen.

317 *forcieren* – Hier: erobern.
Kuppel der Invaliden – Der Invalidendom (Teil des Hôtel des Invalides) ist ein quadratischer Kuppelbau von 1706; er enthält seit 1841 das Grab Napoleons.
Pantheon – Von 1764 bis 1790 erbaut; war ursprünglich zur Pfarrkirche bestimmt, wurde dann aber als Mausoleum für bedeutende Persönlichkeiten eingerichtet.

318 *„Costumes ..."* – (franz.) Uniformen der Armeen der Alliierten im Jahre 1814.

319 *die Menschen in eine Wespe zu verwandeln* – Wohl Anspielung auf die teilweise gelb-schwarz gestreiften Uniformröcke.

320 *Schlacht bei Belle-Alliance* – So soll Blücher die Schlacht bei Waterloo (vgl. die zweite Anm. zu S. 33) genannt haben. Belle-Aliance war der Name eines Gasthauses bei Waterloo.
Parochialkirche – Von 1695 bis 1703 nach Plänen von Johann Arnold Nering, Martin Grünberg und Andreas Schlüter in der Kloster-/Ecke Parochialstraße in Berlin gebaut, 1944 nach einem Bombenangriff ausgebrannt. 1950/51 wurde das Dach wiederhergestellt. Der Ausbau des Inneren und die Wiederherstellung des Turmobergeschosses sind vorgesehen.
„Kreuzzeitung" – Die „Neue Preußische Zeitung", nach dem Eisernen Kreuz im Titelkopf meist „Kreuzzeitung" genannt, wurde 1848 von Hermann Wagener als Organ der Christlich-Konservativen gegründet. Das Blatt, an dem Fontane von 1860 bis 1870 den englischen Artikel redigierte, bestand bis 1938.
Erste ... Zweite Kammer ... Herrenhaus – Die Erste Kammer (Herrenhaus) bestand aus Politikern, die die erbliche oder lebenslängliche Mitgliedschaft besaßen, die Zweite Kammer (Abgeordnetenhaus) ging aus Wahlen hervor.

321 *Thaer in Möglin* – Vgl. „Das Oderland", Kap. „Möglin"; Band 2 dieser Ausgabe.
Berliner Rennen – Sie wurden vor allem in Hoppegarten ausgetragen.

322 *bienvenu* – (franz.) der Willkommene.
Seiner Majestät – König Friedrich Wilhelm IV.

323 *Pairie* – In Frankreich ein politisch privilegierter Kreis von Angehörigen des Hochadels, die eine eigene Kammer bildeten.

323 *Palais Luxemburg* – Der Luxembourg-Palast, seit 1612 erbaut, hatte unter anderem als Staatsgefängnis gedient, bevor er Sitz des Direktoriums, des Senats, später der Pairskammer und wiederum des Senats wurde.

325 *Familien-Fideikommiß* – Familienvermächtnis. Vgl. auch die erste Anm. zu S.218.

an anderer Stelle – Kap.5.

326 *„Egalité“* – (franz.) Gleichheit. Eines der Losungsworte der Französischen Revolution von 1789.

327 *Garde du Corps* – Eigentlich die 1740 von Friedrich II. geschaffene berittene Leibgarde des Monarchen. Daraus entwickelte sich das Regiment Garde du Corps (Garde-Kürassierregiment), eine preußische Elitetruppe, die wegen der dünkelhaften, reaktionären Gesinnung ihrer Offiziere berüchtigt war.

328 *Wettiner Burggrafen* – Sächsisches Fürstengeschlecht (benannt nach der Stammburg Wettin an der Saale), aus dem die Markgrafen von Meißen (1089), die Landgrafen von Thüringen (1247), die Kurfürsten von Sachsen-Wittenberg (1423) und später in der Albertinischen Linie die Könige von Sachsen hervorgingen.

Schlacht bei Tannenberg – Polen und Litauer brachten am 15.Juli 1410 bei Tannenberg dem Heer des Deutschen Ordens (vgl. die zweite Anm. zu S.78) eine vernichtende Niederlage bei.

329 *im Urkundenbuche* – Mülverstedt, „Diplomatarium Ileburgense“; vgl. das Literaturverzeichnis, S.654.

Schlacht bei Warschau – Vgl. die zweite Anm. zu S.128.

Dreigestirn der Manteuffels – Gemeint sind zwei Politiker und ein Militär aus dem alten Freiherrengeschlecht: Otto Theodor von Manteuffel (1805–1882), preußischer Ministerpräsident in der Reaktionsperiode (1850–1858), Karl Otto von Manteuffel (1806–1879), 1854 bis 1858 Landwirtschaftsminister im Kabinett seines Bruders, und deren Vetter Edwin Hans Karl von Manteuffel (1809–1885), einflußreicher Leiter des Militärkabinetts und später Generalfeldmarschall, der in den Kriegen gegen Österreich (1866) und Frankreich (1870/71) wichtige Posten innehatte.

Unter den … Eulenburgs … befinden sich oder befanden sich – Die „zwei Minister“ sind Friedrich Albrecht Graf zu Eulenburg (Innenminister von 1862 bis 1878) und Botho Graf zu Eulenburg (von 1878 bis 1881 ebenfalls Innenminister). Der Hofmarschall und Vize-Zeremonienmeister ist August Graf zu Eulenburg, der Stiftshauptmann Philipp Graf zu Eulenburg (geb. 1820), der Pariser Gesandtschaftssekretär Philipp Graf zu Eulenburg (geb. 1847).

330 *Avancement* – Beförderung, Aufstieg.

331 *vor Düppel* – Im Dänisch-Deutschen Krieg von 1864, den Preußen und Österreich um den Besitz der Herzogtümer Schleswig

und Holstein gegen Dänemark führten, eroberten preußische Truppen unter beträchtlichen Verlusten am 18. April die Düppeler Schanzen, die Befestigungsanlagen, die die Dänen zur Verteidigung des Alsensundes gebaut hatten.

331 *bei Königgrätz* – Im Preußisch-Österreichischen Krieg von 1866, den Preußen gegen Österreich und den Deutschen Bund um die Vorherrschaft in Deutschland führte, fügten die preußischen Truppen den Österreichern am 3. Juli in der Schlacht von Königgrätz eine kriegsentscheidende Niederlage zu.

Johanniterorden – Vgl. die vierte Anm. zu S. 105.

Stiftshauptmann von Zehdenick – Das ehemalige Zisterzienser-Nonnenkloster Zehdenick dient seit der Reformation als adliges Fräuleinstift.

Mülverstedt – Vgl. das Literaturverzeichnis, S. 654.

Wrangeltage des Grafen – Der preußische Generalfeldmarschall Friedrich Graf von Wrangel hatte den Oberbefehl über die preußisch-österreichischen Truppen, die am 1. Februar 1864 in Schleswig einmarschierten. Anekdoten um Wrangel, der auch an der Niederschlagung der Revolution von 1848/49 beteiligt war, hatten Fontane seit langem interessiert; vgl. die in der Vorbemerkung zitierte Korrespondenz mit Philipp zu Eulenburg.

332 *schwedischer Feldmarschall* – Der schwedische Reichsadmiral und Reichsmarschall Karl Gustav Wrangel führte 1674/75 das Heer, das in Brandenburg einfiel und bei Fehrbellin (vgl. die dritte Anm. zu S. 47) geschlagen wurde.

zeitig – derzeitig.

333 *genügte nicht* – zeigte Mängel.

Avis – Ankündigung.

334 *Schloß* – Das Schloß, das heute ein Schulgut beherbergt und nicht öffentlich zugänglich ist, entstand von 1743 bis 1747, wurde jedoch durch eingreifende Umbauten 1855/56 und 1891 bis 1903 völlig verändert. Von der ehemaligen Schloßanlage ist auch das Inspektorhaus (1698) erhalten.

335 *Kirchenbuch* – Vgl. die dritte Anm. zu S. 260.

ein erstes Stock – Diese Form gebraucht Fontane häufig.

336 *12000 Bände zählende Bibliothek* – Sie soll einst sogar 25000 Bände umfaßt haben.

„Urväterhausrat" – Nach Goethes „Faust", I, Vers 408.

337 *das bekannte Derfflingerportrait* – Vgl. „Das Oderland", Kap. „Gusow"; Band 2 dieser Ausgabe. Fontane berichtet von verschiedenen Darstellungen.

in dem Kapitel „Die Hertefelds" – Die Bezeichnung ist ein Relikt aus dem Vorabdruck (vgl. die Vorbemerkung); gemeint ist Kap. 3.

338 *Herzog ..., der bei Auerstedt kommandierte* – Karl Wilhelm Ferdinand von Braunschweig, der 1806 als Einundsiebzigjähriger

den Oberbefehl über die preußischen Truppen übernommen hatte.

338 *Guillotinenwirtschaft* – Die Zeit der Französischen Revolution, als politische Gegner mit der Guillotine hingerichtet wurden.

Bracelettes – Armbänder.

339 *Preußisch-Eylau* – Die verlustreiche Schlacht im Februar 1807 brachte eine russische Niederlage.

Verf. des Dramas „Seestern" – „Der Seestern" wurde am 24. November 1887 im Königlichen Schauspielhaus am Gendarmenmarkt aufgeführt; als Verfasser war Ivar Svenson angegeben. Fontane besprach die Inszenierung am Tag darauf recht wohlwollend in der „Vossischen Zeitung" und äußerte die Vermutung, daß Ivar Svenson das Pseudonym eines deutschen Dichters sei.

340 *Verteidigung Finnlands im Jahre 9* – Nach dem Russisch-Schwedischen Krieg von 1808/09, in dessen Verlauf Finnland von Rußland erobert wurde, kam das Land als autonomes Großfürstentum zu Rußland.

die gleichzeitigen Andreas Hofers – Hofer war der Führer des Tiroler Volksaufstandes (1809) gegen die bayrische Herrschaft.

Gedicht von Runenberg – Der schwedisch schreibende finnische Nationaldichter Johan Ludvig Runeberg behandelte in seinem Epos „Fähnrich Stahls Erzählungen" (1848–1860) den Freiheitskampf der Finnen gegen das zaristische Rußland. Das „Sandels"-Gedicht im ersten Teil beschreibt den Kampf des Generals an der Virta-Brücke.

Kämpfe der „Hüte und Mützen" – Gemeint sind die innenpolitischen Auseinandersetzungen in Schweden zwischen den „Mützen", einer 1718 entstandenen, auf Rußland orientierten Adelspartei, und den „Hüten", einer 1734 gegründeten Gruppierung, die von 1738 bis 1765 die Macht ausübte.

341 *Seraphinenorden* – Höchster und ältester schwedischer Orden, der seit 1336 nachweisbar ist.

Bartholomäusnacht – Die Hochzeitsnacht Heinrichs von Navarra mit Margarete von Valois (23./24. August 1572), die die katholische Brautmutter Katharina von Medici nutzte, um die hugenottischen Gäste und Zehntausende Hugenotten außerhalb von Paris umbringen zu lassen.

342 *In den Memoiren der letzteren ...* – Sophie Marie Gräfin von Voß, „Neunundsechzig Jahre ..." (vgl. das Literaturverzeichnis, S. 654f.), S. 11f. „Wörtlich" ist das Zitat keineswegs.

Schloß Monbijou – Das 1703 von Eosander von Göthe errichtete Berliner Lustschloß Monbijou (franz.: mein Kleinod), seit 1877 „Hohenzollern-Museum", seit 1927 staatliches Museum, wurde im zweiten Weltkrieg völlig zerstört. An Stelle der abgetragenen

Ruine befanden sich seit 1958 Grünanlagen, die 1974 zu einem Naherholungszentrum umgewandelt wurden.

343 *restitutio in integrum* – (lat.) Wiederherstellung des ursprünglichen Zustandes.

345 *Fayencenachbildung eines ... Mosaikfußbodens* – Die Nachbildung des großformatigen Wandbildes aus Terrakotta aus der Casa del Fauno in Pompeji von 1830 ist im Obergeschoß des Schlosses erhalten.

346 *Gustav Kühnsche Bilderbogenstufe* – Die kolorierten Blätter zur Tagesgeschichte, die in der Offizin von Gustav Kühn in Neuruppin hergestellt wurden, trafen den Publikumsgeschmack und waren daher, obwohl künstlerisch anspruchslos, weit verbreitet.

347 *Park* – Er ist nur noch in (verwilderten) Resten vorhanden. Im Gelände des ehemaligen Parks sind das Lindenhaus (ein kleiner Dreiflügelbau) und das Teehaus (ein dreiseitig geöffneter Pavillon) erhalten. Auch der genannte Teich existiert noch.

Trauerhasel – Form des Haselstrauchs mit hängenden Ästen.

Taxus im Garten unsres Herrenhauses – Vgl. „Havelland", Kap. „Der Eibenbaum im Parkgarten des Herrenhauses"; Band 3 dieser Ausgabe.

348 *das unterirdische ... Gewölbe* – Das kleine Bauwerk ist noch vorhanden.

Kirche – Feldsteinbau aus dem 13. Jahrhundert, wurde nach einem Brand 1892 stark verändert und 1903 mit einem neugotischen Turm versehen.

„mehr Licht" – Diese Worte soll Goethe, nach umstrittener Überlieferung, auf dem Sterbebett gesprochen haben.

350 *Parentation* – Leichenrede.

351 *im „Sommernachtstraum"* – Von Shakespeare.

Dreilinden

Am 25. November 1881 war Fontane erstmals Gast im geselligen Kreis des Prinzen Friedrich Karl von Preußen im Jagdschloß Dreilinden. Im Tagebuch notierte er: „Wundervolles Lokal, reich an historischen Erinnerungen und Kuriositäten. Schöne Weine, brillante Verpflegung, ungezwungene Unterhaltung. Das Ganze dauerte von 5 bis 8. Alles ein sehr verfeinertes ‚Tabakskollegium'." Am Tage darauf referierte er im Rütli bei Adolf Menzel über seine Eindrücke, und an Wilhelm Hertz schrieb er am 27. November: „Sehr gnädig, sehr liebenswürdig. Vielleicht daß ich in Hesekiels seit 7 Jahren erledigte Hof-Toast-Stelle einrücke." Nachdem er auch am 4. Dezember einer Einladung gefolgt war, vermerkte er am 5. Dezember im Tagebuch:

„Notizen gemacht zu Dreilinden und Prinz Friedrich Karl." Bereits am 7. Dezember traf man sich wieder; dagegen mußte sich Fontane einer Erkältung wegen für die Sitzung am 29. Dezember entschuldigen.

Am 9. und 13. Januar 1882 nahm Fontane an den kleineren Zirkeln des Prinzen im Berliner Stadtschloß teil, und im Tagebuch heißt es am 15. Januar: „Gearbeitet: Prinz Friedrich Karl. Den reichen Stoff der beiden letzten Sitzungen gruppiert." Der Verleger Hertz erfuhr am 14. Januar: „Es kam gestern abend bei Prinz Fr. Karl, der seit einem Vierteljahr mein besondrer Gönner ist, das Gespräch darauf [auf Fontanes Gedichtsammlung], und es ergab sich, daß der Prinz, der meine sämtlichen Feldherrngedichte vom alten Derfflinger an bis zum Prinzen Louis Ferdinand auswendig wußte, von der Existenz andrer Gedichte von mir keine Ahnung hatte. Selbst die Einzugs-Gedichte schien er nicht zu kennen. Ich hab also vor, ihm unter die Arme zu greifen."

Weitere Begegnungen mit dem Prinzen, zunächst in Berlin, später wieder in Dreilinden, sind für den 19. Januar, 1. und 20. März sowie 14. Mai belegt. Offenbar hat Fontane jene Zeit genutzt, um über Freunde und Mitarbeiter des Prinzen, die er bei den Diners kennengelernt und deren Namen er jeweils sorgsam notiert hatte, weitere Recherchen anzustellen; zumindest weist das Tagebuch im Jahre 1882 mehrfach Korrespondenzen mit und Besuche bei den Adjutanten Hauptmann von Kalckstein und Rittmeister Baron von Maltzahn aus.

Der Plan zur publizistischen Verwertung, offenbar schon früh gefaßt, scheint sich im Sommer 1882 konkretisiert zu haben. (Übrigens hatte Fontane bereits in dem Band „Vaterländische Reiterbilder aus drei Jahrhunderten von W. Camphausen, Text von Theodor Fontane", Berlin 1880, über den Prinzen geschrieben; vgl. Band 6 dieser Ausgabe.) Am 7. Juli unterrichtete er Karl Zöllner über eine bevorstehende Fahrt nach Dreilinden: „Es handelt sich um den mehrerwähnten Aufsatz, zu dem ich das Material nur in *Abwesenheit* des Prinzen (jetzt in Saßnitz) bequem einsammeln kann." Im Tagebuch, das für Sommer und Herbst summarisch geführt wurde, heißt es: „Am 8. und 11. Juli war ich in *Dreilinden* draußen und sah mir unter Führung des sehr liebenswürdigen Försters Rosemann am 8. die prinzliche Wohnung in allen ihren Details, am 11. das Forstrevier und die Umgebungen an." Unter den Arbeiten, die ihn „in den nächsten Wochen" ausschließlich beschäftigen sollten, nannte Fontane dann am 23. August seiner Frau gegenüber den „Dreilinden"-Aufsatz.

Eine charakteristische Arbeitsnotiz, die bei den ersten Dispositionsversuchen entstanden sein muß, hat Jutta Neuendorff-Fürstenau in der Fontane-Ausgabe des Münchener Hanser-Verlages erstmals veröffentlicht (Abteilung „Wanderungen durch die Mark Brandenburg“, Band 3, S. 1147):

„Dreilinden. / Klein, aber mein. / Dreilinden ist der am Wannsee gelegene, vielgenannte Landsitz des Prinzen Friedrich Karl. Der Wannsee breitet sich davor aus, in den Gebüschen schlägt der Fink, und unter Eichen seitab ist das Grab Heinrichs v. Kleist. / Erst seit 1846 [!] ist Dreilinden Besitz des Prinzen. Vorher war es Försterei. / 1. *Försterei Dreilinden.* / Allerlei Historisches und wie es war bis 64. / 2. *Dreilinden wird prinzliches Landhaus.* / 1864 bis 65. Beschreibung des Äußerlichen, wie es nun fertig dasteht. / *Dreilinden seit 1866* / oder vielleicht besser: Dreilinden jetzt. / Von dem Augenblick an, wo der Prinz einzog, ist er beflissen gewesen, es auszuputzen, es hübsch und snuggy [behaglich] zu machen. Und es ist ihm geglückt. Versuch ich es in seiner Einrichtung zu beschreiben.“

Der Autor kam indes erst im Spätherbst 1882 zur Niederschrift des Manuskripts. Am 7. November schrieb er ins Tagebuch: „Gearbeitet. Briefe geschrieben an Brugsch-Bey, Balduin Möllhausen und Förster Rosemann – alle in Dreilinden-Angelegenheiten.“ Bis zum 16. November hielt der rege Briefwechsel mit den genannten Partnern an, und vom 19. November bis 23. Dezember findet sich im Tagebuch fast täglich die Notiz: „Gearbeitet: Dreilinden.“ Am Beginn dieser Arbeitsphase, am 21. November, berichtete Fontane seinem Neffen Karl: „Ich habe so nebenher durch den ganzen Sommer hin den Stoff für einen Dreilinden-Aufsatz (Dreilinden, Jagdhaus des Prinzen Friedrich Karl) eingesammelt und will diesen Stoff nun endlich bearbeiten; in der Woche vom 24. bis 31. Dezember soll er in der Vossischen erscheinen ... Was den Aufsatz selbst angeht, so brauch ich, einem Eingeweihten wie Dir gegenüber, wohl kaum hervorzuheben, daß ihm ein nicht gewöhnliches *stoff*liches Interesse zur Seite steht. Ein im Walde gelegenes halb ‚verwunschenes‘ Haus und ein Prinz darin mit seiner Tafelrunde bei Lichterglanz und Fanfaren. Alles wie aus dem Märchen, alles Geheimnis.“ Über den Abschluß der Arbeit informiert folgende Eintragung im Tagebuch: „Die letzte Woche des Jahres war eine Arbeitswoche; am 25. früh erschien das 1. Kapitel von ‚Dreilinden‘ in der Vossischen, und da die folgenden sechs Kapitel noch durchzukorrigieren waren, so gab dies eine wahre Hetzjagd und Angst und Not dazu. Mein Geburtstag wurde vom 30. auf den 31. verlegt, aber auch *das* half nicht; ich wurde bis 6 Uhr (Silvesterabend) mit dem letzten Kapitel gerade noch fertig und saß um 7 Uhr im Parquet ...“

Die „Vossische Zeitung“ veröffentlichte den „Dreilinden“-Aufsatz zum Jahreswechsel 1882/83 in sechs Fortsetzungen (25., 28., 29., 30. und 31. Dezember 1882 sowie 1. Januar 1883). Der Abdruck umfaßte die Kapitel 1 bis 6 sowie Teile von Kapitel 10 der späteren „Fünf-Schlösser“-Fassung (wobei Kapitel 6 im Vorabdruck Kapitel 7 ist und die Passagen von Kapitel 10 als Kapitel 6 erscheinen). Fontane schrieb am 3. Januar 1883 an Mathilde von Rohr: „Die Arbeit, die mich während der Feiertage und auch schon die Wochen vorher beschäftigte, hieß ‚Dreilinden', das vielgenannte Wald- und Jagdhaus des Prinzen Friedrich Karl. Ich bin neugierig, wie der Prinz die Arbeit aufnehmen wird; er reiste gerade ab, als das erste Kapitel erschien."

Über eine unerwartete Reaktion berichtete Fontane am 18. August 1883 in einem Brief aus Thale an seine Frau: „Am Sonnabend brachte der ‚Quedlinb. Anzeiger' einen kleinen Artikel, in dem eine Stelle aus meinem ‚Dreilinden'-Aufsatze zitiert wurde. Das wirkte hier ersichtlich. Auch die besten Menschen sind so argwöhnisch oder so unselbständig, daß sie *ganz* zufrieden erst dann sind, wenn sie's schwarz auf weiß haben."

Fontane hat den Text von „Dreilinden" für die Buchausgabe 1888 besonders intensiv überarbeitet, Kapitelübergänge neu formuliert und zahlreiche stilistische Verbesserungen vorgenommen (charakteristisches Beispiel: Statt der unbeholfenen Wendung im Vorabdruck „Ich, einziger Vertreter der den kürzeren Weg habenden Kolonne", heißt es in „Fünf Schlösser": „Ich, der den kürzeren Weg hatte" [S. 356, Z. 3]). Die Veränderungen resultierten teils daraus, daß dem Autor neues Material zur Verfügung stand (der Aufsatz von Paul Güßfeldt sowie das Reisetagebuch von Brugsch und Garnier; vgl. das Literaturverzeichnis, S. 653), teils aus der Tatsache, daß Friedrich Karl inzwischen gestorben war (Juni 1885), so daß im Erzählstil vom Präsens ins Präteritum gewechselt und überdies eine Reihe von Fakten verifiziert oder ergänzt werden mußte. Die folgende Arbeitsskizze (ebenfalls in der Hanser-Ausgabe erstmals zugänglich gemacht) dürfte aus dem Frühsommer 1888 stammen:

„*Am Wannsee.* / 1. Stimmings (H. v. Kleist). / 2. Begas und Ende. / 3. Conradsche Villa. / 4. Dreilinden. / 5. Prinz Fr. K. von seiner Orientreise bis zu seinem Tode. / Reise. Rückkehr. Gang nach Nikolsko[ë]. / (als Einleitung das Begräbnis des alten Prinzen Karl) s. Kreuzztung / Erbschaft. Tod. Alles öd und leer. / 5. Der Grimnitz-See und Dorf Stolpe."

In diesen Stichworten ist das Programm für die Erweiterung des Vorabdrucks bereits enthalten: die Kapitel 7, 8 und 9 kamen nun erst dazu. Das Kapitel 6 in der Version der „Vossischen Zeitung" (= Kapitel 10 in „Fünf Schlösser") lautet:

Dreilinden hat den landschaftlichen Reiz aller zwischen Potsdam und Spandau gelegenen Ortschaften, übertrifft aber die meisten von ihnen insoweit, als ihm seine Mittelpunktslage gestattet, an der Schönheit *beider* Flügelpunkte: Potsdam und Spandau, teilzunehmen. Und in der Tat, während es in seiner Front die lange Grunewald-Seenkette (den Wannsee als Solitair) überblickt, überblickt es ebenso nach der entgegengesetzten Seite hin eine Reihe historischer Örtlichkeiten, erst Jagdschloß *„Stern"*, ein holländischer Rohziegelbau, mit einem in Glas geäzten Stern über der Tür) und daneben *Kohlhasenbrück* am Telteſließ, in dessen sumpfige Tiefe der trotzige märkische Roßkamm, der diesem Platze den Namen gab, das Silber versenkte, das er, zu Befriedigung seiner Rache, dem mansfeldschen Bergwerksfaktor seines „gnädigen Herrn Kurfürsten" abgenommen hatte. Bei welcher Gelegenheit immer wieder gesagt werden muß, daß Kohlhaas bei Kohlhasenbrück nur seinen *Überfall* ausführte, *nicht* aber auch wohnte. Sein Wohnhaus befand sich vielmehr in Berlin selbst, Fischerbrücke 27, allwo dasselbe bis 1867 fortbestand, nachdem es noch, im Jahre vorher, als ein Lazarettlokal für sechsundsechziger Verwundete gedient hatte. Die *Pique-Zehn* aber, auf die der märkische Roßkamm seinen Fehdebrief an den *sächsischen* Kurfürsten schrieb, existiert noch bis diesen Tag und befindet sich im Museum zu Weimar.

Ebenso nah wie „Stern" und „Kohlhasenbrück" liegt auch das alt-Hakesche *Klein-Machnow* oder „Machnow auf dem Sande", wo wir, neben andrem, zwei bemerkenswerte Denkmäler finden: ein einfaches Steinkreuz am Fahr- und Straßendamm und ein reich gesticktes Banner in der Kirche. Das Banner spricht für sich selbst, und wir entnehmen ihm die folgenden Worte: „Dem Herrn Ernst *von Schlabrendorff* – Oberstwachtmeister in des Oberst-Lieutenants von Grumbkow Eskadron Dragoner, gefallen 1675 bei Fehrbellin und in der Dalimschen Kirche (bei Berlin) beigesetzt – ist von seiner versprochenen Liebsten, Hedwig Margaretha von Hake, diese Fahne zu Ehren und Gedächtnis errichtet worden." – Auch das *Steinkreuz* gilt einem Schlabrendorff, einem ältren (Näheres unbekannt), der von einem von Hake hier, hart am Kirchhofseingang, im Duell erstochen wurde. Liebe stiftete das Banner, Reue das Kreuz.

Auch *Ruhlsdorf* ist nah, wo Bernadotte sein Hauptquartier nahm und am Tage nach der Großbeerner Schlacht über einen Sieg berichtete, den er, günstigstenfalls, nicht gehindert hatte.

Daneben liegt *Gütergotz*, alt-wendischen Ursprungs, an dessen See der „Juthrie-Gotz", der dem Dorfe den Namen gab, eine berühmte Tempelstätte hatte. Der Tempel fiel und nahm seine Geschichte mit ins Grab; aber ein Herrenhaus entstand, und *seine* Geschichte lebt. Und nicht zum geringsten in anekdotischen Zügen. Um nur *ein* Beispiel zu geben: zu Beginn dieses Jahrhunderts wurden alle Zimmer im Herrenhause mit wertlos gewordenen Assignaten austapeziert, bis sechzig Jahre später andre Zeiten und andre Besitzer kamen, erst Graf *Roon* und dann Baron *Bleichröder*, jener der Waffenschmied und dieser der Säckelmeister unsrer letzten Kriege.

Was ich bis hierher von Umgebungen aufgeführt habe, liegt außerhalb der Peripherie des Territoriums von Dreilinden; aber auch *innerhalb* desselben haben wir „Umgebungen" zu verzeichnen, *unmittelbare*, die nicht das weitgespannte *Territorium* als solches, sondern lediglich einen bestimmten Punkt darin, und zwar speziell das *Jagdhaus* von Dreilinden, umzirken. Aus der Reihe dieser nenn ich zuerst: *Bensch' Grab.* [Es folgt, mit kleinen Änderungen, der entsprechende Abschnitt aus Kapitel 10, S. 430, Z. 5 v. u.]

Und wie *Bensch' Grab*, so gehört auch *Neu-Zehlendorf*, das ehemalige Bauerngut, in die Reihe der *innerhalb* der Gesamtperipherie von Territorium Dreilinden gelegenen Umgebungspunkte.

Neu-Zehlendorf also!

Dahin brechen wir nunmehr auf, erst an Acker- und Seeflächen, dann an Schonungen und Kolonistenhäusern vorüber, bis wir ein dem eigentlichen Gute (Neu-Zehlendorf) vorgelegenes, übrigens unter einer getrennten Verwaltung stehendes „Gestüt", das Gestüt *Düppel*, erreichen, in dessen Betrieb wir, die sich darbietende Gelegenheit benutzend, einen raschen und zugleich lehrreichen Einblick tun.

Dieser Betrieb oder sag ich lieber das *Grundprinzip*, auf dem er sich aufbaut, ist, eines starken Beisatzes von Prosa ganz zu geschweigen, mit jener feierlichen Lächerlichkeit gesättigt, die, für mein Gefühl wenigstens, *allem* Mormonistischen anhaftet, es sei nun Mormonismus in Tier- oder in Menschenwelt. Auch der „Emerald", der hier als oberpriesterlicher Brigham Young die Situation beherrscht, unterliegt durchaus der Komik seines Standes, obgleich er, in zurückliegenden Zeiten, eine dezidiert historische Figur und sogar ruhm- und siegreich mit bei Königgrätz war. [Es folgt, mit geringfügigen Abweichungen, der Text der Fußnote auf S. 361, Z. 23 v. u.]

Etwa tausend Schritte weiter nordwärts liegt *Neu-Zehlendorf* selbst, zur Zeit ein ansehnlicher Gutshof mit einem in einem halben Tudorstil gebauten Herrenhause. Bald nach Ankauf beziehungsweise Übernahme des Gutes wurde [folgt, wiederum mit kleinen Änderungen, der Text von S. 360, Z. 21–31].

Das schon erwähnte stattliche Wohngebäude stammt noch aus der Benschschen oder der Salzdirektor-Zeit, erfuhr aber inzwischen mannigfache Verschönerungen beziehungsweise Erweiterungen und weist außerdem eine Marmortafel auf, die, vor etwa zehn Jahren, in einen breiten Wandpfeiler neben der Haupttür eingelassen wurde. Darauf lesen wir folgende Worte: [Es folgt der Text der Fußnote auf S. 358, Z. 2 v. u., dann schließt sich der Abschnitt über Kleists Grab an.]

Auf einige weitere bemerkenswerte Abweichungen zwischen Vorabdruck und Buchausgabe, die die Tendenz der Überarbeitung erkennen lassen, sei im folgenden hingewiesen. Nach „darbringt"

(S. 375, Z. 1 v. u.) folgt in der „Vossischen Zeitung“: „In einer dieser Strophen aber, mit der ich dies Kapitel schließe, heißt es:

Und neuer Lorbeer mag noch oft
Die Stirne dir umwinden:
Ein mutig Roß, ein scharfes Schwert
Dem *Feldherrn* von Dreilinden.“ –

Nach „Tafelrunde zu Dreilinden“ (S. 389, Z. 20) folgt in der „Vossischen Zeitung“: „als ich noch unter den ‚Zwölfen‘ war, und kein Zweifel, so wechselt es noch.“ – Nach „Wohnung im Königlichen Schloß“ (S. 391, Z. 4) folgt in der „Vossischen Zeitung“: „eine Parterre-Zimmer-Reihe, die zwischen dem ersten Portal (der Breiten Straße gegenüber) und der Ecke der Schloßfreiheit gelegen ist.“ – Statt „‚Ach Hermann ... so furchtbar geliebt haben.‘“ (S. 432, Z. 21–24) heißt es in der „Vossischen Zeitung“: „‚Ach, Hermann‘, unterbrach ihn hier eine ziemlich starke Frau, der der Weg, trotzdem er nur kurz war, schon zu lang zu werden anfing, ‚ich bitte dich, laß doch *den*. Hier sind wir ja doch bei Kleisten ... Und so furchtbar arm war er auch jar nich und muß ihr bloß so furchtbar geliebt haben.‘“ – Statt „schwankend“ (S. 434, Z. 15) heißt es in der „Vossischen Zeitung“: „kritisch-abwägend“.

Für die Arbeit an „Dreilinden“ hat Fontane folgende Literatur benutzt (die vollständigen Angaben finden sich jeweils im Literaturverzeichnis, S. 653 ff.): Berghaus, „Landbuch der Mark Brandenburg ...“. – Eylert, „Charakterzüge und historische Fragmente ...“. – Güßfeldt, „Meine Erinnerungen ...“. – Brugsch-Pascha/Garnier, „Prinz Friedrich Karl im Morgenlande ...“. – „Architektonisches Album“, 1839.

355 *Dreilinden* – Das baufällig gewordene Jagdhaus wurde nach dem zweiten Weltkrieg abgerissen, das Forsthaus existiert noch.
so populär wie der des Prinzen – Die damalige Popularität Friedrich Karls ergab sich aus seiner maßgeblichen Mitwirkung an den Kriegen, die Preußen führte. 1864 übertrug man ihm den Oberbefehl über die preußischen Truppen im Feldzug gegen Dänemark; die Düppeler Schanzen wurden unter seiner Führung erstürmt. Die preußischen Siege über Österreich 1866 wurden größtenteils unter seiner Leitung errungen, und auch die Entscheidungsschlachten im Krieg gegen Frankreich 1870/71 folgten seinem Konzept.
im Spätherbst 1881 – Am 25. November. Vgl. die Vorbemerkung.
Kadettendom – In Lichterfelde befand sich die preußische Hauptkadettenanstalt. Fontanes ältester Sohn George war dort in den achtziger Jahren als Lehrer tätig.
356 *„zuige Droschke“* – geschlossene Droschke; „zuig“ als Adjektiv zu „zu“ ist im Berlinischen gebräuchlich.

356 *Gêne* – (franz.) Verlegenheit.
Whistwitze – Witze, die man sich bei dem seinerzeit beliebten Whistspiel zu erzählen pflegte.
Rautenwappen – In der Heraldik bezeichnet man einen auf der Spitze stehenden Rhombus als Raute.
Waldlisière – Waldrand.
rondeelartig – So die bei Fontane übliche Schreibung.
357 *der mächtige Bogen* – Des Bahnhofs Friedrichstraße.
hinter mir wie ein Traum – Fontane gebrauchte die Wendung zu Beginn der fünfziger Jahre mehrfach und bezeichnete sie einerseits (an Witte, 18. Oktober 1852) als „alte Redensart", andererseits (an Heyse, 8. Dezember 1852) als „das neue Bild".
358 *Düppel* – Benennung nach dem kriegsentscheidenden Sieg der Preußen bei den Düppeler Schanzen in Dänemark; vgl. die erste Anm. zu S. 331.
Bensch – Vgl. dazu den Anfang von Kap. 10 („Bensch' Grab").
Tudorstil – Der Tudorstil, der Baustil der englischen Spätgotik, ist benannt nach dem Königsgeschlecht der Tudors (vgl. die Anm. zu S. 87). Er wurde seit dem 18. Jahrhundert, als die englischen Landschaftsgärten in Europa in Mode kamen, in vielen Ländern nachgeahmt.
359 *Familie von Hake* – Vgl. „Spreeland", Kap. „Klein-Machenow oder Machenow auf dem Sande"; Band 4 dieser Ausgabe.
Lieutenant Mumme – Ein Großonkel Fontanes. Vgl. „Meine Kinderjahre", Kap. 1, und „Spreeland", Kap. „Geist von Beeren"; Band 4 dieser Ausgabe.
361 *im Sommer 1882 unter sachkundiger Führung* – Gemeint sind die im Tagebuch verzeichneten Besuche am 8. und 11. Juli, bei denen Förster Rosemann die Führung übernommen hatte.
bei Königgrätz – Vgl. die zweite Anm. zu S. 331.
aus den drei Kriegen – Namen von Schlachtorten aus den Kriegen gegen Dänemark (1864), Österreich (1866) und Frankreich (1870/71).
362 *„Klein, aber mein"* – In „Meine Kinderjahre", Kap. 16, bezieht Fontane den Spruch auf das Häuschen seines Vaters in Schiffmühle bei Bad Freienwalde.
Dulcamarahecke – Dulcamara: Bezeichnung für bestimmte Nachtschattengewächse.
Derfflinger ... in seinen Gusower Zurückgezogenheitstagen – Vgl. „Das Oderland", Kap. „Gusow"; Band 2 dieser Ausgabe.
ein dänischer Runenstein – Der Stein, unter den „Kriegserinnerungen" im folgenden genauer beschrieben, ist heute nicht mehr vorhanden. In der Wochenschrift „Der Bär" veröffentlichte Ernst Friedel am 4. September 1880 einen Aufsatz über den „Runenstein von Dreilinden, Kreis Teltow".

364 *Jagdschloß Glienicke* – 1683 für Kurfürst Friedrich Wilhelm gebaut, 1859 für Prinz Friedrich Karl erworben und umgebaut, 1889 erneut erweitert. 1963 restauriert.

Jagdstück von mittlerer Größe – „Angeschossener Edelhirsch, von einem Schweißhunde verbellt", Gemälde von dem Berliner Maler Oskar Graf von Krockow-Wickerode.

365 *jagdgerechter Ausdruck* – Die „jagdgerechten" Bezeichnungen lauten „forkeln", „Schweiß" und „Lauscher".

367 *Erster Krieg gegen Dänemark* – 1848 um den Besitz der Herzogtümer Schleswig und Holstein; Friedrich Karl befand sich als Hauptmann im Gefolge von General Wrangel.

Feldzug in Baden – 1849 nahm Friedrich Karl als Major im Generalstab des Prinzen Wilhelm von Preußen an der Niederschlagung des badischen Aufstandes teil, der unter anderem von dem Kunsthistoriker Gottfried Kinkel geführt worden war.

Courtoisie – Höflichkeit, ritterliches Benehmen.

sang-froid – (franz.) Kaltblütigkeit.

Danebrog – Die dänische Nationalfahne.

368 *am Düppeltage* – 18. April. Vgl. die erste Anm. zu S. 331.

369 *Moment ..., wo Louis Napoleon dem König Wilhelm den Degen überreicht* – Nach der Schlacht von Sedan (1. September 1870), als Napoleon III. sich in preußische Gefangenschaft begeben mußte.

370 *auf dem Banne* – Soviel wie: auf dem Gebiet.

371 *„Mars vous a donné ..."* – (franz.) Mars hat Ihnen eine Graskrone gegeben. Fahren Sie fort, er wird Ihnen die Königskronen von Jerusalem und Sizilien zurückgeben, die Ihren Vorfahren gehörten.

372 *„gekeilt in drangvoll fürchterlicher Enge"* – Zitat aus Schillers Drama „Wallensteins Tod" (IV, 10).

373 *bei Mars la Tour* – Bei Mars-la-Tour und Vionville fand am 16. August 1870 eine der verlustreichen Entscheidungsschlachten um Metz statt, wobei, zum letzten Male in der Kriegsgeschichte, der Einsatz der Kavallerie den Ausschlag gab. Im folgenden werden aus dem Deutsch-Französischen Krieg noch die Schlachten bei Le Bourget (am 28. Oktober 1870 von den Franzosen eingenommen, am 30. Oktober von den Preußen zurückerobert), St. Privat (französischer Hauptstützpunkt in der Schlacht bei Gravelotte am 18. August 1870), Vendôme und Verneville genannt.

bei Chlum – Der Sturm auf dieses Dorf entschied am 3. Juli 1866 die Schlacht bei Königgrätz. Vgl. die zweite Anm. zu S. 331.

attachiert – ergeben, zugetan.

375 *Möllhausensches Gedicht* – Die Verse stammen aus Balduin Möllhausens Gedicht „Der Feldmarschallstrich". Der Autor nahm es

in seine Sammlung „Die Dreilinden-Lieder" auf, die er 1896 in Berlin erscheinen ließ.

376 *„Oculi, da kommen sie"* – Oculi ist im Kirchenjahr der vierte Sonntag vor Ostern. Der Satz bezieht sich auf die Rückkehr der Schnepfen und ist in einem alten Weidmannsspruch enthalten: „Reminiscere, Gewehr in die Höh! / Oculi, da kommen sie. / Lätare, das ist das Wahre. / Judica ist sie noch da. / Palmarum, Tralarum."

377 *Lätare* – Im Kirchenjahr der dritte Sonntag vor Ostern.

Judica – Im Kirchenjahr der zweite Sonntag vor Ostern.

379 *belles lettres* – (franz.) schöne Künste; hier: Belletristik.

„Suum cuique" – (lat.) Jedem das Seine. Ausspruch Catos; Inschrift des Schwarzen-Adler-Ordens (1701 von Friedrich I. gestiftet).

das Affable – das Leutselige.

380 *Friedenspräliminarien* – Der Präliminarfrieden von Versailles (eine vorläufige Übereinkunft) vom 26. Februar 1871 beendete den Deutsch-Französischen Krieg; im endgültigen Friedensvertrag von Frankfurt (10. Mai 1871) wurden die Bestimmungen bestätigt: Abtretung von Elsaß-Lothringen an Deutschland und Zahlung einer Kriegsentschädigung von fünf Milliarden Francs.

rajolen – den Boden tief umgraben.

„Bezwinger von Metz" – In Metz war während des Deutsch-Französischen Krieges die französische Rheinarmee unter Bazaine eingeschlossen worden; am 27. Oktober 1870 mußte sie vor den Truppen Friedrich Karls kapitulieren.

382 *syrisch-ägyptische Reise* – Vgl. Kap. 8.

„Gambetta-Goltz" – Der preußische Generalfeldmarschall und Militärschriftsteller Colmar von der Goltz hatte 1877 ein aufsehenerregendes Buch über „Léon Gambetta und seine Armeen" veröffentlicht, das Gambetta, der von Oktober 1870 bis Februar 1871 als französischer Innen- und Kriegsminister die nationale Verteidigung organisiert hatte, mit großer Sympathie behandelte und Goltz' zeitweilige Abberufung aus dem preußischen Generalstab zur Folge hatte. Fontane schrieb unter dem Pseudonym Péquin (Zivilist) eine Rezension über das Buch, die am 11. August 1877 in der „Gegenwart" veröffentlicht wurde.

383 *dissolving view* – (engl.) Nebelbild, flüchtiges Bild.

384 *Kanzler* – Bismarck.

385 *Nordenskjöld und Stanley* – Adolf Erik Freiherr Nordenskiöld war durch seine Polarexpeditionen der sechziger und siebziger Jahre des 19. Jahrhunderts, Henry Morton Stanley durch seine Afrika-Reisen in den siebziger und achtziger Jahren sehr populär.

Approfondierungshang – Neigung, etwas sehr sorgfältig zu ergründen.

385 *Lapidarstil* – Besonders gedrängter, formelhafter Stil.
Traditionen von Rheinsberg und Sanssouci – Gemeint sind die Tafelrunden, die Prinz Heinrich in Rheinsberg und Friedrich II. in Sanssouci mit teilweise prominenten Zeitgenossen abzuhalten pflegten.
386 *Otto mit dem Pfeil ... Werbellin* – Vgl. „Das Oderland", Kap. „Am Werbellin"; Band 2 dieser Ausgabe.
die beiden Waldemare – Der Falsche Waldemar, angeblich ein Müllerbursche namens Jakob Rehbock, trat 1347 an die Stelle des heimlich nach Palästina gepilgerten brandenburgischen Markgrafen Waldemar (1303–1319), wurde aber 1350 zum Betrüger erklärt.
Schlacht am Kremmer Damm ... Straßenkampf in Ketzer-Angermünde – Vgl. „Quitzöwel", Kap. 7 und 11.
Hussitenzeit – Kurfürst Friedrich I. von Brandenburg hatte mehrere Reichsfeldzüge gegen die sozialrevolutionäre böhmische Hussitenbewegung geleitet. Zur Vergeltung fielen die Hussiten mehrfach, besonders in den Jahren 1431/32, in die Mark ein. Am 23. April 1432 wurden sie auf dem sogenannten Rutenfelde bei Bernau (nördlich von Berlin) von den Brandenburgern entscheidend geschlagen.
Pommernkämpfe – Die Auseinandersetzungen zwischen den Pommernherzögen und den brandenburgischen Markgrafen im 14. und mit Burggraf Friedrich zu Beginn des 15. Jahrhunderts. Die Pommernherzöge suchten sich von der seit 1231 bestehenden brandenburgischen Lehnshoheit zu befreien. Vgl. „Quitzöwel", Kap. 7 und 11.
Letzlinger Forst – Bei Gardelegen im Bezirk Magdeburg.
ich hatte irgendwo dergleichen versichert – Nicht nachgewiesen.
387 *Curtius an der Spitze* – Der Berliner Altphilologe Ernst Curtius hatte die Ausgrabung Olympias angeregt (1875–1881), die er auch leitete.
Palatin und Esquilin – Zwei der bekanntesten von den sieben Hügeln Roms.
388 *Caesar, als er über den Rhein ging* – Im Jahre 55 v. u. Z. bei Neuwied.
Mommsen – Als bedeutender Historiker des antiken Rom.
Notizen liegen mir noch vor – Ein Bruchstück aus diesen detaillierten Aufzeichnungen, vielfach korrigiert und nicht endgültig formuliert, ist unter der Signatur L 25 im Theodor-Fontane-Archiv der Deutschen Staatsbibliothek, Potsdam, erhalten. Darin heißt es: „Und nun ein Letztes noch, weil es uns auf einem Umwege bis Dreilinden zurückführt. Es war ein Gespräch über Hanse-Zeiten und Hanse-Städte. Wisby gab die Veranlassung, und siehe da, über Wisby war nur *ein* Schritt bis Wismar und

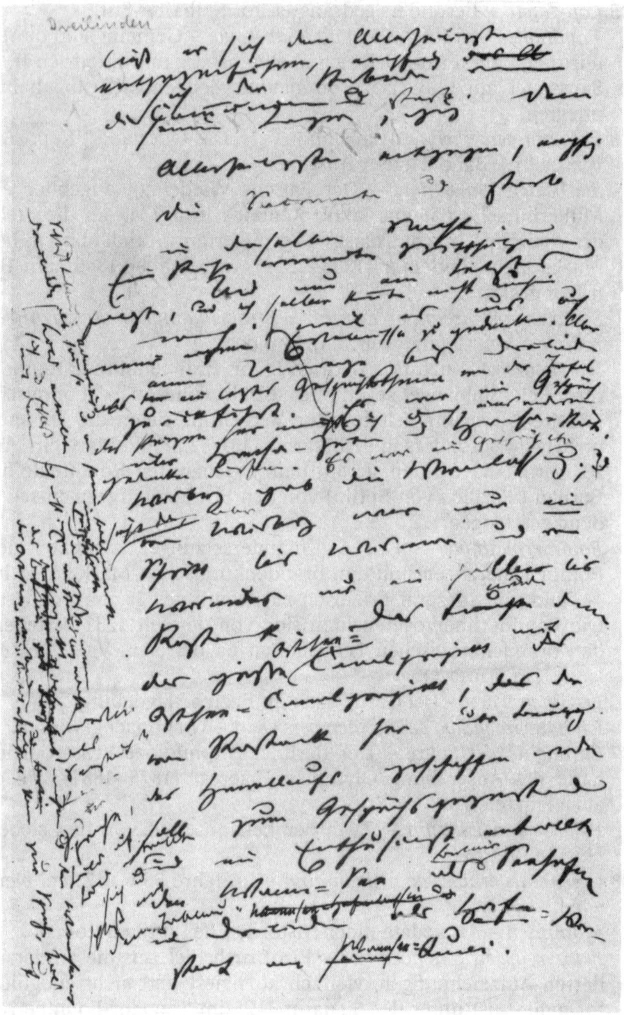

Vorbereitende Aufzeichnungen zu „Dreilinden"

von Wismar nur ein halber bis Rostock. Da wurde denn das große Ostsee-Kanalprojekt, das von Rostock her unter Benutzung des Havellaufs geschaffen werden soll, zum Gesprächsgegenstand, und ein Enthusiast entrollte den Wannsee als Berliner Seehafen und Dreilinden als Hafenvorstadt am Wannsee-Quai."

388 *Kinkel und der badische Feldzug* – Vgl. die zweite Anm. zu S. 367. Kinkel, zu lebenslanger Festungshaft verurteilt, wurde 1850 von Carl Schurz aus der Spandauer Haft befreit; er lebte danach als Emigrant in London, später in Zürich.

Rüstow und sein Wirken – Der preußische Offizier und Militärschriftsteller Wilhelm Friedrich Rüstow publizierte 1850 die Schrift „Der deutsche Militärstaat vor und während der Revolution", die ihm ein kriegsgerichtliches Verfahren einbrachte (zumal er bereits 1845 die Abschaffung der stehenden Heere und die Einführung der Volksverteidigung gefordert hatte). Noch vor der Entscheidung des Kriegsgerichts floh er ins Ausland, war 1860 Generalstabschef Giuseppe Garibaldis, des Führers der nationalen Befreiungsbewegung in Italien, und wirkte später als Dozent für Kriegswissenschaften in Zürich.

Skobeleff – Wereschagin – Der russische General Michail Dimitrijewitsch Skobelew war durch seine Siege im Feldzug gegen die Türken (1877/78) bekannt geworden. Der russische Maler Wassilij Wassiljewitsch Wereschtschagin hatte im Stabe Skobelews am Russisch-Türkischen Krieg teilgenommen, den er in abschrekkenden Gemälden darstellte. Wereschtschagin bereiste mit seinen Bildern mehrere westeuropäische Länder und rief gegen den Krieg auf. Fontane lernte den Maler 1882 in Berlin kennen.

Garibaldi – Er nahm auf französischer Seite am Deutsch-Französischen Krieg teil und befehligte die Vogesenarmee.

Chanzy – Der französische General Antoine-Eugène-Alfred Chanzy war während des Deutsch-Französischen Krieges bei Le Mans (9.–12. Januar 1871) geschlagen worden.

Bazaine – Vgl. Anm. zu S. 397.

Welche Fülle der Gesichte! – Nach Goethes „Faust", I, Vers 520.

389 *Pallasch* – Schwerer Degen.

Fescas Frühlingslied – „Im Frühling", von dem Komponisten und Geiger Friedrich Ernst Fesca.

„Das Ständchen" von Haydn – Das Lied „Liebes Mädchen, hör mir zu" wurde früher Haydn zugeschrieben, stammt aber offenbar von Mozart (1783).

Rubinsteins „Asra" – Anton Rubinsteins Vertonung des gleichnamigen Gedichts aus Heines „Romanzero".

„Vorrei morire" von Tosti – Das Lied „Ich möchte sterben" stammt aus den „Canti popolari Abruzzesi" des in England wirkenden italienischen Gesangslehrers Francesco Paolo Tosti.

389 *„Königsgrenadiere"* – Wahrscheinlich das Lied des gleichnamigen preußischen Grenadierregiments „König Wilhelm I.", Nr. 7.

390 *„Gründungslied von Dreilinden"* – Von Balduin Möllhausen. Unter dem Titel „Die Gründung von Dreilinden" findet es sich in der Sammlung „Die Dreilinden-Lieder" (vgl. die Anm. zu S. 375).

schwartig – Wohl soviel wie: rauh, kernig.

Odin und Thunar – Gottheiten der nordischen Mythologie.

392 *Judica-Palmarum* – Im Kirchenjahr zweiter und letzter Sonntag vor Ostern.

in der „Deutschen Rundschau" – Paul Güßfeldt, „Meine Erinnerungen ..." (vgl. das Literaturverzeichnis, S. 653), S. 179–182. Fontane zitiert nicht genau, schreibt manches um und faßt größere Passagen zusammen, ohne die Auslassungen zu kennzeichnen.

393 *Moderateurlampe* – Öllampe mit sparsamer Brennstoffzufuhr.

Biliner Glasflasche – Mit „Biliner Sauerbrunnen" gegen verschiedene Katarrhe.

Sacrum – Etwas Heiliges.

394 *„Monseigneur, j'ai l'ordre ..."* – (franz.) Monseigneur, ich habe Befehl, Ihnen die kaiserliche Garde zu übergeben.

395 *„buveurs intrépides"* – (franz.) unverzagte Trinker.

396 *Brugsch ... grimmer Basse* – Der Ägyptologe Heinrich Karl Brugsch hatte 1881 vom Vizekönig von Ägypten den Titel eines Paschas verliehen bekommen.

von Seiner Majestät – Von Kaiser Wilhelm I.

aus der ersten Kaiserzeit – Gemeint ist die Zeit, in der Napoleon Bonaparte Kaiser der Franzosen war (ab 1804).

„Il faut avoir ..." – (franz.) Man muß in Ägypten gewesen sein, um etwas gesehen zu haben. Ich habe mit meinen eigenen Augen Krokodile und Klapperschlangen gesehen, die Tambourmajore wie Pfeffergurken fraßen.

397 *Kaiser Maximilian von Mexiko* – Maximilian, ein Bruder des österreichischen Kaisers Franz Joseph, nahm 1864 die mexikanische Kaiserkrone an, die ihm auf Betreiben Napoleons III. angetragen worden war. In den Auseinandersetzungen mit dem rechtmäßigen Präsidenten Juárez unterlag er, nachdem das französische Expeditionsheer unter Marschall François-Achille Bazaine nach Frankreich zurückkehrte, wurde zum Tode verurteilt und 1867 erschossen. Bazaine war 1870 nach Ausbruch des Deutsch-Französischen Krieges Oberbefehlshaber der französischen Rheinarmee. Friedrich Karl schloß diese in Metz ein, und Bazaine mußte kapitulieren. 1872 verurteilte ihn deshalb ein französisches Kriegsgericht zum Tode; das Urteil wurde in Festungshaft verwandelt, aus der Bazaine nach Spanien fliehen konnte, wo er in ärmlichen Verhältnissen starb.

398 *Verteidigung Korfus* – Johann Matthias Reichsgraf von der Schulenburg stand zunächst in sächsischen Diensten und war ab 1715 Feldmarschall der Republik Venedig. 1716 verteidigte er Korfu erfolgreich gegen die Türken.
Nadel der Kleopatra ... Schwester – Als „Nadeln der Kleopatra" werden zwei Obelisken aus dem 15. Jahrhundert v. u. Z. bezeichnet, die ursprünglich in Heliopolis, danach in Alexandria aufgestellt waren. Durch Schenkung kam ein Obelisk nach England (seit 1878 in London), der zweite in die USA (seit 1880 in New York).
399 *Ichneumons* – Schleichkatzenart.
Chediw – Khedive: der Vizekönig von Ägypten, Ismail Pascha.
401 *die das Moseskind ... aufnahm* – Nach dem Alten Testament, 2. Mose, 2.
„Nur die Erinnerung ..." – Wohl in Anlehnung an die Jean-Paul-Sentenz: „Die Erinnerung ist das einzige Paradies, aus welchem wir nicht getrieben werden können". (Aus: „Impromptüs, welche ich künftig in Stammbücher schreiben werde".)
405 *die berühmte Memnonssäule* – Es gibt zwei riesige ägyptische Sitzbilder von Amenophis III., die ursprünglich vor seinem Totentempel in Theben standen. Nach ihrer teilweisen Zerstörung soll eine der Säulen klagende Laute von sich gegeben haben, sobald sie die Strahlen der aufgehenden Sonne trafen. Diese Töne wurden als Gruß des Memnon, der als Sohn der Eos (der Morgenröte) und als Erbauer der Säulen galt, an seine Mutter gedeutet.
406 *„württembergische Templer"* – Der geistliche Ritterorden der Tempelherren, 1119 zum Schutz der zum Heiligen Grab wallfahrtenden Pilger gegründet, wurde 1312 aufgehoben. Neugründungen mit veränderten Zielsetzungen gab es im 18. und 19. Jahrhundert. So schuf Christian Hoffmann 1854 in Württemberg eine Tempelgesellschaft („Jerusalemsfreunde"), die seit 1868 Siedlungen in Palästina anlegte.
409 *Krieg in Ägypten* – Im Gefolge eines Militäraufstandes vom September 1881 wurde ein neues Kabinett berufen, in dem Oberst Arábi das Kriegsministerium übernahm; Arábi suchte sein Land von europäischer Bevormundung zu befreien. Als 1882 ein Aufstand in Alexandria ausbrach, bei dem zahlreiche Europäer ums Leben kamen, begann die militärische Intervention Frankreichs und vor allem Englands. Alexandria wurde bombardiert, Arábi gefangengenommen, Ägypten besetzt.
411 *Entrepreneur ...* – (franz.) Unternehmer und Generaldirektor.
412 *Johannitermantel* – Vgl. die vierte Anm. zu S. 105.
„À la Mer Morte ..." – (franz.) Am Toten Meer, 23. Februar 1883. Lager seiner Königlichen Hoheit Friedrich Karl von Preußen.
413 *Casa nuova foresteria* – (ital.) Das neue Fremdenhaus.

414 *Sœurs religieuses* – (franz.) Fromme Schwestern.
415 *Drusen* – Volksgruppe in Syrien und im südlichen Libanon mit eigner religiöser Lehre.
Maroniten – Eigenständige Religionsgemeinschaft in Syrien und im Libanon.
Diligence – Eilpostwagen.
416 *aquilin* – adlerartig.
Person des Kronprinzen – Friedrich Wilhelm, der spätere Kaiser Friedrich III. (1888).
Eröffnung des Suezkanals – Am 17.November 1869.
Verbannung – Abd al-Kadir war der Führer der arabischen Freiheitsbewegung gegen den französischen Kolonialismus.
417 *Soirée dansante* – (franz.) Abendliches Fest mit Tanzvorführungen.
421 *Gesangbuchlied* – Von Paul Gerhardt (1656).
423 *Palais am Wilhelmsplatz* – Das Johanniterordenspalais wurde 1737 errichtet und 1828 von Schinkel umgebaut. Im zweiten Weltkrieg wurde das Gebäude, in dem Goebbels sein „Reichspropaganda-Ministerium" etabliert hatte, zerstört. Vgl. Fontanes Bemerkung über diesen „völligen *Zwangsbau*" in „Spreeland", Kap. „Friedrichsfelde"; Band 4 dieser Ausgabe.
424 *wieder ins Leben gerufener Orden* – Vgl. die vierte Anm. zu S.105.
425 *Rezidiv* – Rückfall, Wiederkehr.
Parentation – Leichenrede.
in der Kögelschen Rede – Kögel war ab 1863 Hof- und ab 1880 Oberhofprediger in Berlin.
Soldatenkönige ... Grabkammer unter der Kanzel – Friedrich Wilhelm I. und Friedrich II. waren in der ehemaligen Hof- und Garnisonkirche „Zum Heiligen Kreuz" beigesetzt (die Kirche war 1731 bis 1735 gebaut worden; sie brannte 1945 aus, und die Ruine wurde 1968 beseitigt). Die Sarkophage wurden bereits vor 1945 auf die Burg Hohenzollern in Württemberg gebracht.
426 *Ruhestätte nach Nikolskoë* – Vgl. Kap.10, Abschnitt 4.
so schreibt Dr. Paul Güßfeldt – „Meine Erinnerungen ..." (vgl. das Literaturverzeichnis, S. 653), S. 184f. sowie 191f. Auch dieses Zitat ist eine Collage; vgl. die zweite Anm. zu S.392.
Rankes Weltgeschichte – Leopold von Rankes (unvollendetes) Spätwerk, die „Weltgeschichte", erschien seit 1881.
427 *affizieren* – befallen.
aut aut – (lat.) entweder oder.
429 *Strategie von Sedan* – Entscheidende, verlustreiche Schlacht im Deutsch-Französischen Krieg (1.September 1870).
Opferritte von Mars la Tour – Vgl. die erste Anm. zu S.373.
430 *Pfaueninsel* – Vgl. „Havelland", Kap. „Die Pfaueninsel"; Band 3 dieser Ausgabe.

430 *Kohlhasenbrück, Jagdschloß Stern, ... Gütergotz* – Vgl. das Kap. „Gütergotz", das in der Erstausgabe von „Havelland" erschien, danach aber ausgeschieden wurde; Band 6 dieser Ausgabe.
Kleinmachnow – Vgl. „Spreeland", Kap. „Kleinmachenow oder Machenow auf dem Sande"; Band 4 dieser Ausgabe.
Bensch' Grab – Stein und Lindenbaum sind noch heute vorhanden, auch der „Nadelholz-Kreis" ist erkennbar; das Holzgitter fehlt.
431 *„Wieder-zu-Erde-Werden"* – Anspielung auf die Begräbnisformel, die auf dem Alten Testament, 1. Mose, 3,19, beruht: „Im Schweiße deines Angesichts sollst du dein Brot essen, bis daß du wieder zu Erde werdest, davon du genommen bist. Denn du bist Erde und sollst zu Erde werden."
Kreuze, mit dem Schmetterling ... – Todessymbole auf Grabdenkmälern.
Kleists Grab – Die Grabstätte, inzwischen in längst bebauter Umgebung und mehrfach umgestaltet, ist gut erhalten.
Werft – Weidengestrüpp.
432 *Kladderadatsch ... Schlappe* – Anspielung auf die preußische Niederlage bei Jena und Auerstedt im Oktober 1806.
um eine kranke Frau war es – Adolfine Henriette Vogel. Sie und Kleist hatten beschlossen, gemeinsam aus dem Leben zu scheiden.
433 *10. Oktober* – Laut Kirchenbuch und Taufregister: 18. Oktober.
21. September – Tatsächlich am 21. November.
Er lebte, sang und litt ... – Verfasser war der Berliner Arzt und Schriftsteller Max Ring (1817–1901).
Kleists Käthchen – Titelfigur in „Das Käthchen von Heilbronn" (1810).
434 *peremtorisch* – keinen Widerspruch duldend.
Kiosks – Hier: Gartenhäuser.
Stolpe – 1898 wurden die (Villen-)Kolonien um das Dorf mit Stolpe vereinigt, und die neue Gemeinde erhielt den Namen Wannsee (seit 1920 zu Zehlendorf gehörig). Die Eisenbahnhaltestelle Wannsee war 1874 eingerichtet worden.
so schreibt Berghaus – „Landbuch der Mark Brandenburg" (vgl. das Literaturverzeichnis, S. 653), Band 1, S. 478 f.
435 *Teltower Rübe* – Besondere Form der Speiserübe, die als märkische Spezialität galt.
Zeit des Großen Kurfürsten oder ersten Königs – Friedrich Wilhelm war von 1640 bis 1688 Kurfürst von Brandenburg, sein Sohn, Friedrich I., krönte sich 1701 zum König und regierte bis 1713.
Fundamente zu einer neuen – Die Alte Kirche wurde 1858/59 von August Stüler gebaut und ist im wesentlichen in Fontanes Beschreibung erhalten.

435 *Epitaphium* – Bis heute erhalten.
436 *Planteur* – Baumgärtner.
437 *konditionieren* – in Diensten stehen.
Kleist nennt ihn irrtümlich Michael – In „Michael Kohlhaas“.
438 *offenes Erbbegräbnis* – Bis heute erhalten.
439 *Westfälinger* – Westfale.
„Beke“ – Das Telte-Fließ, meist „Bäke“ genannt, entsprang am Fichteberg in Steglitz und zog sich durch ein versumpftes Tal bis zum Griebnitzsee. Mit dem Bau des Teltow-Kanals (1901–1906) verschwand die „Bäke“ bis auf ein Reststück bei Kleinmachnow.
russisches Blockhaus – 1819 errichtet, dient heute als Gaststätte.
so erzählt Eylert – „Charakterzüge und historische Fragmente …“ (vgl. das Literaturverzeichnis, S. 653).
440 *Kronprinz* – Der spätere Friedrich Wilhelm IV.
Schadow – Albert Dietrich Schadow.
441 *1837 war der Bau beendet* – Die Kirche St. Peter und Paul ist im wesentlichen in Fontanes Beschreibung erhalten.
Stüler und Schadow haben sich … ausgesprochen – Das Heft 4 des ersten Bandes vom „Architektonischen Album“, „redigiert vom Architektenverein zu Berlin durch Stüler, Knoblauch, Salzenberg, Strack, Runge“, Potsdam 1839, ist ausschließlich der Kirche gewidmet. Das Zitat, mehrfach von Stülers und Schadows Text abweichend, findet sich S. 3f.
442 *Filialdorf* – Dorf, dessen Kirche vom Pfarrer einer anderen Gemeinde betreut wird.
443 *Prinzessin Karl* – Marie von Sachsen-Weimar, die Frau des Prinzen Karl.
444 *Gruft* – Heute nicht mehr zugänglich.
Kirchhof – Er ist noch heute erhalten.

Vom 14. Oktober 1806 bis 18. Oktober 1813 Sieben Jahre Welt- und Landesgeschichte vom Standpunkt eines märkischen Herrensitzes aus

Als Fontane das „Liebenberg“-Kapitel vorbereitete, hatte die Familie Eulenburg dem Autor auch die Briefe Friedrich Leopolds von Hertefeld an dessen mit Danckelmann verheiratete Tochter Alexandrine zugänglich gemacht (vgl. S. 605ff.). Fontane traf eine Auswahl daraus, brachte sie in eine bestimmte Ordnung, versah sie mit Zwischenüberschriften und hat sicher auch, wie er zu tun pflegte, „Stil angeputzt“. Das Tagebuch weist Arbeit an den Hertefeld-Briefen zwischen dem 19. April und dem 10. Juni 1881 aus.

Am 20. Juni 1881 schrieb Fontane in einem ungedruckten Brief an Eulenburgs Vater: „Gleichzeitig mit diesen Zeilen, hochgeehrter

Herr Graf, oder doch nur wenige Stunden später werden endlich wieder die Bücher und Briefschaften in Liebenberg eintreffen, die Sie so freundlich waren mir auf fast Jahresfrist anzuvertrauen. Ich hätte sie eher mit meinem ergebensten Danke zurückgeliefert, wenn ich sie nicht wirklich noch gebraucht hätte. Meine Intention ging von Anfang an dahin, dem seinen Briefen entlehnten *Lebens*bilde Friedrich Leopolds v. H. auf ebendasselbe Material gestützt ein *Zeit*bild folgen zu lassen, und mit *diesem* bin ich erst gestern fertig geworden. Ich habe mich auf die Epoche von 6 bis 13 beschränkt und eine besondre Liebe den in die Jahre 10, 11 und 12 fallenden Finanz-, Steuer- und Zollprojekten gewidmet, die, herausgeschält und zu einem Ganzen zusammengestellt, nun den Eindruck machen, als läse man Reichstagsverhandlungen aus den Jahren 1880 und 81. Derselbe Streit, dieselbe Wut, dieselben Wirrnisse. ‚Alles schon dagewesen.' / Über kurz oder lang werden diese Auszüge und Zusammenstellungen Ihrem Auge, hochgeehrter Herr Graf, vorliegen, und der Wunsch wenigstens erfüllt mich, daß nichts davon Ihnen Anstoß geben möge. Schon mit solchem Resultate bin ich nach langer Erfahrung auf diesem Gebiete zufrieden."

Fontane ließ die Briefe, mit einer knappen Einführung versehen, als eine Art Ergänzung zu den „Hertefeld"- und „Liebenberg"-Abdrucken vom Januar/Februar im Herbst 1881 in der „Vossischen Zeitung" veröffentlichen: „Vom 14. Oktober 1806 bis 18. Oktober 1813. Sieben Jahre Welt- und Landesgeschichte vom Standpunkt eines märkischen Herrensitzes aus" (18. und 25. September und 2., 9., 16., 23. und 30. Oktober 1881). Wegen der engen inhaltlichen Zusammengehörigkeit mit dem „Liebenberg"-Kapitel ist die Dokumentation in der vorliegenden Ausgabe den „Fünf Schlössern" als Anhang zugeordnet worden.

447 *Reihe von Aufsätzen ... an ebendieser Stelle* – Im Januar/Februar 1881 in der „Vossischen Zeitung". Vgl. S. 609 f.
Gestalt Friedrich Leopolds von H. – Vgl. „Liebenberg", Kap. 3.
448 *Liebenberg geplündert* – Vgl. „Liebenberg", Kap. 3.
449 *Courant* – Die Metallmünzen der preußischen Währung.
Affilierte – Soviel wie: Helfer, Mitarbeiter.
unter Friedrichs Stempel – Mit dem Bildnis Friedrichs II.
Urheber alles dieses Übels – Napoleon.
450 *Magdeburg* – Die Festung Magdeburg war 1806 kampflos den Franzosen übergeben und von diesen als starke Garnison ausgebaut worden.
Lestocq – Er war bis Ende 1809 Gouverneur von Berlin.
Papillon – Schmetterling.
Poule blanche – Geschichte und Bedeutung des Gemäldes sind im „Liebenberg"-Kapitel beschrieben. Vgl. S. 342.

450 *„desolaten Bödel"* – desolate boedel: (niederl.) heillose Unordnung, verkommene Wirtschaft.
Niederkunft der Königin – Geburt der Prinzessin Luise (1807).
Der alte Herr ... jetzt am Militärruder – Gemeint ist wohl der damals erst zweiundfünfzigjährige Scharnhorst, der an der Spitze der im Juli 1807 eingesetzten Militärorganisationskommission stand.

451 *Immediatkommission* – Kommission, die im unmittelbaren Auftrag der Regierung für bestimmte Aufgaben eingesetzt ist.
Königsberg – Dorthin war der preußische Hof 1806 nach der Niederlage von Jena und Auerstedt geflohen.
pauvres gens ... gens sans moyens – (franz.) arme Leute ... mittellose Leute.
Hohenlohesche Katastrophe – General Friedrich Ludwig zu Hohenlohe-Ingelfingen und sein Oberquartiermeister Christian von und zu Massenbach gelten als die Hauptverantwortlichen für das preußische Desaster vom 14. Oktober 1806 bei Jena (vgl. die zweite Anm. zu S. 276). Massenbach veröffentlichte eine Reihe von Schriften, in denen er sich zu rechtfertigen suchte.
inkulpieren – beschuldigen, anklagen.

452 *großer König* – Friedrich II.
Gebrauch der China – Gemeint ist das aus der Chinarinde gewonnene Arzneimittel.

453 *der Häsensche Herr* – Vgl. S. 270.
Schill – Auf eigene Verantwortung setzte Schill sein Regiment gegen die Franzosen ein, um ein Signal zur allgemeinen Erhebung gegen die Napoleonischen Besatzungstruppen zu geben. Der König verurteilte Schills Vorgehen als eine „unglaubliche Tat".

454 *Gefecht unweit Magdeburg* – Am 5. Mai 1809 bei Dodendorf.
Westfälinger – Truppenkontingente aus dem Königreich Westfalen, das Napoleon 1807 gebildet und seinem Bruder Jérôme Bonaparte übertragen hatte.
Arrestation von Chazot – Chasot, der Berliner Stadtkommandant, erhielt den Abschied, nachdem Schill seine Truppe aus der Stadt geführt hatte.

455 *embarquieren* – einschiffen.

456 *Herzog von Braunschweig-Oels* – Friedrich Wilhelm von Braunschweig-Oels, der 1805 das Fürstentum Oels in Schlesien geerbt und 1806 durch Napoleon verloren hatte, eroberte 1809 mit einem Freicorps tatsächlich vorübergehend Dresden und Leipzig. Erst 1813 kam er in sein Land zurück.
der alte kasselsche Herr – Gemeint ist Kurfürst Wilhelm I. von Hessen-Kassel, den Napoleon 1806 abgesetzt und dessen Besitzungen er dem Königreich Westfalen zugeschlagen hatte. Wilhelm I. kehrte 1813 nach Kassel zurück.

456 *Schills Geschichte ist ... zu Ende* – Schill fiel am 31. Mai 1809 bei den Straßenkämpfen in Stralsund.
forcieren – (zum Aufgeben) zwingen.

457 *andere ... in Spandau arretiert* – Elf Schillsche Offiziere wurden im September erschossen, gefangene Soldaten als Sträflinge auf französischen Galeeren verwendet.
Alentours – Etwa: die Leute im Umkreis der Regierenden.
scharmuzieren – kleine Gefechte führen.

458 *fahnden* – Hier: fangen.
gegen Spanien oder Österreich – 1808 hatte Napoleon seinen Bruder Joseph Bonaparte als König von Spanien eingesetzt; sogleich bildeten sich Freiwilligenverbände (Guerillas), die, von England unterstützt, den französischen Besatzungstruppen zermürbende Kämpfe lieferten. Österreich nutzte Napoleons Schwierigkeiten in Spanien und erklärte Frankreich am 9. April 1809 den Krieg.
Schlacht bei Aspern und Eßling – 21./22. Mai 1809. Erzherzog Karl befehligte die österreichischen Truppen.

459 *Tirol* – Andreas Hofer, der Führer des Tiroler Freiheitskampfes, hatte am 25. und 29. Mai 1809 in der Schlacht am Berge Isel die bayrischen Truppen zum Abzug gezwungen.
Rheinbündler-Truppen – Kontingente des Rheinbundes, den Napoleon 1806 aus 16 deutschen Staaten gebildet hatte und dem sich bis 1811 weitere 20 deutsche Länder anschlossen.
Verlust von Vlissingen – Gemeint ist wohl die Zerstörung des holländischen Kriegshafens Vlissingen durch die Engländer im Jahre 1809.
Konskriptions-Ergänzung – Auffüllung der Truppen durch Aushebung von Rekruten.

460 *Lefebvre* – Lefebvre, für seine Verdienste bei der Belagerung von Danzig 1807 zum Herzog von Danzig ernannt, schlug 1809 den Tiroler Aufstand nieder.
démettre et chasser – (franz.) absetzen und wegjagen.

461 *Umänderung unserer Staatsverfassung* – Gemeint sind die vielfältigen Reformen unter Stein und Hardenberg.
Großkanzler – Vgl. die vierte Anm. zu S. 275.
Accoucheur – Geburtshelfer.
das viele Kindern – Königin Luise brachte am 4. Oktober 1809 ihr letztes Kind, Albrecht, zur Welt.
Faiseurs – (franz.) Unruhstifter, Plänemacher; ministerielle Agenten.

462 *Menschenschinder im großen Babel* – Napoleon in Paris.
Kaiser Alexander – Der russische Zar Alexander I.
Königs Geburtstag – 3. August.
Righini – Der italienische Opernkomponist Vincenzo Righini wirkte von 1793 bis 1812 als Kapellmeister an der Berliner Oper.

462 *Singakademie* – Die Berliner Singakademie zur Pflege des Chorgesangs war 1791 gegründet worden; Zelter übernahm im Jahre 1800 die Leitung.

den „Amerikaner" spielen – „Der Amerikaner", Schauspiel von Wilhelm Vogel.

Tod der Madame Schick – Sie war am 9. April 1809 unmittelbar nach einer Aufführung von Righinis „Tedeum" im Berliner Dom gestorben.

463 *Brand der Petrikirche* – Es war die vierte Kirche an dieser Stelle, ein Barockbau von 1733. Fontanes Mutter hat als Kind den Brand miterlebt; vgl. „Meine Kinderjahre", Kap. 1.

Haude und Spener ... Pauli – Berliner Verlagsbuchhandlungen.

465 *„On voyait ..."* – (franz.) Man sah, daß der Beifall nicht angeordnet war.

der neue Gouverneur – Kalckreuth.

466 *Nagler ... Beyme* – Karl Ferdinand Friedrich von Nagler, der spätere preußische Generalpostmeister, war 1809 Geheimer Staatsrat und einflußreicher Ministerialbeamter geworden; Karl Friedrich von Beyme war Justizminister im Ministerium Dohna-Altenstein.

467 *die bekannte Heirat* – Napoleon heiratete am 1. April 1810 seine zweite Frau, Marie Louise. Sie war die älteste Tochter Kaiser Franz' I. von Österreich.

Entredepots – Zwischenlager.

Schlesien an den Schwiegerpapa – Das Gebiet war durch die Schlesischen Kriege Friedrichs II. an Preußen gekommen; nun könnte es, so die Überlegung Hertefelds, an Österreich zurückgelangen.

Großkanzler – Vgl. die vierte Anm. zu S. 275.

Exminister von Hardenberg – Hardenberg, der bereits 1804 und 1807 einflußreiche Ämter innegehabt hatte, wurde im Juni 1810 zum preußischen Staatskanzler ernannt.

468 *Minister des Innern* – Alexander Graf zu Dohna-Schlobitten.

Der der Finanzen – Karl Freiherr vom Stein zum Altenstein.

König von Sachsen – Friedrich August, dessen Truppen bis 1813 auf französischer Seite kämpften.

469 *Louis Bonaparte* – Ein Bruder (nicht der Vater) Napoleons III.; er war 1807 Kronprinz von Holland geworden.

Konstantin – Konstantin Pawlowitsch, Bruder des Zaren Alexander I.

Bruder Louis – Der 1806 bei Saalfeld gefallene Prinz Louis Ferdinand.

Neugestaltung des Ministeriums – Durch die Berufung Hardenbergs.

469 *Reunion von Holland* – Am 1. Juli 1810 hatte König Ludwig, ein Bruder Napoleons, abgedankt, und die Niederlande wurden Frankreich einverleibt.

Tod der Königin – Luise war am 19. Juli 1810 mit vierunddreißig Jahren gestorben.

470 *Pariser Feuer-Ball* – Der österreichische Botschafter in Paris, Karl Fürst von Schwarzenberg, der 1809/10 die Verhandlungen über Napoleons Heirat mit Marie Louise (vgl. die erste Anm. zu S. 467) geleitet hatte, gab aus Anlaß der Vermählung ein Bankett, das mit einer verheerenden Brandkatastrophe endete.

Festons – Girlanden.

Pumpernickel- und Pachter-Feldkümmel-Komödien – „Rochus Pumpernickel": erfolgreiches Quodlibet des österreichischen Komponisten Matthäus Stegmayer; „Pachter Feldkümmel von Tippelskirchen": Lustspiel von August von Kotzebue.

471 *Westfälinger* – Vgl. die zweite Anm. zu S. 454.

„Tugendbündler" – Der „Tugendbund", im April 1808 in Königsberg gegründet und Ende 1809 auf Intervention Napoleons aufgelöst, war eine Geheimorganisation, die durch Erziehung zum Patriotismus die Befreiung von der französischen Okkupation vorzubereiten suchte. Scharnhorst war nicht Mitglied, stand dem Verein aber nahe.

472 *Hausvogtei* – Vgl. die erste Anm. zu S. 188.

von H. – von Hertefeld.

473 *Sie fahren oft an* – Hier: sie ecken an, erregen Ärgernis.

474 *Laßbauern* – Laßgüter: auf Widerruf verliehene Güter.

475 *à la français* – (franz.) nach französischer Art.

Hauptpetitum – Hauptbegehren.

Exminister von Stein – Stein war 1807/08 bereits leitender Minister in Preußen gewesen.

478 *Particulier* – Privatmann, Bürger.

Im neu kreierten Königreich Italien – Napoleon hatte 1805 die Italienische Republik in das Königreich Italien verwandelt und sich zum König von Italien krönen lassen.

Droits réunis – (franz.) indirekte Steuern.

aufgesöllert – auf dem Speicher gestapelt.

479 *„Que vous êtes ..."* – (franz.) Was sind Sie doch für ein Schurke oder Dummkopf.

Karl – Karl von Hertefeld.

481 *Admonition* – Ermahnung.

482 *der neu erwählte Kronprinz* – Der französische Marschall Jean-Baptiste Jules Bernadotte, Fürst von Pontecorvo, war 1810 von den schwedischen Ständen zum Kronprinzen gewählt worden. Er wandte sich nun gegen Napoleon und verbündete sich mit Rußland. 1818 wurde er König von Schweden.

483 *Caprice der Marechaux* – Laune der Marschälle.
Fourage – (Pferde-)Futter.
kostbar – Hier: kostspielig.
484 *Vizekönig von Italien* – Eugène de Beauharnais, ein Stiefsohn Napoleons, war seit 1805 Vizekönig von Italien.
Relais – Stationen für den Pferdewechsel.
485 *„tant va la cruche ..."* – (franz.) solange geht der Krug zum Wasser (bis er bricht).
Stiller Freitag – Karfreitag.
487 *Restitution von Finnland an Schweden* – Finnland, schwedischer Besitz, war 1808/09 an Rußland gefallen. Vgl. die erste Anm. zu S. 340.
König von Westfalen – Vgl. die zweite Anm. zu S. 454.
Sage – Hier: Gerücht.
Tilsiter Frieden – Vgl. die zweite Anm. zu S. 283.
488 *Exzedenten* – Leute, die Unfug anstellen.
vorliebnehmen – Hier: sich bedienen (mit Dingen, die ihnen nicht gehören).
489 *Illyrier* – Truppenkontingente aus den 1809 von Napoleon gegründeten Illyrischen Provinzen, den nördlichen Teilen des heutigen Jugoslawiens.
aptiert – umgewandelt, eingerichtet.
Lazarettfieber – Flecktyphus.
490 *Courant* – Vgl. die erste Anm. zu S. 449.
491 *Generalmarschschlagen* – Das Signal für Alarm.
492 *Dresdner Konferenz* – Vom 16. bis 28. Mai 1812, am Vorabend des Rußlandfeldzuges, hatte Napoleon ein Treffen europäischer Fürsten in Dresden abgehalten, an dem auch der preußische König Friedrich Wilhelm III. teilnahm.
493 *König von Neapel* – Napoleons Schwager Joachim Murat war seit 1808 König von Neapel.
Racepferd – Race: (franz.) Rasse.
494 *de haut en bas* – (franz.) von oben herab.
Yorcksches Corps – Ludwig Yorck von Wartenburg befehligte das preußische Hilfscorps in Napoleons Großer Armee. Vgl. auch die zweite Anm. zu S. 304.
grün fouragiert – Gras statt Heu an die Pferde verfüttert.
495 *die Herrnhuter in Gnadenfrei* – Kolonie der Herrnhuter Brüdergemeine, einer Gemeinschaft innerhalb der protestantischen Kirche; vor allem bekannt durch Erziehungsarbeit und Missionstätigkeit.
497 *Vorgefallen ... schon etwas jenseits des Niemen* – Ohne Kriegserklärung hatten Napoleons Truppen am 24. Juni 1812 den Njemen überschritten, den Grenzfluß zwischen Rußland und dem Herzogtum Warschau. Zu Kampfhandlungen kam es erst im August.

498 *König Hieronymus* – Jérôme Bonaparte, der König von Westfalen.
Einnahme von Badajoz – Die spanische Festung Badajoz, die sich 1811 den Franzosen hatte ergeben müssen, war am 6. April 1812 von den Engländern unter Wellington erobert worden. Vgl. die dritte Anm. zu S. 458.
Chasseurs – Jäger.
499 *Remontepferde* – Ersatzpferde.
„la terreur" – (franz.) Schrecken, Angst. Anspielung auf die sogenannte „Schreckensherrschaft" der Jakobinerdiktatur 1793/94 in Frankreich.
Eylauer Schlacht – Vgl. die erste Anm. zu S. 339.
Kolonie Neuholland – Vgl. die vierte Anm. zu S. 257.
Entrepreneurs – (franz.) Unternehmer.
500 *das In-die-Luft-Sprengen des Kremls* – Nach dem Einzug Napoleons wurde Moskau durch einen mehrere Tage wütenden Brand weitgehend zerstört.
Nova – Neuigkeiten.
Cadeau – (franz.) Geschenk.
502 *bivouakieren* – im Freien lagern.
bekannte Reise – Nach dem äußerst verlustreichen Beresina-Übergang (25.–28. November 1812), der die Auflösung der Großen Armee vollendete, kehrte Napoleon in einem Bauernschlitten über Warschau und Dresden nach Paris zurück, wo er am 19. Dezember eintraf.
Serenissimus – Der sächsische König Friedrich August. Vgl. die dritte Anm. zu S. 468.
Portechaise – Sänfte.
503 *Rostoptschin* – Der russische General Fjodor Wassiljewitsch Rostoptschin war 1812 Generalgouverneur von Moskau. Über seine Urheberschaft an dem Plan, Moskau in Brand zu stecken, wurde vielfach spekuliert. Er selber gab widersprüchliche Erklärungen ab.
wie Diogenes – Der griechische Philosoph Diogenes von Sinope war für seinen bedürfnislosen Lebensstil bekannt; ein Faß soll seine Wohnung gewesen sein.
negoziieren – verhandeln, Handelsgeschäfte abwickeln.
504 *abgerumpelt* – zurechtgewiesen.
505 *précautions* – (franz.) Vorsichtsmaßnahmen.
Kavallerievedetten – Berittene Wachen.
Calembours – (franz.) Witze.
506 *Auxiliartruppen* – Hilfstruppen aus den mit Frankreich assoziierten Ländern.
Chevauxlegersregiment – Regiment leichte Reiterei.
507 *destruiert* – zerstört, aufgerieben.

509 *Expedition von Jaffa* – Napoleon eroberte 1799 mit einem Expeditionscorps Jaffa, mußte sich aber bald nach Ägypten zurückziehen, zumal die Pest unter seiner Truppe ausgebrochen war.
Erklärung des General Yorck – Vgl. die zweite Anm. zu S. 304.
„Moniteur" – Die französische Tageszeitung „Le Moniteur Universel" war von 1799 bis 1868 offizielles Regierungsorgan.
Errichtung der Freiwilligen – Am 3. Februar 1813 war die Verordnung über die Bildung freiwilliger Jägerverbände erlassen worden.
510 *Sottisen* – Dummheiten.
„parce qu'on ..." – (franz.) weil man es an allem hat fehlen lassen.
„Voila pourquoi ..." – (franz.) Deshalb sind die Lorbeerbäume verwelkt und die Granatapfelbäume erfroren. Das Wortspiel ergibt sich aus der Doppelbedeutung von „lauriers": Lorbeerbäume und Lorbeerkränze, sowie „grenadiers": Granatapfelbäume und Soldaten.
Krümper – Soldaten, die nur für kurze Zeit ausgehoben und ausgebildet und danach wieder entlassen wurden.
insultieren – angreifen, belästigen.
513 *Kosakade vom 19. Februar* – Am 20. Februar 1813 hatte eine Kosaken-Vorausabteilung Berlin erreicht.
den sächsischen „Ölgötzen" vom Rheinbund – Vgl. die dritte Anm. zu S. 468 und die zweite Anm. zu S. 459.
514 *Dörnberg ... verfehlte Revolution in Kassel* – Der hessische Offizier Wilhelm Caspar Ferdinand Freiherr von Dörnberg, einer der aktivsten Organisatoren des Widerstands gegen die Napoleonische Besetzung, hatte am 22. April 1809 einen antifranzösischen Aufstand in Hessen begonnen, der jedoch, da er nur mangelhaft vorbereitet war, in kurzer Zeit niedergeschlagen wurde.
Seine Westfälische Majestät – Jérôme Bonaparte. Vgl. die zweite Anm. zu S. 454.
515 *Hundebrücke* – Vorgängerin der von Schinkel gebauten Schloßbrücke (1821–1824; heute Marx-Engels-Brücke) am Ostende der Straße Unter den Linden.
Statuenzirkel – Die Sandsteinfiguren am Großen Stern (in der damaligen Anlage des Tiergartens).
Kronprinz – Der spätere preußische König Friedrich Wilhelm IV.
516 *die „Tugendhaften"* – Vgl. die Anm. zu S. 471.
resolviert – beschlossen.
Landwehredikt – Von Scharnhorst entworfen, wurde es am 17. März 1813 veröffentlicht. Es verpflichtete jeden Preußen bis zum 40. Lebensjahr (sofern er nicht dem stehenden Heer angehörte) zum Dienst in dieser milizartigen Organisation.

517 *Seehandlungsdirektion* – Die preußische „See-Handlungsgesellschaft", 1772 gegründet, entwickelte sich zu einer einflußreichen Bank, die bis zum Ende des zweiten Weltkriegs bestand.

518 *Diatribe* – Streit-, Schmähschrift.

Czernischewsches Corps – Das Corps von Alexander Iwanowitsch Tschernyschew war am 4. März 1813 in Berlin eingedrungen.

519 *Ölgötze* – Der sächsische König Friedrich August.

Bataille bei Lützen – Gemeint ist die Schlacht bei Großgörschen am 2. Mai 1813, die erste große Kampfhandlung der Befreiungskriege; sie endete mit einem Sieg Napoleons. Am 16. November 1632 hatte die Schlacht bei Lützen zwar den Sieg der Schweden über Wallenstein gebracht, aber der Schwedenkönig Gustav Adolf war dabei gefallen.

520 *Landsturm* – Vgl. die vierte Anm. zu S. 290.

522 *in Dresden selbst herrscht Not* – Napoleon hatte die Stadt zu seinem wichtigsten militärischen Stützpunkt gemacht.

Jalousie – Eifersucht.

523 *Sieg bei Luckau* – Am 4. Juni 1813.

Ölgötzen in D. und K. – Vgl. die dritte Anm. zu S. 468 und die zweite Anm. zu S. 454.

Affaire bei Hainau – Gefecht zwischen preußischen und französischen Truppen am 26. Mai 1813.

524 *retablieren* – wiederherstellen.

die an Lützow begangene Verräterei – Obwohl am 4. Juni 1813 ein Waffenstillstand vereinbart worden war, wurde die Freischar von Adolf von Lützow am 17. Juni von den Franzosen überfallen und fast völlig vernichtet.

Kronprinz von Schweden – Vgl. die Anm. zu S. 482.

Negoziationen – Verhandlungen.

525 *von B.* – von Bülow.

Oberauditeurs – Richterliche Militärbeamte.

526 *Retraite* – (franz.) Rückzug.

bei Jüterbog – Bei Dennewitz in der Nähe von Jüterbog schlugen preußische Verbände am 6. September 1813 die auf Berlin vorrückenden Franzosen.

527 *Niederlage an der Katzbach* – Sieg Blüchers über die Franzosen am 26. August 1813.

Aufhebung des Waffenstillstandes – Am 11. August 1813.

„cette canaille" – (franz.) dieses Gesindel.

528 *Fata* – Schicksale, Erlebnisse.

Wilhelm Meister – Gemeint ist Goethes Roman „Wilhelm Meisters Lehrjahre" (1795/96).

Hagelsberger Gefecht – Vgl. die sechste Anm. zu S. 293.

Quarré – (franz.) Viereck. Besondere Form der Schlachtordnung.

528 *Marwitz Braunschweig überrumpelt* – Am 28. September 1813. Braunschweig gehörte zum Königreich Westfalen.
schla drup – schlag drauf.

529 *bei Leipzig … die Würfel … gefallen* – Vgl. die dritte Anm. zu S. 304.
Überreste des vorjährigen Frostes – Anspielung auf die Niederlage der Napoleonischen Truppen während des Rußlandfeldzuges im Winter 1812.
Linientruppen – Vgl. die dritte Anm. zu S. 290.

VERZEICHNIS DER LITERATUR,

die Fontane bei der Arbeit am vorliegenden Band benutzt hat

Angelus, Andreas: Annales Marchiae Brandenburgicae ... (Annalen der Mark Brandenburg ...). Frankfurt a. O. 1598

Architektonisches Album. Redigiert vom Architektenverein zu Berlin. 4. Heft, Potsdam 1839

Be(c)kmann, Johann Christoph: Historische Beschreibung der Kur und Mark Brandenburg. ... ergänzet, fortgesetzet und herausgegeben von Bernhard Ludwig Bekmann. 2 Bände. Berlin 1751

Bergau, Rudolph: Inventar der Bau- und Kunst-Denkmäler in der Provinz Brandenburg. 2 Bände. Berlin 1885. Anhang. Berlin 1886

Berghaus, Heinrich Carl: Landbuch der Mark Brandenburg und des Markgraftums Niederlausitz in der Mitte des 19. Jahrhunderts oder Geographisch-historisch-statistische Beschreibung der Provinz Brandenburg. 3 Bände. Brandenburg 1854–1856

Brugsch-Pascha, Heinrich, und Garnier, Franz Xaver von: Prinz Friedrich Karl im Morgenlande, dargestellt von seinen Reisebegleitern. Frankfurt a. O. 1885

Buchholtz, Samuel: Versuch einer Geschichte der Kurmark Brandenburg von der ersten Erscheinung der deutschen Sennonen an bis auf jetzige Zeiten. 6 Teile. Berlin 1765–1775

Eylert, Bulemann Friedrich: Charakterzüge und historische Fragmente aus dem Leben des Königs Friedrich Wilhelm III. 3 Teile. Magdeburg 1842–1846

Frankfurter patriotisches Wochenblatt. Herausgegeben von C. W. Spieker. Frankfurt a. O., 29. April 1837

Güßfeldt, Paul: Meine Erinnerungen an den Prinzen Friedrich Karl von Preußen. In: Deutsche Rundschau, herausgegeben von Julius Rodenberg, Band 46, Januar–März 1886, S. 177–192

Haase, Karl Eduard: Volkstümliches aus der Grafschaft Ruppin und Umgebung. Teil 1: Sagen aus der Grafschaft Ruppin. Neuruppin 1887

Handtmann, Eduard: Neue Sagen aus der Mark Brandenburg. Ein Beitrag zum deutschen Sagenschatz. Berlin 1883

Hesekiel, George: Nachrichten zur Geschichte des Geschlechts der Grafen von Königsmarck. Berlin 1854

Hoppe, Carl: Chronik von Rheinsberg. Neuruppin 1847

Horn, Ferdinand: Geschichte der Stadt Plaue von 1620 bis 1793. Ein Vortrag im historischen Verein zu Brandenburg. Brandenburg 1871

Kindscher, Franz: Urkundensammlung zur Geschichte von Anhalt. Herausgegeben von Franz Kindscher. Einleitung: Peter Beckers Zerbster Chronik zum ersten Male herausgegeben. Dessau 1858

[Klöden, Karl Friedrich:] Die Mark Brandenburg unter Kaiser Karl IV. bis zu ihrem ersten Hohenzollernschen Regenten oder Die Quitzows und ihre Zeit. 4 Bände. Berlin 1836–1837

Knuth, Friedrich: Chronik von Gransee. Berlin 1840

Mirabeau, Honoré Gabriel Victor de Riquetti [Comte de]: Histoire secrète de la cour de Berlin ou Correspondance d'un voyageur françois depuis le mois de juillet 1786 jusqu'au 19 janvier 1787 (Geheime Geschichte des Berliner Hofes oder Briefwechsel eines französischen Reisenden von Juli 1786 bis zum 19. Januar 1787). 2 Bände. 1789 (Deutsche Übersetzung 1789)

Mülverstedt, G. A. von: Diplomatarium Ileburgense. Urkundensammlung zur Geschichte und Genealogie der Grafen zu Eulenburg. 2 Bände. Magdeburg 1877–1879

Raumer, Georg Wilhelm von: Codex diplomaticus brandenburgensis continuatus. Sammlung ungedruckter Urkunden zur brandenburgischen Geschichte. Herausgegeben von Georg Wilhelm von Raumer. 2 Bände. Band 1: Berlin, Stettin und Elbing 1831, Band 2: Berlin und Elbing 1833

Riedel, Adolf Friedrich: Codex diplomaticus brandenburgensis. 4. Hauptteil, Band 1, S. 168–208

Riedel, Adolf Friedrich: Zehn Jahre aus der Geschichte der Ahnherren des preußischen Königshauses. Das Aufsteigen des Burggrafen Friedrich VI. von Nürnberg zur kurfürstlichen Würde und zur Reichsstatthalterschaft in Deutschland. Berlin 1851

Schwartz, Wilhelm Friedrich Lebrecht: Sagen und alte Geschichten der Mark Brandenburg. Berlin 1871

Schwebel, Oskar: Kulturhistorische Bilder aus der Mark Brandenburg. 1875

Thiébault, Dieudonné: Frédéric le Grand, sa famille, sa cour, son gouvernement, son académie, ses écoles et ses amis, généraux, philosophes et littérateurs, ou Mes souvenirs de vingt ans de séjour à Berlin. 4. Ed., publiée par son fils le Baron Thiébault (Friedrich der Große, seine Familie, sein Hof, seine Regierung, seine Akademie, seine Schulen und seine Freunde, Generale, Philosophen und Literaten oder Meine Erinnerungen an zwanzig Jahre Aufenthalt in Berlin. 4. Auflage, veröffentlicht von seinem Sohn, Baron Thiébault). 5 Bände. Paris und Leipzig 1827

Voß, Sophie Marie Gräfin von: Neunundsechzig Jahre am preußischen Hofe. Aus den Erinnerungen der Oberhofmeisterin Sophie

Marie Gräfin von Voß. Dritte, unveränderte Auflage. Leipzig 1876. (Diese Ausgabe besaß Fontane; der Band befindet sich im Theodor-Fontane-Archiv der Deutschen Staatsbibliothek, Potsdam.)

Wagener, Hermann: Staats- und Gesellschaftslexikon. 23 Bände. Berlin 1859–1867. Supplementband 1868

Wusterwitz, Engelbert: Märkische Chronik nach Angelus und Hafftiz. Herausgegeben von Julius Heidemann. Berlin 1878

INHALTSVERZEICHNIS